CEREMONIES

ET

COUTUMES

RELIGIEUSES

DE TOUS LES

PEUPLES DU MONDE

*

CEREMONIES

ET

COUTUMES

RELIGIEUSES

DE TOUS LES

PEUPLES DU MONDE

Représentées par des Figures dessinées de la main de

BERNARD PICART:

Avec une Explication Historique, & quelques Dissertations curieuses.

TOME SECOND,

Qui contient la suite des Ceremonies Religieuses en usage chez les Catholiques.

A AMSTERDAM,

Chez *J. F. BERNARD.*

M. DCCXXIII.

DISSERTATION
SUR LES
CEREMONIES
DES
CATHOLIQUES ROMAINS:
QUATRIEME PARTIE,

Qui comprend les Fêtes, les Sacremens & les autres Cere-
monies de l'Eglise Catholique.

ES Fêtes sont des jours que l'Eglise Chrétienne consacre particu-
lierement au service de Dieu, en commemoration de quelque
Mystere, ou en l'honneur de quelque Saint. Ces institutions
se trouvent dans toutes les Religions: du moins il n'en est aucune qui de maniere ou d'autre ne pratique de tems en tems
quelques Actes solemnels pour mieux honorer l'Etre ou les Etres qu'elle aprend
à reconnoître pour Dieux. *Fauchet* prétend (a) que nos Fêtes & nos Ceremonies sont géneralement originaires du Paganisme, & voici comment il s'exprime sur le sujet des Fêtes : ,, pour gagner les ames Paienes au salut de Jesus-
,, Christ, au lieu des *Pervigilia & Lectisternia* Paiens, les Chrétiens se rejouirent
,, aux Veilles & Anniversaires de leurs Martyrs, & pour montrer qu'ils avoient
,, soin des biens & de l'abondance publique, au lieu de *Februa, Vinalia, Am-*
,, *barvalia, Robigalia,* aussi prieres de Paiens, fétoierent la Purification & les
,, brandons, & en affliction . . . . . firent Processions, Rogations & Lita-
,, nies (c'est-à-dire Supplications) esquelles & aux *Nudipedalia,* (c'étoient Pro-
,, cessions & voiages faits pieds nuds) on appelloit notre Seigneur Jesus-
,, Christ au lieu de Jupiter: ce qui n'étoit pas Paianniser, mais sagement
,, contreminer le Paganisme, & comme un contrefort pour parer aux repro-
,, ches

____
(a) *Antiq. Gauloises.* p. 124. dans la *Vie de Clovis.*

,, ches que les Paiens faisoient aux Chrétiens, ... on voit par les escripts ,, de ce tems-là, que nos gens n'épargnoient aucun moien pour gagner des ,, hommes à JESUS-CHRIST " En toutes ces choses les Chrétiens nos Ancêtres ont imité Dieu lui même, qui ne dédaigna pas d'emprunter des Egyptiens une partie des Ceremonies de la Religion Judaïque. Ce n'est pas l'imitation qui est vicieuse; c'est l'abus, c'est l'interêt & l'avarice des Prêtres, qui peu à peu donnent le branle à cette devotion exterieure & superficielle que nous connoissons sous le nom de Ceremonies.

L'Eglise a des Fêtes *mobiles*, (a) des Fêtes *doubles*, des *semi-doubles*, des Fêtes simples. Les unes sont de (b) la premiere Classe & les autres de la seconde. On les subdivise encore: mais nous laissons le reste de ce détail religieux, qui ne peut servir qu'à ceux qui se sont consacrés au Breviaire. Il suffit d'aprendre au lecteur, que le plus ou le moins de solemnité fait la principale difference des Classes. On orne l'Eglise, on pare les Autels suivant la solemnité du jour, & s'il est permis de le dire, selon le rang que le Saint occupe dans l'Eglise. Aux Fêtes doubles (c) l'Evêque, le Pape lui même, celebrent dans la Cathedrale, & l'Abbé, le Prieur ou le Doien du Chapitre dans les (d) Collegiales. Les Rituels d'Italie nous enseignent qu'en ces jours si solemnels on doit tapisser les Eglises & les orner des belles & Saintes Images des Fidelles que l'Eglise reconnoit pour Saints. Les portes des Eglises doivent être ornées de festons, & l'Image du Saint, si c'est d'un Saint qu'on chomme la Fête, doit être parée de fleurs. Les Eglises doivent en être jonchées aussi. Nous supposons que les Fidelles apportent en ces jours solemnels une humilité proportionnée à ce pompeux exterieur. L'Eglise leur sera ouverte durant ces saints jours. Les Cierges seront allumés sur l'Autel, les paremens du Celebrant seront aussi riches qu'il soit possible, les Cierges du grand Autel seront des plus grands, & la Paroisse fera briller son zéle à proportion de ses facultés.

(e) Lorsqu'on se prepare à celebrer la Fête du Saint titulaire, ou du Saint que l'on a choisi pour Patron du lieu, l'on doit arborer au haut des Clochers l'étendart de ce Saint avec son Image, & sonner les cloches à son honneur. En quelques endroits (f) on fait même des illuminations pour l'amour du Saint la veille & le jour de sa Fête.

Les Prêtres ont besoin d'aprendre plusieurs distinctions dont un Laïque s'embarasse peut-être fort peu. Le devot qui chomme une Fête peut ignorer impunément la difference de l'Office double & du semi-double. Que la Fête soit de la premiere ou de la seconde Classe, double du premier ordre, ou semi-double du troisiéme, sa devotion n'en doit être ni moins sincere, ni moins fervente. L'Office du Saint est double ou semi-double selon la solemnité qui le concerne; par exemple, la translation de son corps demande l'Office double,

si

(a) On appelle Fêtes doubles celles dont l'Office est plus solemnel & plus complet que celui des autres. Cet Office commence aux premieres Vêpres, & dès lors l'Autel doit être couvert des paremens convenables à la solemnité de l'Office.

(b) Les Fêtes de la premiere Classe sont doubles & se subdivisent en trois ordres, de même que celles de la seconde Classe. L'apareil en est beaucoup plus solemnel que des *Semi-doubles* &c. La Nativité de Notre Seigneur, la Fête de Pâques, la Resurrection, la Fête du Patron d'une Eglise sont des Fêtes doubles. On peut en lire davantage dans les Rituels.

(c) *Piscara praxis Cærem.*

(d) On appelle Eglises Collegiales celles qui ne sont pas Siége Episcopal, qui n'ont qu'un Chapitre de Chanoines.

(e) Les Flamines de l'ancienne Rome faisoient annoncer les Fêtes par un Crieur public. Cette coutume s'est conservée en plusieurs Païs Catholiques, où certains crieurs sonnent une clochette aux coins des rues pour avertir le peuple du jour de la Fête, & lui annoncer les Indulgences convenables à la solemnité du jour.

(f) *Piscara ubi supra.*

fi le Saint eſt un Saint de marque, c'eſt-à-dire, ſi c'eſt le Patron d'un Etat, ou d'une Ville &c. Si l'on poſſede ſon corps tout entier, l'Office ſera double de la ſeconde Claſſe; de même ſon (a) Office ſera double, ſi l'on a ſon bras ou ſa jambe, ou quelque autre ſemblable Relique. Tout au moins ſera t'il ſemi-double, mais ſi (b) le Saint n'eſt pas des plus diſtingués, & ſi ſes Reliques ſont peu conſiderables, l'Office qu'on dira en ſon honneur ſera ſimple. Voilà des choſes que les Fidelles peuvent ignorer encore ſans préjudice à leur ſalut. Ils ne ſeront pas jugés ſur ces points. Peut-être n'en ſera t'il pas ainſi du Prêtre.

Les grandes Fêtes ont une *Octave*. Cette coutume eſt originaire du Judaïſ-me: car les anciens Juifs donnoient (c) huit jours à leurs Fêtes ſolemnelles & les modernes ſont aujourd'hui la même choſe. L'Octave eſt donc la Fête & les ſept jours qui la ſuivent; quoiqu'on appelle particulierement *Octave* le dernier jour de cette huitaine, qui repond au jour ſolemnel de la Fête. Les Rituels nous aprennent (d) que quand deux Octaves ſe rencontrent, la plus diſtinguée l'emporte, en telle façon néanmoins qu'on faſſe commemoration du Saint dont l'Octave cede. C'eſt ainſi que l'*Octave* de *S. Jean Baptiſte* cede à celle du Saint Sacrement, lorſqu'elles viennent à ſe rencontrer; mais ſi l'Octave du (e) Saint Patron de quelque lieu ſe rencontroit avec l'Octave d'un Saint, qui en cette vie terreſtre auroit été Evêque, Archevêque, ou Cardinal, en faveur duquel des deux faudroit il regler le pas? Le Prélat l'emporteroit ſur le Patron. C'eſt la dé-ciſion des Rituels.

Le jour Eccleſiaſtique commence le ſoir: uſage qui eſt auſſi pris des Juifs, qui commencent leur journée au coucher du Soleil. Voilà l'origine (f) des *Vê-pres* & des *Vigiles* ſi ſolemnelles dans l'Egliſe, & qui ſont le commencement des Fêtes. Les Myſtiques ſont remonter l'origine des Vigiles à la deſtruction que l'Ange exterminateur fit des premiers nés des Egyptiens, & diſent qu'il faut prier la nuit, „ afin que l'épée de la parolle de Dieu paſſant inviſiblement ſur „ nous, aille detruire les premieres Oeuvres, *les premiers nés de notre corrup-* „ *tion* avant notre regeneration ſpirituelle. " On n'apuiera pas trop ſur ces belles choſes. On ne dira rien non plus des courſes nocturnes du Demon & des autres eſprits des tenebres, ni de l'agitation des paſſions, qui ſe fait beaucoup plus ſentir dans l'obſcurité, ni de la Naiſſance du Sauveur dans les tenebres de la nuit. Toutes ces raiſons ſont alleguées pour juſtifier l'origine & la neceſſité des *Vigiles*: mais ſi nous montions juſqu'au Ciel, n'y trouverions nous pas les Anges priant & chantant la nuit: & qui ſait ſi les Aſtres (g) ne ſont pas du-rant les tenebres une eſpece de concert ſacré? Qu'il nous ſoit permis de cher-cher dans le Paganiſme de l'antiquité des *Vigiles* ſemblables aux notres. Sans par-ler des Fêtes qui ne devoient être chommées que de nuit, les grandes Fêtes des Dieux de ces Idolatres commençoient toutes par des (h) *Vigiles*. Celles de la Fête de Venus duroient trois nuits, celles de Ceres étoient remarquables par leur licence. Minerve en avoit de très ſolemnelles chez les anciens Egyptiens, & pour juſtifier que ces Idolatres avoient auſſi leurs *Vêpres*, il ſuffit d'appeller en

A 2

té-

(a) *Piſcara*, Ibid.
(b) *Si non ſit adeo inſignis.* Id. Ibid.
(c) Levit. Ch. 23.
(d) *Piſcara* ubi ſuprà.
(e) Qui pendant ſa vie auroit été Confeſſeur ou Martyr, ſans avoir poſſedé aucune dignité éminente.
(f) *Levitiq.* Ch. 23. d'un ſoir à l'autre vous celebrerés votre Sabat.
(g) *Vide aſtrorum Choreas.* Bona Cap. 4. *Divina Pſalm.*
(h) *Pervigilia.*

témoignage (a) Seneque le Philosophe. Toutes ces Ceremonies ont été sanctifiées par les Chrétiens à la gloire du vrai Dieu. Les *Vigiles* de ceux-ci préparent (b) par le jeûne & l'humilité à la commemoration des mysteres de la Religion & de la vie des Saints. On prétend que dés les tems Apostoliques elles ont été introduites dans l'Eglise. Il est certain qu'elles sont fort anciennes: mais il ne l'est pas moins qu'elles étoient d'abord en fort petit nombre, puisque l'Eglise primitive ne solemnisoit que les Fêtes de Noël, de Pâques, de l'Ascension & de Pentecôte & que la multitude des Fêtes ne s'est introduite qu'avec la prosperité du Christianisme.

L'usage de se souhaiter de bonnes Fêtes est fort ancien parmi les Chrétiens. Il se pratiquoit dans les premiers tems de l'Eglise, & même on s'écrivoit (c) des lettres de felicitation en ces jours de solemnité. Le zéle sanctifia la naissance de ces pieuses institutions: d'abord les Fêtes se passerent en prieres & en exercices de pieté: c'étoit là le but de ceux qui les instituoient, mais insensiblement on dégenera. Les Fêtes furent bientôt des occasions de débauche & d'amusemens criminels. Le peuple les regarda comme des jours destinés à l'oisiveté; peu de gens les consacrerent à la vie spirituelle, & les moins prophanes se partagerent entre Dieu & les plaisirs. Il ne fallut pas des siecles pour introduire ces libertinages: il semble même que les tems de S. Paul n'étoient (d) pas exemts de ces abus, contre lesquels S. Jerôme & les Conciles tonnerent trois ou quatre siécles après la naissance du Christianisme. Qu'on ne s'imagine donc pas que la *profanation* des Fêtes est le partage des derniers tems. Nous l'avons déja dit: on auroit tort de se prévenir aveuglement de la perfection de nos ancêtres, & de croire que leur siécle a donné au Seigneur beaucoup plus d'Elus que le notre. Les hommes des siécles passés étoient semblables à ceux d'aujourd'hui, mais l'éloignement où nous les voyons ne nous laisse remarquer ni leurs defauts, ni les ressorts de leurs actions.

On celebre en Italie certaines Fêtes que l'on chercheroit inutilement dans le Calandrier de l'Eglise, mais qui se trouvent fréquemment dans le Calandrier des Amans de ce païs-là. Cette sorte de Fête n'a qu'une apparence de devotion, puisque le fond en est entierement mondain. Un amant qui veut témoigner à sa maîtresse tout ce que la galanterie a de plus respectueux fait d'elle l'Idole de sa devotion. Il fait chanter des Vêpres & dire la Messe à l'honneur de cette Idole. Il fait celebrer dans une Eglise, & le plus solemnellement qu'il est possible, la Fête de la Sainte dont sa Maîtresse porte le nom. Il se fait souvent des parties de cette nature entre cinq ou six Gentilshommes distingués, qui, sans attendre le jour de la Sainte, le préviennent par une devotion pompeuse, dont la Sainte n'a que le nom, puisque l'hommage réel est pour les maîtresses de ces Gentilhommes. L'Eglise est veritablement decorée suivant la dignité de celle qui a été canonisée, mais on fait en sorte que toute la décoration ait du moins autant de rapport à la Sainte de l'Amant qu'à celle de l'Eglise de Dieu. Cette devotion bizarre, ou plûtôt, si l'on peut le dire, profane est mêlée d'incidens (e) qui ne font pas honneur à la vertu des Italienes que l'on veut honorer de cette façon.

Les Casuistes de l'Eglise Catholique, moins rigides que les Docteurs Juifs,

pre-

(a) *Nobilissimæ virgines ad sacra facienda noctibus excitantur. Seneca* de Provid. Cap. 5.
(b) La plûpart des Vigiles sont accompagnées de jeunes.
(c) Ces lettres s'appelloient *litteræ festivæ.*
(d) Voi. 1. Epit. de S. Paul aux Cor. Ch. II. Verf. 20. & suiv.
(e) *Chi manda la sua figliuola a la festa ne perde tempo ne fa una P.*

permettent le Dimanche & les jours de Fêtes certains travaux que les Juifs ne
se permettent pas, quelque indispensables qu'ils paroissent. Nous ne faisons
aucune difficulté de mettre la main à l'œuvre un Dimanche, (a) lorsque le délai
semble dangereux: mais en general on doit sanctifier ces jours là par des œuvres spirituelles, & s'abstenir du travail des mains, qui, selon la décision de nos
Docteurs, met le Chrétien en péché mortel.

Nous allons donner l'ordre des Fêtes, & décrire celles qui demandent une
description particuliere, selon l'ordre du Calandrier que nous fournit un (b) Auteur qui a donné la description de *Rome moderne*. Il est bien juste de préferer ce
Calandrier à tout autre, puisque Rome est la Capitale du Christianisme. On
verra par ce Calandrier, qu'il n'est point de jour dans l'année que cette *Sainte
Cité* n'ait consacré par des Fêtes & des Stations; que le thresor inépuisable des
Indulgences est toûjours ouvert aux Fidelles & leur fournit sans cesse dequoi reparer les bréches que Satan fait à leur vertu; que le Clergé Romain se met toûjours
en état de contreminer ses travaux. Semblable à l'homme juste dont le Prophete
Roial nous parle, il tombe sept fois en un jour, mais ne doutons pas qu'il ne se
releve courageusement avec les secours spirituels que Rome fournit liberalement
à ceux qui veulent être Devots.

CALANDRIER ROMAIN:
Fêtes & Stations de l'année.
Janvier.

1. Le premier jour de l'an, (c) Fête de la Circoncision de *Nôtre Seigneur*,
la Station est à Sainte *Marie Majeure*, à Sainte *Marie in Transtevere*, à Sainte
Marie in Ara cæli, &c. Il y a Chapelle Papale au Palais Apostolique. La Messe
est chantée par un Cardinal Prêtre, le Sermon est prononcé par un Pére de S.
Laurent in Lucina. Il y a Fête solemnelle à l'Eglise du *Jesus*, & à *Jesus Maria*
au Cours.

2. (d) Octave de Saint *Etienne*, Fête à S. *Laurent* hors des murs, où est son
corps.

3. Octave de S. *Jean*, à S. *Jean de Latran*, à Saint *Sébastien* hors des murs,
Fête pour Saint *Antére* Pape & Martyr: son corps y repose. A Paris Fête de (e)
Sainte Genevieve Vierge, Patrone de Paris.

4. Octa-

(a) Un Notaire peut dresser un Testament & faire un Contract le Dimanche, quand il y a du danger à
les remettre; un Apoticaire peut préparer ses remedes en pareil cas &c.

(b) *François Desseine* fameux Libraire de Rome.

(c) Les Rituels donnent aussi à cette Fête le nom d'*Octave* de la Nativité de N. S. On faisoit autrefois le
jour de la *Circoncision* la commemoration de la Sainte Vierge & l'on celebroit une Messe à son honneur.

(d) La Fête de S. Etienne étoit autrefois la Fête des Diacres, à cause que S. Etienne premier Martyr de
l'Eglise a été, dit-on, le Chef ou le premier des sept Diacres qui furent élus par les Apôtres à la naissance du
Christianisme. La Fête de S. Jean l'Evangeliste étoit autrefois la Fête des Prêtres, & celle des Innocens la
Fête des Ecoliers & des enfans.

(e) On ne sauroit jam trop d'hommages à cette Sainte pour les merveilles qu'elle a operées depuis plus de
douze Siécles: aussi les Anges rendirent ils graces à Dieu de la naissance de cette bienheureuse Vierge. Le P.
Giry assure dans le premier Volume des *Vies des Saints*, „ que les Esprits bien heureux firent une Fête ex-
„ traordinaire à sa naissance & que tout le Ciel fut rempli de joie. S. Germain d'Auxerre assura la même chose aux habitans de Nanterre, la premiere fois qu'il vit Sainte Genevieve leur Concitoienne. Dans le fort de sa
sainteté il lui prit une maladie si violente qu'on la crut morte, mais au milieu des maux que souffroit son corps,
„ elle

4. Octave des *Innocens*, à S. *Paul* hors des murs, à Sainte *Marie Majeure*, à la Chapelle de la Créche, à Sainte *Bibiane*, pour Sainte *Daphorose* sa mére & pour Sainte *Démétrie* sa Sœur Martyres.

5. Saint *Thelesphore* Pape & Martyr, Fête à Saint *Pierre*, où est son corps; Vêpres au Palais Apostolique.

6. (a) L'*Epiphanie* : Station à Saint *Pierre*, Chapelle au Palais Apostolique. La Messe est chantée par un Cardinal Evêque; le Procureur Général de l'Ordre des *Servites* dit le Sermon: à Saint *Athanase* des *Grecs* un Evêque de leur Rit bénit solemnellement l'eau en mémoire du Batême de *Nôtre Seigneur*, & on y chante la Messe en Grec : Fête à la Chapelle des trois Rois au Collége *de Propaganda fide* : Fête à Sainte *Marie d'Ara cœli*; après Vêpres on y fait la procession, où l'on porte l'image du Saint Enfant *Jesus*. Les Magistrats du Peuple *Romain* y assistent : Fête à Sainte *Pudentiane* à la Chapelle des *Gaètani*.

Le Roi d'Espagne fait la Ceremonie d'offrir des Calices le jour de l'Epiphanie. On dit que cette Offrande doit son origine à la pieté de Charles V. Chaque Calice vaut environ trois cent ducats. Charles V. institua l'offrande des Calices en mémoire de l'adoration des Mages. On met dans un Calice une piece d'or, dans l'autre de l'encens, & de la myrrhe dans le troisiéme. Après l'Offrande le Roi envoie un de ces Calices à la Sacristie de Saint Laurent de l'Escurial, les autres deux à telles Eglises ou Monasteres qu'il plait à S. M. C. Cette Ceremonie est raportée & décrite par l'Abbé de *Vairac* dans son *Etat present de l'Espagne*.

7. Saint *Julien* Martyr, Fête à ses Eglises.

8. Octave de la Circoncision, Fête à Saint *Pierre*, à Sainte *Marie Majeure*, & au *Jesus*.

Le Dimanche de l'Octave de l'*Epiphanie*, Fête & Indulgence à Saint *Martin* sur la Place du Mont *de Piété*, où l'on fait la Doctrine Chrétienne.

9. Saints *Julien* & *Celse* Martyrs, Fête à leurs Eglises *in Banchi*.

10. Saint *Agaton* Pape, Fête à Saint *Pierre*, où est son corps & à la *Minerve*, pour Sainte *Amarante*.

11. Saint *Hygin* Pape & Martyr, Fête à Saint *Pierre*, où est son Corps.

12. Saint *Benoît* Abbé de l'Ordre de Saint *Benoît*, Fête aux Eglises de sa Religion. Le Dimanche qui précéde la Fête de Saint *Antoine*, Indulgence à Saint *Pierre*, & Fête au Saint *Esprit*, d'où les filles vont en Procession à Saint *Pierre*, où l'on montre la Sainte Face de *Nôtre Seigneur*.

13. Octave de l'*Epiphanie*, Fête à Saint *Pierre*, à Sainte *Marie Majeure*, à Sainte *Pudentiane*, à l'Eglise des *Flamans*, à Saint *Julien* aux *Cesarins*.

14. Saint *Hilaire* Evêque de *Poitiers*, Fête à Saint *Jean de Latran* : à la Chapelle on montre les têtes de Saint *Pierre* & de Saint *Paul* avec grandes indulgences. Dans toutes les Eglises de Saint *François*, Fête du Saint Nom de *Jesus*.

Le

,, elle fut ravie en esprit parmi les Anges, où elle vit des biens ineffables . . . . , dont l'Historien ne raporte ,, pas le détail, à cause de l'incrédulité des hommes. " Pour lors *sa sainteté reluisit* plus que jamais aux Parisiens. . . ,, Elle penetroit dans le fond des consciences, ... passoit sa vie en prieres & versoit une telle ,, abondance de larmes, que le plancher de sa chambre en étoit trempé. " Malgré ses pénitences extraordinaires, elle mourut fort agée. Nombre de miracles se firent à son tombeau; & s'y feroient indubitablement jusqu'à la consommation des Siécles, si les reliques de la Sainte s'y trouvoient encore. A present ils ne se font qu'à sa chasse. Le P. *Giry* en donne une assés long détail. Nous renvoions le lecteur à son récit.

(a) L'Epiphanie, appellée communément le jour des Rois, étoit établie dés le commencement du quatriéme Siécle dans l'Eglise. *Ammian Marcellin* en parle au L. 21. Ch. 3. de son Histoire. Le jour de l'Epiphanie on indique au peuple après l'Evangile toutes les Fêtes mobiles de l'année, assavoir le jour des Cendres, le Quaresme, Pâques, l'Ascension, Pentecôte, la Fête du S. Sacrement & le premier Dimanche de l'Avent. Quelques Eglises conservent encore la Coutume de laver les Croix & de benir les Fonds Baptismaux le jour de l'Epiphanie. De l'Epiphanie jusqu'à la *Septuagesime* les Paremens des Prêtres & des Autels doivent être verds.

Le Dimanche le plus proche de Saint *Antoine*, Fête à Nôtre Dame *del Pianto*, à Saint *Julien*, à *Monte Jordano*.

15. Saint *Maur* Abbé, Fête aux Eglises de S. *Benoît*, à Saint *Jean Colabit*, à son Eglise dans l'Ile des Religieux de la charité du B. *Jean de Dieu*.

16. S. *Marcel* Pape & Martyr, Fête à son Eglise au Cours, où est son corps, à celle d'*Ara cœli*, pour Saint *Berard* & ses Compagnons, Fête à toutes les Eglises de Saint *François*, Fête à *Nôtre Dame del Pianto*.

17. S. *Antoine* Abbé, Fête à son Eglise des Péres *François* de son Ordre, proche Sainte *Marie Majeure*. Le jour de la Fête du Saint le Pape, les Cardinaux, les Princes, & même les particuliers, lui envoient leurs chevaux & leur mulets, afin qu'il leur donne sa benediction. On lui porte aussi les selles & tout le harnois de ces animaux. On benit & asperse & les animaux & leur équipages au nom & pour l'amour du Saint, moienant tant pour chaque bête. Une autre Ceremonie où Saint Antoine intervient, c'est celle d'exorciser, conjurer & livrer au Diable les souris, les sauterelles & tous les animaux nuisibles. A S. *Grégoire*, Fête pour les Saints *Antoine*, *Marule*, & *Jean* de l'Ordre des *Camaldules* : leurs corps y reposent.

18. La Chaire de Saint *Pierre* à *Rome*, à Saint *Pierre* Chapelle Papale; un Cardinal Prêtre chante la Messe: Sainte *Prisque*, Fête en son Eglise.

19. Saints *Marius* & *Marthe* sa femme, Martyrs, Fête à S. *Adrien*, où ils reposent avec Saint *Audifaee* & Saint *Abacue* leurs fils : les deux chefs de ces derniers sont à Saint *Colabit*, où il y a Fête : à la *Transpontine*, Fête de Saint *Canut* Roi de *Danemarc*.

20. Saint *Fabien* & Saint *Sébastien*, à Saint *Sébastien* hors des murs, où reposent leurs corps; à Saint *Pierre*, où est la tête de Saint *Sébastien* ; à Saint *André de la Valle*, & autres Eglises du Saint.

21. Sainte *Agnès* V. & M. Fête à ses Eglises.

22. Saints *Vincent* & *Anastase*, Fête à leurs Eglises.

23. Sainte *Emerantiane* V. & M. à Sainte *Agnès* hors des murs, à Sainte *Marie Majeure*, & à Saint *Jaques des Espagnols* avec Musique pour Saint *Ildephonse* Evêque de *Tolède* : à la *Minerve*, pour Saint *Raimond*.

24. Saint *Timothée* Evêque & Martyr, & Saint *Paul* hors des murs.

25. Conversion de Saint *Paul*, Fête à Saint *Paul* hors des murs, à Saint *Pierre*, à Saint *Jean de Latran*, à Nôtre *Dame de la Victoire*, à Saint *Charles des Catinari*, & aux trois Fontaines.

26. Saint *Polycarpe* Evêque & Martyr, à l'Hôpital du Saint *Esprit*, où sont ses reliques.

27. Saint *Jean Chrysostome* Evêque & Patriarche, à Saint *Pierre*, où est son corps.

28. Seconde Fête de Sainte *Agnès*, à son Eglise hors des murs & en Place *Navone*.

Le dernier Dimanche de Janvier, à Sainte *Marie Majeure*, translation de la Sainte Image de la Vierge : à Sainte *Croix en Jérusalem*, Invention du Titre de la Croix de *Jesus-Christ*, & autres reliques.

29. Aux *trois Fontaines*, Dédicace de Sainte *Maria Scale Cœli* : à l'Eglise neuve, Fête des Saints Martyrs *Papia* & *Mauro*, dont elle a les corps: à la *Trinité du Mont*, pour la Fête de Saint *François de Sales*, mais au Monastère de la visitation à la *Longara*, la Fête ne se fait que le dimanche suivant.

30. Sainte *Martine* Vierge & Martyre, en son Eglise *in Campo Vaccino*, à Saint *Paul*, pour Saint *Felix III.* Pape, qui y repose.

31. Saints *Cire* & *Jean* Martyrs, à Sainte *Praxéde* au puits de Saint *Pantaléon*, à Saint *Ange de la Poiſſonnerie*, pour les Saints *Zoticus* & *Cyriaque* ; à Saint *François* à *Ripe*, pour la bien heureuſe *Louiſe Albertoni* ; à Saint *Adrien in Campo Vaccino*, & à Saint *Jean in Campo Marzo*, pour Saint *Pierre Nolaſque* Fondateur de l'Ordre de la *Merci*.

Février.

Le premier Dimanche de Février, Fête à Sainte *Marie Majeure*.

1. Saint *Ignace* Evêque Martyr, à Saint *Clément*, où eſt ſon corps ; à Saint *Jean de Latran*, pour Saint *Ephrem* Diacre.

2. (a) La Purification de la *Vierge* : Chapelle Papale au Palais Apoſtolique. La Meſſe eſt chantée par un Cardinal Prêtre ; le Pape fait la Bénédiction & la diſtribution des Cierges, après la Proceſſion dans la Sale Royale : Fête aux Egliſes de la *Vierge*, & à Saint *Simeon*. Le Dimanche de l'Octave, Fête à Saints *Sébaſtien* & *Valentin*.

3. Saint *Blaiſe* Evêque & Martyr, Fête à ſes Egliſes, à Saint *Charles des Catinari*, à Sainte *Marie in Ponticelli*.

4. Saint *Eutiche* Martyr, Fête à Saint *Sébaſtien* hors des murs, & à Saint *Laurent in Damaſo*, où ſont ſes reliques.

5. Sainte *Agate* Vierge & Martyre, à ſes Egliſes & au *Jeſus* pour trois Martyrs du *Japon*.

6. Sainte *Dorotée* Vierge & Martyre, à ſon Egliſe.

7. Saint *Romualde* Abbé, aux Egliſes de l'Ordre des *Camaldules*.

8. Saint *Pélage* Pape, Fête à Saint *Pierre*, où eſt ſon corps. Saint *Jean de Mata* Fondateur de l'Ordre de la *Trinité Rédemption des captifs*, aux Egliſes de l'Ordre.

9. Sainte *Apolline* Vierge & Martyre, Fête à ſon Egliſe & à Saint *Auguſtin*. A Saint *Jean des Maronites*, Fête de Saint *Jean Marron* leur Compatriote.

10. Sainte *Scolaſtique* Vierge & Sœur de Saint *Benoît*, Fête aux Egliſes de l'Ordre, & à Sainte *Cécile*, où eſt ſon chef : Sainte *Sotére* Vierge & Martyre, à Saint *Martin* des Monts, où eſt ſon corps : à Saint *Auguſtin*, pour Saint *Guillaume* Duc d'*Aquitaine*.

11. Saint *Sevrin* Abbé Bénédictin, aux Egliſes de l'Ordre.

12. Sainte *Eulalie* Vierge & Martyre, Fête à N. *Dame de Montferrat*.

13. Saint *Grégoire II.* Pape, Fête à Saint *Pierre*, où eſt ſon corps. A Saint *Apollinaire*, Fête & bonne Muſique pour la manifeſtation de l'Image de la Sainte *Vierge*.

14. Saint *Valentin* Martyr, Fête à Sainte *Praxéde*, où eſt ſon corps ; & à ſon Egliſe proche le Palais des *Mattei*.

15. Saints *Fauſtin* & *Jovite* Martyrs, à leur Egliſe des *Breſſans*.

16. Sainte *Julienne* V. & M. à ſon Egliſe, & à Saint *Martin* des Monts, où eſt ſon corps.

17. Saint *Gabin* Prêtre & M. Pére de Sainte *Suſanne*, à ſon Egliſe à *Termini*.

18. Saint *Léon* E. à Saint *Martin des Monts*, où eſt ſon corps.

19. Saint *Pater* E. à Saint *Grégoire* au Mont *Cœlius*.

20. La

(a) Voi. la deſcription de cette Fête au Tome premier ſeconde Partie de cet Ouvrage pages 163. & 164.

Le CÉLÉBRANT distribue les CIERGES le jour de la CHANDELEUR.

PROCESSION de la CHANDELEUR.

Les TÉNÈBRES.

On porte le St. SACREMENT dans le TOMBEAU.

Le FEU nouveau le jour de SAMEDI SAINT.

BÉNÉDICTION du CIERGE PASCAL.

20. La Chaire de Saint *Pierre* à *Antioche*, Fête à Saint *Pierre*.

21. Saint *Polycarpe* M. Compagnon de Saint *Sébastien*, à Saint *Sébastien*: à Saint *Martin* pour (a) Saint *Lazare* Peintre. A l'*Ara cœli*, Fête de la (b) B. *Marguerite de Cortone*.

22. Saint *Mathias* Apôtre, Fête à Sainte *Marie Majeure*, où est son corps: à Sainte *Bibiane*, invention de son corps.

23. Saints *Felix IV*. & *Grégoire IV*. Papes, à S. *Pierre*, où sont leurs corps.

24. Saint *Bon*, à Saint *Laurent in Damaso*, où est son corps.

25. Saint *Romain* Abbé Bénédictin, aux Eglises de l'Ordre.

Mars.

Tous les Vendredis de Mars l'indulgence est à Saint *Pierre*, où il y a grand concours de peuple: le Pape même s'y rend, quand sa santé le lui permet, après le Sermon, accompagné des Cardinaux, qui marchent derriére lui deux à deux.

1. Saints *Snithres* & *Aubin* E. C. de l'Ordre de Saint *Benoît*, aux Eglises de l'Ordre.

2. Saints *Seumuse* & *Bafilicus*, à l'Eglise des Saints Apôtres, où sont leurs corps.

3. Saint *Astere* Martyr, à Saint *Martin des Monts*, où est son corps.

4. Saint *Lucius* P. & M. à Saint *Martin des Monts*, où sont ses reliques. A Saint *Stanislas* des *Polonois*, Fête pour Saint *Casimir*.

5. Saint *Phocas* M. à Saint *Marcel*, où est son corps.

6. Saint *Fridelem* Abbé Bénédictin, aux Eglises de l'Ordre, & à celles des *Carmes*, pour Saint *Cyrille*.

7. Saint *Thomas d'Aquin*, Fête à la *Minerve*, où les Cardinaux tiennent Chapelle, & à Sainte *Barbe des Libraires*, qui ont pris Saint *Thomas d'Aquin* pour leur Patron.

8. A Saint *Jean Colabit*, Fête pour le B. H. *Jean de Dieu* Fondateur de l'Ordre

(a) S. Lazare le Peintre vivoit au neuvieme Siécle sous le regne de Theophile l'Iconoclaste. S. Lazare peignoit des Images pour les Eglises: cela lui attira la haine & la colere de l'Empereur, qui lui fit souffrir de cruels supplices pour l'obliger de renoncer à cette devote occupation. S. Lazare martyrisé en plusieurs manieres pour les Images ne laissa pas d'en peindre depuis ses souffrances, & ces Images firent des miracles. Cet illustre Saint de l'Eglise Grecque ne jugea pas à propos d'imiter la generosité du Sauveur, qui pria Dieu pour ses ennemis. S. Lazare ne put jamais se resoudre à délivrer par ses prieres l'ame de l'Empereur Theophile des flames du Purgatoire.

(b) Marguerite de Cortone consacra les premieres années de sa jeunesse au libertinage: mais la vue du cadavre de son amant, auquel elle s'étoit abandonnée pendant neuf ans, la toucha d'une maniere si éfficace, que depuis ce moment jusqu'à l'article de la mort elle ne cessa d'aimer Dieu de tout son cœur, & d'expier par les plus rudes pénitences les desordres de sa jeunesse. Après qu'elle se fut donnée à Dieu, tout son plaisir fut d'affliger son corps par des mortifications. Elle prit une horrible aversion pour sa beauté: se meurtrit le visage à corps de pierre, pleura du sang & se maltraita si cruellement, que les yeux de cette Coquette pénitente sembloient sortie de leurs orbes. Elle se frapoit continuellement, se disciplinoit avec des cordes pleines de gros nœuds & avec d'autres instrumens de pénitence, jeûnoit sans relache au pain & à l'eau, se faisoit trainer nue en chemise la corde au col; si bien qu'enfin elle ne ressentit plus aucun mouvement déreglé de la sensualité, ni même le moindre mauvais desir. Son Ange Gardien lui rendit plusieurs visites, & le P. Giry nous assure que J. C. même lui parloit avec une familiarité qui n'est pas concevable. Nous passons les autres graces que Dieu fit à la B. H. Marguerite, comme la vertu de guérir les possedés, le don de prophetie, celui des miracles. Une Lumiere celeste avertit cette Bienheureuse du tems de sa mort. Toutes les Ames, qui avoient été délivrées par ses prieres des flames du Purgatoire, se rendirent alors auprès d'elle. Après sa mort son corps exhala, dit le P. Giry, une très suave odeur; ce qui est assés ordinaire aux Saints.

dre de la Charité, & à Sainte *Barbe des Libraires*, à cause qu'il avoit été Libraire. Saint *Julius* E. de *Toléde* & Moine Bénédictin, aux Eglises de
l'Ordre.

9. Sainte *Françoise Romaine*, Fête à son Eglise *in Campo Vaccino*, où est son
corps: il y a Chapelle des Cardinaux. Fête à son Eglise dans la *Strada Felicé*,
à *Torrè de Spechi*, & à *Ara cœli*.

10. Les quarante Martyrs; Fête à leurs Eglises.

11. Saint *Firmin* Abbé Bénédictin, Fête aux Eglises de l'Ordre.

12. Saint *Grégoire* Pape, Fête à Saint *Pierre*, où est son Corps, dans les autres Eglises & à l'Eglise neuve.

13. Saint *Antonin* E. C. Fête à Saint *Pierre* & à Saint *Venant*; aux Eglises des
Carmes, pour Sainte *Euphrasie* Vierge.

14. Sainte *Matilde* Reine, de l'Ordre de Saint *Benoît*, aux Eglises de
l'Ordre.

15. Saint *Longin*, à Saint *Pierre*, à l'Oratoire de Saint *Marcel*, & à Saint
Augustin, où il y a de ses reliques.

16. Saint *Felix* Martyr, Fête à Sainte *Praxède*, où sont ses reliques.

17. Saint *Joseph d'Arimathée*, à Saint *Pierre*, & à Saint *Isidore des Hibernois*
pour Saint *Patrice*.

18. Saint *Cyrille* E. C. Fête à Sainte *Marie in Campo Marzo*, où sont ses reliques. A Saint *Nicolas de Tolentin*, Fête de l'Image de *N. Dame* trouvée près
de *Savonne*.

19. Saint *Joseph* Epoux de la Sainte *Vierge*, Fête en ses Eglises, à la *Rotonde*, & à Sainte *Anastasie*, où l'on montre son Manteau par tout l'Ordre des Carmes Déchaussés.

20. Saint *Joachim* Pére de la Sainte *Vierge*, Fête en ses Eglises, à la *Rotonde*,
à Saint *Joachim*, & à Sainte *Anne*: aux 4 *Fontaines*, aux Eglises de Sainte *Anne*,
& à la *Minerve*, pour Saint *Ambroise* & Saint *Sedonio*: à Sainte *Croix en Jéru-
lem* pour la Dédicace: les femmes peuvent entrer en la Chapelle de Sainte
Hélene.

21. Saint *Benoît* Fondateur de son Ordre, à ses Eglises, & aux Religieuses
de *Campo Marzo*,

22. Fête par tout l'Ordre de Saint *Benoît*, & à Saint *Pierre* pour Saint *Grégoire* II. dont le corps y repose.

23. Saint *Bruno* Abbé Bénédictin, Fête par tout l'Ordre.

24. Fête aux Eglises de l'Ordre de Saint *Benoît*, & à Saint *Sauveur de la Cour*
pour Saint *Pierre* Prêtre & Martyr: son corps y repose.

25. L'Annonciation de la *Vierge*, Chapelle Papale à la *Minerve*, où le Pape
& les Cardinaux vont en Cavalcade.

Le jour de l'Annonciation le Pape fait la Ceremonie de marier ou d'encloîtrer un
certain nombre de filles. *Misson* la décrit agréablement dans son *Voiage d'Italie*.

„ (a) La Fête de l'Annonciation, le Pape & le sacré Collegé se trouvent à la
„ Minerve: le Pape celebre une grande Messe, ou bien quelque Cardinal officie
„ en son absence, & toutes les filles se confessent & communient. Cela étant
„ fini, ces filles qui sont habillées de serge blanche, & enveloppées comme
„ des phantomes dans un grand drap qui leur couvre la tête, & qui ne leur
„ laisse qu'une petite visiere, ou souvent même un petit trou pour un œil seu-
„ lement; ces filles, dis-je, entrent deux à deux dans le Chœur où tous les
„ Car-

____

(a) Tome second p. 120. Edit. de 1702.

,, Cardinaux font affemblés , & fe viennent profterner à genoux aux pieds du
,, Pape ou du Cardinal qui fait la fonction. Un Officier defigné pour cela fe
,, tient à côté aiant dans un baffin de petits facs de rabis blanc, chacun def-
,, quels renferme ou un billet de cinquante écus pour celles qui choififfent le
,, mariage, ou un autre billet de cent écus pour celles qui lui préferent le Cou-
,, vent. Chàque fille aiant bien humblement declaré fon choix, on lui donne
,, fon fac par un petit pendant. Elle le baife en le recevant, elle fait une pro-
,, fonde reverence , & défile auffi-tôt pour faire place aux autres. Les Nones
,, futures font diftinguées par une guirlande de fleurs qui couronne leur virgini-
,, té: elles tiennent auffi le rang honorable à la Proceffion. " On demande s'il en
eft beaucoup qui faffent (a) le mieux de S. Paul : l'Auteur répond que des
trois cent cinquante filles qu'il vit à cette Ceremonie , il n'y en eut que trente-
deux qui choifirent le Couvent, les trois cent dix huit autres fe contenterent de
faire le bien, c'eft-à-dire de fe marier.

Le jour de l'Annonciation Fete à *Sainte Marie Majeure*, & aux autres Eglifes
de la *Vierge*, particuliérement aux Religieufes de *Campo Marzo*.

26. Saint *Caftule* Martyr, à Sainte *Praxéde*, où eft fon corps.

27. Saint *Robert* E. C. de l'Ordre de Saint *Benoît*, Fête aux Eglifes de fa
Religion.

28. Saint *Sixte III.* Pape, Fête à Saint *Laurent* hors des murs , où eft fon
corps.

29. Saint *Euftafie* Abbé Bénédictin, Fête par tout l'Ordre.

30. Saint *Quirin* Martyr, pére de Sainte *Balbine*, Fête à l'Eglife de fa fille.

31. Sainte *Balbine* Vierge & Martyre, à fon Eglife.

Stations du Carême.

Le Dimanche de la (b) Septuagéfime la Station eft à Saint *Laurent* hors des
murs.

Le Dimanche de la Sexagéfime, à Saint *Paul* : A Sainte *Marie in Campitelli*,
expofition du Vénérable, avec Décorations, Luminaires, Mufique, Concerts,
Sermons, &c.

Le Dimanche de la Quinquagéfime, à Saint *Pierre*.

Le Lundi de la Sexagéfime , on met les (c) 40. heures à l'Oratoire de Saint
François Xavier, avec décorations, Luminaires, & Mufique excellente.

Le Jeudi gras on expofe le Saint Sacrement pour les 40. heures , à Saint *Laurent in Damafo*, en préfence des Cardinaux, avec quantité de Luminaires , &
de Décorations: il y a Sermon, & Mufique.

C 2

Le

(a) *Celui qui marie fa Vierge fait bien, mais celui qui ne la marie pas fait mieux :* c'eft ainfi que la ver-
fion de Genève exprime ces paroles de S. Paul. Ch. 7. de la premiere Epître aux Corinth.

(b) On appelle *Septuagéfime* le Dimanche qui précede la Sexagéfime ; & qui eft le troifiéme avant le premier Dimanche du Quarefme ; *Sexagéfime* celui qui eft le fecond, & *Quinquagéfime* celui qui eft le premier.
On prétend que par ce nom de *Septuagéfime* on a voulu faire allufion à la captivité des Juifs en Babylone pendant
l'efpace de foiffante-dix années. C'eft une image de la Captivité fpirituelle de l'homme fous le péché.

(c) La priere de *quarante heures*, pendant laquelle le S. Sacrement refte expofé fur l'Autel, a été inftituée, ou
pour mieux dire renouvellée par les Papes Pie IV. & Clément VIII. Cette priere eft précédée & fuivie d'une
Proceffion. Pendant que le Venerable eft expofé fur l'Autel, deux Clercs affiftans doivent prier continuellement
devant lui jufqu'à ce qu'ils foient relevés par d'autres , ce qui continue ainfi jufqu'à la fin des 40. heures.
Pour rendre la devotion plus folemnelle, le peuple doit affifter à cette priere : chaque famille doit donner une
heure à cet acte de pieté. Quand l'heure va s'écouler un des Affiftans fonne une clochette pour avertir le fon-
neur que l'heure s'acheve, & celui-ci fonne la cloche pour appeller d'autres fidelles à la priere.

Le Dimanche gras on met les 40. heures au *Jesus*, dont l'Eglise est ornée de belles décorations, de machines d'Architecture & de perspectives.

1. Mécredi des Cendres, Chapelle Papale au Palais Apostolique : Le Cardinal grand Pénitencier chante la Messe, un Pére Théatin prononce le Sermon : le Pape fait la fonction de donner les Cendres, puis étant accompagné des Cardinaux, des Seigneurs & des Officiers de la Cour de *Rome*, il va en Cavalcade à Sainte *Sabine*, où est la Station, & à Saint *Alexis*.

Les CEREMONIES des CENDRES.

La Ceremonie des Cendres est un reste de ces anciennes manieres de s'affliger, dont il est assés souvent parlé dans les livres de l'Ancien Testament. C'est aussi une image, foible à la verité, de l'ancienne Pénitence publique, pendant laquelle un Pénitent étoit separé de l'Assemblée des Chrétiens & paroissoit à la porte de l'Eglise avec le sac & la cendre.

Les Cendres qui servent à la Ceremonie du premier jour du Carême doivent être (a) de ramaux d'Olivier ou d'autres Arbres benits l'année d'auparavant. Le Sacristain prépare ces cendres, les met dans un petit vase sur l'Autel, du côté de l'Epitre, après quoi le Célebrant benit les cendres, & pour cet éfet on allume les Cierges sur l'Autel, le Célebrant, ses Clercs & ses Acolytes se revêtent des paremens convenables à la solemnité de la Ceremonie, pendant que le Chœur acheve de chanter (b) Nones ; après quoi le Celebrant précedé du Thuriferaire, & de ses autres Ministres monte à l'Autel, le baise & prononce une Oraison en se tournant un peu vers les Cendres. Ensuite il fait le signe de la Croix sur les Cendres, & les encense après le signe de Croix. L'encensement étant fini, le Celebrant, aiant à ses côtés le Diacre qui porte les Cendres, & son Soudiacre, s'avance vers le milieu de l'Autel & se tourne du côté de l'Assemblée : alors le plus apparent d'entre le Clergé de l'Eglise où la Ceremonie des Cendres se fait, monte à l'Autel & met en croix les cendres sur la tête du Celebrant, en lui disant, *memento homo quia pulvis es* &c. *Souveniés vous que vous n'êtes que de la poudre* &c. Après que le Celebrant a reçu les cendres, il les donne à ses Ministres, à tout le Clergé, & enfin au peuple. Les femmes les reçoivent comme les hommes immédiatement sur le sommet de la tête.

Un Evêque reçoit assis & sans mitre les Cendres du Chanoine qui doit celebrer ; après quoi le Prelat reprenant sa mitre & aiant devant soi une nape blanche donne à son tour les Cendres au Chanoine celebrant, qui est incliné devant lui. (c) L'Evêque donne les cendres à une Dignité Superieure, comme l'Archevêque ou le Patriarche. Les Princes, les Ambassadeurs & autres personnes distinguées ne reçoivent les Cendres qu'après les Chanoines. Les Chanoines & les Dignités Superieures reçoivent les cendres étant inclinés ; les autres personnes du Clergé & les Laïques les reçoivent à genoux. Le Pape reçoit les Cendres du Cardinal celebrant, (d) qui ne lui dit pas la formule *memento* &c. mais l'Eminence est inclinée & debout, lorsque sa S. lui donne les Cendres. Un Empereur

---

(a) *Baudry*, *Piscara*, *Cerim.* Eccl. Rom.

(b) *Piscara* *Prax.* *Cerim.* *Baudry Manuale Cerim.* On donne ordinairement les cendres au Peuple le matin.

(c) *Baudry* & *Cerem.* *Epist.*

(d) *Nihil dicens. Cerim. Ecclef. Rom.* L. 1.

Le jour des CENDRES.

Manière dont on rend le PAIN-BENIT.

reur qui aſſiſteroit à cette ceremonie d'humilité ne reçevroit les Cendres qu'a-
près tous les Cardinaux. Les Princes de l'Egliſe ſont au-deſſus des Princes du
Siécle.

Le CARNAVAL, le CARÊME, les QUATRE TEMS.

On trouve, dit (a) un Auteur Proteſtant, l'origine du Carnaval chez les
Aſcodrogites, eſpece de libertins qui parurent dans le quatriéme ſiécle, & qui
renouvellerent alors les Bacchanales Païennes. Que le Carnaval imite les Bacchanales, ou les Saturnales, à la bonne heure, toûjours eſt il ſûr que ſon libertinage n'eſt pas ordonné. On le tolere, & l'antiquité de ces débauches pério-
diques les fait preſque paſſer pour legitimes. Les maſcarades, les déguiſemens
& les changemens d'habits étoient en uſage dans pluſieurs Fêtes du Paganiſme,
telles qu'étoient les Fêtes dont nous venons de parler, (b) les *Lupercales* & les (c)
Megaleſia de la Deeſſe Cybele.

Le Carême eſt une imitation du jeûne de JESUS CHRIST. Il eſt très ancien, puiſque pluſieurs anciens Pères le citent, mais dans la primitive Egliſe on
ne ſe tenoit pas toûjours au jeûne de 40. jours : on a des exemples de Carêmes
plus cours, & l'on en a auſſi de plus longs. Quelquefois on commençoit le
Carême à la Septuageſime, d'autrefois à la Sexageſime, & ſouvent à la Quin-
quageſime. Les uns lui donnoient ſix ſemaines, les autres ſept, mais quelques-
uns ne le commençoient que trois ſemaines avant Pâques. On l'obſervoit rigou-
reuſement, non ſeulement en s'abſtenant du vin, de la viande, & de toute
ſenſualité, mais même en jeunant juſqu'au ſoir. Enfin il étoit défendu de ſe
marier pendant le Carême, & cela s'obſerve encore aujourd'hui.

Le Jeûne des *Quatre-tems* eſt (d) d'Origine Judaïque. Ce que l'on appelle les
Quatre-tems conſiſte en trois jours de jeûne ſolemnel ordonné dans chaque
ſaiſon de l'année. Le jeûne des *Quatre-tems* aprend aux fidelles que les quatre
parties de l'année doivent être également conſacrées à Dieu. Quelques-uns prétendent que ces jeûnes étoient établis dés le premier Siécle de l'Egliſe, mais
qu'ils n'étoient pas d'une ordonnance abſolue, & qu'on pouvoit s'en abſtenir
ſans ſcandale. On prétend que cette indifference ne fut ſuprimée qu'avec le
tems par les Conciles : on veut même que le Pape Saint Leon n'ait inſtitué qu'environ l'an 460. les quatre jeunes ſolemnels que l'on appelle les *Quatre-tems*. On
dit auſſi que le Pape Gelaſe comanda que les Ordinations des Prêtres & des
Diacres ſe fiſſent en ces jours là, & comme du tems des Apôtres on procedoit
à ces ordinations par des jeunes & des prieres publiques, il étoit bien juſte que
les *Quatre-tems* fuſſent marqués par ces actes de pieté, & que les fidelles em-
ploiaſſent

(a) *Hiſt. des Ceremonies & des Superſt. qui ſe ſont introduites dans l'Egliſe.*
(b) Les Lupercales ſe celebroient au mois de Mars. On ſe déguiſoit alors de toutes ſortes de manieres ;
mais les plus devots, dans l'intention de plaire au Dieu Faune, celebroient la Fête tous nuds, pour mieux faire la comemoration d'une avanture galante du Dieu Faune, laquelle eſt décrite par Ovide au L. 2. de ſes *Faſtes.* Les Saturnales ſe celebroient avec la même licence au mois de Decembre.
(c) Cette Fête ſe celebroit au commencement du printems. On ſe maſquoit & ſe déguiſoit alors ſi generalement, qu'il étoit aſſés difficile de reconnoître les gens, à ce que dit *Herodien*. L. 1. Chap. 32.
(d) On veut que les Quatre-tems aient du rapport à ces quatre jeunes que les Juifs appelloient du quatriéme, du cinquième, du ſeptiéme & du dixiéme mois. On ſolemniſe les quatre-tems en Mars, Juin, Sepetem-
bre, Decembre.

ploiassent leurs jeûnes & leurs prieres (a) *pour demander à Dieu de dignes Officiers à son Eglise.*

2. Jeudi, Station à Saint *Géorge* ; tous les Jeudis de Carême au *Jesus* & à Saint *André de la Valle* : il y a l'après-diner Sermon & Musique.

3. Vendredi, Station à Saints *Jean* & *Paul*, & à Saint *Géorge.* Tous les Vendredis de Carême, excepté le premier & le dernier, il y a le soir Oratoire à l'Oratoire de Saint *Marcel*, avec Musique excellente, concert d'instrumens, & belle simphonie.

4. Samedi, Station à Saint *Triphon* & à Saint *Augustin.* Tout les Samedis de Carême, l'après-diner, Sermon & Musique à *Nôtre Dame des Monts*, à *Nôtre Dame de Lorette*, à la Colonne *Trajane.*

5. Le premier Dimanche de Carême, Chapelle Papale au Palais Apostolique : un Evêque assistant y chante la Messe, le Procureur général de l'Ordre de Saint *Dominique* fait le Sermon. La Station est à Saint *Jean de Latran* & à Saint *Pierre.* Tous les Dimanches de Carême, il y a exposition du Vénérable, avec Luminaires & Musique à Saint *Jean de Latran* : à Sainte *Praxéde*, à Saint *Augustin*, &c.

6. Lundi, Station à Saint *Pierre in Vinculis* : Fête à Saint *Jean de la Pigne des Prisonniers.*

7. Mardi, Station à Sainte *Anastasie.*

8. Mécredi, à Sainte *Marie Majeure.* Tous les Mécredis de Carême, l'après-diner il y a Musique & Sermon à Saint *Nicolas des Césarins*, à Saint *Jérôme de la Charité*, & autres lieux.

9. Jeudi, Station à Saint *Laurent in Panisperna.*

10. Vendredi, aux Saints *Apôtres.*

11. Samedi, à Saint *Pierre.*

12. Le deuxiéme Dimanche de Carême, Chapelle Papale au Palais Apostolique : un Evêque assistant chante la Messe ; le Procureur général des *Cordeliers* fait le Sermon : Station à Sainte *Marie Majeure* & à Sainte *Marie* la *Navicella.*

13. Lundi, Station à Saint *Clément*, Fête à Saint *Pierre* & à Saint *Marcellin* pour la Dédicace de l'Eglise.

14. Mardi, à Sainte *Balbine.*

15. Mécredi, à Sainte *Cécile.*

16. Jeudi, à Sainte *Marie in Traslevére.*

17. Vendredi, à Saint *Vital.*

18. Samedi, à Saint *Pierre* & à Saint *Marcellin.*

19. Le 3. Dimanche, Chapelle Papale au Palais Apostolique : un Evêque assistant chante la Messe, le Procureur général des *Augustins* fait le Sermon. La Station est à Saint *Laurent* hors des murs : à l'Eglise des *Grecs* on fait solemnellement l'adoration de la Croix.

20. Lundi, Station à Saint *Marc.*

21. Mardi, à Sainte *Pudentiane.*

22. Mécredi, à Saint *Sixte* & aux Saints *Nérée* & *Achillée.*

23. Jeudi, à Saint *Côme* & Saint *Damien in Campo Vaccino.*

24. Vendredi, à Saint *Laurent in Lucine.*

25. Samedi, à Saint *Cajus*, à Sainte *Susane*, & à Sainte *Marie des Anges* aux Thermes de *Dioclétien.*

26. Le

______

(a) *Rituel d'Alet.*

26. Le 4. Dimanche de Carême, Chapelle Papale au Palais Apostolique: un Cardinal Prêtre chante la Messe, le Procureur général des *Carmes* dit le Sermon, le Pape benit la Rose d'or: la Station est à Sainte *Croix en Jérusalem.*

La BENEDICTION *de la* ROSE *d'*OR.

Urbain V. envoia en 1366. le quatriéme Dimanche de Carême une Rose d'Or à Jeanne Reine de Sicile, & fit un decret par lequel il ordonnoit que les Papes en consacreroient tous les ans une pareille en pareil tems. Cette Rose d'or est enrichie de pierreries. Le Pape l'envoie souvent à des Princesses, ou à quelque Eglise qu'il affectionne particulierement. Sa Sainteté benit cette Rose dans la Chambre des Paremens, avant que d'aller entendre la Messe à sa Chapelle. (*a*) La Benediction de la Rose se fait avec de l'encens, de l'eau benite, du baume & du musc mêlés ensemble. Après la Benediction le Pape sort de la Chambre, un de ses Cameriers secrets porte la Rose devant lui & la pose sur un Chandelier. (*b*) Un Cardinal Diacre la presente à S. S. qui en s'acheminant à la Chapelle la tient en sa main gauche & benit de la droite les fidelles qui se trouvent sur ses pas. La Rose est ensuite rendue au Cardinal Diacre, & celui-ci la donne à un Clerc de la chambre, qui la pose sur l'Autel. Après la Messe S. S. donne la Rose à qui il lui plait. N'oublions pas que le Dimanche de la *Rose d'or* s'appelle aussi (*c*) *Lætare*, (*d*) & que le sacré College paroît alors à la Chapelle en Soutanes de couleur de Roses seches.

La Rose a trois qualités remarquables, dont on doit faire l'application aux fidelles de l'Eglise; la couleur, l'odeur & le gout. La matiere de la Rose d'or, le Musc & le baume qu'on y emploie sont des emblemes de la Divinité de la Spiritualité & de l'Humanité de JESUS-CHRIST. C'est à un (*e*) Prélat Romain que nous devons cette ingenieuse découverte.

27. Lundi, Station à l'Eglise des *Quatre Couronnés.*

28. Mardi, à Saint *Laurent in Damaso.*

29. Mécredi, à Saint *Paul.*

30. Jeudi, à Saint *Martin des Monts* & à Saint *Sylvestre in Campo Marzo.*

31. Vendredi, à Saint *Eusébe* & à Sainte *Bibiane.*

32. Samedi, à Saint *Nicolas in Carcere.*

33. Le 5. Dimanche de Carême, Chapelle Papale au Palais Apostolique: un Evêque assistant chante la Messe; le Procureur général des *Servites* fait le Sermon. La Station est à Saint *Pierre*, & la Fête à Saint *Lazare* hors de la ville.

34. Lundi, Station à Saint *Chrysogone.*

35. Mardi, à Saint *Quirico*, & à Sainte *Marie in Via latâ.*

36. Mécredi, à Saint *Marcel.*

37. Jeudi, à Saint *Apollinaire* & aux *Convertis au Cours.*

38. Vendredi, à Saint *Etienne le rond :* Fête à Saint *Marcel* pour N. Dame *des sept Douleurs.*

39. Samedi, à Saint *Jean* devant la Porte *Latine*, & à Saint *Césaire :* On dé-

D 2

couvre

(*a*) *Sacr. Cerem. L. 2.*
(*b*) *Piscara Praxis Cerim.*
(*c*) On l'appelle *Lætare* d'une lecture qui se fait en ce jour là, & commence par le V. 10. du Ch. 66. des Propheties d'Isaïe.
(*d*) *Piscara.* Ibid.
(*e*) *Casal.* de Ver. Christ. Ritib.

couvre l'Image du *Sauveur* au *Sancta Sanctorum* , & celle de la Sainte *Vierge* à Sainte *Marie Majeure*. Elles restent découvertes jusqu'au Dimanche *in Albis*.

4o. Le Dimanche des Ramaux , Chapelle au Palais Apostolique : le Pape fait la Bénédiction & la distribution des Palmes. On fait ensuite la Procession autour de la Sale Royale, un Cardinal Prêtre chante la Messe. Station à Saint *Jean de Latran*. A Saint *Jean des Maronites* on fait la Procession des Palmes, & l'on chante la Messe solemnelle en langue *Syriaque*.

Les CEREMONIES du DIMANCHE des RAMAUX.

Le Dimanche d'après *Lætare* on voile les Croix & les Images des Saints : elles restent voilées jusqu'à la fin du Samedi Saint. Le jour des Ramaux on prépare les palmes à la Chapelle Papale : (*a*) au défaut de palmes on prend des Ramaux d'Oliviers auxquels on attache des feuilles de palmes nouées fort proprement en croix. Ces Ramaux de palmes ou d'oliviers ont environ cinq pieds de long. Le Pape se rend en Procession à la Chapelle. (*b*) Après les prieres & les ceremonies ordinaires dans les autres Benedictions, S. S. asperse & encense les Ramaux. La consecration de ces Ramaux étant achevée, le premier Cardinal Evêque en offre deux des plus grands à S. S. qui les remet à deux personnes de marque. Ces deux personnes de marque se tiennent avec les Ramaux aux côtés de S. S. à ce que dit le Ceremonial Romain. Le même Cardinal lui presente une troisiéme Ramau plus petit. S. S. le remet à un Camerier & distribue les autres aux Cardinaux , aux Prélats , aux Ambassadeurs & à la Noblesse qui assiste à cette Ceremonie. Les Ramaux que le Cardinal Evêque offre au Saint Pontife sont fort proprement ornés de fleurs. Ceux qui reçoivent ces Ramaux doivent les baiser : en les recevant le premier Cardinal Evêque a l'honneur de baiser la main & le genou du Vicaire de JESUS-CHRIST. Les autres Cardinaux lui baisent aussi le genou , mais les Ecclesiastiques inferieurs à ces Eminences lui baisent seulement le pied. La Ceremonie finit par la distribution des Ramaux au Peuple : pendant qu'on chante la Passion , tous les fidelles ont leur Ramau à la main.

Le jour des Ramaux les Autels sont ornés de Palmes ou de Ramaux d'oliviers. Les Ramaux destinés à être distribués sont mis sur une crédence prés de l'Autel & y restent couverts d'une nappe blanche jusqu'à la Benediction.

Il seroit inutile d'indiquer au Lecteur l'évenement dont cette ceremonie fait la commemoration. Les Ramaux benits nous aprennent, dit-on, (*c*) que nos pensées , nos desirs , tout ce qui dépend de nous doit être offert à Dieu, être fait dans son esprit & par le mouvement de sa grace. Cette explication mystique est un peu forcée.

Une coutume remarquable du jour des Ramaux , & qui se pratique encore en plusieurs Païs Chrétiens, c'est celle de delivrer un prisonnier. L'Evêque & le Clergé font en Procession la Ceremonie de cette delivrance qui est l'image de notre liberté spirituelle. Cette coutume vient des Juifs, qui delivroient autre-

fois

(*a*) *Sacr. Cerem.* Eccl. R. L. 2.
(*b*) On décrit ici la Ceremonie telle qu'elle se fait lorsque le Pape benit lui même les Ramaux.
(*c*) *Rituel d'Aix.*

fois un prisonnier le jour de Pâques , en memoire de leur delivrance de la servitude des Egyptiens.

Après la distribution des Palmes, on fait la Procession des Ramaux. Le Diacre presente au Celebrant un Ramau, en baisant ce Ramau & la main du Celebrant: après quoi le Soudiacre prend la croix & se rend au milieu des deux Ceroferaires à l'entrée du Presbytere ou Sanctuaire. C'est de là que commence la marche, aussi-tôt que le Diacre , après avoir fait une genuflexion , s'est tourné vers le peuple & lui a dit (a) *procedamus in pace*. Cette Procession se fait autour de l'Eglise. Après la Procession on dit la Messe, & pendant qu'on chante la Passion, chacun tient à la main son Ramau, même le Celebrant & les Ministres de l'Autel, excepté les Diacres qui disent la Passion, & les Acolythes qui les servent. Après la Messe, chaque fidelle emporte chez soi son Ramau beni, les Rituels nous disent que le Ramau beni est un preservatif contre plusieurs maux, un instrument de plusieurs biens.

Le Sacristain met quelques-uns de ces ramaux en reserve pour les bruler, & en faire des Cendres pour le jour de Carême de l'année suivante.

On assure que vers le milieu du sixiéme Siécle le Pape Agapet instizua les Processions de la Semaine Sainte.

41. Lundi Saint, Station à Sainte *Praxéde* ; Fête à Saint *André* à *Ponte Mole* pour la translation du Chef de cet Apôtre.

42. Mardi Saint , Station à Sainte *Prisque* , & à Saint *Sabas* au Mont *Aventin*.

43. Mécredi Saint, Station à Sainte *Marie Majeure* : le soir il y a Chapelle Papale au Palais Apostolique pour les Ténébres, comme aussi les deux jours suivans à Saint *Jaques des Espagnols* & à Saint *Apollinaire*: on chante les Ténébres avec Musique & Concert.

On dit les Ténébres le Mecredi , le Jeudi & le Vendredi de la Semaine Sainte. (b) Il ne doit y avoir alors ni fleurs ni Images sur les Autels , qui outre cela doivent être couverts de paremens violets. On met sur les Autels six chandeliers de bois ou d'autre matiere vile avec six cierges de cire commune. On ôte le S. Sacrement de dessus l'Autel devant lequel on doit chanter les Matines des Ténébres: on le porte en quelque lieu secret avec ses luminaires & ses ornemens. On met du côté de l'Epitre , à l'endroit où le Soudiacre fait l'assistance, pendant l'*Introite* , une (c) espece de lustre de bois triangulaire, qui supporte quinze Cierges de cire commune. On allume ces Cierges & ceux de l'Autel avant que de commencer les Matines. Après le chant de chaque Pseaume de cet Office, le Sacristain , ou quelque Acolyte, éteint avec un roseau destiné à cela tous les Cierges de ce lustre, commençant par le Cierge le plus éloigné. Il n'en laisse qu'un seul allumé , *assavoir* celui qui est à la pointe du triangle. Toute cette Ceremonie est suivie de chants, de leçons &c. dont il est inutile de donner ici un détail qui ne peut servir qu'à des Prêtres. Pendant le chant du *Benedictus* on (d) éteint tous les luminaires de l'Eglise, & l'on doit faire en sorte qu'ils se trouvent tous éteints quand on a achevé le chant du Cantique. Pour le Cierge qui est resté allumé dans le triangle, un Acolyte à genoux le tient élevé sur une petite table pendant la repetition d'une Antienne du *Benedictus* , mais il

le

le cache derriere l'Autel ou sous l'Autel du même côté de l'Epître, lorsqu'on chante le Verset qui commence par ces paroles, *Christus factus est* &c. On chante ensuite à genou le *Miserere* : le *Miserere* est suivi de l'Oraison dont les premiers mots sont *respice quæsumus*. Le Celebrant toûjours à genoux & la tête découverte, de même que ses Ministres, recite tout haut cette priere jusqu'à (*a*) *qui tecum*. Alors il baisse entierement la voix : à peine la priere est elle achevée, (*b*) qu'on entend le bruit des baguettes qui frapent sur les siéges & sur les bancs, souvent les poings se mettent de la partie, les enfans augmentent le carillon, & le peuple, dont la devotion est presque toûjours opposée aux lumieres du bon sens, prend assés de gout à ce bruit pour ne pas le finir si-tôt. Un Acolythe l'arrête; il lui montre le Cierge qu'il avoit caché sous l'Autel. C'est le signal du silence.

Le Pape assiste aux Tenébres en Chape rouge, & le capuchon renversé sur la tête. La Croix ne marche pas devant lui. Les Eminences, qui sont en violet, ne lui font ni l'obédience, ni l'Assistance à l'Autel.

44. Le Jeudi Saint, au lieu de cloches on se sert de la cresselle, excepté pourtant qu'à la Messe au *gloria in excelsis* on sonne la cloche. Les Autels doivent être revêtus de paremens blancs, les Croix de même, la Messe doit être aussi célébrée en blanc. Il ne se doit point dire (*c*) de Messes privées le Jeudi Saint. Tout le Clergé communie de la main de son superieur, pour mieux representer la Cene que le Sauveur fit avec ses Apôtres : & si l'on ne peut se dispenser de dire quelque Messe privée, (*d*) il faut la dire avant l'Office divin.

Le Jeudi Saint il y a Chapelle Papale au Palais Apostolique : Un Cardinal Evêque chante la Messe, après laquelle le Pape porte le Saint Sacrement en Procession au Sépulchre ou Paradis préparé dans la Chapelle *Pauline* :

La PROCESSION *du* S. SACREMENT *au* TOMBEAU.

Voici la Ceremonie de cette Procession, qui se fait après une Messe solemnelle. Il n'est pas necessaire de détailler (*e*) les genuflexions du Celebrant & de ses Ministres à un côté de l'Autel, ensuite au millieu, puis sur le second degré, ni de dire comment après être descendu de l'Autel il quitte la Planette & le Manipule, prend le Pluvial, & prie pendant que le Sacristain ou quelqu'autre s'en va allumer les Cierges, étendre le Corporal sur l'Autel &c. qu'un autre distribue les Cierges de la Procession, que les Thuriferaires préparent leurs encensoirs & que le Porte-Croix se met en blanc pour s'armer ensuite de la Croix Processionnale. Nous ne disons rien non plus de la maniere dont ces Ministres s'arrangent auprès de l'Autel, s'en aprochent, se mettent à genoux, prient. Tous

ces

(*a*) *Qui vit & regne avec vous* &c.

(*b*) Le Maitre des Ceremonies donne le premier des coups de baguette sur les dégrés de l'Autel.

(*c*) Quelques-uns prétendent que les Messes privées n'ont commencé que dans le septiéme Siécle, & qu'elles sont une suite de l'ignorance & du refroidissement de la pieté des peuples. Alors la Communion devint moins fréquente & fut insensiblement restrainte au Celebrant seul : Alors aussi au lieu d'un grand pain qu'on avoit accoutumé de consacrer pour l'assemblée, on ne consacra plus que les Hosties ordinaires. Les Messes basses, dit on encore, s'établirent en même tems. Bien loin de croire que l'origine des Messes privées soit aussi moderne, & doive être attribuée à l'indevotion, nous croions au contraire qu'elles sont des suites de l'extrême devotion des premiers Chrétiens, qui communioient très souvent en particulier.

(*d*) *Piscara* Praxis Cærem.

(*e*) *Bauldry* Manuale Cærem.

ces préliminaires font semblables à ceux dont on a déja donné la description. Il faut toûjours éviter de tourner le dos au S. Sacrement. D'abord le Célébrant l'encenfe trois fois. Le Saint Sacrement eft couvert du voile, un Acolyte en met un autre fur les épaules du Celebrant, Un Diacre va prendre enfuite le S. Sacrement fur l'Autel, le prefente au Célébrant : le Célébrant l'éleve devant l'Affemblée, & le chœur chante le *Pange lingua.* Alors la Proceffion fe met en marche chacun le Cierge à la main : les plus jeunes vont devant, les plus agés fuivent. Ceux du haut Clergé doivent marcher à la fuite du Celebrant qui marche fous un daix & porte le Sacrement. Quand on eft arrivé au lieu du tombeau, les plus jeunes doivent fe placer auprès de la Croix, laquelle doit être vis-à-vis du tombeau : les plus agés fe placent après. Tous fe jettent à genoux, excepté les Ceroferaires & les Porte-Croix : le chœur chante & repete une (*a*) Antienne pendant la devotion de cette Ceremonie. Le Celebrant encenfe le S. Sacrement. Un Diacre le prend enfuite & le tient jufqu'à ce que le Celebrant fléchiffe le genou devant le Sauveur. Après cette action le Diacre le remet dans le tabernacle où le Célébrant l'encenfe trois fois, après quoi le Diacre ferme le tabernacle à la clef & la remet au Maitre des Ceremonies. Voilà ce qu'on appelle porter le S. Sacrement au tombeau. La Proceffion s'en retourne avec les Cierges éteints excepté ceux des Acolytes qui précedent le Porte-Croix. Le Celebrant quitte le blanc & prend le violet pour l'Office de Vêpres. Autant en font fes Miniftres & l'on procéde après les Vêpres au dépouillement des Autels.

Le Pape fait les mêmes Ceremonies dans la Chapelle Pauline.

La MANIERE *dont* on DECOUVRE *ou* DEPOUILLE *les* AUTELS.

Pour cette Ceremonie le Celebrant doit être en violet. On commence par dépouiller le grand Autel. Le Celebrant ote à l'Autel fes couvertures, fes palles & tous fes autres paremens : mais il y laiffe la Croix & les luminaires. On ote même la crédence, les tapis, les fleurs, on dépouille auffi la chaire & jufqu'aux parois de l'Eglife. Le Sacriftain emporte ces ornemens dans la facriftie. La Croix eft voilée de noir, ou tout au moins de violet, le tabernacle eft couvert de même, on le laiffe ouvert. (*b*) C'eft la maifon du Dieu vivant qui s'en eft abfenté pour peu de tems. On doit placer (*c*) la Croix couverte de violet ou de noir à l'entrée du Tabernacle. Après que les Autels ont été dépouillés pour la folemnité de la Paffion du Sauveur, l'on met un baldachin noir fur le grand Autel & l'on tapiffe de noir les murailles de l'Eglife. Il n'eft pas neceffaire de dire au lecteur que cette Ceremonie lugubre eft précedée du chant de quelques Antiennes.

(*d*) On nous dit que le dépouillement des Autels represente la maniere ignominieufe dont JESUS-CHRIST fut dépouillé de fes habits.

Après les Ceremonies dont nous venons de donner la description, le Pape eft porté à la Loge où on lit la Bulle *in Cœna Domini* , par laquelle S. S. excommunie folemnellement les heretiques & les impénitens. Elle donne enfuite la Bénédiction au Peuple affemblé dans la place.

(*a*) *Tantum ergo Sacramentum.*
(*b*) *Bauldry Manuale* &c.
(*c*) *Pifcara Prax. Carem.*
(*d*) *Cafal de Ritib.* &c. Voiés auffi la page 136. de la feconde Partie du Tome premier.

L'EX-

L'EXCOMMUNICATION *du* JEUDI SAINT.

C'est là ce qu'on appelle vulgairement la publication de la Bulle *in Cœna Domini.* Cette publication se fait de la loge de la Bénédiction. (*a*) Le Pape est alors revêtu du pluvial rouge & de l'étole de même couleur : il est dans une espece de chaire élevée, afin d'être vû du peuple. Le Soudiacre qui est à la gauche de S. S. fait en Latin la lecture de la Bulle, le Diacre qui est à sa droite la lit au Peuple en Italien. Cependant on allume les chandeles : chacun prend la sienne. Après l'excommunication publiée, le S. Pére & les Cardinaux éteignent leurs chandeles & les jettent sur le peuple. Alors on ote le drap noir dont la chaire étoit tendue.

(*b*) Deux Cardinaux Diacres Assistans publient l'Indulgence pléniere, l'un en Latin, l'autre en Italien.

Ensuite Sa Sainteté lave les piés (*c*) à douze Prêtres dans la Sale Ducale, & leur donne à diner dans une autre Chambre, les servant lui même, & les régalant chacun d'une médaille d'or & d'une d'argent, avec un habit à l'Apostolique de serge blanche :

CEREMONIE *de* LAVER *les pieds aux* PAUVRES.

Cette Ceremonie s'appelle en Italien le *Mandato,* à cause de l'Antienne qui commence par ces parolles, *Mandatum novum,* lequelle se chante à cette Ceremonie. Les Rituels appellent aussi cette Ceremonie *Mandatum.*

Voici comment un Auteur moderne (*d*) a décrit cette Ceremonie qui imite l'action de Jesus-Christ, à l'égard de ses douze Apôtres. Le Pape & les Cardinaux s'étant rendus à la Salle Ducale où se fait la Ceremonie de laver les pieds, les Cardinaux Diacres Assistans mettent à S. S. l'étole violette, la chappe rouge, la mitre simple. Toutes les Eminences comparoissent en chappes violettes S. S. met dans l'encensoir trois cueillers pleines d'aromates „ & benit le Cardinal „ Diacre qui doit chanter l'Euangile (*e*) *Ante diem festum Paschæ.* Après que „ tout cela est chanté, un Soudiacre Apostolique vient donner à baiser le livre „ de l'Euangile au Pape, & le Cardinal Diacre lui presente trois fois le parfum „ de son encensoir. Incontinent après un Chœur de Musiciens entonne le ver-„ set 34. du même Chapitre que nous venons de citer, où il y a *Mandatum* „ *novum do vobis, je vous donne un nouveau commandement.*

„ Le Pape entendant chanter ces parolles ote sa chape & prenant un tablier „ lave les pieds à treize pauvres Prêtres étrangers, qui sont assis sur un banc éle-„ vé, & vêtus d'un habit de camelot blanc, avec une espece de capuchon, qui „ leur vient jusqu'à la moitié des bras. Ou dit à la Cour du Pape que c'est là
„ un

(*a*) *Sacr. Cærim.* Eccl. Rom. L. 2.
(*b*) Id. Ibid.
(*c*) Le *Ceremonial Romain* parle de treize pauvres.
(*d*) *Aimon Tableau de la* Cour &c. *Relatione de la Corte di Roma di Lunadoro.*
(*e*) Tiré du Chapitre 13. de l'Evangile selon S. Jean.

Ceremonie de laver les pieds à douze PAUVRES le JEUDI SAINT.

L'ADORATION de la CROIX par le PEUPLE le VENDREDI SAINT.

,, un *habit à l'Apostolique*. Ces Prêtres ont la jambe droite nue, & bien savon-
,, née, avant que de la venir presenter découverte, & c'est celle là que le Pape
,, leur lave, après quoi il leur fait donner par son trésorier à chacun deux Me-
,, dailles, l'une d'or & l'autre d'argent, qui pésent une once la piéce, & le Ma-
,, jordome leur donne une serviette avec laquelle le Doien des Cardinaux, ou
,, un des plus anciens Evéques du Collège Apostolique leur essuie les pieds: en-
,, suite le Pape retourne à sa chaise, ote son tablier, se lave les mains dans l'eau
,, qui lui est versée par le plus noble Laïque de la compagnie, & se les essuie
,, avec la serviette que lui presente le premier Cardinal Evêque. Cela étant fait,
,, le Pape reprend sa Chappe & sa mitre, puis entonne l'Oraison Dominicale
,, & dit plusieurs autres prieres en Latin. Quand elles sont finies il s'en va à la
,, Chambre du lit des paremens, sur lequel aiant mis tous ses habit pontifi-
,, caux, il se retire dans son apartement où les Cardinaux l'accompagnent. "

Cette Ceremonie se fait à peu prés de même dans les autres Eglises à Rome
& ailleurs par les Evêques & par les Curés. Le lieu où se fait la ceremonie (a)
doit être orné & parfumé de fleurs & d'herbes odoriferantes. Il doit y avoir au
moins une table en forme d'Autel proprement couverte. La Croix doit être
voilée d'un voile blanc, pour marquer la pureté, dont la Ceremonie de laver les
pieds est l'embleme ; & comme tout doit correspondre avec cette idée, les Rituels remarquent que les chandelles qui éclairent cet acte solemnel doivent être
faites de la cire la plus blanche. Les Crédences & les bassins à mettre l'eau doivent être aussi ornés de fleurs.

,, Les treize Prêtres qui ont eu les pieds lavés de la main du Pape, & aux-
,, quels on donne ce jour là le nom d'Apôtres, sont une heure après conduits
,, dans une belle Chambre du Vatican, où est une representation de la batail-
,, le de l'Empereur Constantin, qui est un des plus beaux chefs d'œuvre de la
,, peinture qu'on puisse voir à Rome. On donne à ces treize Prêtres un diner
,, très magnifique dans cette Sale. Le Pape s'y trouve lorsqu'ils s'asseient à table,
,, & leur presente à chacun le premier plat, & quelque tems après leur verse
,, le premier verre de vin, en leur parlant familierement sur diverses manieres,
,, à l'occasion desquelles il leur accorde plusieurs graces & privileges ; ensuite
,, dequoi il se retire.

,, Le Prédicateur ordinaire du Pape commence pour lors à faire un sermon
,, dans la même Sale, pendant que ces treize Prêtres achevent de diner, au lieu
,, de la lecture spirituelle qui se fait dans les sociétés Ecclesiastiques durant le re-
,, pas. Ce Prédicateur est celui qui prêche ordinairement devant le Pape &
,, dans sa Chambre pendant le Carême & l'Avent une fois la semaine. Alors le
,, Pape se tient dans une Tribune où il n'est vû de personne, & les Cardinaux
,, sont assis autour de sa Chambre en cappe violette comme au Consistoire. "
,, Au défaut du Pape le Cardinal Doien fait en présence de tout le Collège
,, Apostolique la fonction de laver les pieds aux treize pauvres. " La Ceremonie
finit par un beau festin que le S. Pere donne aux Cardinaux, & le Festin est suivi d'une Musique excellente. C'est de cette façon que Rome voit renouveller
tous les ans l'Image de la Cene de JESUS-CHRIST avec ses Apôtres. Les Magistrats du Peuple *Romain* assistent à l'ablution des piés, qui se fait dans l'Hôpital
de Saint *Jean de Latran* : la même fonction se fait encore solemnellement à la
Consolation & ailleurs.

En-

(a) *Bauldry* Manuale Carem.

Enfin cette même Ceremonie se pratique le Jeudi Saint par tous les Souverains Catholiques de l'Europe. En France le premier Medecin du Roi choisit pour cela douze enfans, auxquels S. M. lave les pieds, & leur sert les plats sur la table. On leur fait ensuite, de la part du Roi, une distribution d'argent, de pain & d'habits. (a) Le Roi d'Espagne s'acquitte de cette Ceremonie dans son Antichambre, après avoir fait ses devotions à sa Chapelle. On dispose pour cet effet des bancs dans l'Antichambre pour y faire asseoir les pauvres : vis-à-vis d'eux on dresse de longues tables sur lesquelles on leur sert à diner. On porte dans la même chambre le drap destiné pour leurs habits, & pour chacun d'eux une bourse qui renferme une aumone en argent. Les Officiers de la Paneterie couvrent la table des pauvres, ceux de la cave fournissent à chaque pauvre de l'eau & du vin, ceux de la fruiterie servent les entrées, & ornent la table de fleurs &c. Le Clerc de l'aumône fait asseoir les pauvres sur le banc destiné pour le lavement des pieds, le Medecin de la chambre les visite, pour voir s'ils n'ont point de maladie contagieuse, l'Apoticaire, le Clerc de l'aumône, le grand Maréchal de logis & le grand Aumônier leur lavent les pieds, afin qu'ils soient nets pour ne point causer de dégout à S. M.

,, Dès que le Saint Sactement est mis dans le Tabernacle du Monument, ,, le Roi sort de la Chapelle & se rend en Procession à l'Antichambre, accom- ,, pagné de ses Maîtres d'Hôtel avec leurs Bâtons : celui qui est de semaine a ,, soin de faire ranger le monde, pour éviter l'embarras.

,, La Garde du Roi se tient dans le Salon, en haye de côté & d'autre, & le ,, Lieutenant qui la commande se tient au bout de la Table des Pauvres avec ,, deux Gardes.

,, Le Roi étant arrivé, le Diacre commence à chanter l'Evangile, & pour ,, lors Sa Majesté ôte son chapeau & son épée, se ceint d'une nappe que lui ,, presente le Grand Aumonier, & en son absence le *Sumiller de Courtine*, & lave ,, les pieds aux Pauvres.

,, Le Lavement étant fait, le Roi reprend son chapeau & son épée, & le ,, Clerc de l'Aumône fait asseoir les Pauvres à table.

,, Le Roi commence à les servir, remettant au (b) *Saucier*, qui se tient à ge- ,, noux, ceint d'une nappe, les entrées qui sont sur la table, lequel les met ,, dans des corbeilles.

,, Pendant que le Roi sert l'entrée au premier Pauvre, les Gentilhommes de ,, la Chambre vont par rang d'ancienneté prendre les autres mets à la porte de ,, l'apartement où ils sont, & chacun d'eux assisté de ses Domestiques, porte ce ,, qui est destiné pour un pauvre & le remet au Contrôlleur, lequel présente ,, deux plats au Roi, que Sa Majesté met devant un des Pauvres. Le *Saucier* re- ,, çoit les autres de la main du Roi & les met dans la corbeille.

,, Le Sommelier de la cave se tient derriere la table & a soin de verser à ,, boire aux Pauvres.

,, Lorsque tous les mets sont servis, les Gentilshommes de la Chambre vont ,, querir le dessert, le Roi le prend de leurs mains & le sert à chaque Pauvre, ,, lequel le reçoit dans une serviete, & en même tems le *Saucier* le reprend ,, & le met dans la corbeille avec le pain, la saliere, le couteau, la cueille- ,, re & la fourchete. Cela fait le Chef de la Paneterie leve la nape, & les ,, Gentilshommes de la Chambre vont au buffet pour prendre les habits des Pau-

vres,

(a) *État de l'Espagne par l'Abbé de Vayrac.*
(b) C'est un Officier qui sert à la table du Roi.

On porte en PROCESSION les SAINTES HUILES, &c. | BENEDICTION des SAINTES HUILES.

Manière dont L'EVÊQUE est reçu à la visite de son DIOCESE. | L'EVÊQUE fait L'EXORTATION PASTORALE.

On baise la MAIN de L'EVÊQUE. | Le CORPS de L'EVÊQUE est exposé dans L'EGLISE.

„ vres, qu'ils présentent au Roi, & Sa Majesté les distribuë aux Pauvres l'un
„ après l'autre.

„ La distribution des habits étant faite, le Grand Aumônier dit Graces & don-
„ ne la Bénédiction "

La BENEDICTION des HUILES, &c.

(a) On fait les Saintes Huiles le Jeudi Saint & l'on brule en même tems les
vieilles. Elles se font en Ceremonie, après avoir reconcilié les pénitens à l'E-
glise. Après Nones le Célébrant se met en blanc & prend ses sandales &c. Les
Chanoines, tous les Ministres de l'Autel, sept Diacres, sept Soudiacres, douze
Prêtres sont aussi en paremens blancs. Tous ces fidelles se rendent en Procession à l'Autel. Sans décrire ici les genuflexions, les Oraisons & les Antiennes
qui suivent la Procession, nous dirons que le Celebrant benit, consacre, exorcise
trois sortes d'huiles. D'abord il fait la Ceremonie sur celle (b) des Infirmes, ensuite sur celle du Chresme, & enfin sur celle des Catechumenes. La Ceremonie finit par une salutation que le Celebrant & les Ministres (c) qui concourent
à la consécration font à ces huiles sanctifiées, en leur disant, (d) *nous vous sa-
luons Sainte Huile*. Après cela on rapporte les nouvelles Huiles en Procession
dans la sacristie, l'Officiant se lave les mains, la Messe se dit, on reçoit la Benediction & chacun retourne chez soi.

L'Espagne & quelques lieux de France voisins de l'Espagne ont conservé la
coutume de benir publiquement les viandes en tems de Pâques. Il semble, dit
l'Evêque d'Alet dans son Rituel, „ que cette coutume soit venuë de ce que
„ l'heresie des Priscillianistes s'étant repandue dans l'Espagne & dans la Güien-
„ ne, les SS. Péres, après l'avoir condamnée par leurs écrits, l'ont encore vou-
„ lu condamner par une coutume solemnelle de benir la chair, comme une
„ créature de Dieu bonne & utile, ... afin de s'opposer fortement
„ à l'heresie de Priscillien, (e) qui tenoit que Dieu n'étoit pas le Créateur de
„ la chair, mais le Prince des ténebres, & que les fidelles la devoient rejetter
„ comme impure & mauvaise. Cette Benediction n'est guére en usage que dans
„ les Eglises voisines des lieux où cette heresie s'est élevée. " A cette Benediction
des viandes il faut ajouter celle du pain & celle des œufs de Pâques.

Le Jeudi Saint la Station est à Saint *Jean de Latran:* on y montre les têtes
des Saints Apôtres *Pierre* & *Paul,* & la table où *Nôtre Seigneur* fit la Céne. Le
soir plusieurs Cardinaux Princes &c. vont à la *Trinité* laver les piés aux Pélerins,
& les servent à des tables, qui sont magnifiquement parées, & où ils sont très-
bien traités. La même nuit les Confréries vont en Procession aux flambeaux à
Saint *Pierre,* précédés de bon nombre de Pénitens qui se donnent la discipline
le long du chemin : en recompense on leur montre la Sainte Face de *Nôtre Seigneur,* la lance, & la vraie Croix.

43. Vendredi Saint, Station à Sainte *Croix en Jérusalem,* où l'on montre
des Reliques; le Crucifix miraculeux est à découvert à Saint *Pierre* & à Saint

F 2

Paul,

(a) *Piscara Praxis Cerem.* L'usage des huiles est fort ancien.
(b) C'est l'huile qui sert à l'extrême onction, aux exorcismes &c.
(c) *Ministri Sacri Chrismatis Cooperatores.*
(d) *Ave Sanctum Oleum.*
(e) On attribue à *Priscillien,* heretique du quatriéme siécle, d'avoir condamné le mariage & la chair des
animaux; d'avoir voulu qu'on reçut la Sainte Eucharistie sans la manger &c.

Paul, celui de Saint *Marcel* l'est aussi. Fête en l'Eglise des *Armeniens*, où l'on voit un Saint Sépulcre de *Nôtre Seigneur* semblable à celui du *Calvaire*: Chapelle Papale au Palais Apostolique: un Pere Jésuite fait le Sermon de la Passion & le Cardinal Pénitencier fait l'Office:

L'Officiant est (*a*) en noir: il n'a ni sandales, ni gands, l'Autel est nud, la Croix qui est au millieu est revêtue de noir, comme nous l'avons déja dit: les Cierges sont de cire commune: le baldachin est couvert de noir, de même que le siége de S. S. pour les murs de la Chapelle, ils sont dépouillés de tout ornement. Le dueil du jour ne permet pas qu'on rende certains honneurs au Vicaire de JESUS-CHRIST crucifié. Les Eminences ne lui font pas la reverence, & les Ministres qui doivent chanter la Passion ne lui baisent point le pied. Quand ceux qui chantent la Passion disent ces parolles, *aiant baissé la tête il rendit l'esprit*, le Pape, le Célebrant & les autres fidelles doivent se tourner vers l'Autel, faire une genuflexion & prier tout bas. Tout cela s'observe de même dans les autres Eglises, & ne change pas quand même le Pape officieroit.

(*b*) Le Vendredi Saint le Vicaire de JESUS-CHRIST ne s'assied que sur un banc & lors qu'après l'Office leurs Eminences le ramenent dans sa Chambre, il doit se garder de part & d'autre un profond silence, qui est l'effet de la tristesse.

Le soir à 22. heures les *Grecs* font en leur Eglise les obséques de *Jesus-Christ* en leur langue, autour d'un grand Crucifix exposé sur un lit de parade rempli de fleurs, que l'Evéque *Grec* distribue aux Assistans par devotion après la fin de l'Office.

L'ADORATION *de la* CROIX.

Voici un grand sujet de scandale pour les herétiques. Ils regardent comme une Idolatrie manifeste les Ceremonies de cette adoration solemnelle du Vendredi Saint. Ils ne sauroient comprendre que les prieres de ce jour s'adressent à JESUS-CHRIST crucifié, & que quand on dit à la Croix, (*c*) *Notre unique esperance*, on parle metaphoriquement au *Sauveur* lui même. Peut-être seroit il bon d'ôter des scrupules qui diminueroient l'aversion *des ennemis de l'Eglise*, peut-être rameneroit on des gens qui ne cessent de crier à la *mauvaise foi*, parce que le Vendredi Saint on dit figurément de la Croix, qui est l'objet de la Ceremonie, (*d*) *Voici le bois de la Croix, venés, adorons le.* Ne vaudroit il pas mieux retrancher que d'avoir pour ennemis declarés ces *dévoiés*, qui depuis plus de deux cens ans tiennent en échec les fidelles de la Catholicité, & leur font honte de plusieurs pratiques autrefois si constantes, si autorisées, qui tombent presque dans l'oubli, ou tout au plus n'ont d'autre refuge que l'Italie & l'Espagne? Combien de gens sont reduits aux subterfuges, aux déguisemens & aux détours, pour n'oser defendre ouvertement ce qui est *folie* au *libertin* & *scandale* au *Huguenot*.

(*e*) Après Nones le Celebrant se rend à l'Autel, précedé des Acolytes sans luminaires, & des autres Ministres de l'Autel. D'abord ils font une genuflexion à l'Autel & saluent la Croix, devoir necessaire en tout tems, mais particuliement

(*a*) *Cerim. Sacr. Eccl. Rom. Lib. 2.*
(*b*) Id. Ibid.
(*c*) *O Crux ave spes unica.*
(*d*) *Ecce lignum Crucis, venite, adoremus.*
(*e*) *Piscara* Praxis Carem.

ticulierement ce jour-là. Immediatement après quelques prieres, que le Celebrant & ses Ministres prononcent tout bas à genoux, les Acolytes couvrent la table de l'Autel, & posent le Missel sur un coussin noir du côté de l'Epître. Dès que cela est fait, le Maître des Ceremonies fait signe au Celebrant & à ses Ministres de se lever. Alors les Acolytes ôtent les coussins qui ont servi à s'agenouiller & le drap noir: cependant le Chœur & le Peuple font leurs devotions à genoux. Celui qui doit officier monte à l'Autel & le baise à l'ordinaire: ensuite, il recite ou chante tout bas les leçons du jour, & ses Ministres après lui. Les prieres étant achevées, le Celebrant va du côté de l'Epître, le Diacre prend sur l'Autel la Croix voilée, & la presente au Celebrant, qui, après avoir découvert le haut de la Croix, l'éleve à deux mains en chantant ces parolles, (a) *Voici le bois de la Croix.* Alors chacun se leve la tête nue, & les Ministres de l'Autel chantent ce qui suit, (b) *sur lequel le Sauveur du Monde a souffert la mort:* le Chœur repond, (c) *Venés & l'adorons.* Chacun se jette à genoux, excepté celui qui officie. Un moment après on se releve: l'officiant découvre le bras droit de la Croix & la tête du Jesus, l'éleve, le montre, dit l'*Ecce lignum* &c. comme la premiere fois. Enfin il s'avance vers le milieu de l'Autel, se tourne du côté du peuple, & haussant tout-à-fait la voix, repete les mêmes Ceremonies en élevant le Crucifix & le montrant tout à découvert.

Les Acolytes étendent un drap violet ou un tapis de même couleur au milieu du Presbytere & devant les degrés de l'Autel. Sur le tapis on met un coussin violet & un voile de soie brodée d'or. Le Celebrant y porte la Croix, la pose à genoux sur le coussin, la salue, & précedé de ses Ministres, qui l'ont accompagné à cette auguste Ceremonie, retourne à sa place, y quitte les sandales, ôte la mitre. Il s'avance ensuite au milieu de ses Ministres, qui ont aussi quitté les sandales: il fléchit trois fois le genou, il fait trois fois une petite priere, & baise enfin le bois sacré de la Croix: les Ministres la baisent aussi, & tous ensemble, après avoir fait la reverence à la Croix, s'en retournent & vont reprendre leurs sandales.

Les autres Dignités de l'Eglise suivent, chacune en son rang; & font la même Ceremonie. Le Peuple la fait aussi. (d) Dans les Païs où les femmes sont entierement separées des hommes un Prêtre revêtu de l'étole noire sur le surplis va leur présenter la Croix de la façon que nous venons de le dire.

Les mêmes Ceremonies se font à la Chapelle du Pape. (e) Après que S. S. a baisé la Croix, son offrande est tout au moins de vingt-cinq ducats d'or qu'elle jette dans un vase de même metal posé près du bras gauche du Crucifix. Les Empereurs & les Rois vont à l'adoration de la Croix après les Cardinaux, Princes de l'Eglise, comme l'on sait, & par consequent supérieurs en dignité à tous les Souverains de la Terre. Cela se pratique toûjours dans toutes les Ceremonies: il est inutile de le repeter davantage.

N'oublions pas qu'à cet endroit de la Passion, que l'on appelle l'*Oraison pour les Juifs,* on ne doit pas se mettre à genoux; (f) parce qu'au suplice du Sauveur, les Juifs qui le crucifioient ne fléchirent le genou que pour se mocquer de lui.

Après

(a) *Ecce lignum Crucis.*
(b) *In quo salus Mundi pependit.*
(c) *Venite & adoremus.*
(d) *Piscara Praxis Cærem.*
(e) *Sacr. Cerim. Ecclef. Rom. L. 2.*
(f) *Idem Ibid.*

Après que la Ceremonie de l'adoration est finie, le Diacre salue la Croix, l'éleve, la porte élevée à l'Autel, où il la pose en fléchissant le genou devant elle. En la portant il passe devant le Celebrant, qui est debout, mais les autres Ministres de l'Autel sont à genoux.

Les PROCESSIONS du VENDREDI SAINT.

Il n'est point de véritable Chrétien qui ne regarde la Passion du Sauveur comme l'époque du salut des hommes. Ils ne sauroient paier par trop d'hommages le sang qu'il a bien voulu repandre pour eux; & la vertu la plus pure, l'humilité la plus profonde, la devotion la plus austere n'est pas asses digne de celui qui s'est livré pour le Genre humain à tout ce que la mort presente de plus atroce: mais, telle est la foiblesse de l'esprit humain, c'est à la reconnoissance si justement témoignée à Dieu pour cet excellent sacrifice, qu'est dû le fanatisme d'une infinité de devots, & ces violentes mortifications dans lesquelles on trouve une étrange complication d'extravagances & de devotions. Il y a une émulation mêlée d'envie parmi les devots comme parmi les gens du Monde: ils ne veulent pas ceder l'un à l'autre. De là sont allées en augmentant des pratiques ridicules qui se sont établies malgré les précautions des saints conducteurs de l'Eglise. Il est donc bien juste de desavouer ces pratiques & toutes celles qui tendent à détourner le peuple de la véritable pieté, en les amusant de bagatelles si indignes de la Religion & tolerées pourtant en certains pais pour des intérêts temporels, à la honte de ceux qui y dirigent les Consciences. Après cela que le Lecteur juge du cas qu'il doit faire de quelques pratiques ridicules que nous allons lui décrire, après avoir declaré encore une fois que nous ne prétendons pas donner la moindre atteinte à la véritable pieté.

On fait à Courtrai le Vendredi Saint la *Procession de* JESUS-CHRIST au *Calvaire*. La Ville paie à un pauvre homme la somme de vint-cinq livres pour representer au Peuple JESUS-CHRIST soufrant, & les Moines, à ce qu'on assure, lui promettent positivement le salut, s'il lui arrive de mourir des coups qu'il reçoit en representant les soufrances du Sauveur. La Procession s'assemble dans l'Eglise Paroissiale: on fait entrer le representant dans la Sacristie, on lui met une robbe violette, on le ceint d'une grosse corde, on le couronne d'épines, on le fait marcher à pieds nuds avec une espece de bast fermé sur le col. On attache à chaque côté du bast six cordes de la grosseur de celles qui servent de trait aux chevaux: après quoi on charge ce volontaire soufrant d'une Croix de bois longue & pesante, avec laquelle on le proméne par toute la Ville. Six Capucins marchant à la droite du representant tirent les six cordes qui sont au côté droit du bast; six Recollets tirent les six autres, & dans cet état le patient est tiraillé si rudement de côté & d'autre, qu'il tombe continuellement & se meurtrit par tout le corps. Le malheureux representant du Sauveur seroit bientôt accablé de fatigue & de tourmens, si un faux *Simon le Cyrenien* ne se rencontroit fort à propos sur ses pas pour le soulager: mais le médiocre secours que le patient en reçoit n'empéche pas qu'avant d'être entré dans l'Eglise il ne soit plus qu'à demi mort des tourmens que le peuple & les autres representans des Juifs lui ont fait soufrir. Cependant ce miserable est si convaincu du mérite de

ses

ses soufrances, & si persuadé qu'elles lui procureront la felicité éternelle, qu'il soufre les maux sans murmurer & sans se plaindre.

La Procession du *Crucifiement de* JESUS-CHRIST, telle qu'elle se fait à Bruxelles, n'est pas moins extraordinaire. La Cour & la Ville l'honorent de leur presence, non qu'ils ne soient peut-être intérieurement persuadés de l'indevotion de cette Ceremonie, mais par coutume, & parce que (*a*) l'ancienneté de son établissement lui a acquis la faveur du Peuple. Cette Ceremonie se fait dans l'Eglise des Augustins au pied des Autels : la Procession s'assemble dans la Cathedrale de Sainte Gudule à huit heures du matin. Ceux de la Confrérie de Misericorde s'y trouvent en habit de la Confrérie, le visage masqué, les pieds nuds. Quelques-uns ont des tambours couverts de drap noir. Après les Confréres marchent plusieurs prisonniers : chacun de ces prisonniers traine un boulet de canon qui est attaché à son pied par le moien d'une chaine de fer. Quelques Religieux Augustins travestis en Juifs marchent après les prisonniers : on voit au milieu d'eux un (*b*) homme lié, couronné d'épines & vêtu d'une robbe de pourpre. Quelques trompettes suivent, après quoi paroissent les Chanoines, les Prêtres & le peuple. Tous ces devots entrent en foule dans l'Eglise, mais la presse y est si grande, qu'une partie du Peuple est obligée de rester à la porte de l'Eglise. On y voit sur un theatre spacieux & élevé une grande Croix de vint pieds de haut. C'est-là qu'on fait monter cet homme qui doit representer le Sauveur crucifié. Ceux qui representent les Juifs y montent aussi avec des marteaux, des cloux & des cordes : les Confréres de Misericorde se rangent autour du theatre, les Dames y sont sur des sieges élevés, & le peuple dans le parterre. Ceux qui se sont travestis en Juifs dépouillent de ses ornemens le representant de JESUS-CHRIST, l'étendent sur le theatre, jouent aux dés à qui aura sa dépouille après l'avoir ainsi étendu, reviennent ensuite à lui, & le deshabillent jusqu'à la chemise. Enfin on met le patient en Croix, & pour cet effet on lui attache les pieds & les mains avec des couroies que les cloux retiennent à la Croix : & pour mieux imiter les soufrances du Seigneur, il y a sous ces couroies de petites vessies pleines de sang, en sorte qu'étant crevées par les cloux il semble au Peuple que le sang coule des pieds & des mains du Crucifié. Voila le pathetique de cette farce pieuse. A l'aspect de ce sang le Peuple est ému & les plus devots se donnent des coups à la poitrine, pendant que les Moines chantent des Antiennes convenables.

Il seroit inutile de décrire ici tout ce qui se pratique de bisarre le Vendredi Saint en divers Etats de la Chrétienté. On n'auroit jamais fini, si l'on vouloit parler de *l'enterrement de Christ*, tel qu'on le fait en Portugal ; des differentes manieres de le crucifier ailleurs, de toutes les marches & contre-marches des Processions de Pénitens de toutes couleurs à Rome, tous en état, à ce qu'ils prétendent, de livrer assaut au Demon, tous armés de cierges, de fouets & de croix, tous enrollés sous differentes bannieres. Le Vendredi Saint on porte en Procession à Venise le S. Sacrement à neuf ou dix heures du soir avec beaucoup de solemnité. (*c*) Il est dans un cercueil couvert de velours noir, & de cette maniere on le proméne autour de la Place de Saint Marc. ,, Cette Place, dit *Saint Didier*, est

G 2

,, pour

(*a*) Il y a apparence que l'idée de cette Procession & tout ce qui l'accompagne leur a été communiqué par les Espagnols leurs anciens Maîtres.

(*b*) Cet homme est un criminel à qui l'on donne la grace pour l'amour du rolle qu'il doit jouer.

(*c*) Saint Didier assure qu'il n'a jamais été au pouvoir du Pape d'abolir cette coutume : mais, ajoute t'il, au lieu qu'elle se pratiquoit autrefois dans tout l'Etat de la République, on en a laissé l'usage aux seules Eglises de Venise, qui font toutes le même soir une semblable Procession dans l'étendue de chaque Paroisse.

„ pour lors un des plus beaux spectacles du monde. Il y a deux grands flam-
„ beaux de cire blanche à chaque fenêtre des Procuraties qui environnent la
„ Place. Ce double rang de flambeaux & ceux qu'on allume sur le portail de
„ l'Eglise . . . . . . éclairent toutes les Processions des Confréries & des Paroiſ-
„ ses voisines, qui passent exprès dans la Place. . . . . On y voit les Pénitens
„ déguisés avec leurs bonnets en pointe de deux pieds de haut sur la tête, les-
„ quels se battent jusqu'au sang, en marchant de tems en tems en arriere de-
„ vant le Crucifix. Ils ont pour cet effet des Disciplines faites d'un grand nom-
„ bre de petites cordes armées, qu'ils tiennent à deux mains & qu'ils trempent
„ dans un pot de vinaigre qu'on leur porte exprès ; frapant sur leur dos avec une
„ certaine mesure & une cadence si reglée, qu'il faut necessairement avoir bien
„ étudié cet art, pour s'en acquitter comme ils font. . . . La Cire blanche est
„ si peu épargnée en ces Processions, qu'on croit que ce soir là il s'en brule au-
„ tant à Venise que pendant un an entier dans tout le reste de l'Italie. „

Nous mettrons toutes ces pratiques au rang des piéges qui trompent les simples ; nous les regardons comme des moiens qui flattent ceux qui ne veulent pas
se convertir à une meilleure vie , & sans faire ici le Censeur nous croions que
ceux qui les souffrent oublient qu'elles avilissent la Religion.

(a) L'Adoration de la Croix, dont nous avons donné la description, est suivie
d'une Procession vers le S. Sacrement que nous avons vû couché dans une espé-
ce de tombeau. Celui qui celebre l'encense au tombeau, après l'avoir adoré.
Ensuite il éleve le S. Sacrement & le tourne vers le Peuple. En même tems
le Chœur chante une Antienne ; (b) qui donne le signal de la marche : tous se
levent & retournent en Procession à l'Autel.

Le Celebrant & ses Ministres sont toûjours en noir. N'oublions pas que
pendant la Procession un Acolyte reste à l'Autel & le prépare pour le retour des
fidelles.

Ces fidelles étant de retour continuent des Ceremonies que nous avons déja
décrites. Elles se font de même à la Chapelle du Pape. S. S. communie seule
à l'Autel & boit au Calice ; au lieu qu'en d'autres occasions elle suce au chalu-
meau ; mais on ne l'encense point. L'encensement n'est dû ce jour-là qu'au
S. Sacrement.

46. Samedi Saint , Station à Saint *Jean de Latran* , où, après la bénédiction
du feu & de l'eau, on batise les Catécuménes adultes au Batistére de *Constantin* :
Chapelle Papale au Palais Apostolique : un Cardinal Prêtre chante la Messe.

Le Samedi Saint (c) les Eglises changent de decoration & les Autels de paremens. On ote le noir, on leur met le blanc ; on découvre le Tabernacle , on
le couvre aussi de blanc , en telle sorte neanmoins que la partie anterieure reste
en violet jusqu'à la fin des Litanies. De même après la fin de ces Litanies, on
étendra le tapis ou quelqu'autre riche couverture sur les degrés de l'Autel & l'on
découvrira les Images. Alors aussi on préparera six beaux Cierges pour la Messe
solemnelle, & tous les luminaires qui doivent bruler devant l'Autel. Cela suffit
pour donner l'idée generale du jour , sans qu'il soit necessaire de parler de la
Credence, où l'on trouve d'extraordinaire plusieurs petites chandelles destinées à
rallumer les luminaires éteints.

Près de l'Evangile on mettra un grand Chandelier , en forme d'Ange, s'il
est possible, & travaillé fort proprement. Ce Chandelier est pour le Cierge
Paſ-

(a) *Pisdora* Praxis Cærem.
(b) *Vexilla Regis prodeunt.*
(c) *Baudry* Manuale Cærem.

La PROCESSION des PALMES le DIMANCHE des RAMEAUX

La PROCESSION du SAINT SACREMENT le jour de la FÊTE-DIEU

Paſcal, qui doit être de cire très blanche & peſer environ huit à dix livres. On fera au Cierge cinq trous en croix, pour y mettre cinq grains d'encens, dorés & faits en forme de noix de pin. Enfin on peindra ſur le Cierge quelques objets édifians, par exemple le Patron du lieu &c. Comme tout doit repondre à la ſolemnité de ce jour, les Rituels veulent que le Roſeau qui ſert à allumer les Cierges ſoit doré auſſi & orné de fleurs. Les trois petites chandelles qui ſont à l'extrémité du Roſeau repreſentent l'unité dans la Trinité · ainſi elles doivent être unies par leur baſe, c'eſt-à-dire par l'extrémité qui touche au Roſeau.

Les Rituels enſeignent auſſi, qu'à moins de danger de mort on ne doit point baptiſer pendant les huit jours qui précedent le Samedi Saint.

La BENEDICTION du NOUVEAU FEU &c.

L'endroit où cette Ceremonie ſe fait doit être jonché de fleurs. A Nones il faut éteindre l'ancien feu : (a) mais en même tems un Acolyte doit allumer (b) le nouveau hors de l'Egliſe.

(c) Celui qui officie, paré de tous ſes Ornemens Pontificaux, & accompagné des Miniſtres de l'Autel & du Clergé ſort de l'Egliſe en Proceſſion après Nones & ſe rend à l'endroit où la Benediction du feu ſe doit faire. Le vaſe de l'eau benite y eſt porté en ceremonie; celui de l'encens de même, le Manipule du Soudiacre auſſi & le Miſſel, qui eſt en violet : le Soudiacre marche ſeul avec la Croix, le Clergé le ſuit. Après que chacun a pris ſon rang, le Celebrant ſe découvre & dit, (d) le Seigneur ſoit avec vous &c. ſuivant l'uſage : enſuite il recite (e) une priere, au millieu de laquelle il fait le ſigne de la Croix ſur le feu. Il benit auſſi les cinq grains d'encens qui ſont dans un baſſin qu'un Acolyte tient élevé devant ſa poitrine. Cependant le Thuriferaire met quelques charbons benits dans l'encenſoir, le Celebrant y ajoute de l'encens & le benit · un Diacre lui preſente l'aſperſoir en le baiſant : le Celebrant aſperſe trois fois d'eau benite le feu qu'il vient de benir & dit en faiſant l'aſperſion, (f) Aſpergés me Domine. Il encenſe par trois fois & avec de pareilles Ceremonies ce feu ſacré. Alors un Acolyte, ou le Sacriſtain, prend une petite chandelle & l'allume au feu nouveau.

On s'étoit rendu en proceſſion au lieu de la Ceremonie, on s'en retourne de même, (g) mais le Diacre quitte auparavant tous ſes paremens violets, au con-

traire

(a) Bauldry Manuale Cerem.

(b) L'Acolyte bat un caillou avec un fuſil, & du feu qu'il en tire il en allume auſſi-tôt quelques charbons qui ſont dans un vaſe apporté exprés. Les anciens Grecs & Romains &c. allumoient leur feu ſacré avec la même précaution, & ſe ſervoient ordinairement pour cet effet d'une eſpece de miroir ardent, ou plûtôt d'un vaſe concave, ſuivant l'uſage des anciens Peuples du Perou. Ils faiſoient auſſi du feu en frapant deux morceaux de bois dur l'un contre l'autre; uſage pratiqué par les Mexicains, lorſqu'au commencement du Siécle ils allumoient leur feu nouveau. Les Romains renouvelloient le feu de Veſta dans le mois de Mars, ſelon qu'Ovide le dit dans ſes Faſtes,

Adde quod arcana fieri novus ignis in ade
Dicitur, & vires flamma refecta capit.

Cela pourroit nous perſuader que la Ceremonie du feu nouveau a été enlevée aux Paiens.

(c) Bauldry Manuale Cerem.

(d) Dominus Vobiſcum.

(e) Deus qui filium tuum &c.

(f) Vous m'arroſerés Seigneur &c.

(g) Bauldry Manuale Cerem.

traire le Soudiacre prend un Manipule de cette couleur. Le Diacre prend des paremens blancs. Nous nous dispenserons de repeter l'ordre de la Procession : tout ce qu'il y a de particulier, c'est que le Diacre y marche avec le Roseau dont nous avons donné la description, & le Soudiacre avec une petite chandelle qu'il tient enfermée dans une petite lanterne. La Procession s'arrête à l'entrée de l'Eglise, le Diacre baisse le Roseau, l'Acolyte allume avec sa petite chandelle une de celles du Roseau. Tous se jettent à genoux, le Diacre éleve le Roseau & chante l'Antienne dont les premieres parolles sont (a) *Lumen Christi* &c. Au millieu de l'Eglise il allume une seconde chandelle avec la même Ceremonie : la troisiéme s'allume sur les dégrés de l'Autel. Nous les y laissons un peu de tems. Ils doivent s'y acquitter de quelques Actes de devotion, ou pour mieux dire, de quelques Ceremonies dont les Rituels font un recit circonstancié, mais qui seroit inutile ici.

La BENEDICTION *du* CIERGE PASCAL.

Une de ces Ceremonies c'est la Benediction que le Diacre demande au Celebrant. Le Diacre beni va au Lutrin sur lequel il pose le Missel & l'encense jusqu'à trois fois sans faire le signe de la Croix sur soi ni sur le Missel. Les autres Ministres se placent autour du Missel de (b) la maniere suivante. Le Porte-Croix a la Croix tournée vers le Celebrant, le Thuriferaire est à la droite du Diacre, l'autre Acolyte qui tient le Roseau & celui qui porte les cinq grains d'encens sont à la gauche. Comme le Diacre commence le chant d'une (c) leçon, le Celebrant & les Ministres se découvrent ; vers le milieu (d) du chant il met au Cierge les cinq grains d'encens en forme de Croix. Ensuite il poursuit le chant, & à certaines parolles (e) convenables au mystere de cette Ceremonie, il allume le Cierge Pascal. Pendant qu'il acheve de chanter un Acolyte va allumer du feu nouveau tous les autres luminaires.

Après cette Ceremonie, (f) le Diacre retourne à la Sacristie, où il quitte les paremens blancs & reprend l'Etoile violette & le Manipule de cette couleur. La Benediction du Cierge est suivie des leçons qu'on appelle *Propheties*, du (g) *Trait* & du chant des Oraisons.

Les trois chandeles, qui sont à l'extrémité du Roseau, allumées l'une après l'autre désignent, dit-on, le progrés de l'Evangile dans les trois parties de notre Hemisphere. Il en faudroit quatre depuis la découverte de l'Amerique. Nous avons déja dit, que ces trois chandelles sont aussi l'embleme de la Trinité. Les idées des Mystagogues sont inépuisables. Pour le Cierge Pascal, ils nous assurent que c'est le symbole de l'humanité du Sauveur, & le feu nouveau celui de la nouvelle Doctrine de l'Evangile.

On prétend que la Bénédiction du Cierge Pascal est fort ancienne dans l'Eglise,

(a) *La Lumiere de Christ.*
(b) *Ceremon. Epist. L. 2.*
(c) *Exultet &c.* toute cette leçon s'appelle *Praeconium.*
(d) A ces parolles, *Curvat Imperia.*
(e) *Rutilans ignis accendit &c.*
(f) *Bauldry Manuale &c.*
(g) Voiés ce que c'est que le *Trait* à la p. 8c. du to. I. Sec. P.

glise, & que le Pape Zosime ordonna au commencement du cinquiéme siécle, qu'on l'allumeroit dans chaque Paroisse.

(a) Le Cierge Pascal doit rester à côté de l'Evangile depuis le Samedi Saint jusqu'à l'Ascension. On peut voir dans les Rituels le tems auquel on doit l'allumer le Samedi Saint, le jour de Pâques & les jours suivans &c.

La BENEDICTION des FONTS BAPTISMAUX & le BAPTEME des CATECHUMENES.

Le Celebrant & ses Ministres vont en Procession aux Fonts. Celui qui porte la Croix & les Ceroferaires se mettent au delà des Fonts : le Celebrant se met à l'opposite, en sorte que les Fonts soient entre lui & la Croix. Les autres Ecclesiastiques se rangent de côté & d'autre: un Acolyte se tient un peu derriere le Celebrant à côté droit, afin de lui donner la serviette pour essuier ses mains quand il en aura besoin, & le Thuriferaire se met prés de lui.

(b) Le Celebrant se découvre & se met à genoux avec ses Ministres , excepté le Porte-Croix & les Ceroferaires. Après un chant convenable à la solénnité, il se leve & se tournant du côté des Fonts il prononce la Benediction en faisant le signe de la Croix vers les Fonts. Ensuite il exorcise l'eau , la divise en Croix avec la main, en repand hors du vase vers les quatre Parties du Monde, après quoi il essuie sa main avec la serviette que l'Acolyte lui presente, & recite une Oraison, à la fin de laquelle il pousse son halene sur l'eau trois fois & en trois divers endroits, toûjours en forme de Croix, (c) plonge par trois fois un cierge dans cette même eau, observant de le plonger plus avant la seconde fois que la premiere, & la troisiéme fois que la seconde; disant à chaque fois ces parolles, (d) que la Vertu du Saint Esprit descende dans cette eau, (e) Les Assistans, si le Celebrant en a, repandent un peu de cette eau sur le peuple, & l'on envoie même un Prêtre ou un Sacristain en asperser les maisons.

Trois coups d'encens que le Celebrant donne sur les Fonts suivent cette Ceremonie. Il prend ensuite l'huile des Catechumenes & la verse dans l'eau en forme de Croix: il en fait autant du Chresme. Enfin il fait le mélange de l'une & de l'autre sur l'eau, les versant également ensemble, & toûjours en forme de Croix: il les méle avec la main droite afin qu'elles se repandent dans tous les Fonts.

Après le Benediction des Fonts (f) le Celebrant va recevoir les Catechumenes à la porte de l'Eglise & prend les paremens blancs pour faire la Ceremonie de leur Baptesme. Nous le décrirons en son lieu.

Nous avons parlé de la *Benediction des maisons.* Il n'y a rien de particulier à cette Ceremonie. Celui qui la fait doit être revêtu de l'Etole blanche. L'eau benite dont il asperse les maisons de sa Paroisse doit avoir été mise à part avant qu'on y ait versé les huiles. En entrant dans la maison il la salue.

H 2

Après

(a) *Piscara Prax. Cærem.*
(b) *Piscara Praxis Cærim. Baildry.*
(c) *Piscara.*
(d) *Descendat in hanc plenitudinem fontis virtus spiritus sancti.*
(e) *Piscara ubi sup. Rituel d'Alet.*
(f) *Baildry ubi supra.*

Après la Ceremonie de la Benediction des Fonts on chante les Litanies, on dit une Messe solemnelle & les Vêpres. Pendant qu'on chante les Litanies, on va prendre le S. Sacrement qui avoit été caché, & on le remet sur l'Autel, on allume tous les Cierges; on revet l'Autel de ses ornemens, on découvre les Images, & l'on couvre le siége du Celebrant. Celui-ci & ses Ministres reprennent les paremens blancs & se préparent à la Messe solemnelle. Lorsque le Celebrant commence le *Gloria in excelsis*, on recommence à sonner les Cloches. (*a*) Le signal se donne de la Cathedrale.

47. Le Dimanche de Pâques, Station à Sainte *Marie Majeure*, & à *Nôtre Dame des Anges:* Chapelle Papale à Saint *Pierre*, où le Pape chante la Messe, après laquelle on montre la Sainte Face, la lance, & la vraïe Croix. Ensuite Sa Sainteté est portée dans la Loge, où elle donne la benediction au Peuple : à Saint *Jean de Latran*, à Sainte *Marie Majeure*, & à Sainte *Praxéde*, on montre les Reliques devant & après les Vêpres.

CEREMONIES *de* PÂQUES.

Les Matines de Pâques doivent se dire avant l'Aurore naissante, à cause que c'est le tems auquel JESUS-CHRIST ressuscita. On pourroit remarquer d'autres differences particulieres dans les Leçons & le Chant, mais comme elles ne sont interessantes que pour les Prêtres, il suffit de les voir dans les Rituels. (*b*) Lorsque le Pape celebre, il y a quelques Ceremonies dignes de remarque. Avant la préface, les deux plus jeunes Cardinaux Diacres, mais qui ne sont pas ceux qui servent d'Assistans à S. S. se placent à droite & à gauche de l'Autel, tous deux tournés vers le peuple. Ces deux Diacres en paremens blancs representent les deux Anges vêtus de blanc, qui gardoient le sepulchre du Sauveur. Ils se tiennent de cette façon à l'Autel jusqu'à (*c*) l'*Agnus*. Après que le Diacre & le Soudiacre ont été communiés par le Pape, le Diacre de l'Evangile s'aproche de S. S. qui a la téte découverte à cause du S. Sacrement qui est sur l'Autel & dit, selon l'usage ordinaire, le *Confiteor* en ces termes. (*d*) ,, Je me confesse à Dieu ,, tout puissant, à la bien heureuse Vierge Marie, à saint Michel Archange, à ,, S. Jean Baptiste, à S. Pierre, à S. Paul, à tous les Saints & à vous mon ,, Pere, parce que je suis un grand pécheur; j'ai péché en pensées, en parol- ,, les & en actions. *Je dis ma coulpe, je dis ma coulpe, ma très grande coulpe.* ,, Je prie la bien heureuse Vierge Marie &c. de prier pour moi, & vous mon Pe- ,, re, priés pour moi. Après la Confession le Diacre retourne à l'Autel, le S. Pere prononce l'Absolution, & fait sans rien dire le signe de la Croix sur le peuple. La Communion suit : lorsque le S. Pere communie l'assemblée, deux Auditeurs tiennent (*e*) une espece de nappe de soie sur les genoux de S. S. Un Cardinal Evêque Assistant est à sa droite & tient la patene. On trouve une description

(*a*) *Bauldry*, *Piscara*.
(*b*) *Sacr. Cerim. Eccl. Rom. L. 2.*
(*c*) Voïés touchant l'*Agnus* à la p. 85. du To. I. Sec. P. On dit que le Pape Serge I. ordonna cette priere à la fin du septiéme siécle. Voïés *Rom. L. 2. C. 16. §. V. Rer. Liturg.*
(*d*) *Confiteor Deo omnipotenti, Beatæ Mariæ semper virgini, Beato Michaeli Archangelo, Beato Johanni Baptistæ, Sanctis Apostolis Petro & Paulo ac omnibus Sanctis, & tibi Pater: mea culpa, mea culpa, mea maxima culpa. Ideo precor beatam Mariam &c. & te Pater orare pro me &c.*
(*e*) *Mappulam sericeam duo Auditores hinc & inde apud Papam genuflexi tenent &c.*

scription complette des Ceremonies Pascales de la Chapelle du Pape dans le *Ceremonial Romain*.

Voici l'ordre que prescrit ce *Ceremonial* à l'égard d'un Empereur ou d'un Roi que le Pape doit communier. Premierement le S. Pere se communie lui même, & donne ensuite la Communion à son Diacre & à son Soudiacre. Le Diacre, après avoir dit la Confession, prend une Hostie à l'Autel pour la Communion du Monarque, la met sur la patene, & la donne, après les Ceremonies ordinaires, au Soudiacre, qui la porte à S. S. Le premier Cardinal Evêque conduit le Monarque aux pieds du Pape qui le baise. Après cela le Diacre ramene le Monarque à son siége.

Le Jour de Pâques les Fidelles doivent faire benir tout ce qu'ils mangent. On a déja dit quelque chose de cette Coutume.

(*a*) Les Anniversaires pour les défunts doivent être renvoiés après l'Octave de Pâques.

48. Lundi, Station à Saint *Pierre*, où l'on montre les Reliques après Vépres : Chapelle Papale au Palais Apostolique, où un Cardinal Prêtre chante la Messe.

49. Mardi, Station à Saint *Paul*, où l'on montre les Reliques exposées sur l'Autel Papal : Chapelle Papale au Palais Apostolique, où un Cardinal Prêtre chante la Messe.

50. Mécredi, Station à Saint *Laurent* hors des murs.

51. Jeudi, Station aux Saints *Apôtres*.

52. Vendredi, Station à la *Rotonde* & à la *Minerve*.

53. Samedi, Station à Saint *Jean de Latran* : Chapelle Papale au Palais Apostolique, où un Cardinal Prêtre chante la Messe.

54. Dimanche *in Albis*, ou de l'Octave de Pâque : la Station est à Saint *Pancrace* & à Sainte *Marie* in *Trastevére*, où l'on montre les Reliques : A Saint *Laurent in Lucine* & à Saint *Vincent* & S. *Anastase* à la Fontaine de *Trevi*, Fête pour l'Anniversaire de l'Institution de la Congrégation des Clercs Réguliers Mineurs.

Le Samedi & le Dimanche d'après Pâques s'appellent *Sabatum* & *Dominica in albis*, parce que les Catechuménes baptisés assistent aux devotions de ces jours vêtus de blanc.

Au mois d'Avril.

1. Saint *Venant* E. M. à son Eglise au *Latran*, où est son corps.

2. Sainte *Marie Egiptienne*, à son Eglise de la Nation *Armeniene*, où l'on fait l'Office en langue Arméniene.

3. Saint *François de Paule* Fondateur des *Minimes*, aux Eglises de son Ordre.

4. Saintes *Agapite* & *Chionie* Vierges & Martyres, à Sainte *Anastasie*, où sont leurs corps.

5. Saint *Vincent Ferrier* Jacobin, Fête à la *Minerve*, & autres Eglises de Saint *Dominique*.

6. Saint *Sixte* Evêque & Martyr, à Saint *Pierre*.

7. Saint *Albire* Bénédictin, aux Eglises de l'Ordre.

8. Translation de Sainte *Monique*, à Saint *Augustin*.

9. Dédicace de l'Eglise des Saints *Pierre* & *Marcellin*.

10. Saint

(*a*) *Piscara Praxis Carem.*

10. Saint *Léon* le Grand , Fête à Saint *Pierre* , où est son corps ; à Saint *Jean de Latran* & à Sainte *Marie Majeure* , où sont ses Reliques.

11. Dédicace de l'Eglise d'*Ara Cæli*.

12. Saint *Jule* Pape, Fête à Sainte *Marie in Trastevére* , où est son corps.

13. Saint *Justin* Prêtre & Martyr , Fête à Sainte *Praxéde* , où sont les Reliques.

14. Saints *Tiburce* , *Valerie* , & *Maxime* Martyrs , à Sainte *Cécile* , où sont leurs corps ; & à Saint *Pierre* , Fête pour Saint *Abonde* Mansionnaire ou Doyen de cette Basilique.

15. Sainte *Basilisse* Martyre , à Saint *Paul* , où est son corps.

16. Saints *Valentin* & *Martin* , à Sainte *Praxéde* , où sont ses Reliques, à Saint *Marcel* , pour le B. *Joachim* Servite : à Saint *Jean de Latran* , translation des têtes des Saints *Pierre* & *Paul* , qu'on montre au Peuple.

17. Saint *Anicet* Pape & Martyr, à Saint *Sébastien* , où sont ses Reliques ; & à la Chapelle du Palais des Ducs d'*Altaemps* , où repose son corps, par concession de *Clement VII.*

18. Saint *Barthélemi* Moine de *Valombreuse* , à Sainte *Praxéde* , & à Saint *Jean de la Pigne* , pour Saint *Eleutére*.

19. Saint *Léon* IX. Pape, de l'Ordre de Saint *Benoît* , aux Eglises de la Religion , & à Saint *Pierre* , où est son corps.

20. La B. H. *Agnès* de *Monte Pulciano* , à la *Minerve* & aux Eglises de l'Ordre.

21. Saint *Anselme* E. & Confesseur de l'Ordre de Saint *Benoît* , Fête par toute la Religion.

22. Saints *Sotére* & *Cajus* PP. & MM. à Saint *Sébastien* & Sainte *Susanne*.

23. Saint *Géorge* Martyr, à son Eglise , où les Magistrats du Peuple *Romain* viennent pour y faire bénir leurs Etendarts. La Ceremonie de benir les Etendars le jour de S. Géorge se faisoit à peu près dans le même tems chez les anciens Romains à l'honneur de Mars. On consacroit pendant sept jours les Aigles Romaines.

24. Saint *Melite* E. & C. de l'Ordre de Saint *Benoît* , Fête par toute la Religion.

25. Saint *Marc* , Fête à son Eglise , où tout le Clergé Régulier & Séculier s'assemble & va en Procession en corps à Saint *Pierre* , (*a*) excepté le Chapitre de la même Eglise, qui y va devant en particulier.

Le jour de S. Marc on chante solennellement les grandes Litanies. On les appelle *grandes Litanies* , à cause que S. Gregoire le Grand les a établies, & pour les distinguer des petites, qui doivent leur origine à Saint Mamert Evêque de Vienne. Des inondations violentes, suivies d'une peste inguinaire qui ravagea Rome sous le Pontificat de ce Pape , donnerent lieu à ces *grandes Litanies*. Aujourd'hui l'Eglise fait chanter ces Litanies , pour demander à Dieu qu'il benisse & qu'il conserve les biens de la terre, qui commencent à paroître alors. On croit que les Litanies sont plus anciennes dans l'Orient. Ces Litanies furent appellées (*b*) *Septiformes* , à cause que le Pape S. Grégoire divisa en sept Chœurs la Procession qui les chantoit. Le premier Chœur étoit du Clergé, le second des Abbés & de leurs Moines, le troisiéme des Abbesses & de leurs Religieuses, le quatriéme des enfans, le cinquiéme des Laïques, le sixiéme des Veuves, le septiéme

(*a*) On peut voir l'ordre & la marche de cette Procession du Clergé dans la *Tableau de la Cour de Rome* du S. *Aymon.* page 246. Edit. de 1707.

(*b*) *Septiformis.* Voyez cet établissement dans l'Hist. de *Paul Diacre.* L. 3.

tiéme des femmes mariées. On peut voir dans les Rituels le détail (a) de ces Litanies & la maniere dont elles sont conçues.

Voici en general l'ordre qui s'observe aux Processions de S. Marc & des Rogations dont on parlera bien-tôt. Le Clergé & le Peuple s'étant assemblés dés le matin dans l'Eglise, le Celebrant revêtu des paremens convenables, de l'étole violette & du pluvial de même couleur, va à l'Autel avec le Diacre & le Soudiacre revêtus des habits de leurs ordres en violet aussi, mais sans manipules. Etant à l'Autel, le Celebrant, tous les Ecclesiastiques du Chœur & le Peuple se mettent à genoux & font leur priere; après quoi le Soudiacre va prendre la Croix se met à l'entrée du Presbytere & y reste jusqu'à ce que la Procession parte: ce qui se pratique de même dans les autres Processions. Cependant un ou deux Chantres commencent l'Antienne *Exsurge* &c. laquelle étant achevée, tous se mettent à genoux excepté le Porte-croix, qui, comme on l'a déja remarqué, ne fléchit jamais les genoux en ces occasions. Deux Chantres, ou le Celebrant tout seul s'avancent ensuite vers le grand Autel, & commencent à genoux les Litanies des Saints. Le Chœur repond. Lorsqu'ils chantent *Sancta Maria ora pro nobis*, tous se levent & marchent en Procession. Le Peuple suit en repondant aux Litanies; & comme le tour de ces Processions est plus grand qu'à l'ordinaire, on doit faire des Stations à (b) quelque Croix, à quelque Oratoire, ou à quelque Eglise. Le chant des Litanies finit par des prieres.

S. Mamert, Evêque de Vienne, voiant son Diocese affligé par des tremblement de terre & par d'autres calamités, établit les (c) *Rogations* vers le millieu du cinquiéme siécle, & ordonna qu'elles dureroient trois jours.

L'Eglise ordonne des Processions pour la pluie, pour demander le beau tems, pour le tems de mortalité, de guerre, de famine &c. On en fait aussi d'actions de graces. Il n'y a rien de particulier en toutes ces Processions, sinon qu'à celle-ci le Celebrant & ses Ministres sont vêtus de blanc. A la Procession qui doit servir pour détourner la tempête, le Curé doit faire sonner les cloches & jetter de l'eau benite en haut.

26. Saints *Clet & Marcellin* PP. & MM. Fête à Sainte *Marie Majeure*, où est la tête de Saint *Marcellin*; & à Saint *Pierre*, où est le corps de Saint *Clet*: à Nôtre Dame des Monts, pour son premier miracle, & à Sainte *Marguerite* au delà du *Tibre*, pour la Dédicace.

27. Saint *Anastase* Pape, à Sainte *Bibiane*, où est son corps, à Saint *Martin des Monts*, où sont ses Reliques, & à Saint *Côme*.

28. Saint *Vital* Martyr, Fête à son Eglise.

29. Saint *Pierre* Martyr, Fête à la *Minerve*, où les Cardinaux de l'Inquisition font Chapelle: Fête à *Nôtre Dame de la Paix*, & à Saint *Marcel* pour le Bien-heureux *Pélerin* Servite.

30. Sainte *Catherine de Sienne*, Fête à la *Minerve*, & par tout l'Ordre de

I 2

Saint

(a) Pour en donner une idée generale à ceux qui ne les connoissent pas, il suffit de dire ici qu'on y invoque Dieu & tous les Saints pour la paix & pour la prosperité de l'Eglise, pour le Clergé, pour les Peuples, pour les Souverains, pour les fruits de la terre, pour les fidelles défonts &c.

(b) Lorsque la station est à une Croix, on dit cette Antienne *Crucem sanctam subijt*: si la station est à un Oratoire ou à une Eglise, on fait dire l'Antienne ou l'Oraison du Patron.

(c) Il y a apparence que la Procession des grandes Litanies & les Rogations doivent aussi être mises au rang de ces Ceremonies Paiennes que des Prélats pieux ont crû devoir consacrer à Dieu. Les Romains celebroient le 25. Avril une Fête qu'ils appelloient *Robigalia*, pour détourner de dessus les grains ce qu'on appelle communément la nielle, qui est fort à craindre en cette saison. Cette fête fut instituée par Numa Roi de Rome, à l'honneur du Dieu *Robigus*, ou de la Deesse *Robigo*. On lui faisoit alors des prieres & des sacrifices. Ils faisoient aussi des Processions autour des chams en faveur des fruits de la terre, comme cela se pratique encore aujourd'hui dans l'Eglise Catholique. Les Romains donnoient à ces Processions le nom d'*Ambarvalia*.

Saint *Dominique*, & aux Eglises de cette Sainte: à Saint *Sylvestre in Campo Marzo*, pour Sainte *Sophie* Vierge & Martyre.

(a) *Mai.*

Tous les Dimanches de Mai, Indulgence à Saint *Sébastien*, à l'*Annonciade* hors des murs, & à Saint *Laurent in Fonte.*

(b) 1. Saints *Jaques* & *Philippe* Apôtres, Fête à leurs Eglises, où sont leurs Reliques; à Saint *Pierre* & à Sainte *Marie Majeure*, où l'on en conserve aussi.

2. Saint *Athanase* Evêque Confesseur, Fête à l'Eglise des *Grecs*, qui y officient en leur langue; à la *Minerve*, pour Saint *Antonin* Archevêque de *Florence.*

3. Invention de la Sainte Croix, Fête à ses Eglises: On montre les Reliques à Sainte *Croix en Jerusalem*: A Saint *Alexis*, Fête des Saints Martyrs *Alexandre*, *Evantin*, & *Theodulin.*

Le premier Dimanche de Mai, Fête à Sainte *Catherine* à *Monte Magnapoli*; à la *Minerve*, pour Sainte *Catherine de Sienne*; & à Sainte *Anastasie*, pour le B. *Torribio* Archevêque de *Lima.*

4. Sainte *Monique* veuve, à Saint *Augustin*, où est son corps. A l'Eglise des *Piémontois*, Fête du Saint *Suaire* de Nôtre Seigneur.

5. Conversion de Saint *Augustin*, Fête par tout l'Ordre. Saint *Ange* Carme, Fête par tout l'Ordre. A la *Minerve* & à Sainte *Marie Majeure*, Fête du B. *Pie V.* où est son corps, & où les Cardinaux font Chapelle.

6. Saint *Jean* devant la Porte *Latine*, Fête au même lieu, où le Chapitre de Saint *Jean de Latran* vient faire l'Office.

7. Saint *Stanislaus* E. M. Fête à l'Eglise des *Polonois*; à l'Eglise *Neuve*, pour Sainte *Ilarie* M. & à Saint *Laurent* hors des murs, pour la translation de Saint *Etienne* premier Martyr.

8. Apparition de Saint *Michel* Archange, à ses Eglises, à Sainte *Marie Majeure*, & à Saint *Jean de Latran.*

Les Legendaires nous aprennent que l'Archange Saint Michel est apparu plusieurs fois. La plus fameuse de ces apparitions est celle dont on celebre la Fête le 8. Mai. L'Archange la fit à la fin du cinquiéme siécle au Mont Gargan, nommé depuis Mont Saint Ange, dans le Roiaume de Naples.

9. Saint *Grégoire de Nazianze* Evêque, à Saint *Pierre*, où est son corps, & aux Religieuses du Champ de *Mars.*

10. Saint

(a) Les anciens Païens ne se marioient pas dans le mois de Mai, à cause des *Lemuria*, qui consistoient en Sacrifices & autres actes de devotion, par lesquels ils pretendoient apaiser les esprits. Ils croioient qu'il ne se marioit alors que des femmes d'un mauvais caractere.

Mense malas Maio nubere vulgus ait. Ovide.

Nos Peuples Chretiens ont hérité de cette idée du Paganisme. On s'imagine vulgairement qu'il n'est pas bon de se marier au mois de Mai.

(b) Le premier de Mai on plante des *Mai* devant les maisons des personnes distinguées ou que l'on estime particulierement. Cette coutume subsiste encore en plusieurs Pais de l'Europe, surtout en Allemagne & en Italie. Elle doit son origine aux anciennes Fêtes de *Flora* que l'on solemnisoit dans le même tems. La jeunesse Romaine alloit aux bois & en rapportoit une infinité de branches & de rameaux, dont elle ornoit ou reparoit les maisons. La jeunesse d'Italie pratique encore la même chose. Lagni, Ville de l'Isle de France, a bien conservé l'image des *Floralia* de Rome. » Dès le matin du jour de la Pentecôte, le commun Peuple, au lieu d'aller à l'Eglise, va au bois cueillir des rameaux, & l'après dinée fait une infinité d'exercices de corps plaisans (comme aux jeux Floraux des anciens Romains) voire y a des paisans en chemise, qui courent au jeu de prix. « Voilà ce que dit *Pasquier* L. 8. de ses *Recherches.*

10. Saints *Gordien* & *Epimaque* Martyrs, à Saint *Laurent in Lucina*: à Sainte *Marie in Traflevére*, pour Saint *Calepode*.

11. Saint *Majoli* Abbé de *Cluni*, Fête par tout l'Ordre de Saint *Benoît*: au *Jefus*, pour Saint *Bon* Martyr.

12. Saints *Nérée & Achillée*, Fête à leur Eglife. Saint *Pancrace* Martyr, Fête à fon Eglife.

13. Dédicace de Sainte *Marie la Rotonde*.

14. Saint *Boniface* Martyr, Fête à Saint *Alexis*, où eft fon corps.

15. Saint *Ifidore*, Fête à fon Eglife: à Saint *Martin des Monts*, pour Sainte *Quirine* Vierge & Martyre.

16. Saint *Ubalde* Evêque, à *Nôtre Dame de la Paix*. Saint *Pélerin*, Fête à fon Eglife.

17. Tranflation du corps de Saint *Bernardin*, Fête à l'Eglife d'*Ara Cœli*.

18. Saint *Venant* Martyr, Fête à fon Eglife & à Saint *Pierre*, où il y a de fes Reliques. Le Bien-heureux *Félix* de *Cantalice* Capucin, Fête aux *Capucins*,

19. Sainte *Pudentiane* Vierge, Fête à fon Eglife. Saint *Yves* Avocat des pauvres, Fête à fon Eglife: à la *Sapience* il y a Chapelle des Cardinaux, où fe trouvent les Clercs de la Chambre & les Avocats Confiftoriaux. Saint *Pierre* Céleftin, Fête à Saint *Eufébe* & à *Nôtre Dame de Lorette*.

20. Saint *Bernardin de Sienne* Cordelier, Fête par tout l'Ordre de Saint *François*.

21. Fête à Sainte *Croix en Jérufalem*, pour la tranflation des Reliques.

22. Saint *Romain* Abbé Benedictin, Fête aux Eglifes de l'Ordre. A Saint *Auguftin*, Fête pour la B. H. *Rite de la Cafcia*, & à fon Eglife propre fous le Capitole.

23. Saint *Ange* de l'Ordre de *Valombreufe*, Fête à Sainte *Praxéde*; & à l'Eglife *Neuve*, pour la Dédicace.

24. Tranflation du corps de Saint *Dominique*, Fête par tout l'Ordre.

25. Saint *Urbain* Pape & Martyr, Fête à fes Eglifes, & à Sainte *Cécile*, où eft fon corps; à Saint *Pierre*, pour Saint *Boniface*, où eft fon corps. Tranflation de Saint *François*, Fête par tout fon Ordre. Sainte *Marie Madeleine de Pazis*, Fête à toutes les Eglifes des *Parmes*, & à Saint *Jean* des *Florentins*.

26. Saint *Eleutére* Pape & Martyr, Fête à Saint *Pierre*, où eft fon corps. Saint *Philippi Neri*, Fête à l'Eglife *Neuve*, où eft fon corps, où les Cardinaux tiennent Chapelle.

27. Saint *Jean* Pape & Martyr: Fête à Saint *Pierre*, où eft fon corps.

28. Saint *Germain* Evêque Confeffeur, de l'Ordre de Saint *Benoît*, Fête aux Eglifes de fa Religion.

29. Saint *Cononi* Abbé de *Lerma*, par tout l'Ordre de Saint *Benoît*.

30. Saint *Félix* Pape, Fête à Saint *Pancrace*, où eft fon corps; à Saint *Pierre*, pour Saint *Gabin* Martyr, où eft fon corps; à Saint *Barthelémi en l'Ifle*, pout Saint *Exuperance* P. & Martyr. Son corps y repofe.

31. Sainte *Pétronille* Vierge, à Saint *Pierre*, où eft fon corps.

Les Stations des Fêtes mobiles depuis Pâques.

Le Lundi des Rogations, Station à Sainte *Marie Majeure*: le Clergé s'affemble à Saint *Adrien*, & y va en Proceffion.

Le Mardi, Station à Saint *Jean de Latran* & à Sainte *Marie Nouvelle*, d'où le Clergé va en Proceffion.

Le Mécredi, Station à Saint *Pierre* : le Clergé s'assemble à Saint *Laurent in Damaso*, & y va en Procession. Ce jour à Vépres, Chapelle Papale au Palais Apostolique.

Le Jeudi Fête de l'Ascension, Station à Saint *Pierre* : Chapelle Papale : un Cardinal Evêque chante la Messe, un Prêtre Séculier fait le Sermon, ensuite le Pape donne la Benediction au Peuple.

CEREMONIES *pour la Fête de l'*ASCENSION.

Le jour de l'Ascension, après l'Evangile, (a) on éteint le Cierge Pascal, pour montrer aux Fidelles qu'en ce jour là JESUS-CHRIST a quitté la Terre & s'en est retourné dans les Cieux. (b) On pare l'Autel de fleurs, d'Images & de Reliques. Le Celebrant & ses Ministres se revêtent de leurs paremens blancs.

La Benediction que le Pape donne ce jour là est une des trois Benedictions solemnelles. Autrefois avant que de prononcer ces Benedictions, le S. Pere (c) excommunioit solemnellement les Heretiques & les Infidelles : maintenant il ne les excommunie que le Jeudi Saint, comme nous l'avons déja dit. La Benediction est suivie des Indulgences pleniéres.

Le Dimanche de l'Octave de l'Ascension, Fête du bienheureux *François Patrici* de l'Ordre des Servites à Saint *Marcel*.

La Vigile de la Pentecôte, Station à Saint *Jean de Latran* : à Vépres Chapelle Papale au Palais Apostolique.

CEREMONIES *de la* PENTECÔTE.

La Veille de la Pentecôte l'Autel est couvert de violet jusqu'à la celebration de la Messe. A la Messe l'Autel est paré de rouge, & le Celebrant aussi. La Benediction des Fonts Baptismaux se fait comme le Samedi Saint. Le jour même de la Pentecôte le Celebrant est revêtu de paremens rouges. Cette couleur est l'Image du Saint Esprit qui descendit sur les Apôtres le jour de la Pentecôte en forme de langues de feu.

Nous dirons, à l'occasion de la Pentecôte, (d) que le jour de cette Fête il se fait à Caën une Procession à laquelle tous les Corps de métiers assistent. On y porte une Cierge, à la façon duquel les aprentifs de chaque métier contribuent, & l'on attache à ce Cierge tous les Deniers-à-Dieu que l'on a reçu pendant le cours de l'année. On dit que pour remedier aux abus qui se commettoient à la levée ou à la distribution des Deniers à Dieu, on resolut anciennement que chaque Corps de métiers éliroit un Prevôt qui recevroit les Deniers-à-Dieu de chaque marché qui se feroit dans leur trafiq, & que le jour de Pentecôte on les porteroit en Procession de la maniere que nous venons de le dire.

Le Dimanche de la Pentecôte, Station à Saint *Pierre* & à Sainte *Marie des Angers* : Chapelle Papale au Palais Apostolique. La Messe est chantée par un Cardinal

---

(a) *Piscara, Baudry.*
(b) *Piscara Praxis Cærem.*
(c) *Lunadoro Relatione della Corte di Roma.*
(d) *Origines de Caën par M. Huet.*

dinal Evêque, un Clerc du Séminaire *Romain* fait le Sermon: Fête aux Eglises du Saint *Esprit*, & à Saint *Barthelemi des Bergamasques.*

Le Lundi, Station à Saint *Pierre in Vinculis.*

Le Mardi, à Sainte *Anastasie*: Fête à la Chapelle du *Mont de Piété.*

Le Mécredi des Quatre Tems, Station à Sainte *Marie Majeure.*

Le Jeudi, à Saint *Laurent* hors des murs.

Le Vendredi, aux Saints *Apôtres.*

Le Samedi, à Saint *Pierre* : à Vêpres Chapelle Papale au Palais Apostolique.

Le Dimanche (*a*) de la Trinité, à ses Eglises: Chapelle Papale au Palais Apostolique. La Messe est chantée par un Cardinal Prêtre, un Prêtre Séculier fait le Sermon. Mécredi à Vêpres, Chapelle Papale au Palais Apostolique.

Le jour de la *Fête-Dieu*, Station à Saint *Pierre*, Chapelle Papale au Palais Apostolique.

Cette Fête fut instituée par le Pape Urbain IV. en l'année 1263. sur la revelation, à ce qu'on dit, d'une Religieuse de Liege. S. Thomas d'*Acquin* dressa par ordre de ce Pape l'Office du S. Sacrement, tel qu'on l'a présentement dans l'Eglise. Environ (*b*) cent ans après ceux de Pavie commencerent de porter le S. Sacrement en Procession sous un daix le jour de sa Fête.

Après la Messe on fait la Procession du Saint Sacrement porté par le Pape, autour des portiques de Saint *Pierre*, où se trouvent le Clergé Séculier & Regulier, les Evêques Assistans & les Cardinaux en Chappes & en Mitres, & generalement tous les Prélats, Ambassadeurs, & Seigneurs de la Cour de *Rome.*

PROCESSION *du Saint* SACREMENT.

La Procession du S. Sacrement, le Pape present, demande une description particuliere, & comme celle du Sieur Aimon (*c*) est bien circonstanciée, nous la rapporterons ici toute entiere.

,, Les Cardinaux entrent au Palais du Vatican, où ils se revêtent de leur ,, Cappes rouges, & viennent prendre le Pape à la Chambre du Lit des Pare-,, mens, & l'accompagnent jusqu'à la Chapelle de *Sixte*, où il dit ordinaire-,, ment une Messe basse pour consacrer l'Hostie, qui doit être portée en Pro-,, cession.

,, La Messe étant finie, la Procession commence à défiler. Chaque corps ,, de Religieux chante les Litanies, mais les Chapitres ont leurs Chœurs de ,, Musique chacun, & celui de Saint Pierre du Vatican marche le penultiéme ,, entre celui de Sainte Marie Majeure, & celui de Saint Jean de Latran.

,, Après que toutes les Confrairies des Seculiers, les differens Ordres de ,, Religieux, & les Chanoines des Eglises Collegiales sont passés, tous les Offi-,, ciers de la Chancelerie viennent selon le Decret de leur Regent, qui les prive-,, roit de deux mois de leurs appointemens s'ils y manquoient, sans avoir quel-,, que empêchement legitime. Ces Officiers, qui portent chacun un flambeau à ,, la main, sont pour le moins au nombre de mille, & quelquefois jusqu'à

K 2

,, dou-

(*a*) On affirme qu'Alcuin, qui vivoit du tems de Charles Magne, dressa l'Office de la Trinité.
(*b*) *Casalius de Christi Ritibus* & alii.
(*c*) *Tableau de la Cour de Rome* p. 452. & suiv. Edit. de 1707.

,, douze cens, (comme on le peut voir dans la Liste que le S. Aimon en donne
,, au Chapitre XVIII., de la troisiéme partie de son Livre.)

,, La Maison du Pape & la Prélature marchent ensuite, à sçavoir les E-
,, cuyers du Souverain Pontife regnant, les Procureurs Generaux des Ordres
,, Religieux, les Cameriers hors des murs, le Fiscal de la Chambre Apostoli-
,, que, les Avocats Consistoriaux, les Secretaires d'Etat & de Cabinet, les
,, Cubiculaires & Cameriers secrets, le Conservateur de Rome, les divers
,, Chœurs de la Musique Papale, les Abbréviateurs du grand & du petit Par-
,, quet, les Acolytes, & les Clercs de la Chambre, les Auditeurs de Rote, les
,, Sous-Diacres Apostoliques, & celui qui porte la Croix.

,, Ensuite viennent les douze Pénitenciers de Saint Pierre deux à deux, revê-
,, tus de Chasubles & précedés de deux Clercs qui portent des Baguettes argen-
,, tées, ce qui est la marque de leur Jurisdiction. Avant que de partir ils vont
,, rendre l'obédience au Pape séant en son Thrône, & lui baisent le pied.

,, Les Evêques, les Archevêques, & les Patriarches consacrés viennent après
,, revêtus de Chappes, avec la Mitre blanche en tête, & avant leur départ ils
,, rendent l'obédience au Pape, en lui baisant le genou.

,, Les Cardinaux marchent ensuite deux à deux, selon leur rang, après avoir
,, rendu l'obédience au Pape, en lui baisant la main. Ils sont précedés chacun
,, de leur Cortege. L'Echanson de chaque Cardinal porte un gros flambeau
,, de cire blanche allumé devant son Maître, & derriere lui à côté du Cauda-
,, taire il a son Maître de Chambre, qui porte un chapeau de plume de
,, paon, couvert de tafetas rouge dont il fait ombre à son Cardinal le tenant
,, élevé en forme de parasol, pour le défendre contre les raions du Soleil,
,, quoi que ce soit une précaution inutile, d'autant que toutes les ruës par où
,, passe la Procession sont couvertes de toile, ou de tapisseries au travers des-
,, quelles le Soleil ne peut pénetrer.

,, Après cela le Capitaine de la Garde Suisse paroît, & les Suisses le suivent
,, portant la hallebarde, & formant deux files, au milieu desquelles marchent
,, les Capitaines des Gardes du Pape, les Princes du Thrône, les Neveux du
,, Pape, & les Ambassadeurs des Têtes couronnées, qui selon le reglement fait
,, par le cérémonial du Pape *Jule* II. marchent en cet ordre. Premierement
,, l'Ambassadeur de l'Empereur, & celui du Roi des Romains qui ne s'y trou-
,, ve presque jamais depuis que ce Roiaume est en quelque maniere uni à l'Em-
,, pire d'Allemagne, par l'élection qu'on fait ordinairement du fils aîné de la
,, Maison d'Autriche, qui par ce moien est fait Vicegérent de l'Empire, & par
,, conséquent Empereur présomptif. L'Ambassadeur de France vient immédia-
,, tement après, & ensuite celui d'Espagne, celui de Portugal, celui d'Angle-
,, terre quand ce Roiaume est occupé par un Prince de la Communion de Ro-
,, me, ceux de Sicile, de Hongrie, de Cypre, & de Boheme viennent en-
,, suite, lors que ces Etats sont possedés chacun par un Roi particulier, comme
,, ils étoient autrefois. Après ceux-là viennent enfin les Ambassadeurs de Po-
,, logne, & de Dannemarc.

,, Le Pape se fait porter après tous ces Ministres des Couronnes, sur une
,, machine où il paroît à génoux, quoi qu'il soit assis. Il a une riche Chappe &
,, par dessus un poële de toile d'argent qui lui couvre les épaules, & les bras
,, en forme d'écharpe. On met au devant de lui un escabeau de bois doré,
,, avec un coussin de velours rouge cramoisi, brodé & enrichi de dentelles d'or,
,, sur lequel repose le Soleil où est le Sacrement, qu'il soutient de ses mains.

,, Le dais sous lequel on voit ainsi le Pape est porté d'abord par les Patriar-
,, ches,

,, ches, Archevêques, & Evêques au départ de l'Eglise de Saint Pierre, & puis
,, à la sortie du Portique du Vatican par les premiers Nobles des Nations, com-
,, me sont les Florentins & les Siennois, qui se le donnent tour à tour jusques
,, sur la fin de la Procession, que les Conservateurs Romains, & le Prieur des
,, Capitaines des Quartiers le prennent, & le portent jusques dans l'Eglise.

,, Les Suisses qui vont aux côtés du Pape sont habillés de fer de pied en
,, cap, portans un grand espadon dégainé : après cette escorte de Cuiras-
,, siers marchent les Prélats, chacun selon leur rang; sçavoir les Protonotaires
,, Apostoliques, les Auditeurs, les Clercs de la Chambre, les Généraux d'Ordre,
,, les Référendaires de la Signature de Grace, & de Justice, après lesquels vien-
,, nent enfin les Compagnies de Chevaux-legers quatre à quatre, tous couverts
,, de riches harnois, & c'est par cette belle Cavallerie que la marche est fer-
,, mée.

,, Le Pape va quelquefois à pied dans cette Procession, lors qu'il veut donner
,, un exemple de plus grand respect pour le Sacrement, qu'il tient entre les
,, mains. *Urbain* VIII. & quelques autres Papes l'ont porté autrefois à che-
,, val, ou sur une haquenée.

,, Quand le Pape ne porte pas l'Hostie consacrée lui-même, le Doyen du
,, Sacré College, ou le plus ancien Cardinal la porte en sa place marchant à
,, pied, & alors, je veux dire, quand le Pape n'y assiste pas, les Princes &
,, les Ambassadeurs ne s'y trouvent point non plus.

,, Cette Procession dure ordinairement quatre heures, quoi que l'on ne fasse
,, tout au plus que mille pas géometriques de chemin, à cause de la gravité &
,, de la lenteur avec laquelle on marche. Elle passe sous les Portiques qu'*A-
,, lexandre* VII. a fait construire autour de la place de Saint Pierre, entre
,, dans la rue qui va au Pont de Saint Ange, qu'on appelle Place de Saint Ja-
,, que *sceoué cheval*, & revient à Saint Pierre par le vieux Bourg, après avoir
,, traversé l'autre Portique, & la Galerie qui le joint à l'Eglise, où l'on entre dans
,, le même rang, & le même ordre qu'on avoit gardé pour en sortir.

,, Le Pape y étant arrivé dépose le Soleil, dans lequel est l'Hostie consacrée,
,, sur le Maître Autel de Saint Pierre, & pendant qu'on fait les encensemens,
,, & qu'on chante l'Hymne *Pange lingua gloriosi Corporis Misterium &c.* avec l'O-
,, raison *Deus qui nobis sub Sacramento mirabili Passionis tuæ memoriam reliquisti &c.*
,, par laquelle on demande à Dieu, *qu'il lui plaise de faire sentir efficacement à tous*
,, *les assistans le fruit de la resurrection de Jesus-Christ, de la Passion duquel ce Sacre-*
,, *ment est un Memorial,* pendant cela, dis-je, les Cardinaux ôtent leurs Mi-
,, tres, & leurs Paremens, & reprennent leurs cappes rouges, avec lesquelles
,, ils accompagnent le Pape jusques à la Chambre du Lit, où il se fait porter
,, revêtu de ses habits Pontificaux, qu'il laisse dans cet endroit avec sa tiare
,, pour reprendre ses habits ordinaires, avec lesquels il se retire dans son appar-
,, tement.

,, Ceux qui n'ont point veu cette cerémonie seront bien aise d'apprendre ici,
,, qu'afin qu'il n'arrive aucun desordre ni trouble, durant la Procession dont
,, nous venons de parler, le premier Cardinal Diacre paré d'une tunique de
,, damas blanc, & d'une mitre de même, demeure assis à la porte du Palais
,, Apostolique, sur une chaise de velours rouge cramoisi à crépines d'or, mise
,, au devant du Corps de Garde des Suisses, où se tient aussi à la main droite
,, de ce Cardinal, le Gouverneur de Rome avec son bâton de commandant à
,, la main, & à sa gauche le Majordôme, ou Grand Maître de la Maison du
,, Pape, qui restent-là jusqu'à ce qu'ils aient vû défiler tous ceux qui assistent à

„ la Procession dont il s'agit, jugeant sur le champ tous les differens qui peu-
„ vent survenir touchant les préséances, ou pour quelque autre cause que ce
„ soit. Ils ont droit de commander tant aux Suisses qu'aux Soldats & Gardes
„ du Pape, qui sont sous les armes au milieu de la place, comme aussi aux
„ Chevaux-legers, dont ils en font mettre deux avec la lance en arrêt à tous
„ les coins des ruës, par où la Procession défile.

„ Durant la Procession le Château de Saint Ange fait trois décharges de tou-
„ te son artillerie, tant des canons que des boëtes. La premiere décharge se
„ fait quand le Pape sort de la Chapelle *Pauline*, d'abord qu'il a pris entre ses
„ mains le Soleil où est le Sacrement, & qu'on tire un coup de la grande cou-
„ levrine de Saint Pierre, pour en donner le signal. La seconde décharge se fait
„ lors que le Pape sort du portique de la grande place du Palais Apostolique, &
„ la troisiéme quand il entre dans la place de Saint Jaques. "

Voici l'ordre qui s'observe en général aux Processions du S. Sacrement. Pendant la Procession l'on sonne les Cloches de l'Eglise Cathedrale, & celles des E-
glises devant lesquelles la Procession doit passer. Les ruës doivent être netoiées,
& même (a) jonchées de fleur & de verdure. On tapisse ou l'on pare d'une
autre maniere la façade des maisons, on pare aussi les Eglises. Le Celebrant
consacre deux grandes Hosties, dont l'une est destinée pour la Procession. Après
la Messe on distribue les Cierges. Un Soudiacre revêtu des paremens convenables à la Fête sort de la sacristie précedé de deux Thuriferaires en surplis, l'encensoir en une main, la navette en l'autre. Deux Ceroferaires joignent le Soudiacre, se tiennent avec lui hors du Presbytere, y restent debout jusqu'à ce qu'il
faille marcher. Six Clercs plus ou moins en surplis & portant des flambeaux allumés se rangent de côté & d'autre au bas des dégrés de l'Autel : ceux qui doivent porter le daix se mettent à l'entrée du Presbytere.

Après le dernier Evangile le Celebrant fait sa genuflexion avec le Diacre & le
Soudiacre à ses côtés, passe ensuite au côté de l'Epître, descend après au bas
des dégrés, y quitte le manipule & la chasuble, y reçoit un pluvial blanc. Le
Diacre & le Soudiacre quittent aussi leurs manipules, & vont tous trois faire
une genuflexion à deux genoux en s'inclinant profondément au milieu du dernier degré de l'Autel. Ils y prient un peu de tems. Le Diacre se leve ensuite,
fait une autre genuflexion. C'est pour découvrir le Soleil, le dresser, le mettre au milieu des Corporaux. Troisiéme genuflexion : il revient près du Celebrant, qui se leve, se retire un peu du côté de l'Evangile. Apres avoir mis
trois fois de l'encens dans chaque encensoir, il se remet à genoux, le Diacre
qui est debout à la droite, tandis que le Soudiacre est à la gauche de celui qui
officie, donne l'encensoir au Celebrant, & le Celebrant encense trois fois le S.
Sacrement en s'inclinant profondément devant & après. Après ce triple encensement le Soudiacre étend le voile sur les épaules du Celebrant. Alors le Diacre monte à l'Autel, y prend le Soleil & le met entre les mains du Celebrant.
Il couvre ensuite les mains du Celebrant avec les extrémités du voile qu'il a sur
les épaules. Le Celebrant aiant reçu le Soleil tourne à droite, & ses Ministres
après lui. Ils demeurent tous trois sur un des dégrés de l'Autel jusqu'à ce que
tous ceux de la Procession aient défilé. Alors on commence le *Pange lingua* : la
Procession marche.

(a) Un

<hr>

(a) En quelques lieux d'Italie on dresse des Arcs de triomphe ornés d'emblemes & de devises à l'honneur
du S. Sacrement. A l'egard de la Coutume d'étendre des tapis dans les chemins par où la Procession doit passer &c. elle étoit aussi en usage dans les Processions des anciens Romains. Ajoutons ici, que comme aussi ils
se servoient de reposoirs dans ces marches solemnelles qu'ils faisoient à l'honneur des Dieux.

(*a*) Un Clerc en surplis porte la bannière du S. Sacrement : après lui marchent les enfans de chœur, puis ceux qui portent les flambeaux, & les Confreres deux à deux: ensuite le Porte-Croix entre deux Ceroferaires. Le Clergé suit, les Clercs en (*b*) surplis, les Diacres & Soudiacres en dalmatiques, les Prêtres en pluviaux. Ceux du côté droit ont leur Cierge à la main droite, ceux du côté gauche l'ont à la main gauche. Des Clercs les suivent portant des flambeaux: deux Thuriferaires marchent immédiatement devant le S. Sacrement & l'encensent continuellement en marchant de côté, pour ne pas lui tourner le dos. Le Celebrant le porte sous un daix soutenu par les principaux du lieu: les deux plus qualifiés tiennent les deux premiers bâtons, les autres personnes distinguées se mettent à la droite du Celebrant, & pour lui il est entre le Diacre & le Soudiacre qui élevent son pluvial.

Tous ces fidelles chantent des hymnes: mais le Celebrant & ses Ministres recitent tout bas ce qu'on chante. Les Laïques suivent le daix la tête nue & des Cierges allumés dans leurs mains: les femmes marchent les dernieres.

La Procession fait souvent des Stations en quelque Eglise qui se trouve sur la route, ou devant des Autels dressés exprès. Alors les fidelles se mettent à genoux pendant que les Ministres préparent l'Autel. L'Autel étant préparé, le Diacre y pose le S. Sacrement, & le Celebrant se jette à genoux pour l'adorer, ensuite il l'encense trois fois en s'inclinant profondément, pendant (*c*) qu'on chante; après quoi il dit quelques Oraisons, reçoit du Diacre le S. Sacrement, & se leve pour marcher. Les Chantres commencent un hymne, qui, pour ainsi dire, est le signal de la marche.

Quand on est de retour à l'Eglise, ceux qui portent le daix s'arrêtent à l'entrée du Presbytere, le Diacre reçoit à genoux le S. Sacrement & le remet sur l'Autel où le Celebrant l'encense trois fois comme auparavant. Le Chant & l'Oraison suivent, après quoi il reprend le S. Sacrement & fait un tour. Aiant achevé le tour, le Diacre se leve, fléchit le genou, met le S. Sacrement en un lieu élevé & environné de Cierges allumés.

Voilà l'ordre de cette Ceremonie: il y a quelque autres usages, dont on n'a rien dit ici, parce qu'ils s'observent generalement dans toutes les Processions, & qu'on peut les voir à la *Canonisation des Saints* &c. Lorsqu'il n'y a point d'exposition du S. Sacrement, le Diacre l'enferme dans le Tabernacle après la Benediction.

Pendant l'Octave, le S. Sacrement demeure exposé sur l'Autel: on l'expose aussi dans les necessités publiques. Il n'y a rien de particulier à cette Ceremonie.

Lorsque le Celebrant donne la Benediction avec le S. Sacrement, on l'encense pendant que le Chœur chante les deux (*d*) chants marqués ci-dessous. Cette Benediction se donne de la maniere qui suit. (*e*) Celui qui officie prend le S. Sacrement de la main droite par le nœud, & de la main gauche par le pied. En se tournant vers le peuple il éleve le Soleil à la hauteur de ses yeux, après il l'abaisse au-dessous de sa ceinture; ensuite il le remonte tout droit jusqu'à la poitrine, où il fait le travers de la croix de l'épaule gauche à la droite. Après avoir

L 2

ache-

(*a*) En Espagne & en plusieurs lieux d'Italie des bouffons & des pantalons marchent à la tête de la Procession, & font des danses comiques mêlées de postures grotesques, pour mieux solemniser la Fête. On a déja observé que les Processions des anciens Romains étoient accompagnées de pareilles bouffonneries.

(*b*) Tous ces habillemens doivent être blancs.

(*c*) *O Salutaris Hostia.*

(*d*) *Tantum ergo Sacramentum*, & *Salutaris Hostia.*

(*e*) *Rituel d'Aix.*

achevé la croix, il s'arrête un peu de tems au millieu, ensuite il acheve le tour, remet le S. Sacrement sur l'Autel, fait une genuflexion, revient à sa place se mettre à genoux sur le marchepied. Alors le premier Assistant se leve, monte à l'Autel & remet le S. Sacrement dans le Tabernacle. Il y auroit d'autres choses à remarquer, si ces descriptions étoient destinées aux Prêtres.

MANIERE *dont le S. Sacrement est porté devant le* PAPE, *lors qu'il est en voiage.*

De même que la Croix précede le Pape, lors qu'il paroît en public dans Rome, la Sainte Eucharistie marche devant lui lors qu'il va faire voiage. (*a*) Le P. *Rocca*, qui a traité de l'origine de cette coutume, prétend qu'elle vient de l'ancien usage de porter la sainte Eucharistie pendue au col, comme les premiers Papes l'ont pratiqué, à ce qu'il dit, dans le tems que l'Eglise étoit persécutée ; & c'est ce que les autres Ecclesiastiques pratiquoient aussi de même, mais dans la suite cet usage fut aboli, & les seuls Pontifes se sont attribué le privilége de faire porter le S. Sacrement devant eux lors qu'ils iroient en voiage.

(*b*) Le plus ancien exemple de la marche du S. Sacrement devant le Pape est celui d'Etienne III. lors qu'il alla en France implorer le secours du Roi Pepin contre Aistulfe Roi des Lombards : cependant quelques-uns prétendent que ce n'étoit pas (*c*) le S. Sacrement, mais le Crucifix qui marchoit devant le S. Pere. Quoiqu'il en soit, l'usage de porter le S. Sacrement en pompe n'est établi, selon le P. *Rocca*, que depuis environ deux cens ans : les exemples des siécles d'auparavant prouvent bien que cet usage étoit établi par un principe de devotion, pour émouvoir les peuples, pour exciter la pieté &c. mais ils ne prouvent pas la solemnité de la marche, telle que les derniers Papes l'ont introduite.

Lorsqu'en 1458. Pie II. alla à Mantoue pour former une ligue contre les Turcs, S. S. fit porter la Sainte Hostie sur un cheval blanc, sous un daix de soie & dans un Tabernacle doré, environné de quantité de luminaires. C'est là le plus ancien exemple de la marche pompeuse du Sacrement. En 1494. Alexandre VI. allant à Naples fit porter le S. Sacrement sur une Haquenée. Les Papes Jules II. & Leon X. pratiquerent le même usage au couronnement de Charles V. Clement VII. le fit porter à cheval sous un daix ou baldachin d'or. Le S. Sacrement étoit enfermé dans un Tabernacle de cristal, & éclairé de dix flambeaux, lesquels pendant la marche, environnoient le cheval qui portoit le Venerable. Lorsque le Pape se rendit par mer à Marseille pour s'aboucher avec François premier Roi de France, S. S. fit porter le S. Sacrement par la Capitane.

Paul III. & après lui Gregoire XIII. suivirent l'usage établi par leurs Prédecesseurs, & même le dernier voulut encherir sur les précedens Pontifes par la magnificence de l'équipage : mais rien n'aproche de la pompe avec laquelle le S. Sacrement entra dans Ferrare en 1598. lorsque Clement VIII. alla prendre possession de cette Ville après la mort d'Alponse d'Est. Le S. Sacrement sortit en

Pro-

<hr>

(*a*) *Bonanni Cap.* 93. *della Gerarchia.*
(*b*) Idem Ibid.
(*c*) C'est aussi que l'on croit qu'il faut expliquer le *Christus previus* dont il s'agit dans le passage cité d'*Anastase* le Bibliothecaire.

Procession de la Capitale de la Chrétienté dans un Tabernacle superbe, mais dont la description seroit inutile ici. Le Tabernacle étoit porté par huit Chanoines du Vatican sur une espece de brancard & sous un *baldachin* magnifique brodé d'or & de soie &c. Les Confreres du S. Sacrement, tous un flambeau à la main, marchoient devant le Venerable. Les Ordres Religieux, les Muficiens de la Chapelle de S. Pierre & le Clergé aiant la Croix de JESUS-CHRIST à leur tête suivoient les Confreres. Le S. Sacrement paroissoit ensuite sous le *Baldachin*, qui étoit porté par huit Cameriers secrets de S. S. Des Compagnies de Soldats & de Suisses escortoient le Venerable. Sa Sainteté marchoit le Cierge ou le flambeau à la main, après le S. Sacrement. Le Sacré College, les Prélats & la Noblesse Romaine, tous armés de Cierges, suivoient le Saint Pere. Voilà la maniere dont la Sainte Hostie sortit de Rome.

Elle fut portée à Ferrare sur une haquenée superbement enharnachée : mais avant que de commencer la marche, le S. Pere fléchit le genou devant le Seigneur, & ne se releva qu'après l'avoir perdu de vue. Les mulets de bagage & les valets de la suite portant les armes de S. S. marchoient à la tête : a ceux là se joignoient plusieurs compagnies de Soldats qui sonnoient de la Trompette pendant la marche : huit chevaux de main paroissoient ensuite, & après eux les Domestiques des Cardinaux & des Prélats tous à cheval, deux Curseurs, les Muficiens de la Chapelle du Pape, deux Ecuiers, deux Massiers, qui étoient suivis du Maitre des Ceremonies & de deux Clercs de la Chapelle Pontificale. Ceux-ci portoient à cheval deux lanternes au bout d'une lance, pour mieux éclairer le S. Sacrement qui marchoit immédiatement après eux. Deux Palefreniers de S. S. tenoient la bride du cheval qui le portoient : les Suisses armés servoient de garde au Venerable. Le Sacristain venoit après avec le bâton blanc à la main pour marque de sa jurisdiction. Une longue file de Prélats Romains le suivoient. Ensuite l'on voioit une autre troupe de Muficiens, de Valets & d'Officiers de bagage distribués en Compagnies, & cinq cent Cavaliers vêtus magnifiquement aussi divisés en Compagnies. N'oublions pas le Barbier, le Tailleur & le Cordonnier du Vicaire de JESUS-CHRIST. Ils y paroissoient en leur rang. Quatre Cameriers portoient quatre toques pontificales de pourpre sur la pointe de quatre piques. Toute la Noblesse de Rome & de Ferrare y marchoit aussi équipée superbement, & l'on voioit après elle les Acolytes, les Chefs de la Chambre Apostolique, les Auditeurs de Rote, les Soudiacres, les Orateurs, l'Evêque de Ferrare avec son Clergé, les Porte-Clefs du Saint Pere, son grand Maitre des Ceremonies, son Porte Croix, vint Clercs de la Cathedrale de Ferrare, qui portoient autant de torches ardentes. En sortant de Rome & pendant la route le Venerable marchoit avec le bagage ; en entrant dans Ferrare il occupoit le centre de la Procession. Le grand Thresorier du Vicaire de JESUS-CHRIST avoit aux deux côtés de la selle de son cheval des sacs d'argent d'où il tiroit des Jules qu'il jettoit au peuple. S. Pierre devenu Prince temporel, de pauvre pécheur qu'il étoit, avoit reconnu depuis long-tems que les biens du Monde ont plus de pouvoir sur les hommes & sont plus propres à operer que les Benedictions Apostoliques. Elles pouvoient tout lorsque les boiteux marchoient au seul nom de JESUS-CHRIST, aujourd'hui les tems sont changés. Après le Thresorier on voioit trente jeunes gens des meilleures familles de Ferrare, qui marchoient à pied la tête découverte, vêtus de toile d'argent avec de petits manteaux à fond noir en broderie de soie, tenant à la main des *berettes* enrichies de roses d'or, de perles, & de pierreries. Clement VIII. paroissoit après cet-

cette brillante jeunesse, non pas comme (*a*) *Serviteur des Serviteurs*, mais en qualité de *Vice-Dieu* revêtu d'une robe de soie très riche, portant sur la tête une couronne de plusieurs millions de livres; porté lui même sur les épaules de huit Estafiers revêtus de longues robes d'écarlate, sous un daix du plus beau damas cramoisi & relevé d'une broderie d'or; environné d'une double haie de gardes vêtues magnifiquement, suivi de ses Suisses, & d'un Auditeur de Rote, qui portoit après lui la Tiare pontificale; côtoié par deux Officiers de la Maison, le grand Camerier & le Sommelier. Nous ne disons rien des Carosses & des Cavaliers qui suivoient Jesus-Christ & son Vicaire.

Pendant la marche ces Fidelles chantoient continuellement des Pseaumes, des Antiennes & des Motets, recitoient des Oraisons, faisoient des signes de Croix, donnoient & recevoient des Benedictions, pratiquoient en un mot tout ce qui dépend de la devotion exterieure. On marchoit à petites journées: le Clergé tant Seculier que Regulier du lieu où les fidelles passoient la nuit s'avançoit à leur rencontre précedé de quelques Milices. Les Magistrats & les autres personnes de marque suivoient le Clergé. On entroit dans la Ville au bruit des trompettes mêlées au chant des Cantiques. Les peuples venoient en foule de tous côtés pour adorer le Venerable. Les gens de distinction s'empressoient à lui offrir le *baldachin*, toûjours attentifs à décerner les honneur du Monde à celui qui pendant sa vie a foulé aux pieds l'orgueil & la vanité. Telle fut une Procession dont on peut voir une description plus étendue dans le P. *Rocca*, ou dans le P. *Bonanni*, qui nous a fourni cet extrait.

Le Pere *Bonanni* croit que cette Ceremonie doit sa naissance à la coutume que les premiers Chrétiens avoient de garder le S. Sacrement chez eux, & de le porter en voiage. Ces premiers Chrétiens le regardoient comme un préservatif contre les perils. Il les consoloit spirituellement dans l'orage des persecutions, & quand ils se trouvoient en danger de mort ils le recevoient comme la vie de leur ame. Le Pape a voulu conserver cette pieuse coutume: mais comme les tems sont changés, & qu'aujourd'hui le Pere Spirituel des Chrétiens est l'Image de Jesus-Christ triomphant, il est bien juste que ce divin Sauveur des hommes ne paroisse qu'avec éclat & ne marche qu'en grande pompe. (*b*) Mais, dira t'on, si l'usage de porter le S. Sacrement en voiage est dû à la pieté des Pontifes, qui veulent être toûjours en état de recevoir le sacré corps de Jesus-Christ en cas de mort, pourquoi lui fait on prendre les devans? pourquoi dévance t'il le Saint Pere d'une journée? On repond à cette Objection, mais la reponse est si foible qu'elle ne vaut pas la peine d'être rapportée. Il y a beaucoup d'apparence que cette Ceremonie est une imitation de la marche solemnelle de l'Arche sous l'ancienne Loi en certaines occasions extraordinaires. Cet usage Judaïque étoit si necessaire à la Majesté du Christianisme, qu'il y a dequoi s'étonner que les Papes, qui de tems en tems ont orné avec beaucoup de soin la Religion Chrétienne, aient negligé pendant plusieurs siécles d'emprunter des Juifs la plus brillante & la plus auguste de toutes les Ceremonies.

On voit dans cette figure deux differentes manieres de porter le S. Sacrement de-

---

(*a*) „ Les Papes voulant donner à entendre qu'ils n'afectoient les grands titres, ainsi faisoient profession „ d'humilité sur laquelle leur grandeur avoit pris son premier & principal fondement, plus ils se trouverent être „ grands, plus choisirent ils termes éloignés de l'ambition, & se qualifierent serfs des serfs, parolles d'humilité, „ lesquelles n'ont pas moins d'effet dessus nous que celles qui au Païs de Perse étoient données à leur Prince, „ quand on l'appelloit *Roi des Rois*. Le premier qui en usa entre les Papes fut Damase, & l'autre qui lui don- „ na cours & regne fut Gregoire I. „ Voilà ce que remarque *Pasquier* dans ses *Recherches de la France*.
(*b*) *Bonanni* Cap. 94. della *Gerarchia*.

MANIERE *de porter le* S. SACREMENT *quand le* PAPE *est en Voyage.*

devant le Pape : l'une à cheval, & l'autre suspendu sur un brancart entre deux mulets comme une littiere.

Nous finirons cet Article par la maniere dont un Diacre publie au Peuple que le Pape doit porter le S. Sacrement. Cette publication se fait la veille, & la formule en est remarquable (a) *Demain*, dit le Diacre, *le très Saint portera le très Saint.*

Processions principales de Rome durant l'Octave de la Fête-Dieu.

Le jour de la *Fête-Dieu*, après Vêpres, à *Nôtre Dame de la Victoire.*

Le Vendredi matin, à la *Minerve.*

Le Samedi matin, à Sainte *Marie Majeure*, & à *Nôtre Dame du Peuple.*

Le Dimanche matin, à l'*Anima*, pour la Nation *Allemande*, & pour la Nation *Françoise*, à Saint *Louis*, où assistent les Cardinaux Nationaux. Ensuite il y a une autre belle Procession à Saint *Apollinaire in Trastevére*, le matin, à Sainte *Marie de l'Horto*, où assistent toutes les Confrairies qui y sont érigées, & le soir, à Sainte *Marie in Trastevére*, & à *Nôtre Dame des Monts*. Le même jour, après Vêpres, à Saint *Jean de Latran*, à Sainte *Marie de la Scala*, & à la *Transpontine.*

Le Lundi, à la Confrérie de la *Mort*, & à la *Trinité du Mont.*

Mardi au soir, aux Saints *Apôtres*. Mécredi, à *Nôtre Dame del Pianto*, & à la *Rotonde.*

Le Jeudi jour de l'Octave, le matin, à Saint *Laurent in Damaso*, à Saint *André delle Fratte*, à *Nôtre Dame de Monte Serrato*, à Sainte *Blaise de la Pagnote*, à Saint *Marc*, où assistent les Magistrats du Peuple *Romain*. Mais la plus belle de toutes ces Processions est celle du *Jesus*, à cause de la richesse des Chapes des *Jésuites*, qui sont de riches étoffes en broderies, enrichies de perles & de pierreries de grande valeur : le soir du même jour, à Saint *Laurent in Lucine*, à Saint *Jaques des Espagnols*, & à Saint *Pierre*. Le Chapitre fait une Procession pour terminer l'Octave.

Au mois de Juin.

1. Saint *Théobalde* de l'Ordre des *Camaldules*, aux Eglises de la Religion.

2. Saint *Pierre* & Saint *Marcellin* Martyrs, à leurs Eglises.

3. Saint *Pélerin* de l'Ordre des *Camaldules*, Fête aux Eglises de la Religion.

4. Saint *Quirin* Evêque Martyr, à Sainte *Marie in Trastevére*, où est son corps.

5. Saint *Boniface* Evêque, Martyr, Benedictin, Fête aux Eglises de l'Ordre.

6. Saint *Claude* Archevêque de *Besançon*, à l'Eglise des *Bourguignons* de la *Franche-Comté*. Saint *Artéme* Martyr, à Saint *Martin des Monts*, où est son corps. Saint *Norbert* E. & fondateur de *Prémontré*, à leur Collége.

7. Saint *Robert* Abbé de *Cîteaux*, aux Eglises de l'Ordre.

8.

9. Saint

(a) *Crastina die Sanctissimus portabit sanctissimum.*

9. Saint *Prime* & Saint *Félicien*, à Saint *Etienne le Rond*. Dédicace de Saint *Pierre Montorio*.

10. Translation du corps de Saint *Philippe Benizi* fondateur des *Servites*: Fête à Saint *Marcel*.

11. Saint *Barnabé* Apôtre, à Saint *Pierre*, pour la translation du corps de Saint *Grégoire de Nazianze*.

12. Saints *Basile*, *Cerinue*, *Nabore*, & *Nazaire*, Martyrs, aux Saints *Apôtres*, où sont leurs Reliques. Saint *Onogre*, Fête à son Eglise. Saint *Léon III.* Pape, Fête à Saint *Pierre*.

13. Saint *Antoine de Padoüe*, Fête à Saint *Antoine des Portugais*, aux Eglises de l'Ordre de Saint *François*, & à Saint *Pierre*, dans la Chapelle du Chœur.

Le second Dimanche de Juin, Fête à *Nôtre Dame de la Consolation*.

14. Saint *Basile* le Grand, Fête à ses Eglises & à Saint *Pierre*, à sa Chapelle.

15. Saints *Vitus* & *Modeste* Martyrs, à leur Eglise.

16. Saints *Quirico* & *Julite* Martyrs, à leur Eglise, à Sainte *Pudentiane*, & aux autres Eglises de l'Ordre des *Citeaux*, pour Sainte *Lutgarde*, Vierge.

17.

18. Saints *Marc* & *Marcellin* Martyrs, à Saints *Cosme* & *Damien in Campo Vaccino*, où sont leurs corps.

19. Saints *Gervais* & *Protaise* Martyrs, à Saint *Vital* & à Saint *Charles* au Cours.

20. Saint *Novat* frére des Saintes *Pudentiane* & *Praxéde*, à leurs Eglises, & à celle d'*Ara Cœli*, pour le bien-heureux *François Solano*.

21. Sainte *Démétrie* Vierge & Martyre, Sœur de Sainte *Bibiane*, à son Eglise, & à celle des *Jésuites*, pour le bien-heureux *Louis Gonzague*.

22. Saint *Paulin* Evêque & Confesseur, à Saint *Barthelemi en l'Ile*, où est son corps.

23. Saint *Jean* Prêtre & Martyr, à Sainte *Bibiane*, & à Saint *Sylvestre in Capite*, où est son corps.

24. Nativité de Saint *Jean Batiste*: Chapelle Papale à Saint *Jean de Latran*; le Cardinal Archi-Prêtre chante la Messe: Fête à Saint *Jean des Florentins*, à Saint *Jean des Génois*, aux autres Eglises de Saint *Jean* & à Saint *Sylvestre* au Champ de *Mars*, où ils prétendent avoir le chef de Saint *Jean Batiste*.

Autrefois on chantoit trois Messes à la Nativité de S. Jean Baptiste, comme à Noël. Pour conserver une partie de cet usage l'Eglise de S. Maur à deux lieuës de Paris fait dire une grand, Messe à minuit.

25. Saint *Eloi* E. C. Fête à ses Eglises.

26. Saints *Jean* & *Paul* Martyrs, à leurs Eglises.

27.

28. Saint *Leon II.* & Saint *Paul I.* Papes, Fête à Saint *Pierre*: après les Vêpres il y a Chapelle Papale: ensuite l'Ambassadeur du Roi d'*Espagne* présente au Pape une haquenée superbement enharnachée avec une selle & une housse en broderie aux armes du Pape. Celui qui conduit la haquenée porte dans une bourse d'étofe de soie brodée très proprement une cédule de sept mille écus d'or pour le tribut du Royaume de *Naples*, qui est devenu fief du Saint Siège depuis quelques siécles, ainsi que les Papes le prétendent. Cette Ceremonie avoit été interrompue sous le Pontificat de Clement XII. son Successeur. Innocent XIII. l'a faite revivre. Voici l'ordre de la Ceremonie. (*a*) ,, Tous les ans, la Veille
,, de

____

(*a*) *Tableau de la Cour de Rome par Aymon.*

„ de S. Pierre, l'Ambassadeur d'Espagne, ou quelque Prince Vassal du Roi Ca-
„ tholique, part de son Palais en Cavalcade, à peu près comme dans une Am-
„ bassade d'obédience. La haquenée précede immédiatement cet Ambassadeur
„ entre les Gardes du Pape, accompagnée des Estasiers & des Pages de ce Mi-
„ nistre vêtus de livrées neuves. " Le soir il y a des illuminations & des feux
d'artifices au Château Saint *Ange* & à la Place d'*Espagne*, & le soir du jour suivant aussi.

29. Saint *Pierre* & Saint *Paul* Apôtres: Chapelle Papale à Saint *Pierre*; le Pape
chante une Messe Pontificale, & prononce une homélie en Latin après l'E-
vangile : Fête à Saint *Paul*, & à Saint *Jean de Latran*, où l'on montre leurs
chefs: Fête à leurs autres Eglises, à Saint *Charles des Cantinari*, & à l'Oratoire
du *Gonfalon*.

30. Commémoration de Saint *Paul*, à Saint *Paul aux trois fontaines*, à la
Victoire, &c.

Juillet.

1. L'Octave de Saint *Jean Bâtiste*, Fête à Saint *Jean de Latran*.

2. La Visitation de *Nôtre Dame*, à Sainte *Marie Majeure*, & aux autres E-
glises de la Vierge, à Sainte *Elizabeth des Boulangers Allemands*, aux filles de la
Visitation à la *Longara*, & à Saint *Pierre* pour Saints *Processe* & *Martinian* Martyrs.

3. Saint *Lanfranc* Evêque Confesseur, de l'Ordre de Saint *Benoit*, Fête aux
Eglises de la Religion.

4. Sainte *Elizabeth* Reine de *Portugal*, à Saint *Antoine des Portugais*, aux E-
glises de Saint *François*.

5. Saint *Zoé* Martyr, à Saint *Pierre*.

6. Octave de Saint *Pierre* & de Saint *Paul*, &c. à Saints *Cosme* & *Damien*,
pour Saint *Tranquillin* Martyr.

7. Translation de Saint *Thomas* de *Cantorbie* à Sainte *Marie de Cacabari*.

8. Saints *Aquille* & *Priscille* Martyrs, à Sainte *Prisque*.

9. Saint *Zénon* & ses Compagnons Martyrs, Fête à Saint *Vincent* & aux *trois
Fontaines*.

10. Saintes *Ruffine* & *Seconde* Martyres, Fête à leurs Eglises au *Vatican* & delà
le *Tibre*; à Saints *Cosme* & *Damien* Martyrs, pour Saint *Leonce* Martyr; & à
Saint *Marcel*, pour les sept fils de Sainte *Félicité* Martyrs.

11. Saint *Pie* Pape M. à Saint *Pierre*, où est son corps.

12. Saint *Jean Gualbert* fondateur de l'Ordre de *Vallombreuse*, à Sainte
Praxéde.

13. Saint *Anaclet* P. & M. Fête à Saint *Pierre*, où est son corps.

14. Saint *Bonaventure* Cardinal, Fête à toutes les Eglises de l'Ordre de Saint
François: Chapelle Papale aux Saints *Apôtres*.

15. Saint *Henri* Empereur, au *Jesus*, où sont ses Reliques.

16. Dédicace de la Chapelle de Saint *Pasteur*, à Sainte *Pudentiane*, à la *Trans-
pontine*, & à *Nôtre Dame des Monts*. Autre Fête de *Nôtre Dame des Carmes*. Le
Dimanche suivant Fête à Saint *Martin des Monts* & à Saint *Chrysogone* du même
Ordre.

17. Saint *Alexis*, Fête à son Eglise, à Saint *Paul*, & à Sainte *Marie in Por-
ticu*, & à Saint *Pierre*, pour Saint *Leon IV*.

18. Sainte *Symphorose* & ses sept Enfans Martyrs, à Saint *Ange de la Poissonnerie*, où sont leurs corps.

19. Saint *Epaphre* Martyr, Disciple de Saint *Paul*, à Sainte *Marie Majeure*, où est son corps.

20. Sainte *Marguerite* V. M. à son Eglise delà le *Tibre*; & à la *Traspontine*, pour Saint *Elie*.

21. Sainte *Praxéde*, Fête à son Eglise, à Sainte *Pudentiane*, aux 4. Couronnés, & à Saint *Jean de Latran*.

22. Sainte *Marie Madelaine*, Fête à son Eglise, aux Converties au *Cours*, & à Saint *Celse*, où il y a de ses Reliques.

Sainte Marie Magdelaine est reverée particulierement en Provence. On y voit (a) la fameuse grotte, où l'on assure que Sainte Magdelaine fit retraite pendant trente ans. L'endroit de la grotte où la Sainte pleuroit les desordres de sa jeunesse est renfermé par des grilles de fer, & les flambeaux y brulent nuit & jour à son honneur. Plus haut on voit le *Saint Pilon*, c'est-à-dire le Saint Pilier. C'est l'endroit où la Sainte étoit élevée sept fois le jour par les Anges.

23. Saint *Apollinaire* E. M. à son Eglise; à Saint *Celse*, pour Saint *Liborio* E. à Sainte *Marie Majeure*, pour les Saintes *Romula* & *Redempta*.

24. Sainte *Christine* V. & M. à Sainte *Marie Majeure*, où sont ses Reliques.

25. Saint *Jaques* Apôtre, Fête à ses Eglises.

26. Sainte *Anne*, à ses Eglises & à Saint *Paul*, à Sainte *Françoise Romaine*, pour Saint *Sempronius* M.

27. Saint *Pantaleon* Martyr, Fête à ses Eglises.

28. Saints *Nazaire*, *Celse*, & *Victor*, Martyrs, Fête à Saint *Pierre* pour Saint *Victor*, & à Saint *Martin des Monts*, pour Saint *Innocent* Pape.

29. Sainte *Marthe*, Fête à ses Eglises; à Sainte *Marie Majeure*, pour Saints *Simplice*, *Faustin*, & *Beatrix*, dont les corps y sont, à Saints *Cosme* & *Damien*, pour Saint *Felix* II. Pape & Martyr.

30. Saints *Abdon* & *Sennen* Martyrs, Fête à Saint *Marc*, où sont leurs corps.

31. Saint *Ignace* Fondateur des *Jésuites*, Fête aux Eglises de la Compagnie de *Jesus*.

Au Mois d'Août.

1. (b) Saint *Pierre* aux liens, Fête à son Eglise, & pour les Saints fréres *Maccabées*, aux Basiliques.

2. Saint *Etienne* Pape & Martyr, à Saint *Martin des Monts*, où est son corps. A Saint *Jean des Florentins*, Fête des Chevaliers de l'Ordre de Saint *Etienne*. A toutes les Eglises de Saint *François*, Fête pour le pardon de la Portiuncule à *Assise*, Fête à Sainte *Brigite*.

3. Invention du corps de Saint *Etienne* premier Martyr, Fête à ses Eglises, & à Saint *Laurent* hors des murs.

4. Saint

(a) *La Sainte Baume*, si plaisamment décrite par le Pere *Pierre* de Saint *Louis*, Carme Provençal, dans le Poëme de la *Magdelaine*.

(b) Cette Fête fut instituée vers le milieu du cinquiéme siécle par le Pape Sixte III. à la sollicitation de l'Imperatrice Eudoxie. Auparavant le Peuple celebroit le même jour l'anniversaire de la défaite d'Antoine & de Cleopatre.

4. Saint *Dominique* Fondateur de son Ordre, Fête à la *Minerve* & aux autres Eglises de la Religion.

5. *Nôtre Dame* des *Neiges*, Fête à Sainte *Marie Majeure*. A Saint *Dominique* & à Saint *Sixte* à *Monte Magnanopoli*, les Religieuses exposent leurs plus beaux paremens. Ces paremens sont d'une beauté & d'une richesse suprenante.

6. (a) Transfiguration de *Nôtre Seigneur*, aux Eglises de Saint *Sauveur* & à la *Minerve*.

7. Saint *Albert* Carme, aux Eglises de l'Ordre.

8. Saints *Cyriaque*, *Large*, & *Smaragde*, Fête à Sainte *Marie in Via lata*, & à Saint *Sylvestre in Campo Marzo*.

9. Saint *Romain* Martyr, Fête à Saint *Laurent* hors des murs.

10. Saint *Laurent*, Fête à ses Eglises.

11. Sainte *Susanne* V. & M. à son Eglise, & à Saint *Jean Colabit*, pour Saint *Jaurin* E.

12. Sainte *Claire*, Fête à son Eglise, & aux autres de son Ordre.

13. Saint *Hypolite* Martyr, à Saint *Laurent* hors des murs.

14. Saint *Eusébe* Martyr, à son Eglise.

15. L'Assomption de la *Vierge*, Chapelle Papale à Sainte *Marie Majeure*, où le Cardinal Archi-Prêtre chante la Messe : Fête à toutes les Eglises de la *Vierge*, & sur tout à *Nôtre Dame des Miracles*.

16. Saint *Roch*, Fête à son Eglise, & à la *Minerve*, pour Saint *Hyacinthe*. Dédicace de Sainte *Lucie in Selce*.

17. Octave de Saint *Laurent*, Fête à ses Eglises, & à Saint *Jaques de la Longara*, pour la B. H. *Claire de Monte Falco*.

18. Saint *Hélène* Impératrice, Fête à son Eglise des *Crédenciers* & à Sainte *Croix en Jerusalem*.

19. Saint *Louis* Archevêque de *Thoulouse*, de l'Ordre de Saint *François*, aux Eglises de la Religion, à Saint *Pierre*, pour Saint *Magnus* E. M. & à Saint *Michel de l'Echelle*, où est son corps.

20. Saint *Bernard* Abbé de *Clairvaux*, à ses Eglises, & à toutes celles de l'Ordre des *Citeaux*.

21. Saint *Cyriaque* Martyr, Fête à Sainte *Marie in Campitelli*, où est son corps ; à Saint *Laurent* hors des murs, à Sainte *Agate in Suburrâ*, à Sainte *Françoise in Campo Vaccino*, pour le B. H. *Bernardo Tolomei* Fondateur du Mont d'Olive.

22. Octave de l'Assomption, Fête à Sainte *Marie Majeure* ; à Saint *Paul*, pour Saint *Timothée* : & à Saint *Marcel*, pour Saint *Hipolite* E. & Martyr.

23. Saint *Philippe Benisi* Fondateur de l'Ordre des *Servites*, Fête à Saint *Marcel* & aux autres Eglises de cette Religion, à Saint *Sylvestre in Campo Marzo*, pour Saints *Chrysante* & *Darie* Martyrs ; à Sainte *Marie Majeure*, pour la Translation des Saints *Simplice*, *Fauste* & *Beatrix*, Martyrs.

24. Vigile de Saint *Barthélemi*, Fête à ses Eglises.

25. Saint *Barthelemi* Apôtre Fête à ses Eglises ; à Saint *Louis des François*, pour Saint *Louis*, où les Cardinaux tiennent Chapelle ; à Saint *Laurent in Lucine*, pour les Saints *Eusébe*, *Vincent*, *Pontian*, & *Pellerin*, Martyr, & à Saint *Jean de la Pigne*, pour Saint *Génése* Martyr.

26. Saint *Zéphirin* Pape & Martyr, à Saint *Sixte*, où sont ses Reliques ; à Saint *Barthelemi des Bergamasques*, pour Saint *Alexandre* Martyr.

N 2

27. Fête

(a) La Fête de la Transfiguration fut instituée par le Pape Calixte III. en 1456. en mémoire d'une victoire que les Chrétiens remporterent sur les Turcs.

27. Fête à Saint *Barthelemi*, & à Saint *Jean Colabit*.

28. Saint *Augustin*, Fête aux Eglises de ses Ordres. Ce même jour on entre dans l'Eglise des *Oblates des sept douleurs*.

29. Décolation de Saint *Jean Baptiste*, Fête à Saint *Jean le décolé* & aux autres Eglises : Fête de Sainte *Sabine* Martyre, à son Eglise ; & à Sainte *Praxéde*, pour Sainte *Candide* Vierge & Martyre.

30. Saints *Felix* & autres Martyrs, Fête à Saint *Laurent in Lucine*, où sont leurs Reliques ; à la *Minerve*, pour Sainte *Rose* du *Pérou*, & à Saint *Augustin*, pour la Dédicace.

Saint *Raimont Nonat* Cardinal de l'Ordre de la *Merci*, Fête a Saint *Adrien* & à Saint *Jean in Campo Marzo*.

Septembre.

1. Saint *Gilles* Abbé, Fête à ses Eglises ; & à Saint *Laurent in Damaso*, pour la Dédicace.

2. Saint *Bonose* Abbé Benedictin, Fête aux Eglises de l'Ordre, à Sainte *Pudentiane*, où sont ses Reliques.

3. Sainte *Séraphie* Vierge, Fête à Sainte *Sabine*, où est son corps.

4. Saint *Tesauro* Cardinal, de l'Ordre de *Valombreuse*, à Sainte *Praxéde*.

5. Saint *Bertin* Abbé Benedictin, Fête aux Eglises de l'Ordre.

6. Saint *Eleutére* Abbé, Fête à Saint *Grégoire* au Mont *Cælius*.

7. Saint *Adrien* Martyr, à son Eglise *in Campo Vaccino*.

8. La Nativité de *Nôtre Dame*, Chapelle Papale à *Nôtre Dame* du Peuple, où un Cardinal Prêtre chante la Messe : Fête aux Eglises de la Vierge & à l'Eglise *Neuve*.

9. Saint *Grégoire* Martyr, Fête à Saint *Pierre*.

10. Saint *Nicolas Tolentin*, à son Eglise, & à celle de l'Ordre de Saint *Augustin*.

11. Saints *Prote* & *Jacinthe* Martyrs, aux Saints *Apôtres*, & à Saint *Jean des Florentins*, où sont leurs Reliques.

12. Fête du nom de *Marie*, à Saint *Bernard* à la Colonne *Trajane*. Le Dimanche de l'Octave de la Nativité de la *Vierge*, Fête à Saint *Marcel* & à *Nôtre Dame du Chêne*, de la Confrérie des Bouchers. Sainte *Marie Majeure*, Fête à *Nôtre Dame de Lorette* de la Place *Trajane*.

13. Saint *Martin* Abbé, Fête à Saint *Grégoire* au Mont *Cælius*.

14. Exaltation de la Sainte *Croix*, Fête à ses Eglises, au Crucifix de Saint *Marcel*, & à Saint *Charles des Catinari*.

15. Octave de la Nativité de *Nôtre Dame*, Fête à ses Eglises.

16. Saint *Corneille* Pape & Martyr, & Saint *Cyprien* Evêque & Martyr, à Sainte *Marie in Traslevère*, où est le corps dudit Saint *Corneille*, au *Jésus*, pour Saint *Abonde* & Saint *Abondantius* Martyrs. Sainte *Euphémie* Vierge & Martyre, Fête à son Eglise à la Colonne *Trajane*.

17. Fête des *Stigmates* de Saint *François*, à toutes les Eglises de son Ordre, & à la Confrérie des *Stigmates* érigée dans l'Eglise des 40. Martyrs au Palais *Césarin*. A Saint *Laurent* hors des murs, Fête de Saint *Justin* Prêtre & Martyr, où repose son corps.

18. Saint *Sophie* Vierge & Martyre, Fête à Saint *Martin des Monts*, où est son Corps ; & à Saint *Augustin*, pour Saint *Thomas de Ville-Neuve*.

19. Saint

19. Saint *Sylvestre* Evêque & Martyr, à l'Eglise du Saint *Esprit des Neapolitains*, & à Saint *Sylvestre* au Champ de *Mars*.

20. Saint *Eustache* & ses Compagnons Martyrs, Fête à son Eglise & à Saint *Martin des Monts*, où est le corps de Saint *Theophile*.

21. Saint *Matthieu* Apôtre & Evangeliste, à son Eglise, à Sainte *Croix en Jérusa'em*, à Sainte *Marie Majeure*, & à la *Trinité des Pélerins*.

22. Saint *Maurice* & ses Compagnons Martyrs, à l'Eglise des *Piémontois*, à Sainte *Marie Majeure*, où est son chef, & à Saint *Marcel*, pour les Saintes *Digne* & *Emerite* Vierges & Martyres.

23. Saint *Lin* Pape & Martyr, Fête à Saint *Pierre*, & à l'Hôpital du Saint Esprit, pour Sainte *Thécle* Vierge & Martyre.

24. Saint *Girard* Abbé Benedictin, Fête aux Eglises de l'Ordre. A Saint *Adrien in Campo Vaccino*, Fête principale de *Nôtre Dame de la Merci*.

25. Saint *Herculan* Martyr, Fête à Saint *Jean Colabit*, où est son corps.

26. Saint *Cyprien*, & Sainte *Justine* Martyre, Fête à leur Chapelle à Saint *Jean de Latran*.

27. Saint *Cosme* & Saint *Damien*, Fête à leur Eglise, à Sainte *Marie Majeure*, à Saint *Marcel*, & à l'Eglise ou Oratoire des Barbiers derriére le Saint Suaire des *Piemontois*.

28. Saint *Venceslaus* Roi de *Bohéme*, Fête à Saint *Pierre*, à Saint *Cosme* & Saint *Damien* pour les Saints *Antime*, *Leontius*, & *Eutheremme*, Martyrs.

29. Dédicace de Saint *Michel* Archange, Fête à ses Eglises.

30. Saint *Jerôme* Docteur de l'Eglise, Fête à ses Eglises, à Sainte *Marie Majeure*, & à Sainte *Anastasie*.

Octobre.

Le Premier Dimanche, Fête du *Rosaire* à la *Minerve*, & aux Eglises de l'Ordre de Saint *Dominique*.

1. Saint *Remi* Evêque & Confesseur, Fête à Sainte *Marie in Trastevére*, où sont ses Reliques, à Sainte *Agathe* & à Saint *Louis*.

2. Saint *Leger* Evêque d'*Autun* & Martyr, Fête à Saint *Pierre*, où sont ses Reliques. (a) Fête de l'*Ange Gardien* à son Eglise.

3. Saint *Candide* Martyr, à Sainte *Bibiane*.

4. Saint *François d'Assise* Confesseur, Fête à toutes les Eglises de son Ordre, & à Saint *Jean des Bolonois*, pour Saint *Petrone*.

5. Saint *Placide* & ses Compagnons Martyrs, Fête aux Eglises de l'Ordre de Saint *Benoît*, & à Saint *Pierre*, pour Sainte *Galle*.

6. Saint *Bruno* Fondateur des *Chartreux*, à Sainte *Marie des Anges*, & à Nôtre Dame de la Paix, pour la Dédicace.

7. Saint *Marc* Pape, Fête à son Eglise. Saint *Serge* & Saint *Bacchus* Martyrs, Fête à leur Eglise.

8. Sainte *Brigitte* veuve, Fête à son Eglise, & à Saint *Laurent in Panisperna*, pour les Saints Martyrs *Marcel* & *Apulée*. Dédicace de Saint *Louis des François*. Saint *Simeon* le vieux, qui reçut *Nôtre Seigneur* entre ses bras le jour de la Purification, Fête à son Eglise proche la Place *Fiamette*.

9. Saint

(a) La Fête des Anges Gardiens fut établie, ou plûtôt rendue générale, par le Pape Paul V. à la réquisition de Ferdinand d'Autriche, depuis Empereur.

9. Saint *Denis* & ses Compagnons Martyrs, Fête à leur Eglise & à Saint *Louïs des François*.

10. Saint *Louïs Bertrand* Jacobin, Fête à la *Minerve*. Saint *François de Borgia*, Fête au *Jesus*. A Saint *Eusebe*, Fête pour la fondation des *Célestins*.

11. Translation du corps de Saint *Augustin*, Fête aux Eglises de son Ordre.

12. Saint *Rodolphe* de l'Ordre des *Camaldules*, aux Eglises de la Religion.

13. Fête aux Eglises de l'Ordre des *Cîteaux*, pour la Dédicace de l'Abbaye de *Clairvaux*, & à *Ara Cœli*, pour Saint *Daniel* & ses Compagnons Martyrs.

14. Saint *Calixte* Pape & Martyr, Fête à son Eglise, à Sainte *Marie in Trastevére*, & à Saint *Sébastien*.

15. Sainte *Thérése* Vierge, Fête à toutes les Eglises des *Carmes*.

16. Saint *Gal* Abbé Benedictin, Fête aux Eglises de l'Ordre.

17. Fondation de l'Ordre des *Cîteaux*, Fête par toutes les Eglises de la Religion, à celles de Saint *Benoît*, pour Saint *André* Benedictin, à Saint *Pierre*, pour Saint *Adeodatte* Pape, & à l'Eglise des *Polonois*, pour Sainte *Heduige* Duchesse de *Pologne*.

18. Saint *Luc* Evangeliste, Fête des Peintres à son Eglise, à Sainte *Martine*, à Saint *Pierre*, où est son chef, & à Sainte *Marie Majeure*, où est son bras.

19. Saint *Pierre d'Alcantara*, à l'Eglise d'*Ara Cœli*, & à son Eglise sur le Mont *Palatin*.

20. Saint *Sedule* Benedictin, Fête aux Eglises de l'Ordre.

21. Sainte *Ursule* & ses Compagnes Vierges & Martyres, Fête à *Torré de Specchi*, à la *Pitié* en Place *Colonne*.

22. Saint *Battario* Abbé du Mont *Cassin*, Sainte *Cordule* Vierge & Martyre, au *Jesus*, où est sa tête.

23. Saint *Pierre Paschasius*, Fête à Saint *Adrien*.

24. Saint *Martin* Abbé Benedictin, Fête aux Eglises de l'Ordre.

25. Saints *Crépin* & *Crépinien* Martyrs, Fête à leur Eglise des *Cordoniers*, & à S. *Laurent in Panisperna*, où sont ses Reliques. Saints *Chrysante* & *Darie*, Fête aux Saints *Apôtres*, & à Saint *Sylvestre in Campo Marzo*, ou sont leurs Reliques.

26. Saint *Evariste* Pape & Martyr, Fête à Saint *Pierre*.

27. Vigile des Saints Apôtres *Simon* & *Jude*.

28. Saint *Simon* & Saint *Jude* Apôtres, Fête à leur Eglise, & à Saint *Pierre*.

29. Saint *Théodore* Abbé Benedictin.

30. Saint *Germain* Evêque Benedictin, aux Eglises des Ordres.

31. Saints *Nemese* & *Lucille* Martyrs, à Sainte *Marie Nouvelle*, autrement Sainte *Françoise in Campo Vaccino*.

Novembre.

1. (a) La Fête de tous les Saints, Chapelle Papale au Palais Apostolique: un Cardinal Evêque y chante la Messe, un Ecolier du Collége *Germanique* y fait
le

(a) Au septiéme Siécle Boniface IV. consacra le Panthéon de Rome à la Sainte Vierge & à tous les Saints. Plus de six Siécles auparavant le Panthéon avoit été consacré à Jupiter & à tous les Dieux par Agrippa. Cette Consécration du Panthéon par Boniface IV. fut un préparatif à la Fête de tous les Saints; il l'établit à Rome après la Dédicace de ce Temple. Au commencement du neuviéme Siécle, Grégoire IV. ordonna qu'elle seroit reçue generalement dans toute la Chrétienté, & voulut qu'on la célébrât le premier Novembre; car auparavant on la célébroit le 12. de Mai.

le Sermon. Fête à Sainte *Bibiane* & à la *Rotonde* : à Vêpres, Chapelle Papale pour chanter l'Office des morts. Saint *Céfaire*, Fête à fon Eglife.

2. Commémoration des Morts, Chapelle Papale au Palais Apoftolique : le Cardinal grand Pénitencier chante la Meffe. Fête à Saint *Grégoire* au Mont *Cœlius*, à la Confrérie de la *Mort*, & à celle du Suffrage & des Agonifans, ce qui dure pendant l'Octave.

Lorfque le Pape affifte aux Vêpres & aux Matines des morts, il eft vêtu de violet, il a fur la tête un capuchon retourné, (a) en telle forte que les peaux dont le capuchon eft fourré lui couvrent une partie du vifage & font la figure de deux cornes. C'eft en cet équipage que S. S. fe rend à la Chapelle, précédée de la Croix & fuivie des Cardinaux, felon l'ufage.

Celui qui officie, le Pape préfent ou abfent, eft revêtu des paremens convenables à toutes les Meffes, excepté qu'à celle-ci ils font noirs & qu'on ne lui donne ni les fandales, ni les gands. (b) Lorfqu'après la Meffe le Pape lui même prononce l'abfoute, pendant que le Chœur commence le *Libera*, S. S. fe revêt d'un Pluvial rouge, on étend en fa préfence un drap mortuaire, qui couvre les degrés du throne pontifical. A la repetition du *Libera*, deux Acolytes en furplis s'aprochent du Pape, l'un avec l'encenfoir & la navette, l'autre avec l'Eau benite & l'Afperfoir: le premier Cardinal Prêtre préfente la Navette à S. S. au commencement du *Kyrie Eleifon* le Pape fe leve & ôte fa mitre, à la fin il fe tourne vers l'Autel & commence d'une voix intelligible *Nôtre Pere*. En l'achevant tout bas le premier Cardinal Prêtre offre l'afperfoir au Saint Pere, & le Saint Pere afperfe trois fois le drap. Après l'afperfion le Cardinal lui préfente l'encenfoir avec lequel S. S. encenfe trois fois ce même drap. Les deux Acolytes fe retirent: la Ceremonie finit par une Oraifon, après laquelle le Pape dit le *Requiem*, & le Chœur *Requiefcant in pace*.

(c) Quelquefois on fait au millieu de l'Eglife, après les Vêpres des morts, une Chapelle ardente avec tout au moins quatre Cierges aux quatre côtés : fur le millieu du drap mortuaire il doit y avoir une Croix de foie brodée en rouge & violet.

(d) La Commémoration des Morts étoit en ufage chez les Romains, mais ils la faifoient au mois de Février. Les débauches étoient de la partie, car ils mangeoient & beuvoient à la memoire des défunts. C'eft ce que les anciens Peres n'ont pas manqué de leur reprocher comme une chofe contraire à la Religion & aux bonnes mœurs. Cependant cet abus s'introduifit en partie chez les Chrétiens de l'Eglife primitive, puifque nous trouvons dans l'hiftoire de ces premiers tems, (e) que plufieurs Chrétiens fuperftitieux alloient prier & boire fur les tombeaux des Martyrs, & cela par un principe de Religion. Ovide attribue (f) à Enée l'établiffement de cette Fête. Les Romains faifoient auffi des offrandes pour leurs morts, (g) ils allumoient des Cierges fur leurs tombeaux: on prioit les Dieux pour eux, ou du moins (h) on faifoit des vœux pour le repos & pour le foula-

O 2

gement

(a) *Caputium magnum quod invertatur : itaque pelles ab extra fint, & fupra faciem habeat quafi duo cornua.* Sacar. Ceremon. Eccl. Rom. L. 2.

(b) Ceriin. Eccl. R. L. 2.

(c) Baudry Manuale Sacr. Carem.

(d) *Feralia* : C'étoit chez les Romains l'anniverfaire des Morts.

(e) Voi. un paffage de S. Ambroife dans fon livre du Jeune. Ch. 17.

(f) Faftor. Lib. 2.

(g) Voiés ce que rapporte *Suetone* dans la Vie d'Augufte Ch. 98. touchant l'anniverfaire qu'on celebroit au tombeau d'un certain *Meffalas*.

(h) *Offa quieta precor tuta requiefcere in urna,*
Et fit humus cineri non onerofa tuo. Ovide. Voiés le même au L. 2. de fes *Faftes*.

gement des défunts, qui, s'il en faut croire Ovide, prirent un jour la peine de
sortir de leurs tombeaux, & coururent les chams & la ville pour implorer le secours des vivans, & leur demander la raison de l'interruption des anniversaires
établis. Cette negligence fut, dit-il, causée par les desordres des guerres civiles : (a) les morts s'en plaignirent amérement : ils hurlerent plusieurs nuits de
suite, chacun fut effraié de la vuë de ses ancêtres décharnés, les Peres apparurent
aux enfans, les maris aux femmes : ils demandoient des prieres & des sacrifices. On
se hata de recommencer les anniversaires, & pour lors les morts se tinrent chez
eux : mais revenons à nôtre commemoration des morts. Elle est duë à des
principes bien plus justes & bien plus raisonnables que ceux de ces anciens Paiens :
les besoins de nos morts sont tout autrement fondés sans doute que ne l'étoient
ceux des Idolatres. Quoiqu'il en soit, sans faire ici le recit d'une infinité d'histoi-
res fabuleuses des Revenans, ni aucune comparaison entre les morts du Paganisme & les nôtres, il est certain que nôtre commemoration ne fut générale dans
l'Eglise, qu'après qu'Odilon Abbé de Clugny l'eut fixée dans son Diocese au 2.
de Novembre à la fin du dixiéme siécle : ce n'est pas que dés les premiers siécles l'Eglise ne priât d'une certaine maniere pour les défunts : mais elle n'avoit
point encore ordonné de commémoration generale, telle qu'est celle du 2. de
Novembre, laquelle est duë à la pieté de S. Odilon, ou plûtôt, s'il en faut
croire les vieilles Legendes, à la charité d'un Voiageur qui revenoit de Sicile. On
dit que cet homme effraié des flames que le Mont Ethna vomissoit, s'imagina
que c'étoit le Purgatoire : il crût même avoir entendu les cris & les gemissemens des
Ames. Tout rempli de cette idée il avertit S. Odilon, & le Saint institua un
jour solemnel pour la consolation des morts dans toute l'étendue de son Diocese.

3. Saint *Malachie*, & Saint *Hubert* Abbé des Citeaux, aux Eglises de l'Ordre.

4. Saint *Charles* Cardinal, Fête à ses Eglises, & à Sainte *Praxéde* : les Cardinaux tiennent Chapelle à Saint *Charles* au *Cours*.

5. Saint *Zacharie* Pére de Saint *Jean Baptiste*, à Saint *Jean de Latran*, & à
Sainte *Marie Majeure* : Translation des Innocens.

6. Saint *Léonard*, Fête à ses Eglises.

7. Fête à la *Rotonde*, & à Sainte *Bibiane*.

8. Les quatre Couronnés, Fête à leur Eglise.

9. Dédicace de Saint *Jean de Latran* : on y montre les chefs des Saints Apôtres *Pierre* & *Paul*.

10. Saint *Triphon* & ses Compagnons Martyrs, à son Eglise, & au Saint Esprit : à Saint *André de la Valle*, pour le Bien-heureux *André d'Avelino* Théatin.

11. Saint *Martin* Evêque Confesseur, Fête à ses Eglises.

12. Saint *Martin* Pape & Martyr, à Saint *Martin des Monts*. Saint *Diego* Cordelier, Fête à Saint *Jaques des Espagnols*, & aux Eglises des *François*.

13. Saint *Humolomo*, à son Eglise ; à Saint *Marc*, pour la Dédicace, à Saint
André à Montecavallo ; & à Saint *Ignace*, pour le bien-heureux *Stanislaus
Kostca*.

14. Saint *Laurent* Evêque Benedictin, aux Eglises de l'Ordre.

15. Saint *Mahu*, en Latin Saint *Maclovius*, en François Saint *Malo*, Fête à
Saint *Barthelemi des Berganasques* ; & à l'*Anima*, pour Saint *Léopold* Duc d'*Autriche*.

16. Saint

<hr>

(a) ———————— *Bustis exisse feruntur,*
Perque vias urbis, Latiosque ululasse per agros
Deformes animæ &c.

16. Saint *Edmond* Evêque, à Sainte *Pudentiane*, & aux autres Eglises.

17. Saint *Gregoire Thaumaturge*, Fête à son Eglise des *Grecs*, & à Sainte *Marie Majeure*, à la *Transpontine* : Fête à Saint *Anien* proche de l'Eglise des *Armèniens*, pour sa translation.

18. Dédicace des Eglises de Saint *Pierre* & Saint *Paul*.

19. Sainte *Elisabeth* d'*Hongrie*, Fête aux Eglises de Saint *François*.

20. Saint *Edmond* Roi d'*Angleterre*, à Saint *Thomas des Anglois*, & à l'*Ara-Cæli* pour le B. *Jean de Capistran*, à Saint *Charles aux 4. Fontaines*, & à Sainte *Françoise in Strada Felicé* pour le bien-heureux F. *Felix de Valois*.

21. La présentation de *Nôtre Dame* au Temple, Fête à toutes les Eglises qui lui sont dédiées.

22. Sainte *Cécile* Vierge & Martyre, à son Eglise *in Trastevere* & aux 4. Couronnés, où est sa tête.

23. Saint *Clement* Pape & Martyr, à son Eglise, & à Saint *Marcel*, pour Sainte *Felicité* & ses sept fils Martyrs.

24. Saint *Chrysogone* Martyr, Fête à son Eglise.

25. Sainte *Catherine* Vierge & Martyre, Fête à ses Eglises.

26. Saint *Sylvestre* Fondateur de sa Congrégation, à Saint *Etienne del Cacepa*.

27. Saint *Jaques* Intercise Martyr, Fête à Saint *Pierre*, où est sa tête.

28. Saint *Grégoire III.* Pape, Fête à Saint *Pierre*, à Saint *Sylvestre*, à Saint *Etienne del Cacepo* pour plusieurs Martyrs, à l'*Ara-Cæli* pour le bien-heureux *Jaques* de la Marche d'*Ancone*.

29. Saint *Saturnin* Martyr, Fête à Saint *Jean* & Saint *Paul*, & à Sainte *Catherine des Cordiers*.

30. Saint *André* Apôtre, Fête à ses Eglises & à Saint *Ange de la Poissonnerie* & à Saint *Pierre*, où est sa tête.

Décembre.

1. Saint *Eloi* Evêque & Confesseur, Fête à ses Eglises & à celle de l'Ordre de Saint *Benoît*.

2. Sainte *Bibiane* Vierge & Martyre, Fête à son Eglise, & à Sainte *Marie Majeure*.

3. Saint *Maur* Martyr, Fête à Saint *Praxéde*, & au *Jesus* pour la Fête de Saint *François Xavier*.

4. Sainte *Barbe* Vierge & Martyre, Fête à son Eglise des Libraires, & à la *Transpontine*, pour les Bombardiers du Château Saint *Ange*.

5. Saint *Sabas* Abbé, Fête à son Eglise.

6. Saint *Nicolas* Evêque Confesseur, Fête à ses Eglises, à Saint *Laurent in Damaso*, & à Saint *Paul*.

7. Saint *Ambroise* Docteur de l'Eglise, à ses Eglises.

Le premier Dimanche de l'Avent, Station à Sainte *Marie Majeure*, Chapelle Papale au Palais Apostolique : un Evêque assistant chante la Messe, le Procureur général des *Jacobins* fait le Sermon. Après la Messe le Pape porte le Saint Sacrement en Procession à la Chapelle *Pauline*, où il est exposé durant 40. heures.

Le tems de l'Avent est mysterieux : il nous représente celui qui a précedé l'incarnation du Messie, & les esperances que les Peres de l'Ancien Testament avoient conçues de son avenement pour la redemption des hommes. C'est pour cela que l'Avent est regardé comme un tems mêlé de joie & de tristesse. Pour se conformer à cette idée, (a) on ne dit point à l'Avent le *Gloria in excelsis*, ni à Matines le *Te Deum*, les Ministres de l'Autel ne prennent point la Dalmatique, à cause que c'est un habillement de joie: même on jeunoit autrefois dans l'Avent, & cette coutume subsiste encore dans les Maisons Religieuses. Pendant l'Avent le Pape ne va jamais qu'à pied à la Chapelle.

Le trois autres Dimanches de l'Avent il y a aussi Chapelle au Palais Apostolique, un Evêque assistant chante la Messe: le 2°. Dimanche le Procureur general des *Minimes Mineurs Conventuels* fait le Sermon; le 3°. un Cardinal Prêtre chante la Messe, le Procureur Général des *Augustins* fait le Sermon.

Ce troisiéme Dimanche demande des signes de joie, parce que l'accomplissement des Propheties aproche. On pare l'Autel plus qu'à l'ordinaire, (b) on y met des fleurs, des Images & des Reliques des Saints. Les Ministres reprennent la Dalmatique. Les Mystagogues observent plusieurs autres usages qui ne conviennent qu'aux Prêtres.

Le quatriéme Dimanche de l'Avant le Procureur Général des *Carmes* fait le Sermon.

Le second Dimanche, la Station est à Sainte *Croix en Jerusalem* & à Sainte *Marie des Anges*: Le troisiéme, à Saint *Pierre*: Le quatriéme, aux Saints *Apôtres*.

8. La Conception de la *Vierge*, Fête aux Eglises de la *Vierge*, aux *Capucins*, à Saint *Laurent in Damaso*, à Saint *Jaques des Espagnols*, & à Sainte *Marie in Viâ latâ*.

9. Saint *Melchiade* Pape, à Saint *Sylvestre*.

10. A Saint *Salvator in Lauro*, Fête de Nôtre Dame de *Lorette*.

11. Saint *Damase* Pape, Fête à Saint *Laurent in Damaso*.

12. Saint *Valére* Abbé Benedictin, Fête aux Eglises de son Ordre.

13. Sainte *Luce* Vierge & Martyre, Fête à ses Eglises: à Saint *Jean de Latran*, le Chapitre chante une Messe solemnelle, en action de grace de la conversion du Roi Très-Chrétien *Henri* le Grand d'heureuse mémoire, Bienfaiteur de ce Chapitre, en présence de Monsieur l'Ambassadeur de *France* & des Cardinaux de la Nation. A Saint *Apollinaire*, Fête des Saints Martyrs *Euslache* & ses compagnons, les corps desquels y reposent.

14. Saint *Ange* Abbé Benedictin, Fête aux Eglises de l'Ordre.

15. Saint *Claude* Martyr, Fête aux Saints *Apôtres*, où sont ses Reliques.

16. Saints *Ananias*, *Azarias*, & *Misael*, Fête à Saint *Adrien*, où sont leurs reliques; le soir il y a Musique à Saint *Marcel*, à la *Minerve*, & autres Eglises, qui sont continuées pendant la neuvaine de Noël.

(c) La Neuvaine qui précede Noël a son Office particulier: Elle represente, selon les Mystagogues, les neuf mois de grossesse de la Sainte Vierge. La celebration de cette neuvaine commença, dit-on, sous le Pontificat du Pape *Vitalien*, ou du moins à la tenue d'un Concile de Tolede environ l'an 694. Depuis ce tems là elle s'est toûjours maintenue en Espagne, & s'est établie dans la plus grande partie de l'Italie. Pendant la neuvaine l'Autel doit être paré comme pour les 40. heures, & l'on ne doit pas oublier d'y mettre l'Image de la Sainte Vierge. Le reste de la Ceremonie n'a rien de particulier.

17. Translation de Saint *Ignace* Evêque & Martyr, Fête à S. *Clement*.

20. Sainte *Fauste* mére de Sainte *Anastasie*, à son Eglise.

21. Saint

(a) *Piscara* Praxis Cærem.
(b) Id. Ibid.
(c) *Piscara* Praxis Cærem.

21. Saint *Thomas* Apôtre, Fête à ses Eglises, & à Saint *Jean de Latran*, où l'on montre l'Arche d'Alliance, & la table où *Nôtre Seigneur* fit la derniére Céne.

22. Saint *Flavien* Martyr, Pére de Sainte *Bibiane*, Fête à son Eglise.

23. Sainte *Victoire* Vierge & Martyre, à Saint *Adrien*, où est son corps.

24. Vigile de la Nativité de *Nôtre Seigneur*, à Vêpres, Chapelle Papale au Palais Apostolique, où les Cardinaux restent à souper: après cela ils assistent à Matines, & le Cardinal Camerlingue chante la Messe de minuit.

25. Nativité de *Nôtre Seigneur*, (*a*) à minuit, & à la Messe du jour, Station à Sainte *Marie Majeure*, & à Sainte *Marie in Ara-Cœli*: à l'aube du jour, Station à Sainte *Anastasie*. Chapelle Papale à Saint *Pierre*, ou à Sainte *Marie Majeure* ou de la *Créche*: le Pape célébre la Messe (*b*) Pontificalement, & prononce l'Homélie.

La BENEDICTION de l'EPÉE, & du CHAPEAU *mis sur sa pointe*.

Tous les ans, avant que de commencer l'Office de Noël, la nuit qui précede cette Fête, le Saint Pere benit une épée garnie d'un pommeau d'or, & enrichie de pierreries (*c*) disposées en forme de colombe, avec le fourcau & le baudrier enrichis de même, & le (*d*) Chapeau Ducal posé sur la pointe de l'épée. Ce Chapeau est de (*e*) soie violette, fourré d'hermines & entouré d'un cordon en forme de Couronne chargée de bijoux. Le Pape envoie l'Epée & le Chapeau à quelque Prince qu'il affectionne particulierement, ou à quelque grand Capitaine qui mérite cette distinction pour s'être signalé contre les Ennemis de la foi Chrétienne. Pour faire cette Benediction (*f*) le S. Pere se revet de l'aube, de l'amict & de l'étole avant que de mettre la Chape rouge dont il se pare la nuit de Noël: un Clerc de la Chambre presente l'Epée & le Chapeau sur la pointe à S. S. qui après avoir prononcé la benediction arrose d'eau benite & encense cette Epée & ce Chapeau. Après cela le Pape se rend à sa Chapelle précedé du même Clerc de la Chambre, qui marche avec l'Epée & le Chapeau devant la Croix Pontificale. Si celui à qui ces presens sont destinés se trouve à Rome, il doit les recevoir de la main même de S. S. en lui baisant la main & le pied. S. S. lui declare que l'Epée désigne la puissance de Jesus Christ, & la victoi-

P 2

re

(*a*) Quelques Mystagogues attribuent l'institution de la Messe de minuit à S. Telesphore qui tint le Pontificat vers le milieu du second siécle: mais les savans rejettent les Decrets que l'on veut faire passer sous le nom de ce Pape & de ses Prédecesseurs. Le Cardinal Bona rejette aussi l'opinion qui attribue à S. Telesphore l'institution de la Messe de minuit & croit qu'elle n'a été celebrée annuellement (*Statis temporibus*) que sous le Pontificat de Jule I. S. Gregoire le Grand fait mention de cette Messe de minuit dans quelques-uns de ses Ouvrages.

Un Privilege de l'Eglise de S. Marc à Venise est de dire la Messe de minuit à six heures du soir. ,, L'Office, dit *Saint Didier* dans son Livre intitulé *la Ville & Republique de Venise*, commence à vint-quatre heures, & deux heures après on chante la Messe, à quatre Chœurs de Musique, avec beaucoup de solennité & ,, un grand concours de peuple. Les desordres & les scandales qu'on voioit arriver à cette Ceremonie, lorsqu'elle se faisoit à minuit, ont donné occasion à la permission que cette Eglise a eüe de celebrer l'Office à ,, cette heure là. ,,

(*b*) Voiés la description de la Messe Pontificale de Noël celebrée par le Pape à la page 94. de la seconde partie du tome premier de cet Ouvrage.

(*c*) *Sacr. Cerim. Eccl. Rom.* L. I.

(*d*) Idem Ibid.

(*e*) *Aimon* dans son *Tableau de la Cour de Rome*.

(*f*) *Sacr. Cerim. Eccl. Rom.* L. I.

re qu'il a remportée sur le Demon : mais il n'oublie pas d'ajouter qu'elle désigne aussi la puissance temporelle que le Seigneur a remise à son Vicaire. C'est, ajoute t'il, en remettant le glaive benit à celui qui doit le ceindre pour la défense du Saint Siége Apostolique , „ c'est par ce glaive que nous vous declarons „ le défenseur de cette puissance & de (a) la Souveraineté Pontificale, le Pro- „ tecteur du S. Siége contre les ennemis de la foi , & le boulevard de l'Eglise. „ (b) Que par ce glaive vôtre bras triomphe des ennemis du S. Siége & du nom „ de Jesus-Christ ; que le S. Esprit (representé par la Colombe) descende sur „ votre tête, & vous protege contre ceux à qui Dieu prépare ses jugemens (c) „ devant la Sainte Eglise Romaine & le S. Siége Apostolique &c. " Telle est la formule que Sixte IV. a donnée pour cette Ceremonie.

Quelquefois celui que le S. Pere gratifie de l'Epée benite est invité à faire une des lectures de l'Office. Alors un Clerc de la Chambre lui ceint l'Epée sur le surplis, le rever d'un pluvial blanc & lui met le Chapeau sur la tête. Ensuite le Maître des Ceremonies le conduit aux degrés du throne de S. S. là il salue l'Autel, & le Pape, après avoir remis le Chapeau benit au Maitre des Ceremonies, tire du foureau l'Epée benite, touche la terre avec la pointe de cette Epée, la tourne ensuite trois fois en l'air, & après l'avoir ramenée doucement par dessus le bras gauche, la remet dans le foureau. Cette Ceremonie étant achevée il va chanter au lutrin la cinquiéme leçon de l'Office, mais auparavant S. S. lui donne la benediction. Après le chant il va baiser les pieds au Saint Pere : ensuite on lui ote les habits sacerdotaux & l'on remet le Chapeau sur la pointe de l'Epée. Un Gentilhomme tient cette Epée élevée jusqu'à la fin de l'Office. Si la personne à qui cette Epée est destinée étoit absente, ou s'il arrivoit qu'elle ne sut pas lire, le Ceremonial Romain nous avertit qu'un Clerc de la Chambre prendroit le surplis & chanteroit pour elle au lutrin, & tous deux iroient ensuite baiser les pieds au Saint Pere.

(d) Celui qui a reçu l'Epée benite est ramené en pompe chez lui par la Noblesse de la Cour de Rome. On porte devant lui l'Epée haute avec le Chapeau sur la pointe.

Le Pape Pie II. envoia l'Epée & le Chapeau à Louis XI. avec (e) quatre vers gravés sur la lame, par lesquels S. S. exhortoit le Monarque à venger le sang des Grecs & détruire l'Empire Ottoman. Le même Pape envoia une pareille Epée à Philippe le Bon, Duc de Bourgogne.

„ Les Papes, dit le Sieur *Aimon* dans son *Tableau de la Cour de Rome*, fon- „ dent cet usage sur ce qu'il est dit au Livre second des Machabées, Chap. 5. „ que *Judas* Machabée allant combattre *Nicanor*, General de l'Armée d'An- „ tiochus, vit en songe le Grand Prêtre Onias qui prioit Dieu pour le Peuple „ Juif, & le Prophete Jeremie qui lui presentoit une Epée , en lui disant , *Re-* „ *çoi Judas cette sainte Epée que Dieu te donne pour détruire les ennemis* „ *d'Israël.* "

Ce que l'on a dit de la cinquiéme leçon que chante à l'Office de minuit celui

lui

(a) Le Chapeau marque l'indépendance de cette puissance.
(b) *Formetur manus tua contra hostes sanctæ sedis ac Christi nominis* &c. Sacr. Cerim. &c. L. 2.
(c) *Pro Romana sancta Ecclesia & Apostolica Sede.* Idem Ibid. La Proposition *pro*, qui en bon Latin signifie *pour*, doit signifier ici *devant*.
(d) Sacr. Cerim, &c. L. 2.
    (e) *Excrat in Turcas tua nec, Ludovice, furentes*
       Dextera! Grajorum Sanguinis ultor ero.
      Corruat Imperium Mahumetis, & inclyta rursus
       Grajorum virtus, te petet astra Duce.

lui qui reçoit l'Epée benite, demande que l'on donne ici l'ordre des leçons de cet Office. (*a*) Avant le Pontificat de Paul II. le Clerc des Ceremonies chantoit la premiere leçon, un Acolyte la seconde, un Auditeur la troisiéme, le plus jeune des Cardinaux Prêtres la quatriéme, celui qui recevoit l'Epée benite la cinquiéme, ou à son défaut un Clerc de la Chambre. Un Soudiacre Apostolique chantoit la sixiéme, un Diacre Assistant du côté gauche la septiéme, l'assistant du côté droit la huitiéme, & le Pape la neuviéme. Paul II. changea cet ordre : il voulut qu'un Acolyte chantât la premiere, un Auditeur la seconde, un Soudiacre la troisiéme, le plus jeune des Cardinaux Prêtres la quatriéme, celui qui recevoit l'Epée benite la cinquiéme, un Cardinal Prêtre la sixiéme : à l'égard des trois dernieres, il n'y fit aucun changement. Sixte IV. ordonna que toutes ces leçons seroient chantées par des Cardinaux : il voulut aussi qu'au cas que l'Empereur se trouvât à cet Office de minuit, la septiéme leçon fut destinée à Sa M. J. En ce cas là deux Diacres Assistans du Pape alloient prendre l'Empereur à sa place, pendant qu'on achevoit de chanter le dernier Pseaume du troisiéme Nocturne. Ces deux Cardinaux mettoient le surplis à Sa M. J. lui ceignoient l'Epée benite, la revétoient du pluvial blanc fermé sur l'épaule droite, ouvert sur la poitrine, comme celui de l'Evêque. A l'égard du Chapeau benit, on le remettoit à un Ecuier, parce que la Dignité de Duc étant fort inferieure à la Dignité d'Empereur, S. M. Imperiale se seroit commise en portant un Chapeau Ducal. L'Empereur ainsi revêtu des ornemens Sacerdotaux étoit conduit aux pieds du Saint Pere par les deux Cardinaux Diacres : il rendoit à S. S. l'hommage ordinaire & tiroit ensuite l'Epée de la maniere que nous l'avons déja dit, après quoi il se rendoit au lutrin, y recevoit la benediction Apostolique & chantoit ou recitoit la leçon. Après la leçon S. M. J. alloit baiser les pieds au S. Pere. Les deux Cardinaux Assistans la ramenoient à sa place & l'y dépouilloient des habits Sacerdotaux. Voilà ce qui fut observé à l'égard de Frederic IV. à la Messe de Noël de l'an 1468. sous le Pontificat de Paul II. L'Histoire ne nous aprend pas que depuis ce tems-là (*b*) aucun Empereur se soit trouvé à Rome en tems de Noël. Pour ce qui est de Frederic IV. ceux qui ont lû l'Histoire d'Allemagne savent assés que ce Prince étoit d'un caractere plus convenable à un Prêtre qu'à un Empereur.

26. Saint *Etienne* premier Martyr, Fête à Saint *Laurent* hors des murs, & à ses Eglises : Chapelle Papale au Palais Apostolique ; un Cardinal Prêtre chante la Messe ; un Ecolier du Collége des *Anglois* fait le Sermon.

27. Saint *Jean* Apôtre & Evangeliste, à Saint *Jean de Latran* & à ses Eglises : Chapelle Papale au Palais Apostolique ; un Cardinal Prêtre chante la Messe ; le Sermon est prononcé par un Prêtre Séculier : on chante la Messe en langue Syriaque à Saint *Jean des Maronites*.

28. Les *Innocents*, à Saint *Paul*, à Sainte *Marie Majeure*, & à *Nôtre Dame des Insensés* de pieté en *Place Colonne*.

29. Saint *Thomas de Cantorberi* Evêque & Martyr, Fête à Saint *Thomas des Anglois* & à Sainte *Marie Majeure*. Fête de Saint *Trophime* Evêque d'*Arles*, en l'Eglise de Saint *Philippe Neri in Strada Julia* proche des Prisons neuves : les Reliques du Saint y sont exposées.

30. Saint

______

(*a*) *Sacrar. Cerimon Eccl. Rom.* L. 2.
(*b*) En l'année 1485. Dom *Francisque* d'Arragon, fils de Ferdinand, Roi d'Arragon & de Sicile, reçut l'Epée benite de la main d'Innocent VIII. & chanta, suivant l'ordre prescrit par le *Ceremonial Romain*, la cinquiéme leçon de l'Office de minuit.

30. Saint *Exuperance* & Saint *Marcel* Diacres, à Saint *Barthelemi en l'Ile*, & à Saint *Jaques des Espagnols*, pour la Translation du Corps de Saint *Jaques*.

31. Saint *Sylvestre* Pape, Fête à son Eglise, & à Saint *Martin des Monts*: à Vêpres, Chapelle Papale au Palais Apostolique pour la Circoncision de *Nôtre Seigneur*.

Il y a quelques Eglises où la Fête d'un Saint ne se fait que le Dimanche dans l'Octave, particuliérement quand cette Eglise est desservie par quelque Confrairie d'Artisans.

Tous les soirs il y a Oratoire à nuit fermante à Saint *François Xavier*, & l'on s'y donne la discipline de deux jours l'un : à l'Eglise Neuve on la prend trois fois la semaine, le Lundi, le Mercredi, & le Vendredi. On se donne aussi la Discipline aux *Stigmates*, tous les Vendredis à pareille heure.

Tous les Lundis de l'année, le matin, Exposition à l'*Ara-Cæli*, aux Saints Apôtres, & à Saint *Antoine des Portugais*.

Tous les Lundis de l'année, aux Saints *Apôtres*, & à l'*Ara-Cæli*, Fête pour Saint *Antoine de Padoue*, avec Exposition du Saint Sacrement.

Tous les Lundis de l'année, à Saint *André de la Valle*, à la premiere Chapelle à gauche, sur le soir, Exposition du Saint Sacrement, Musique, & Sermon pour les Morts.

Tous les Mardis de l'année, l'après-diner, Exposition du Saint Sacrement à *Nôtre Dame de Lorette*, en Place *Trajane*, au *Suffrage*, & à Saint *Paul de la Regle*.

Tous les Mercredis à Saint *Eustache*, & le matin Exposition à Saint *Vincent* & à Saint *Anastase* à la Fontaine de *Trevi*.

Tous les Mercredis au soir les Musiciens de *Rome* s'assemblent à la *Madelaine*, où ils chantent les *Litanies*. Exposition pareille le même jour à Sainte *Françoise Romaine* in *Strada Felice*.

Tous les Jeudis à l'*Anima* & à *Nôtre Dame des Monts*.

Tous les Vendredis, au *Jesus*, pour la bonne mort, & à Saint *Sixte des Invalides* au *Ponte Sixto*, à 21. heures, à l'Oratoire des *Agonisans* à *Pasquin*, à 22. heures, à 23. heures, à Saint *Nicolas des Préfêts in Campo Marzo*, & à Sainte *Lucie du Gonfalon*.

Tous les Samedis au soir, à Sainte *Marie Majeure* : on chante à la Chapelle *Pauline* les Litanies de la *Vierge* en Musique en présence des Cardinaux.

Exposition du S. Sacrement & Litanies à Saint *Sauveur des Copelles*, à *Nôtre Dame des Monts*, à Saint *Salvator in Lauro*, à Saint *Pantaleon*, à *Pasquin* avec Musique : cette Musique finit à une heure de nuit, mais à 22. heures, il y a Exposition du Saint Sacrement à Sainte *Marie in Vid latâ*, & à Sainte *Marie des Monts*. Il y a de même Exposition à Saint *Apollinaire* à 23. heures, ainsi qu'à Saint *Sauveur des Copelles*, & à la nuit à Saint *Salvator in lauro*.

Tous les premiers Dimanches du Mois, Exposition, Sermons, & Musique à Saint *Laurent in Lucine*, au *Noviciat des Peres de la Madelaine in Trivio*, à Saint *Etienne del Caceo* : à 22. heures on expose le Saint Sacrement à Saint *Joseph in Carcere*, & à la Trinité des *Pélerins* : mais il reste trois jours exposé en cette derniere Eglise.

Tous les deuxiémes Dimanches du Mois, l'Exposition est le matin à Saint *Augustin*, à *Jesu Maria* au *Cours*, à l'*Ange Gardien*, & à Saint *Bernard* à la Colonne *Trajane*.

Tous les troisiémes Dimanches, aux *Stigmates* & à la *Minerve* : le matin & le

soir

soit à 22. heures à Saint *Marcel*, à Saint *Roch*, à la *Mort*, où l'on met les priéres de 40. heures, à la *Madelaine* & à Saint *Jerôme des Esclavons*.

Tous les quatriémes Dimanches, à Sainte *Marie in Portien*, & à Saint *Sauveur des Copelles*.

Tous les Dimanches de l'année, à la *Transpontine*, à Sainte *Marie in Traslevére*, à Sainte *Marie in Campitelli*, & à Saint *Chrysogone*.

Tous les Dimanches & toutes les Fêtes de l'année, Vêpres, Exposition, Sermon, Musique, à Saint *Charles Catinari*. Toutes les Fêtes de la *Vierge*, Exposition d'un jour entier à *Nôtre Dame del Pianto*.

Par Décret de *Paul V.* du 10. Mai 1608. les Priéres de quarante heures, avec Exposition du Saint Sacrement, ont été instituées à perpétuité avec ordre de les dire alternativement dans chacune des principales Eglises de *Rome*, selon la distribution qui s'en fait par le Cardinal Vicaire, dont l'Imprimé se voit affiché dans toutes les Eglises.

Le même Pape a concedé Indulgence Pléniére de dix ans pour châque fois qu'on fait la visite des Eglises étant confessé & communié : Il accorde autant de quarantaine à ceux qui après s'être confessés y vont prier Dieu pour la paix & pour la concorde entre les Princes Chrétiens, & pour les besoins de l'Eglise.

Les SACREMENS *de l'*EGLISE:
I. *le* BAPTÊME.

L'Eglise reconnoit sept Sacremens, & ce nombre, dit le Catechisme du Concile de Trente, est établi par l'Ecriture Sainte, par la tradition des S. S. Peres & par l'autorité des Conciles. On trouve qu'il n'y en doit avoir ni plus ni moins de sept, & l'on allegue comme une raison assés convaincante le rapport qu'il y a entre la vie naturelle & la vie spirituelle. ,, Sept choses, dit ce mê-
,, me Catechisme, sont naturellement necessaires à l'homme . . . . il faut
,, qu'il naisse, qu'il croisse, qu'il se nourrisse, qu'il use de remedes pour recou-
,, vrer la santé quand il l'a perdue, qu'il reprenne ses forces quand elles sont
,, affoiblies par quelque infirmité, qu'il y ait des Magistrats qui aient l'autorité
,, & le commandement pour le gouverner, & qu'enfin par la generation legi-
,, time des enfans il se perpetue en quelque maniere & conserve le genre hu-
,, main. Toutes ces choses se rencontrent dans la vie que l'ame reçoit de Dieu
,, par les Sacremens. Par le Baptême nous renaissons en JESUS-CHRIST, par la
,, Confirmation nous croissons dans la Grace. ,, . Nôtre ame est nourrie & sou-
,, tenue par l'Eucharistie . . . . par la pénitence nous recouvrons la santé que
,, nous avions perdue par les plaies que le péché avoit faites à nos ames. L'Ex-
,, treme-Onction efface le reste de nos péchez & repare les forces de nôtre ame.
,, Par le Sacrement de l'Ordre les Ministres de l'Eglise reçoivent le pouvoir d'ad-
,, ministrer publiquement les Sacremens au Peuple, & d'exercer toutes les au-
,, tres fonctions sacrées de leur Ministere. " On fait le but du Mariage. ,, Bien
,, que chaque Sacrement, ajoute ce Catechisme, renferme en soi une vertu
,, toute divine & admirable, ils ne sont ni également necessaires, ni d'une éga-
,, le dignité : . . . . . . il n'y en a que trois, qui bien qu'ils ne soient pas mê-
,, me également necessaires, le sont toutefois plus que les quatre autres. Ainsi
,, le Baptême est absolument necessaire, la pénitence l'est à ceux qui ont péché

Q 2

,, mor-

„ mortellement depuis le Baptême. „ Celui de l'Eucharistie surpasse tous les autres Sacremens en excellence, & n'est pas moins necessaire que le Baptême.

Ces Sacremens sont accompagnés de plusieurs Ceremonies publiques & solemnelles que (a) l'Eglise a jugé à propos de leur joindre, bien qu'elles ne soient pas de leur essence, puis qu'ils peuvent subsister sans elles; mais cependant elles ne peuvent s'omettre sans péché, si la necessité n'y oblige. De là vient que le Concile de Trente a prononcé Anatheme contre ceux qui disent que les Ministres des Sacremens peuvent sans péché méprifer ou omettre entierement à leur volonté les Ceremonies de l'Eglise reçûes, aprouvées & usitées dans l'administration solemnelle & publique des Sacremens, ou que le Pasteur particulier de chaque Eglise les peut changer & en faire de nouvelles. „ Ces „ (b) Ceremonies font, dit-on, connoître plus distinctement & mettent comme „ devant les yeux les effets que produisent les Sacremens, & en impriment la „ sainteté plus fortement dans l'esprit des Fidelles. Elles élevent l'esprit de ceux „ qui les observent exactement . . . . à la contemplation des choses les plus éle„ vées. „ Enfin on nous assure qu'elles excitent & augmentent en eux la foi & la charité.

On définit le Sacrement du Baptême (c) „ un Sacrement institué par Jesus„ Christ pour effacer le péché originel & tous ceux qu'on peut avoir com„ mis; pour communiquer aux hommes une renaissance spirituelle & la Grace „ de Jesus-Christ, & pour les unir à lui comme des membres vivans à leur „ Chef. „

Autrefois il n'y avoit point de tems ni d'age fixe pour le Baptême. On baptisoit tous les jours, on baptisoit indifferemment en bas age, on dans un age avancé: souvent même on ne baptisoit qu'à l'article de la mort. A l'égard de l'Eau Baptismale, il paroît que les Apôtres & leurs Disciples baptisoient leurs Neophytes dans la premiere eau qu'ils rencontroient, ainsi que les Livres sacrés le témoignent. Cette simplicité a cedé peu à peu la place à des usages accompagnés de beaucoup de précautions, de formules &c. auxquels la necessité des tems, des abus qu'il falloit ou prévenir, ou reprimer, l'ordre qui doit se maintenir dans l'Eglise, l'autorité des Prêtres & même la devotion peuvent avoir également contribué. La simplicité de l'eau des Fleuves & des Rivieres n'a guéres convenu qu'au premier siécle de l'Eglise: dans la suite on a beni l'eau, & pour rendre le Sacrement plus solemnel on a ajouté encore „ (d) qu'il faut se „ servir, autant qu'il sera possible, de l'Eau Baptismale benie le Samedi Saint de „ la même année, ou le Samedi de la Pentecôte, qu'on doit soigneusement „ garder dans un vase bien net. „ Il est vrai qu'on ajoute dans le même Rituel, „ que si l'eau qui aura été benie pour servir au Baptême est tellement di„ minuée qu'il n'y en ait pas suffisamment jusqu'à la veille de Pâques ou de la „ Pentecôte, on y en pourra mêler d'autre non benie, pourvû que ce soit en „ moindre quantité. „

L'usage des Baptisteres n'est pas moderne, mais il n'est pas non plus aussi ancien que le croient ceux qui ajoutent foi (e) aux prétendus Ecrits de S. Denys l'Areopagite & aux *Constitutions* de S. Clement. Un passage de (f) *Bede*

par-

(a) *Catechisme du Concile de Trente* Sec. Part. §. III.
(b) *Catechisme.* Ibid.
(c) *Rituel d'Alet.*
(d) *Rituel d'Alet.*
(e) Comme *Casalius de Vet. Sacr. Christ. Ritib.*
(f) Cité par *Casalius.*

parle de quelques Anglois qui furent baptisés dans le Rhin, & le même Auteur, qui vivoit au commencement du septiéme siécle, dit à cette occasion, que l'on n'avoit pû bâtir ni Baptistere, ni Chapelle à la naissance des Eglises de ce Païs-là. Il paroît par le Martyrologe Romain, que du tems du Pape Saint Marcel les Chrétiens avoient des Baptisteres chez eux: du tems de Constantin le Grand on en faisoit dans les fauxbourgs & même dans les Villes, comme cela paroît par le témoignage des Auteurs contemporains. On veut qu'en France l'usage des Baptisteres dans les Eglises ait commencé sous le regne de Clovis I. & qu'un Concile de Lerida ait défendu peu de tems après d'en avoir hors des Eglises: toûjours est il sûr que S. Gregoire le Grand témoigne que de son tems ils y avoient déja été introduits. Il est à présumer qu'on les a fixé dans les Eglises en même tems qu'on a fixé le Baptême des Chrétiens à l'age d'enfance, pour prévenir le danger que le grand air pouvoit causer à de petits enfans nouveaux-nés. Dèslors on en fit aussi dans chaque Paroisse, tous les Curés aiant un droit égal de baptiser les enfans en qualité de Ministres de l'Eglise: car on prétend qu'au commencement de l'Eglise le droit de baptiser n'appartenoit qu'à l'Evêque.

Le Baptême se fait en deux manieres, par immersion & par ablution. L'usage present est de baptiser par ablution, en versant de l'eau sur la tête de l'enfant.

Après l'Evêque, le Curé, le Vicaire, ou tout autre Prêtre commis par l'Evêque, est le Ministre legitime du Baptême: autrefois (a) les Moines étoient entierement exclus de ce droit, (b) les Religieux & les Religieuses le sont de celui de presenter des enfans au Baptême. Dans une pressante necessité on permet à un Laïque de baptiser; on le permet aussi aux femmes, & même elles sont préferées aux hommes en un certain cas; (c) c'est lorsqu'il faut baptiser un enfant qui n'est pas entierement hors du ventre de sa mere; & sur cet article il y a une remarque à faire. Pour le baptiser, il faut que quelque partie de son corps paroisse: on le baptise sur cette partie: sur la tête, si elle paroît la premiere, & pour lors les Rituels nous enseignent qu'il n'est pas besoin de reïterer le Baptême: mais s'il paroît seulement un pied, une main, ou quelque autre partie du corps, qui par son mouvement donne quelque indice de vie, on le baptisera sur cette partie; à condition néanmoins qu'on reïterera le Baptême (d) après la sortie de l'enfant du sein de sa mere. L'enfant qui naît mort, après avoir été baptisé de cette maniere, est porté sans difficulté en terre sainte.

Un Monstre, qui n'a ni forme, ni figure humaine, ne doit point être baptisé: si l'on doute qu'il soit homme, on le baptise sous cette condition, *si tu es homme, je te baptise* &c. si le Monstre a plus d'une tête & plus d'une poitrine, on suppose qu'il y a plus d'une personne, & pour lors on baptise separément chacune de ces personnes. On trouvera dans les *Rituels* plusieurs autres particularités sur cette matiere.

Les Parreins & les Marraines ,, (e) représentent l'Eglise qui offre l'enfant à ,, JESUS-CHRIST pour le baptiser & lui donner une nouvelle naissance, com-,, me JESUS-CHRIST la lui donne par le Prêtre. Ils confessent la foi pour l'en-,, fant, ils repondent & promettent en son nom qu'il s'acquittera fidellement
,, des

(a) *Casal. de Vet. Christ. Ritibus.*
(b) *Rituel d'Alet, Piscara* Praxis Cærem.
(c) *Rituel d'Alet.*
(d) On ajoute alors cette formule, *si non es baptisatus, ego &c. si tu n'es pas baptisé, je te baptise* &c.
(e) *Rituel d'Alet.*

„ des obligations de son Baptême. " L'Eglise Catholique ne reçoit pour Parreins & Marreines ni les Heretiques, ni les Infidelles, ni les excommuniés, ni ceux qui sont reconnus pour pécheurs publics & qui ménent une vie scandaleuse, ni ceux qui ne sont pas dans leur bon sens, ni ceux qui n'ont pas les premiers élemens de la Religion (il faut ajouter pourvu qu'ils soient reconnus pour tels) ni ceux qui sont encore enfans & au dessous de quatorze ans. Il est certain que toutes ces personnes sont hors d'état de suivre l'intention de l'Eglise. Les Rituels ajoutent, qu'y aiant une Alliance spirituelle entre le Parrein & sa filleule, ou la Marreine & son filleul, ils ne peuvent se marier ensemble, ni même le Parrein avec la mere de son filleul, ou la Marreine avec la mere de son filleul: Les Rituels ajoutent encore, qu'il y a alliance entre celui qui baptise & celui qui est baptisé, en sorte que si un Laïque baptise une fille en cas de necessité, il ne peut épouser cette fille ni sa mere. Autrefois on écrivoit (a) sur une maniere de *Diptyches* les noms de ceux qui se presentoient au Baptême. A l'égard des Parreins, auxquels on donnoient (b) des noms qui marquoient le devoir dont ils devoient s'acquitter envers ceux qu'ils presentoient au Baptême, il est certain qu'ils sont fort anciens dans l'Eglise. On en donnoit alors aux adultes comme aux enfans, ainsi que cela s'observe aujourd'hui lorsqu'on baptise un infidelle.

La coutume de donner un nom à celui que l'on baptise est aussi fort ancienne: mais il n'est pas fort certain qu'il y ait du mystere dans cette coutume, que par exemple il faille s'imaginer qu'elle est fondée sur la naissance spirituelle en JESUS-CHRIST. Cette raison peut-être bonne à l'égard du Baptême des Adultes, mais pour celui des enfans, il n'a rien changé à l'usage (c) des Grecs, & des Romains, qui donnoient des noms à leurs enfans quelques jours après leur naissance.

Il n'est pas necessaire de détailler ici tout ce que le Prêtre qui baptise doit faire avant l'administration du Baptême; comment il doit se recueillir devant Dieu, se laver les mains, se revêtir du surplis, prendre l'étole violette, marcher en cet équipage & avec ses Clercs vers la porte de l'Eglise, où ceux qui ont apporté l'enfant doivent l'attendre en dehors. Voici l'essentiel de la Ceremonie. D'abord il demande au Parrein & à la Marreine quel enfant ils presentent à l'Eglise; s'ils sont veritablement le Parrein & la Marreine; s'ils veulent vivre & mourir en la foi Catholique & Apostolique, & quel nom ils veulent donner à l'enfant. Il faut rejetter les noms prophanes, comme ceux du Paganisme & de ses Dieux: Cependant les *Hercules*, les *Annibals*, les *Achilles*, les *Vranies*, les *Dianes* &c. sont assés communs. Les noms de l'Ancien Testament le sont beaucoup moins. Les Chrétiens de la Communion Protestante, peu scrupuleux sur un article de cette nature, ne les rejettent jamais: en effet les Saints de l'Eglise Juive sont ils moins Saints que ceux de l'Eglise Chrétienne dont il faut choisir les noms, sans aucun égard aux autres ? Un Prêtre est en droit de changer le nom d'un enfant baptisé (d) *Abraham*, *Isac*, ou *Jacob*, par un Ministre Protestant.

Après

(a) *Bona* L. 2. Ch. 12. *de Reb. Liturg.*

(b) On les appelloit *Sponsores*, & *Susceptores.*

(c) Cette Ceremonie se faisoit le septiéme jour chez les Grecs: Cependant les Atheniens ne donnoient le nom que le dixiéme jour après la naissance, & l'on se regaloit alors en famille, comme nous le pratiquons aujourd'hui le jour du Baptême. Du tems de l'Empereur Antonin le Philosophe on nommoit les enfans trois jours après leur naissance: ainsi le voulut cet Empereur, mais auparavant les Romains faisoient cette Ceremonie le huitiéme jour pour les filles, & le neuviéme pour les garçons, & ces jours s'appelloient *Lustrici dies.*

(d) *Beuserade* pensa perdre son nom d'*Isac*, lorsque l'Evêque le confirma: mais une saillie le tira d'affaire. Lorsqu'on voulut lui ôter son nom & lui en donner un autre, il s'avisa de demander *ce qu'on lui donneroit de retour.* L'Evêque rit de cette saillie & lui laissa son nom.

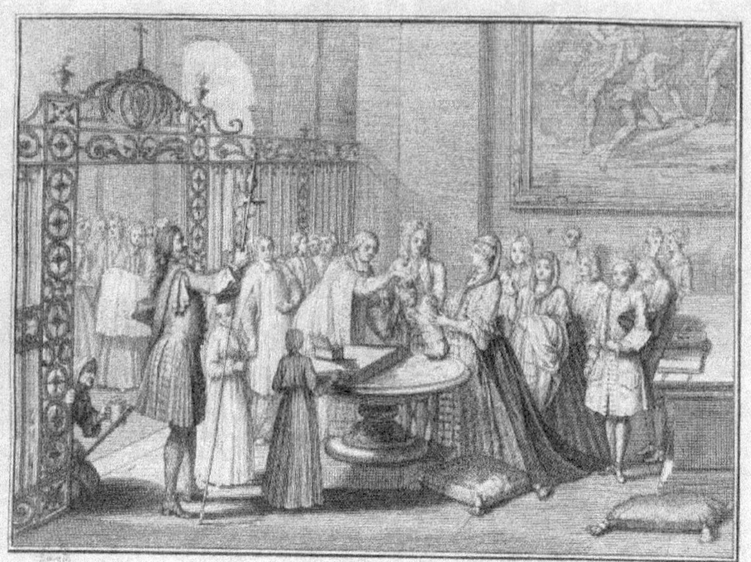

Le BAPTÊME ADMINISTRÉ par un PRÊTRE.

Le BAPTÊME ADMINISTRÉ par la SAGE-FEMME.

Après les interrogations le Prêtre fait une exhortation au Parrein & à la Marrai-
ne sur la devotion qui doit accompagner cette action. L'exhortation finie,
le Prêtre continue la Ceremonie, & nommant l'enfant par son nom, lui dit,
que demandes tu à l'Eglise, le Parrein repond, *la foi*, le Prêtre ajoute, *quel est
le fruit de la foi ?* Le Parrein repond, *la vie éternelle.* Le Prêtre continue, *si
vous voulés parvenir à la vie éternelle, observés les Commandemens de Dieu, vous
aimerés le Seigneur vôtre Dieu de tout vôtre cœur* &c. Ensuite il souflera trois fois
contre le visage de l'enfant sans *halener*, c'est-à-dire sans sentir le soufle de l'enfant,
& dira en même tems, *sors de cet enfant, Esprit immonde & cede la place au Saint
Esprit.* Après cette action, il fait avec le pouce de la main droite une Croix sur le
front & un autre sur la poitrine de l'enfant, en lui disant, *reçoi le signe de la
Croix sur le front & dans le cœur* &c. il ote son bonnet, recite une courte
priere, & mettant la main sur la tête de l'enfant en le touchant doucement, prie
une seconde fois pour lui. Après cette seconde priere, le Prêtre benit le sel, s'il
n'a été beni auparavant: le sel beni, il en prend, en met un peu dans la bouche de l'enfant, en lui disant *reçoi le sel de la sagesse :* il dit une troisiéme priere, puis il se couvre & exorcise le Prince des tenebres, lui ordonne de sortir
de celui qui va recevoir le Baptême &c. à la fin de l'exorcisme il fait un nouveau signe de Croix sur le front de cet enfant & remet la main sur la tête de
l'enfant, ce qui est suivi d'une autre priere.

Après cette quatriéme priere le Prêtre met le bout de l'Etole sur l'enfant, &
le tirant par un des coins du lange, il l'introduit dans l'Eglise. Le Parrein &
la Marreine entrent avec lui, & recitent avec le Prêtre, en allant aux Fonts, le
Symbole des Apôtres & l'Oraison Dominicale. Aux fonts le Prêtre exorcise encore une fois le Demon & prend après l'exorcisme de la salive de sa bouche avec
le pouce de la main droite. De cette salive il frote les oreilles & les narines de
l'enfant, & dit en touchant l'oreille droite un mot Hebreu qui veut dire *ouvre
toi.* C'est celui que JESUS-CHRIST dit au muet né sourd : il faut donc supposer
que l'enfant qui reçoit le Baptême est encore sourd & muet. Enfin on démail-
lote l'enfant, ou du moins on le découvre jusqu'aux dessous des épaules, & cependant le Prêtre dispose les saintes huilles &c.

Le Parrein prend ou découvre, comme l'on vient de le dire, l'enfant nud, le
tient tout droit sur les Fonts, (a) la Marreine le prend par les pieds, en sorte
que l'enfant soit tourné vers l'Occident. Alors le Prêtre demande à l'enfant s'il
renonce au Diable, à ses oeuvres, à sa pompe ; le Parrein repond comme il
doit repondre. Autrefois (b) cette renonciation se faisoit hors de l'Eglise. Le
Prêtre oint l'enfant entre les épaules en forme de Croix, & quitte ensuite l'Etole
pour en prendre une blanche : nouvelles demandes à l'enfant sur sa croiance
auxquelles le Parrain repond pour lui. La conclusion de ces longs préliminaires est que le Prêtre prend de l'eau consacrée pour le Baptême, en verse trois
fois en forme de Croix sur la tête de l'enfant, & dit en la versant, je te baptise
&c. observant de nommer une des personnes de la Trinité à chaque fois qu'il
verse cette eau. Après l'aspersion de l'eau, il oint en forme de Croix avec le
Chresme le sommet de la tête de l'enfant, (c) il lui met sur la tête un linge
blanc, lequel represente le vêtement blanc dont il est fait mention dans les Saintes Ecritures : il met dans la main de l'enfant, ou plûtôt dans celle du Parrain

R 2

un

______

(a) Le *Rituel d'Aler* le dit ainsi, quoique dans la figure la Marreine le tienne par le milieu du corps.
(b) Le faux Saint *Denis l'Aréopagite* cité par *Casalius.*
(c) *Piscara Praxis Carem.*

un cierge allumé, dont il est aisé de concevoir la signification.   Telles sont les Ceremonies du Baptême que le Prêtre finit par une exhortation: mais il omet les Ceremonies lors que l'enfant se trouve en danger de mort, à condition de suppléer aux omissions si l'enfant vient à convalescence: & si le danger de mort est si pressant qu'il n'y ait point d'apparence de pouvoir attendre le Curé, la sage femme baptise l'enfant de la maniere qu'une de ces deux figures le represente.

Les adultes doivent être baptisés s'il se peut par l'Evêque même: mais il est plus à propos de differer ce Baptême jusqu'au Samedi Saint ou jusqu'à la veille de la Pentecôte, qui sont les jours destinés au Baptême par l'usage de l'ancienne Eglise. (a) Celui qui baptise & celui qui doit recevoir le Baptême doivent être tous deux à jeun.   Il y a fort peu de difference entre les Ceremonies du Baptême des Catechumenes & celles du Baptême des enfans.   Le Prêtre fait plusieurs signes de Croix sur le Catechumene qui va recevoir le Baptême: sur le front, cela veut dire qu'il doit se charger de la Croix du Seigneur; sur les oreilles, afin qu'il les ouvre aux divins preceptes; sur les yeux, afin qu'il voie la lumiere de Dieu; sur les narines, afin qu'il sente la bonne odeur de Christ; sur la bouche, afin qu'il prononce des parolles de vie; sur la poitrine, afin qu'il croie; sur les épaules, afin qu'il porte le joug du Seigneur. Trois signes de Croix sur toute la personne du Catechumene confirment tous les precedens.

Le Parrein & la Marreine conduisent le Catechumene aux fonts après qu'il a été introduit, exorcisé, interrogé, froté de salive aux oreilles & aux narines avant que de recevoir le Baptême, & oint en croix avec l'huile des Catechumenes.   Le Catechumene doit quitter du moins une partie de ses habits pour signifier le dépouillement du péché.

Voici quelques remarques tirées de Misson. (b) Elles concernent aussi le Baptême des Catechumenes. ,, La Ceremonie du Baptême des Juifs & autres Infi-
,, delles se celebre à Rome dans l'Eglise de Saint Jean de Latran, où l'on dit que
,, Constantin le Grand fut baptisé.   Nous y avons vû recevoir le Baptême à
,, six Turcs.   Ils étoient habillés de damas blanc en manteau, avec un collet
,, de battiste, & une Croix d'argent pendue au cou.   Un Cardinal étant venu
,, avec les Chanoines de S. Jean de Latran, on a premierement fait la Ceremo-
,, nie de benir l'eau.   Après cela les Proselytes presentés par leurs Parrains se
,, sont aprochés chacun à leur tour, declarant qu'ils demandoient à être bapti-
,, sés.   Ils se sont panchés sur les fonds & le Cardinal les a baptisés & leur a
,, donné le nom en leur versant de l'eau sur la tête avec une grande cueillere
,, d'argent.   Ensuite ils ont pris chacun une bougie allumée, ils ont été confir-
,, més dans une Chapelle du même Baptistere & s'en sont allés entendre la
,, Messe à S. Jean de Latran. ‟

Les Ceremonies du Baptême sont fondées sur plusieurs usages anciens, dont quelques-uns étoient même pratiqués dès les tems Apostoliques.   Un de ces derniers c'est la Confession de foi avant le Baptême.   On en trouve l'exemple dans les livres du Nouveau Testament.   Celui de toucher avec de la salive les narines & les oreilles est bien moins ancien: cependant on le trouve marqué dans les livres de S. Ambroise.   L'Exorcisme est fondé sur quelques passages où le Sauveur dit à ses Disciples qu'ils chasseront les Demons en son nom: il se pratiquoit

CEREMONIE *de la* CONFIRMATION.

Autre Maniere de CONFIRMER.

tiquoit du tems de S. Jean Chryfoſtome. Le Cierge allumé qu'on remet entre les mains du Catechumene eſt peut être un peu plus moderne, mais il n'en eſt pas de même du ſigne de Croix, & pour les Onctions baptifmales, ſi l'on n'alleguoit que les Conſtitutions du faux S. Clement & les écrits fuppoſés à S. Denys l'Areopagite, leur antiquité feroit bien ſuſpecte. La Coutume de baptifer par ablution n'eſt pas de l'Eglife du premier fiecle : elle ne connoiſſoit que l'immerſion, & même on prétend qu'elle a duré juſqu'au tems de S. Gregoire. Le Vêtement blanc donné aux Catechumenes eſt beaucoup plus ancien que ce Pape. Les Catechumenes le portoient les fept jours qui fuivoientleur Baptême & le quittoient le huitiéme. Ces fept jours marquoient, dit-on, les fept dons que le S. Efprit communique dans le Baptême.

II. *La* CONFIRMATION.

On croit trouver l'origine du Sacrement de Confirmation dans le Chapitre huitiéme des *Actes des S. S. Apôtres.* (a) La Confirmation n'appartient qu'au feul Evêque : elle fe doit faire le jour de Pentecôte, parce qu'alors le S. Efprit defcendit fur les Apôtres. On confirme les enfans agés de fept ans, quelquefois avant, fouvent après : cependant la chofe eſt laiſſée à la prudence de l'Evêque. Celui que l'on confirme a, comme au Baptême, Patrein & Marreine. Nous laiſſons les ornemens & les préparatifs neceſſaires à la Confirmation, pour venir à la Ceremonie même.

Ceux que l'on doit confirmer (b) feront, autant qu'il fe peut, à jeun, & par conféquent recevront ce Sacrement le matin, parce que le S. Efprit defcendit le matin fur les Apôtres. L'Evêque, avant que de confirmer, fait fa priere, fe lave les mains, reçoit les Paremens blancs, après quoi il fe tourne vers ceux qu'il va confirmer, lefquels font rangés comme au Baptême, les garçons à la droite & les filles à la gauche. Il fait une priere, enfuite de quoi il s'aſſied & les perfonnes qu'il doit confirmer s'agenouillent devant lui de la façon que la feconde figure le montre. Si ceux qui vont recevoir le Sacrement de Confirmation font en trop grand nombre, l'Evêque fe tient debout, & les perfonnes qui fe prefentent fe tiennent fur les dégres du Presbytere. (c) Leurs Parreins doivent les foutenir par les bras, furtout les enfans ; car (d) pour les Adultes, leurs Parreins avancent feulement le pied afin qu'ils y pofent le leur, comme pour s'y foutenir. L'Evêque leur demande à tous leur nom, & les fait enregitrer, après quoi il trempe le pouce de la main droite dans le Chrême & fait avec le Chrême le figne de la Croix fur le front, en même tems il donne un petit fouflet au Confirmé en lui difant la *paix foit avec vous.* Immédiatement après on bande le front du Confirmé avec une bande de toile de la largeur d'environ deux doits. L'Evêque lui dit, (e) *je vous Confirme par le Chrême du falut au nom du Pere &c.* La Ceremonie finit par la benediction que l'Evêque donne aux Confirmés en faifant le figne de la Croix fur eux. Toutes les Ceremonies que nous venons de décrire font très-bien exprimées dans ces deux figures.

Le

(a) *Pifcara* Praxis Cærem.
(b) *Pifcara* Praxis Cærem.
(c) *Rituel d'Act. Pifcara* &c.
(d) *Pifcara* Praxis &c. Pontif. Rom.
(e) *Confirmo te Chrifmate falutis* &c. *Pontificale.*

Le soufflet que l'Evêque donne sur la joue de celui qui reçoit la Confirmation (a) lui aprend que la perfection du Chrétien consiste à soufrir pour Jesus-Christ. On pourroit dire plutôt que ce soufflet est la marque de l'afranchissement spirituel : car les anciens Romains, à qui l'on doit sans doute cette Coutume, donnoient un soufflet à l'esclave qu'ils afranchissoient, pour marquer peut être qu'ils usoient pour la derniere fois du droit de Maître à leur égard. Le Chrême est appliqué sur le front, (b) parce que le front est le siége de la hardiesse, de la crainte, de la honte &c. Des explications de cette nature ne paroissent bonnes qu'en chaire ; mais qui ne voit les salutaires reflexions qu'elles produisent ? Il faut développer celle-ci : le Chrême appliqué sur le front nous aprend qu'on doit défendre avec hardiesse & courage la Croix du Seigneur, craindre de l'offenser, trembler continuellement dans l'aprehension de ne pas remplir son devoir, ne point rougir de la Croix de Jesus-Christ, ou si l'on veut rougir de honte de ses péchés & des desordres du Genre humain. Le soutien du Parrein marque que ceux qui n'ont pas encore reçu la Confirmation sont foibles dans le Christianisme.

III. *Le* SACREMENT *de l'* EUCHARISTIE.

Autrefois on communioit les Catechumenes qui venoient de recevoir le Baptême & cela étoit conforme à l'ordre des Sacremens : car le Baptême représente la regéneration, la Confirmation la force, ou pour mieux dire, la vigueur spirituelle des Chrétiens, & l'Eucharistie leur nourriture spirituelle. Il ne s'agit point ici d'expliquer la nature de ce Sacrement, ni d'entrer en aucune sorte de controverse sur cet article. Nous donnons de simples descriptions. Le Prêtre seul peut consacrer l'Eucharistie, les autres Ministres de l'Eglise ne peuvent (c) que préparer les matieres de ce Sacrement : (d) il a aussi le privilege de communier sous les deux especes : les Peuples ne communient que sous une, & cette coutume s'est introduite, selon quelques-uns, pour éviter des accidens qui avilissoient la Majesté du Sacrement. Un de ces accidens étoit (e) les barbes & les moustaches trop grandes, qui pouvoient tremper dans le Calice du sang du Sauveur, & causer aux vrais fidelles quelque chose de plus affreux qu'un simple dégout. (f) Un Auteur de la Communion Protestante fixe l'époque du retranchement d'une espece au millieu du treiziéme siécle : ,, mais, ajoute t'il, le decret n'en fut pas reçu ,, sans contestation : de sorte que plusieurs Eglises retinrent long-tems après les ,, deux especes comme necessaires. Cependant pour contenter . . . les Peu- ,, ples, on introduisit la coutume de leur donner du vin pour laver la bou- ,, che. . . . Ce retranchement ne s'établit véritablement que par un decret du ,, Concile de Constance en 1414. " C'est du moins pour lors qu'il reçut force

de

(a) *Rituel d'Alet.*
(b) Idem. Ibid.
(c) Idem. Ibid.
(d) Cette pratique fut confirmée par un decret du Concile de Constance : le voici tel que M. Lenfant le rapporte dans l'Histoire du Concile. . . . *Quoique dans la primitive Eglise le Sacrement de l'Eucharistie fut reçu par les fidelles sous les deux especes, cependant pour éviter quelques perils, on a pû tout de même & à plus forte raison introduire, & on a introduit en effet cette pratique, qu'il soit pris sous les deux especes par les Prêtres officians, & sous la seule espece du pain par les Laïques.* L'Historien rapporte deux de ces perils ; l'un, que le sang ne se repande, l'autre le danger de l'incredulité, parce qu'on pourroit croire que J. C. ne seroit pas tout entier sous l'espece du pain, comme il y est. Enfin un miracle, dont Alexandre de Halès est garant, confirma dans ces derniers tems la necessité de la Communion sous une seule espece.
(e) Voi. *Hist. du Concile de Constance de M. Lenfant.* page 300. Edit. de 1724.
(f) *Histoire des Ceremonies & des Superstitions &c.*

La COMMUNION.

Le VIATIQUE.

de loi. Nous dirons en passant, qu'il semble que l'Eglise peut changer & diminuer les signes d'un Sacrement, sans nuire pourtant à la foi, & sans diminuer l'essence du Sacrement. S'il falloit toûjours suivre la lettre, les Sacremens ne seroient pas à beaucoup près les seules choses où l'on se trouveroit éloigné de ce qui est écrit dans l'Evangile.

On doit au moins communier à Noël, à Pâques, à Pentecôte & l'Epiphanie, jour de la vocation des Païens : mais les vrais fidelles doivent y ajouter le jour du S. Sacrement, la Fête de tous les Saints, celle de l'Assomption de la Vierge, le jour du Patron & le jour de son Baptême. On doit communier à jeun, & se revêtir alors de toute la modestie Chrétienne : les devots qui ont l'usage du monde, & qui veulent que la grace & la delicatesse les accompagne dans leurs actes de pieté, savent donner un air agreable & aisé à la modestie que la Communion demande. La premiere des deux figures (a) que l'on voit ici suplée ingenieusement à tout ce que l'on pourroit dire sur un tel sujet.

Les Prêtres qui se presentent à la Communion communient immédiatement après le Diacre & le Soudiacre, avant tous les autres. Ils doivent avoir une étole blanche sur le surplis. Les Ministres qui servent à l'Autel communient avec les habits de leurs ordres ; les Acolytes & les autres Clercs communient en surplis. Ensuite le Celebrant va au balustre pour donner la Communion aux Laïques, & commence par celui qui est le premier du côté de l'Epître, faisant le signe de la Croix avec l'Hostie sur la personne qui doit recevoir la Communion. Le Prêtre ne retire sa main qu'après que l'Hostie est entierement dans la bouche de celui qui communie. Nous ne parlons ici ni des prieres, ni de plusieurs autres choses que l'on pourra chercher dans les Rituels : si le Lecteur veut avoir une idée plus vive encore de la Communion, il doit jetter les yeux sur cette figure.

Si en donnant le Communion une Hostie, ou une particule d'Hostie tomboit à terre, il faudroit la relever avec respect, (b) couvrir l'endroit où elle seroit tombée de peur qu'on ne foulât aux pieds cette particule d'Hostie, racler ensuite le pavé, (c) jetter les raclures dans le Sacraire, & bien laver la place : si elle tomboit sur la serviette ou sur le voile &c. il faudroit laver cet endroit & jetter l'eau dans le Sacraire ; (d) si sur l'habit du Communiant, qu'on marque la place & qu'on le lave. S'il se trouvoit dans le Ciboire quelques petits vers engendrés, selon le Mystagogue Italien que nous citons, dans les especes Sacramentales, s'il s'y trouvoit quelques fragmens d'hosties moisies, si en un mot il s'y trouvoit quelque saleté, il faudroit bruler le tout, & jetter les cendres dans la piscine.

(e) On communie les Religieuses au parloir : pour cet effet il faut préparer un voile de soie, une serviette bien blanche, & un corporal pour y poser le Ciboire. A droite & à gauche il doit y avoir des Cierges allumés, & sur le pavé un tapis. Le Prêtre revêtu de l'étole &c. porte le S. Sacrement aux Religieuses precedé des Acolytes qui marchent avec le Cierge à la main : ensuite il adore le S. Sacrement, les Religieuses disent la Confession, il se jette à genoux &c. comme à l'ordinaire : il prend autant d'hosties qu'il y a de Religieuses à communier. Enfin il leur donne la benediction.

Si malheureusement il tomboit quelque hostie ou particule d'Hostie en dedans

S 2

du

(a). Ces deux figures ont été dessinées à Paris.
(b) *Piscara* Praxis Carem.
(c) Idem & *Rituel d'Aix.*
(d) *Piscara* Praxis Carem.
(e) Idem. Ibid.

du parloir, une Religieuse la recueillira sur la patene, ou la mettra sur un morceau de papier blanc & bien net & la rendra de cette façon par la grille au Celebrant. On marquera l'endroit, afin qu'il ne soit pas foulé aux pieds : après la Communion les Religieuses le racleront avec soin, le lécheront même & l'on jettera la raclure dans la piscine.

Après que les Fidelles ont reçu la Communion de la main du Prêtre, ils se retirent, mais en se retirant ils passent devant des tables dressées bout à bout les unes des autres, de la maniere que cela se voit dans la figure qui represente la Communion. Il y a sur les tables des bassins d'argent remplis de plusieurs sortes de Reliques que les Prêtres donnent à baiser aux fidelles. Après avoir baisé les Reliques, on met dans le bassin telle piéce d'argent qu'on juge à propos.

Cette Ceremonie nous oblige à parler de l'Offrande & du Pain Beni. (a) Nous avons déja touché quelque chose de la premiere, & ce que nous en dirons ici sera tiré du *Rituel* d'*Alet* justement estimé des connoisseurs. „ L'Offrande a été instituée pour témoigner qu'on est dans la communion du corps „ de JESUS-CHRIST & de l'Eglise . . . . c'est pourquoi on donne à baiser la „ paix à ceux qui vont à l'Offrande . . . . . mais dans la suite le Pain que „ l'on offroit auparavant en signe de cette Communion a été converti en ar„ gent. " Le Rituel donne trois raisons de ce changement, dont la principale est que cet argent sert à la subsistance du Pasteur.

Il est recommandé aux Chrétiens de présenter quelque chose à Dieu dans la Messe : „ c'est pourquoi on doit exciter le Peuple d'aller à l'offrande, comme „ étant une Ceremonie de tradition Apostolique . . . . . cependant l'Eglise en „ exclud les Caréchumenes, ceux qui sont en pénitence, les excommuniés & „ les interdits de l'Eglise.

„ On fait l'offrande après l'Evangile & le Symbole des Apôtres pendant „ qu'on chante l'Offertoire . . . . . pour cet effet le Celebrant descend au bas „ des degrés de l'Autel . . . . avec le Diacre & le Soudiacre : ils vont tous les „ trois à la porte du balustre, où le Diacre étant à la droite du Celebrant lui „ donne l'Instrument de la paix, ou une Croix aux lieux où cela est en usage. „ Chacun vient en son rang, le Peuple après les principaux du lieu. Pour évi„ ter la confusion ou vient par le côté de l'Evangile : après avoir salué l'Autel „ & le Celebrant on baise la paix, puis on met son offrande dans le bassin, „ ensuite on s'en retourne par le côté de l'Epître.

Le P A I N B E N I.

„ L'Eglise dit le même Rituel, a beni de tout tems du pain, comme elle a „ beni toutes sortes de choses pour la nourriture & pour les autres usages de „ l'homme, & l'on peut dire que cette coutume est de tradition Apostolique. " Il est vrai qu'il est parlé en quelques endroits du Nouveau Testament de la *Communion &. de la fraction du pain* „ mais, ajoute ce Rituel, il ne paroît pas „ que le pain beni, comme il se fait aujourd'hui dans l'Eglise, pour être distri„ bué aux fidelles, soit si ancien, ni que les S. S. Peres en fassent mention. „ Le mot d'*Eulogie*, dont ils se servent, ne signifie pas particulierement le pain „ beni, mais toutes sortes de presens que les Fidelles se faisoient pour marque de „ cha-

(a) Tome premier sec. part. page 85. & suiv.

,, charité & d'amitié, soit que ces présens fussent benis, ou qu'ils ne le fussent ,, pas. . . . " Le Cardinal *Bona* dit (a) que l'*Eulogie* étoit une espece de Communion : En effet autrefois le Prêtre distribuoit après la Messe le pain qui restoit de la Consecration à ceux qui n'avoient pû communier, ou qui avoient negligé de s'y préparer. Cependant on n'accordoit ces *Eulogies* qu'à ceux qui avoient droit de communier, mais on les refusoit aux Catechumenes & aux impénitens. Ces *Eulogies* ou restes de pain sacré devoient même être mangées dans l'Eglise. Enfin le Cardinal *Bona* croit que la fréquente Communion des premiers Siécles de l'Eglise donna lieu à leur institution, cependant insensiblement la coutume s'établit de les donner aussi à ceux qui avoient communié, & voilà l'origine du *pain beni*, que l'on a appellé à cause de cela le (b) Vicaire de la Communion. Le Cardinal *Bona* croit encore que ces *Eulogies* étoient inconnues aux Peres du second Siécle : L'Evêque d'Alet dans son *Rituel* dit, que l'Eglise primitive appelloit souvent l'Eucharistie *Eulogie*, & que c'est ainsi que ce mot doit se prendre dans un Canon du Concile de Laodicée tenu peu de tems avant celui de Nicée. Ce Canon défend d'envoier les *choses saintes*, c'est-à-dire, selon cet Evêque, l'Eucharistie, comme des Eulogies dans les autres Paroisses.

Le pain beni mangé dans l'esprit de l'Eglise, c'est-à-dire dans l'esprit d'union & de charité (c) ,, efface les péchés veniels par les bons mouvemens qu'il exci-,, te en ceux qui en mangent : il peut même, par la vertu des prieres de l'Eglise, ,, chasser le diable & guerir les maladies du corps. "

Le Curé fait la Ceremonie de benir ce pain tous les dimanches de l'année & aux grandes Fêtes. Les Paroissiens de façon, & qui sont Chefs de famille, ou même les Dames de la Paroisse le présentent tour à tour, & cela s'appelle *rendre le pain beni*. Ce pain est piqué de Cierges, & presenté avec beaucoup de solemnité, comme on le voit dans (d) la figure qui est au dessous de la Ceremonie des Cendres. Après qu'on a fait la Ceremonie d'offrir le pain, le Curé présente la patene à baiser à la personne qui vient de l'offrir, & celle-ci donne son offrande. Voilà ce qu'il y a de plus particulier à la maniere d'offrir ce pain. A l'égard de la consecration, (e) après que le Prêtre a dit l'Offertoire, un Clerc prend le pain des mains de celui qui le presente & le donne au Soudiacre, s'il y en a un, pour le faire benir par le Prêtre, lequel étant debout & découvert à l'Autel fait une priere en faisant le signe de la Croix sur le pain, qu'il arrose ensuite d'eau benite. Après cela un Acolyte coupe ce pain en plusieurs morceaux égaux, & le distribue aux Paroissiens. Cette distribution se fait après la Communion. Il n'est pas permis de vendre le pain beni, c'est pourquoi il n'en faut benir que ce qui est necessaire à la distribution, & s'il en reste, on doit le donner aux pauvres.

(a) *Rerum Liturg.* L. II. Cap. XIX. §. VII.
(b) *Rituel d'Alet.*
(c) *Rituel d'Alet.*
(d) Voïés à la page 12. de ce Volume : cette figure représente la Ceremonie comme elle se fait à Paris.
(e) *Rituel d'Alet.*

Le VIATIQUE *ou la* COMMUNION *des* MOURANS.

On adminiſtre le Saint Sacrement par forme de Viatique aux malades qui ſont en quelque danger de mort. Le malade doit le recevoir à jeun, pourvû qu'il le puiſſe ſans s'incommoder ; mais s'il eſt hors d'état de le prendre, on ne doit pas le lui porter. Si le malade ne peut avaler l'Hoſtie entiere, on peut lui en donner une partie & lui faire enſuite prendre l'ablution, mais il ne faut pas tremper l'Hoſtie dans quelque liqueur, ſous prétexte de la faire prendre au malade avec plus de facilité.

Si le malade rejette l'Hoſtie, & que les eſpeces paroiſſent entieres, il faut les ſeparer, les mettre dans un vaſe honnête & les porter à l'Egliſe, pour les ſerrer en quelque lieu ſaint & decent, *(a) juſqu'à ce qu'elles ſoient alterées & changées, aprés quoi on les jettera dans le (b) Sacraire, & ſi l'on ne diſtingue pas les eſpeces, il faudra eſſuier ce que le malade a vomi avec des étoupes ou autres choſes ſemblables, puis les bruler & mettre les cendres dans le Sacraire.* La crainte de quelque accident contraire à la dignité du S. Sacrement doit empécher le Curé de donner le Viatique à ceux qui ont une toux continuelle, ou qui ne pourroient pas avaler & conſumer l'Hoſtie.

Lorſque le Viatique doit être porté en quelque endroit, il faut avoir ſoin de bien nétoier la chambre du malade qui doit le recevoir & tous les endroits de la maiſon par où le S. Sacrement doit paſſer. Il faudroit même parſemer ces endroits de fleurs & d'herbes odoriferantes. Le S. Sacrement doit être poſé ſur une table proprement couverte, où l'on mettra deux chandeliers avec deux Cierges allumés, un verre, un vaſe avec de l'eau ou du vin pour purifier ſes doits ; & un linge blanc pour mettre devant le malade. Si le Viatique eſt porté publiquement, comme cela eſt ordinaire dans les païs où les Catholiques dominent, le Curé fait ſonner quelques coups de cloche, pour avertir ſes paroiſſiens, afin qu'ils accompagnent le Saint Sacrement avec des Cierges & des Flambeaux, qu'ils portent le daix, ou qu'ils donnent d'autres ſignes exterieurs de leur devotion & de leur reſpect. Lorſque les Fidelles ſe ſont aſſemblés, le Prêtre lave ſes mains, ainſi que cela lui eſt ordinaire avant la Celebration des myſteres, & dans les Ceremonies qu'il fait pour benir, conſacrer &c. Il prend le ſurplis, l'étole, le pluvial, va à l'Autel accompagné ou ſuivi d'autres Prêtres ou de quelques Clercs, ſe met à genoux, fait ſa priere, & ſe relevant enſuite prend une écharpe blanche qu'il ſe met au col, étend le corporal ſur l'Autel, ouvre le Tabernacle, fait une ſeconde genuflexion pour prendre le Ciboire qu'il met ſur le corporal, fait une troiſiéme genuflexion pour le découvrir, & quand il a vû l'état des Hoſties, il le couvre de ſon petit pavillon & le prend avec les deux mains couvertes des bouts de l'écharpe blanche qu'il a au col. Enſuite il ſe mettra ſous le daix : un Clerc portant une lanterne allumée marchera devant,

deux

(a) *Rituel d'Ales.*

(b) Le Sacraire, dont on a déja parlé pluſieurs fois, eſt une eſpece de puis un peu profond, dont l'ouverture eſt étroite & qui doit être fermée à clef, afin qu'il n'y entre rien de profane. On jette dans ce puis les eſpeces du Sacrement alterées par quelque accident, les cendres des étoupes qui ont ſervi aux onctions ſacrées, les vieilles huiles, les vieilles eaux benites de Pâque & des Dimanches, l'eau dans laquelle l'Evêque ou le Prêtre s'eſt lavé les mains &c.

deux autres Cleres, dont l'un sera chargé de l'eau benite, des corporaux &
des purificatoires, l'autre du Rituel & (a) de la Clochette, suivront immédiatement aprés. Ceux qui portent les flambeaux viendront ensuite : le Prêtre
suivra marchant sous le daix & portant le Saint Sacrement élevé devant l'estomac. Si le Clergé porte le Viatique en quelque lieu éloigné, il mettra l'Hostie dans une petite boëte d'argent, qu'il enfermera dans une bourse d'étoffe. Il
pendra cette bourse à son col, l'attachera sur son estomac & l'arrestera de telle
façon que le S. Sacrement ne puisse être secoué, ni tomber.

Le Prêtre entrant dans la chambre du malade souhaite la paix au logis, & s'a-
vance jusqu'à la table, où il étend le corporal pour y poser le Ciboire. Il adore ensuite le S. Sacrement, & tous ceux qui sont dans la chambre l'adorent
aussi : il asperse le malade & même la chambre : ce qui se fait en recitant des
antiennes, des versets de Pseaumes & des Oraisons convenables à cette action.
Après cela il découvre le Ciboire, prend une Hostie avec le pouce & l'indice
de la main droite, la tenant un peu élevée sur la couppe; & prenant le Ciboire
de la main gauche, il se tourne & s'aproche du malade pour lui donner la
Communion.

Après la Communion le Prêtre remet le Ciboire sur la table en faisant une
genuflexion : puis il frote sur le bord de la couppe les doits dont il a touché
l'Hostie, afin que s'il a quelque particule d'Hostie aux doits elle tombe dans la
couppe. Ensuite il ferme le Ciboire & le couvre du petit voile, en faisant
une autre genuflexion : il se lave dans un vase avec de l'eau & du vin les deux
doits qui ont touché l'Hostie, & ceux qui sont auprès du malade lui font prendre cette ablution.

Cet acte de devotion finit par des prieres & des exhortations. S'il reste quelque Hostie dans le Ciboire, le Prêtre, après avoir donné la Benediction au
malade, s'en retourne à l'Eglise avec les mêmes fidelles qui l'avoient accompagné chez celui qui a reçu le Viatique. Etant dans l'Eglise il leur publie les Indulgences concedées par les souverains Pontifes & par l'Evêque, & leur donne
la Benediction. S'il ne reste point d'Hostie dans le Ciboire, le Prêtre s'en
retourne sans Ceremonie, après avoir dit les prieres qui suivent la Communion
du malade. Si le malade est agonisant, (b) le Prêtre omet toutes les prieres &c.
& lui donne le Viatique en lui disant seulement deux ou trois parolles.

Le Prêtre à qui l'on donne le Viatique doit être revêtu du surplis, & avoir
par dessus une étole blanche croisée sur la poitrine.

On a déja remarqué l'usage que les anciens fidelles faisoient de l'Eucharistie
aux aproches de la mort : ainsi aucune Secte du Christianisme ne sauroit con-
tester l'antiquité du Viatique.

Si le Prêtre est obligé de porter le Viatique à quelque personne attaquée de
la peste, il doit se rendre à neuf ou dix pas du lieu où elle est, en prenant
le dessus du vent. Etant à cette distance il enfermera l'Hostie consacrée dans
une autre qui ne l'est pas, & après avoir enveloppé le tout dans une feuille de
papier, il le mettra à terre dans un espace raisonnablement éloigné du lieu, &
le couvrira d'une pierre pour l'assurer contre le vent & autres facheux accidens.
Le Prêtre se retirera ensuite, & le malade, ou celui qui le sert, viendra prendre
les Hosties, après que ce Prêtre lui aura dit quelle est l'Hostie consacrée. Le

T 2

Prê-

(a) On dit que Gregoire IX. établit l'usage de la Clochette.
(b) La figure que l'on voit ici représente parfaitement la disposition du malade qui reçoit le Viatique, & de
ceux qui assistent à cette devotion.

Prêtre fera les prieres & les Ceremonies ordinaires devant & après la Communion du pestiferé.

Les mêmes précautions sont observées en donnant l'Extrême Onction à celui qui est attaqué de contagion. On met au bout d'une longue baguette ou d'une gaule, du coton ou de l'étoupe trempée dans les saintes huiles, dont on ne fait au malade qu'une seule onction avec les parolles ordinaires: après quoi on met le bout de la baguette & le coton dans du feu préparé exprès dans un rechaud.

IV. *La* PÉNITENCE.

Voici le quatriéme Sacrement: l'Eglise croit que JESUS-CHRIST l'a institué, mais ce point est contesté par ceux qui se sont separés du corps de l'Eglise: Il ne nous appartient pas de toucher à cette controverse. Toujours est il sûr que le pouvoir attaché à la Prêtrise de remettre & de retenir les péchés, d'imposer des peines aux pécheurs, & d'établir des moiens de reconciliation entre eux & la Divinité est un des plus beaux privileges que l'homme pût acquerir. Les fausses Religions n'ont pas moins senti les avantages de ce pouvoir. L'Idolatrie Grecque & Romaine, celle du Mexique & des Indes Orientales, en fournissent des exemples assés remarquables.

Les Evêques dans leurs Dioceses & les Curés dans leurs Paroisses ont le pouvoir de donner l'absolution aux pécheurs: à l'égard des autres Prêtres, il faut qu'ils soient expressément aprouvés par l'Evêque pour entendre les Confessions. Il en est de même des Religieux. Cependant il y a des cas reservés au Pape, aux Evêques & à leurs Pénitenciers. On trouve dans les Rituels plusieurs autres remarques sur ces articles & sur les qualités necessaires aux Confesseurs: mais tout cela n'est pas de notre ressort.

Le jeune, la priere, l'aumone, la privation des plaisirs & des choses qui nous occupent le plus volontiers, sont les conditions generales de la Pénitence: il en est de plus particulieres, comme de dire un certain nombre d'*Ave*, de *Pater*, de *Credo*; de faire un certain nombre de genuflexions, de saluer un certain nombre de fois le Saint Sacrement, de se donner un certain nombre de coups de fouet; de porter sur le corps nud un Cilice ou une ceinture de crin &c. Le détail est encore inutile sur ce sujet. Ceux à qui l'imagination ne suggerera pas des pénitences assés rudes pourront s'instruire à fond dans les vies des Saints & dans leurs Legendes. Le fruit qui revient de ces dernieres pénitences c'est du moins le gain assuré des Indulgences. Nous en avons parlé dans la seconde Partie du Tome premier de cet Ouvrage.

(a) Le Confesseur doit être revêtu d'un surplis sur la soutane, avoir une étole violette & un bonnet carré: il doit ouir la Confession dans l'Eglise, ,, au ,, lieu le plus éloigné du maître Autel, qui est le bas de la nef, & le plus ex- ,, posé à la vüe de tout le peuple, dans le Confessional, qui est le tribunal de ,, la pénitence. Le Confessional doit être ouvert par le devant, & avoir une ,, ou deux fenêtres treillissées: quand il y a deux fenêtres, il est necessaire qu'il ,, y ait deux petits volets pour les fermer; & il est bon de mettre les cas re-
,, ser-

(a) *Rituel d'Alet.*

La CONFESSION.

EXTRÊME ONCTION.

„ servés au-dessus de la fenétre du Confesseur, & vis-à-vis du pénitent une Ima-
„ ge du Crucifix ou de quelque mystere de la passion. “ On doit ouïr la Confession pendant le jour, & s'il se peut, lorsqu'il y a du peuple dans l'Eglise.
Dés que le pénitent est arrivé au Confessional, il doit faire le signe de la Croix
& demander la benédiction au Confesseur. Nous avons donné plus haut la
formule de la Confession.

(*a*) Le Confesseur doit être assis, le corps droit, avoir le bonnet sur la tête, avec
gravité & modestie, le visage couvert, l'oreille panchée vers le pénitent de la
maniere qu'on le voit ici. Le pénitent doit être ordinairement à genoux & les
mains jointes. Les femmes & les filles ne doivent point être reçuës à confesse
avec le sein nud ou les bras trop découverts.

On ne sauroit disconvenir que la Confession ne soit un excellent moien pour
retenir dans les devoirs de la Religion les personnes médiocrement éclairées : car
tous les Chrétiens ne sont pas capables d'une Religion spirituelle, ni de cet esprit de reflexion qui devroit porter l'homme à s'adresser à Dieu seul sans la mé-
diation d'un Prêtre. D'autre côté il semble que la Confession soit sujette à d'é-
tranges inconveniens. Nous en indiquerons deux. Combien de détails odieux
& infames auxquels on est exposé par la Confession, & qui doivent exciter &
dans le Prêtre & dans le pénitent de nouvelles idées d'impureté. La Confession soumet un pénitent craintif & dont la conscience est accablée de scrupules,
opprimée par les remors, afoiblie par le souvenir de ses péchés, à toutes les décisions d'un Ecclesiastique adroit : (*b*) il voit à ses pieds le Sceptre & la Pourpre : il
humilie les Diademes & fait trembler ceux qui font trembler les peuples.

Après la Confession, le Confesseur se découvre pour donner l'absolution à son
pénitent. Il le recommande à la misericorde divine ; il étend la main droite
vers lui en demandant à Dieu qu'il lui donne la remission de ses péchés ; il se
couvre après, lui donnant l'absolution de la part de JESUS-CHRIST & ajoute,
en tenant la main droite toûjours élevée vers le pénitent, qu'il l'absout aussi
par l'autorité du Sauveur au nom du Pere &c. Il se découvre une seconde fois
en priant Dieu que la passion du Sauveur, & les mérites de la Sainte Vierge &
de tous les Saints contribuent à la remission des péchés du pénitent.

On croit que la Confession est une institution des Siécles Apostoliques, &
qu'elle est ordonnée (*c*) dans le Nouveau Testament. Il est fort vraisemblable
qu'elle est le fruit d'une Discipline beaucoup plus exacte & beaucoup plus severe qu'elle n'auroit pû l'être, si les Ecclesiastiques de ces derniers siecles l'a-
voient formée. En ces premiers tems du Christianisme la Confession n'étoit
point auriculaire : elle étoit publique, & la pénitence l'étoit aussi. C'est ainsi
qu'on retenoit les Chrétiens dans leur devoir, & qu'on empéchoit que la Religion Chrétienne ne fut exposée aux calomnies de ses adversaires. Cette pénitence publique étoit proportionnée à la nature des fautes : quelquefois elle duroit
des années. On voioit les pénitens separés de l'assemblée en un endroit qui leur
étoit destiné : ils s'y tenoient debout, dans un état de mortification, en habit
de deuil, souvent revêtus d'un sac, couverts de cendres, & les yeux baignés de
larmes. On leur ordonnoit des jeunes très rudes : on ne les admettoit à la paix
de

(*a*) Voiés la figure de la planche qui se place ici.

(*b*) *Quantus honor sacerdoti debetur, ad cujus genua & pedes diademata & purpura, si exsolvi vinculis ve-*
lint, accedere debeat. Sacerdos omnes nodos, etiam Angelis innodabiles exsolvit verbo absolvo &c. Casalius de Veter.
Christ. ritibus.

(*c*) Par un passage de l'Epître de S. Jaques Ch. V. vers. 16.

de l'Eglise qu'après qu'ils avoient accompli le terme de leur pénitence ; mais peu à peu on se relacha de cette extrême sevérité. On reduisit les pénitences à des termes beaucoup moins longs & même on commua souvent en amandes les peines infligées aux pénitens. Plusieurs raisons y contribuerent ; la mort de quelques fidelles en pénitence, l'indolence & le desespoir que l'on craignoit en quelques autres, dont l'esprit ne paroissoit pas assés ferme ; le deshonneur & la honte que les Chrétiens dégenerant de leur premiere humilité crurent reconnoître dans ces reparations publiques , après avoir confessé en face d'Eglise des péchés crians & souvent infames. Enfin la prosperité de la Religion Chrétienne ne permit plus de s'accommoder de ces reparations éclatantes. Alors aussi les Confessions devinrent plus particulieres & plus secretes : on (a) choisit des personnes discretes & prudentes auxquelles on commit la charge de confesser. Voilà l'origine des Pénitentiers, dont l'établissement se fit d'abord dans l'Eglise Grecque : mais l'Eglise Latine retint l'usage de la Confession publique jusqu'au Pontificat de S. Leon.

Voici comment on impose aujourd'hui la pénitence publique, & la maniere d'absoudre ceux qui l'ont faite. (b) Le Pénitent vient à l'Eglise, habillé simplement, sans armes, (s'il est homme de guerre,) avec un exterieur modeste, & se tenant à genoux en dehors à la porte de l'Eglise, s'il est excommunié ou interdit ; ou en dedans, s'il ne l'est pas. Après qu'on a achevé de sonner la Messe, & que le peuple s'est assemblé pour l'entendre, le Pénitentier ou le Prêtre commis pour cette Ceremonie prend l'Etole violette sur le surplis, & va avec les Ecclesiastiques de l'Eglise où se fait la Ceremonie au milieu de la nef. Il s'y assied dans une chaise preparée à cet effet, & se couvre de son bonnet. Le Pénitent se présente devant lui, se met à genoux & demande à haute voix le pardon de ses péchés. Le Prêtre lui répond par une courte remontrance, & lui prescrit ensuite la pénitence qu'il doit faire : Le Pontifical Romain veut qu'on le revête du Cilice , qui est une espece de vêtement de crin ou de poil de chevre que le pénitent doit porter sur la chair nue, pour mieux se mortifier. Si l'excommunication y est attachée, il lui ordonne de sortir de l'Eglise. Cet ordre est suivi de quelques prieres : après quoi il prend le Pénitent par la main droite, ou s'ils sont plusieurs, il prend le premier de cette maniere, & tous se donnent la main les uns aux autres : il les conduit à la porte de l'Eglise, & leur dit, *Vous êtes chassés de l'Eglise à cause de vos péchés, de même qu'Adam nôtre premier Pere a été chassé du Paradis à cause de sa desobeïssance.* Les Pénitens étant hors de la porte de l'Eglise, le Prêtre rentre & la ferme : mais si le Pénitent n'est pas excommunié, le Prêtre, après lui avoir imposé la Pénitence, lui marque la place qu'il doit occuper dans l'Eglise pendant le cours de sa Pénitence. Cette place est auprès de la porte de l'Eglise à main gauche, *parce qu'il doit paroître le dernier des Chrétiens, & le plus indigne de tous.* C'est ainsi que s'exprime le Rituel. (c) Si le Pénitent reçoit la Pénitence de l'Evêque ou de son Pénitentier, elle lui sera donnée par écrit, afin qu'étant de retour à sa Paroisse, il la présente à son Curé, qui l'exhortera à la bien executer , & prendra garde qu'il la fasse ponctuellement.

Après que le Pénitent aura accompli sa Pénitence, il retournera vers l'Evêque ou vers son Pénitentier avec l'attestation de son Curé, par laquelle il paroitra

que

(a) *Nectaire Patriarche* de Constantinople abolit l'usage de la Confession publique à la fin du IV. Siécle.
(b) *Rituel d'Alet.*
(c) *Rituel d'Alet* & autres.

Les PENITENS se PRESENTENT. | On leur met le CILICE.

On les met hors de L'EGLISE. | Ils sont devant la porte de l'Eglise, les CIERGES ETEINTS.

On les fait RENTRER, en les prenant par la main. | Pendant qu'ils sont à genoux on RECITE les LITANIES.

que le Pénitent a accompli sa Pénitence, & pour lors on procedera à sa reconciliation avec l'Eglise. (a) Cette reconciliation se faisoit autrefois le Jeudi Saint: mais soit en ce jour-là ou en quelque autre que le Peuple s'assemble, le Pénitent se rendra à la porte de l'Eglise le jour qui lui aura été marqué pour recevoir l'absolution. Le Pontifical Romain ordonne qu'il y soit à genoux & tenant à la main un Cierge éteint. Le Pénitent qui paroit en cet état n'a pas toûjours été excommunié solemnellement. Quoiqu'il en soit: il doit être revêtu d'habits simples & communs, sans armes, (s'il est homme de guerre) la tête nue, dans un état humble & contrit, le visage pale & défait, s'il est possible. A l'égard des femmes, elles auront la tête voilée. Immédiatement avant la Messe paroissiale, le Prêtre revêtu de l'aube, ou du surplis & de l'étole violette avertira le Peuple qu'on va reconcilier le Pénitent (ou les Pénitens) à l'Eglise: il exhortera l'assemblée à prier pour eux, il se prosternera devant l'Autel & recitera quelques prieres, auxquelles l'Assemblée des Fidelles répondra. Toutes ces prieres sont tissues, comme toutes les autres prieres du Pontifical & du Rituel, d'excellens passages de l'Ecriture, choisis par l'Eglise, & si convenables au sujet, que le corps des fidelles ne peut qu'en être édifié. Après ces prieres, le Prêtre se rend à la porte de l'Eglise, & fait une assés longue exhortation aux Pénitens: ensuite il les prend par la main & les rameine dans l'Eglise. Mais s'ils ont été excommuniés, avant que de les reünir au corps des fidelles, il s'assied & se couvre; il recite le *Miserere*: le Pénitent est à ses pieds, le peuple à genoux, le Clergé debout. (b) A chaque verset du *Miserere*, le Prêtre frape sur les épaules du Pénitent excommunié avec une baguette ou un fouet de cordes. (c) Les Rituels Romains & le Pontifical veulent que le Pénitent qui est absous de cette maniere ait les épaules dépouillées jusqu'à la chemise. Cette Ceremonie sera suivie comme les précedentes de quelques prieres, & pendant qu'ils seront encore à genoux, ou chantera les Litanies. Voilà l'explication des six Ceremonies représentées dans cette Planche.

Lors qu'une personne excommuniée vient à mourir avant que d'avoir reçu l'absolution, on commence par examiner si elle a donné des marques suffisantes d'une veritable contrition, & s'il est à propos de l'absoudre, afin que son corps ne soit pas privé de la sepulture Ecclesiastique ni son ame des suffrages & des prieres publiques de l'Eglise. Voici la forme de cette absolution. Le Curé prendra une étole noire sur le surplis & se rendra en Ceremonie à l'endroit où le corps repose. Il sera précedé de ses Clercs en surplis, dont l'un portera une baguette, l'autre l'eau benite, & le troisiéme la Croix. Si le corps n'est pas encore en terre, il le frapera de la baguette à chaque verset du *Miserere*, puis il lui donnera l'absolution, après quoi on l'enterrera dans un lieu saint. Si le corps étoit enterré dans un lieu prophane, on l'en tirera s'il se peut, & on le frapera de même: s'il ne peut être déterré, le Curé frapera de la baguette le lieu de la sepulture.

Les Juifs avoient leur excommunication: on en peut voir la description dans les Dissertations qui traitent de leurs Ceremonies. Les Religions Idolatres

V 2

avoient

(a) Voici comment la reconciliation des Pénitens se pratiquoit dans l'Eglise au commencement du cinquiéme Siécle; d'où il paroîtra que la pratique de l'Eglise Catholique d'aujourd'hui ne differe pas beaucoup de cet usage. Celui qui, après avoir encouru l'excommunication, témoignoit une repentance sincere, étoit rétabli solemnellement en face d'Eglise. L'Evêque, ou le Vicaire de l'Evêque, se rendoit à la porte de l'Eglise avec douze Prêtres, le Pénitent se présentoit à lui avec toutes les marques de pénitence & d'humilité. Après cela l'Evêque le prenoit par la main, le faisoit entrer dans l'Eglise & l'admettoit à la Communion.

(b) Voi. la quatriéme figure de la Planche qui se met à la page suivante.

(c) Voi. *Pontifical Rom.* & *Pistara* Praxis Cærem.

avoient l'usage d'interdire leurs mysteres à ceux qui s'étoient souillés de crimes, & cet usage étoit l'équivalent de l'excommunication des Juifs & de celle des Chrétiens. Nous ne disons rien de l'*Interdiction du feu & de l'eau*, établie chez les Romains contre les Criminels d'un certain ordre. L'Interdiction des Sacrifices étoit chez les anciens Gaulois une peine capitale. Ceux qui avoient le malheur de tomber dans cette espece d'Excommunication étoient mis au rang des impies; tout le monde évitoit de les aborder, de leur parler, d'entrer en commerce avec eux. On les fuioit comme des pestiferés, on leur refusoit les égards que l'on a les-uns pour les autres dans la Société civile: on ne leur rendoit aucune justice. Voilà comment Cesar s'exprime dans ses Commentaires.

La troisiéme figure de cette Planche represente l'Excommunication à chandelles éteintes. Cette redoutable Excommunication est précedée de l'Anatheme: elle menace l'Excommunié des maux présens & à venir, elle le livre à *Satan*, elle le separe de la société civile, en un mot elle l'accable, & c'est pour cela qu'elle est comparée à la foudre. Elle agissoit autrefois avec une promptitude étonnante, mais aujourd'hui ses coups sont extrémement affoiblis. Surtout la Foudre Romaine a fait souvent trembler le Monde Chrétien : aujourd'hui les orages qui se forment au Vatican ne sortent guéres des limites de l'Italie, ou du moins ils ont bien de la peine à franchir les Alpes, & le tonnerre de *Jupiter Capitolin* ne renverse plus les Couronnes.

Lorsque le Pape doit fulminer cette Excommunication solemnelle, (a) il se présente devant le grand Autel en équipage d'Excommuniant & accompagné de douze Cardinaux Prêtres tous armés de Cierges allumés. Il s'assied sur le siége Pontifical qui est placé devant le grand Autel, & de là il lance l'Anatheme. Quelquefois un Diacre revêtu d'une Dalmatique noire monte en chaire & publie à haute voix cet Anatheme : cependant on sonne les cloches, à peu prés comme quand on sonne pour les morts. Les fidelles n'ignorent pas que l'Excommunié est mort par rapport à l'Eglise. Après l'Anatheme chacun crie trois fois à haute voix ; (b) *que cela soit ainsi* : en même tems le Pape & les Cardinaux jettent à terre leurs Chandelles allumées, & les Acolytes viennent les fouler aux pieds. Ensuite on affiche & publie l'Excommunication avec le nom de l'Excommunié (c) afin qu'on n'ait plus de communication avec lui.

Il y a trois sortes d'Excommunications, nous dit le *Pontifical Romain*. La *Mineure*, la *Majeure* & l'*Anatheme*, qui est celle dont nous venons de donner la description. On peut regarder la *Mineure* comme une espece de contagion spirituelle, puisqu'elle est l'effet de la seule communication que l'on a avec une personne excommuniée. Le Curé peut absoudre de cette Excommunication : mais celui qui a eu le malheur de l'encourir doit s'en confesser promtement. Voici le formulaire que le *Pontifical* nous donne de la Confession du Fidelle qui se sent atteint de l'Excommunication *Mineure: je me confesse à Dieu & à vous, mon Pere, comme aiant encouru l'Excommunication, parce que j'ai frequenté un Excommunié, que je lui ai parlé, que j'ai bû, que j'ai mangé avec lui* &c.

L'*Excommunication Majeure* se fait par écrit contre ceux qui n'obeissent pas au commandement de l'Eglise ou du S. Siége, ou qui ne se soumettent pas à certains points de discipline, violent quelque immunité &c. Le Pape lance l'Anatheme contre les Heretiques & les Apostats, contre ceux qui s'emparent des

biens

(a) *Pontif. Rom. Piscara Praxis Cærem.*
(b) *Fiat.*
(c) *Ne quis per ignorantiam cum hujusmodi excommunicatis participet.*

DÉGRADATION de L'EVEQUE.   RETABLISSEMENT de celui qui avoit été DÉGRADÉ.

L'EXCOMMUNICATION à chandelles éteintes.   RETABLISSEMENT d'un EXCOMMUNIÉ.

RECONCILIATION de L'HERETIQUE.   L'HERETIQUE conduit aux pieds de l'Autel par L'EVEQUE.

biens Ecclesiastiques, en un mot contre tous les ennemis de l'Eglise. Cette Excommunication les declare separés du corps sacré de Jesus-Christ, comme des membres pourris : elle retranche celui qui en est atteint de la societé des Chrétiens, l'exclut de l'Eglise militante & triomphante, le livre au diable & à ses Anges &c.

Lors que l'Excommunié rentre dans l'Eglise par la voie d'une repentance sincere, (a) il doit prêter un nouveau serment de fidelité, recevoir les peines imposées, & faire les satisfactions requises. Il se met d'abord à genoux pendant qu'on chante les sept Pseaumes penitentiaux. Après qu'il a été introduit dans l'Eglise, il se met une seconde fois à genoux au bas de l'Autel, où le conduit celui qui le reconcilie à l'Eglise. Ce dernier monte à l'Autel & se tournant vers le reconcilié, fait une priere pour lui, & le signe du signe de la Croix. Lorsqu'on reconcilie à l'Eglise un Heretique, un Infidelle, ou un Apostat ; avant que de le recevoir dans l'Eglise, le Pape, ou celui qui fait la Ceremonie de la reconciliation, (b) lui demande quel est le sujet qui l'amene, en lui disant (c) *Reçoi le signe de la Croix de Christ & du Christianisme, que tu avois porté ci-devant, & que l'erreur dont tu as été déçu, t'a fait perdre malheureusement :* il le (d) conduit à l'Autel de la maniere que la sixiéme figure de la planche le represente. Là il l'interroge une autre fois sur les articles de la Foi Chrétienne, & le reste de la Ceremonie s'acheve comme à l'ordinaire. Si celui qu'on reconcilie a enseigné des erreurs ou des heresies, on lui fait faire une abjuration solemnelle.

(e) Voici la forme de l'Absolution que le Pape donne aux Têtes couronnées qui ont encouru l'Excommunication, selon l'usage de la Cour de Rome. Lorsque S. S. doit prononcer cette absolution solemnelle, on dresse devant la porte de la Basilique de S. Pierre une thrône Pontifical orné richement : le S. Pere s'y fait porter en Procession & y préside la verge ou la baguette à la main au millieu de la Cour Apostolique. Un Maître des Ceremonies apporte une douzaine de verges qu'il distribue à douze Cardinaux qui assistent à cette Ceremonie. Les Ambassadeurs du Prince excommunié comparoissent avec humilité devant cette redoutable assemblée, & se jettent aux pieds du S. Pere : mais malgré l'indignité de celui qu'ils representent, le Vicaire de Jesus-Christ leur accorde le privilege, ou pour mieux dire la grace de les baiser. Ensuite un de ces Ambassadeurs demande pardon à haute

---

(a) *Piscara* Praxis Cærem.

(b) Ces formalités furent observées à l'absolution d'Henri IV. Etant arrivé au grand portail de l'Eglise de S. Denys il trouva l'Archevêque de Bourges, qui devoit faire la Ceremonie de l'absolution, à peu de distance de la porte au dedans de l'Eglise, assis en habits Pontificaux dans une chaise couverte de damas blanc aux armes de France & de Navarre, & environné de plusieurs Prélats, & des Religieux de l'Abate. L'Archevêque lui demanda *qui il étoit, je suis le Roi,* repondit ce Prince *que demandés vous,* reprit l'Archevêque : *je demande,* dit le Roi, *d'être reçu au giron de l'Eglise Catholique. Le voulés vous,* continua l'Archevêque ? *Oui,* repartit le Roi, *je le veux & je le desire.* Alors il se mit à genoux & fit sa Profession de foi. La formule de cette Profession de foi fut remise au Prélat qui donnoit l'absolution : le Prélat lui présenta son anneau à baiser, lui donna sa benediction & lui prononça l'absolution des censures encourues pour l'heresie, qu'il avoit professée & défendue.

(c) *Accipe signum Crucis Christi atque Christianitatis, quod prius acceptum non custodivisti, sed malé deceptus abnegasti.*

(d) Voici le formulaire de l'Introduction. *Entrés dans l'Eglise de Dieu, après en être sorti, égaré malheureusement par l'erreur ; reconnoissés que vous avés été retiré des filets de la mort ; aiés en horreur les Idoles, la Superstition, l'Heresie, adorés Dieu seul en trois personnes* &c. Ne peut on pas conclurre de ce formulaire, qu'il y a beaucoup d'injustice à accuser l'Eglise Catholique d'enseigner l'Idolatrie ? faut il mettre sur son compte les abus qui font la Religion du vulgaire & des bigots ? Ne sait on pas qu'en fait de pratiques extérieures le peuple va toûjours plus loin qu'il ne faut, & que peu d'hommes sont capables de faire abstraction de leurs sens ? lequel vaut le mieux d'une reünion de culte sous un seul corps de doctrine, ou d'une desunion éternelle en vertu d'une liberté d'examiner ? liberté sans borne, accordée au cordonnier comme au Docteur. C'est ainsi que raisonne un Catholique zélé, qui veut défendre sa Religion contre les Sectes qui lui sont contraires. (e) Idem. Ibid.

te voix & à l'Eglise & au S. Siége, offre au nom de son Maître une reparation & demande l'absolution. Le Procureur fiscal examine alors les pleins pouvoirs de ces Ministres, un Secretaire les lit tout haut, & le Procureur leur demande en seconde instance, (*a*) s'ils sont prêts d'obeir au mandement du S. Siége & de l'Eglise, c'est-à-dire s'ils veulent promettre fidelité au Pape & à l'Eglise, & jurer de se soumettre à leurs ordres & à leurs décisions. Alors le Maître des Ceremonies apporte le Missel, deux Cardinaux Diacres le soutiennent devant le Pape, S. S. pose la main sur le Missel, les Ambassadeurs le touchent avec les deux mains & promettent, jurent, s'obligent sur les Evangiles & sur le S. Crucifix, qui est présent, qu'ils observeront inviolablement l'engagement qu'ils prennent au nom de leur Maître : dequoi un Notaire Apostolique fait un acte solemnel. L'Absolution suit, le Saint Pere & les douze Cardinaux Prêtres chantent le *Miserere*, observant de donner un coup de verge sur les épaules de ces Ministres au commencement de chaque verset du Pseaume. La Ceremonie finit par les prieres &c. & par l'imposition d'une Pénitence proportionnée à la faute de celui qui vient d'être absous. Enfin les Cardinaux & les Pénitentiers conduisent ces Ambassadeurs à l'obédience avec les Ceremonies accoutumées.

C'est à peuprés de cette maniere que le Pape Clement VIII. (*b*) donna l'absolution à Henri IV. Roi de France. D'*Ossat* & du *Perron*, qui dans la suite furent tous deux faits Cardinaux, reçurent les coups de baguette ou de verge, que le Roi leur Maître auroit reçu, s'il eut comparu en personne. Pour peines & œuvres ordinaires de pieté, il fut imposé à Sa Majesté de dire tous les jours le Chapelet, le mercredi les Litanies, le samedi le Rosaire, de garder les jeunes & les autres Commandemens de l'Eglise, d'entendre la Messe tous les jours &c. De plus il lui fut ordonné de fonder un Monastere en chaque Province de son Roiaume, & nommément en la Province de Bearn son domaine particulier, qu'il falloit *déhuguenotiser*.

Le Ceremonial observe que l'absolution des Siécles passés étoit beaucoup plus rigoureuse : par exemple en certains cas plus importans que les autres, (*c*) les Pénitens se presentoient nuds devant le portique de Saint Pierre, douze Prêtres de cette Eglise leur donnoient là les coups de verge. On frapoit (*d*) long-tems & très rudement les Vassaux qui se rebelloient contre le Saint Siége & contre l'Eglise. La flagellation duroit autant que le chant de plusieurs Pseaumes Pénitentiaux.

Les Ceremonies de la Dégradation, & le retablissement du Dégradé conviennent trop bien ici, pour les oublier après avoir parlé de l'Excommunication. On s'attachera uniquement à décrire la Dégradation de l'Evêque pour se conformer à l'inscription de la figure qui la represente. (*e*) Celui qui doit être Dégradé est conduit devant le S. Pere & revêtu en sa presence de tous ses ornemens Pontificaux. Un Juge séculier assiste à cette Ceremonie. On ôte piéce à piéce au Degradé tous les ornemens Pontificaux, après quoi le dégradé est remis à ce Juge séculier, supposé qu'il ait commis des actions assés odieuses aux yeux des hommes pour subir un supplice temporel.

Ordinairement on éleve à l'entrée de l'Eglise une espece de thrône, ou de tribunal

(*a*) Ad velint, ... parere mandatis Domini Papa & Ecclesiæ, & ipsi ad omnia paratos se offerunt.
(*b*) En 1595. Voi. le P. *Daniel* dans son *Histoire de France*.
(*c*) *Piscara* Praxis Cærem.
(*d*) *Vassallos Ecclesiæ contumaces ac rebelles omninò nudos à Pænitentiariis acriter ac durius percuti voluerunt Romani Pontifices, donec plures Psalmi ex pænitentialibus perficerentur, adstantibus ad circulum duos Pontificios Cardinalibus.*
(*e*) Pontific. Rom.

bunal pour faire avec plus de solemnité la Dégradation dont nous parlons: on
met à quelque distance du *Dégradant* une crédence, quoi qu'elle ne soit pas representée dans la figure. Il y a sur cette crédence les choses qui désignent la
fonction de celui qui doit être dégradé: par exemple un vase plein de vin , un
autre plein d'eau, le Calice, la Patene & l'Hostie pour la dégradation du Prêtre;
le livre des Evangiles , celui des Epîtres , un Chandelier avec une chandelle
éteinte pour la dégradation du Diacre, du Soudiacre & de l'Acolyte; un Lectio-
nal, pour la dégradation du Lecteur; des clefs pour celle du Portier; l'Antipho-
nal pour celle du Chantre. On met sur la même crédence des ciseaux , un couteau, du verre, & les ornemens Pontificaux du Prélat. Autour du *Dégradant*
on voit ses Ministres & le Juge temporel accompagné de quelques Soldats. On
y voit aussi un Notaire & un Barbier. Toutes ces choses & toutes ces personnes
sont necessaires à la Dégradation. D'abord le coupable est amené en ses habits ordinaires devant le Pape ou devant celui qui le represente en cette occasion: ensuite les
Clercs lui mettent les ornemens Pontificaux & le presentent en cet état au *Dégradant*, qui est revêtu de l'amict, de l'aube, de la ceinture, de l'étole, du pluvial rouge, de la mitre simple &c. Le *Dégradant* commence par adresser la parolle au peuple spectateur de cette Ceremonie, pour lui apreudre le sujet de la
Dégradation : ensuite il prononce le jugement contre celui qu'il va dégrader,
après quoi il procède à l'exécution du jugement. *Je te dépouille de la Mitre
Episcopale que tu as souillée* , dit il en ôtant la Mitre à l'Evêque qu'il dégrade.
Rends l'Evangile, ajoute t'il, lors qu'on le met entre les mains du Dégradé , *parce
que tu es devenu indigne de le prêcher*. En lui ôtant l'anneau Pontifical on lui
dit qu'il a violé l'Eglise, qui est l'Epouse de Dieu. Il seroit inutile de s'étendre
sur toutes les pieces, qui sont les marques de la dignité Episcopale. Après qu'on
l'a dépouillé de tous les ornemens Pontificaux, le *dégradant* racle avec un couteau ou avec un morceau de verre les doits du dégradé, en lui disant que le
pouvoir de consacrer, de benir & de sanctifier lui est ôté: il efface de la même façon la tonsure. Le Lecteur suppose assés que le Calice, la Patene, l'Hostie,
l'eau, le vin , &c. sont otés avec les mêmes Ceremonies à celui qui a le malheur
d'être dégradé. Enfin lorsqu'il ne s'agit plus que de le dégrader de l'état de Clerc,
le dégradant commence à effacer la tonsure en lui coupant les cheveux avec des
ciseaux, & le barbier acheve d'en oter les marques en rasant entiérement la tête
du dégradé. Cela se fait en lui disant, *qu'il est chassé de l'heritage du Seigneur*,
comme un fils ingrat , qu'il perd la Couronne , qui est la marque de la Sacrificature
Roiale, à cause de sa mauvaise administration. Après cela on l'abandonne au bras
séculier , mais en même tems le *Dégradant* implore la misericorde de ce Juge
temporel, *parce que l'Eglise abhorre le sang*. Cette maxime est conforme à l'esprit de l'Evangile : mais les Ecclesiastiques y font une infinité d'exceptions.

Nous alléguerons pour exemple de cette dégradation le fameux Jean *Hus*. (*a*)
On le revêtir de tous les habits Sacerdotaux, on lui fit prendre un Calice, comme s'il eut dû celebrer la Messe . . . . . . ensuite on lui ota tous ses habits l'un
après l'autre, en prononçant sur chacun d'eux quelque parolle de malediction.
. . . mais on hésita si pour lui oter les marques de la tonsure, on emploie-
roit le rasoir ou les ciseaux. Les ciseaux l'emporterent à la fin sur le rasoir; on
lui coupa les cheveux en croix , afin qu'il ne parut aucune trace de couronne,
& même on le lava pour mieux enlever les marques de la tonsure. Une telle

X 2

dé-

<hr>

(*a*) *Histoire du Concile de Constance* par M. *Lenfant* L. 3.

dégradation, ajoute l'Auteur cité au bas de la page, après avoir allegué le droit Canon, met le Prêtre dégradé au rang des Laïques & quoi qu'elle ne lui ote pas le Caractere, (a) qui est indelebile, elle le rend pour jamais incapable d'exercer les fonctions de la Prêtrise. On ajouta, pour plus grande fletrissure, à la Dégradation de *Jean Hus*, une Mitre de papier peinte avec trois Diables hideux. Après qu'on lui eut mis sur la tête cette Mitre ignominieuse, les Prélats dégradans ou témoins de la Dégradation dévouerent son ame à tous les Diables. Enfin l'Eglise se dessaisit de lui : il fut declaré Laïque, & comme tel livré au bras seculier.

Il faut parler maintenant des biens spirituels dont se trouvent privés ceux qui sont sous l'Excommunication Majeure au premier chef. Il y en a sept, 1. la participation aux prieres publiques que l'Eglise fait pour les fidelles : les Excommuniés n'en sont privés qu'avec de certaines restrictions qu'on peut voir dans les (b) Rituels 2. le droit d'administrer & de recevoir les Sacremens, 3. le droit d'assister aux divins Offices. Si le Prêtre voit un Excommunié dénoncé entrer dans l'Eglise pendant l'Office, il doit lui ordonner de sortir; s'il a commencé la Messe, il doit l'interrompre jusqu'à ce que l'Excommunié soit sorti, & s'il ne veut pas sortir, le Prêtre doit quitter les habits Sacerdotaux & cesser la Messe : mais si le Canon de la Messe est commencé, il doit la poursuivre jusqu'à la Communion inclusivement, & se retirer ensuite à la sacristie pour l'y achever. Voilà ce que le *Rituel d'Alet* prescrit sur cette matiere importante. A l'égard des Sermons & des Instructions, les Excommuniés peuvent & doivent y assister. Mais on doit supposer qu'en y assistant ils ne peuvent communiquer avec aucun autre Chrétien, de peur que la communication du Fidelle avec l'Excommunié ne corrompe le premier : il faut donc que l'Excommunié soit à l'écart, ou du moins entierement separé des autres Chrétiens. Sans cela il ne seroit pas privé du quatriéme bien, qui consiste à être (c) exclus des conversations ordinaires, des prieres en commun, (c'est-à-dire du privilege de prier avec quelque Fidelle que ce soit,) de la civilité & de toutes les honnêtetés que l'on se doit les uns aux autres dans la societé, du plaisir d'habiter avec les autres fidelles sous un même toit, de negocier & de travailler avec eux : enfin il est defendu de manger & de coucher avec un Excommunié. Cependant il y a des cas ou l'on peut communiquer avec eux : On les a exprimés (d) en un seul vers Latin. Nous allons les donner ici. On peut communiquer avec l'Excommunié pour l'instruire de ses obligations & le ramener à son devoir : le mot *Lex* exprime tous les devoirs conjugaux, desquels on n'est pas dispensé à cause de l'Excommunication : le mot *humile* exprime les obligations des enfans & des serviteurs, lesquelles continuent après l'Excommunication. On peut frequenter un Excommunié sans savoir qui il est, & pour lors on n'est pas coupable. Enfin la necessité des affaires où l'on est engagé oblige, ou permet de frequenter les personnes excommuniées. Cette exception s'étend fort loin aujourd'hui, car il n'est point de Catholique qui refuse de negocier & de traiter avec un heretique, & cependant on sait que les heretiques sont excommuniés & anatematisés par le Pape : on sait que l'Eglise les prive de tous les biens & de tous les secours spirituels. Cette tolerance de communication est un effet de la necessité des tems :
l'Ex-

(a) Voi. ci-devant Tome premier seconde Part. p. 77.
(b) Voi. le *Rituel d'Alet*.
(c) Tout cela est exprimé en un seul vers Latin :
      Os, orare, vale, communio, mensa negatur.
      (d) *Utile, lex, humile, res ignorata, necesse.*

l'Excommunication avoit plus de force lorsque l'Eglise n'avoit pas encore perdu tous les Roaumes que Luther & Calvin lui ont souftraits depuis deux siécles. Le cinquiéme bien spirituel dont est privé celui que l'Eglise a frapé de l'Excommunication Majeure au premier chef, c'est d'être inhumé en terre sainte : le sixiéme, d'avoir voix active ou passive aux bénéfices & aux dignités Ecclésiastiques, c'est-à-dire qu'il ne peut ni élire ni être élu : le septiéme & dernier bien spirituel c'est l'exercice de la jurisdiction spirituelle, & de pouvoir agir en justice devant les juges Ecclésiastiques.

La severité de l'Eglise contre les excommuniés est etablie sur plusieurs (a) passages du Nouveau Testament. A l'égard de l'Excommunication mineure, elle prive de la participation passive des Sacremens, & du droit de pouvoir être élu ou presenté à quelque bénéfice ou à quelque dignité Ecclésiastique. Outre cela l'Eglise emploie quelques autres moiens pour rappeller les sidelles à leur devoir : il suffira d'en donner la définition tirée du *Rituel d'Alet*. Le *Monitoire* est un commandement que l'Eglise fait à ses enfans de reveler sous peine d'excommunication ce qu'ils savent sur quelque fait important dont il est à propos qu'on lui donne connoissance. Le *Monitoire* est suivi de l'excommunication en cas de desobéissance. La *Suspense* prive pour un certain tems un Ecclésiastique de l'exercice de sa charge, aprés que l'Eglise l'a trouvé coupable de quelque péché considerable. L'*Interdit* est une censure Ecclésiastique par laquelle l'Eglise défend l'usage des Sacremens, les divins Offices en public & la sepulture Ecclésiastique, pour quelque péché considerable &c. Il y a l'*interdit* local, & l'*interdit* personnel, & l'*interdit* mixte, qui tombe sur les personnes & sur les lieux. La *Cessation à divinis*, c'est lorsque pour quelque injure ou desobéissance notable, faite à l'Eglise, on cesse tous les divins Offices, & l'administration des Sacremens, & l'on prive même les sidelles de la Sepulture Ecclésiastique. La difference de l'*interdit* à la *cessation*, c'est que pendant l'*interdit* on peut celebrer & faire les divins Offices à huis clos, dans les Eglises qui ne sont pas specialement interdites & même les célébrer publiquement en certains jours solemnels de l'année : mais dans la *Cessation* on ne peut faire aucun Office, il est seulement permis, pour renouveller les Hosties consacrées, de dire chaque semaine une Messe basse à huis clos dans les Eglises paroissiales, & cela sans sonner les cloches, sans y admettre qu'une ou deux personnes pour la servir. De plus il est permis d'administrer pendant la *Cessation* le Baptême, la Confirmation & la Pénitence à ceux qui les demandent, s'ils ne sont excommuniés ou interdits. Le Viatique peut être administré aussi, mais sans les oraisons ni les prieres qui se disent devant & aprés cette administration. La *Cessation* est jettée sur tout un Diocese, sur une Ville, sur un Village, ou sur une ou plusieurs Eglises particulieres. L'*Irregularité* est un empêchement canonique, par lequel on est rendu inhabile à recevoir les saints Ordres, ou à les exercer quand on les a reçus. Elle procede du défaut d'esprit, du défaut de corps, du défaut de naissance, du défaut de reputation, du défaut d'age, du défaut d'obligation, du défaut de Sacrement & du défaut de douceur. Un des défauts d'esprit c'est une extréme ignorance : cependant on a lieu de la reprocher à une infinité de Curés. Autrefois on en a vû qui ne savoient pas même dire en Latin *in Nomine Patris* &c. lorsqu'ils étoient obligés d'administrer le Baptême.

L'*Apo*

(a) Math. Ch. 18. V. 17. 1. Epître de S. Jean. V. 10. 1 Epît. aux Corint. Ch. 5. V. 11.

L'*Apologie pour Herodote* pourroit nous fournir des exemples fort rejouïssans de cette ignorance , mais l'Auteur est recusable à cause de son Calvinisme. Il suffira d'alleguer pour la satisfaction du lecteur (*a*) une Epigramme de la façon d'un poëte Catholique. A l'égard des défauts du corps , on diroit presque sans croire avancer un paradoxe , qu'il est plus necessaire de l'éviter que le défaut d'esprit. Peu de fidelles verroient avec édification un Prêtre disforme de corps , borgne ou mutilé , surtout au visage , faisant les fonctions Ecclesiastiques. S'il étoit possible de le supporter quelque tems , il devroit ce bonheur à la curiosité du public , & peut-etre n'iroit-on le voir que pour insulter à ses défauts & se divertir de sa physionomie. Mais aussi qui est celui qui ignore dans cette occasion le foible de l'esprit humain ? Après tout Dieu lui même a recusé sous le Judaïsme les Prêtres disformes ou mutilés : il est juste que les Chrétiens suivent un ordre qui en conservant la dignité du sacerdoce montre aux hommes que Dieu souverainement parfait veut des Ministres aussi parfaits que la nature humaine les peut produire. L'Eglise Catholique observe assés exactement cette regle : mais il s'en faut beaucoup que la Communion de Calvin l'observe avec exactitude : aussi un fameux Auteur a-t'il jugé à propos de se plaindre dans (*b*) un excellent Ouvrage de la negligence au choix des Pasteurs. Ce n'est pas que ceux de cette Communion ne s'accommodent fort bien de ces prédicateurs agreables & de bonne mine , qui prêchent beaucoup mieux par leur éloquence exterieure & par l'étendue d'une imagination accompagnée de la beauté du visage , que par la regularité de la vie & par le détachement des choses mondaines : mais quoi qu'il en soit , ils reçoivent & consacrent ceux qui ont des qualités corporelles fort opposées aux talens dont nous venons de parler. Revenons de cette petite digression. L'Eglise Catholique exclut les batards des Ordres sacrés : cependant il y a exception à cette regle & de nos jours on en a reçu qui étoient publiquement reconnus pour tels. Le défaut de reputation , le défaut d'age & le défaut de douceur ne sont gueres moins d'exceptions. Elles sont si connues qu'il seroit fort inutile d'en alleguer des exemples.

Le *Rituel d'Alet* nous dit , qu'on ne doit point user de censures pour exterminer les animaux nuisibles aux biens de la terre , comme les rats , les chenilles , les sauterelles &c. L'Eglise se sert d'exorcismes , d'eau benite & de quelques prieres instituées à cet effet. Le Curé , ou le Vicaire , dit encore ce Rituel , doit faire rapport à l'Evêque du dommage que les insectes font aux fruits de la terre dans sa Paroisse , & pour lors , si l'Evêque le juge à propos , on emploie quelques prieres contre ces Insectes. Le Curé se transporte en un lieu éminent de la campagne où ces animaux font le plus de dégat : il s'y revêt du surplis & de l'étole violette : il a à sa droite un Clerc qui tient le vase de l'eau benite & l'aspersoir. De ce lieu éminent , après un signe de Croix , le Prêtre prononce les prieres ordonnées , après quoi il asperse les champs d'eau benite , & cela trois fois en forme de Croix. Quoiqu'il soit défendu de se servir de censures & de

l'ex-

(*a*) *Quelqu'un désirant être Prêtre,*
  A l'Evêque se présenta,
  Lequel lui dit , si tu veux l'être,
  Quot sunt septem Sacramenti ?
  Puis il dit , tres ; l'Evêque , quas ?
  Sunt fides , spes & charitas.
  Parbieu tu as bien répondu :
  Son Clerc qu'on dépêche soit cet
  Il mérite d'être tondu.

(*b*) Mr. *Ostervald* dans son *Traité des sources de la Corruption.*

l'excommunication contre les animaux nuisibles, (a) on excommunie cependant les sauterelles en beaucoup de lieux, & nous ne devons pas oublier à ce sujet la sentence burlesque de l'Officialité de Troies donnée en 1516. contre les chenilles du Diocese de cette Ville : l'Official admonete gravement les chenilles de se retirer dans l'espace de six jours, à faute dequoi elles sont declarées maudites & comme telles anathematisées. *Leonard Vair* (b) parle aussi de cette maniere de se delivrer des Insectes. ,, En quelques endroits, dit il, on choisit, pour chas- ,, ser les sauterelles & autre dommageable vermine, un certain Conjureur pour ,, juge, devant lequel on constitue deux Procureurs, l'un de la part du peu- ,, ple & l'autre du côté de la vermine. Le Procureur du peuple demande justi- ,, ce contre les sauterelles & chenilles, pour les chasser hors des champs. L'Au- ,, tre defend. . . . . enfin toutes ceremonies gardées, on donne sentence d'ex- ,, communication contre la vermine si dans un certain tems elle ne sort. " Cet- te procedure ne nous paroit pas aussi solemnelle, ni par consequent aussi re- marquable que celle de l'Officialité de Troies : mais que dirons nous de S. Ber- nard, qui, pour chasser les mouches qui persecutoient les fidelles d'une Eglise qu'il avoit fondée dans le Diocese de Laon, declara qu'il les excommunioit ? pour trouver un sens orthodoxe à cette expression, il faut croire que le saint entendoit par l'excommunication les prieres de l'Eglise prononcées avec les for- mules & les ceremonies usitées en cette occasion. On trouve chez les Paiens anciens & modernes diverses manieres de conjurer les animaux nuisibles, les- quelles peuvent avoir donné lieu à des pratiques blamables, qui malheureuse- ment se sont glissées en quelques lieux de la Chretienté & principalement chez ceux qui vivent en des endroits où il est difficile de se tirer d'une grossiere igno- rance. On sait les conjurations des *Psylles*, des *Thessaliens*, des *Telchines* ; on n'ignore pas celles des Indiens modernes.

Il ne nous reste plus qu'à parler de la charge de Pénitencier : nous avons observé l'antiquité de cette charge. Dans son origine on n'établit qu'un Péni- tencier en chaque Eglise, mais insensiblement le nombre des Pénitenciers aug- menta ; non que les Chrétiens fussent devenus plus scrupuleux & plus exacts sur l'article de la Confession, mais l'autorité des Prêtres sur les consciences de- venoit plus grande & la charge de Pénitencier plus utile & plus nécessaire, par- ce que les ames s'éfrayoient plus facilement. Pour ce qui regarde les Pénitenciers modernes, nous nous tiendrons au détail que le S. *Aimon* (c) nous donne de ceux de Rome. ,, Dans chaque Basilique de Rome il y en a sept, qui sont éta- ,, blis pour les diverses Nations, dont ils entendent chacun une langue diffe- ,, rente ; ceux de Saint Pierre sont *Jesuites* ; ceux de Saint Jean de Latran *Fran-* ,, *ciscains*, & ceux de Saint Marie Majeure *Dominicains*. Ils n'ont plus aucun ,, égard aux anciens Canons Pénitenciaux. Ils n'imposent que des peines fort ,, legeres, comme seroit par exemple à ceux qui s'adonnent à la crapule, de ,, jeuner, aux avares de faire l'aumone, aux indevots de réciter à certaines heu- ,, res du jour plusieurs formulaires de prieres, & ainsi des autres cas. Ces ,, Pénitenciers sont appellés *Mineurs* parce qu'ils n'ont point le pouvoir d'absou- ,, dre des cas reservés au Pape, mais seulement de quelques autres, dont il est ,, defendu aux Confesseurs ordinaires de donner l'absolution.

,, C'est le Grand Pénitencier qui a seul le pouvoir d'absoudre de tous les cas

Y 2

,, que

(a) La *Mothe le Vaier*. Tome II. de ses Oeuvres Edit. in folio.
(b) Cité par M. *Thiers* dans son *Traité des superstitions*.
(c) *Tableau de la Cour de Rome*. p. 170. Edit. de 1707. & *Lunadoro* Relaz. della Corte di Roma, d'où une partie du recit du S. *Aimon* est tirée.

» que le Pape se reserve , & pour cet effet celui qui a la Patente de Grand Pé-
» nitencier, que le Pape ne donne jamais qu'à un Cardinal, vient aux Basili-
» ques, tour à tour, huit jours avant Pâques, entendre les Confessions, seant
» sur une chaire élevée de trois degrés en forme de Tribunal, qui est à côté
» du Maître Autel de ces mêmes Eglises, & pour lors il tient une baguette à la
» main, en forme de sceptre, qui a trois piéces de rapport. La premiére partie
» qu'il met dans la main est d'yvoire, la seconde de Bresil, & la troisiéme d'E-
» bene, tout cela n'est pas sans misteres, comme on en peut juger, sans que
» nous en donnions l'explication.

» Son pouvoir s'étend, outre l'absolution des cas reservés, à donner des dis-
» penses, pour les degrés defendus par les loix humaines, [le Pape se reservant
» toûjours ce qui regarde les commandemens de la loi divine.] Il admet aussi
» la legitimation de enfans, il dispense des défauts qui empêchent de recevoir
» les ordres, & de plusieurs articles des regles Monachales, comme aussi des
» vœux, & de la Simonie. Il permet de tenir plusieurs Bénéfices. Il absout
» de meurtres *in foro conscientiæ*, c'est-à-dire, dans le Tribunal de la con-
» science, & pour le regard des Clercs, son absolution a lieu non seulement
» pour la conscience, mais aussi devant le Tribunal de la justice civile.

» Il a le pouvoir de députer sur les lieux des Confesseurs ordinaires, pour
» absoudre en sa place, ceux qui ont des cas reservés au Pape, & qui ne peu-
» vent venir à Rome, pour des empêchemens legitimes, leur addressant sa
» commission *gratis ubique* gratuitement partout, écrite sur du parchemin, &
» scellée du sceau de la Penitencerie. Il tient quelquefois Congrégation, pour
» des doutes de conscience, avec le Regent, ou garde du sceau, qui est Pré-
» lat, avec deux ou trois Théologiens, qui sont pour l'ordinaire Jésuites, &
» avec autant de Canonistes. Il dispose & a la Collation de quelques charges
» qui sont vénales dont les plus considérables sont celles de 24. Procureurs de
» la Penitencerie, qui defendent les supplians qui demandent quelque expedi-
» tion par devant les juges établis par le Grand Penitencier, qui examinent
» l'affaire dont il s'agit, quand le cas est litigieux, & pour lors il met sur les
» commissions qu'il rescript, un de ces trois decrets, *fiat in forma, fiat de spe-*
» *ciali, fiat de expresso*, qu'il *soit fait en forme*, ou *specialement*, ou *expresse-*
» *ment*, & par ces diverses façons de parler il fait connoître à ceux qui taxent
» les cas, l'importance du fait contenu dans la Requête. Cet Office du Grand
» Penitencier rendoit il y a quelques années six mille écus de revenu par an,
» mais depuis qu'on l'a reformé au profit de la Chambre Apostolique, le Pa-
» pe n'assigne plus aujourd'hui que douze cens écus d'or chaque année au Car-
» dinal qui exerce cette charge. "

Il seroit inutile de parler ici des profits casuels de cette charge ils sont im-
menses: mais après tout, de même qu'on ne sauroit justifier les excés dont la
Taxe de la Chancellerie fait un détail honteux au Christianisme, on ne sauroit
non plus condamner l'usage legitime des taxes Ecclésiastiques, lorsqu'elles ne
donnent aucune atteinte à la Majesté de la Religion & ne servent pas à autoriser les crimes & les desordres. Qu'on accorde certaines dispenses, qu'on releve
de certains vœux, qu'on adoucisse certaines peines établies par les Canons, que
même on paie très cherement une contravention aux statuts de Notre Saint Pere le Pape, à la bonne heure, pourvû que l'absolution des plus grands crimes
ne s'achepte pas à prix d'argent.

V. L'EX-

V. L'EXTREME-ONCTION.

Les Rituels nous définissent l'Extreme-Onction un Sacrement qui acheve de procurer la remission des péchés aux fidelles dangereusement malades, qui leur donne la grace de soufrir avec patience les peines & les incommodités de la maladie, qui leur donne la force nécessaire pour bien mourir & qui leur procure la santé, si elle est utile au salut de leur ame. Ainsi l'Eglise Catholique fait de l'Extreme-Onction un Sacrement dont elle enseigne l'indispensable necessité au fidelle, comme il paroît par cette definition, & il faut avouer qu'un *(a)* passage de S. Jaques joint à une tradition assés constante & au témoignage de plusieurs peres fortifie considerablement cette doctrine. Il est donc injuste de la rejetter comme une pratique du sixiéme siécle inventée par le Pape Felix IV. environ l'an 528. ainsi que l'avance un *(b)* Auteur Protestant qui prétend que l'onction de l'Eglise primitive étoit fondée sur le pouvoir de guerir les malades donné aux Apôtres & à leurs Disciples. ,, Le don de guerison venant à ,, cesser, dit-il, avec les autres miracles, quelques hereriques voulurent retenir ,, l'usage de cette Onction, bien qu'elle n'eut plus son effet & la firent servir à ,, une autre fin : car environ l'an 180. les Valentiniens oignoient d'huile leurs ,, malades à l'aproche de la mort y ajoutant certaines prieres &c. "

La forme du Sacrement de l'Extreme-Onction consiste en ces parolles ,, *(c)* ,, que Dieu par cette sainte onction & par sa très pieuse misericorde vous par- ,, donne toutes les fautes que vous avés commises. " Le Prêtre recite cette formule en faisant l'onction aux parties du corps auxquelles on doit les faire, parce qu'elles ont servi d'occasion ou d'instrument aux pechés, *dont*, pour s'exprimer dans les termes du *Rituel d'Alet*, *ce Sacrement purge les restes*, c'est à dire *les pechés dont on n'a pas été assés soigneux de faire pénitence.* Elle supplée donc *aux défauts des pénitences passées.*

Le Prêtre seul est le Ministre de ce Sacrement. On ne l'administre qu'aux personnes detenues de maladies mortelles & à celles qui sont dans un age décrepit ; pourvû qu'avec le grand age on remarque en eux une extreme debilité laquelle peut passer pour une maladie dangereuse : mais on n'administre pas l'Extreme-Onction aux criminels que l'on conduit à la mort, & l'on allegue pour raison que le criminel n'est pas en état de mort par maladie ou par aucune infirmité. Il y auroit quelques autres remarques à faire au sujet de ce Sacrement, mais elles ne conviennent qu'aux Rituels & à ceux qui sont obligés de les lire. On ne fera que deux remarques, c'est que l'Extreme-Onction est refusée aux impénitens, & qu'on doit cesser les onctions, si le malade expire avant que de les avoir achevées.

Les Onctions se doivent faire aux yeux, aux oreilles, aux narines, à la bouche, aux mains, aux pieds, & aux reins. Cette derniére onction n'est que pour les hommes. L'onction des mains se fait en dedans pour les Laïques, &

en

(a) Epître de S. Jaques Ch. V. vers. 14 & 15. Il y est parlé de l'onction *au nom du Seigneur.* Voi. aussi l'*Evang.* selon S. Marc Ch. VI. vers. 13.
(b) *Hist. des Ceremonies & des Superstit.* &c. imprimée à Amst. 1717.
(c) *Per istam sanctam unctionem & suam piissimam misericordiam indulgeat tibi Dominus quicquid deliquisti* &c.

en dehors pour les Prêtres, (*) *parce que le dedans de leurs mains a déja été sacré par l'Ordination.* L'onction des pieds se fait en la plante des pieds; si le malade est privé de quelqu'un des membres auquel se doit faire l'onction, il faut faire l'onction à la partie voisine de celle qui manque. Voilà ce qui concerne cette ceremonie en general; en voici maintenant la description particuliere. Le Curé doit faire préparer sept pelotons de coton ou autre matiere semblable pour essuier les parties qui seront ointes des saintes huiles, de la mie de pain pour froter ses doits, de l'eau pour se les laver, une serviette pour les essuier, un cierge pour l'éclairer pendant la ceremonie. Avant que d'aller chez le malade, il doit se sanctifier par la priere; ensuite il se lavera les mains, se revêtira du surplis, & de l'étole violette, prendra le vase des saintes huiles couvert d'un voile violet, ou enfermé dans un sac de cette couleur, & le portera de telle sorte que l'huile ne puisse verser. Si le chemin est long, il suffira de prendre le surplis & l'étole à la porte de la maison du malade & pour lors il portera le vase des huiles dans une bourse pendue à son col, de la façon qu'il porte quelquefois le Viatique au malade. Un Clerc doit accompagner le Curé, & ce Clerc doit porter la Croix sans bâton, le vase de l'eau benite, l'asperfoir & le Rituel. Ils marchent sans sonner la clochette par le chemin, mais le Curé doit dire à voix basse quelques pseaumes pour le malade. En entrant dans la chambre du malade, il dit la formule ordinaire, (a) *que la paix soit dans cette maison* &c. après avoir ôté son bonnet & mis sur la table le vase des saintes huiles il fait baiser la Croix au malade, prend ensuite l'asperfoir, arrose d'eau benite le malade, la chambre & les assistans en forme de croix en disant l'Antienne, *Asperges me* &c. Il fait au malade une exhortation sur le sacrilege qu'il commettroit s'il recevoit les onctions sans avoir auparavant mis ordre à sa conscience : mais s'il avoit perdu la parolle, & la connoissance, le Curé l'exhortera du mieux qu'il sera possible. S'il paroit dans le malade quelque signe de veritable contrition, le Curé lui prononcera l'absolution laquelle sera suivie d'une exhortation & l'exhortation d'une (b) priere très édifiante pour ceux qui l'entendent. Après cela le malade doit reciter le *Confiteor*, ou s'il ne le peut, le Clerc le dira pour lui: le Prêtre ajoutera pour le malade (c) *Misereatur tui* &c. Avant que de commencer les onctions, tous les Assistans se mettront à genoux, & reciteront (d) pour lui les pseaumes pénitentiaux & les Litanies.

(e) Pour faire les onctions, le Prêtre trempe (f) le pouce de la main droite dans l'huile des infirmes, il fait ces onctions en forme de Croix & prononce des parolles qui conviennent à l'onction de chaque partie; le Clerc l'éclaire avec un Cierge benit, & tient un bassin ou un plat dans lequel sont les pelotons de coton: le Prêtre commence l'onction par l'œil droit, la paupiere étant fermée, puis il oint le gauche, & dit après avoir achevé d'oindre les deux yeux, *que Dieu par cette sainte onction & par sa très pieuse misericorde vous pardonne les pechés que vous avés commis par la vue.* Si le Prêtre se trouve accompagné d'un Ecclésiastique qui soit dans les Ordres sacrés, c'est à lui à essuier la partie qui vient d'être ointe: sinon le Prêtre l'essuiera lui même. Des yeux il passe aux oreilles en leur appliquant la formule; des oreilles il vient aux narines, sur lesquelles il fait l'onction & non sur le bout du né. Il descend ensuite à la bouche,

che,

(*) *Rituel d'Alet.*
(a) *Pax huic Domui, E. & omnibus habitantibus in ea.*
(b) *Intraui Domine Jesu* &c.
(c) Que Dieu ait pitié de vous &c.
(d) Pendant les onctions.
(e) Voiez la figure à la page.
(f) Quelquefois au lieu du pouce il trempe une petite spatule dans le vase & s'en sert à faire les saintes onctions.

che, & fait l'onction sur les levres, la bouche étant fermée. Il oint les mains de la façon que nous l'avons dit, passe à la plante des pieds, & remonte ensuite aux reins, mais pour les hommes seulement, & même on ne la fait que lors qu'on peut les tourner commodément ou les mettre sans danger en leur séant. Les Onctions étant achevées, le Prêtre frotte avec de la mie de pain les doits qui ont touché l'huile des Infirmes, après quoi il se lave les mains. La mie de pain dont il s'est froté & l'eau dont il s'est lavé doivent être jettées dans le feu, les pelotons, qui ont servi aux onctions, sont portez à l'Eglise pour y être brulés, & les cendres sont jettées dans le sacraire.

L'onction étant achevée le Prêtre recite encore des prieres qui sont suivies d'une exhortation au malade. Après cette exhortation le Prêtre s'en va, laissant une Croix à ce malade pour le consoler par la vûë de JESUS-CHRIST mourant. On ne sauroit gueres s'empêcher de reconnoître la nécessité de quelques instrumens de pieté pour les ames *vulgairement Chrétiennes*, s'il est permis de s'exprimer de la sorte. Il est des gens qui ne pensent au Spirituel que par des objets materiels, & c'est même beaucoup s'ils y pensent avec fruit par le moien de pareils objets : on ne doit pas esperer de gagner les simples & les ignorans de la manière qu'on gagne les savans & les philosophes. Les Chrétiens qui ne parlent que de la *Spiritualité* de la Religion font ils un plus grand nombre d'Elus au Seigneur, que ceux qui essaient de gagner les ames à JESUS-CHRIST, par des objets en quelque façon palpables : Un millieu seroit nécessaire. Ceux qui veulent que le peuple grossier soit toûjours dénué de ces secours exterieurs qui attachent le commun des hommes à Dieu, presument trop de ces ames peu accoutumées à la meditation des choses spirituelles, & ceux qui parlent trop magnifiquement de ces secours exterieurs sont des hypocrites ou des bigots. Il est étonnant que S. *Charles Boromée* étant proche de la mort ait voulu contempler jusqu'à son dernier moment un tableau de J. C. agonisant dans le jardin des olives. Un saint de cet ordre devoit-il si fort se mettre au rang des Chrétiens vulgaires, & croira t'on facilement, que sans un tel secours le saint mourant n'auroit pû élever son cœur à Dieu ?

SUITE *de ce qui se pratique à l'égard du* CHRÉTIEN *en état de mort.*

Lors qu'il aproche de sa derniere heure & qu'il a reçu les Sacremens, fait son testament, mis ordre à sa conscience, on ne doit plus lui parler que de choses spirituelles. Le Curé doit lui faire des visites un peu frequentes, le détacher du temporel, détruire des engagemens qu'une femme & des enfans en pleurs rendent difficiles à rompre ou qui servent de prétexte pour souhaiter de reculer le voiage de l'éternité : si le malade se trouve obligé de faire des restitutions, il faut le presser sur l'article, & s'il n'avoit pas fait son testament, il doit l'engager à le faire & à le faire d'une maniere juste & honorable, qui maintienne la paix dans sa famille & conserve sa reputation dans le monde. Il ne doit point souffrir que le malade legue des biens à l'Eglise au préjudice de sa famille, sous prétexte de Messes, de prieres & autres devotions à l'intention du malade. En un mot il ne doit point souffrir qu'un mourant prive les siens d'un bien que de faux scrupules de conscience font donner souvent à des Prêtres pour l'amour du Ciel & à la gloire de Dieu. Les Prêtres doivent aussi éviter les occasions où

l'on

l'on peut tendre des piéges à des ames effraiées lors que la derniere heure aproche. Il doit leur être défendu de recevoir des donations injustes & préjudiciables aux familles, d'obseder par des flateries adroittes les vieilles devotes & ces vieillards usez de debauche, qui sur la fin de leurs jours croient racheprer leurs péchés en donnant au Pasteur ce qui leur reste de patrimoine. Voilà dequoi nous instruisent les Rituels, & voici le détail de ce qui peut s'appeller ceremonie dans ce dernier Acte de la vie du Chrétien.

Nous ne repeterons pas que le Prêtre benit en entrant ceux du logis; qu'il leur souhaite la paix; qu'il arrose d'eau benite & le malade & sa chambre; (a) que pour reciter certaines prieres marquées dans les Rituels, il prendra le surplis & l'étole violette. Après quelques-unes de ces prieres il reprend l'aspersoir pour asperser le malade; il lui fait quelques lectures pieuses, en les commençant il fera le signe de la Croix sur le livre, & sur son front, sur sa bouche & sur sa poitrine, il le fera de même sur la bouche & sur la poitrine du malade, supposé que le malade ne le puisse faire lui même. Si la personne malade est une fille ou une femme, quelque femme de ses amies fera ces signes de Croix au lieu du Prêtre. A la fin des lectures le Prêtre prononce une priere très courte, après laquelle il met la main droite sur la tête du malade: ensuite il fait le signe de Croix sur le malade, jette de l'eau benite sur lui & se retire: mais si le malade est à l'extrémité, le Curé ne doit plus l'abandonner. Dans cet état il doit lui donner la Croix & dire l'Office qui recommande l'Ame du mourant à Dieu & à l'intercession des saints. Les bons intervalles du mourant doivent se passer en actes de contrition, de renonciation au monde & à sa pompe, de charité pour le prochain, de foi à la doctrine de l'Eglise, d'esperance en Dieu &c. Il sera même à propos, dit le *Rituel d'Alet*, de recommander au malade ,, qu'il se confie aux prieres de Notre Dame. . . . à celles de son Ange ,, gardien, de son saint Patron & de tous les saints. '' Enfin quand le malade aprochera de l'agonie, le Curé se hatera de jetter de l'eau benite sur ce mourant pour lui donner de nouvelles forces contre le Prince du siécle, l'exhortera plus vivement encore, s'il est possible, lui presentera le Crucifix à baiser, mettra la Croix devant lui, afin que la confiance du Chrétien qui entre dans l'agonie augmente en la regardant. Le Clerc allumera un cierge beni, supposé qu'il ne soit déja allumé. Le Prêtre commencera les Litanies & les assistans avec lui. Cette devotion durera jusqu'à ce que le malade soit dans les derniers momens de l'agonie, alors on récitera les prieres des agonisans, telles qu'on peut (b) les lire dans les Rituels, & (c) quand on le verra expirer, le Clerc lui fera donner, s'il est possible, de nouveaux temoignages de sa resignation à Dieu, & ne quittera le mourant qu'après avoir reçu son dernier soupir.

(a) *Rituel d'Alet.*

(b) La premiere commence, *proficiscere anima Christiana, &c. Partez ame Chrétienne au nom du pere, du fils & du S. Esprit, des Anges, des Archanges, des Thrônes, des Puissances, des Principautés, des Cherubins, des Seraphins, des Patriarches, des Prophetes &c.* la seconde implore sur lui la misericorde divine, la troisieme recommande l'ame du fidelle à Dieu. Ces trois prieres sont suivies de ce qu'on appelle les *Libera*, qui consistent à lui demander que l'ame soit delivrée de tous les dangers auxquels elle se trouve exposée dans le depart de ce monde. Les *Libera* sont suivis de quelques autres prieres, &, s'il y a du loisir, de quelques lectures.

(c) On a la coutume en quelques endroits de sonner quelques coups de cloche de l'Eglise Paroissiale pour avertir qu'un malade de la paroisse est à l'article de la mort, afin que les autres paroissiens l'assistent de leurs prieres.

Les CEREMONIES FUNEBRES.

Nous venons de decrire l'apareil de la devotion du mourant & les ceremonies avec lesquelles on le prepare au perilleux voiage de l'éternité. La devotion des vivans c'est de prier pour le fidelle après son décés, & de lui donner une partie de leur souvenir soit par les honneurs funebres ou par les temoignages de leur charité qui se produit par les prieres & par les Messes. Quand le malade a expiré, le Prêtre debout & decouvert dit un repons pour appeller les saints & les anges au secours de l'ame du défunt : il dit ensuite une priere. On envoie en même tems sonner la cloche pour avertir de la mort du paroissi en afin que chacun pense à prier Dieu pour l'ame du mort : mais on ne sonne point la nuit.

Le Curé se retire : on (a) accommode le corps, (b) on le lave en quelques endroits, on le met en un lieu decent : le mort doit tenir une petite Croix entre les mains sur sa poitrine. Quelquefois on lui met les mains en Croix. On doit mettre à ses pieds un vase plein d'eau benite & l'aspersoir, afin que ceux qui viendront lui rendre les derniers devoirs (c) lui jettent de l'eau benite & s'en aspersent eux-mêmes. Cependant (d) quelques Ecclésiastiques resteront auprès du corps & prieront pour le defunt, jusqu'à ce qu'on le porte en terre. Si le mort est Prêtre ou autrement Ecclésiastique, il doit avoir la tonsure selon son Ordre & le bonnet carré avec une petite croix sur sa poitrine.

Les Paiens prioient pour le repos de leurs morts, & (e) nous en avons dit quelque chose. Souvenons nous de ce formulaire, *sit tibi terra levis.* Les Juifs ont la même coutume. C'est une controverse asses difficile entre les Catholiques & les Protestans que de savoir en quoi consistoit cette priere pour les morts en usage dès le second siécle & reconnue, mais avec plusieurs distinctions par les (f) Auteurs Calvinistes. L'*Eglise prioit*, dit l'un d'eux, *pour l'accomplissement de leur gloire :* elle n'étoit donc pas accomplie après leur mort, ils ne parvenoient donc pas au lieu de leur felicité immédiatement après leur départ de ce monde. Le même Auteur que nous citons attribue à un zelle particulier & pourtant non autorisé de l'Eglise la grace que les Chrétiens d'alors demandoient aux Martirs, de prier après leur mort pour les fidelles vivans : ce qui donne au moins lieu de presumer que l'intercession des Saints du Paradis étoit déja d'un

grand

(a) C'est-à-dire, on leur ferme les yeux & la bouche, comme cela se pratiquoit aussi dans l'ancien tems : on les enveloppe dans un suaire, ou l'on les laisse dans les habits qu'ils portoient étant en vie, comme cela se pratique en Italie.

(b) *Fiscara* Praxis Ceremon. La coutume de laver les morts est ancienne.

(c) On faisoit quelque chose de pareil chez les anciens : en sortant de chez le mort on le lavoit d'eau & l'on en prenoit à cet effet dans un vase preparé pour cette ablution. Cependant on ne voit pas que cette coutume ait beaucoup de rapport à celle de l'eau benite avec laquelle s'aspersent ceux qui s'aprochent d'un mort. Voici ce qui est plus précis. Les anciens Romains purifioient leurs morts en les arrosant trois fois de cette eau qu'ils appelloient *Lustrale*, & c'étoit un Prêtre qui en faisoit la Ceremonie.

(d) Un Auteur Protestant reconnoit que cette coutume étoit en usage environ cent ans après le premier Concile de Nicée. Voici comment il s'exprime dans le petit livre intitulé *Histoire des Ceremonies & des Superstitions* &c. année 400. ,, Anciennement, aussi-tôt que quelqu'un étoit mort on appelloit des Ecclésiasti,, ques, qui passoient la nuit avec les parens du défunt, & les entretenoient de la parolle de Dieu, pour ,, leur instruction. Ils chantoient des Pseaumes par *Antiphenes* ou versets, se repondant les uns aux autres. ,, Ils recommandoient à Dieu l'ame du défunt, afin qu'il lui plût de la preserver de l'enfer &c. ,,

(e) Voiés ci-dessus à la page. A l'égard des Juifs, Voi. Tome premier prem. Part. page.

(f) Voiés *Hist. des Ceremonies & des Superstitions* &c. imprimée en 1717.

grand poids. Quelque soit le sens qu'on puisse donner aux prieres des anciens Chrétiens pour les morts, il est certain que le siécle de Constantin le Grand les connoissoit, puisque le peuple pria pour son ame, ainsi que nous le dit Eusebe dans la vie de cet Empereur.

Les prieres des premiers Chrétiens & celles des modernes supposent du moins un état mitoien entre la peine de l'enfer & les felicités du Paradis: sans cette supposition, quel seroit le but de ces prieres? C'est cet état que l'on appelle le purgatoire. Il n'est que pour les ames de ceux qui sont morts en la grace. Mais il ne faut pas s'imaginer que ce Purgatoire soit un feu materiel où l'on brule reellement, ou des eaux dans lesquelles l'ame est lavée de ses péchés, ou des vens & des glaces qui la purifient. Toutes ces opinions soutenues serieusement ont seduit la simplicité des bonnes gens. Les legendaires & leurs admirateurs ignoroient sans doute que les ames n'occupent aucun espace & que des substances indivisibles ne sauroient être sujettes au feu, au vent, à la glace &c. Il est vrai que cette philosophie renverse une infinité de fables & ruine les decouvertes que le peuple Monachal a fait depuis plusieurs siécles dans cette terre inconnue. Il est vrai encore, que des (a) Docteurs du siécle passé ont assuré en ce Monde que le Purgatoire est un lieu souterrain au-dessus de „ l'enfer des „ damnés, où les Ames qui n'ont pas achevé d'accomplir les sansfactions, „ qu'elles doivent à la Justice Divine pour leurs péchés sont, purgées par le feu „ d'une maniere admirable & pourtant incomprehensible. " Cependant tout cela ne persuadera pas les Chrétiens qui connoissent la difference de l'ame & du corps. Les ames sont purgées: d'accord. On doit prier pour les fidelles défunts, nous en convenons: mais les ames ne sauroient être punies après la mort comme elles le sont tandis qu'elles restent unies à leurs corps. L'idée la plus raisonnable que l'on se puisse faire du Purgatoire c'est que les Ames des gens de bien sont tourmentées pendant un certain tems après cette vie, pour être entierement purifiées de ce qui *les empêche d'entrer dans l'éternelle Patrie;* ainsi que s'exprime le *Catechisme du Concile de Trente.* Mais pourquoi s'étendre sur une matiere dont il est impossible d'avoir l'idée? Nous dirons seulement ici, qu'une partie des Paiens, & surtout les Platoniciens, ont crû que les Ames étoient purifiées par le feu après la destruction de leurs corps. Platon, dans un de ses Dialogues semble reconnoitre un tribunal où les morts qui n'ont commis que des péchés legers, seront condamnés dans l'autre monde à des peines finies, & proportionnées à leur fautes: On peut lire dans la notte l'Analyse du sentiment de ce célébre Philosophe. Elle est de la façon (b) d'un savant Jesuite. Les Indiens Orientaux regardent (c) comme une espece de Purgatoire la circula-

tion

(a) *Casal.* de Vet. Christ. Ritib. Cap. LXXXVIII.

(b) Elle est de la façon du P. *Mourgues* Lettre XI. du *Plan Theologique.* „ Toutes les Ames subissent le jugement „ au sortir de leurs corps: il y a des Ames mais en petit nombre, qui se trouvent entierement saines & qui n'ont „ rien à craindre de ce jugement: toutes les autres y sont trouvées malades, les unes pourtant capables de guéri- „ son, & les autres incurables. Les Ames saines prennent le chemin des Champs Elysées, qui est le Païs „ de la liberté & de l'afranchissement de tous maux: elles achevent de s'y purifier, & cette purification est „ une affaire de mille ans. Pour savoir ce qu'elles deviennent après cela, il faut distinguer celles qui doivent „ revenir dans ce Monde, suivant l'ordre du Destin, & celles qui y ont déja achevé leurs tournées fatales. . „ ces dernieres passent dans une terre bien heureuse, où elles jouïssent des plus purs delices dans la contem- „ plation continuelle du Verbe Divin. . . . Les Ames malades prennent toutes le chemin du Tartare, les gue- „ rissables pour y être purgées, les incurables pour y être tourmentées. Quand les premieres y sont guéries „ de toutes indispositions par des remedes tres violens, les unes passent dans les Champs Elysées, les autres „ vont continuer l'animation des corps, à laquelle elles sont encore obligées, n'aïant pas fourni toute leur car- „ riere. Les malades desesperées, c'est-à-dire, celles qui sont chargées de crimes impardonnables, ne sor- „ tent jamais du Tartare." . . . On peut voir aussi la description que Virgile donne de la purification de l'ame après la destruction du corps, au Livre 6. de son Eneide.

(c) Voi. le *Supplement aux Dissertations* &c. dans la seconde Partie du Tome premier des *Religions Idolatres.*

tion des ames en differens corps : opinion que leurs Ancêtres ont tirée des E-
gyptiens, & c'est dans la même source que les anciens philosophes Païens l'a-
voient puisée. On pourroit s'étendre beaucoup plus sur le Purgatoire, & sur
les opinions païennes qui ont du rapport à cette doctrine, s'il étoit possible de le
faire sans affectation dans une dissertation comme celle-ci : mais c'est un détail
qu'il faut laisser aux Docteurs & aux savans : il leur appartient aussi de le défendre contre les attaques qu'il lui a fallu soutenir de la part des Heretiques,
qui ne cessent de reprocher aux Catholiques que leur Purgatoire est de l'invention du Clergé, qu'il a fait naître une infinité de pratiques superstitieuses, & de
Ceremonies mortuaires masquées de la pieté quoiqu'en effet inutiles à la Religion, mais cependant très propres à satisfaire l'avarice des gens d'Eglise, très
propres à tenir sous le joug une infinité de Chrêtiens timides. Il faut avouer
que les malheurs causés à Religion par la grossiere superstition des siécles passés
& les prétenduës revelations de quelques Moines aussi fourbes qu'ignorans, n'ont
que trop autorisé les reproches de ceux qui se sont separés du corps de l'Eglise.
Pourroit on lire sans indignation les frequentes apparitions de ces Ames qui revenoient de l'autre Monde, il y a six ou sept cens ans, les unes avec (a) la
peau toute brulée, les autres rongées de vers : (b) de ce mort qui ressuscita
pour conserver à S. Stanislas la possession d'un heritage qu'il avoit acquis pour
son Eglise, & qu'en recompense le saint delivra du Purgatoire? de plusieurs
milliers d'ames qui sont venuës se plaindre à leurs proches de ce que faute d'un
nombre suffisant de Messes, elles souffroient cruellement dans ce lieu de purification ? Enfin ne doit on pas regarder comme des objets de scandale cette Bulle
Sabbatine des Carmes, qui les tire du Purgatoire eux & leurs Confreres le Samedi
d'après leur mort. (c) Ces pleins pouvoirs distribués sous le Pontificat de Leon X.
à prix d'argent pour delivrer les Ames du Purgatoire, & l'ordre que le Pape
Clement VI. (d) osa bien donner aux Anges de conduire droit en Paradis les
ames de ceux qui gagnerent le Jubilé que ce Pape avoit publié. Cet ordre,
s'il faut s'en rapporter à ce que dit *Agrippa* dans son livre *de la Vanité des sciences* existoit en bonne forme de son tems à Vienne & ailleurs.

Revenons aux Ceremonies funebres. On revêt les Prêtres & les Ecclésiastiques défunts des habits convenables à leur état; comme on le remarquera dans
la suite de cette Dissertation. Un autre usage qui concerne les Ministres de
l'Eglise, c'est que les seuls Ecclésiastiques portent les corps des Ecclésiastiques à
la sepulture, de même que les Laïques portent les corps des Laïques. Les Ecclésiastiques ne portent point le deuil de leurs parens, & ne les accompagnent
point à la sepulture avec ceux de leur parenté : mais ils se joignent en habit
Ecclésiastique au reste du Clergé. Les Ecclésiastiques Protestans n'ont pas crû
devoir suivre ces usages.

(a) Voïés *Flodoart*.
(b) *Cromer* dans son *Histoire de Pologne*.
(c) *Guicciardin*, dans son *Hist. d'Italie*.
(d) *Nous commandons aux Anges de Paradis qu'ils introduisent son ame en la paix du Ciel, sans qu'il lui
soit necessaire de passer par le Purgatoire.*

La BENEDICTION du (a) CIMETIERE.

Le lieu ordinaire de la sepulture c'est le Cimetiere & pour cet effet l'Eglise le benit solemnellement de la maniere suivante. Cette Bénédiction doit se faire par l'Evêque, ou par un Prêtre qu'il commet à cet effet. (b) La veille du jour auquel se doit faire la bénédiction, il faut élever au millieu du Cimetiere une (c) Croix de bois de la hauteur d'un homme; il faut ficher devant la Croix un piece de bois de la hauteur de deux pans, ou environ: sur ce pieu on mettra trois Cierges, lorsqu'on fera la bénédiction.   Le lendemain au matin avant que de commencer la Ceremonie il faut étendre un tapis dans le Cimetiere près de la Croix & préparer les choses necessaires pour la bénédiction du lieu, assavoir l'eau benite, l'encensoir, les Cierges &c. Le Prêtre revêtu de ses ornemens Sacerdotaux partira de la sacristie en procession, c'est-a-dire avec un Exorciste ou Acolyte portant l'eau benite, un autre portant l'encensoir, deux Clercs chargés du Rituel & de trois Cierges de cire blanche, tout le Chœur allant deux à deux.   Le Prêtre célébrant, paroit après eux ainsi qu'on l'a remarqué dans les autres Ceremonies.

Etant arrivés au Cimetiere, ils s'arrangent autour de la Croix, ou des Croix, s'il y en a plusieurs, & le Célébrant fait aux Assistans (d) un petit discours sur la Sainteté, les privileges, la franchise des Cimetieres.   Après cela on allume trois Cierges devant la Croix du millieu, & s'il y en a à chaque extremité du Cimetiere, on en allume aussi trois devant celles-ci.   Le Celebrant se leve ensuite, fait une priere, qui est suivie du chant des Litanies, & lorsqu'il dit ces parolles, *Nous vous prions de purifier & de benir ce Cimetiere*, il fait le signe de la Croix: il le fait une seconde fois en les repetant (e) pour la sanctification du Cimetiere & une troisiéme en les repetant pour la Consecration. Les Litanies étant finies, le Célébrant asperse d'eau benite la Croix du millieu, & pendant qu'on dit une Antienne & le *Miserere*, il va faire le tour du Cimetiere & l'asperser d'eau benite.   Ensuite il prend un des Cierges allumés qui étoient au pied de la Croix, il le fiche au haut, prend les deux autres & les met au deux bras de la Croix. Enfin la Ceremonie finit par un triple encensement de ces Croix, & par une triple aspersion avec l'eau benite.

Si le Cimetiere consacré de cette façon à la sepulture des fidelles est souillé dans la suite par quelque action indecente, ou prophané par l'inhumation d'un infidelle, d'un heretique, d'un excommunié, ou d'une personne non baptisée, il faut le reconcilier: la Ceremonie de cette reconciliation se fait avec le même appareil que la bénédiction.

Autrefois les anciens canons ne permettoient pas d'enterrer les morts dans l'Eglise.   Insensiblement l'usage s'introduisit d'y enterrer les personnes uniquement distinguées par leur sainteté: pour lors les Empereurs n'étoient enterrés qu'à la porte de l'Eglise; le dedans (f) étoit reservé pour J. C. & pour ses saints;

(a) *Cimetiere* est un mot Greq, qui signifie lieu où l'on dort: parce que suivant les termes de l'Ancien & du Nouveau Testament, les fidelles ne meurent pas, mais ils dorment.   C'est là l'origine de ce nom que les Chrétiens de l'Eglise primitive donnerent aux lieux où ils enfevelissoient leurs morts.

(b) *Rituel d'Alet.*

(c) Ou, suivant le *Pontifical Romain*, il en faut élever cinq, assavoir quatre pour les quatre extremités du Cimetiere, & une au millieu.

(d) *Pontifical Rom.*

(e) Il dit alors *nous vous prions de sanctifier*, & à la troisiéme *nous vous prions de consacrer.*

(f) *Rituel d'Alet.*

mais les saints n'y restent pas long tems seuls. (*a*) Beaucoup de fidelles, soit par crainte de l'avenir, soit par précaution, souhaiterent d'être ensevelis auprès d'eux, esperant d'être à l'abri des peines par les merites de ceux qui, selon les termes de S. *Maxime*, se sont rendus redoutables à l'Enfer. Dans la suite non seulement on accorda aux Ecclesiastiques d'une vie exemplaire l'inhumation dans l'Eglise, mais encore à ceux d'une vie assés commune, & qui n'avoient rien de remarquable que la dignité dont ils avoient été revêtus. Enfin les Laïques y furent reçus indifferemment, ainsi que cela se pratique aujour-d'hui.

On prétend aussi que l'ancienne Eglise ne permettoit pas d'inhumer les Gentils auprès des Chrêtiens. C'est à cet ancien usage qu'on doit celui d'ensevelir en terre prophane les hérétiques & les infidelles. L'Eglise primitive conserva long tems l'ordre établi par la Loi des douze Tables, (*b*) de faire les Cimetieres hors de la Ville, & il semble qu'on ne commença l'exception à cette regle, si raisonnable & si digne d'une bonne police, que sous le regne de l'Empereur Théodose. Quelques autres croient qu'elle commença sous le Pontificat de S. Gregoire le grand. Quoiqu'il en soit, la Translation des Reliques des saints Martyrs dans les Eglises étant alors fort à la mode, & la devotion du siecle aiant déja obtenu de faire ensevelir auprès d'eux les fidelles d'une saintété éminente, il y a apparence que les Souverains permirent bientôt qu'il y eut des Cimetieres dans les Villes.

CEREMONIES *qui concernent la* SEPULTURE.

L'homme ne regarde pas toûjours la mort comme un état d'humiliation pour son orgueil, quoique rien ne soit plus humiliant pour lui que d'être dépouillé d'un corps destiné, par la dissolution de ses parties, à devenir la pâture des vers & à être foulé aux pieds comme la poussiere de la terre, après avoir été l'organe des plaisirs, des passions & des voluptés; après avoir servi de mobile à toutes les revolutions imaginables & à tout ce qui peut se concevoir de plus difficile & de plus ingenieux. Toutes ces idées n'accablent pas l'orgueil humain : l'homme a trop de fierté pour se resoudre à rentrer sans bruit dans une espece de neant : aussi n'en est il point qui, pour ainsi dire, n'essaie de resister à l'oubli, & le moins qu'il cherche c'est de vivre quelque tems après sa mort dans la memoire de ses concitoiens par l'apareil de sa sepulture. Ce sont là de foibles dédommagemens de la vie : mais puisque la loi qui nous condamne à la mort est inévitable, il faut chercher dans la mort des objets qui flattent notre vanité à proportion du rolle que nous avons joué dans le monde. Si, pour nous servir des expressions d'un grand poëte, (*c*) les noms de *Maîtres de la terre*, d'*Arbitres de la paix* &c. periffent avec ceux qui pendant leur vie faisoient trembler l'univers; ils essaient de conserver encore toute leur hauteur dans les tombeaux, & leurs peuples les imitent

au-

(*a*) Du tems d'*Optat* la coutume ne s'étoit pas encore introduite d'enterrer les morts dans l'Eglise. V. Lib. 3, *de Schism. Donatist*, pag. 57. Edit. de 1700.

(*b*) *Hominem mortuum in urbe ne sepelito.* On observoit le même usage à Athenes, à Smyrne, à Marseille & ailleurs; mais les fondateurs des Villes avoient le privilege d'être ensevelis en place publique.

(*c*) *Là se perdent ces noms de Maîtres de la terre,*
D'Arbitres de la paix, de foudres de la guerre &c. Malherbe.

autant qu'ils peuvent : mais les uns & les autres n'agissent ainsi que pour suppléer au peu de durée que la nature accorde à l'homme, tandis que des êtres inanimés ou qui n'ont qu'une vie vegetative, durent infiniment au delà de ce que peut vivre le plus excellent de tous les êtres créés.

> (a) *Injustice de la Nature!*
> *Les arbres dont l'ombrage embellit ces cotaux,*
> *Ne craignent point des ans l'irreparable injure.*
> *Leur vieillesse ne sert qu'à les rendre plus beaux.*
> *Après avoir d'un siecle achevé la mesure,*
> *Ils passent bien avant dans des siecles nouveaux.*
> *Où voit on quelque homme qui dure,*
> *Autant que les sapins, les chênes, les ormeaux?*

Telles sont les plaintes de ceux qui ne voient rien dans l'homme qui ne soit inferieur au reste de la nature, & qui ne le regardent que comme une portion de matiere toûjours exposée aux differens changemens qu'elle ne peut s'empêcher de soufrir par les differens arrangemens de ses parties, mais qui ne conçoivent rien au delà. Il est vrai que la vie de l'homme est très courte, mais seroit elle fort belle, si elle ressembloit à celle des chênes & des sapins qui excitent l'entousiasme du Poëte : Un Chrétien raisonne mieux. Il veut que la mort soit pour l'homme un état de pénitence, une satisfaction que Dieu a requise de lui pour reparer l'afront qu'il fait par le péché à la Majesté divine. Conformement à cette idée il faudroit bannir du Christianisme les vaines dépenses en monumens & en sepultures, & si l'on vouloit se conduire selon le principe, le mourant ne laisseroit d'autre trophée de ses grandeurs, que les prieres & les aumones. Encore verroit on la vanité se mêler à des motifs, que l'éloquence des Ministres de l'Eglise consacreroit par des éloges éternels. Le chemin de l'immortalité n'est pas moins sur par les aumones, & les fondations pieuses, & surtout par les legs qu'un charitable mourant fait aux Moines, aux Prêtres & aux Convens, que par les exploits militaires, les vertus civiles & le bel esprit.

L'usage ordinaire est de garder un corps vingt-quatre heures après la mort. En quelques Païs on les (b) garde cinq & six jours. Voici ce que les Rituels ordonnent touchant les funerailles des morts à qui il est permis de donner ce qu'ils appellent (c) la sepulture Ecclésiastique. Ces usages varient en certaines circonstances ; mais en général lorsqu'il est tems d'aller chercher le corps du défunt pour le porter à l'Eglise, il faut avertir par des coups de cloche les Prêtres & les autres Ecclésiastiques qui doivent assister aux funerailles, afin qu'ils s'assemblent en ordre & revêtus de leurs (d) habits sacerdotaux dans l'Eglise paroissiale, ou en quelqu'autre Eglise où ils feront leur priere. Ensuite le Curé prend sur le surplis l'étole noire & le pluvial noir. Ils partent pour aller chercher le corps : l'exorciste portant l'eau benite marche le premier, puis le Porte-Croix, les autres personnes du Clergé ensuite, le Celebrant le

der-

(a) Mad. *Deshoulieres* dans ses Poësies.
(b) Surtout en Hollande, où il est même assés ordinaire de garder les morts jusqu'à sept jours.
(c) La sepulture Ecclésiastique est refusée aux Juifs, aux Apostats, aux infidelles, aux heretiques & schismatiques, aux excommuniés & interdits, à ceux qui ont frapé quelque Ecclésiastique sans avoir fait satisfaction avant leur mort, à ceux qui se sont tués eux mêmes, qui sont morts en duel, qui ont blasphemé, ou commis d'autres pechés éclatans, enfin à ceux qui n'ont pas satisfait aux ordonnances de l'Eglise touchant la Confession & la Communion.
(d) En surplis & en bonnet carré.

L'EXPOSISION du CORPS à la Porte du Logis.

L'OFRANDE du PAIN et du VIN à la MESSE des MORTS.

dernier. Ils se rendent tous ensemble à la maison du défunt, dont le corps doit être à la porte du logis, ou dans (*a*) quelque appartement voisin, les pieds tournés vers la rue, & cela, disent les Rituels, quand même le défunt auroit été Prêtre. N'oublions pas que le cercueil est environné de quatre, ou même de six Chandeliers garnis de Cierges de cire jaune allumés. Lorsque le Clergé est arrivé au lieu où est le corps, le Porte-Croix se met à la tête du défunt, s'il est possible, le Celebrant se met aux pieds vis-à-vis, en sorte qu'il regarde la Croix, celui qui porte l'eau benite se met un peu derriere le Celebrant à sa main droite, les autres personnes du Chœur se rangent de côté & d'autre: les plus avancés dans les Ordres sont les plus proches du Celebrant. Tout cela se passe ainsi, pourvû que le lieu le permette: puisqu'il arrive souvent que faute de place la Croix reste à la porte du côté qu'on doit s'en aller, & que ceux du Chœur sont obligés de se ranger de côté & d'autre pour laisser le millieu libre au Celebrant: Cependant on allume les cierges & les torches de cire jaune, & on les distribue à ceux qui les doivent porter.

La coutume de porter des cierges allumés aux Convois funebres s'introduisit dans le Christianisme après la paix de l'Eglise, ou plûtôt les Chrétiens la renouvellerent alors, car elle étoit auparavant en usage chez les Romains: comme les Chrétiens se distinguoient en toutes choses des Idolatres, il y a apparence qu'ils la rejetterent tant qu'ils furent sous le joug du Paganisme. D'ailleurs en ces tems de persecution il n'étoit pas permis aux Chrétiens d'enterrer leurs morts avec pompe. Les Docteurs de l'Eglise, pour mieux justifier cette coutume, ont voulu que les flambeaux & les cierges allumés aux Convois funebres signifiassent (*b*) la foi operante par la charité, dans laquelle on présume que les fidelles sont morts. Cette idée pourroit convenir en quelque façon à l'origine qu'un (*c*) Auteur Protestant trouve à cet usage, ou plûtôt un (*d*) Saint de l'Eglise avant lui. ,, Les lampes allumées aux funerailles, dit le Saint dans ,, l'Auteur cité, signifient que nous accompagnons les défunts comme de ge- ,, nereux Athletes. " Les Greqs accompagnoient ordinairement leurs athletes victorieux le cierge & le flambeau à la main.

Le Celebrant étant devant la Croix tourné vers le corps, le Ministre de l'Eau benite lui presente l'aspersoir. Alors le Celebrant jette trois fois de l'Eau benite sur le corps en un même endroit sans rien dire. Ensuite aiant rendu l'aspersoir il commence une (*e*) Antienne convenable sans la doubler, parce qu'aussi-tôt deux chantres entonnent le pseaume *De profundis*, d'où cette Antienne est tirée. Le deux parties du Chœur l'achevent alternativement, étant vis-à-vis l'une de l'autre: à la fin on dit ces parolles; (*f*) *Seigneur donnés un repos éternel à ce défunt, & que votre lumiere reluise éternellement sur lui.* Ensuite on redit l'Antienne, *si iniquitates*, & tout de suite le Celebrant en dit une (*g*) autre que l'on ne double point non plus. Deux Chantres commencent aussi-tôt le *Miserere*, le Clergé le continue à deux Chœurs, & l'on marche vers l'Eglise.

Bb 2

(*a*) Ceux

(*a*) L'usage des Greqs & des Romains étoit d'exposer les morts dans le Vestibule du logis, les pieds tournés vers la porte; & comme chez ces peuples, de même que chez les Juifs, l'attouchement du mort souilloit le vivant, on trouvoit le benitier à la porte pour s'asperser d'eau lustrale en entrant & en sortant.
(*b*) *Rituel d'Alet.*
(*c*) *Histoire des Cevennes, & des superstitions &c.* imprimée en 1717.
(*d*) *Saint Chrysostome* cité par l'Auteur de cette Histoire.
(*e*) *Si iniquitates &c.*
(*f*) *Requiem æternam dona ei Domine, & lux perpetua luceat ei.*
(*g*) *Exultabunt Domino Ossa &c.*

(a) Ceux qui portent les Cierges marchent les premiers, puis les confreres des féculiers, s'il y en a. Le Clergé fuit après deux à deux en une diftance convenable, devant lequel marche celui qui porte l'Eau benite & celui qui porte la Croix. (b) La Taille douce, qui reprefente un Convoi funebre felon l'ufage de Paris, met ici quelque difference. On y voit des enfans (b*) de l'Hofpital à la tête du Convoi, tous un Cierge allumé à la main, le Porte-Croix fuit, & le Clergé après lui, tous portant des Cierges allumés. Le Celebrant marche le dernier, immédiatement devant le corps. Tous font couverts, même le Miniftre de l'eau benite & le Porte-Croix. Tous chantent le *Miferere* & quelques autres Pfeaumes, fi le *Miferere* ne fuffit pas : à la fin de chaque Pfeaume on dit *Requiem*. Cette coutume de chanter aux funerailles eft auffi ancienne que l'ufage des flambeaux funebres, & cela fe voit par plufieurs paffages des Auteurs du quatriéme & du cinquiéme fiecles, qu'il eft inutile de rapporter. Les Greqs & les Romains chantoient auffi à leurs funerailles : mais quelque raport que ces ufages femblent avoir avec les notres, ils avoientpourtant un but different. Nous chantons des Pfeaumes & des Antiennes pour le repos des défunts, ils chantoient les éloges de leurs morts, & ces (c) chants étoient mélés de plaintes & de regrets. Ils avoient des (d) pleureufes & des chanteufes à gages. (e) Le fon lugubre de quelques flutes ou de certaines trompettes accompagnoit ces lamentations. (f) Les parentes du défunt a'dées de quelques amies l'appelloient à l'haute voix & prefque en chantant. Nous obferverons pourtant que les premiers Romains avoient une efpece de chanteurs qui chantoient auprès du mort certains (g)schants dont on ne fait pas bien le fujet ; mais on pourroit conjecturer qu'ils chantoient pour avancer le bonheur de l'ame du mort, puifque ces anciens Païens s'imaginoient (h) que par la douceur de la Mufique les ames trouvoient plus facilement le chemin du Ciel. D'ailleurs les chants funebres des Anciens étoient de trois fortes : pendant le Convoi l'on chantoit les louanges du mort & les regrets pour fa perte. On chantoit enfuite au bucher. Enfin lorfque l'on recueilloit les cendres du mort, ceux qui étoient gagés pour cet office mortuaire chantoient à haute voix une efpece de priere, à laquelle le peuple repondoit ; & (i) ce trifte concert entre le peuple & les chanteurs à gages duroit jufqu'à ce qu'on eut achevé de recueillir les cendres du mort. Alors on congedioit l'affemblée par le mot *ilicet*, c'eft-à-dire *allés vous en*, ou plûtôt, il *vous eft permis de vous retirer*. Voilà toute la conformité qu'il eft poffible de trouver entre les chants funebres des anciens Greqs & Romains, & ceux des Chrétiens.

Il paroit que dés le tems de S. Jerome les Eccléfiaftiques étoient chargés du foin d'affifter avec des Cierges en leurs mains aux funerailles des fidelles, & de chanter des hymnes à leur honneur & pour l'amour d'eux.

Le corps du défunt paroit immédiatement après le Clergé, porté de la maniere qu'on le voit dans la taille douce, & aiant aux deux côtés des Cierges ou

des

(a) *Rituel d'Alet.*
(b) Voi. la Planche.   (b*) Les enfans trouvés.
(c) *Nænia.*
(d) *Præfica.*
(e) Les flutes étoient auffi en ufage aux funerailles des anciens Juifs, ainfi que cela fe voit par un paffage de S. *Mathieu.* Ch. 9. V. 23.
(f) *Funera.* C'eft ainfi qu'on appelloit ces femmes.
——— *Nec te tua funera mater produxi* ——— *Virg. Æneid. L. 9.*
(g) *Aul. Gell.* L. 10. Ch. 2. p. 874. Edit. de 1706. où l'on peut voir les remarques fur le mot *filicet.*
(h) *Cafal.* de prophanis Romanor. ritibus.
(i) Voi. *Servius* dans fon Commentaire fur *Virgile Æneid.* 6. V. 116.

Le CONVOI FUNÈBRE.

Le CORPS EXPOSÉ dans le CHOEUR.

On jette L'EAU BÉNITE sur le CORPS après qu'on l'a DESCENDU dans la FOSSE.

des flambeaux que de jeunes enfans de l'Hôpital ont à la main. Les parens du défunt suivent en longs manteaux de deuil; les amis marchent ensuite, & tous ceux qui avoient de la consideration pour lui se joignent à ce Convoi funebre. En quelques Païs, soit Catholiques, ou Protestans, les femmes assistent aussi aux enterremens, & marchent après les hommes: ce qui se pratiquoit de même chez les anciens, mais chez les Grecs une certaine loi défendoit cette Ceremonie aux femmes qui n'avoient pas encore soissante ans. Pour ce qui est des Romains, il paroît assés que les femmes assistoient aux funerailles, puisque les parentes & les amies du mort faisoient la meilleure partie des preparatifs funebres. A l'égard du deuil, celui qui le menoit comme fils ou heritier &c. étoit revêtu (a) d'une longue robe, laquelle étoit noire ou du moins d'un gris fort obscur, ce qui revient assés à nos longs manteaux de deuil. Les fils du défunt marchoient la tête couverte, les filles au contraire la tête nue & échevelées.

Lors que le Convoi funebre est arrivé à la porte de l'Eglise, on dit *Requiem* & l'on reprend l'Antienne qui commence par ces mots, *exultabunt Domino ossa humiliata*. Lorsqu'on est entré dans l'Eglise on chante un (b) repons qu'un ou deux chantres commencent, & que ceux du Chœur poursuivent alternativement, afin que les Saints & les Anges se chargent de l'ame du défunt, & la presentent à Dieu.

Pour faire le service funebre on pose le corps dans le Chœur de l'Eglise, si le défunt étoit Ecclésiastique, & dans la nef s'il étoit Laïque. Les Prêtres ont la tête du côté de l'Autel. Le *Rituel d'Alet* dit (c) „ qu'on doit tourner „ le visage des défunts Laïques vers l'Autel quand on les place à l'Eglise, & „ celui des Ecclésiastiques vers le peuple : pour marquer, à l'égard des pre- „ miers, que dans ce dernier passage ils doivent aller à Dieu par Jesus-Christ, „ & à l'égard des derniers, qu'étant unis à lui par leur Ministere, ils regar- „ dent le peuple en continuant leurs soins pour son salut, même après leur mort. " On met au moins quatre Cierges allumés autour du corps : On en marque huit dans la taille douce, qui represente l'exposition du corps dans le Chœur. A l'égard du service funebre, on ne sauroit mieux faire que de copier en abregé ce que le *Rituel d'Alet* veut qu'on y observe. L'ordre & la ceremonie varient selon les differens reglemens établis en differens Dioceses; mais ces differences sont trop peu essentielles pour les remarquer ici. Le corps étant donc posé dans le Chœur ou dans la nef de l'Eglise, „ celui qui porte la Croix se „ met à la tête du défunt, le Celebrant se met aux pieds, mais non pas en- „ tierement au millieu, quand ils sont tournés vers l'Autel : le Clergé se ran- „ ge des deux côtés, (à peu près comme on le voit dans la taille douce,) „ étant tournés face à face, & les moins avancés dans les ordres étant les „ plus proches de la Croix. . . . . . " Après avoir dit (d) l'Office des morts, on dit la Messe, si le tems le permet, avec les Ceremonies convenables (e) aux

Messes

(a) *Prætexta palla.*

(b) *Subvenite Sancti Dei, occurrite Angeli Domini* &c.

(c) 16. *Instr. des sepultures.* Voi. Tom. I. Sec. part. de cet ouvrage pag. 98. & observés d'y lire ainsi: *le Prêtre aura la tête posée* &c.

(d) Du moins le premier nocturne de cet Office, qui est composé de trois nocturnes que l'on peut voir dans les Rituels.

(e) Voi. Tome prem. sec. Part. de cet Ouvrage. pag. 97. & suiv.

Messes des défunts. Après la Messe le Celebrant précedé du Thuriferaire, du Ministre de l'eau benite, du Porte-Croix, des Ceroferaires, & du Chœur, va se rendre auprès du Cercueil. D'abord il lit la priere qui commence par ces parolles, (a) *n'entrés point en jugement* &c. ensuite les chantres commencent le *Libera*, & le Chœur le continue: après cela le Celebrant dit à haute voix *Pater noster* &c. & le Chœur le redit tout bas. Alors le Diacre presente l'asperfoir au Célebrant ,, qui asperse par trois fois d'eau benite le corps du dé-
,, funt, commençant par le côté de sa main droite, c'est-à-dire par le côté
,, de l'Evangile, savoir aux pieds, au millieu & à la tête. . . . Après avoir
,, asperfé d'un côté, il va de l'autre . . . & asperfe par trois autres fois le corps
,, de l'autre côté, savoir à la tête, au millieu & aux pieds. . . . Il rend l'as-
,, perfoir au Diacre, qui lui donne l'encenfoir . . . il encenfe par trois fois
,, le corps d'un côté & autant de l'autre, de la maniere qu'il l'a asperfé "
Les Rituels nous disent que l'encens marque la charité que l'Eglise a pour les morts. L'Encenfement est suivi d'une (b) Oraison, par laquelle le Prêtre celebrant demande à Dieu qu'il lui plaise d'ordonner aux ames de se charger de l'ame du fidelle défunt, & de la conduire au Ciel.

Après l'Oraison l'on porte le corps à la sepulture, dans le même ordre qu'on est venu. Le Celebrant se couvre aussi-tôt, ceux du Chœur se couvrent en sortant de l'Eglise: les Chantres commencent une (c) Antienne que le Chœur continue fort posément durant le chemin, & qu'il repete même après qu'elle est achevée, s'il en est besoin, comme par exemple, si le Cimetiere où l'on doit enterrer le corps est un peu éloigné de l'Eglise. On y ajoute aussi quelques Pseaumes, en ce même cas d'éloignement, & tout cela se dit avec beaucoup de gravité, du ton que les Breviaires & les Rituels appellent *droit*. Quand on est arrivé à la fosse, on se découvre, on s'y range à peu près comme dans l'Eglise. Ceux qui portent le corps le posent tout près de la fosse, en sorte qu'il ait les pieds vers l'Orient. On assure que J. C. fut enseveli de cette façon. Quoiqu'il en soit, cette maniere d'ensevelir étoit observée long-tems avant *Bede*, qui fait mention de cette coutume. En cet état le défunt regarde l'Orient d'enhaut, celui qui est le Pere d'éternité. Cependant nous remarquerons que l'usage de tourner le visage des morts vers l'Orient étoit généralement établi chez les anciens Grecs, quoiqu'il semble qu'ils aient quelquefois varié dans cet usage & que les Atheniens aient tourné leurs morts vers l'Occident. Si l'on enterre le mort dans l'Eglise, il doit avoir les pieds tournés vers l'Autel. Le contraire se fait aux Prêtres, ainsi qu'on l'a deja observé.

Après que le corps a été posé au bord de la fosse, le Célebrant la benit par une priere en laquelle il fait la commemoration generale des morts qui reposent dans ce sépulchre. Après la priere il asperse & encense encore trois fois le corps; il asperse & encense aussi trois fois la fosse. Enfuite il commence cette Antienne, *ego sum resurrectio* &c. *Je suis la resurrection & la vie* &c. on finit par le *Requiem*. Alors le Célebrant fait pour la troisième fois la triple aspersion d'eau benite sur le défunt, sans y ajouter l'encenfement; ce qui est suivi d'une autre priere, du chant de l'Antienne *si iniquitates*, & du *Deprofundis*. Quand on a descendu le corps, avant que de le couvrir de terre, les parens & les amis viennent jetter chacun à leur tour de l'eau benite sur la fosse du défunt:

(a) *Ne intres in judicium*, &c.
(b) *Deus, cui proprium est misereri*, &c.
(c) *In paradisum deducant te Angeli* &c. Que les Anges vous conduisent au Ciel, qu'à votre arrivée les Saints Martyrs vous reçoivent, & vous introduisent dans la Sainte Jérusalem &c.

funt: après quoi l'on fait un compliment muet aux parens du mort en repassant devant eux, comme cela se voit dans la taille douce, & l'on s'en retourne.

Après la Messe pour le défunt, on fait son Oraison funebre: les anciens Grecs ne la prononçoient qu'après que le corps étoit enterré: mais les Romains differoient beaucoup de cet usage. Avant que de se rendre au bucher où l'on devoit bruler le corps, le Convoi faisoit alte à la (a) tribune aux harangues: alors le plus proche parent du défunt ou du moins celui qui s'interessoit le plus à sa memoire montoit à cette tribune & faisoit l'eloge du défunt. Le Pere louoit son fils, le mari sa femme. Il semble que cette charge devoit être rude, en quelque façon qu'on l'envisage, & soit que le deuil fût reel ou apparent. Ne paroit il pas plus naturel qu'un Ecclésiastique se charge de ce devoir, ainsi que l'usage l'a établi parmi nous? Les Espagnols, à ce que rapporte la *Mothe le Vaier*, (b) ne font jamais d'Oraison funebre.

Quelquefois on fait les funerailles en un tems auquel on ne peut dire la Messe: alors la Ceremonie est beaucoup plus simple & ne consiste qu'en l'aspersion & l'encensement du corps par un Prêtre revêtu d'un pluvial noir, & accompagné de deux Clercs, l'un qui porte la Croix, l'autre qui porte l'aspersoir & l'encensoir.

Les anciens Chrétiens observoient à l'égard de leurs morts deux pratiques assés remarquables: la premiere, (c) de mettre de la verdure sous leur tête: usage que *Durant* recommande en ces termes dans son *Rational*. „ Que l'on „ mette dans le cercueil sous le mort du lierre & du laurier: car ces plantes „ toûjours vertes signifient que ceux qui meurent en Christ vivent éternelle- „ ment en lui. " L'autre usage qu'ils observoient & qui paroît tenir de la superstition, (d) c'étoit de ne pas mettre les morts les uns sur les autres. La chose parut même assés serieuse pour qu'un Concile de Mâcon donnât un reglement tendant à faire observer cette pratique. Remarquons aussi que dans les premiers siécles du Christianisme, on ensevelissoit les vierges avec des Couronnes & des fleurs sur la tête, qu'on ensevelissoit les Grands du Monde & les Ecclésiastiques avec les marques de leurs Dignités, & les Martyrs avec les instrumens qui avoient servi à leur Martyre.

Tous ces honneurs funebres dont nous venons de parler sont suivis d'une retribution pour le Curé: (e) le *gratis* n'est que pour les pauvres, à qui, bien loin de rien demander, le Curé doit fournir les Cierges & tout ce qui est necessaire à la sepulture. L'usage de la retribution donnée pour faire enterrer les morts étoit aussi établi chez les anciens Grecs. On lit dans un de leurs Auteurs (f) que l'on paioit pour chaque mort à la Prêtresse de Minerve à Athenes deux mesures de grain & une obole. N'oublions pas la coutume assés burlesque de mettre dans la bouche du mort une piéce d'argent pour paier le passage au Batelier des Enfers. Il y a beaucoup d'apparence que cet argent passoit dans les mains des Prêtres, ou tout au moins de ceux qui prenoient soin des Ceremonies funebres. Un autre usage remarquable des anciens, & qui est établi dans la plus grande partie des Païs

C c 2

Chré-

(a) C'est l'endroit appellé *Rostra*.
(b) Lettre 137. To. 2. de ses Oeuvres in folio.
(c) *Casalius* de Vet. Christ. Ritib.
(d) Voiés l'usage des Juifs en cette occasion Tome premier prem. part. page 148.
(e) *La Mothe le Vaier* rapporte „ que Galeas Duc de Milan fit enterrer tout vif un Prêtre avec le corps „ d'un trépassé qu'il n'avoit pas voulu mettre en terre sans argent. Lettre 137. To. 2. de ses Oeuvres.
(f) *Aristot.* L. 2. Oeconomic.

Chrétiens, c'étoit d'avoir des cimetieres particuliers (a) pour les pauvres & pour le commun du peuple.

Le Rituel d'Alet (b) dit, que l'on doit differer la sepulture vingt-quatre heures après la mort : mais cette contume n'est pas si generalement observée, qu'elle ne soit sujette à beaucoup d'exceptions, non seulement dans tous les Païs Catholiques, mais en France même où ce Rituel a été dressé. *Platon* dans ses *Loix* vouloit que l'on gardât les morts trois jours, en quoi il se conformoit à l'usage de son tems. Les Romains les gardoient sept jours, les bruloient au huitieme & les ensevelissoient au neuviéme. Pendant les sept premiers jours on les lavoit, on les oignoit, on les baisoit (peut-être par ceremonie,) on les pleuroit, on (c) les appelloit tout haut par leur nom.

Ce même Rituel defend aux Curés, aux Vicaires & aux autres Prêtres appellés à des obseques & à des services pour les morts d'aller diner chez les Laïques qui ont fait faire ces obseques: *parce qu'il se passe ordinairement à ces repas des choses contraires à la modestie que les Ecclesiastiques doivent garder dans leur conversation, & que cela donne occasion aux Laïques de se dispenser du respect qu'ils sont obligés d'avoir pour la dignité du sacerdoce.* C'est-là la décision du *Rituel* que nous citons.

Les Nations polies n'ont pas crû devoir se dispenser des marques d'honêtetés qui sont dues à ceux qui veulent bien pleurer avec nous, participer à nos pertes & nous consoler dans nos afflictions. Un repas donné dans ces vues n'a rien qui choque la bienseance ; mais il est surprenant que des peuples très civilisés aient fait autrefois & fassent encore aujourd'hui de ces repas des occasions de débauches. Les Greqs donnoient avec beaucoup de solemnité des repas funebres qui ressembloient plûtôt à des Ceremonies de joie qu'à des Ceremonies de deuil: les Romains ne faisoient ni moins solemnellement ni avec moins de licence ce qu'ils appelloient *Parentalia*, & tout cela, selon (d) *Lucien*, pour aider à dissiper la tristesse de ceux qui survivoient au défunt. (e) Les Allemans regalent avec beaucoup de soin & de licence ceux qu'ils prient aux enterrement de leurs morts; les Hollandois ont le même usage avec les mêmes abus, & les uns & les autres ne font pas difficulté d'y boire jusqu'à l'yvresse. Peut-être pourroit on donner quelque couleur à ces ridicules coutumes.

A l'égard de la maniere d'inviter aux enterremens; on sait qu'on a aujourd'hui l'usage d'y inviter par des billets & qu'on y emploie des personnes vêtues en noir pour marquer le deuil, & l'office pour lequel ils sont établis. Les anciens Romains avoient pour le même usage des personnes qu'ils appelloient *Designatores.* Ces gens avertissoient du jour de l'enterrement, & reiteroient l'avertissement lorsqu'on sortoit le corps du logis : car on regardoit comme un devoir indispensable, de convoier le corps au bucher ou au sepulchre, & d'ail-

(a) *Hoc misere plebs stabat communis Sepulchrum. Horat. Satyr. 8. L. 1.* Les Romains ne donnoient aux pauvres que quatre porteurs, témoin ce passage de *Martial, quatuor inscripti portabant vile cadaver.* Cet usage se pratique de même en plusieurs endroits de la Hollande: les pauvres y sont portés par quatre porteurs.

(b) 16. *Instruct. des Sepultures.*

(c) On les appelloit à haute voix : cela s'appelloit, *conclamare.*

(d) *Dialog. de luctu.*

(e) Les Chrétiens de l'ancienne Eglise se laisserent aller à ces pratiques licentieuses, & cela par un excés de piété: preuve évidente que les usages ridicules ont souvent des commencement très raisonnables, surtout dans la Religion. Ces premiers Chrétiens alloient boire pieusement sur les tombeaux des martyrs. On y buvoit à pleins calices & jusqu'au soir à la santé de l'Empereur, à la prosperité de ses armes. On s'abusoit jusqu'à croire qu'on en seroit bien mieux exaucé, „ tant étoit grande la folie de ces Chrétiens qui regardoient „ comme un sacrifice l'yvrognerie avec laquelle ils honoroient ceux qui s'étoient exercés à combattre leurs „ passions par le jeune. “ C'est ainsi que s'exprime S. *Ambroise* dans un Ouvrage où il déclame assés vivement contre la licence de cet usage.

d'ailleurs plus le convoi étoit nombreux, & plus l'on se tenoit honoré. Ils portoient même la vanité jusqu'à faire mettre sur leurs tombeaux qu'ils avoient été convoïés (a) par une grande affluence de peuple.

A tout ce que nous avons dit ci-devant, il faut ajouter les particularités suivantes touchant la Commemoration des morts. On leur donne ordinairement le 3. le 7. & le 30. jours, sans parler de l'anniversaire. S'il en faut croire quelques Docteurs de l'Eglise, cette institution est fort ancienne, & il est bien vrai que quelques Ecrivains contemporains de Charlemagne en parlent comme d'une chose qui n'étoit plus nouvelle. Quoiqu'il en soit les Docteurs de l'Eglise n'ont pas oublié de chercher l'explication mystique de ces usages. Ils nous disent que le service du troisiéme jour est pour les pechés que l'on a commis en ses pensées, en ses parolles & en ses actions, contre Dieu, contre son prochain & contre soi-même. Tout au moins ce service est il l'image de la Resurrection. On peut juger par cette raison de celles qu'on rend des autres services : mais sans y chercher tant de finesse, il vaut mieux dire franchement, que (b) l'usage de ces commemorations a été pieusement transporté du Paganisme au Christianisme.

(c) On veut que dans le cimetiere de la Paroisse il se ménage un lieu separé pour la sepulture des enfans baptisés, morts avant l'age de discretion : car, ajoute t'on, ,, il faut traiter les corps de ces petits enfans comme des temples ,, dans lesquels le S. Esprit a toûjours fait sa demeure. Il faut donc les enter- ,, rer separement. Les Ceremonies qu'on pratique à leur sepulture sont differen- ,, tes de celles qui s'observent à la sepulture des adultes. " On demande pardon à Dieu pour les pechés des adultes ; mais on le remercie de ce qu'il veut bien préserver les petits enfans de la corruption du genre humain. *L'Office qu'on dit pour eux consiste en prieres & Pseaumes de louange & d'actions de graces à Dieu qui les a bien voulu retirer à lui.* Cependant avec toute leur pureté, (d) les enfans reçoivent le Paradis par une pure grace de Dieu, & par consequent sans le mériter : au lieu que les adultes le reçoivent *comme pour recompense d'avoir fidellement combatu dans la milice de J. C. & sous son étendart.* C'est ce qu'on nous signifie par la Croix élevée sur un bâton à la sepulture des adultes, au lieu qu'à celle des enfans on porte la Croix à la main. D'autre côté on peut dire la Messe sur leur corps, *pour remercier Dieu de la grace qu'il a faite à ces petits enfans en les retirant à lui dans l'état de leur innocence.*

Voici l'ordre de la sepulture des petits enfans qui meurent après le Baptême. On sonne les cloches à leur enterrement, mais d'une autre maniere qu'à l'enterrement des adultes. On n'y emploie ni drap mortuaire, ni ornemens noirs, ni cierges de cire jaune : le drap & les ornemens doivent être blancs, les Cierges aussi. On doit les revêtir selon leur age, mais modestement, & leur mettre une couronne de fleurs ou d'herbes odoriferantes sur la tête, pour marquer leur innocence & leur pureté. On les expose dans des cercueils environnés de quatre ou de six Cierges de cire blanche allumés. Le Curé qui fait les Ceremonies de la Sepulture est revêtu d'une étole blanche sur le surplis. Le reste de la Ceremonie n'a rien de particulier, si ce n'est qu'après la sepulture

des

(a) *Elatus hora IV. Frequentiâ maximâ.* Dans une ancienne Epitaphe.
(b) *Bona* Cap. XIII. §. II. *Devi. Psalmod. Cassal de Vet. Sacr. Christ. Ritib.*
(c) *Rituel d'Alet* & autres.
(d) *Rituel.* Ibid.

D d

des petits enfans on ne doit point s'arrester dans le Cimetiere à chanter des *Libera*, ni à dire d'autres sufrages pour les morts.

A l'égard des enfans morts fans baptême, on défend de les ensevelir en terre fainte, parce qu'ils ne font pas morts dans la communion de l'Eglife. Ils n'y font jamais entrés : on ne doit faire aucunes prieres pour eux. Le Baptême n'aiant point effacé les tâches de leur peché originel, ils font regardés comme exclus de l'état d'innocence des enfans morts baptifés. Ont ils le malheur de perir faute de Baptême, & doivent ils aller bruler dans les enfers pour la negligence de leurs parens, ou pour être nés dans une Religion qui ne connoît pas Jefus-Chrift ? Non : la decifion pour l'affirmative paroît trop dure. On leur affigne leur féjour aux *Limbes*, & cela pour l'éternité. Ces *Limbes* font la partie fupérieure de l'enfer, fuivant quelques-uns. Il faut les croire fur leur parolle.

Nous finirons cet article en faifant remarquer au lecteur, que prefque tous les peuples Païens, anciens & modernes femblent avoir épuifé leur imagination à rechercher tout ce qui pouvoit fe concevoir de plus bifarre pour le pratiquer envers les morts. On verra dans la fuite de cet Ouvrage les pratiques extraordinaires du Nouveau Monde à cet égard, dont on a effaié de ramener les moins ridicules à des principes raifonnables. Les anciens Egyptiens donnoient à leurs morts une efpece d'immortalité par la maniere admirable de les embaumer, dont le fecret s'eft entierement perdu : au contraire les anciens Perfes, s'il en faut croire quelques Hiftoriens, expofoient leurs morts aux bêtes fauvages, mais felon Herodote, ils les enterroient enfuite, & même cette coutume étoit particuliere aux Mages, à ce qu'il dit. Les autres Perfes les enduifoient de cire pour les conferver. D'ailleurs il faut bien que la coutume d'expofer les morts aux bêtes n'ait pas été générale, puis que les Voiageurs modernes nous parlent des reftes fuperbes de quelques tombeaux des anciens Perfes. Outre cela nous avons le témoignage de *Xenophon* (a) dans fa *Cyropédie* & de plufieurs autres auteurs qui parlent de l'ufage de l'inhumation chez les Perfes. Les Parthes & les Bactriens expofoient leurs morts aux chiens & aux oifeaux. Les Peuples du Pont-Euxin devoroient les corps de leurs parens défunts. Quelques Peuples Afiatiques n'attendoient pas même que leurs vieillards mouruffent de mort naturelle : ils avançoient l'heure de leur mort, pour les delivrer, difoient ils, des infirmités de la vieilleffe. Sur ce principe les enfans fe croioient charitablement autorifés de retrancher des jours de leurs caduques parens, & pour ne pas les voir languir au millieu des maux qui accablent la vieilleffe, ils leur portoient le poignard au fein, & les mangeoient enfuite, s'imaginant que par ce moien ils fe reuniffoient à ceux dont ils avoient été la fubftance avant leur naiffance. Les Hercules, fuivant (b) *Cælius Rhodigin*, pratiquoient le même ufage & pour les vieillars & pour les malades hors d'efperance d'être retablis. Les Barceens donnoient les morts aux vautours, parce que la longue vie de ces oifeaux eft en quelque façon l'image de l'éternité, & même cette honorable fepulture n'étoit deftinée qu'aux perfonnes de mérite. On n'enterroit que la populace & les perfonnes qui avoient vécu dans l'obfcurité. Plufieurs anciens peuples bruloient leurs morts, comme par exemple, les Greqs & les Romains leurs imitateurs. Cependant cet ufage trouvoit des exceptions chez eux, & il y a apparence que l'on avoit auffi confervé celui d'enfevelir les morts fans les bruler. C'eft ce que la famille des Corneliens pratiquoit, mais *Sylla*, qui étoit de cette famille, voulut que l'on brulat

fon

(a) Livre VIII. de la *Cyropédie*.
(b) *Cælius Rhodig.* L. XVII. *Lect. antiq.*

fon (a) corps, craignant qu'on ne le traitât après fa mort, comme il avoit traité *Marius* fon ennemi. Les Greqs ont auffi varié dans cet ufage. *Themiftocle* & *Brafidas* Generaux Greqs furent inhumés. Il y a même beaucoup d'apparence que la coutume d'inhumer a toûjours été la premiere chez tous ces peuples, comme la plus raifonnable, la plus naturelle & la plus digne de l'humanité, mais par un rafinement particulier & mêlé de fuperftition, à quoi les hommes fe laiffent facilement aller, on crut qu'il falloit bruler les corps pour les purifier, ou fi l'on veut pour les débaraffer de ce qu'il y a de groffier & de terreftre dans l'homme. Car, difoit on, le feu porte au Ciel ce que l'homme a de divin, tandis qu'il laiffe à la terre ce que l'homme a d'impur & de corruptible. Ne diroit on pas qu'il s'agit ici d'une diftillation ou feparation des élemens, femblable à celle de nos Chimiftes modernes? Nous laiffons les diverfes manieres de bruler les morts & de fe bruler avec eux, dont on dira quelque chofe dans la fuite.

Plufieurs Nations jettoient autrefois leurs morts dans l'eau, les uns dans les lacs ou dans les étangs, les autres dans le courant des fleuves, & les autres dans la mer. Tous ces ufages ridicules étoient fans doute fondés fur des raifons telles quelles, & qui nous dira que ces peuples ne fuivoient pas l'opinion de *Thales*, qui tenoit l'eau pour le principe de toutes chofes? Ou peut être prétendoient ils que les eaux auxquelles ils abandonnoient leurs morts les purifioient des ordures qu'ils avoient contractées en cette vie. Voici quelque chofe de plus bifarre & de plus honteux à la raifon humaine. Les peuples de la Colchide & les Tibareniens pendoient leurs morts aux branches des arbres de leurs forêts, mais ils les coufoient auparavant dans des peaux de bœuf, au lieu que les anciens Goths faifoient à leurs Princes l'honneur de les pendre fans cet apareil exterieur, qui peut être leur auroit paru tenir de la vanité. (b) Les Troglodytes mettoient leurs morts en pelotons, leur paffant la tête entre les jambes; & les liant enfuite de cette façon avec une groffe corde, ils les portoient aux champs pour y refter expofés à la merci des bêtes fauvages. Les Sabéens jettoient leurs morts parmi les ordures & dans le fumier, ne traitant pas même leurs Rois avec plus de ceremonie. Qui fait fi la plus grande partie de ces barbares ne difoit pas comme autrefois *Mecenas*, (c) que la Nature a foin de la fepulture de ceux que les hommes ont abandonné? Malheureufement pour ce bel efprit de l'ancienne Rome la penfée eft affés fauffe. Les peuples des Iles Baleares, aujourd'hui Majorque & Minorque, un peu plus humains, découpoient leurs morts par morceaux & les enfermoient enfuite dans des pots de terre. Les Phrygiens pofoient leurs Prêtres défunts fur des colonnes affés élevées, foit qu'ils prétendiffent infinuer par là que les Prêtres font au-deffus des autres hommes, ou leur aprendre, que même après la mort ils doivent fervir d'exemple. Les Nafamonéens revêtoient de blanc leurs capitaines & guerriers défunts, & au lieu de les enterrer enfuite, les portoient fur les rochers & dans les deferts. Les Macrobies, Peuples Africains, enduifoient leurs morts de plâtre, & les enfermoient dans des colonnes de verre. Ils gardoient ces morts chez eux dans cette efpece de monument & leur offroient, dit on, les prémices de leurs fruits: Mais cet ufage n'eft pas auffi ridicule qu'il le paroît, quand on n'y fait pas reflexion. Non feulement quelques peuples voifins du Nil avoient adopté cette coutume, mais même ceux

D d 2

d'Alexan-

(a) *Cælius Rhodigin.* L. XVII. Lectio.
(b) *Cælius Rhodigin,* L. XVII. Cap. XIX.
(c) *Sepelit natura relictos.*

d'Alexandrie montroient, à ce qu'on assure, les Reliques d'Alexandre le Grand dans une chasse de verre, & qui sait si nous ne devons pas à ces peuples l'usage moderne des chasses de cette sorte ? Il est vrai qu'en sait d'inventions religieuses l'esprit humain n'a pas besoin qu'on lui fournisse des modéles. Ceux qui sont uniquement profession de servir Dieu par des pratiques exterieures ont toûjours des ressources aussi ingenieuses qu'abondantes. Ils s'en aplaudissent, & c'est plûtôt par cette espece de service que par la pratique exacte des devoirs de l'homme, qu'ils croient attirer sur eux les benedictions de Dieu & la protection des Saints. Nous allons conclurre par quelques remarques sur les sepulchres.

Tous les Peuples se sont généralement accordés à respecter *ce dernier logis des vivans*, s'il est permis de s'exprimer de la sorte. On tenoit pour infames & sacrileges ceux qui les violoient, & il y avoit des loix très severes contre eux. Les Grecs & les Romains les regardoient avec une égale horreur. On peut lire les Ouvrages de ceux qui ont fait des recueils sur cette matiere, & surtout *Cælius Rhodiginus*, qui a recueilli des choses très curieuses sur ce sujet. On observoit aussi, par un droit de bienseance & d'humanité, d'ensevelir ses ennemis. L'humanité y avoit même le plus de part; la Théologie Païenne enseignant que ceux qui restoient privés de la sepulture ne pouvoient passer le Styx & étoient obligés de roder cent ans sur les frontieres de l'Enfer avant que d'y être reçus. Ainsi tous ceux qui trouvoient un cadavre non enterré devoient jetter un peu de terre sur lui, jusqu'à ce que peu à peu il se trouvât enseveli. C'est aussi à cette opinion qu'on doit l'invention des *Cenotaphes* ou tombeaux vuides que l'on faisoit pour ceux dont les corps ne pouvoient se retrouver. Si l'on ajoute à ces Cenotaphes les neuvaines, faites sans doute pour ceux à qui l'on destinoit ces monumens vuides, les vicennales, les tricennales, les anniversaires, on peut compter que les ames devotes du Paganisme croioient avoir fait exactement ce qui pouvoir contribuer au repos & au soulagement du pauvre défunt. On avoit encore la coutume d'entourer, ou si l'on veut de couronner, les tombeaux de verdure, comme par exemple de jourbarbe, d'hyacinte & d'amarante. La verdure de ces plantes étoit un symbole de l'éternité.

VI. *Le* MARIAGE.

L'Eglise Catholique définit le Mariage (a) un Sacrement institué par J. C. pour établir une sainte alliance entre l'homme & la femme, afin qu'ils élevent les enfans qui en naitront dans son amour & dans sa crainte. Cette definition ne convient qu'au Christianisme. Le Rituel que nous citons ajoute ,, la ,, fin du Sacrement du Mariage c'est de s'aider & de se soulager l'un l'autre pour ,, passer saintement cette vie & pour arriver à l'autre, & pour contribuer à l'é- ,, dification de l'Eglise par la generation legitime des enfans & par le soin de ,, leur procurer la regeneration spirituelle & une éducation qui lui soit confor- ,, me. " Tout cela est contraire aux vues charnelles & interessées que l'on a ordinairement en se mariant: mais l'homme est créé charnel, dira l'infidelle, pourquoi donc ceux qui ne peuvent resister à la force de leur complexion ne chercheroient ils pas à se satisfaire par un mariage legitime ? Il est bien vrai que

le

(a) *Rituel d'Aix.*

le premier objet de l'inclination mutuelle que Dieu a donnée aux deux sexes c'est la generation des enfans, mais cette generation ne se fait pas sans plaisir, & quelques chastes que soient les agens, leur esprit n'est nullement en oraison lors qu'ils travaillent à se donner des successeurs. Il ne paroît pas même qu'il soit défendu de rechercher ce plaisir, quand on en peut jouïr legitimement & qu'il n'est accompagné d'aucune fraude de galanterie. Tous les jours on marie des enfans débauchés, pour leur faire oublier l'usage des plaisirs illicites en les alliant à des personnes avec lesquelles ils peuvent prendre des plaisirs permis. On pourroit dire encore, qu'il n'est pas absolument défendu d'aspirer à l'établissement de sa fortune par le mariage, pourvû qu'on pense en même tems au grand devoir matrimonial, qui est la multiplication : mais il seroit inutile de faire ici la discussion d'une matiere qui concerne les Casuistes. Nous ne disons rien non plus de ces prieres Chrétiennes & de ces Conseils, qui, suivant les préceptes des Directeurs, doivent préceder l'engagement d'un Chrétien dans les liens du Mariage : peu de gens portent la pieté jusqu'à ce point. L'idée qu'on se fait de l'hymen, quand on ne le connoit que par théorie, est si peu grave & si peu serieuse, qu'à peine s'en trouveroit il un sur mille, qui ne craignît d'être tourné en ridicule, s'il s'avisoit de prier Dieu, de méditer sur les devoirs conjugaux & de consulter les ames fidelles avant que d'embrasser cet état. Un homme qui se marie ne pense pas si spirituellement & ne peut guéres se resoudre à s'embarrasser alors de devotion. Est il en apparence rien de plus contraire aux charmes que l'hymen presente d'abord, aux agremens qu'il offre les premiers jours, à ces plaisirs qu'il ne separe jamais des ordres divins : ces ordres donnés à l'homme pour la conservation de l'espece : Un Directeur pieux veut encore. (a) „ Qu'on demande à Dieu qu'il fasse rencontrer une „ personne avec laquelle on puisse faire son salut, qu'on examine si celle qu'on „ recherche ou sur laquelle on veut jetter les yeux a la crainte de Dieu, si elle est „ sage, si elle est en état de conduire son ménage &c. " Toutes ces précautions sont belles & pieuses : mais ceux qui se marient n'ont pas des vuës si longues.

Avant que de se marier, on fait ordinairement des fiançailles, c'est-à-dire qu'on se promet mutuellement en presence de ses parens & amis de se prendre pour mari & femme. Alors on signe un contract de mariage, & voilà un engagement pris, qui suffiroit pour se rendre l'un à l'autre, sans risquer l'honneur, ces devoirs qui doivent se refuser hors du Mariage : mais la perfidie des hommes & la legereté des femmes ont fait exiger quelque chose de plus fort, même dans le Christianisme : & c'est-là l'origine des Ceremonies nuptiales assés étenduës chez tous les Peuples du monde, & des engagemens qu'on fait prendre solemnellement & en presence du public à ceux qui doivent se marier : & comme l'autorité Divine fait impression sur l'esprit humain, on a cru devoir consacrer l'hymen par des formules religieuses, symboliques & mysterieuses, ainsi qu'on le verra dans la suite de cet article. L'infidélité & la legereté dont nous venons de parler, peut être aussi la découverte que le commerce de l'hymen fait faire de certains défauts que l'on ne sauroit apercevoir quand on ne se voit qu'à un certain point de vuë, ont fait bannir les longues fiançailles du Christianisme : elles ne sauroient convenir avec la pureté de la Religion. Ce n'est pas

qu'il

(a) Rituel d'Aler.

qu'il ne soit bon de connoître un peu familierement la personne avec qui l'on doit s'engager pour toute sa vie, & que le Christianisme veut qu'on aime comme sa propre chair : mais qu'il est difficile d'éviter les tentations, & de regarder comme du fruit défendu celle à qui l'on a donné sa foi : en telle sorte néanmoins qu'on puisse trouver des raisons pour se dédire. De plus, si les longues fiançailles étoient autorisées par les loix, insensiblement on prendroit la résolution de s'en tenir là, & peut-être qu'enfin on introduiroit le commode usage de se prendre l'un l'autre à l'essai. Alors le Mariage pourroit devenir un art à maîtrise, & cet art seroit sujet aux mêmes loix que les autres, mais quelque peine que l'ébauche dût y couter, encore seroit on souvent heureux de la risquer, parce qu'on trouveroit plus de risque à se faire aggréger au corps. Sérieusement, il faut convenir que la Religion & les lumieres de la raison devant intervenir en ce changement perilleux d'état, il est necessaire de prendre d'avance la resolution de se supporter & de vivre ensemble comme si de part & d'autre on étoit parfaits. Sur ce pied là il faut aller du célibat à l'hymen par le chemin le plus court, & sans se faire ni des illusions trop agreables, ni des difficultés souvent chimeriques. Avec un tel esprit on peut fort bien tirer parti de l'hymen & trouver une heureuse tranquilité dans les troubles du ménage.

Voici quelques autres avis que donnent les Rituels à ceux qui veulent faire un usage Chrétien du Mariage. Le jour de leurs noces ils doivent refléchir sur l'état auquel ils s'engagent, & prier Dieu qu'il leur conserve la chasteté dans les momens où, quelque regeneré qu'on soit, la chair est victorieuse de l'esprit, à moins que semblables au *Quiétiste* de *Rousseau* (a) l'esprit ne soit en oraison pendant que le corps s'abaisse aux choses de la terre. Ils doivent éviter la parure, la vanité, la sensualité &c. On sait que le contraire se pratique ordinairement, & que les jeunes gens qu'on marie regardent comme leurs plus beaux jours ces jours de libertinage & de luxe qui précedent le mariage : mais si la jeunesse aime ces desordres, la vieillesse y trouve aussi quelque satisfaction. Elle se rappelle le souvenir des plaisirs passés, elle aime cet apareil superbe & rejouissant qui finit par la conjonction de deux personnes dans lesquelles elle se voit en quelque façon revivre : & comme d'ailleurs les vieilles gens ne cedent pas volontiers, ils veulent aussi que ceux qui leur appartiennent de si près surpassent les autres en quelque façon que ce puisse être. C'est ainsi que les vieilles personnes contentent leur vanité en servant celle des jeunes gens. Croit on que sans cette vue quelques vieilles matrones, (car en general les vieilles s'empressent assés à faire des mariages,) voulussent unir à quelque prix que ce fut un jeune homme & une jeune fille ? Les mariés doivent aller à l'Eglise avec humilité & modestie ; ainsi le veut la Religion : mais le monde & le bel usage nous enseignent le contraire. Ils veulent qu'on marche avec pompe, qu'on soit accompagné à l'Eglise d'une suite nombreuse de Paranymphes & d'autres jeunes gens, que l'on ne voie autour de soi rien qui ne soit au dessous de soi. Ils veulent enfin, que l'on se présente devant le Prêtre pour un acte de ceremonie & de plaisir, où la Religion usurpe des droits qui ne lui appartiennent pas. Tel est le faste de ceux qui vont se marier. Le reste du jour des noces devroit au moins se passer avec quelque modestie & sans faire trop d'excés, s'il falloit en croire les Directeurs : mais ils n'ont pas assés d'usage du monde pour sentir que la modestie & la sobrieté sont impraticables en ce grand jour de plaisir. Depuis

(a) Voiés l'Epigramme qui commence,
Un Quietiste ardent comme un tison.

puis la benediction reçue jusqu'au moment que l'on conduit les mariés à leur lit nuptial, il ne doit y avoir que desordre, & pour dire la verité, l'usage a si bien établi cette regle, qu'il y auroit de la folie à vouloir être sage alors.

Les (a) Rituels veulent qu'on se marie les jours ouvrables, parce que la solemnité des Noces est contraire à la devotion du Dimanche & des jours de fêtes: ils ordonnent qu'un Curé soit toûjours présent à la celebration du Mariage. Avant le Mariage on doit publier par trois fois ce qu'on appelle les bans ou les annonces. Ces bans se publient trois jours consecutifs de Dimanche ou de fêtes chommables à la Messe paroissiale, & l'on doit les publier dans les lieux où les parties sont connues par un long séjour: si le marié & la mariée sont de diocése different il faut que les bans soient publiés en même tems dans le Diocése de chaque partie. Ces bans servent à faire connoître si les personnes sont en état de se marier: ce qui nous oblige de parler ici des empéchemens du mariage. On en compte quatorze, lesquels sont exprimés en (b) six vers Latins. Le premier de ces empéchemens est celui qu'on appelle d'erreur; par exemple si croiant épouser une personne, on en épousoit une autre. L'empéchement de condition est quand on croit épouser une personne d'une condition à peu prés convenable, & qu'il se trouve que la personne est d'une condition tout-à-fait deshonorable. (c) *Le vœu solemnel de chasteté fait en une religion aprouvée par l'Eglise est aussi un empéchement, parce que la personne qui a fait ce vœu contracte un mariage spirituel avec Dieu.* Mais si le repentir suit le vœu, si plusieurs années après l'engagement pris avec Dieu l'on ne peut resister aux sollicitations de la chair, en ce cas là le mariage ne seroit il pas le plus salutaire de tous les remedes? ne vaudroit ils pas mieux que les infidelités clandestines que le froc & la guimpe font à Dieu? Le simple vœu de chasteté ne permet pas qu'on se marie sans commettre un grand peché; néanmoins le mariage n'est pas nul, mais après ce vœu on ne peut plus demander le devoir à sa partie. Il faut vivre ensemble comme des Anges, & ne point avoir de sexe. Un autre empéchement c'est la parenté, dont il est inutile de marquer ici les degrés, non plus que de l'alliance comprise dans l'empéchement causé par la parenté, ni de l'alliance spirituélle dont il a été parlé à l'article du Baptême. Pour les crimes ils empéchent aussi le mariage, tels sont l'homicide & l'adultere &c. La différence dans la Religion cause de l'empéchement en certains cas; par exemple une personne non baptisée n'est pas capable de contracter mariage avec une autre qui a reçu le baptême: mais le mariage d'un Catholique avec une heretique est valable. La violence empéche aussi le mariage, puisqu'elle ôte la liberté de la volonté. Tels sont le rapt & l'enlevement. On appelle empéchement de l'Ordre celui qui provient de l'engagement dans quelqu'un des Ordre sacrés; empéchement de lien, quand une des parties est déja mariée à une autre; empéchement de l'honêteté quand une personne fiancée avec une autre vient à mourir ou à se faire Religieuse avant la consommation de son mariage: alors celui ou celle qui reste en vie ou dans le monde ne peut plus se marier avec le frere ou la sœur de

E e 2

l'au-

(a) *Rituel d'Alet.*
(b) *Error, conditio, votum, cognatio, crimen,*
Cultus disparitas, vis, ordo, ligamen, honestas;
Si sis affinis, si forte coire nequibis:
Si parochi & duplicis desit præsentia testis,
Raptave sit mulier, nec parti reddita tutæ.
Hæc facienda vetant connubia, facta retractant.
(c) *Rituel d'Alet.*

l'autre. L'impuissance est un empéchement d'autant plus considérable que la generation est le vrai but du mariage. Il y a deux sortes d'impuissance, l'une qui est perpetuelle, & l'autre qui est causée par accident ou malefice. Il n'y a qu'une voix sur l'impuissance perpetuelle, c'est qu'elle doit empécher ou dissoudre le mariage. Les eunuques sont dans ce cas d'impuissance perpetuelle, de même que ceux qui sont d'une froideur que rien ne peut vaincre. Les Casuistes prononcent arrét contre eux & contre un ordre de mari qui est dans le cas dont se plaint (a) Petrone. Cependant ces Casuistes & les Tribunaux Ecclésiastiques veulent qu'on accorde trois ans à cette espece de paralytique: ils devoient accorder en même tems un dédommagement raisonnable à la partie soufrante. Est il juste, qu'elle passe par une épreuve qu'elle ne mérite pas, & (b) qu'après n'avoir embrassé long-tems qu'une ombre, elle soit contrainte de s'accommoder encore trois ans d'une langueur qui met sa vertu à la géne? D'autre côté ils permettent le mariage à un vieillard, & qui plus est à un vieilard decrépit. N'est ce pas contredire au but de l'hymen, & ne sait on pas qu'il en est d'un vieillard comme d'un homme qui entreprendroit de marcher aiant les jambes privées de nerfs? mais une femme veut courir ce facheux risque, elle se flate de pouvoir échaufer cet homme que le froid de l'age a glacé, elle croit pouvoir fondre les neiges & les frimats de la vieillesse. On leur alléguera l'exemple de David. En vain ce Prince couchoit-il avec une jeune fille pour conserver, ou plûtôt pour recouvrer la chaleur naturelle qu'il avoit perdue; il ne lui fit pas le moindre dommage. Or l'on sait que ce n'est pas là ce que le mariage se propose. Les Romains avoient dans les tems de leur Republique une (c) loi que le relachement des mœurs fit abolir dans la suite. Cette loi défendoit le mariage à ceux qui avoient passé soissante ans. Cependant il y auroit un millieu à prendre, & ce millieu seroit saint & digne de la Religion. Il ne devroit pas être permis aux vieilles personnes de se marier aux jeunes; mais il faudroit leur laisser la liberté d'en épouser de convenables à leur age: ainsi leur mariage ne seroit qu'une societé indissoluble de deux personnes de différens sexes pour se consoler & se secourir mutuellement: mais ne nous engageons pas davantage dans la discussion d'une matiere que le Jesuite *Sanchez* s'est en quelque façon apropriée en l'examinant avec toute l'habileté possible. Nous renvoions à ce savant ceux qui voudront savoir si la sterilité doit être regardée & traitée comme impuissance, si une femme qui ne peut devenir mere sans courir le risque de perdre la vie doit être mise au rang des personnes impuissantes, si en certaines occasions les défauts naturels qui causent une impuissance qui n'est qu'exterieure peuvent être reparés par des moiens violens &c. Si l'on peut dissoudre un mariage où les deux parties ne sont pas faites l'une pour l'autre, parce que il a plu à la nature d'être quelquefois trop liberale, & quelquefois aussi trop avare. En ce cas là le Pere *Sanchez* nous aprend encore, & les Papes nous l'avoient apris avant lui, (d) que les parties peuvent chercher un meilleur sort dans un second mariage.

A l'égard de l'impuissance attribuée à des malefices; elle est causée de plusieurs manieres, à ce qu'on prétend; mais on ne pourroit les rapporter ici avec bienseance. Le vulgaire appelle generalement ce malefice *nouer l'aiguillette*. Cette aiguillette, qui a la vertu d'empécher la consommation du mariage, se fait

de

(a) *Futurata est pars illa corporis qua quondam Achilles eram.*
(b) *In umbra voluptatis diutius lusi. . . . languori tuo gratias ago.*
(c) La Loi *Papia Popæa.* Claude Cesar l'abrogea.
(d) *Sanchez* de Matrimon. L. VII. Disp. XCII. Tom. 2.

de plusieurs façons. En voici une : il faut prendre le nerf d'un loup, & la peau d'un chat ou d'un chien, la teindre d'une ou de trois couleurs, la nouer de trois ou de neuf nœuds, cracher trois fois sur la poussiere ou dans son giron, & dire tout bas quelques mots barbares & obscurs, pendant que le Prêtre benit le mariage. Il faut avoir provision de crédulité pour ajouter foi à de pareilles sornettes. Neanmoins les Rituels ordonnent de recourir à la priere & à la confession pour rompre les charmes de l'esprit malin, ou de ses prétendus suppôts : & même on peut dire les prieres publiques de l'Eglise & faire des exorcismes en faveur de ceux qui se croient l'aiguillette nouée.

Autrefois on ordonnoit le Congrés public. Cette épreuve de capacité pour le mariage se faisoit en présence de Chirurgiens & de Matrones par ordonnance des Juges Ecclésiastiques. On l'abolit en France en 1677, après s'y être maintenu environ cent ans. L'Empereur Justinien avoit aussi défendu le congrés & les autres usages établis pour examiner si l'on étoit capable de se marier.

Enfin les Rituels nous aprennent que le devoir du mariage ne doit point se refuser, quoique cependant ils y mettent (a) quelques exceptions, entre lesquelles il en est que des solemnités de Religion demandent. Le Missel Romain veut *que le Prêtre avertisse ceux qu'il marie de demeurer chastes au tems de la priere & aux jours de jeunes & des solemnités.* (b) Le Paganisme prescrivoit la même chose, & mettoit au rang des profanes ceux qui s'aprochoient des Autels après avoir solemnisé les mysteres de l'amour. Ces mêmes Rituels insinuent en même tems, (c) que le devoir est un péché en tems de grossesse, ou lorsque les conjoints ne sont plus en age d'avoir des enfans. Il est bien vrai que les bêtes donnent aux hommes des préceptes sur cet article : mais laissons un *lieu commun* qui est usé. Une fameuse Reine eut la hardiesse de repondre à son Confesseur, *que les bêtes en usent ainsi parce qu'elles sont des bêtes.*

Les CEREMONIES du MARIAGE.

Outre l'age requis pour le mariage, la liberté de contracter, & la publication des bans, les Rituels demandent encore que les futurs conjoints (d) *soient instruits suffisamment de la Doctrine Chrétienne, qu'ils sachent ce que c'est que le Sacrement du mariage, sa fin, ses obligations, & qu'ils se soient confessés & communiés auparavant.* Le Curé doit demander à Dieu pour les conjoints, la grace de s'acquitter saintement de la fonction du mariage, & se rendre, pour l'administration de ce Sacrement, au grand Autel de la Paroisse en ses ornemens pontificaux. C'est-là que se fait la Célebration du Mariage.

Lorsque le Curé est à l'Autel, il est précedé d'un ou deux Clercs en surplis,
ainsi

(a) Par exemple une maladie, une langueur permettent l'abstinence dans le mariage : mais si les conjoints se trouvent dans le cas de ceux dont parle *Rousseau*, qui est, que *femme soit contraire à l'un, que baiser ne soit plus necessaire à l'autre que son mari* ? quelle sera la décision des Casuistes & des Juges Ecclésiastiques ?

(b) *Vos quoque abesse procul moneo, discedite ab aris,*
    Queis tulit hesternâ gaudia nocte Venus.
    Tibulle *dans ses Elegies.*

(c) *Rituel d'Aet.*
(d) *Rituel d'Aet.*

ainsi qu'on le peut voir dans le figure qui représente la ceremonie du Mariage. Ces Clercs tiennent le vase de l'eau benite, l'aspersoir, le Rituel, un petit bassin pour mettre l'anneau, lorsqu'il faudra le benir. Après qu'il a fait la priere pour les mariés, il s'avance vers eux sur le dernier degré de l'Autel. L'homme est du côté de l'Epître & la femme du côté de l'Evangile, en sorte que l'homme est à la droite de la femme. Leurs proches & les témoins sont derriére eux. Le Curé demande à ceux qui viennent se marier leur nom & surnom, ce qui est une formalité, car leurs noms lui sont déja connus par la publication des bans, & par leur l'attestation, de laquelle doivent être munis ceux qui se marient. Il interroge ensuite l'homme & la femme l'un après l'autre en langue vulgaire, les appellant tous les deux par leur nom propre & demandant au mari s'il prend une telle pour femme, & à la femme si elle prend un tel pour mari. Ce consentement mutuel est absolument necessaire. Sans cela le mariage ne seroit pas valide. Après le consentement mutuel exprimé par un oui formel, ou par quelque signe équivalent, le Prêtre, qui auparavant avoit la tête couverte, se découvre, prend la main des futurs conjoints, & la leur faisant donner l'un à l'autre, il dit, *ego conjungo vos in matrimonium* &c. Cela veut dire, *je vous unis par le mariage au nom du Pere* &c. En même tems il fait le signe de la Croix vers eux, & recevant l'aspersoir leur jette de l'eau benite. Ensuite il benit l'anneau nuptial & l'asperse d'eau benite en forme de croix ; après quoi il le donne au marié, qui le met au doit annulaire de la main gauche de son épouse. Cet anneau est le gage de la chasteté, & de la fidélité conjugale que l'épouse doit à l'époux. A tout cela le Prêtre ajoute quelques prieres, qui sont suivies d'une exhortation aux mariés & à l'assemblée, & de la celebration de la Messe.

Voici ce qui s'observe pour la benediction des mariés. Lorsque la benediction doit être donnée aux mariés, ainsi que cela se pratique quand la mariée est encore vierge, & qu'elle n'est pas tombée en faute publique : après l'Offertoire le Prêtre descend au bas de l'Autel, & les mariés viennent offrir selon leur devotion, le mari le premier & la femme après. Le Prêtre dit encore quelques prieres, & pour finir la Ceremonie fait aux mariés une exhortation, telle qu'il le juge à propos. Elle roule sur les devoirs conjugaux, le but du mariage, l'amour reciproque &c. L'exhortation est suivie d'un jet d'eau benite. Les vrais fidelles ne doivent point habiter dans la même maison, ni se trouver ensemble qu'en la presence de leurs parens, jusqu'à ce qu'ils aient reçu la benediction de l'Eglise. Après cette benediction ils peuvent aller consommer le mariage, & gouter des plaisirs qui sont criminels, quand on les prend sans les formalités établies par l'Eglise.

Les nouveaux mariés doivent demander au Curé la benediction du lit nuptial. Cet acte de ceremonie & de devotion est representé ici. Une des graces demandées à Dieu par le Prêtre qui benit le lit, c'est que ceux qui doivent y coucher y multiplient. L'eau benite acheve de le sanctifier.

Quelquefois les mariés se trouvent dans l'impuissance d'user du Mariage, & croient devoir attribuer cette infirmité à des sortileges & à des malefices dont nous avonsdéja parlé : mais c'est bien souvent un voile sous lequel un mari foible ou usé cache le défaut de ses forces.

> *Et tout cela n'est que pour amuser,*
> *Un peu de tems des esprits de poupée.*

L'on est bien embarassé quand on n'a que cette ressource pour sauver l'honneur

du

Ceremonie de MARIAGE.

Benediction du LIT NUPTIAL.

du ménage : il faut se connoître & savoir à quoi l'on est propre. Cependant il peut y avoir des exceptions à la regle, mais en general le prétendu sortilege n'est qu'un épuisement d'esprits, une extinction de chaleur naturelle, & pour lors bien loin de pouvoir être un R . . m, on n'est pas même un mari du plus bas étage. Quoiqu'il en soit, en ce malheureux etat d'impuissance on a jugé à propos d'avoir recours aux prieres de l'Eglise, & voici les formalités qu'on doit pratiquer pour un fidelle impuissant.

(*a*) D'abord le Curé doit exhorter les conjoints à mettre toute leur confiance en Dieu . . . il les avertira de vaquer à la priere jusqu'au jour qu'il leur marquera pour faire la ceremonie : le jour étant arrivé il dira la Messe pour eux en leur presence : ils se mettront à genoux, il recitera des prieres & des Pseaumes. Dans ces prieres il parlera contre le demon, auteur des malefices & des sortileges, & demandera à Dieu le retablissement des facultés des conjoints. Enfin il mettra la main sur la tête de la femme, en priant pour sa fécondité. Un jet d'eau benite achevera la Ceremonie.

Nous ferons ici quelques remarques sur le rapport des anciennes coutumes aux notres en ce qui regarde les bienseances, les avantages & les ceremonies du mariage. Nous ne nous arrêterons guéres à la dot, dont l'usage est très ancien, & se trouve établi parmi les peuples les moins polis. Doter une fille c'est en quelque façon (*b*) lui donner dequoi acheter un Maître. La pensée est si peu nouvelle, qu'elle a dégeneré en un lieu commun que les SS. Peres n'ont pas oublié (*c*) lorsqu'ils ont compté les avantages de la Virginité : cependant très peu de filles se laissent surprendre aux douceurs de ce privilége. Un (*d*) ancien Legislateur Grec ordonna que les filles n'aporteroient en mariage que trois habits & quelques utensiles assés modiques, afin que les motifs qui doivent former la societé conjugale n'eussent rien de bas & d'interesse. Un semblable usage ne vaudroit rien dans les païs où les établissemens du mari se forment sur la dot de sa femme, sans aucun égard à son mérite & à ses bonnes qualités. Voici quelque chose de plus singulier. Les Greqs regardoient le mariage comme une chose si essentielle au bien public, qu'il étoit permis aux femmes Lacedemonienes de battre & de souffleter publiquement les vieux garçons une fois l'année au moins, & ce plaisant anniversaire se celebroit aux pieds des Autels dans une Fête très solemnelle : mais ces mêmes Greqs, qui regardoient le mariage comme un des fondemens du bonheur de leur Republique, permettoient deux autres usages assés contraires à cette paix du ménage qu'ils sembloient vouloir établir, & qui fait la plus grande douceur de l'hymen. (*e*) Ils admettoient les filles de joie pour le plaisir, & les Concubines pour des emplois domestiques, qu'on donne aujourd'hui aux femmes de chambre. Il est vrai que la charge de Concubine s'étendoit bien au delà de ces emplois domestiques ; mais quoiqu'il en soit, le Christianisme a retranché ces deux privileges aux maris : & s'ils portent ailleurs le tribut, c'est contre l'intention de la Religion & les devoirs qu'elle preserit aux gens mariés. Il en resulte en même tems un beau privilege pour les femmes, c'est l'égalité des deux sexes. Au-

Ff 2

cune

(*a*) *Rituel d'Alet.*
(*b*) *Euripide* a débité cette pensée dans sa *Médée.*
(*c*) Une fille qui se marie, dit S. *Ambroise*, se vend elle même pour esclave. Il veut même que la condition d'esclave soit meilleure que celle de femme mariée. ,, On achepte le mérite d'un esclave, '' au lieu qu'une pauvre fille est obligée de donner souvent une bonne quantité d'argent pour qu'on la reçoive esclave. Quelque jolie que paroisse la pensée, elle n'est point dans les regles de la justesse.
(*d*) *Solon.*
(*e*) C'est la distinction que donne *Demosthenes* dans une de ses Oraisons.

cune autre Religion ne l'a conservée. Les Païens, les Turcs, les Juifs mêmes usurpent sur les femmes une autorité qui tient de la tyrannie.

Nous passons la demande d'une fille à ses parens, le contract de mariage, les fiançailles : ces choses se faisoient autrefois à peu près comme aujourd'hui. On avoit aussi l'usage de (a) l'anneau nuptial. Les Paranymphes accompagnoient le marié & la mariée pour leur faire honneur, & pour leur servir de conseillers, de Maîtres de Ceremonies, & de gardes : les fiançailles se passoient dans les plaisirs & les divertissemens. On se visitoit, on se faisoit des complimens & des félicitations. La solemnité des Noces duroit trois jours, le marié, la mariée, & la jeunesse de leur suite se paroient de bijoux & de beaux habits. On couronnoit la mariée, on la conduisoit en ceremonie au logis de son époux, on dressoit un lit nuptial, que l'on ornoit de fleurs, & les (b) Matrones mettoient la mariée au lit. Ces Matrones étoient alors comme aujourd'hui, des femmes de cinquante cinq à soissante ans, qui avoient blanchi dans les fatigues de l'hymen, & qui en connoissant toutes les rubriques se croioient autorisées à instruire la nouvelle épouse. N'oublions pas une coutume qui a du rapport à ce qui se pratique en quelques Villes de la Hollande, c'est qu'on jonchoit de fleurs & de verdure le seuil & le devant des maisons des mariés. Le laurier dominoit surtout entre les festons & les feuillages ; de sorte qu'on en pouvoit tirer cette signification, que le premier jour du mariage est le plus beau jour de la vie, un jour de triomphe.

Les Ceremonies nuptiales des Chrétiens varient selon les Païs, & même elles varient d'un lieu & d'une Province à l'autre. En plusieurs endroits de France l'époux suivi de ses parens & amis va chercher l'épouse pour la mener en Ceremonie à l'Eglise. Il marche au milieu de ses deux plus proches parens : il est suivi des jeunes gens de la noce. L'épouse est conduite avec les mêmes ceremonies : elle est parée selon son état, & couronnée de fleurs. Les filles de la noce la suivent & sont aussi couronnées. En Italie, s'il en faut croire un certain auteur, (c) on va épouser à l'Eglise sans aucune ceremonie. Les François donnent d'assés longs préliminaires au mariage & veulent connoître avant que d'aimer. C'est-là le prétexte dont ils couvrent le panchant qu'ils ont à être long-tems galant. Les Italiens ne veulent pas de ces longs préliminaires. A Venise les mariages se concluent sans se voir & sans se connoître ; usage bien différent de celui que cette ville avoit autrefois, (d) puis qu'on y mettoit à l'enchere les filles nubiles pour les delivrer ensuite au plus offrant. Il se passe aujourd'hui des mois entiers entre le contract de mariage & la connoissance, s'il en faut croire le rapport de *S. Didier*. Le commentaire que Misson fait sur cette coutume est un peu malin. ,, Il faut dit il (e) que vous vous metriés dans ,, l'esprit, que les mariages ne se font pas ici dans les mêmes vues qu'on a par- ,, tout ailleurs : il n'est question ni d'amour ni d'afection, ni d'estime. S'il se ,, rencontre quelque chose de semblable, à la bonne heure ; mais il ne s'agit ,, que de l'alliance ou de la fortune : pour la personne il importe peu. " Voici le cours de la Galanterie Venitiene ; après que toutes choses sont arrêtées entre les parties, (f) l'usage veut que le jeune homme aille passer & repasser tous
les

(a) Annulus Pronubus.
(b) Pronuba.
(c) Guid. Ceremonies nuptiales.
(d) Ville & Republique de Venise par Saint Didier.
(e) Voyage d'Italie To. 1.
(f) S. Didier ubi sup.

les jours plusieurs fois à certaines heures du soir sous les senêtres de la demoiselle. Un autre usage c'est que le nouveau marié ne rende aucune visite à sa future qu'il ne lui porte le collier de perles qu'il est obligé de lui donner. Cette premiere entrevuë de personnes qui ne se sont jamais vues donne souvent lieu à des accueils bizarres & extravagans: ce qui est dû generalement à la maniere retirée dont les demoiselles sont élevées.

Le Concubinage est le remede de ces mariages bisarres & souvent trompeurs. L'usage en est tellement reçu, qu'il est fort ordinaire de voir les femmes legitimes vivre en bonne intelligence avec leurs rivalles: en cela semblables à ces épouses des premiers tems, qui non seulement voïoient sans jalousie les Concubines de leurs maris, (a) mais même leur aidoient à accoucher, ce qui vouloit dire qu'elles s'aproprioient en quelque façon les enfans de ces Concubines. Souvent même le Concubinage des Venitiens est une espece de mariage clandestin, (b) dont la ceremonie ne se fait que long-tems après la consommation, & pour l'ordinaire quelques jours seulement, ou quelques heures avant la mort de l'une des parties. Mais ce qu'il y a de plus singulier dans ces usages si contraires aux loix du Christianisme, c'est que les meres cherchent elles mêmes à leurs enfans des Concubines & des Maîtresses; ce qui se pratique à peu près de même, en Perse, s'il en faut croire *Chardin*.

Ces excés ne sont pas moins communs en Espagne. Plusieurs Voïageurs nous assurent que des enfans à peine sortis de l'enfance y songent à se pourvoir de Concubines, & vivent avec elles d'une maniere qui les gâte pour toute leur vie. Cependant la galanterie & l'amour y sont portés à l'excés. ,, On n'a jamais sû ,, aimer en France, (c) dit une Dame, comme l'on aime en Espagne, & sans ,, compter les soins, les empressemens, la delicatesse, le dévouement même à ,, la mort . . . . ce que je trouve de charmant, c'est la fidelité & le secret. ,, Ces deux choses manquent au François. ,, Les amans parlent de leurs Maî- ,, tresses avec tant de respect & de consideration, qu'il semble que ce soient ,, leurs Souveraines. ,, C'est donc en ce Païs là que se trouve le parfait amour. L'Amant & l'Amante ne doivent jamais s'oublier l'un l'autre. C'est un commerce perpetuel de sentimens exprimés en mille differentes manieres toutes également vives & passionnées. Avec cela l'on n'oublie rien pour satisfaire sa passion, ce qui est le dernier but de l'amour: quelque épurés que soient les desirs des amans, on sait assés que l'amour ne se contente pas de ces feux spirituels. Ces Maîtresses, à l'égard desquelles on conserve des sentimens si purs & si nobles, sont d'un ordre different des Concubines. Celles-ci ne troublent pas le ménage, s'il en faut croire Mad. *d'Aunoy*. Un homme a même souvent femme, concubine & maitresse. Tout cela se passe sans bruit, & la justice, dit cette Dame, n'est point étourdie des démêlés domestiques. La derniere particularité que nous mettrons ici touchant la galanterie Espagnole, & qui est très singuliere, si elle est vraie, c'est qu'après qu'une Dame a été saignée, le Chirurgien reçoit pour la bande qui a servi à l'opération des presens très considérables du Cavalier qui est l'amant de la Dame.

Enfin pour dire un mot de ce qui regarde plus particuliérement leurs mariages, une fille qui a fait son choix peut se soustraire à l'autorité paternelle & se

-ma-

(a) *Genese* Chap. 50.
(b) *Voïage d'Italie par Misson* Tome I.
(c) *Relation du Voïage d'Espagne par* Mad. *d'Aunoy*.

marier malgré pere & mere. Pour lors elle s'adresse au Curé de sa paroisse, & celui-ci l'ôte de la maison de ses parens, la met dans une maison religieuse, ou même chez une devote, & si elle persiste dans sa resolution, oblige le pere & la mere de lui donner une dot proportionnée à leurs facultés.

Ces coutumes sont bisarres : nous en verrons dans la suite de cet Ouvrage quelques autres qui sont bien plus extraordinaires. Nous y renvoyons le Lecteur.

La BENEDICTION d'une FEMME ENCEINTE.

En cette occasion si périlleuse pour les femmes, & dont elles ne prévoient guéres le danger avant le mariage, quelques devotes ont recours à *la Ceinture de Sainte Marguerite*, au cordon de S. François, à certaines Reliques &c. Voici ce que l'Eglise veut qu'elles fassent. (a) Le Curé commencera par exhorter la femme enceinte de se soumettre entierement à la volonté de Dieu, de lui offrir les peines & les travaux de son accouchement pour la satisfaction de ses péchés &c. Revêtu du surplis & de l'étole il recitera quelques prieres, telles qu'on peut les lire dans le Rituel. Ensuite il prendra l'aspersoir des mains de son Clerc, & en recitant alternativement avec les assistans le Pseaume 66. il jettera de l'eau benite sur la femme enceinte. La Ceremonie finira par quelques prieres.

Une autre Ceremonie pratiquée par les femmes nouvellement relevées de leurs couches, c'est de demander la benediction au Curé avant que d'entrer dans l'Eglise. Plusieurs mêmes portent le scrupule jusqu'à s'abstenir d'y entrer pendant quelque tems, & (b) l'Eglise, dit le Rituel, aprouve cette coutume, quoique J. C. ni elle n'aient donné aucun precepte à ce sujet. Mais elles imitent par cette pratique la Sainte Vierge, qui vint au Temple pour se purifier & pour y presenter son fils ; & la Sainte Vierge pratiquoit en cette occasion un des principaux Rites de la Religion Judaïque.

Celle qui après ses couches vient recevoir la benediction du Curé doit le faire avertir, & cependant demeurer à genoux à la porte de l'Eglise, un cierge allumé à la main. Les accouchées s'arrêtent à la porte de l'Eglise, par un éfet d'humilité, pour y être introduites par le Prêtre comme purifiées de leurs pechés & reconciliées à l'Eglise. Leur Cierge allumé témoigne, dit-on, qu'elles éleveront leurs enfans dans la foi Chrétienne, & qu'elles leur en donneront l'exemple. Le Curé revêtu de l'étole blanche sur le surplis, tenant l'aspersoir & muni de l'eau benite viendra trouver la femme accouchée à la porte de l'Eglise, ôtera son bonnet, jettera de l'eau benite sur cette femme, féra le signe de la croix sur soi, dira une Antienne & un Pseaume ; après quoi il mettra le bout de l'étole en la main de la femme nouvellement accouchée, la féra entrer dans l'Eglise, & la conduira auprès du Chœur en lui disant, (c) *entrés dans le Temple de Dieu, adorés le fils de la Sainte Vierge Marie, qui vous a fait la grace de devenir Mere.* Etant là elle féra sa priere à genoux, & le Prêtre, après avoir achevé de prier pour elle, l'aspersera d'eau benite.

(a) *Rituel d'Alet.*
(b) *Rituel.* Ibid.
(b) *Ingredere in Templum Dei, adora filium beatæ Mariæ Virginis, qui tibi fæcunditatem tribuit prolis.*

L'EXOR-

L'EXORCISME.

Voici une Ceremonie que les Herétiques & les libertins ont souvent essaié de tourner en ridicule. Les premiers conviennent pourtant de l'antiquité de l'exorcisme, c'est-à-dire du pouvoir de chasser l'esprit malin, mais ce pouvoir étoit alors l'éfet du don des miracles, & le don de faire des miracles ne subsistant plus depuis plusieurs siécles, ils prétendent que l'exorcisme est une chimére, & croient que la jurisdiction des Exorcistes modernes sur les puissances infernales n'existe que dans l'imagination du vulgaire & des têtes foibles. (a) Ils disent encore, qu'après la cessation des miracles, on ne trouva pas de meilleur expedient pour delivrer les possedés que la priere publique. On les ména à l'Eglise, & c'est à ces prieres publiques que la charge d'Exorciste en titre d'office doit son origine. Les libertins font des exorcismes & des possessions la matiere de leurs plaisanteries & de leurs contes. Ils attribuent à des fraudes pieuses, à des raisons d'intérêt, à des dérangemens d'esprit les *diableries* modernes; mais pour les possessions des filles, & des femmes, ils s'imaginent que certains (b) desirs dereglés sont les demons qui les possédent. Cependant, ajoutent ils, une fille vient elle à être *dépossedée*, on chomme pieusement la défaite de son lutin.

———— *Et le Clergé n'est pas*
Des plus tardifs à prendre part au cas.

Quoi que dans le fond il ait assés de lumiere pour pouvoir être persuadé, qu'un excès de continence, une trop longue retraite, une santé vigoureuse peuvent faire très souvent des demoniaques, & surtout dans les Couvens de Religieuses, dont les possessions, qui dans notre siécle ont exercé la plume de plusieurs bons écrivains, ont fait naître des scrupules aux gens de bien, & forcé les plus raisonnables d'entre les devots de dire.

> *Est-ce l'esprit immonde,*
> *Ou l'esprit de Dieu?*
> *Ou plûtôt la chair & le Monde,*
> *Qui jouent leur jeu?*

Tels sont les discours de nos libertins & même de ceux qui veulent alleguer des raisons physiques d'une chose qui donne aux peuples une grande idée de la puissance du Clergé. En éfet, peut on concevoir rien de plus noble & de plus grand que le privilege de chasser du corps d'un Chrétien l'ennemi du genre hu-

Gg 2

(a) *Hist. des Ceremonies & des superst. qui se sont introduites dans l'Eglise.*

(b) Les filles & les femmes sont quelquefois sujettes à des vapeurs & à des suffocations de matrice, qui peuvent contribuer à ces contorsions & à ces mouvemens convulsifs que l'on a remarqué dans les possessions de Loudun, de Cartigny, de Louviers &c. La maladie que les Medecins appellent *furor uterinus* paroissoit avoir attaqué le cerveau de cette possedée de Loudun qui s'imaginoit qu'un Diable incube venoit toutes les nuits lui faire violence sous la figure du Confesseur, & fouiller avec elle son *chaste giraur*. Mais, dira t'on, les Demoniaques de Loudun donnerent d'autres marques de leur possession, & telles qu'on ne sauroit les rejetter. On pourroit opposer à ces objections les remarques des Docteurs de Montpellier, que l'on consulta sur ces possedées. N'oublions pas, qu'en ces derniers tems le diable est toûjours allé habiter dans des corps femelles, au lieu qu'à la naissance de l'Eglise il n'avoit aucun égard au sexe.

humain, & de triompher de celui qui est le *Prince du Siécle*, la source du mal, le tentateur des fidelles, le grand, & même, au jugement de quelques Theologiens, le seul mobile des desordres de l'univers, en un mot l'ennemi juré de la grace & le tyran de la volonté de l'homme.

Les anciens Paiens connoissoient & pratiquoient les exorcismes. Il en est mille exemples dans l'antiquité: mais cet emploi si saint parmi nous étoit chez eux le partage de quelques bonnes vieilles, qui s'en alloient de maison en maison faire une aspersion d'eau lustrale & conjurer les esprits par le moien de certains formulaires & de quelques ceremonies assés bisartes (a) que l'on trouve décrites ailleurs. A l'égard des Paiens modernes des Indes Orientales & Occidentales, ils ont aussi leurs ceremonies pour chasser les demons & les lutins. Nous renvoions le lecteur aux Dissertations sur les ceremonies de ces Idolatres.

Non seulement l'Eglise chasse le Demon du corps des hommes & des animaux: elle le conjure aussi pour le faire sortir des lieux où il cherche à s'établir. Nous avons vû de quelle maniere on le fait déloger d'un lit nuptial, d'une chambre de mariés, du sel, de l'huile, de l'eau, du chrême. Il seroit dans toutes ces choses, si l'exorcisme ne l'en banissoit. Qu'on juge donc combien la charge d'Exorciste devroit être importante, puisque c'est à l'Exorciste que l'Eglise remet le pouvoir qu'elle a sur les puissances de l'enfer. Cependant cette charge ne devient que trop inutile, (b) à cause que les Prêtres s'en reservent les fonctions. Ce qui n'humilie pas le diable, dont la vanité est entretenue par l'honneur qu'on lui fait en n'emploiant contre lui que des Prêtres ou des Evêques.

Les marques les plus assurées de la possession du Demon sont, dit le *Rituel d'Alet*, de parler, ou d'entendre les langues inconnues, *particulierement si ce sont des discours longs, & qui ne puissent pas être prévûs*. Ajoutons qu'il faut que le Diable soit congru, & qu'il ne fasse pas des solécismes ou des barbarismes, comme cela lui est arrivé quelquefois: témoin ce que les écrivains racontent des Diables de Loudun, qui ne furent pas à beaucoup près si savans que ceux de Cartigni, lesquels furent éprouvés en seize langues. Si l'on excepte quelque peu de mauvais Latin que ceux de Loudun debiterent aux Exorcistes, ils se tinrent fidellement au François, qui étoit sans doute leur langue maternelle, & par consequent celle qu'ils savoient le mieux. Une autre marque de possession, c'est de découvrir les choses secretes & cachées; ce qui se fait dans des lieux éloignés; ce qui se passe dans l'imagination. Un troisiéme indice c'est de faire des efforts, ou des actions, qui surpassent les forces naturelles de la personne possedée, *en quelque état ou en quelque maladie qu'elle puisse être*. (c) Un quatriéme seroit peut-être de repondre à des questions difficiles, & que l'humanité ne sauroit ressoudre.

Les Rituels défendent d'exorciser sans la permission de l'Evêque, à (d) *qui il faut toûjours s'adresser & lui découvrir tous les signes de la possession qu'on remarque, afin qu'il examine si elle est veritable, pour éviter toutes les fourbes qui se font en cette matiére*. C'est lui aussi qui reglera la conduite de l'Exorciste en cette occasion. Pour réussir à chasser le Diable, celui-ci doit s'exercer à l'oraison & au jeune. Il doit soufrir avec patience les insultes que le Demon peut lui faire, & éviter que les vices en general & surtout l'orgueil, ne donnent prise à

cet

____

(a) Surtout dans *Iamblicus de lustrationibus*.
(b) *Rituel d'Alet*.
(c) Voi. dans le *Dictionaire de Bayle* Article *Grandier* quelques-unes de ces questions.
(d) *Rituel d'Alet*.

cet ennemi de Dieu : ensuite il tachera de reconnoître cet ennemi, & examine-
ra ce qui lui est le plus contraire. Par exemple il faut remarquer quelles sont
les parolles qui lui font le plus de peine, qui lui causent le plus de trouble,
& les repeter souvent. Il faut savoir les noms & le nombre des demons qui
logent dans un possedé, le tems que la possession a duré, sa cause, ses accidens
&c. Il n'oubliera pas de les reduire à la précision & à repondre avec justesse :
car selon les Rituels, les Diables *battent volontiers la campagne*, & tachent d'evi-
ter par des équivoques & des détours les coups qu'un Exorciste veut leur porter. Quelquefois ils se battent en retraite, & souvent même ils feignent de se
retirer entierement.

Il est à propos que le possedé ait un Crucifix entre les mains, ou en sa
presence, & qu'on lui mette sur la tête & sur la poitrine les Reliques de quelques Saints. Il faudroit aussi le munir d'Agnus, le couvrir du capuchon d'un
Moine, ou d'une étole, ou de quelques autres ornemens sacrés. A l'égard de
l'Eucharistie, les Rituels défendent de l'appliquer à la tête ou à la poitrine du
possedé. Ces mêmes Rituels défendent aussi aux Exorcistes d'exorciser une fille
ou une femme sans être accompagnés des parens de la possedée, & de quelques personnes pieuses. Ils doivent s'abstenir de la toucher, excepté lorsqu'ils
sont obligés de lui faire le signe de la Croix sur le front, sur la bouche & sur
la poitrine. Le possedé, continuent les Rituels, doit jeuner & prier Dieu, se
reconcilier avec lui, renoncer aux vices, & principalement à celui qu'on croit
avoir donné lieu à la possession. Sans cela, nous dit-on, le travail de l'Exorciste seroit inutile, (*a*) on feroit au Demon une espece d'injustice en le chas-
sant d'un homme qui lui apartiendroit & qui seroit son esclave. En effet ignore t'on qu'il n'est pas même permis de déposseder un usurpateur, lorsqu'il y
a une longue préscription en sa faveur ? & ne sait on pas que selon les regles
de la morale, il est défendu de priver un possesseur de son bien, quand même
ce bien nous paroitroit mal acquis ?

L'Exorcisme se doit faire dans l'Eglise, mais non pas devant l'Autel, (*b*) dont
la vue ne doit pas être permise au Demon, ni au possedé. Il faut que l'Exorcisme se fasse au bas de l'Eglise, vers la porte, qui est le lieu des Catechumenes, des pénitens & des excommuniés, qui ne sont pas dignes d'aprocher de
l'Autel. Si l'on en croit le *Rituel d'Alet*, ce mépris qu'on fera du Demon rendra sa sortie plus facile. Si celui qu'on doit exorciser est malade, ou s'il y a
quelque cause juste & raisonnable pour empêcher d'aller à l'Eglise, on peut
faire l'Exorcisme dans une maison particuliere en presence de témoins. Cette
ceremonie doit être précedée de la confession de l'Exorciste, après quoi, s'il est
Prêtre ou Diacre, il se revêt d'un surplis ou d'une étole violette : & si l'Exorcisme se fait dans l'Eglise, il va faire sa priere devant l'Autel en compagnie de
quelques Ecclésiastiques en surplis, ou tout au moins d'un Clerc portant l'eau
benite & l'aspersoir. Après la priere, le Prêtre s'aproche du possedé & le fait
mettre à genoux, les pieds & les mains liés, s'il est necessaire. Ensuite il lui
met son étole autour du cou, & après avoir fait le signe de la Croix sur le
possedé, sur soi & sur les assistans, il jette de l'Eau benite au possedé : il en jette
aussi aux assistans, par une précaution sainte & qu'on ne sauroit trop recommander. Le Demon du possedé sentant l'eau benite pourroit sortir tout effraié

(*a*) *Rituel d'Alet.*
(*b*) Idem Ibid.

fraïé du corps de son Demoniaque & aller se refugier dans celui de quelque assistant, si l'aspersion ne lui en fermoit la porte. Ces premiers jets d'eau benite étant faits, l'Exorciste se met à genoux, & tous les autres avec lui : il commence les Litanies des Saints, l'assemblée lui repond. Quelques Pseaumes & une priere suivent les Litanies. Après la priere l'Exorciste conjure Satan & ses compagnons par les misteres de la Religion Chrétienne, lui demande son nom, & lui défend d'afliger ni d'inquiéter la personne ou le lieu qui fait le sujet de l'exorcisme. L'Exorciste fait alors de nouveaux signes de Croix sur soi, sur l'Energumene ou Demoniaque, & sur l'Evangile dont il va faire la lecture, choisissant les endroits qui peuvent le plus mortifier le Prince de l'air & ses satellites : par exemple le commencement de l'Evangile, selon St. Jean, qui fait mention de l'incarnation du Verbe, le pouvoir que J. C. donne aux Apôtres de chasser les Diables, & autres semblables passages, le tout selon la teneur des Evangiles. Une priere suit avec de nouveaux signes de croix. Alors l'Exorciste pose la main droite sur la tête de l'Energumene & recite une priere qui est suivie de (*a*) l'Exorcisme. Cet Exorcisme est des plus mortifians pour le Diable : celui qui le suit, après que l'Exorciste a fait trois Croix sur la Poitrine du possedé, ne l'est pas moins. On y presse vivement l'esprit malin, on lui met devant les yeux avec nombre de signes de Croix, la puissance & les jugemens de Dieu, le Sacrement (ou pour mieux dire le Sacrifice) de la Croix, la foi des SS. Apôtres, & de tous les Saints, la mort des Martyrs, la chasteté des Confesseurs, l'intercession des Saints & la force des mysteres de la Religion Chrétienne. On lui reproche toute sa sceleratesse; on lui dit que son Empire a été détruit, & qu'il a été jetté dans les tenebres de dehors. Cette raison est une des principales que les Herétiques alleguent, pour prouver que depuis le regne de J. C. Satan a été chargé d'éternelles chaines & relegué dans les Enfers jusqu'à la consommation des siécles. Cependant on le conjure, au nom du Seigneur, de sortir de celui qu'il possede. „ Il t'est dur de resister, lui dit l'Exor„ ciste, & de regimber contre l'aiguillon, mais ta resistance ne fera qu'aug„ menter la rigueur de ton supplice &c. “ Une priere suit & puis un troisiéme Exorcisme, au cas que le Diable ne soit sorti ni à la premiere ni à la seconde sommation. Ce troisiéme Exorcisme est du caractere des autres, & rempli de citations historiques de la Sainte Ecriture accompagnées de signes de Croix, & très facheuses à entendre pour les esprits des tenebres. On doit repeter ce dernier Exorcisme jusqu'à ce que le Demon soit sorti du corps de l'Energumene, & reciter de tems en tems des prieres, des Pseaumes, des Cantiques, le symbole des Apôtres, celui de S. Athanase, l'Oraison Dominicale, l'*Ave Maria* &c.

Lorsque l'Esprit malin a établi sa residence dans une maison, le Curé ou le Vicaire de la Paroisse, après les informations requises & les ordres de son Evêque, exhortera les habitans du logis à la pénitence, & si cet acte de retour à Dieu ne suffit pas, il se transportera en la maison infestée du malin esprit, le conjurera de la façon que nous venons de le dire, & aspersera d'eau benite tous les apartemens de la maison.

(*a*) *Exorcifo te, immundissime spiritus &c. Je t'exorcife, Esprit immonde, &c. au nom de J. C. Tremble Satan, ennemi de la foi, ennemi du genre humain, qui a introduit la mort, qui a privé les hommes de la vie, qui t'es rebellé contre la justice, séducteur des hommes, racine de tous les maux, fauteur, promoteur de tous les vices, source de l'avarice, de la discorde & de l'envie. Qu'il est difficile & glorieux de vaincre un ennemi si redoutable!*

DIS-

DISSERTATION

SUR LES

CEREMONIES

DES

CATHOLIQUES

ROMAINS,

Cinquiéme & derniere partie, où l'on traite de tout ce qui concerne la Hierarchie, &c.

Le SACREMENT de l'ORDRE.

Tout ce qui dépend en quelque façon du Sacrement de l'Ordre occupera la derniere partie de cette Dissertation. Il n'est pas necessaire de dire au lecteur l'origine du nom que l'on donne à ce Sacrement ; (a) ni que l'Ordre en general est une disposition & un rang entre des choses différentes, en sorte que chacun tient la place qui lui apartient ; que ce Sacrement établit l'ordre parmi les fidelles, distinguant le peuple, qui est la Partie inferieure de l'Eglise, d'avec la superieure, qui sont les Ecclésiastiques qui doivent gouverner le peuple dans les choses spirituelles ; que ce Sacrement établit un ordre & un rapport entre les ministres inferieurs de l'Eglise & les superieurs ; qu'enfin les Ecclésiastiques sont obligés, en vertu du Sacrement de l'Ordre qu'ils ont reçu, de conserver l'ordre parmi les fidelles qui sont commis à leur charge.

Il y a sept Ordres : celui de Portier, celui de Lecteur, d'Exorciste, d'Acolyte, de Soudiacre, de Diacre, & celui de Prêtre, sous lequel on comprend l'Episcopat, qui est l'accomplissement ou la perfection de ce dernier Ordre. Entre ces Ordres, il n'y a que le Soudiaconat, le Diaconat & la Prêtrise, qui soient des Ordres sacrés, parce que le vœu de continence y est plus particulierement attaché, & que ce vœu (b) separant en quelque façon du reste des hom-

Hh 2   mes

(a) *Rituel d'Alet.*
(b) Le mot Hebreu qui signifie *Saint* signifie par cette même raison *reservé* ou *separé.*

mes ceux qui font pourvûs de ces Ordres les attache uniquement au service de l'Eglise de Dieu. Ces Ordres sacrés sont aussi appellés *Majeurs*. Les Rituels donnent pour raison de la pluralité des Ordres la gloire de Dieu, qui demande un grand nombre d'Officiers divers & l'excellence du Sacrifice de l'Eucharistie pour lequel ces Officiers agissent. On ajoute que les Ordres inferieurs servant de degrés pour monter aux superieurs, ceux qui entrent dans les Ordres ont le loisir de s'exercer en la pratique des vertus & des fonctions qui font le veritable Prêtre.

(*a*) Les Mystagogues trouvent les Ordres dans les Versets 4. & suivans du Chapitre 12. de la seconde Epître aux Corinthiens. La sagesse y marque l'Episcopat, la science y est apliquée au Prêtre, la foi au Diacre, le don des miracles au Soudiacre, celui des guérisons à l'Exorciste, l'interprétation des langues à l'Acolyte, la prophetie au Lecteur, la diversité des langues au Chantre, & le discernement des esprits au Portier. Quelques autres Mystagogues ont decouvert que J. C. avoit été revêtu des Ordres pendant son sejour sur la terre. Il étoit Portier, lors qu'il chassa les changeurs qui se tenoient dans le vestibule du Temple, Lecteur, lorsqu'il lut à la Synagogue; Exorciste, quand il chassa le demon; Acolyte, quand il declara qu'il étoit la lumiere du monde; Soudiacre, quand il changea l'eau en vin, Diacre, quand il fit la distribution du pain & du vin à ses disciples, & en d'autres occasions, Prêtre quand il celebra l'Eucharistie. A l'égard de l'origine des Ordres, on trouve dans un petit livre Protestant (*b*) „ qu'Hygin Evêque de Rome composa le Clergé & en distribua les Ordres „ & les Degrés, qu'auparavant il n'y avoit que deux Charges, celle de Prêtre „ (qui veut dire Ancien) ou d'Evêque, & celle de Diacre. " Il semble, ajoute t'il, que Prêtre & Evêque n'étoient d'abord qu'une même chose: mais ne nous arrêtons pas à l'aveu d'un Auteur separé de l'Eglise, puisqu'on a les témoignages d'Eusebe & de quelques Auteurs plus anciens encore que cet Evêque. Quoiqu'il en soit, cette distinction des Ordres est très ancienne dans l'Eglise.

Ceux qui prétendent aux Ordres sont obligés de (*c*) vivre dans le celibat, & doivent être munis d'une attestation de leurs bonnes mœurs &c. On publie leurs Annonces par trois dimanches consecutifs, en sorte que la derniere Annonce soit faite quinse jours avant l'Ordination. On entre dans les Ordres par la ton-

---

(*a*) *Casal.* de Sacr. Vet. Christ. Ritibus.

(*b*) *Hist. des Cerem. & des Superstit.* &c. édit. de 1717.

(*c*) Cependant les Ecclesiastiques des premiers siécles étoient mariés. Il est vrai que la question du Celibat des Ecclesiastiques a été agitée dès le premier Concile de Nicée, & peut être même auparavant; mais enfin, malgré les oppositions de quelques *puristes* en fait de Religion, le mariage des gens d'Eglise avoit prévalu. Ce n'est pas qu'on n'eut des raisons plausibles à lui opposer: soit du ménage, negligence d'une Cure ou d'un Evêché confiée par ces soins, dissipation des biens de l'Eglise à l'entretien de la famille du pasteur, tendresse pour une femme & des enfans nuisible à celle que doit le Cure aux fidéles de sa Cure qui sont ses enfans spirituels. Quoiqu'il en soit, il n'y eut point alors de Loi Ecclésiastique contre le mariage de ceux qui étoient dans les Ordres sacrés. On assure que le Pape Syrice, qui vivoit à la fin du quatriéme siécle, donna le premier un Decret Apostolique contre le mariage des Clercs de l'Eglise Romaine; mais l'observation de ce Decret ne fut pas universelle, & même plusieurs siécles après il y avoit des Ecclésiastiques mariés. Bien que Pie II. ait dit assez hardiment, *que pour de bonnes raisons on avoit ôté le mariage aux Prêtres & que pour de meilleures il auroit fallu le leur rendre*, il est pourtant vrai que la continence est très honorable à l'homme d'Eglise, & conforme à la pureté de la Religion Chrétienne. Il faut avouer que *l'homme animal* a bien de la peine à garder en cette occasion le silence respectueux qu'exige l'Eglise: pourquoi rejette t'elle les Eunuques, puisqu'elle défend le mariage? On repondra que l'Eglise n'offre rien à Dieu qui ne soit parfait: mais dans une Religion spirituelle Dieu ne demande que la perfection spirituelle. Une imperfection visible du corps pourroit choquer des fidelles trop scrupuleux: l'invisible ne choque personne. L'Eglise Judaïque rejettoit aussi les Eunuques: mais les anciens Egyptiens portoient la perfection Ecclésiastique jusqu'à une licence effrenée. Nul chez eux n'étoit reçu au sacerdoce qu'il n'eut fait ses preuves auprès de Priape & pratiqué dûment les Ceremonies de son Culte.

Le CLERC reçoit la TONSURE.

Le CLERC reçoit le SURPLIS.

ORDINATION du SACRISTAIN.

ORDINATION du LECTEUR.

ORDINATION de L'EXORCISTE.

ORDINATION de L'ACOLYTE.

tonsure, laquelle, selon les Rituels, marque le renoncement au Siécle. Cette tonsure trouve son origine dans le Nazareat des anciens Juifs, que S. Paul (*a*) conserva pour gagner les Juifs au Christianisme. Les témoignages des Anciens Ecrivains Ecclésiastiques confirment qu'elle a été pratiquée dans l'Eglise primitive. (*b*) Un ancien Prélat, qui n'étoit pas ennemi des explications mystiques & allegoriques des Ceremonies, nous aprend que la simple tonsure est l'image de la Couronne d'épines qui fut mise sur la tête du Sauveur, en dérision de sa Roiauté, & que la double represente la tête de S. Pierre, ou pour mieux dire la Couronne de Martyre, dont cette tête fut couronnée, après que l'Apôtre l'eut perdue dans sa mission vers les infidelles. Cependant les Actes du Martyre de S. Pierre, ne disent pas qu'il perdit la tête, mais bien qu'il fut crucifié. Si ces allegories ne plaisent pas au lecteur, en voici d'autres. La rondeur de la tonsure est un hieroglyphe (*c*) de la perfection à laquelle les Ecclésiastiques doivent tâcher de parvenir. Cette tonsure, que l'on appelle Couronne à cause de sa figure, represente encore la Roiauté spirituelle des Ecclésiastiques. Nous ne saurions dire précisément, si les peuples du Paganisme n'essaioient pas aussi d'expliquer par de semblables allegories la tonsure de quelques-uns de leurs Prêtres, comme par exemple celle des Prêtres d'Isis & de Sérapis : car ils avoient la tête rasée.

L'Evêque administre le Sacrement de l'Ordre en qualité de Chef de l'Eglise & de tous les Ecclésiastiques. Cette ceremonie religieuse doit se faire en présence du peuple, & s'il se peut, dans l'Eglise Cathedrale : le tems qu'on choisit pour la faire c'est le Carême, la veille du dimanche de la Passion ou de Paques, & les Quatre tems. Les fidelles, nous disent les Rituels, emploient alors les jeunes & les prieres pour demander à Dieu des Ministres sages & prudens.

Celui que l'on doit tonsurer se presente devant l'Evêque en soutane noire avec le surplis sur le bras gauche, & un cierge allumé en la main droite. (*d*) Il est à genoux pendant que l'Evêque debout & couvert de sa mitre recite une Oraison & les Versets sacrés qui conviennent à la ceremonie. Ensuite l'Evêque s'assied, (*e*) lui coupe les cheveux en cinq endroits, assavoir par devant, par derriere, aux deux côtés des oreilles, & au sommet de la tête, pendant que le tonsuré dit avec l'Evêque, (*f*) *le Seigneur est la portion de mon héritage*, &c. Après la tonsure, l'Evêque depose sa mitre & dit une Oraison sur le tonsuré, & le Chœur chante une Antienne, après laquelle l'Evêque récite une seconde Oraison en se tournant vers le tonsuré. Ensuite il le revêt du surplis, en lui disant, (*g*) *que le Seigneur vous revête de l'homme nouveau* &c. (*h*) Lorsque la Ceremonie se fait en particulier, le tonsuré remet son Cierge à l'Evêque,

(*a*) *Actes de Apôtr.* Ch. 21.

(*b*) *Germain* Patriarche de Constantinople cité par *Casalius*.

(*c*) Les Egyptiens designoient la perfection & l'eternité par le cercle. Cette idée passa aux Juifs, témoin le cercle ou la couronne d'or qu'on voioit autour de l'arche d'alliance. Elle passa aux Paiens le plus éloignés, comme les Romains &c. Enfin on la trouve chez les anciens Mexicains. Voiés à ce sujet le premier Volume des *Ceremonies des Peuples Idolatres*.

(*d*) *Piscara Praxis Cærem.*

(*e*) Autrefois on coupoit tous les cheveux, de telle façon qu'il n'en restoit qu'un petit cercle aux extrémités. Telle est encore aujourd'hui la tonsure des Religieux & des enfans de chœur. Le Concile de Tolede condamna comme herétiques les Espagnols qui, à l'imitation de ceux de l'Ordre des Lecteurs en France, & de quelques herétiques en Espagne, n'avoient la tonsure que sur le sommet de la tête. *Canon. Conc. Tolet.* dans *Casalius* de Ritib. étrange & dangereuse heresie!

(*f*) *Dominus pars hæreditatis meæ* &c.

(*g*) *Induat te Dominus novum hominem* &c.

(*h*) *Piscara* ubi sup.

vêque, lequel lui donne sa benediction. (a) On veut que la soutane noire, qui couvre le corps de celui qu'on va tonsurer, lui aprenne qu'il doit être entierement revêtu des Vertus Chrêtiennes, & sa noirceur, qu'il se regarde comme mort au monde; que le cierge allumé qu'il tient à la main signifie l'innocence du baptême, que le tonsuré a conservée, ou si l'on veut, la lumiere de la foi; que la tonsure soit une marque du renoncement au monde & à ses vanités: mais comme la tonsure laisse pourtant des cheveux sur la tête, (b) ce peu qu'il en reste montre au tonsuré avec quelle sobrieté il doit user des choses du monde. On peut dire encore, que les cheveux coupés au dessus des yeux signifient que les Clercs doivent être delivrés de l'aveuglement spirituel; à l'endroit des oreilles, qu'elles doivent être ouvertes à la parolle de Dieu; derriere la tête, qu'ils ne doivent plus penser aux choses qui sont derriere eux; sur le sommet de la tête, qu'ils participent à la Roiauté, de J. C. La blancheur du surplis c'est l'innocence & la pureté de vie. Il n'y a pas jusqu'au lin, qui est la matiere du surplis, qui n'ait son allegorie.

La fonction du Portier, nommé Sacristain dans la troisiéme figure de cette planche, c'est d'ouvrir & de fermer l'Eglise; à quoi il faut ajouter le soin de faire sonner les cloches: celle du Lecteur, de lire à haute voix les leçons & les propheties qui se chantent à Matines & à la Messe. Celle de l'Exorciste, de chasser les Diables du corps des possedés. Celle de l'Acolyte, de porter les Cierges, de les allumer, de tenir du feu dans l'encensoir, & de l'encens dans la navette, de préparer le vin & l'eau pour le sacrifice, de servir le Soudiacre, le Diacre & le Prêtre. La fonction du Soudiacre consiste à avoir soin des saints Vases, de préparer & de verser l'eau sur le vin dans le calice, de chanter l'Epitre aux Messes solemnelles, de porter, & soutenir le livre de l'Evangile au Diacre, de le donner à baiser au Prêtre, de porter la Croix aux processions, & de recevoir les offrandes du Peuple. La fonction du Diacre, c'est de présenter au Prêtre tout ce qui est necessaire pour le (c) sacrifice, de lire publiquement l'Evangile, de l'expliquer, d'être en quelque façon le procureur de l'Eglise, pour la distribution des biens des pauvres. (d) Le Rituel nous dit qu'anciennement le Diacre chassoit de l'Eglise devant la Messe ceux qui n'y dévoient pas assister & renvoioit à la fin de la Messe ceux qui y avoient assisté. C'étoit le Diacre (e) qui invitoit les fidelles à l'humilité: ce qui se fait encore aujourd'hui. Outre cela le Diacre doit assister & servir le Prêtre en l'administration du Baptême, & même il peut baptiser en l'absence du Prêtre, si la necessité le demande. Enfin il doit rapporter à l'Evêque ce qui se passe parmi le peuple, pour le salut des fidelles & pour le bien de la police Ecclesiastique. La fonction du Prêtre c'est d'offrir le sacrifice de la Messe, d'administrer les Sacremens, (excepté la Confirmation & l'Ordre) d'annoncer la parolle de Dieu, de benir le peuple & de conduire les Ames.

Lorsque l'Evêque confere à un Clerc l'Ordre de Portier, il lui présente les
clefs

(a) *Rituel d'Alet.*

(b) *Rituel d'Alet.*

(c) Autrefois le Diacre donnoit la Communion sous l'espece du vin, pendant que l'Evêque, ou le Prêtre la donnoit sous l'espece du pain.

(d) *Rituel d'Alet.*

(e) En leur disant *humiliate capita vestra Deo.* Ce qui, nous dit on, s'adressoit d'ordinaire aux penitens qui se prosternoient pour recevoir l'impolition des mains de l'Evêque ou du Prêtre. Mais aux jours de penitence generale, comme en Caresme, ils disoit publiquement ces parolles à la fin de la Messe pour tout le peuple, afin qu'il se prosternât lorsque le Prêtre prioit pour lui, parce qu'il ne pouvoit pas imposer les mains à tous les penitens en particulier.

clefs de l'Eglise & les lui faisant toucher, il lui dit *souvenés vous* (*) *qu'il vous faudra rendre compte à Dieu de tout ce qui est enfermé sous ces clefs.* Ensuite (a) l'Archidiacre met le Portier dans l'exercice de ses fonctions, en lui faisant fermer & ouvrir les portes de l'Eglise & sonner les cloches. La Ceremonie est accompagnée d'une exhortation que l'Evêque fait au Portier.

Le quatriéme Concile de Carthage tenu l'an 398. mais que beaucoup de savans regardent comme supposé, fait mention de la plus grande partie des ceremonies qui se pratiquent à ces ordinations. Il n'est pas necessaire de dire tel qu'il y avoit dans le Temple de Jerusalem des gens qui faisoient des fonctions pareilles à celles de ces bas Officiers de l'Eglise. Il y avoit aussi de semblables Officiers dans les Temples des Idolatres.

Lorsqu'un Clerc reçoit l'Ordre de Lecteur, l'Evêque lui fait toucher le Livre des Propheties & des leçons de Matines, en lui disant (b) *recevés ce livre, rendés compte de la parolle de Dieu, & si vous vous acquités dignement de vôtre charge, soïés assuré que vous aurés une portion à l'heritage qui est destiné à ceux qui dès le commencement ont dispensé la parolle du Seigneur.* On veut que les Lecteurs soient aujourd'hui dans l'Eglise ce qu'étoient autrefois les Prophetes chez les Juifs. Du moins ils ont du raport à ceux que l'on appelloit à la lecture des saints livres dans la Synagogue, & à ceux qui font aujourd'hui la même fonction : excepté que chez les Juifs ils ne sont pas reputés du Clergé.

Lorsque l'Evêque reçoit un Clerc Exorciste, il lui fait toucher le livre des Exorcismes, en lui disant, (c) *recevés ce livre, & souvenés vous qu'en même tems vous recevés le pouvoir d'exorciser les energumenes, ou les possedés, soit qu'ils soient baptisés, ou simplement catechumenes.* La fonction d'exorciser est commise au Prêtre. L'Exorciste n'a d'ordinaire que celle de préparer le sel & tout ce qui est necessaire pour benir l'eau, aux jours que la benediction s'en fait. Quand le Prêtre fait quelque Exorcisme, l'Exorciste doit l'assister & préparer le Livre des Exorcismes.

Le Clerc qui reçoit l'Ordre d'Acolyte touche le chandelier avec le cierge que l'Evêque lui présente en lui disant les parolles convenables à cette action. L'Evêque lui présente ensuite les burettes vuides. Cette Ceremonie est suivie, comme les precedentes, d'une exhortation.

L'Evêque conferant l'Ordre de Soudiacre fait toucher au futur Soudiacre, le calice & la patene vuides, en lui disant, (d) *prenés garde au ministere qui vous est commis, presentés vous à Dieu de telle sorte que vous lui soïés agréable :* après quoi il fait toucher au Soudiacre le Livre des Epîtres, en lui disant, *recevés ce livre, & le pouvoir de lire les Epîtres dans la Sainte Eglise de Dieu* &c. L'Ordinant doit se présenter revêtu d'une Aube ceinte & le cierge allumé à la main droite; il se prosterne, & se couche même par terre, pendant que l'Evêque, le Clergé & le peuple recitent les Litanies des Saints. Ensuite l'Evêque se tournant vers l'Ordinant prosterné, (ou les Ordinans, s'ils sont plusieurs,) lui donne (e) trois fois la benediction, & lui fait un discours pour lui representer l'importance du Soudiaconat; après quoi il lui presente la patene &c. de la maniere que nous venons de le dire, & recite quelques prieres. Ces prieres étant

Ii 2

di-

(*) Ou plûtôt *Gouvernés vous*, comme devant rendre compte &c. *Sis age quasi Deo redditurus si rationem* &c.

(a) On verra ci-après ce que c'est que l'Archidiacre.

(b) *Accipe & esto verbi Dei relator*, &c.

(c) *Accipe & commenda memoriæ, & habe potestatem imponendi manus super energumenos* &c.

(d) *Videte cujus ministerium vobis traditur* &c.

(e) *Ut electum benedicere digneris; ut electum benedicere & sanctificare digneris; ut electum benedicere, sanctificare, & consecrare digneris*, cette maniere de benir se pratique en plusieurs autres occasions.

dites, l'Evêque lui met l'Amit, en lui difant, (*) *recevés cet amit qui vous défigne le chatiment (ou plûtôt le frein de la parolle)* il lui met le Manipule fur le bras gauche, en l'avertiffant qu'il *fignifie le fruit des bonnes œuvres :* il lui met la tunique, en lui difant que *c'eft un vêtement de joie.* On nous dit (a) que l'amit défigne l'application de la langue, le manipule celle des mains, & la tunique celle du cœur au fervice de Dieu.

Cafalius, dans fon Livre des Ceremonies des anciens Chrétiens, croit que les Soudiacres ont du rapport aux Nethinnéens, qui étoient foumis aux Levites, & que Jofué choifit d'abord parmi les *Gabaonites.* Quoiqu'il en foit les Soudiacres font anciens : mais c'eft aux Critiques de nous aprendre, fi cet Ordre & les *Ordres Mineurs*, dont nous venons de parler, s'exerçoient de la même façon qu'aujourd'hui dans l'ancienne Eglife.

Voici la Ceremonie de l'Ordination du Diacre. L'Ordinant fe préfente revêtu de l'habit de Soudiacre, alors l'Evêque s'informe de lui à l'Archidiacre & au peuple, qui enfuite lui fait une exhortation fur l'excellence du Diaconat. Le Diacre fe profterne comme nous l'avons dit des Soudiacres. Enfuite l'Evêque lui donne le Saint Efprit, en lui impofant feulement la main droite fur la tête, pour montrer que le Diacre ne le reçoit pas avec la même plénitude que le Prêtre. (b) L'Evêque s'étant affis, l'Ordinant fe met à genoux devant lui & reçoit l'Etole fur l'épaule gauche. Un Acolyte la lui ajufte autour (c) du col & fur l'épaule gauche, en forte qu'elle defcende fous la droite. Après l'Etole il reçoit la Dalmatique. L'Ordination étant finie, l'Evêque lui prefente le Livre des Evangiles & la Ceremonie s'acheve par les prieres de l'Evêque & du peuple. Un Auteur Italien, qui a écrit fur les Ceremonies, nous dit (d) qu'après l'offertoire les nouveaux Diacres ofrent *des Cierges* &c. Les Rituels affurent (e) que l'Etole fur l'Aube marque la puiffance qui eft donnée au Diacre, inferieure pourtant à celle du Prêtre : Auffi l'Etole n'eft elle mife au Diacre que par deffous l'épaule droite. La Dalmatique marque au Diacre trois dons de Dieu, affavoir (f) la protection divine, la joie, & la juftice. L'origine des Diacres fe trouve dans les *Actes des Apôtres* Ch. VI. Ils étoient les Miniftres des Apôtres.

Le Prêtre eft fuperieur à tous les Ordres dont nous venons de parler, parce qu'il a la puiffance de confacrer le corps du Sauveur. Il fe prefente à l'Evêque en habit de Diacre, un Cierge allumé en la main droite, la Chafuble pliée fur le bras gauche. Après que l'Archidiacre a repondu pour l'Ordinant à l'Evêque, & que l'Evêque a fait une exhortation préliminaire à l'affemblée, on recite les Litanies, pendant que l'Ordinant eft couché par terre, pour mieux témoigner fon humilité. Enfuite il fe releve & fe prefente à l'Evêque, lequel lui impofe les deux mains. Les Prêtres, qui fe trouvent prefens à cette Ceremonie, font la même chofe, après quoi le Prélat & fes Miniftres recitent quelques Oraifons marquées dans le Pontifical. Alors le Prélat prend l'Etole qui eft fur une feule épaule, & la met fur les deux, en telle façon qu'elle vienne (g) former fur la poitrine de l'Ordinant la figure d'une Croix. L'Evêque, en lui mettant l'Etole lui dit, *recevés le joug du Seigneur :* cette Etole mife fur les deux

épau-

(*) *Accipe amictum, per quem defignatur cafligatio vocis.*
(a) *Rituel d'Alet.*
(b) *Pontificale Roman.*
(c) *Pifcara Praxis Cæremon.*
(d) *Idem Ibidem.*
(e) *Rituel d'Alet.*
(f) *Induat te Dominus indumento falutis, veftimenta letitia, dalmaticâ juftitia.*
(g) *Pifcara Praxis Cæremon.*

ORDINATION des SOÛDIACRES.

ORDINATION des DIACRES.

ORDINATION des PRÊTRES.

Le PRÊTRE reçoit L'IMPOSITION des mains.

L'EVÊQUE donne aux PRÊTRES le pouvoir de CONSACRER.

L'EVÊQUE COMMUNIE les nouveaux PRÊTRES.

épaules signifie au Prêtre qu'il reçoit une plénitude de charité plus grande que celle du Diacre. Après l'Etole la Chasuble lui est donnée par l'Evêque, & cette Chasuble signifie la charité. Aussi l'Evêque dit il au Prêtre en la lui donnant, (a) *Recevés la robe Sacerdotale, qui vous represente la charité.* La Chasuble est d'abord donnée au Prêtre déploiée par devant, & ensuite déploiée par derriere, ce qui lui témoigne, dit on, (b) l'étendue que sa charité doit avoir. Cette Ceremonie est suivie d'une autre priere, & du chant du *Veni Creator*, pendant lequel le Prélat oint en forme de croix les mains de l'Ordinant avec l'huile des Catechumenes. L'onction faite, (c) l'Evêque joint l'une à l'autre les mains du Prêtre, & le Vicaire du Prélat, ou quelqu'autre de ses Ministres les lie ou les enveloppe avec un linge blanc.

Après cela l'Evêque donne au Prêtre la puissance de consacrer, en lui faisant toucher le calice où il y a du vin, & la patene sur laquelle est une hostie. La patene est posée sur le calice. Toute la ceremonie finit par la Communion du nouveau Prêtre & par la benediction que l'Evêque lui donne après lui avoir fait reciter le *Credo*, imposé une seconde fois les mains sur la tête, en lui disant *recevés le Saint Esprit* & fait faire une promesse solemnelle de reverence & d'obéïssance que les Prêtres doivent aux Evêques. L'Evêque reçoit cette promesse de fidelité en prenant les mains du nouveau Prêtre entre les siennes.

Les BENEFICES & les DIGNITÉS *de* L'EGLISE.

Les Benefices sont des suites des Ordres & de l'état ecclesiastique : ainsi ils ne peuvent appartenir qu'à ceux qui sont dans les Ordres, ou qui du moins ont déja reçu la tonsure. Les Dignités Ecclesiastiques ont existé avant les Benefices & même long-tems auparavant. (d) Ils ne se sont introduits qu'avec le relachement de l'Eglise dans les derniers tems.

A l'égard de l'origine du mot de Benefice, voici ce que nous dit le Rituel que nous venons de citer. ,, On approprioit autrefois ce mot aux terres que ,, les Princes donnoient à ceux qui les avoient bien servi à la guerre ; ce qui ,, n'a été en usage dans cette signification particuliere, que sous le regne des ,, Goths & des Lombars en Italie, sous lesquels ont été introduits les fiefs que ,, l'on appelloit particulierement *Benefices*, & ceux qui les tenoient *Beneficiarij* ,, ou Vassaux. Car quoique les Romains donnassent aussi des terres à leurs ca- ,, pitaines & à leurs soldats, ces terres néanmoins ne s'apelloient pas Benefices, ,, d'un mot qui leur fut afecté ; mais le mot de Benefice étoit general & signi- ,, fioit toutes sortes de gratifications, selon l'usage ancien de la langue Latine. ,, A l'imitation de la nouvelle maniere dont on a pris ce mot à l'égard des ,, fiefs, on a commencé de s'en servir dans l'Eglise, lorsqu'on a commencé de ,, partager les fonds & les terres de l'Eglise, & les laisser à la disposition des ,, particuliers, en les ôtant de celle de l'Evêque : ce qui a été introduit au com-
,, mencement

(a) *Accipe Vestem sacerdotalem, per quam charitas intelligitur.*
(b) *Rituel d'Alet.*
(c) *Pontif. Roman, Pisca (sic) Presb. Cerem.*
(d) *Rituel d'Alet.*

„ mencement par les Evêques mêmes, pour reconnoître le mérite & subvenir
„ aux besoins de quelques Ecclesiastiques. Mais cela a passé bientôt plus loin
„ & s'est étendu sans bornes, comme on l'a vû depuis dans le Clergé & dans
„ les Monasteres. Le Benefice n'est donc pas simplement un droit de recevoir
„ une partie des revenus de l'Eglise, à cause du service qu'on lui rend, droit
„ qui est fondé sur l'Evangile, & qui a toûjours été depuis les Apôtres. C'est
„ celui de joüir d'une partie du bien de l'Eglise, specialement assignée & de-
„ terminée, en sorte que les autres Ecclesiastiques n'aient aucun droit d'en
„ joüir . . . . & ce n'est pas seulement aujourd'hui le droit de joüir d'un re-
„ venu de l'Eglise. C'est encore un droit fixe & permanent, en sorte qu'il
„ passe à un autre, après la mort de celui qui l'a possedé ; ce qui n'étoit pas
„ autrefois : car lorsque les Benefices ont commencé de s'introduire, ... ils
„ n'étoient donnés que pour un tems, ou pour la vie aux Ecclesiastiques que
„ l'on vouloit gratifier, & après leur mort ils revenoient à l'Eglise. "

Il faut au moins être agé de quatorze ans pour tenir un Benefice, & avoir
reçu la tonsure. Nous laissons à d'autres le soin du détail de toutes les qualités
requises pour vaquer dignement au Benefice. Nous ne disons rien non plus de
la Vocation au Benefice.

A l'égard de la pluralité des Benefices, le *Rituel d'Alet* parle très sagement
sur cette matiere. L'ancienne Eglise, dit-il, n'a pû condamner cette pluralité,
puisque la possession des Benefices, telle qu'elle subsiste aujourd'hui, ne lui
étoit point connue. " On voit néanmoins l'esprit de l'Eglise sur ce sujet dans
„ un des Canons du Concile de Chalcedoine qui défend aux Ecclesiastiques de
„ se faire enroller en deux Eglises. Cela revient à la pluralité des Benefices . . .
„ le second Concile de Nicée tenu au tems de Charlemagne, défend la même
„ chose comme un gain honteux, excepté pourtant qu'il le permet à la cam-
„ pagne, à cause de la rareté des Ecclesiastiques en ce siécle là. Enfin un Con-
„ cile de Paris tenu en l'an 829, condamne le même desordre & en marque
„ la même source, qui est l'avarice. " Depuis l'établissement des Benefices,
la pluralité n'en a pas moins été condamnée. Les Docteurs de l'Eglise s'en
sont plaints, & quand le Pape a dispensé de tenir plusieurs Benefices, ils ont
soutenu que cette dispense n'excusoit pas le peché de la pluralité. Ils ont insi-
nué que cela étoit bon pour le monde, mais que dans le Ciel on en jugeoit
autrement. Néanmoins l'usage est depuis long-tems general de tenir plusieurs
Benefices.

Ceux qui ont des Benefices, & surtout ceux qui en ont avec charge d'ame,
sont obligés à la residence : mais ils laissent souvent le soin de resider au Vicaire. Cependant la discipline de l'Eglise les prive de percevoir les fruits de leur
Benefice pour autant de tems qu'ils s'en sont absentés. La quantité de Beneficiers, qui ne resident pas, nous persuade que l'on use d'une extrême indulgence en cette occasion & de plus l'abus est si inveteré, qu'il est comme impossible de le corriger.

Il est défendu aux Ecclesiastiques de vendre ou d'acheter les choses spirituelles ou celles qui y sont annexées. Ce trafiq s'appelle simonie. Par choses spirituelles on entend les dons du S. Esprit, les Sacremens & les fonctions spirituelles, comme prêcher, celebrer la Messe. Par choses annexées aux spirituelles
on entend les revenus des Benefices, qui dépendent des fonctions spirituelles
que les Beneficiers doivent exercer. Si l'on pressoit un peu l'article de la Simonie, il seroit bien à craindre que le peché qui en est la suite ne s'étendît sur la
plus grande partie du Corps Ecclesiastique. On distingue cette Simonie en

men-

mentale, conventionelle & réelle. La mentale c'est, lorsque donnant une de ces choses qui font la Simonie, on a intention d'obliger celui qui la reçoit de donner de l'argent, ou l'équivalent, ou quand on donne quelque chose de pareil avec intention de recevoir un Benefice par ce moien. La conventionelle, c'est lorsque deux personnes traitent expressement ou tacitement ensemble de donner une chose spirituelle, ou celle qui y est annexée, pour une chose temporelle. La réelle c'est lorsque deux personnes conviennent ensemble de donner de l'argent pour un Benefice. Les rigides poussent la Simonie encore plus loin, & mettent entre ses especes les prieres, les louanges & les flateries emploiées en intention d'obtenir ou de procurer à quelqu'un le bien de l'Eglise. Il y a, outre la Simonie, (a) d'autres mauvaises voies d'entrer dans les Benefices: comme 1. la *Confidence*, „ qui est, lorsqu'on resigne ou qu'on procure un Benefice „ à quelqu'autre, avec intention ou pacte que l'aiant il le donnera à un pa„ rent ou autre, ou qu'il en laissera prendre les fruits à un autre en retenant „ seulement le titre “ 2. la negociation & le trafiq qui se fait dans les permutations; lorsqu'on permute un Benefice avec un autre, non pour l'utilité de l'Eglise, mais pour avoir plus de commodités & de revenus. 3. Les permutations frauduleuses, 4. les resignations supposées, 5. les Actes supposés pour emporter un Benefice. 6. La fondation d'un *obit*, qui est ceci. „ Quelqu'un vou„ lant avoir un Benefice pour lui même, ou l'obtenir pour quelque parent, met „ une somme d'argent, ou achette quelque fond de terre, & afecte la rente de cet „ argent, ou le revenu de la terre, à la celebration d'une Messe par semaine, „ & faisant passer cette fondation pour un Benefice, qu'il appelle *obit*, l'offre „ à celui qui a un Canonicat, ou une Cure, & le permute avec lui. “ Que le Lecteur juge après cela, s'il y a beaucoup d'Ecclesiastiques, qui se puissent vanter d'être seulement exempts des apparences de Simonie. Mais, dira l'Ecclesiastique, les cas où l'on suppose la Simonie & les autres irregularités ne sont ils pas imaginaires? Celui qui les expose si vivement ne tombe t'il pas dans une severité outrée?

CEREMONIES *concernant* L'ELECTION
des EVEQUES.

Les Evêques sont les Peres & les Pasteurs des fidelles, les Successeurs des Apôtres, & comme tels les (b) Superieurs de l'Eglise de J. C. (c) C'est en vertu de cette superiorité qu'on leur défere les premieres places au Chœur, aux Chapitres & aux Processions &c. Comme Successeurs des Apôtres, ils méritent le respect & les hommages des peuples; comme Peres & Pasteurs, ils sont obligés de prêcher eux-mêmes aux fidelles la parolle du Seigneur. C'étoit l'usage de l'ancienne Eglise: il n'y a point de prescription sur cet article, puisque dans la consecration des Evêques on leur ordonne de prêcher (d) l'Evangile aux peuples dont ils doivent être les Pasteurs. Il est bien vrai que depuis longtems ils se dispensent volontiers de cette pénible fonction, & que leur mol-

K k 2

lesse

(a) Le *Rituel d'Aix*.
(b) Evêque est un terme Grec qui signifie inspecteur : ce qui prouve assés qu'ils étoient superieurs aux autres Prêtres.
(c) *Piscara* Praxis Ceremoniar.
(d) Voi. ci-après.

lesse les a exposés souvent aux vives censures tant des orthodoxes que des heretiques.

Le *Ceremonial des Evêques* ordonne qu'ils soient vêtus de violet. Les Evêques Reguliers peuvent conserver l'habit de leur Ordre. Pendant le Carême & l'Avent ils doivent être vêtus de noir & toûjours avec la tunique : mais en voiage il leur est permis de porter des habits courts.

Le Pape seul a le droit d'élire les Evêques. C'est une prérogative prétendue, que les partisans de Rome font beaucoup valoir au préjudice des Rois & des Princes Souverains. Néanmoins quelques-uns d'entr'eux se sont reservés le droit de nommer à l'Episcopat : ensuite le Pape envoie son aprobation & les bulles au nouvel Evêque. (*a*) A Rome on *préconise*, (c'est-à-dire qu'on declare ou publie l'Evêque dans un Consistoire. On le confirme après avoir dressé un procés sur sa vie & sur ses mœurs, après quoi on lui expedie (*b*) une Cedule, que les Romains appellent *Consistoriale*, & des Lettres Apostoliques. Toutes ces formalités servent à rendre les Evêques soumis au Pape : Cependant ceux de ces Prélats qui parlent de bonne foi, & que la politique ne retient pas prétendent ne tenir leur autorité que de J. C. pour le Diocése, ils doivent avouer avec la même bonne foi, qu'ils le tiennent du Saint Pere. Voilà des sources de distinctions (*c*) d'où sont émanées de grandes disputes sur le Droit divin de l'Episcopat. En vertu de ce Droit divin, quelques Evêques ont été assés hardis pour mettre simplement à la tête de leurs Decrets & de leurs Mandemens, *un tel*, *Evêque par la grace de Dieu*, *ou par la Providence Divine. Inno-*cent XI. les relança (*d*) vivement à cette occasion.

(*e*) Celui qui fait que le S. Pere l'a promu à l'Episcopat doit faire agrandir sa Couronne & prendre l'habit violet. S'il est à Rome, il ira faire la reverence au Vicaire du Sauveur & recevra de lui le Rochet. Trois mois après avoir été confirmé dans son élection on le consacrera solemnellement. (*f*) Cette consecration (*g*) doit se faire le Dimanche, ou pour le moins un jour de fête d'Apôtres après avoir jeûné la veille de la consecration. L'Autel, nous disent les livres des Ceremonies, doit être orné de fleurs, il faut étendre un tapis par terre, devant l'Autel, & sur les degrés. On pose sur l'Autel les ornemens pontificaux, & sur les crédences le Chrême, le vase de l'eau benite, le Calice, le Ciboire, l'anneau pontifical, les sandales, le bâton pastoral, la mitre, les gans &c. On y voit aussi deux petits barils pleins du meilleur vin, deux pains, dont l'un est doré, l'autre argenté, aux armes du Celebrant & de l'Evêque désigné, & deux cierges du poids de quatre livres chacun. L'Evêque consacrant &
celui

(*a*) Celui qui aspire à la dignité d'Evêque en quelque Ville d'Italie, dit *Leandro* Relaz. della Corte di Roma, doit faire sa confession de foi entre les mains d'un Cardinal nommé par le Pape. Après que l'Eminence a entendu la déposition des témoins sur la vie, les mœurs &c. de l'aspirant, elle en fait dresser le procés, le signe ensuite & le remet à la revision de trois Cardinaux Chefs d'Ordre. Les témoins doivent aussi témoigner, que l'aspirant est né de mariage legitime, que ses Pere & mere n'ont jamais été soupçonnés d'heresie. Après ces formalités on préconise l'aspirant dans un Consistoire secret, on le propose dans un second Consistoire.

(*b*) Par cette Cedule l'aspirant promet de paier au sacré College, à la Chambre Apostolique & à la Chancellerie tous les fraix de sa promotion. En vertu de cette cedule on lui expedie les Bulles.

(*c*) Voiés comment cette matiere a été agitée au Concile de Trente, dans l'Hist. de ce Concile par *Fra-Paolo* pag. 579. & suiv. de la Traduction Françoise imprimée en 1699. à Amsterdam.

(*d*) Un de ces Mandemens irrita de telle façon le S. Pere, qu'on lui attribue d'avoir dit, *ecce un viracolo barone con la sua gracia di Dio*, &c. Voilà un plaisant faquin avec sa grace de Dieu &c. sans la mienne il n'auroit jamais été Evêque.

(*e*) *Ceremon. Episcoporum.* L. I.

(*f*) *Pontificale Roman.*

(*g*) *Leandro* dans sa Relat. &c. dit que le jour de la consecration le Prélat désigné a le pas devant les autres Evêques, à cause que c'est le jour de ses noces.

L'EVEQUE designé se presente avec les deux ASSISTANS. | L'EVEQUE designé prête le SERMENT.

L'EVEQUE designé se PROSTERNE. | L'EVEQUE designé est OINT.

On OINT les mains de L'EVEQUE. | On lui donne le BÂTON PASTORAL.

celui qui va être confacré doivent avoir quelques Acolytes auprés d'eux. Ce dernier fe place au milieu des deux Evêques affiftans vis-à-vis du célébrant, lequel eft affis fur le fiege épifcopal vers le milieu de l'Autel. Alors un des affiftans adreffe la parole au Célébrant, en lui difant (a) que l'Eglife Catholique demande qu'un tel foit élevé à la charge d'Evêque. Le Célébrant lui demande le *mandement Apoftolique*, le Notaire du Célébrant en fait la lecture, & le Célébrant repond à la conclufion du mandement *Dieu foit loué*. Cette premiere ceremonie eft fuivie du ferment de l'Evêque defigné. Il le fait à genoux fur l'Evangile entre les mains de celui qui le confacre à l'Epifcopat. Par ce ferment (b) il promet d'être fidelle à S. Pierre, à la Sainte Eglife Romaine & au Pape; de les defendre de tout fon pouvoir, de ne point relever les fecrets que le S. Pere lui aura confié. Il jure qu'il maintiendra envers & contre tous (c) le *Papat Romain* & les *Regales de S. Pierre*; les droits, les honneurs, les Privileges, l'autorité de la Sainte Eglife Romaine; qu'il n'entrera dans aucun confeil, dans aucune machination contre elle & contre fon Chef; qu'il leur revelera fidellement tout ce qui leur fera contraire; qu'il obfervera les regles des SS. Peres, les decrets, les ordres, les provifions, les Mandemens Apoftoliques; qu'il pourfuivra les heretiques, les fchifmatiques & les rebelles au S. Pere. Il promet encore de lui rendre compte de fon adminiftration, & de ce qui concerne l'état & la difcipline de fon Eglife; d'executer promtement & avec humilité les Mandemens Apoftoliques, foit par lui même, ou par fes Miniftres &c. Une Rubrique du Pontifical nous dit, que les Patriarches, Primats, Archevêques & Evêques d'Italie & des Iles voifines font obligés de renouveller ce ferment tous les trois ans; ceux de France, d'Allemagne, d'Efpagne, des Pais-Bas, des Iles Britanniques, de Pologne &c. tous les quatre ans; ceux des dernieres extremités de l'Europe, & ceux d'Afrique tous les cinq ans; ceux d'Afie & du nouveau Monde tous les dix ans.

Le Serment eft fuivi de la lecture d'une autre formule, qu'on appelle (d) l'examen. Par cette formule il promet (e) de foumettre fa prudence au fens de la Sainte Ecriture, & cela eft fuivi d'un nombre d'interrogations convenables, qui achevent l'examen. Ces interrogations concernent les devoirs d'obeiffance qu'exigent le Pape & l'Eglife, l'obfervance de fes commandemens, de fes traditions, la pureté des mœurs, fa foi aux dogmes du Chriftianifme. Après le ferment l'Evêque defigné baife à genoux la main du Célébrant. Après le chant ou la lecture de la Meffe qui fuit le ferment & l'examen, il quitte le pluvial, & les Acolytes lui donnent les fandales au chant des Pfeaumes. Enfuite il reçoit la Croix pectorale, l'Etole & les autres ornemens pontificaux, & revêtu de la forte va fe prefenter à l'Autel, où il lit l'Office de la Meffe, aiant à fes côtés les deux Evêques affiftans. Cette lecture étant finie il va faire la reverence au Célébrant, qui lui dit ces parolles qui renferment les fonctions Epifcopales; „ il „ faut que l'Evêque juge, interprete, confacre, confere les Ordres, facrifie, bap-„ tife & confirme. " Après ces parolles & une petite Oraifon, le Célébrant

&

(a) *Reverendiffime Pater, poftulat fancta mater Ecclefia Catholica ut hunc Presbyterum ad onus Epifcopatus fublevetis.*

(b) Voiés le dans le *Pontifical.*

(c) *Papatum Romanum & Regalia Sancti Petri.*

(d) L'*Examen* eft un Canon d'un Concile de Carthage, lequel concerne l'Epifcopat.

(e) *Interrogamus te, fi omnem prudentiam tuam ... divinæ fcripturæ fenfibus accommodare volueris.* Pontifical Romain.

& ceux qui sont presens se mettent tous à genoux de la façon que la troisiéme figure de cette planche le montre ici, excepté l'Evêque désigné, qui se prosterne & reste prosterné pendant que le Celébrant, la gauche armée du bâton pastoral, fait le signe de la Croix sur lui. Les Assistans font la même ceremonie.

Avant que le Celébrant procéde à l'onction, il prend le Livre des Evangiles, & le pose sur les épaules du futur Evêque. Le Celébrant & les deux assistans posent aussi les mains sur sa tête, en lui disant, *Recevés le Saint Esprit*. On met ensuite une serviette sur le cou de l'Evêque designé, auquel le Celébrant oint la tête avec le Chrême. L'onction se fait en croix sur la couronne de l'Evêque : de cette onction il passe à celle des deux mains, lesquelles sont aussi posées en croix. Cette onction se fait du pouce de la main droite au doit *index* de la gauche, & du pouce de la gauche au doit *index* de la droite, après quoi le Celébrant lui oint les paumes de ses mains, & finissant cette onction par une priere procéde à (*a*) la benediction du bâton pastoral, l'asperse d'Eau benite & le remet au nouveau Prélat de la maniere qu'on le voit à la sixiéme figure de cette planche. (*b*) L'anneau pastoral est benit, asperfé, donné avec la même ceremonie, le tout avec des exhortations très convenables aux usages que le nouveau Prélat doit faire des choses qui lui sont mises entre les mains. L'Evangile lui est remis fermé avec cette exhortation, ,, recevés l'Evangile, ,, allés & prêchés au peuple qui vous est commis &c. S'après cette exhortation le Celébrant & les deux Evêques assistans lui donnent le baiser de paix. Ces Ceremonies finissent par l'offrande mystique du nouveau Prélat, laquelle consiste en deux flambaux allumés, deux pains & deux petits barils de vin. Ensuite le Celébrant communie l'Evêque qu'il a consacré. Après la Communion il benit la mitre, l'asperse d'eau benite, & met sur la tête de l'Evêque nouvellement consacré *ce casque de defense & de salut*, dont (*c*) *les cordons, semblables aux cornes des deux Testamens doivent le faire paroître redoutable aux ennemis de la verité* &c. On lui donne les gands : ces gans représentent (*d*) *la pureté de l'homme nouveau*, laquelle environnera les mains du nouveau Prélat, & le rendra semblable à Jacob, qui en offrant à son pere des mets agreables les mains couvertes de peaux de bouc, sut enlever la benediction paternelle. Enfin on l'*intronise*; c'est-à-dire que le Celébrant & le premier assistant le prennent chacun par la main & le font asseoir sur le siege Episcopal où le Celébrant étoit assis auparavant. Après quoi les assistans le promenent dans l'Eglise & il y donne la benediction au peuple : il marche ensuite vers l'Autel, la mitre en tête, le bâton pastoral à la main. De là il donne encore la benediction au peuple après avoir fait le signe de la croix sur soi. Il passe du côte de l'Epître, s'y met à genoux tourné vers le Celébrant, (*e*) le bâton pastoral à la main, & lui dit en chantant, *ad multos annos*: parolles qu'il repete trois fois, premierement du côte de l'Epître & tourné vers le Celébrant, ensuite au milieu de l'Autel, & enfin à genoux aux pieds de ce même Celébrant. La ceremonie finit par le chant d'un Cantique : le Celébrant baise le nouveau Prélat, fait le signe de la Croix & la salue. Le nouveau Prélat en fait autant & va se deshabiller.

Tou-

(*a*) Le Bâton pastoral, ou la Crosse est le symbole du pouvoir que le nouveau Prélat reçoit de châtier les rebelles à l'Eglise. La Crosse a quelque raport au *lituus* ou Bâton des Augures du Paganisme.

(*b*) Cet Anneau est la marque du mariage de l'Evêque avec son Eglise.

(*c*) *Imponitur capiti hujus antistitis, galeam munitionis & salutis, quatenus decorata facie & armato capite omnibus utriusque Testamenti, terribilis appareat adversariis veritatis.*

(*d*) *Circumda manus hujus ministri tui munditiâ novi hominis, qui de coelo descendit, ut quemadmodum Jacob dilectus tuus pelliculis hoedorum* &c.

(*e*) C'est la Cérémonie qui est représentée à la cinquiéme figure de la planche, où l'on a mis par abus cette inscription; *on lui donne le Bâton Pastoral.*

On donne l'ANNEAU à l'ÉVÊQUE. | On lui presente le LIVRE des EVANGILES.

Le nouvel ÉVÊQUE presente les flambeaux, le Pain et le Vin. | On met la MITRE sur la tête de l'ÉVÊQUE consacré.

On lui donne le BÂTON PASTORAL. | L'ARCHEVÊQUE recevant le PALLIUM.

Toutes ces ceremonies doivent être regulierement obfervées, & pour les devoirs qui concernent en particulier le S. Pere & la Cour Apoftolique, ils doivent être rendus par un Procureur du nouveau Prélat, fuppofé qu'il ne puiffe pas les rendre en perfonne.

Tous les Evêques n'ont pas des Eglifes; il y en a de titulaires, lefquels font ordinairement dévoués à la Cour Apoftolique. Un Evêque dit autrefois (a) que les titulaires étoient de l'invention de la Cour de Rome, (*figmenta humana.*) Il ne fe voit aucun veftige de cette Dignité dans l'Antiquité.

Les Archevêques font au-deffus des Evêques. On les diftingue des Evêques par le Pallium (b) que le Pape envoie aux Archevêques.

Si l'Archevêque défigné eft à Rome, le * premier Cardinal Diacre fait la fonction de lui mettre le Pallium fur les épaules. On porte le Pallium fur l'Autel. Après la Meffe le Célébrant revêtu de tous fes ornemens pontificaux, reçoit le ferment de l'Archevêque futur, qui eft revêtu de même, excepté des gans & de la mitre. Enfuite le Célébrant fe leve & mettant le Pallium fur les épaules de l'Archevêque défigné il lui dit ces parolles : (c) *Recevés à la gloire de Dieu, de la Sainte Vierge, des Apôtres S. Pierre & S. Paul, de Notre Seigneur le Pape & de la Sainte Eglife Romaine &c. ce Pallium, qui eft pris du corps de S. Pierre, & dans lequel fe trouve la plénitude, (ou la perfection) de la charge de Pontife, (ou de Patriarche ou d'Archevêque) fervés vous de ce Pallium en certains jours (d) marqués dans les privileges que le S. Siége Apoftolique vous accorde Au nom du Pere &c.* L'Archevêque doit faire ufage du Pallium aux folemnités de la Meffe & aux grandes fêtes, à la dédicace d'une Eglife, à l'ordination des Clercs, à la confécration d'un Evêque, & lorfqu'il donne le voile à quelques Religieufes. La formule de l'élection dit que le *Pallium eft pris du corps de S. Pierre*, parce qu'il n'appartient qu'au Pontife Romain de le donner, (e) comme un figne évident de cette fouveraine puiffance, qui découle, pour ainfi dire, du chef de l'Eglife Apoftolique dans les *membres Ecclefiaftiques*.

Après que l'Archevêque a reçu le Pallium, il monte à l'Autel & donne la benediction au peuple. Il ne peut vaquer à aucune des fonctions commifes à la charge d'Archevêque, qu'il n'ait reçu le Pallium folemnellement, & la Croix Archiepifcopale ne fe porte devant ce Prélat qu'après la reception du Pallium.

On voit affés la forme du Pallium dans cette figure. Il confifte en quelques bandes de laine banche larges de trois dours & parfemées de croix rouges. Avant que de donner le Pallium à l'Archevêque défigné, foit à Rome, ou ailleurs par Procureur, on doit le laiffer une nuit fur l'Autel de S. Pierre & de S. Paul. Nous obferverons, que l'ufage du Pallium eft affés ancien dans l'Eglife, & que l'on trouve chez les Romains des traces de cette efpece d'habillement, ou pour mieux dire d'ornement. Ceux qui fervoient aux feftins & aux facrifices portoient fur l'épaule gauche une bande affés large, laquelle étoit de (f) lai-

L l 2

ne

<hr>

(a) Voi. l'*Hift. du Concile de Trente par Fra-Paolo.*

(b) Autrefois quelques Evêques ont auffi joui des honneurs du Pallium, par égard peut-être à leurs qualités éminentes. Aujourd'hui l'Evêque de Bamberg en Allemagne, & ceux de Lucques & de Pavie en Italie jouiffent du même privilege : V. *Bona* L. I. C. 24. *Rer. Liturg.*

* Le Pape faifoit autrefois lui-même cette fonction.

(c) *Pontif. Romain.*

(d) Le Pape poffede feul le privilége de porter toûjours le Pallium.

(e) *Pifcara Prax. Carem.*

(f) Remarqués ce paffage de Petrone : *Jam Trimalchio unguento perfufus tergebatur non linteis, fed Palliis ex molliffima lana factis.*

ne, (a) avec des plis qui en pendoient. Cette bande étoit la marque de leur
ministere: après qu'elle eut été consacrée dans l'Eglise il fallut lui donner un caractere d'onction. Le Pallium pendu au cou de l'Archevêque désigna l'humilité
du Seigneur. On veut aussi qu'il marque la vigilance pastorale, l'excellence
des vertus qui doivent briller dans l'Archevêque &c. Le Pallium est de laine
& posé sur les épaules du Prélat, (b) parce qu'il est le symbole de la *Brebis
perdue*, que le berger charge sur ses épaules & remet dans le bercail.

Le Pallium ne sert qu'à l'Archevêque auquel il a été donné, (c) mais il
ne peut plus faire usage du même Pallium quand il a passé de son Archevêché
à un autre, ni le laisser à son successeur. Lorsqu'un Archevêque meurt, on observe d'enterrer le Pallium avec lui, & on le lui met sur les épaules pourvû
qu'il soit enterré dans son Diocese. S'il est enterré ailleurs, on lui met le Pallium sous la tête. Tous les Palliums (d) qui ont servi à un même Archevêque en differens Dioceses doivent être enterrés avec lui: le dernier porté est
mis sur les épaules du mort, on lui met les autres sous la tête.

La BENEDICTION des AGNEAUX dont la LAINE sert à faire les PALLIUMS.

On croit que les Ceremonies, dont nous allons donner la description s'introduisirent dans l'Eglise lorsque la laine devint la matiere du Pallium. Si cette
conjecture est veritable, elles sont assés anciennes. (e) La fabrique & la garde
des Palliums sont du ressort des Soudiacres Apostoliques, & voici ce que l'on
observe à cette occasion à la Cour de Rome. Le 21. Janvier Fête de Sainte
Agnés, les Religieux du Couvent qui porte le nom de cette Sainte offrent à
l'*Agnus Dei* de la grand' Messe deux petits agneaux blancs, sans aucune tâche.
Ces Agneaux sont ornés de guirlandes, de fleurs & de rubans. Après l'*Ite missa*
on les met sur l'Autel, l'un du côté de l'Epitre & l'autre du côté de l'Evangile, chacun sur un oreiller de damas blanc bordé d'une crépine ou d'un galon
d'or; après quoi l'on chante l'Antienne, *Stans à dextris ejus agnus nive candidior*,
ce qui convient à la couleur & à la qualité des Agneaux. L'Antienne étant
achevée, le Celébrant prononce la benediction sur eux de la maniere suivante:
Notre aide soit &c. (f) *Seigneur qui avés institué par Moïse votre serviteur les Vêtemens des Ministres du Tabernacle & par vos Saints Apôtres ceux des Sacrificateurs
& des Prélats Evangeliques, repandés vôtre benediction sur ces Agneaux dont la
toison doit servir à la fabrique des Palliums des Souverains Pontifes, des Patriarches & des Archevêques: afin que ceux qui porteront ces Palliums parviennent, avec
les peuples qui leur sont commis, à la felicité éternelle par l'intercession de Sainte Agnés Vierge & Martyre, & par les mérites de J. C. &c.* Deux Chanoines de S.
Jean de Latran prennent ensuite ces Agneaux benits & les consignent aux Soudiacres

(a) *Ceræis dependentibus.*
(b) *Gisbt. de Vet. Sacr. Christ. Ritib.*
(c) *Cærem. Episcop.*
(d) *Piffara L. II. Sect. X. Prax. Cærem.*
(e) *Sacr. Cærim. Eccl. Rom. L. I.*
(f) *Qui per Moïsen famulum tuum Pontificibus Tabernaculo inservientibus indumenta insti-
tuisti, & per Sanc-
tos Apostolos tuos sacerdotibus & præsulibus Evangelicis vestimenta sacra prævidisti, effunde tuam sanctam be-
nedictionem super hos agnos de quorum vellere sacra pallia pro summis Pontificibus, Patriarchis & Archiepiscopis
conficienda sint, ut qui ea utentur una cum plebe tibi commissa per intercessionem &c.*

diacres Apostoliques, qui les envoient dans les prés sacrés de Sainte Agnes. (*a*) On nous dit „ que la taxe de ces agneaux benits est d'un écu par mois, „ à compter du jour de leur naissance, jusqu'à ce qu'ils soient en état d'être „ tondus pour la premiere fois. " Les Religieuses de *S. Laurent in Panisperna*, ou les Capucines ont soin de les tondre quand il en est tems, de filer la laine qu'elles ont tondue, & d'en faire des Palliums. Les Chanoines de S. Pierre portent ces Palliums sous le grand Autel & les mettent en ceremonie sur les corps de S. Pierre & de S. Paul. Après qu'ils y ont resté une nuit on les remet à la garde des Soudiacres Apostoliques, ainsi qu'on l'a déja dit.

ENTRÉE *du nouveau* PRELAT *dans son* DIOCESE, &c.

Après l'élection du nouveau Prélat, on doit sonner les cloches chanter le Te Deum & parer le Siége Episcopal. Le Clergé séculier & regulier & les Confrairies se mettent en marche & vont *processionellement* rendre graces à Dieu. Si l'élu se trouve absent (*b*) il fait prendre possession du Siége Episcopal par un Ecclesiastique de marque auquel il donne procuration à cet effet. L'Ecclesiastique entre dans la Cathedrale de l'Evéché avec un Notaire & des témoins, y fait sa priere & ordonne au Notaire de lire tout haut les Lettres Apostoliques, ensuite de quoi deux Capitulaires conduisent au grand Autel le Procureur du Prélat : le Procureur prend possession de l'Autel en le baisant au milieu, au côté de l'Epitre & à celui de l'Evangile. De là ils conduisent le Procureur de leur Evêque au Siége Pontifical, lequel est couvert d'une belle étofe & sous un daix. Le Procureur y reste assis un moment, ensuite il fait le tour de l'Eglise & va se rendre au Chapitre. Il s'y place sur le Siége Episcopal & adresse la parolle aux Capitulaires au nom de l'Evêque. Le Chapitre le remercie & le conduit jusqu'à la porte de l'Eglise. Enfin il va prendre possession du Palais Episcopal.

Le Prélat qui part pour prendre possession de son Diocese (*c*) tachera d'obtenir quelques faveurs du Saint Pere : surtout il lui demandera une Indulgence pléniere pour les fidelles qui assisteront à sa premiere Messe.

Il est ordonné par le *Ceremonial des Evêques* au nouveau Prélat, de se pourvoir des choses necessaires pour faire son entrée d'une maniere convenable, & qui, si l'on peut le dire, donne de l'éclat à l'humilité Apostolique, qui devroit être le partage des Ministres de l'Eglise. Dés que l'Archevêque aura mis le pied dans son Diocese il fera porter la Croix devant lui. Avant que d'arriver, le Prélat fera savoir à ses grands Vicaires, aux Chanoines, à tout le Chapitre, aux Magistrats & à l'Officialité de la Ville le jour & l'heure de son arrivée, afin qu'on vienne au devant de lui & qu'on lui rende les honneurs qui lui sont dûs. Le Clergé ira le recevoir en Procession, l'on préparera le baldachin à la porte de l'Eglise, on nétoiera les chemins, on les parsemera de fleurs & de feuilles. Lorsque l'Evêque sera près de la porte de sa ville, il se revêtira des Ornemens Episcopaux, son Clergé le recevra hors de la porte. Là il se mettra

tra

(*a*) *Tableau de la Cour de Rome* par *Aimon*.
(*b*) *Piscara Praxis Cærem.*
(*c*) *Cærem. Episcop.*

tra à genoux, féra fa priere, baifera la Croix. Enfuite il entrera dans la ville, précedé de la bourgeoifie, des Magiftrats, & du Clergé &c. Le Prélat fera monté fur un beau cheval & marchera fous un daix foutenu par les principaux de la ville, ainfi que le pratiqueroient les Apôtres, s'ils avoient vêcu dans ces derniers fiécles. Tout chemin faifant il benira fes ouailles. A la porte de la Cathedrale, il recevra l'afperfoir, s'afperfera premierement, & enfuite afpersera les fidelles affiftans. Le plus aparent du Chapitre l'encenfera jufqu'à trois fois. Arrivé à l'Autel au chant du *Te Deum* il fléchira le genou devant le S. Sacrement, faluera la Croix, fera fa priere. Enfin il admettra le Chapitre à l'hommage accoutumé, qui eft de lui (*a*) baifer la main. Retournant à l'Autel il otera fa mitre au plus bas dégré, faluera la Croix, baifera l'Autel, chantera l'Oraifon du Saint titulaire de l'Eglife & donnera la benediction folennelle, aprés quoi on le raménera chez lui. Le Ceremonial nous dit encore, que fi par civilité un Prince vouloit accompagner le Prélat jufqu'au Palais Epifcopal, le Prélat devroit faire difficulté d'accepter un pareil honneur; mais le même Ceremonial (*b*) a foin de nous infinuer que le Prélat tournera fon compliment de telle façon que le Prince ne le prenne pas au mot.

Lorfque le Prélat va faire la vifite de fon Diocefe, on le reçoit de la façon que (*c*) la figure le repréfente, à peu prés comme il eft reçu lorfqu'il fait fa premiere entrée. On orne l'Eglife où il doit fe rendre, on fonne les cloches; le Clergé féculier & regulier s'affemble folemnellement, va prendre l'Evéque à fon logement & le conduit en proceffion. L'Evêque marche fous un daix foutenu par quatre Ecclefiaftiques, précedé du Clergé, qui chante (*d*) l'hymne du S. Efprit. Le premier Chanoine revêtu du pluvial eft à la porte de l'Eglife, la Croix à la main qu'il donne à baifer au Prélat, qui, pour s'acquitter de cette Ceremonie, fe met à genoux. L'eau benite, l'encenfement, la priere à l'Autel fuivent. Le Prélat aiant vaqué à ces devotions chante folemnellement la Meffe du Saint Efprit. Souvent la premiere Dignité de l'Eglife la chante pour lui. Tout ceci précede (*e*) l'exhortation paftorale, que l'Evêque fait au peuple. La publication des Indulgences, la benediction qu'il donne aux fidelles & l'abfoute des morts font la clôture de la Ceremonie; & c'eft aprés ces préliminaires (*f*) qu'il fait fa vifite.

La MORT *& les* FUNERAILLES *de* L'EVEQUE.

Il ne refte plus que de voir au lit de mort ces Succeffeurs de SS. Apôtres. Le Ceremonial (*g*) nous dit, ,, que l'Evêque doit y être tout préparé au ,, grand compte qu'il va rendre de fon adminiftration, prêt à fe prefenter de- ,, vant le Seigneur, qui eft l'époux de l'Eglife &c. "

Aprés

(*a*) Voi. la 5. fig. de la planche qui eft à la page 23.
(*b*) *Debebit Epifcopus aliquantulum refiftere, non tamen hujufmodi obfequii & pietatis officium omnino recufare* &c.
(*c*) Voi. ci-devant la 3. figure de la planche qui eft à la page 23.
(*d*) *Veni Creator Spiritus.*
(*e*) Voi. la 4. figure à la page 23.
(*f*) *Piftara Praxis Cæremon.*
(*g*) Idem Ibidem.

Aprés s'être confeſſé, repenti, communié dans les ornemens de (a) l'Epiſcopat, aux premieres aproches de la mort, il ordonnera qu'on aſſemble ſon Clergé, lui fera la Confeſſion de foi, lui recommandera ſon Eglife, & ne converſera plus qu'avec des perſonnes pieufes, (b) qui lui montreront la ſainte Croix & la lui donneront à baiſer. Aprés la mort de l'Evêque, les Chanoines qui l'auront vû mourir diront tour à tour ſur lui ce Verſet (c) à porta inferi &c. l'aſperſeront d'eau benite & lui fermeront les yeux. Les domeſtiques du Prélat laveront le corps avec du vin & de l'eau chaude. Enſuite (d) on le revêtira des Ornemens Epiſcopaux, (& du Pallium, ſi le défunt étoit Archevêque. (En cet état on l'expoſera ſur un lit de parade au milieu de quatre ou de ſix cierges allumés, on mettra ſur le corps vers les pieds le chapeau d'Evêque. Au pied du lit il y aura une Credence, ſur laquelle on poſera deux Cierges allumés, le vaſe d'eau benite, l'aſperſoir, le Miſſel, la navette, l'encenſoir, le ſurplis, l'étole & le pluvial noir. Le Clergé Seculier ou Regulier viendra chanter autour du Prélat défunt l'Office des morts, l'aſperſer d'eau benite, l'encenſer &c. Cette ceremonie ſe fait par détachemens. Une partie du Clergé s'avance pour chanter Vêpres auprés du mort; ceux-ci s'en vont & ſont relevés par d'autres, qui viennent chanter *Matines*. Un troiſiéme détachement vient chanter *Laudes*. A l'égard de l'enterrement de l'Evêque, on le porte à l'Eglife au ſon des Cloches, précedé du Clergé. Les Prêtres portent le défunt, les Magiſtrats & les plus apparens de la bourgeoiſie ſuivent le corps, & la ceremonie funébre finit à la maniere ordinaire.

Les MINISTRES *de* L'EGLISE *& les* DIGNITÉS *inferieures à* L'EVEQUE.

L'étendue des Ceremonies de l'Eglife demande neceſſairement un nombre conſiderable de ſerviteurs, dont le moindre contribue à la gloire de Dieu (e) Ce ſont des vaiſſeaux également conſacrés à ſon honneur. Ils ſont tous utiles au Seigneur. Nous commencerons par le Maître des Ceremonies, puiſque c'eſt lui qui dirige l'ordre qu'il faut obſerver en toutes ces ceremonies, & nous indiquerons ſes principales fonctions. Il doit avoir ſoin que ceux qui ſont nouvellement entrés dans les Ordres obſervent les uſages de l'Eglife, & que tout ſe faſſe au Chœur ſelon les regles de la diſcipline Eccleſiaſtique. Il doit auſſi regler l'ordre & la marche des proceſſions, aſſiſter aux ceremonies pontificales, telles que ſont les Meſſes ſolemnelles, l'entrée & la conſecration de l'Evêque, les Synodes, la viſite du Diocefe &c.

Le Maître des Ceremonies eſt dans les Ordres, ſon habit eſt violet; mais au Chœur & aux divins Offices il doit paroître en ſurplis. Dans les grans jours de ceremonie il peut porter (f) une ferule, dont la couleur eſt ordinairement violette.

Mm 2

La

(a) Les autres Dignités de l'Eglife doivent auſſi mourir dans les ornemens de leur charge. Un Chanoine doit être en habits de Chanoine, avoir l'Etole au cou &c. & ainſi des autres.
(b) *Cerem. Epiſcop.*
(c) *Delivrés ſon ame de la porte de l'infer.*
(d) Voi. la 6. fig. de la planche qui ſe met à la page 23. Il faut lire au bas de l'inſcription de cette figure, *l'Evêque expoſé ſur ſon lit de parade.*
(e) *Piſcara Praxis Ceremon.*
(f) Idem Ibid.

La garde des Reliques, des Vaisseaux sacrés & de tout ce qui sert à l'Eglise est commise au Sacristain. Il préside à l'entretien de l'Autel & de ses paremens; il fournit la cire aux obseques & regle ce qui concerne les honneurs funebres, comme la Chapelle ardente &c. Le Sacristain a sous lui des Clercs pour le soulager dans l'exercice de sa charge. Un de ces Ministres inférieurs a celle d'observer que chacun se comporte avec respect dans l'Eglise, qu'il ne s'y fasse point de bruit, que les hommes y soient separés des femmes &c. Il seroit inutile d'entrer dans le détail des fonctions de tous les Clercs ou Coadjuteurs du Sacristain. Les uns ont soin d'orner & d'entretenir les Autels, les autres ont la charge du Ciboire & des Hosties, les autres du Calice. Il y a des Clercs pour les corporaux, les vases de l'Autel, les habits Sacerdotaux, les Cierges, les Lampes, les Cloches &c.

Entre les Acolytes les uns sont à l'Autel les Ministres de l'eau benite, les autres de l'encens, les autres des Cierges. Un Acolyte tient la Mitre du Célébrant, un autre le Missel, un autre la Crosse Episcopale, si le Célébrant est Evéque, un autre lui presente le gremial, un autre les gands & l'anneau; un autre le Pallium, si le Celebrant est Archevêque. Le Porte-Croix est aussi de l'Ordre des Acolytes: le Caudataire porte la queuë ou l'extrémité de la Chappe de l'Evéque & des autres Successeurs des Apôtres. C'est aussi un Acolyte qui a soin du Siége Episcopal. Nous ne disons rien des Ministres du Chœur, comme les Chantres, & les Organistes; ni des Lecteurs, dont les fonctions sont assés connues.

Le Soudiacre sert à la Messe; il chante l'Epître, il donne à baiser le livre de l'Evangile au Célébrant, il est le Ministre du Calice & de la Patene qu'il presente au Diacre, il reçoit la paix du Diacre & la porte aux fidelles du Chœur. Précedé d'un Acolyte, il porte le Calice à la Credence. A la Sacristie il aide au Célébrant à quitter les ornemens sacerdotaux. A la Messe Pontificale il porte & presente les Sandales à l'Evéque, il lui donne le Manipule, & le donne à baiser au Prélat à l'endroit où est la Croix; ensuite il le lui met au bras gauche.

Le Diacre presente l'encens au Célébrant, il chante l'Evangile; après l'Evangile il encense le Célébrant, il étend le Corporal sur le millieu de l'Autel, il reçoit des mains du Soudiacre la Patene & le Calice qu'il presente au Célébrant, il va encenser le Chœur, & retournant à l'Autel il encense le Soudiacre. Il reçoit la paix du Célébrant & la porte au Soudiacre. Le Soudiacre porte le *baiser fraternel* au Chœur, ainsi qu'on l'a déja dit. A la Messe Pontificale, lorsque l'Evéque donne la benediction, il lui met la Mitre sur la tête, il ôte le Pallium à l'Archevêque & le pose sur l'Autel.

Les Chanoines, nous dit on, (a) sont les Senateurs de l'Eglise. Le nom de leur Dignité signifie *Regle* dans son origine; mais comme ils ont dégeneré de leur premiere institution, notre siécle s'est diverti plus d'une fois à leurs dépens. On ne s'est pas contenté de les citer comme des modéles d'indolence & de sensualité: leur embonpoint est même tourné en (b) proverbe. Quel scandale! ne reviendra t'on jamais de l'abus des choses saintes?

,, Les Colleges des Chanoines (c'est ainsi que s'exprime (c) *Pasquier*) qui ,, ont été introduits en chaque Eglise Cathedrale n'étoient anciennement en
,, usage,

(a) *Piscara* Praxis Cærem.
(b) On dit communément *gras comme* un *Chanoine.* Le Lutrin de *Boileau* est plein de traits extrémement vifs contre ces Messieurs.
(c) *Recherches de la France.* L. 5. Ch. 5.

,, uſage ; ains eſt une police . . . nouvelle: encores que . . . quelques doc-
,, tes perſonnages de notre tems aient penſé le contraire. Toutefois ne voiant
,, aucun Concile ancien qui parle de ces Chanoines, ains ſeulement vers le
,, tems de Charlemagne, je ne me puis perſuader que leur inſtitution ſoit an-
,, cienne. Je rapporte donc cette invention bien avant ſur le déclin de l'Empire
,, & advenement de nos Rois de France . . . . Gregoire de Tours . . . nous
,, témoigne qu'en l'Egliſe de Tours, qui étoit metropolitaine, l'une des plus
,, recommandées de la France, Baudin, ſeiſiéme Archevêque, du tems du Roi
,, Clotaire premier, inſtitua le College des Chanoines en ſon Egliſe . . . je ne
,, croirai jamais que ceux là fuſſent eſtimés comme premiers Senateurs de leurs
,, Egliſes, qui n'étoient neceſſités d'être Prêtres. Mais ſi je ne m'abuſe, c'étoit
,, une pepiniere de gens d'honneur, que les Evêques avoient autour d'eux, les
,, uns Diacres, autres Soudiacres, pour les tranſporter puis après ſelon les oc-
,, caſions aux autres Egliſes, en les faiſant Prêtres: je veux dire en leur conferant
,, les Egliſes qui n'étoient deſtinées qu'aux Prêtres, que depuis nous appellames
,, Curés. Vrai que depuis, comme toutes choſes ſe changent avec le tems, on
,, en auroit fait des Colleges de Chanoines. Mais encores leur eſt demeurée cet-
,, te ancienne remarque, qu'ils peuvent tenir des Prebendes & Chanoinies ſans
,, être Prêtres. " Par ce paſſage & par un autre du (a) même Auteur il paroît
que les Chanoines étoient des Clercs reünis ſous certaines regles & inſtitutions,
qui, ſi l'on peut le dire, les diſtinguoient du *commun peuple* de l'Egliſe ,, &
,, partant n'étoient ces Chanoines le Conſeil general de l'Evêque, comme quel-
,, ques-uns ont mal eſtimé, ains une pepiniere de Clercs nourris en la gran-
,, de Egliſe, que l'on diſtribuoit puis après par les Egliſes Parochiales, lorſ-
,, qu'ils avoient été faits Prêtres: & de cette ancienne coutume vient encores
,, qu'aujourd'hui nous diſons qu'une Chanoinie eſt un benefice à ſimple ton-
,, ſure. "

Il faut que celui qui eſt élevé à la dignité de Chanoine ſoit preſenté en ceremonie au Chapitre, qui s'aſſemble à la Cathedrale pour le recevoir. (b) Il eſt
preſenté par un Deputé du Chapitre, accompagné du Notaire de l'Evêque &
de quelques témoins. Ce même Deputé conduit le *Promû* à l'Autel: le nouveau
Chanoine baiſe trois fois l'Autel, enſuite de quoi il va prendre ſa place au Chœur.
Il y reſte un peu de tems, & cependant le Deputé fait ſon rapport au Chapitre
de la promotion du nouveau Chanoine. Enſuite il va le prendre au Chœur,
& le preſentant aux Capitulaires, il les prie de recevoir le *promû* au nombre de leurs
Collegues. Le nouveau Chanoine doit faire à haute voix ſa Confeſſion de foi,
& jurer d'obſerver les ordonnances de l'Egliſe & de Notre Saint Pere le Pape.
Après cette inſtallation ſolemnelle, ils ont droit d'aſſiſter au Chapitre, ils vont
chanter l'Office au Chœur, &c.

L'*Archidiacre* eſt ſuperieur aux Diacres & aux Soudiacres; ſa charge eſt d'examiner les Ordinans, de les preſenter à l'Evêque. Cette charge le rend ſuperieur
aux Prêtres, bien qu'il ſoit d'un Ordre inferieur à la Prêtriſe.

L'*Archiprêtre* eſt ſuperieur aux autres Prêtres. En l'abſence de ſon Evêque
il celébre les Meſſes ſolemnelles. C'eſt lui qui le jour des Cendres conduit les
pénitens hors de l'Egliſe, leur met la Cendre ſur la tête & les preſente à l'Evêque
le Jeudi Saint.

(a) Les

(a) Idem L. 3. Ch. 37.
(b) *Piſcara* Praxis Ceremoniar.

(a) Les Auteurs des Rituels, pour la plufpart zélés ferviteurs de la Cour de Rome, nous affurent que les Protonotaires ont été établis par S. Clement, & que dés lors & fous les Papes SS. Anthere & Jules I. leur charge étoit d'écrire les Actes des Martyrs, d'avoir foin des Regiftres de l'Eglife &c. Une fi belle antiquité donne beaucoup de luftre aux prérogatives Pontificales. Ces Protonotaires ont rang de Prélat à Rome. Ils ont le droit de créer Docteur, & de légitimer les batards.

Venons aux Moines, cette fertile pepiniere de (b) devots oififs & d'*inutiles Serviteurs* de l'Eglife militante; dont l'origine eft due aux retraites des premiers fidelles & le (c) déreglement aux bienfaits immenfes que la devotion aveugle des tems paffés leur a laiffé. Il y a bien des fiécles que le nom de Moine a ceffé d'être un éloge, & que même, (d) par *la malice de nos jours, il eft devenu fi infame, qu'il eft pris par les plus humbles Cenobites pour la plus fale injure & le plus violent outrage qu'on leur puiffe faire.* De là ces (e) dictons fi injurieux aux Moines; de là ces Contes fcandaleux, dont les nouvelles de Bocace, & de la Reine de Navarre font parfemées. C'eft aux defordres des Moines qu'on doit une partie des ingenieufes naïvetés de nos anciens poëtes, & en notre tems celles du célébre la Fontaine. Ces traits dangereux & fi fouvent reïterés ont prefque ruiné dans l'efprit de beaucoup de Chrétiens l'efficacité des prieres Monachales qu'ils ont regardées comme *coutumieres* & (f) mechaniques, *nées pour tenir le Cloitre en regle.* On s'eft defabufé de la fainteté de la vie Monaftique, parce que là abordent ceux qui font éffraiés „ (g) par leur mauvaife confcience, „ qui craignent la rigueur des loix & n'ont retraicte affurée ailleurs . . . . qui „ ont mené vie infame & deshonnefte, qui font reduits à beliftrer & deman- „ der leur pain, après avoir diffipé leurs biens . . . . & font chargés de deb- „ tes envers un chacun. Ceux qui prennent plaifir à ne rien faire, fuient le „ travail & efperent de vivre là en oifiveté: & fi quelqu'un n'a peu jouïr de „ fes amours, il fe fourre là par defefpoir, ou bien une fimplicité de jeuveffe „ deçue, une afpre & rigoureufe maraftre, ou les tuteurs iniques les y amei- „ nent & introduifent: toute l'armée defquels eft puis jointe & maintenue en

„ re-

(a) *Pifcara* & autres.
(b) Il y a long-tems qu'on leur aplique ce vers,
 Nos numerus fumus & fruges confumere nati.
  De plus d'un million de bouches,
  Nous pouvons fournir aujourd'hui,
  Qui ne fervent, comme les mouches,
  Qu'a manger le travail d'autrui.

(c) Déreglement qui a expofé le corps Monaftique à des cenfures emeres & à des fatyres quelquefois entiéres. Il faut l'avoüer, Dieu, s'eft refervé des Elus parmi les Moines: mais cependant on ne fauroit douter que la corruption de ce vafte corps n'ait autorifé la licence des écrivains. Les Moines s'en plaignent & crient à l'herefie, à la prophanation &c. Après tout veulent ils qu'on croie comme un article de foi, que la vertu fe trouve effentiellement dans les Couvens, & que la probité des Reguliers ne fouffre aucune exception? que tout Moine eft ennemi de la fenfualité; qu'un homme qui fe couvre d'un froc ceffe d'être avare, orgueilleux, hypocrite & libertin? ou que tout au moins le froc a la vertu de purifier l'avarice, l'orgueil & toutes les paffions humaines? C'eft une regle fure, & que l'on peut établir à l'égard des Moines & de tous les corps qui font l'objet de la fatyre ou de la cenfure; que s'il n'y avoit rien de véritable à leur imputer, on n'auroit pas inventé les fauffetés dont ils fe plaignent.

(d) Parolles prifes de l'*Apocalypfe de Melitton.* Les Moines veulent être appellés Religieux.

(e) Par exemple; qu'*il faut fe garder du derriere d'une mule, & d'un Moine de tous les côtés.*
 Monachus in Clauftro non valet ova duo.
 Fou qui fe fie à un Moine. C'eft un Moine & c'eft tout dire.

(f) *Ils marmonnent,* dit Rabelais, *grand renfort de legendes & de Pfeaumes nullement par eux entendus. Ils comptent force patenatres entrelardées de longs Ave Maria, fans y penfer ni entendre & ce f'appelle mocque-Dieu, non oraifon.*

(g) C'eft ainfi que parle Agrippa dans fon Livre *de la Vanité des Sciences* au Ch. qui traité des *Sectes Monaftiques.* Un Lecteur judicieux fent affés qu'il faut prendre à quelque rabais les jugemens de cette efpece.

„ reputation par une sainteté dissimulée & feincte, par un habit encapuchon-
„ né & une belistrerie & mendicité saine & gaillarde. . . De là sortent tant de
„ marmots Stoïques, tant d'importuns atrappe-deniers, tant de belistres bien en-
„ mantelés, tant de monstres embeguinés, porte-barbes, porte-cordes, porte-
„ licols , porte-sacs, chaussés de cuir, ou porte-sabots, pieds nuds, vétus de
„ de noir, blancs, grivollés, fauves, portans rochets , rets , chapes , man-
„ teaux, chapeaux , ceints, desceints, portans braier &c. . . . lesquels aiant
„ perdu entierement leur credit en ce qui concerne les affaires du monde , par-
„ lent avec grande autorité des choses celestes & divines . . . . . usurpent seuls
„ le saint tiltre de Religion, sont de même chambrée avec les Apôtres. Néan-
„ moins le plus souvent leur vie est pleine de . . . . . vice, mais toûjours ex-
„ cusée sous le couvert de religion : car ils sont garnis de bons privileges de la
„ Cour Romaine , & par le moien desquels ils déclinent de toutes jurisdic-
„ tions . . . afin qu'ils puissent faire plus de mal sans crainte d'être punis . . .
„ & combien qu'ils fassent profession de grande humilité, cheminans en pauvre
„ & simple habit . . . . . en somme portent toutes les marques de mespris
„ & mocquerie pour l'amour, disent ils , de Jesus-Christ & de la Religion,
„ ils sont néanmoins pleins d'ambition, & toute leur intention n'est raportée
„ qu'à acquerir des tiltres . . . . prenans plaisir d'être appellés Recteurs, Pre-
„ vôts, Gardiens , Prieurs , Abbés, Vicaires, Provinciaux , Generaux &
„ semblables , tellement qu'il n'y a gens plus desireux de préseances & pré-
„ minences que ceux-ci. " L'Auteur ajoute, que ce portrait ne concerne en
rien les honnêtes Moines, à quoi nous souscrivons de bon cœur; bien qu'il
soit vrai que les motifs qui engagent dans le *Monachat* & le caractere des Moines en general sont très bien dévelopés dans ce passage.

Celui qui s'engage dans le Cloitre doit non seulement renoncer aux vanités
du siécle & à sa pompe, mais encore au (*a*) mariage & à la galanterie. La
chasteté est un des trois vœux du Moine; l'obeissance & la pauvreté sont les
deux autres.

On attribue assés communément l'origine de la vie Monastique aux persecutions que les fidelles de l'Eglise primitive soufroient sous le Paganisme. (*b*) S.
Antoine commença ce genre de vie en Egypte : d'autres le continuerent d'a-
bord sur le même plan. Ensuite on y ajouta de nouvelles regles , des pénitences plus rudes , on se distingua les uns des autres par des habits differens.
L'ouvrage crût bien-tôt, au point d'être à charge à l'Eglise; mais comme il
avoit tout au moins de grandes aparences de pieté on le vit croitre sans opposition. Cependant il est certain que long-tems avant S. Antoine il y avoit des

Nn 2

Moi-

(*a*) Voici un des Ecueils contre lesquels la vertu du Cloitre échoüe souvent, s'il en faut croire un nombre infini d'Auteurs anciens & modernes qui attribuent aux Moines de n'épargner aucune personne du sexe.
Belle ou laide , riche ou pauvre, tout passe en revue devant le froc , depuis le sceptre jusqu'à la houlette.
„ Ung bon ouvrier mect indifferemment toutes pieces en œuvre . . . & seulement l'ombre du Clochier d'u-
ne Abeïe est feconde " ainsi s'exprime Rabelais, qui peut-être portoit les choses à l'excés , parce qu'il n'aimoit pas les Moines. Mais que dirons nous du détail de galanteries des Cordeliers, Confesseurs & Directeurs
des Religieuses de Provins, qui se trouve dans le factum qui porte leur nom ? On y voit l'éducation amou-
reuse que les bons Enfans de S. François donnoient aux Pensionnaires de la Maison de Sainte Claire. Les Confessions galantes, les propos joieux , les presens mysterieux, les lectures libres (comme le *Catechisme d'amour*)
suivment & accompagnoient cette éducation. La galanterie etoit quelquefois un peu tournée à la façon du
Cloitre, excepté pourtant les devises galantes, les nœuds d'amour, les rubans vers, gridelin, couleur de feu
&c. les jeux galans & telles autres devotions d'amour. Eh bien, dira t'on, ce sont des scandales commis par
une communauté, & au pis aller par un Ordre particulier que les Auteurs Satyriques n'ont que trop cité sur l'article. Ne peut on pas montrer des Moines honnêtes gens ? n'y a t'il pas sous le froc des congregations entieres
de savans & de vertueux Religieux ?
   (*b*) Au commencement du quatrième siécle.

Moines, c'est-à-dire des Chrétiens qui vivoient dans la retraite & détachés du siécle. S. Jean Baptiste a pû servir d'exemple à ces fidelles solitaires, & il est à croire que ce Saint n'a pas commencé ce genre de vie. Un passage de S. *Jérôme* (a) met les fils des Prophetes au rang des Moines. Les Therapeutes étoient peut-être de cet ordre, quoi qu'ils admissent des femmes, chose essentiellement défendue aux Moines, à cause des consequences. Les uns ont pretendu que ces Therapeutes étoient Chrétiens & les autres Juifs. Comme il ne s'agit point ici de discuter ce point d'Histoire, nous le laissons aux savans; il nous suffit que ces gens là se soient separés des maniéres ordinaires de vivre, & qu'ils aient vécu dans la retraite, pour les regarder comme une espece de Moines. Les autres Religions ont eu autrefois & ont encore aujourd'hui des Solitaires, des Religieux, des personnes de l'un & de l'autre sexe, qui se sont separées de la Société Civile, soit dans les villes, soit dans les chams, pour mieux vaquer à leurs devotions. Tels pouvoient être les Recabites & les (b) Esseniens parmi les Juifs. Tels étoient, & sont encore, les Brachmanes & les Bramines. Qui sait enfin si une partie des Sectes des Philosophes anciens ne pouvoient pas être regardées comme des Ordres Religieux? Nous finirons cet article par une remarque; c'est que malgré la pureté de la Religion naissante, la corruption s'introduisit de bonne heure parmi ceux qui se separerent du siécle. Il s'éleva un ordre de gens, qui, sous prétexte de retraite & de separation d'avec les mondains, frondoient la pieté des honnêtes gens par des censures pleines d'invective & de calomnie, enlevoient les aumones des pauvres par des quêtes frauduleuses & injustes, & trompoient les vrais fidelles sous un extérieur severe & sous des habits sales & grossiers. On appelloit (c) *Rhemobathes* cette espece de faux Religieux.

L'Abbé est le chef des Moines. Ce nom d'*Abbé*, originairement Syriaque ou Hebreu, signifie Pere. L'Abbé est un Prélat inferieur à l'Evéque: il est le Vicaire du Seigneur parmi ses Moines, il est leur pere, il est (d) l'époux mystique du monastere, qui en abregé represente l'Eglise de Dieu. Au reste nous parlons ici des Abbés Reguliers. Il y a une sorte d'Abbés qui n'a ni Regle, ni tonsure, ni jurisdiction Monastique. Ceux-ci ne se mêlent que d'être galans, & n'ont rang que dans l'empire du beau sexe.

(e) L'Abbé ordinaire est benit par l'Evéque en presence de deux Abbés assistans. Cette benediction se fait avec les solemnités qui accompagnent celle de l'Evéque &c. jeune préliminaire du consacrant & de celui qui est consacré, Eglise ornée, Messe solemnelle. On met sur la crédence auprés de l'Autel les habits monastiques du futur Abbé, deux petits barils de vin &c. comme à la consecration de l'Evéque. Le futur se presente accompagné des deux Abbés assistans, & delivre les lettres Apostoliques au Celébrant, qui benit ensuite l'habit par une priere & par l'aspersion d'eau benite. Après la benediction il dépouille

---

(a) *Filii Prophetarum, quos Monachos novimus in veteri Testamento, ædificabant sibi casulas prope fluenta Jordanis, & turbis urbium derelictis, polentâ & herbis agrestibus victitabant.* S. Hieron. Epist. 4. ad Rusticum, cité dans l'Ouvrage de *Cæsalius* de Ritib. Vet. Christ. Cap. 52.

(b) *Gens eterna, ubi nemo nascitur*, dit Pline en parlant des Esseniens. Cela peut s'appliquer aussi aux Moines du Christianisme.

(c) Ces *Rhemobathes* avoient beaucoup de raport aux Capucins: *apud eos omnia affectata, laxe manicæ, follicantes caligæ, vestis crassior, crebra suspiria.* C'est ainsi que S. Jérôme parle de ces *Rhemobathes*.

(d) *Christi Domini Vicarii in suis Monasteriis dicuntur . . . . abbates fuerunt Monasteriorum sponsi & Patres* &c. Piscara Prax. Cærem.

(e) Cette ceremonie est décrite ici selon qu'elle se pratique pour toute sorte d'Abbés.

On donne L'HABIT ECCLESIASTIQUE à L'ABÉ.

On leur IMPOSE les MAINS.

On donne le VOILE à L'ABESSE.

La CONSECRATION des RELIGIEUSES.

BENEDICTION des HABITS des RELIGIEUSES.

Les RELIGIEUSES reçoivent le VOILE.

le le futur Abbé en lui difant, *(a)* *que Dieu vous dépouille du vieil homme & de fes œuvres*, & lui met à l'inftant même l'habit Monachal, lequel repréfente, *(b)* *l'homme nouveau, créé felon Dieu avec juftice & vérité*. L'Abbé revêtu de l'habit Monachal & les mains jointes fur la poitrine, dit tout haut en préfence de fes Moines, *Recevés moi Seigneur felon votre fainte parole, afin que je ne fois pas confondu*; à quoi les Moines répondent, *Seigneur nous avons reçu votre miféricorde &c.* Il s'agit après cela de recevoir l'Abbé dans la Société des Moines. C'eft dequoi le Celébrant s'acquitte en leur préfentant l'Abbé. Alors les Moines lui donnent le baifer de paix. N'oublions pas que l'Abbé qui l'eft par *(c)* l'autorité du S. Siége doit prêter le Serment de fidelité au Pape, comme les Evêques.

Enfin le Celébrant lui impofe les mains de la façon que cela fe voit dans la figure, lui donne la Regle, felon laquelle il doit difcipliner le Couvent, le bâton paftoral, par lequel il doit regir le troupeau qui lui eft commis, l'anneau, qui eft le féau de la foi qu'il doit à l'Eglife époufe de Dieu. Après l'offertoire l'Abbé nouvellement élu préfente à genoux au Celébrant deux Cierges, deux pains & deux barils. Il communie; la *Poft Communion* dite, il reçoit la mitre abbatiale, qui felon les termes du Pontifical eft le cafque de falut, & repréfente auffi les deux cornes *des deux Teftamens dont il va combatre les ennemis de la vérité*. Les gands font la derniere chofe qu'il reçoit: mais fi l'Abbé n'eft pas un Abbé à *(d)* mitre, on omet ces dernieres ceremonies.

La PROFESSION *des* RELIGIEUSES.

Il y a quelque apparence que les vieilles veuves, & les filles devôtes, dont il eft parlé dans les écrits du premier fiécle de l'Eglife, & même dans le nouveau Teftament, étoient une efpece de Religieufes volontaires, qui fe préfcrivoient certains devoirs, comme de jeuner, de faire des œuvres de charité, de vivre dans le Celibat &c. Dans la fuite du tems ces Religieufes formerent des communautés, & fe donnerent des regles & des ufages, qui vinrent au même point que les nombreux établiffemens des Moines. Les Juifs avoient auffi certaines devotes qui vivoient éloignées des vanités du fiécle, s'appliquant à la priere & à faire des œuvres de mifericorde. Telle étoit *Dorcas*, & telle peut-être la Propheteffe Anne, dont il eft parlé dans le nouveau Teftament. Il eft même affés croiable que les premieres devotes de l'Eglife fortirent du Judaïfme avec cet efprit de retraite, & le porterent dans la Religion Chrétienne. *(e)* Les Veftales des Romains étoient auffi de veritables Religieufes, *(f)* qui vivoient pendant leurs vœux fous une regle très fevere. Elles faifoient vœu de Celibat dans un Couvent dont l'entrée étoit défendue aux hommes, & où elles étoient gouvernées par une vieille Matrone qu'on appelloit *Maxima* chez les Romains: ce qui revient

au

(a) *Exuat te Dominus veterem hominem cum aftibus fuis. Pontif. Roman.*

(b) *Induat te novum hominem, qui fecundùm Deum creatus eft in juftitia &c.* Il lui dit ces parolles en lui mettant l'habit de Moine. Voiés cette Ceremonie à la premiere figure de la planche qui fe place ici.

(c) *Pontificale Roman.*

(d) L'ufage de la Mitre & des autres ornemens Pontificaux n'a paffé des Evêques aux Abbés que dans l'onfiéme fiécle, ou à la fin du difiéme.

(e) Voi. *du Chant* de la Religion des anc. Romains.

(f) Leur vœu ne duroit que jufqu'à l'age de 50. ans, après quoi elles pouvoient fe marier.

au titre de fuperieure. Voilà tout le rapport que l'on peut trouver entre nos Religieufes & celles des peuples que nous venons de nommer.

Celle qui fe prefente pour être Abeffe commence par prêter le Serment de fidélité à fon *Ordinaire* & à l'Eglife qu'il gouverne. Enfuite le Prélat qui la reçoit lui donne fa benediction, & après avoir pofé les deux mains fur fa tête, lui donne la regle, benit le voile blanc dont il doit couvrir la tête de cette nouvelle Abeffe, & le lui *(a)* met fur la tête, de telle façon qu'il tombe fur les épaules & fur la poitrine de l'Abeffe. Il n'y a rien de particulier au refte de la ceremonie, qui confifte au baifer de paix, & à introduire la nouvelle Abeffe parmi fes Religieufes.

On ne donne le voile aux nouvelles Religieufes, non plus qu'à l'Abeffe, dont nous venons de parler, qu'en des jours folemnels, comme le dimanche, ou les grandes Fêtes. En general ces filles ne doivent être reçues qu'à vint-cinq ans, & après les avoir bien examinées, queftionnées, inftruites fur le grand projet de garder fa virginité tout le refte de fes jours: projet qui peut bien fe faire dans la vivacité de la devotion, & quelquefois du dépit, mais dont l'exe-cution dépend d'une infinité de circonftances, eft *(b)* fujette à beaucoup d'accidens, & expofée à de terribles tentations, même dans les retraites & les Couvens. Le Diable fe fourre par tout: nous ajouterions volontiers, que le projet de refter vierge fe fait fouvent après coup: mais les reflexions qui refulteroient d'un tel jugement feroient trop peu charitables pour leur donner place dans la defcrip-tion d'une ceremonie, où les filles declarent qu'elle ne veulent donner leur foi qu'au Seigneur. La précaution qu'on obferve, de leur demander fi elles *(c)* font véritablement Vierges, & la réponfe qu'elles font fans doute, ne prouve pas qu'elles le foient. En pareil cas une fille qui veut fe donner à Dieu manque ra-rement de repondre avec édification. On porte donc à l'Autel tout l'équipa-ge de la future Religieufe, habit, voile, anneau, couronne: fes proches pa-rentes l'accompagnent devant l'Evêque, deux vieilles & venerables Matrones font fes paranymphes. L'Evêque dit la Meffe. Après le *Graduel*, les futures Reli-gieufes efcortées de la façon que nous venons de le dire, & aiant le vifage cou-vert entrent dans l'Eglife & fe préfentent au Prélat: mais avant que de fe prefen-ter, l'Archiprêtre chante une Antienne, dont le fens eft, *qu'elles doivent avoir leurs lampes allumées, parce que l'Epoux vient au devant d'elles.* Pendant que l'Ar-chiprêtre chante, elles allument leurs cierges. L'Archiprêtre les prefente à l'E-vêque de la façon qu'on le voit *(d)* dans la figure. Après la préfentation l'E-vêque *(e)* les appelle jufqu'à trois fois en chantant; elles lui répondent de mê-me. Etabt en préfence du Prélat, elles écoutent à genoux l'exhortation qu'il leur fait touchant les devoirs de la vie religieufe; enfuite elles lui baifent la main, & fe profternent autour de lui; pendant que le Chœur chante des Litanies. Alors l'Evêque tenant fa croffe de la main gauche acheve de leur donner fa be-nediction. Elles fe relevent; il benit ces *habit nouveaux, qui marquent le mépris du*

mon-

(a) Voïés la 3. figure page 145. Cette ceremonie a lieu quand l'Abeffe n'eft pas encore Religieufe.

(b) Les Medecins attribuent divers maux à des *excès de continence*. On remarque auffi que les filles qui vieilliffent fous le joug de la virginité, font ordinairement acariatres, medifantes, de mauvaife humeur, & d'une devotion incommode & imperieufe.

(c) *Inquirit ipfas de integritate carnis*, Pontif. Roman.

(d) Voïés à la page 145, la 4. figure de la planche.

(e) *In cantu, dicens, venit. Virgines refpondent, & nunc fequimur.* La premiere fois elles s'avancent juf-qu'à l'entrée du Chœur; la feconde jufqu'au milieu; la troifiéme jufqu'au Presbytere. Elles s'agenouillent devant l'Evêque, baiffent la tête jufqu'à terre, & fe relevent enfuite en chantant ce Verfet, *Recevez moi, Seigneur, felon votre fainte parole.*

L'EVÊQUE donne L'ANNEAU aux Nouvelles RELIGIEUSES. | On COURONNE la Nouvelle RELIGIEUSE.

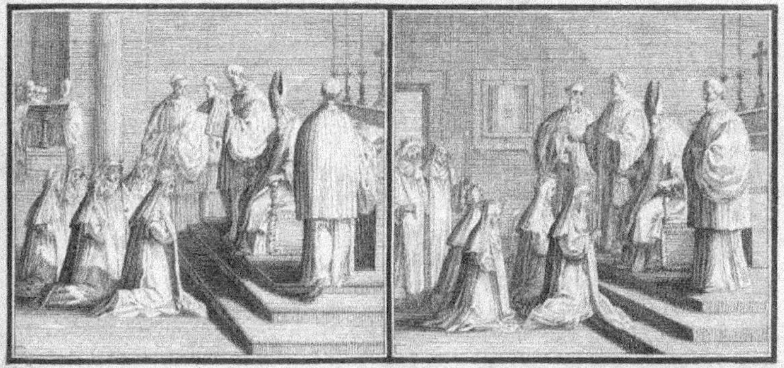

On fait la Lecture de L'ANATHEME. | Les RELIGIEUSES présentent des CIERGES.

L'EVÊQUE COMMUNIE les RELIGIEUSES. | On leur donne le BREVIAIRE.

monde & l'humilité de leur cœur. Un jet d'eau benite acheve la confecration, & les nouvelles Religieufes vont prendre l'habit nouveau.

La benediction du Voile, de l'Anneau & des Couronnes fe fait de la même manière. Après toutes ces benedictions, elles fe préfentent devant l'Evêque vêtues en Religieufes, & chantent à genoux ces parolles. (a) *Je fuis la fervante de Chrift* &c. En cet état elles reçoivent le voile: enfuite l'anneau, (b) par lequel il leur declare qu'il les marie à J. C. &c. & en dernier lieu la Couronne de Virginité, à laquelle il les appelle par une (c) Antienne. Ainfi couronnées elles entendent la lecture de l'Anatheme prononcé contre ceux qui les détourneront (d) de la foi qu'elles doivent à Dieu, en les follicitant à rompre en quelque façon que ce foit le vœu de virginité, ou qui leur enleveront leurs biens. Après l'offertoire elles préfentent des cierges allumés à l'Evêque, qui les communie enfuite, & comme c'eft l'ufage en plufieurs Couvens, que les Religieufes lifent l'Office & commencent les Heures Canoniales, l'Evêque donne le Breviaire à celles qui doivent entrer dans quelqu'un de ces Couvens. Toutes ces Ceremonies étant finies, le Prélat les remet fous la conduite de la Mere Abeffe, en lui difant, *aiés foin de conferver fans tache ces filles que Dieu s'eft confacrées*, &c.

La coutume de voiler les Religieufes eft très ancienne : elle a précedé les tems de S. Ambroife & du Pape Liberius, ainfi que cela fe voit dans les ouvrages des Ecrivains du fecond & du troifiéme Siécles.

CEREMONIES *qui concernent la* DIGNITÉ *de* CARDINAL.

Les Cardinaux font les (e) Senateurs de l'Eglife, les Confeillers du S. Pere, & quelquefois auffi fes tuteurs ; car quelque perfuadées que foient leurs Eminences de l'infaillibilité du Vicaire de J. C. elles ont foin de le guider, & de s'oppofer fouvent à fes vuës, lorfqu'ils les croient contraires aux intérêts de l'Eglife militante, ou plutôt à ceux de la hierarchie. (f) Un Auteur Romain fupofe que les Cardinaux furent établis par S. Pierre, pour être fes Coadjuteurs, fes Confeillers, fes Vicaires dans les fonctions de fon Pontificat. Selon lui Linus, Cler, Clement, S. Marc étoient de véritables Cardinaux, bien qu'alors ils ne portaffent pas encore cet augufte nom. Mais quoiqu'il en foit, fi la dignité de Cardinal ne doit pas fon origine à S. Pierre, elle ne laiffe pas d'être ancienne. On croit bien que fes commencemens furent

O o 2

moins

(a) *Ancilla Chrifti fum* &c. Pontif. Rom.

(b) *Defponfo te Jefu-Chrifto filio fummi Patris, qui te illæfam cuftodiat.* Voi. la première figure de la planche qui fe place ici.

(c) *Voti fponfa Chrifti* &c. *Vœi épousé de* J. C. *& recevés la Couronne* &c. Dans les premiers Siécles de l'Eglife on mettoit des Couronnes fur la tête de celles qui étoient mortes vierges. Cet ufage fubfifte encore en plufieurs Païs Chrétiens.

(d) L'obligation de garder le vœu de chafteté n'eft pas une chofe nouvelle. On la doit à cette opinion fi generale, fi repandue dans toutes les Religions, *que ce qui a été une fois confacré à Dieu ne doit plus appartenir aux hommes.* Le quatriéme Concile de Carthage interdifoit la Communion aux Veuves (& qui plus eft aux jeunes Veuves,) qui, après s'être dévouées à Dieu, après avoir pris l'habillement de Religieufe, fe dégoutoient des noces fpirituelles & paffoient à des noces temporelles (*ad nuptias fæculares.*)

(e) Pie II. les appella *Senateurs de Rome.* Les puriftes du Siécle de Leon X. parlant des Cardinaux & du Peuple Romain ont fouvent emploié cette ancienne expreffion, *Senatus Populufque Romanus.*

(f) *Cafal.* de Veter. Sacr. Chrift. Ritibus.

moins brillans que solides. S. Euariste établit sept Diacres (a) Cardinaux, pour subvenir aux besoins des pauvres fidelles de Rome. Ces Diacres étoient désignés alors par le nom, ou si l'on veut, par la Paroisse du quartier auquel ils présidoient, & c'est-là la premiere origine des titres que portent les Cardinaux. A ces sept Diacres S. Hygin en associa d'autres tant Prêtres que Diacres, mais il voulut que ceux-ci reconnussent les premiers pour leurs Doiens, ou si l'on veut pour leurs *Cardinaux*: bien que des savans croient ce mot d'une plus basse Latinité que celle du Siécle de S. Hygin. On assure que sous le regne de Constantin le grand il y avoit déja vint-huit de ces Diacres & Prêtres Cardinaux, qui tenoient leurs (b) titres non seulement de la Paroisse de leur quartier, mais aussi des biens patrimoniaux que des Chrétiens charitables leguoient aux Ecclesiastiques pour leur entretien : & comme ces charités étoient souvent très considerables, il se trouvoit en ce tems-là qu'un seul Cardinal possedoit quelquefois jusqu'à trois titres. On dit que S. Gregoire le Grand augmenta le nombre des Diacres avec des fonctions pareilles à celles des Diacres-Cardinaux jusqu'à 70. mais que cependant ces derniers créés resterent inferieurs aux premiers. Tout cela n'empêche pas que jusques vers les tems d'Hugues Capet la dignité de Cardinal n'ait été fort au dessous de ce qu'elle est aujourd'hui. C'est la Remarque de (c) *Pasquier*, qui y ajoute diverses reflexions sur les moiens que cette Dignité fournit au Pape d'augmenter son autorité.

Il y a maintenant trois ordres de Cardinaux, les Evêques, les Prêtres & les Diacres. Il y en a six qui sont Evêques, cinquante Prêtres & quatorze Diacres. (d) Sixte V. a déterminé ce nombre des Cardinaux à soissante-dix, & c'est cette assemblée qu'on nomme aujourd'hui le sacré College. Cette assemblée a son (e) *Camerlingue*, qui change toutes les années, au lieu que celui du Pape est à vie; son Secretaire, qui est toûjours Italien; son Clerc national, qui est annuel, & tour à tour Alleman, Espagnol, ou François; & son Computiste. Il est parlé plus amplement de ces charges à la page 179. de ce Volume.

L'an 1125. le Pape Honorius II. établit sept Cardinaux Evêques, assavoir celui d'Ostie, celui de Porto, de Sainte Rufine, de Sabine, de Palestrine, de Frescati & d'Albano. Les Evêchés de Porto & de Sainte Rufine aiant été réünis ensuite; il n'y a plus que six Cardinaux Evêques. Cependant il est fait mention de Cardinaux Evêques vers la fin du huitiéme Siécle, sous le Pontificat d'Etienne IV.

D'au-

(a) On croit que le nom de Cardinal ne commença d'être en usage qu'au tems de S. Hygin, vers l'an 159.

(b) Après la paix de l'Eglise ces premiers Cardinaux ajouterent à leurs titres les noms des Saints Martyrs & des Confesseurs de l'Eglise.

(c) *Recherches de la France.* L. 3. Ch. 5.

(d) Ou Paul IV. pour imiter l'ancien Sanhedrin composé de 70. anciens, ou plûtôt pour renouveller la memoire des 70. Disciples de J. C. C'est ce reglement que Sixte V. confirma par une Bulle en 1585. *Casal. Cap. 83. de Ptern. Sacr. Christ. Ritibus.* Voici ce que dit un Auteur Italien nommé *Lunadoro*, au sujet des changemens arrivés de tems en tems à l'égard de l'élection des Cardinaux. ,, Jusqu'au Pontificat d'In-,, nocent II. la coutume subsista d'élire les Cardinaux un à un, c'est-à-dire à mesure que la mort enle-,, voit quelqu'un du sacré College. Innocent II. & les Papes qui lui succederent introduisirent la coutume ,, de baisser *en commande* les places des Cardinaux morts à ceux qui restoient en vie; quelquefois ils remet-,, toient l'administration de la place vacante à l'Archiprêtre des Cardinaux. " Cependant Innocent II. lui même fit plusieurs Cardinaux à la fois. Mais le Schisme d'Avignon aiant exposé le Siége Apostolique aux usurpations des Antipapes, le nombre des Cardinaux s'accrut fort au delà du nombre ordinaire, qui jusqu'à ce Schisme avoit été de 52. ou 53. L'Auteur Italien ajoute, que pour prévenir de nouveaux inconveniens après l'exstinction du Schisme on laissa les Cardinaux de differentes obédiences en possession de leur titres & Dignités. Sous Leon X. il se trouva 65. Cardinaux, sous Paul III. 68. sous Pie V. 76. Le Sieur Aimon, dans son *Tableau de la Cour de Rome*, a donné les titres des anciens & des nouveaux Cardinaux au nombre de 71. Il ajoute que ce titre surnumeraire de 71. & quelquefois 72. est conservé pour un cas extraordinaire, tel que pourroit être la conversion de quelque grand Prince.

(e) *Lunadoro* Relat. della Corte di Roma.

D'autres difent que ces Evêques ne furent appellés Cardinaux Evêques, & admis à l'élection du Pape qu'au Pontificat d'Alexandre III. vers la fin du douſiéme Siécle. A l'égard des Cardinaux Diacres, nous avons vû leur origine & leurs premieres fonctions. Les choſes changerent dans la ſuite des tems : on leur ôta la charge du patrimoine Apoſtolique & des charités, on ne leur laiſſa que celle de chanter l'Evangile devant le S. Pere. Pour ce qui eſt des Cardinaux Prêtres, dans les premiers tems de l'Egliſe, ils avoient le ſoin du baptême des fidelles, de leur ſepulture, des corps des Martyrs. Ainſi le veulent quelques Auteurs, & même ils ajoûtent que c'étoient d'entre eux que le Pape choiſiſſoit ſes Legats Apoſtoliques.

La PROMOTION des CARDINAUX.

„ Quand (a) le Pape fait la promotion de quelques Cardinaux, il leur don-
„ ne le Titre de Prêtre, ou de Diacre, comme il le juge à propos: enſuite ils
„ parviennent à l'Epiſcopat par droit d'ancienneté en optant le Titre de ceux
„ qui viennent à mourir. Et parce que les Cardinaux ſont tous égaux par leur
„ dignité, ils prennent leur rang ſelon leur promotion, & l'ordre du Titre
„ qu'ils ont; les Prêtres aiant le pas ſur les Diacres, quoi que d'ailleurs ceux-ci
„ ſoient Evêques, parce qu'ils n'en ont pas le Titre dans le College ſans l'avoir
„ opté. Sur quoi il eſt à remarquer qu'il y a des Titres pour les Diacres &
„ les Prêtres, qui ſont plus lucratifs, que ceux des Evêques, bien qu'il y en ait
„ quelques-uns de ces premiers qui ſont onereux, & qu'il n'y ait que les Cardi-
„ naux qui ſont actuellement à Rome, quand il vaque un Titre, qui puiſſent
„ l'opter. Par toutes ces circonſtances il arrive . . . . que de ſimples Clercs ont
„ quelquefois des Titres de Prêtres, & que des Prêtres n'ont que ceux de Dia-
„ cres, pendant que des Evêques n'ont que des Titres qui les obligent de cé-
„ der le pas aux Prêtres, & aux Diacres qui ont opté des Titres d'Evêques en
„ réſidant à Rome, ou en ſe prévalant du tems de leur promotion ſi elle a été
„ faite avant celle des Evêques.

„ Le premier Cardinal Evêque, le premier Cardinal Prêtre, & le premier
„ Cardinal Diacre ſont appellés les Chefs d'Ordres. En cette qualité ils ont la
„ prérogative au Conclave de recevoir les viſites des Ambaſſadeurs, & de don-
„ ner audience aux Magiſtrats.

„ Celui d'entre les Cardinaux dont la promotion eſt la plus ancienne, ou
„ qui s'eſt trouvé dans le cas de pouvoir opter le premier Titre des Cardinaux
„ Evêques, qui eſt celui d'Oſtie, parvient en même tems à être le Doyen du
„ College, & a le droit de ſacrer le Pape quand il eſt pris entre les Cardinaux
„ qui ne ſont pas Evêques. C'eſt pourquoi il a le *Pallium* comme les Arche-
„ vêques par conceſſion du Pape *Marc*, ſucceſſeur immédiat de *Sylveſtre*. Et
„ comme il repréſente tout le College en ſa perſonne, il précede les Rois, &
„ autres Souverains, & reçoit les viſites avant tous les Potentats qui reconnoiſ-
„ ſent le Pape.

„ Les nouveaux Cardinaux perdent au tems de leur promotion tous les Be-
„ néfices, Penſions, & Charges qu'ils avoient auparavant: & comme elles ſont

„ cen-

(a) *Aimon dans ſon Tableau de la Cour de Rome.*

,, cenfées vacantes, ce n'eft auffi que par grace que le Pape les réhabilite dans
,, leurs Bénéfices, & même leur en donne d'autres pour les faire fubfifter avec
,, plus de fplendeur, felon leur nouvelle dignité.   Quant à leurs Offices, par-
,, ticulierement ceux qu'ils ont à Rome, comme d'Auditeurs, ou Clercs, ou
,, Tréforiers de la Chambre Apoftolique, & autres de cette nature, ils font per-
,, dus pour eux. La Chambre s'en empare, & les revend à d'autres au profit
,, du Pape : mais les Cardinaux étrangers nommés par les têtes couronnées ne
,, reçoivent point le Chapeau qu'ils n'aient en même rems un Indult *de non va-*
,, *cando*, en vertu duquel leurs Charges leur font confervées, parce que le Pape
,, déroge au droit qu'il a de les confifquer.

,, Les Cardinaux prétendent que leur dignité les égale aux Rois. Ils difpu-
,, tent le pas aux enfans, freres, oncles, & autres parens de Roi, comme auffi
,, à tous les Princes qui ne portent pas une Couronne Royale.

,, Les Cardinaux Evêques d'autres Diocéfes que des fix Suffragans de Rome
,, ne font point exempts de la réfidence, excepté par une difpenfe particuliere
,, du Pape, ou qu'ils ne foient obligés de venir à Rome pour un Conclave,
,, ou autre affaire importante. Mais les fix Evêchés Suffragans de Rome n'o-
,, bligent pas à réfidence, parce que la plûpart font deferts, comme Oftie, &
,, Porto, & que d'ailleurs ils font fi proches de Rome, que l'abfence de leur E-
,, vêque ne leur aporte point de dommage, outre qu'ils tiennent fur les lieux
,, un Vicaire Evêque *in partibus infidelium*, pour faire les fonctions Epifco-
,, pales.

,, Comme les Cardinaux doivent gouverner pour le fpirituel l'Eglife Romai-
,, ne qui s'étend par toute la Chrêtienté, plufieurs fujets de toutes les Nations
,, ont droit d'afpirer à cet honneur felon le Concile de Trente. C'eft pourquoi
,, les Papes dans les promotions des Cardinaux en font fouvent à la nomination
,, des Couronnes, qui font cenfées devoir propofer les plus éminens de leurs
,, fujets. Autrefois le Pape deliberoit avec les anciens Cardinaux de l'élection
,, des nouveaux, mais à préfent il en fait la promotion fans en rien commu-
,, niquer à perfonne. . . . . Sa S. ne fait pas même difficulté d'admettre au Car-
,, dinalat fes propres parens, difant qu'il le fait à l'imitation de Jefus-Chrift, qui
,, agrégea dans le Collége Apoftolique quelques-uns de ceux qui lui étoient pro-
,, ches. Il recompenfe auffi de la pourpre ceux qui ont rendu des fervices im-
,, portans au Siége Papal, comme les Nonces, les Auditeurs de Rote, les
,, Clercs de Chambre, & autres principaux Officiers de fa Cour, & quelque-
,, fois auffi ceux qui ont la reputation d'exceller en Doctrine, en Politi-
,, que &c.

,, Tous les Cardinaux ont droit par leur Charge d'affifter aux Confiftoires,
,, Chapelles, Proceffions, Cavalcades, & autres fonctions Papales & Cardina-
,, les, & ceux qui font leur réfidence ordinaire à Rome font deputés pour
,, affifter aux Confeils, & aux Congrégations.

,, Les Cardinaux jouiffent de tous les droits Epifcopaux dans leurs Eglifes,
,, ou Titres, & dans tout ce qui en dépend, excepté qu'ils ne font point obli-
,, gés à la réfidence : & pour ce qui eft de la Jurifdiction, ils l'ont en con-
,, currence avec le Cardinal Vicaire Général : il n'y a que la prévention qui régle
,, leurs droits. Mais quand ces Titres font poffedés par des Réguliers, ils n'ont
,, rien à voir fur le Gouvernement Régulier de leur Maifon, excepté pour la
,, cure des ames, & l'adminiftration des Sacremens. Si le Titre eft une Eglife
,, Collegiale, ils préfident au Chapitre, & ont la collation de plufieurs Cano-
,, nicats, Prébendes, & autres Bénéfices. Ils affiftent en Rochet aux Offices

,, qui

„ qui se font les principales Fêtes dans leurs Eglises, où ils benissent solemnel-
„ lement le Peuple, & se tiennent assis sous le Dais dans un Fauteuil élevé
„ comme un petit Thrône.

„ Les Cardinaux qui sont les mieux accrédités auprès du Pape regnant tien-
„ nent sous leur protection certains Roïaumes, Etats, Républiques, & Or-
„ dres Réligieux. Ils ont le privilége de conférer les quatre Ordres qu'on ap-
„ pelle Mineurs, à sçavoir de *Portier*, de *Lecteur*, d'*Exorciste*, & d'*Acolyte*, à
„ leurs Domestiques, & aux sujets de leurs Titres. Ils sont exempts de la dé-
„ pouille des Clercs, dévolue à la Chambre Apostolique dans toute l'Italie, &
„ peuvent tester des biens Ecclesiastiques comme des patrimoniaux. Ils ont d'au-
„ tres Priviléges très-confidérables, qui sont, de pouvoir résigner leurs Pensions
„ par des Indults particuliers des Papes; de n'être point sujets à l'examen des
„ Evêques, quand ils sont pourvûs d'Evêchés; d'être crûs en Justice sur leur
„ simple parole, sans être obligés de faire aucun serment, & leur témoignage
„ vaut celui de deux témoins. Ils sont estimés citoyens des Villes où les Papes ré-
„ sident, & ne paient aucunes Gabelles. Ils accordent des Indulgences pour
„ cent jours à qui bon leur semble, & ne reconnoissent pour superieur, &
„ pour juge que le Pape seul, particulierement en matiere criminelle; car pour
„ le civil, leurs causes sont commises devant l'Auditeur de la Chambre Aposto-
„ lique. Ils ont diverses autres prérogatives, comme de porter des (a) habits
„ de pourpre, un Manteau Roïal de six aunes de queuë, un Chapeau rouge,
„ une Mitre Episcopale, quoi qu'ils ne soient que Prêtres, ou Diacres, ou sim-
„ ples Clercs. " Urbain VIII. voulant donner à la Dignité de Cardinal un
nouval éclat, ordonna qu'à l'avenir on les traiteroit d'Eminence.

Le Pape declare dans un Consistoire secret qui sont ceux qu'il a dessein
d'élever à la Dignité de Cardinal. Cette declaration se fait après l'*extra-omnes*,
en disant aux Eminences assemblées, *habemus fratres*, *nous avons des freres*.
S. S. produit en même tems la liste des nouveaux Cardinaux, & le Cardinal
Patron, ou le plus ancien Cardinal du Sacré Collège fait tout haut la lecture de
cette liste. (b) La veille de la promotion le Cardinal Patron avertit les nouveaux
Cardinaux pour le lendemain, afin qu'ils se rendent à l'Audience de S. S. Les
promûs y sont à genoux. Le Pape leur met la calote rouge sur la tête & faisant le signe de la Croix sur eux leur dit ces parolles, *esto Cardinalis*, *soïés Cardinal*. Le *promû* ote sa calote & baise le pied de S. S. Cette promotion est
simple; mais quand elle se fait avec éclat, le Cardinal Patron envoie chercher
les *promûs* en carosse. On les conduit à l'appartement que S. E. occupe dans
le Palais Apostolique. Là le Babier de S. S. leur fait la Couronne ou la tonsure à la Cardinale, les valets de Chambre de son Eminence les revêtent de l'habit
de Cardinal, après quoi le Cardinal Patron les presente au Vicaire du Seigneur
qui leur donne la calote de la façon que nous venons de le dire. Les *promûs* repondent à cet honneur par un compliment mêlé de reconnoissance & d'humilité.

Pp 2

Il

(a) Les Cardinaux ont porté l'habit ordinaire de Prêtre, lequel étoit semblable à l'habit monacal, jusqu'au tems d'Innocent IV. Le Chapeau rouge leur fut donné en 1243. au Concile de Lion. Innocent IV. voulut s'attirer leur amitié par ce trait de distinction & les mettre dans les interêts à cause de ses differens avec les Empereurs. Sous Boniface IX. ils porterent le rouge & même le violet, & leur habillement étoit dès lors comme à present. D'autres disent que l'usage de porter le rouge ne commença que sous le Pontificat de Paul II. D'autres prétendent qu'ils le portoient déja du tems d'Innocent III. & d'autres enfin qu'ils firent acquisition de la pourpre sous Etienne IV. Paul II. leur donna la mitre de soie brodée & la Chape rouge, la Calote rouge, la housse rouge pour leur mule, & les étriers dorés. Gregoire XIV. donna la calote rouge aux Cardinaux Religieux; voulant que du reste ils fussent habillés de la couleur de leur Ordre, sans rochet & sans soutane de drap.

(b) *Lusadoro* Relaz. della Corte &c.

Il n'est pas permis à celui qui est fait Cardinal étant en pais étranger de prendre l'habillement rouge avant que S. S. lui ait envoié la Calote. Cependant il peut prendre le titre de Cardinal. Un Camerier du Pape lui porte cette calote, avec un bref de S. S. Le *Promû* doit paier au moins cent ducats de recompense au porteur : (a) c'est la taxe. Il reçoit la Calote des mains du Nonce. S'il n'y a point de Nonce, l'Empereur, un Roi, un Archevêque, un Evêque, font la fonction de mettre la Calote au *Promû*. Cette ceremonie se fait à l'issue de la grand' Messe.

Un Cardinal qui va à Rome pour recevoir le Chapeau des mains du Pape, doit y aller en habit de campagne, c'est-à-dire en habit court violet. Etant à Rome il ira d'abord rendre ses devoirs au Saint Pere. Allant à l'audience, il prendra l'habit long : après l'audience il retournera chez soi, & ne sortira pas du logis jusqu'à la tenue du Consistoire public. Cependant on va rendre visite à la nouvelle Eminence, & la féliciter sur sa promotion, mais elle n'accompagne personne que jusqu'à la porte de son Antichambre. Le jour du Consistoire public le nouveau Cardinal s'y rend en carosse de ceremonie & suivi de ses amis pour recevoir le Chapeau rouge. Si le *Promû* est Archevêque ou Evêque, il doit porter le (b) *Chapeau Pontifical* noir. „ Il (c) s'arrête à la Chapelle de
„ Sixte, quand la ceremonie se doit faire au Vatican, & dans une Chambre,
„ si c'est à Montecavallo. Cependant les anciens Cardinaux entrent deux à
„ deux dans la salle du Consistoire, & après avoir rendu l'obédience, ou bai-
„ sé la main au Pape, deux Cardinaux Diacres vont chercher le nouveau Car-
„ dinal, & le conduisent devant le Pape, auquel il fait trois reverences pro-
„ fondes: une à l'entrée de la Chambre de S. S. l'autre au milieu, & la troi-
„ siéme au bas du Thrône. Ensuite il monte les degrés, baise les pieds à S. S.
„ qui l'admet aussi *ad osculum Oris*, à lui baiser la bouche, après cela le nou-
„ veau Cardinal va *ad osculum Pacis*, c'est-à-dire qu'il embrasse tous les anciens
„ Cardinaux & leur donne le baiser de paix.

„ Cette premiere ceremonie étant faite, le chœur des Musiciens entonne le
„ *Te Deum*, les Cardinaux s'en vont deux à deux à la Chapelle Papale, où ils
„ font le tour de l'Autel, avec le nouveau Cardinal accompagné d'un ancien,
„ qui lui céde la main droite cette fois là seulement : après quoi le nouveau
„ Cardinal vient s'agenouiller sur les marches de l'Autel, où le premier Maître
„ des ceremonies lui met sur la tête le Capuchon qui pend derriere sa Chappe,
„ & quand on chante le *Te ergo* du *Te Deum*, il se (prosterne en telle maniere,
„ qu'il paroit) couché sur le ventre, & demeure en cette posture non seulement
„ jusqu'à la fin de ce Cantique, mais encore pendant que le Cardinal Doyen,
„ qui est pour lors à l'Autel du côté de l'Epitre, dit quelques Oraisons, mar-
„ quées dans le Pontifical Romain.

„ Lors que ces prieres sont finies, le nouveau Cardinal se releve. On lui
„ abaisse le Capuchon, après quoi le Cardinal Doyen, en présence de deux Chefs
„ d'Ordre, & du Cardinal Camerlingue, lui présente la Bulle du serment qu'il
„ doit prêter. Après l'avoir luë, *Il jure qu'il est prêt de repandre son sang pour la
„ Sainte Eglise Romaine, & pour le maintien des Privileges du Clergé Apostolique au-
„ quel il est agrégé.* Tous les Cardinaux retournent ensuite dans la Chambre
„ du Consistoire dans le même Ordre, qu'ils avoient gardé pour en sortir. Le
„ nou-

(a) On ne se tient pas à cette taxe. Le present va à mille, trois mille, cinq mille ducats, & plus même.

(b) *Lunadoro* &c. ubi sup.

(c) *Aimon* dans son *Tableau de la Cour de Rome*.

„ nouveau Cardinal s'y rend aussi marchant à la droite de l'ancien qui l'ac-
„ compagnoit à la Chapelle. Il s'agenouille devant le Pape, un Maître des
„ Ceremonies lui tire le Capuchon sur la tête, & le Pape lui met le Chapeau
„ de velours rouge sur le Capuchon, en disant (a) quelques Oraisons.

„ Le Pape se retire alors & les Cardinaux en sortant du Consistoire s'arrê-
„ tent en cercle dans la salle: le nouveau Cardinal vient leur faire la reverence au
„ millieu de cercle, & les remercier l'un après l'autre de l'honneur qu'ils lui
„ ont fait de l'avoir reçû au nombre de leurs confreres. Quand il a achevé ses
„ remerciemens, les anciens Cardinaux viennent aussi tour à tour le complimen-
„ ter sur sa nouvelle Promotion. Enfin chacun retourne chès soi, mais quand
„ le Pape regnant a quelque neveu dans le College des Cardinaux, le Cardinal
„ neveu retient ordinairement à diner le nouveau Collegue. "

Le Chapeau rouge que le nouveau Cardinal vient de recevoir est porté chès
lui, dans un grand Bassin de vermeil, qu'un des Cameriers secrets de S. S. remet à quelque Huissier. Pour cet effet le nouveau Cardinal donne à cet Huissier trente écus d'or selon la taxe. Il seroit inutile de mettre ici cette taxe, où
l'on voit ce qui revient aux Cameriers & autres Ministres ou Domestiques du
Vicaire de J. C. de la part de cette Eminence nouvelle.

„ Le jour même qu'un Cardinal a reçû le Chapeau rouge, il commence
„ ses visites par celle de l'Eglise de Saint Pierre: de là il va chès le Cardinal
„ Doyen du Sacré College, & ensuite chès les Rois & les Reines qui se trou-
„ vent quelquefois à Rome. Pour ce qui est de la visite des autres Cardinaux,
„ des Ambassadeurs, des Princes, des Princesses, & Dames de la Cour, elle se
„ fait à la commodité du nouveau Cardinal, & sans qu'il soit obligé d'obser-
„ ver ni rang, ni préséance.

„ Au premier Consistoire secret après qu'on a terminé les affaires qui sont sur
„ le Bureau en présence du nouveau Cardinal, le Pape fait la ceremonie de lui
„ fermer la bouche. Cela signifie qu'il lui défend de dire à qui que ce soit les
„ choses qui s'y sont passées. " Autrefois les anciens Cardinaux prétendoient
que les Cardinaux auxquels le Pape avoit fermé la bouche, ne pouvoient avoir
ni voix active, ni voix passive au Conclave. C'est-à-dire que si le Pape venoit à mourir pendant ce tems-là, ils ne pouvoient ni donner leur voix pour
l'Election d'un autre Pontife, ni être élûs eux mêmes par les autres Cardinaux,
mais *Pie* V. déclara par une Bulle du 26. Janvier 1571. que la coûtume usitée
par les Papes, de mettre la main sur la bouche des nouveaux Cardinaux, n'est
qu'une simple ceremonie pour leur faire comprendre qu'ils doivent avoir une
grande retenuë dans tous leurs discours, & qu'elle ne doit pas les exclure des privileges dont jouissent ceux qui ont voix active & passive.

Au second (ou au troisiéme) Consistoire le Pape ouvre la bouche aux nouveaux Cardinaux, (b) mais auparavant on les fait sortir du Consistoire, & pendant qu'ils sont dehors, S. S. propose aux anciens Cardinaux d'ouvrir la bouche
aux nouveaux. Ensuite on les fait entrer. Le Pape leur fait alors une exhortation & leur assigne des titres, leur met au doigt annulaire de la main droite un

An-

(a) *Ad laudem omnipotentis Dei, & sanctae Sedis Apostolicae*, &c. „ Recevés à l'honneur du Dieu tout
„ puissant & du Saint Siége Apostolique ce Chapeau rouge, qui est la marque de la Dignité de Cardinal.
„ Ce Chapeau vous aprend que vous devés défendre jusqu'à la mort, jusqu'à l'effusion de votre sang, l'exal-
„ tation de la sainte foi, la paix du Christianisme & la sainte Eglise Romaine.
(b) *Sacrar. Caremon. Eccl. Romana.* Lib. I.

Anneau d'or, où est enchassé un Saphir, qui coute à chaque Eminence cinq cens ducats paiables au College de la Propagation de la Foi, „ selon une Bulle „ de *Grégoire* XV. Cet Anneau est donné au nouveau Cardinal pour lui apren „ dre qu'il a l'Eglise pour Epouse, & qu'il ne la doit jamais abandonner. "

En ouvrant la bouche au Cardinal le Pape lui dit. (a) *Au nom du Pere &c. nous vous ouvrons la bouche, afin que vous donniés votre avis dans nos conferences & dans nos conseils, dans tous les cas necessaires & qui concernent les Cardinaux ou leurs fonctions, dans votre Consistoire, hors du Consistoire, à l'élection du Pontife Souverain.* En leur donnant un titre il leur dit, *à l'honneur du Dieu tout puissant &c. vous vous remettons l'Eglise d'un tel nom avec son Clergé, son Peuple &c.* En disant ces dernieres parolles S. S. met l'anneau au doit annulaire du Cardinal.

„ Autrefois le Pape envoioit le Chapeau aux Cardinaux, mais depuis que „ *Paul* II. leur a donné le Bonnet rouge, qui est une espece de Calotte, il „ faut qu'ils viennent prendre le Chapeau à Rome. Cependant pour confer „ ver la memoire comment on envoioit autrefois le Chapeau à ceux qui dans „ le tems de leur création n'étoient point à Rome, il y a toûjours quatre Ca „ meriers secrets Participans, qui portent quatre chapeaux rouges sur des „ Masses aux cavalcades Papales, pour montrer qu'il appartenoit à eux de les „ porter aux *Promûs*.

„ Quand par grace speciale le Pape veut envoier le Chapeau à quelque „ Cardinal absent, voici les ceremonies qui s'observent. C'est un Camerier „ d'honneur, ou un Gentilhomme de la famille du Pape qui doit porter le „ chapeau dont il s'agit, avec un Bref adressé au Nonce, ou à l'Evêque du „ lieu où réside le nouveau Cardinal. Celui-ci étant informé de la venuë du „ Camerier d'honneur qui lui apporte le chapeau, envoie sa famille au de „ vant de lui, avec le plus d'amis qu'il peut, pour lui faire honneur, & tous „ ensemble font leur entrée en cavalcade, si la coûtume du lieu le permet. „ Alors ce Camerier du Pape tient le Chapeau rouge élevé sur une Masse, de „ telle sorte qu'il puisse être vû de tous ceux qui assistent à cette cere „ monie.

„ Un dimanche, ou un jour de fête solemnelle, l'Envoié du Pape & le „ Prélat qui doit faire la ceremonie s'assemblent chès le nouveau Cardinal avec „ leurs Domestiques, & le plus grand nombre d'amis qu'ils peuvent convo „ quer. Tous ensemble ils vont en cavalcade à la principale Eglise du lieu, „ en cet ordre.

„ Les Tambours & les Trompettes ouvrent la marche. Les gens de livrée „ après. Les Soldats qui sont de garde, s'il y en a, ou les Bourgeois aiant „ pris les armes marchent devant les Gentilshommes, & ensuite le Camerier „ du Pape en habit violet, tenant le Chapeau rouge découvert & élevé. Le „ nouveau Cardinal suit immédiatement après, revêtu de sa Chappe, le Capu „ chon en tête, & par dessus un chapeau noir. Il a à sa droite le Prélat qui „ doit faire la ceremonie, & à sa gauche quelque autre personne de qualité, „ comme le Seigneur du lieu, & à sa suite les carosses de son Eminence & „ de tous ceux qui veulent l'honorer par un cortege nombreux. Quand „ la ceremonie se fait dans un lieu où il y a quelque Monarque, ou quel „ qu'autre Prince, les gardes de ces Souverains accompagnent le nouveau Car „ dinal.

„ Tous

(a) *Sacr. Cærem. &c.* L. I.

„ Tous ceux de la cavalcade étant arrivés à l'Eglise, on y chante la Messe,
„ & pour l'ordinaire le Roi ou le Prince du lieu s'y trouvent, avec les prin-
„ cipaux Seigneurs & Dames de la Cour. La Messe, étant finie le Prélat qui
„ doit faire la cérémonie, prend la Chappe, & la Mitre, puis étant assis dans
„ un fauteuil sur les marches de l'Autel auquel il tourne le dos, celui qui a
„ apporté le chapeau le met sur l'Autel, & présente le Bref du Pape au Pré-
„ lat, qui le donne à son Secretaire. Celui ci le lit à haute voix afin que tous
„ ceux qui sont dans l'Eglise puissent l'entendre. Le Prélat fait incontinent après
„ un discours à la loüange du nouveau Cardinal, & conclud qu'il est prêt à
„ lui donner le chapeau selon l'ordre de S. S.

„ Alors le nouveau Cardinal s'approche de l'Autel, s'y met à genoux, &
„ fait entre les mains du Prélat le même serment que les nouveaux Cardinaux
„ font à Rome devant le Pape. Le Prélat se leve de son fauteuil, & s'étant
„ fait ôter la Mitre dit quelques Oraisons sur le nouveau Cardinal, auquel on
„ couvre la tête de son Capuchon, après quoi le Prélat lui met le chapeau, en
„ recitant une priere qui est dans le Pontifical Romain. Ensuite il lui donne
„ le baiser de paix, on chante le *Te Deum* & quelques Oraisons, par lesquelles
„ cette ceremonie finit. Le nouveau Cardinal s'en retourne en cavalcade, le cha-
„ peau rouge sur la tête. "

Cette pompeuse ceremonie finit par la joie & par de somtueux regales; mais
elle est si rare, qu'à peine en trouve t'on d'exemple. Le Ceremonial Romain
dit qu'elle ne doit être pratiquée que lors qu'il s'agit de quelque affaire très importante au S. Siége, & pour laquelle il faut donner beaucoup d'éclat au Legat
Apostolique.

PRISE *de* POSSION *du* TITRE *par le* CARDINAL *qui a été* ELU.

„ (a) Quand un Cardinal prend possession de son Titre, il va se rendre sous le
„ Portique de son Eglise pour y prendre la Chappe de couleur convénable à la
„ solemnité du jour, puis il s'agénouille sur un quarreau posé sur un tapis
„ au milieu de la grande porte. Le plus digne Prêtre de la même Egli-
„ se aiant la Chappe sur les épaules lui présente la Croix à baiser : après
„ cela le Cardinal s'avance trois ou quatre pas dans l'Eglise, & d'abord un
„ Acolyte lui présente la navette, où S. E. prend de l'encens, & le benit en
„ le versant dans l'encensoir. Le Cardinal ôte ensuite son bonnet & aiant re-
„ çu le goupillon, lequel lui est présenté par le Prêtre qui lui a donné la
„ Croix à baiser, il met quelques goûtes d'eau benite sur son front : incon-
„ tinent après il en jette sur le Clergé, & sur le peuple qui est autour de lui.
„ Il donne ensuite l'encensoir au Prêtre qui a la Chappe, & se tenant debout
„ la tête couverte de son bonnet, il reçoit l'encens que ce Prêtre lui offre
„ par trois diverses fois.

„ Après cela on entonne le *Te Deum Laudamus*. Tout le Chapitre de cette
„ Eglise conduit processionnellement le Cardinal devant le Maître Autel, où
„ il se tient à genoux jusqu'à ce que le *Te Deum* soit fini. Pour lors le Prêtre qui
„ a fait la ceremonie de l'introduction se tenant debout à côté du même Au-

Qq 2

„ tel

(a) *Aimon dans son Tableau de la Cour de Rome.*

„ tel dit les premieres, & les dernieres paroles de l'Oraison Dominicale à hau-
„ te voix, & le reste secretement, après quoi il chante d'un ton uniforme plu-
„ sieurs Oraisons, lesquelles étant achevées, le Cardinal se releve, & se va as-
„ seoir sous un daix, du côté de l'Evangile. Toux ceux qui sont dans l'Egli-
„ se lui viennent baiser la main, excepté le Prêtre officiant, auquel il donne le
„ baiser de paix à la joué droite.

„ On lit la Bulle qui donne au Cardinal le Titre dont il s'agit, & le Benefice
„ de l'Eglise dont il vient de se mettre en possession. Si c'est le matin, on dit
„ une Messe basse ou solemnelle, selon le bon plaisir du Cardinal, mais
„ quand la ceremonie se fait l'après midi on chante Vêpres. S'il c'est le soir,
„ on psalmodie seulement les complies : ensuite le Cardinal va au milieu de
„ l'Autel, où aiant mis son Capuchon sur la tête, il donne la Benédiction au
„ peuple, & lui accorde cent jours d'Indulgence. Il descend au bas de l'Autel,
„ & après avoir ôté sa Chappe & pris sa Mozette sur le Rochet découvert, il
„ marche dans le milieu de l'Eglise donnant la Benédiction à droite, & à gau-
„ che à tous ceux qu'il voit. Arrivé à la Sacristie, il fait la visite des Reliques,
„ & quand il veut partir pour s'en retourner dans son Palais, on lui remet le
„ Camail & la Mozette par dessus le Rochet.

„ Si le Cardinal qui prend possession de son titre est seulement Diacre, c'est-
„ à-dire, si son Eglise n'a que le Titre d'une Diaconie, bien que d'ailleurs ce
„ Cardinal soit Evêque, ou Prêtre, il ne va point à l'Autel donner la Bene-
„ diction au peuple. Il ne doit pas même le benir en passant de l'Autel à la
„ Sacristie, ni en aucun endroit de son Eglise.

„ Un Cardinal qui assiste aux Messes, Vêpres, Processions, & autres Offi-
„ ces solemnels de l'Eglise dont il est titulaire, peut y porter la Chappe rou-
„ ge, pendant que les autres Cardinaux qui veulent assister à ces mêmes fonc-
„ tions ne doivent y porter que la Chappe violette, pourvû toutefois que ce
„ ne soit pas en un jour où il est défendu de porter cette couleur.

„ Le jour de la Fête du Saint auquel l'Eglise titulaire d'un Cardinal est de-
„ diée, celui qui en est actuellement en possession s'y trouve en habit & en
„ Chappe rouge, quoi que ce soit durant l'Avent, la Septuagesime, & le
„ Quareme, quand il veut y celebrer lui même l'Office. Pour lors il donne
„ la Benédiction Pontificale, mais quand il n'officie pas il se va asseoir sur le
„ *Siége Pontifical* couvert de drap rouge & sous le dais. Si pendant qu'il est en
„ fonction il survient quelque Cardinal, son Maître de Chambre, & ses au-
„ tres Gentilhomme le doivent aller recevoir & l'accompagner en lui faisant les
„ les excuses de leur Maître, & quand il a fait sa devotion le reconduire jus-
„ qu'à son Carosse.

„ Si le Cardinal titulaire n'est pas empêché, il doit aller lui même recevoir
„ les Cardinaux qui viennent à son Eglise, les accompagner au Prie-Dieu, &
„ les reconduire : mais si les Cardinaux vouloient entendre la Messe, ou Vê-
„ pres, ce qu'ils ne font jamais quand le Thrône ou plûtôt le *Siége Pontifical*
„ est élevé, le titulaire doit leur céder la place la plus honorable, quoi qu'il
„ soit plus ancien Cardinal qu'eux, se mettant au dernier lieu, parce qu'il est
„ chés lui. Il y a pourtant deux cas où cette maxime ne doit pas être suivie,
„ c'est lors qu'il y a Chapelle Papale, ou Cardinale, & quand on fait les
„ Obseques d'un Cardinal. Le titulaire pour lors, quoi qu'il soit dans son
„ Eglise, doit prendre son rang, & être revêtu de même couleur que les autres
„ Cardinaux sans autre formalité.

„ On doit enfin remarquer pour conclusion de cette matiere, que les trois
„ Ar-

,, Archiprêtres des Bafiliques de Saint Jean de Latran, de Saint Pierre, & de
,, Sainte Marie Majeure, jouiffent des mêmes prérogatives dans leurs Chapitres
,, que les Cardinaux titulaires dans leurs Eglifes.

FUNERAILLES *des* CARDINAUX.

,, (a) Auffi-tôt qu'un Cardinal eft mort, on l'embaume, & la nuit fuivan-
,, te on le porte dans l'Eglife où l'on doit faire folemnellement fes funerailles.
,, Cette Eglife eft prefque toûjours une des plus grandes, afin qu'elle puiffe
,, contenir davantage de monde. Elle eft toute tendue de velours noir avec
,, des écuffons où font les armes du défunt. Il y a un grand nombre de
,, cire blanche allumés des deux côtés de la Nef.

,, On dreffe au milieu de cette Eglife une grande machine, qui eft une ef-
,, pece de Lit de parade fort élevé, couvert de brocard noir, avec deux oreil-
,, lers de même couleur, qui font pofés l'un fur l'autre fous la tête du Cardi-
,, nal défunt, dont le corps eft étendu au milieu de ce Lit : en telle for-
,, te qu'il a les pieds du côté de la grande Porte, & la tête vers le Maître
,, Autel.

,, Le corps du Cardinal défunt eft revêtu de fes ornemens Pontificaux, affavoir
,, la mitre, la chappe, s'il eft de l'Ordre des Evéques, & la chazuble s'il eft Prê-
,, tre, ou la tunique s'il eft Diacre. Les fix Maîtres des Ceremonies affiftent
,, dans cette Eglife revêtus de foûtanes de ferge violette, & tous les Curfeurs du
,, Pape avec des robes de même couleur, traînant jufqu'à terre, & portant des
,, maffes d'argent à la main. Il y a auffi deux Eftafiers du défunt qui portent au
,, bout de leurs baguetes une banderole de tafetas violet aux armes du Car-
,, dinal dont on fait les obfeques. Ils éventent continuellement de part & d'au-
,, tre fon vifage avec cette banderolle, de crainte que les mouches ne le gâ-
,, tent.

,, Le jour fuivant, après Vêpres, les Religieux mendians s'affemblent dans
,, ue Chapelle de cette Eglife, où ils chantent les Matines des morts, chaque
,, Ordre difant tout à tour un Nocturne & les Muficiens du Pape les *Laudes*.
,, Cependant le Cardinaux arrivent habillés de violet & prennent en entrant dans
,, l'Eglife la chappe de même couleur, avec laquelle ils s'en vont devant le grand
,, Autel, où repofe le Sacrement, pour y faire la priere & l'adoration à genoux.
,, Puis ils fe rendent les uns après les autres aux pieds du défunt, où ils recitent
,, l'Oraifon Dominicale *Pater nofter*, &c. à laquelle ils ajoûtent quelques verfets
,, & la priere *Abfolve*, qui eft dans l'Office des morts. Enfuite ils font les afperfions
,, ordinaires avec de l'Eau benite, & fe vont affeoir dans le chœur, où ils en-
,, tendent l'Office des morts, que divers Ecclefiaftiques & Moines chantent fo-
,, lemnellement. D'autres le recitent en leur particulier, fe tenant dans leurs pla-
,, ces jufqu'à ce qu'il foit fini; comme les Cardinaux Evéques & Prêtres du côté
,, de

(a) *Aimon* ubi fuprà.

„ de l'Epître, & le reste du Clergé dans les plus basses chaises qui sont autour
„ du Chœur, les Cardinaux étant placés dans les plus hautes, ou sur les bancs
„ les plus élevés.

„ Cela étant fait, chacun s'en retourne chez soi, sans autre ceremonie. La
„ nuit étant venuë on dépouille le corps mort, & en même tems on l'enferme
„ dans un cercuëil de plomb, qui est mis dans un autre cercueil de cyprès,
„ que l'on couvre d'un drap noir. On le porte dans un Carosse accompagné du
„ curé, & des Aumoniers du défunt, qui vont à la clarté des flambeaux jus-
„ qu'à l'Eglise, où il doit être enseveli.

„ La plûpart des Cardinaux qui meurent à Rome sont ordinairement enter-
„ rés dans l'Eglise de leur Titre, à moins que ce ne soit quelque Romain de
„ grande condition, qui veuille être mis dans le cercueil de ses Ancêtres, ou
„ quelque Ultramontain qui élise sa sepulture dans l'Eglise que les Ecclesiastiques
„ de sa Nation possèdent à Rome.

„ Il y a quatre Cardinaux que l'on enterre avec pompe & magnificence, sça-
„ voir, le Doyen du Collége Apostolique, le Grand Pénitencier, le Vice-
„ Chancelier, & le Camerlingue. Voici l'ordre qu'on observe pour cette cere-
„ monie.

„ Après que l'Office des morts a été chanté en présence des Cardinaux, leurs
„ Eminences se retirent & l'on commence la Procession. A la tête de cette Pro-
„ cession marchent les Orphelins qu'on nomme, *illiterati*, c'est-à-dire non let-
„ trés: après ceux-ci viennent plusieurs Confrairies, dont les Pénitens tiennent à
„ la main des cierges allumés. Ils sont couverts de leurs capuchons, & vêtus de
„ leurs grandes robes de diverses couleurs, selon leur institution. Il y en a de rou-
„ ges, de noires, de blanches, de violettes, de bleuës, de jaunatres, de baza-
„ nées, & plusieurs autres dont la bigarrure est assés singuliere.

„ Après ces diverses Confrairies marchent les Religieux Mendians, & non
„ Mendians, chacun selon leur rang. Ensuite viennent les Ecclesiastiques Sécu-
„ liers de la Paroisse du Cardinal défunt, & ceux de l'Eglise où il doit être en-
„ seveli quand ils ne sont pas Reguliers.

„ Si le Cardinal dont on fait l'enterrement est Archiprêtre de l'une des trois
„ Basiliques de Rome, le Chapitre y assiste, de même que lors qu'il s'agit de
„ la sépulture d'un Cardinal Titulaire de Saint Laurent *in Damaso*, ou de Sain-
„ te Marie au delà du Tibre.

„ Le corps du défunt vient à la fin de ce convoi, paré de ses Ornemens Pon-
„ tificaux, selon l'Ordre qu'il avoit dans le Sacré College, mais quand il n'au-
„ roit jamais eu que le Diaconat, on lui met néanmoins une mitre sur la tête.
„ En cet équipage il est porté sur les épaules de ses Estafiers au milieu de tous
„ ceux de la famille qui l'accompagnent vêtus de deuil, à sçavoir ses gens de
„ livrée qui marchent devant le corps, & ses Aumoniers, Gentilshommes, &
„ Officiers qui vont après. Aux deux côtés du corps marchent aussi deux files
„ de Suisses de la Garde du Pape, tenant la hallebarde à la main, & sur l'ar-
„ rieregarde une partie de la Maison du Pape en cavalcade; le Capitaine de la
„ Garde Suisse, les Massiers du Pape, un Maitre des Ceremonies avec son Ma-
„ jordôme, les Evêques assistans, les Protonotaires Apostoliques, les Chape-
„ lains du commun, les Ecuyers Apostoliques, & les Cameriers hors des
„ murs.

„ Quand il meurt des Cardinaux Princes, ou de très grande famille, le Pape
„ envoie le plus souvent toute sa Maison à leurs funerailles, comme aussi à cel-
„ les

„ les des quatre Cardinaux , qui tiennent le rang que nous avons dit ci-
„ deſſus.

„ Lors qu'on a porté le corps d'un Cardinal dans l'Egliſe où il doit être en-
„ ſeveli , le matin ſuivant , on y chante en préſence du Sacré College une
„ Meſſe ſolemnelle pour le répos de ſon ame , & dans cette occaſion on obſerve
„ toutes les ceremonies qui ſe pratiquent aux obſéques du Pape , excepté qu'au
„ lieu que pour le Souverain Pontife il y a cinq Cardinaux aſſiſtans revêtus
„ d'ornemens Pontificaux , en celle-ci il n'y a que cinq Evêques qui font les
„ aſperſions , les encenſemens & les prieres ordinaires marquées dans le Rituel
„ pour cette fonction.

Le Ceremonial Romain (a) décrit la Neuvaine qui ſe fait pour les Cardinaux
défunts. Le premier & le dernier jour on doit dire cent cinquante Meſſes , &
l'on donne à chaque célébrant une petite piéce de monoie & deux petites chan-
déles. Les autres ſept jours on en dit cent. Les autres ceremonies étant les mêmes qu'aux Meſſes ordinaires des morts , on ne repetera pas ici ce qui a été dit
à l'article de la Meſſe des morts & des funerailles &c.

FUNERAILLES du PAPE.

Nous allons voir maintenant le Vicaire du Seigneur dans le tombeau. (b) Celui qui par ſa puiſſance & ſa dignité eſt au deſſus de tous les mortels , celui qui
lie & & délie toutes choſes ſur la terre , n'a pas le pouvoir de rompre les liens
de la mort , lorſque ſon heure eſt venüe. C'eſt ici que le S. Pere doit ſe reſſou-
venir qu'à ſon avenement au Pontificat toute la gloire du Monde lui a été repré-
ſentée comme une fumée qui paſſe. Nous ne donnerons par le détail des *préliminaires de ſa mort*. Il doit ſe recueillir , examiner ſa conſcience , ſe confeſſer , (c)
demander une indulgence plèniere à ſon Confeſſeur , faire quelque reparation à
ceux qu'il a offenſé pendant ſa vie , enſuite recevoir le S. Viatique , aſſembler le
Sacré College , lui faire ſa profeſſion de foi , & prier ces Eminences de lui pardonner (d) ce qu'il peut avoir commis d'offenſant contre les uns ou les autres
pendant le cours de ſon adminiſtration. Entr'autres choſes le *Ceremonial Romain*
veut que ſa Sainteté mourante recommande aux Cardinaux de choiſir un digne
Paſteur des Chrétiens: mais cette attention eſt ſuperflue , parce que leurs E-
minences ne travaillent à faire un Pape qu'après avoir invoqué le S. Eſprit.

„ (e) Quand le Pape eſt à l'extrémité , ſes neveux & ſes domeſtiques em-
„ portent du Palais tous les meubles qu'ils y trouvent. Auſſi-tôt que S. S. a
„ rendu l'eſprit , les officiers de la Chambre Apoſtolique viennent ſe ſaiſir de ſa
„ dépouille , mais les parens du défunt y mettent ſi bon ordre , qu'il n'y reſte

Rr 2

„ que

<hr>

(a) *Sacr. Cerim. Eccl. Rom. L. I. In prima & nona die. . . . conſueverunt legi in Ecclſiâ ubi ſunt Exe-*
quiæ centum quinquaginta Miſſæ , & datur per eleemoſynam cuique celebranti agus Groſſus Papalis & duæ parvæ
candelæ. Aliis ſeptem diebus intra novenam dicantur centum Miſſæ quolibet die , &c.
(b) *Sacr. Cerim. Eccl. Rom. L. I.*
(c) *Sacr. Cerim. Eccl. Rom. ubi ſup.*
(d) *Rerum veniam , ſi in ſua adminiſtratione quempiam injuſtè offenderit. Ibid.*
(e) *Ancien Tableau de la Cour de Rome.*

,, que les quatre murailles, & le cadavre sur une méchante paillasse, avec un vieux
,, chandelier de bois, où à peine y a-t-il un bout de Cierge allumé.

,, En même tems le Cardinal Camerlingue vient en habit violet, ac-
,, compagné des Clercs de la Chambre en habits noirs, reconnoître le corps
,, du Pape. Il l'appelle trois fois par son nom de Baptême, & comme il ne
,, lui donne ni réponse, ni signe de vie, il fait dresser un Acte sur sa mort,
,, par les Protonotaires Apostoliques. Il prend du Maître de la Chambre du
,, Pape, l'Anneau du Pêcheur, qui est le sceau du Pape, d'or massif, &
,, du prix de cent écus. Il le fait mettre en piéces, & donne ces piéces aux
,, Maîtres des Ceremonies à qui elles appartiennent. Le Dataire & les Secre-
,, taires, qui ont les autres seaux du Pape défunt, sont obligés de les porter
,, au Cardinal Camerlingue, qui les fait rompre en présence de l'Auditeur
,, de la Chambre, du Trésorier, & des Clercs Apostoliques, & il n'est per-
,, mis à aucun autre des Cardinaux d'assister à cette fonction.

,, Ensuite le Cardinal Patron, & les neveux du Pape sont obligés de
,, quitter le Palais, où il est decedé, ce qui arrive ordinairement au Vati-
,, can, ou à Monte-Cavallo, quand il ne finit pas sa vie par quelque mort
,, soudaine & imprévûë. Le Cardinal Camerlingue prend possession de ces
,, Palais au nom de la Chambre Apostolique, & après qu'il y est entré
,, avec toutes les formalités dont nous venons de parler, il fait faire un in-
,, ventaire sommaire des meubles qui s'y rencontrent, mais il n'y reste le
,, plus souvent aucune chose, comme nous l'avons dit.

,, Cependant les Pénitenciers de Saint Pierre, & les Chapelains du défunt
,, prennent le soin de faire embaumer son corps, après l'avoir bien fait ra-
,, ser. On le revêt des habits Pontificaux, la Mitre en tête, le Calice à la
,, main. Le Camerlingue prend soin d'envoier incontinent des Gardes, pour
,, se saisir des Portes de la Ville, du Château de Saint Ange, & des au-
,, tres Postes. Les *Caporioni* ou Capitaines des Quartiers font nuit & jour la Pa-
,, trouille avec leurs Milices, pour empêcher les seditions de ceux qui cabalent
,, pour l'élection d'un nouveau Pape.

,, Après que le Camerlingue a pourvû à la sureté de Rome, il sort du
,, Palais Apostolique, & fait en carosse le tour de la Ville, accompagné
,, des Suisses, & du Capitaine des Gardes, qui accompagnoient ordinairement
,, le Pape défunt. Lors que cette marche commence, on sonne la grosse
,, cloche du Capitole. Cette cloche ne sonne jamais que pour annoncer à tou-
,, te la Ville la mort du souverain Pontife.

,, Au signal de cette cloche, la Rote & tous les Tribunaux cessent de ren-
,, dre la Justice, la Daterie se ferme, suivant la Bulle, *in eligendis* de *Pie* IV.
,, Il ne se fait plus aucune expédition de Bulles : toutes les Congrégations
,, ordinaires cessent aussi, de telle sorte qu'il n'y a plus que le Cardinal Ca-
,, merlingue, & le Cardinal Grand Pénitencier, qui continuent les fonctions
,, de leurs Charges.

,, Comme les Papes ont choisi l'Eglise de St. Pierre, pour le lieu de leur
,, sépulture ; quand ils sont morts au Mont Quirinal, (qu'on appelle aujour-
,, d'hui Monte Cavallo) ou en quelque autre de leurs Palais, on les porte au
,, Vatican, (*a*) dans une grande Litiere ouverte, au milieu de laquelle il y a
,, un

(*a*) Voiés la derniere figure de la planche qui se place ici. On remarquera que cette déscription est corrigée
sur la figure, laquelle a été dessinée à Rome.

La RECONNOISSANCE du CORPS du PAPE défunt &c.

Les OBSÈQUES du PAPE DÉFUNT.

Le CORPS du PAPE porté à L'EGLISE de SAINT PIERRE.

Le CORPS du PAPE exposé trois jours au peuple dans l'Eglise de S.t PIERRE.

CATAFALQUE du PAPE DÉFUNT.

CONVOI FUNEBRE du PAPE.

,, un Lit de parade, sur lequel le corps du Pape est exposé à la vûe du peu-
,, ple, revêtu de ses ornemens Pontificaux.

,, La Litiere est précédée d'une avantgarde de cavaliers & de trompettes sour-
,, des avec des crépes moitié noirs & moitié violets. Ces trompettes marchent
,, à la tête de la premiere Compagnie, montés sur des chevaux pommelés, dont
,, les housses sont de même couleur que les banderoles attachées à la branche
,, des trompettes, mais celles de l'avant-garde sont de velours noir, avec des
,, crépines d'or & d'argent. Ces cavaliers portent la Lance baissée : ils ont
,, leurs étendards qui précédent chaque Escadron, au milieu de leurs timbaliers
,, qui font entendre sur les timbales un son lugubre.

,, Quelques Bataillons de Suisses viennent après : la moitié de ces Suisses por-
,, te des mousquets, l'autre moitié des hallebardes renversées. Ceux-ci sont
,, suivis de vingt quatre palefréniers, qui conduisent autant de haquenées, cou-
,, vertes de housses noires, trainant jusqu'à terre. Plusieurs Estafiers du Pape
,, défunt marchent confusément au milieu de ces haquenées, portant à la main
,, des torches allumées de cire jaune.

,, Les douze Pénitenciers de St. Pierre viennent après chacun la torche à la main,
,, au milieu de la Garde des Suisses, qui portent des espadons & des hallebardes au-
,, tour de la Litiere du Pape. Le Porte-Croix marche immédiatement devant la Li-
,, tiere, monté sur un grand cheval caparaçonné d'un treillis de fil d'archal,
,, comme un cheval de bataille. Derriere le Lit de parade, sur lequel est le
,, corps du Pape, on voit son Maître d'étable sur un cheval noir, sans oreilles,
,, & qui n'a pour tout harnois que des bandes de toile, un drap de satin blanc,
,, & une aigrette à trois rangs de fil de verre & de clinquant sur la tête.

,, On voit ensuite vingt-quatre autres palefréniers conduisant des mules noi-
,, res avec des couvertures blanches, & une douzaine d'Estafiers avec des ha-
,, quenées blanches, couvertes de velours noir. Ceux-ci sont suivis d'une Com-
,, pagnie de chevaux-legers, dont les cavaliers sont habillés de violet. Après
,, cela vient une Compagnie de cuirassiers, & enfin le reste de la Garde de
,, Suisses, dont la marche est fermée par une Compagnie de carabins, qui es-
,, cortent quelques piéces de canon de bronze doré, qu'on fait tirer sur leurs
,, affuts. . . . .

,, Si le Pape est mort au Vatican on le porte d'abord, par un escalier se-
,, cret, dans la Chapelle de Sixte. Après l'y avoir laissé vingt-quatre heures,
,, on l'embaume, & le même jour (a) on le transporte dans l'Eglise de Saint Pier-
,, re, sans autre Compagnie que celle des Pénitenciers, des Chapelains, &
,, autres Ecclesiastiques, qui suivent le corps du Pontife défunt jusques sous le
,, Portique de Basilique. Les Chanoines de la même Eglise le viennent rece-
,, voir, en chantant les prieres ordinaires pour les morts, ensuite de quoi ils
,, le portent dans la Chapelle de la Sainte Trinité, où il demeure exposé trois
,, jours sur un Lit de parade assés élevé, à la vûe du peuple, qui vient en
,, foule baiser les pieds de S. S. au travers d'une grille de fer, qui sert de ba-
,, lustrade, & de clôture à cette Chapelle.

,, Au bout des trois jours on met le cadavre embaumé de nouveaux par-
,, fums dans un cercueil de plomb, au fond duquel les Cardinaux de sa
,, Promotion, font mettre des Medailles d'or & d'argent, qui représentent d'un
,, côté le Pape défunt, leur bienfaiteur, & de l'autre ses actions les plus re-
,, mar-

(a) Voi. la troisiéme figure de la planche.

,, marquables. On couvre ensuite ce cercueil d'une caisse de cyprés, & on
,, le laisse en dépost derriere la muraille de quelque Chapelle, jusqu'à ce qu'on
,, lui ait élevé un Mausolée à Saint Pierre, où ailleurs, s'il ne l'a point fait
,, dresser lui même de son vivant : car c'est un ordre que quelques-uns donnent
,, d'avance. Mais quand le Pape declare par Testament, où de vive voix
,, qu'il choisit pour sa sepulture quelque autre Eglise que celle de Saint Pierre,
,, la translation de son corps ne se doit faire qu'un an après qu'il a été mis en
,, dépost dans quelqu'une des Chapelles de cette Basilique ; & l'on ne peut en
,, ôter le corps du Pape sans donner une grosse somme d'argent au Chapitre de
,, Saint Pierre. Il en coûte quelquefois plus d'un million, quand il s'agit d'a-
,, voir le cadavre de quelque Pontife mort en odeur de sainteté, & qu'on
,, estime pouvoit être un jour canonisé.

,, La Chambre Apostolique paie les fraix de la sepulture du Pape, qui sont
,, reglés à cent cinquante mille livres, tant pour les obsèques dont nous venons
,, de parler, que pour dresser un Mausolée dans Saint Pierre, avec (a) une
,, Chapelle ardente, où tous les matins on (b) chante une Messe de *Requiem*
,, pendant huit jours, en présence du Sacré College, pour le repos de l'ame
,, du Pontife défunt. La clôture de cette ceremonie funèbre se fait le neuvié-
,, me jour, par une autre Messe solemnelle, chantée par un Cardinal Evé-
,, que, assisté à l'Autel par quatre autres Cardinaux en mitres, qui vont avec
,, le célébrant faire à la fin de l'Office les encensemens sur la représentation du
,, cercueil, & les aspersions ordonnées dans le Rituel, en présence des autres
,, Cardinaux, & de tous les Prélats & Officiers de la Cour du Pape défunt,
,, qui se retirent d'abord qu'ils ont entendu le dernier *Requiescat in Pace.* A quoi
,, ils répondent. *Amen.* " Après la mort du Pape on dit l'Office de la Messe
selon la circonstance du tems. Une des leçons est (c) appliquée au Sacré
College.

(a) Voi. la seconde figure de la planche.
(b) Le premier & le dernier jour de la neuvaine on dit deux cent Messes pour l'ame du S. P. défunt : la
Messe solemnelle est chantée par un Cardinal Evêque. Les autres jours on en dit cent. *Sacr. Cerim. Eccl.*
Rom. L. I.
(c) *Domini sunt cardines terra, & posuit super eos orbem :* tiré du *Ceremon. Roman.*

SUPPLEMENT

A ce qui concerne la Hierarchie de l'Eglise : où l'on
donne un détail abregé du spirituel de la

COUR DU PAPE.

 Ans la premiere partie de cette Dissertation , nous avons parlé du
Pape , comme étant le Chef de l'Eglise Militante : nous avons
décrit les Ceremonies de son élection. Nous l'avons aussi consideré comme premier Ministre de l'Eglise ; ce qui nous a obligé de
décrire plusieurs augustes Ceremonies auxquelles il paroît bien
moins le *Serviteur des Serviteurs* que le Souverain Monarque du Royaume de
JESUS-CHRIST. Dans la derniere partie de cette même Dissertation , nous l'a-
vons vu descendre du throne de J. C. dans le tombeau. Il faut le considerer
encore une fois selon la grandeur de sa dignité , mais sans toucher au temporel
de cette grandeur. Nous ne le representerons au Lecteur que dans son Regne
spirituel , & ne dirons sur ce sujet que ce que des Auteurs assés bien instruits en
ont déja dit.

Le VICAIRE General du PAPE.

Le Pape consideré comme Evêque a un Diocese à gouverner. C'est en cette qualité d'Evêque qu'il commet pour (a) Vicaire Général , un Prélat Evêque , qui depuis *Pie IV.* a toûjours été Cardinal. Ce Vicaire Général est à vie ,
& Juge naturel de tous les Ecclesiastiques , Seculiers & Reguliers , de l'un & de
l'autre Sexe , comme aussi des Juifs & des Courtisanes qui sont à Rome , &
dans tout son détroit. Il administre la confirmation & confere tous les ordres
sacrés. Il a le droit d'inspection & de visite sur toutes les Eglises , Monasteres ,
Hôpitaux , & autres lieux de piété , à la reserve de ceux des Nations étrangeres
qui en sont exempts. Il a un *Vice-gerent* qui est toûjours Evêque , pour l'aider
dans les fonctions Episcopales. Il a encore un Lieutenant qui est Prélat , non
Evêque , Referendaire de l'une & de l'autre signature , qui connoit des causes
civiles dévoluës à son Tribunal , & un Juge crimnel Laïque pour juger des crimes des Clercs & des Reguliers : mais ce qui rend la charge du Grand Vicaire , bien considerable & lucrative est le pouvoir qu'il a de décider les différens
touchant les mariages.

La Chambre Apostolique lui paie de *provision* , outre ce qu'il retire de ses
Tribunaux , douze cens écus d'or tous les ans. Il a quatre Notaires , ou
Greffiers , un Prévôt , & une bande d'Archers & de Sergents.

Nous

(a) *Aimon* Tableau de la Cour de Rome. Tout ce qu'il dit sur ces matieres est tiré de *Lunadoro Rela-*
tions, &c.

Nous avons déja parlé du Penitentier : nous ne repeterons pas ce qui en a été dit.

Le CHANCELIER *&* le VICE-CHANCELIER *du* P A P E.

Le Chancelier écrivoit autrefois au nom du Pape tous les Refcripts, & doutes de foi, qui lui étoient propofés par les Evêques, & autres perfonnes : deforte qu'il fait l'office de Secretaire d'Etat, & des Brefs, & celui de Chancelier. La plus ancienne mention qui en foit faite eft dans l'Epître de Saint Jerôme à *Gerontius*, & l'on tient que lui même exerça cette charge fous le Pape *Damafe*.

Jufques au Pontificat de *Gregoire* VIII. qui fiégeoit en 1187. cet office avoit toûjours été conferé à un Evêque, ou à un Cardinal ; mais ce Pape qui en avoit fait la fonction avant que d'être élevé au Pontificat, pendant qu'il n'étoit encore que Cardinal du titre de *Sainte Rufine*, le fit exercer après fon exaltation par un Chanoine de Saint Jean de Latran, qui prit le titre de *Vice-Chancelier du Pape*, comme firent auffi cinq ou fix autres Chanoines de la même Eglife qui l'exercerent après lui. Mais *Boniface* VIII. l'aiant reftitué au Collége des Cardinaux, ceux d'entre eux qui l'ont exercé depuis ce tems-là, fe font contentés du titre de *Vice-Chanceliers* quoiqu'ils foient véritablement Chanceliers, & qu'ils faffent à peu près tout ce que font les Chanceliers de France, & des autres Puiffances de l'Europe.

Cette charge eft vénale & coûte cent mille écus, elle en rend environ (a) dix mille par an à celui qui en eft pourvû, & elle ne vaque jamais que par la mort du Chancelier, c'eft-à-dire, qu'elle eft à vie. La Jurifdiction du Cardinal Vice-Chancelier s'étend fur l'expedition des Lettres Apoftoliques & fur les Bulles, comme auffi fur toutes les fuppliques qui font fignées du Pape, excepté celles qui s'expedient par *Bref*, fous l'anneau du Pêcheur. Tous les Officiers de la Chancellerie, dont nous parlerons ci-après, s'affemblent trois fois chaque femaine au Palais du Vice-Chancelier, à fçavoir, tous les mardis, les jeudis, & les famedis.

On trouve dans les Bulles expédiées par les Chanceliers, & Vice-Chanceliers du Pape, des titres que l'on ne peut guetres fauver de l'orgueil : par exemple on lit dans un Refcript du *Pape Nicolas* III. cité en la 96. diftinction du droit Canon ; *qu'il eft évident que le Pontife Romain ne peut être jugé de perfonne, parce qu'il eft DIEU* : & dans une Bulle du *Pape Gregoire* IX. inférée dans les Decretales au titre de la *Primauté*, on y lit ces paroles : *Dieu a fait deux grands luminaires pour le Firmament de l'Eglife univerfelle, c'eft-à-dire il a inftitué deux Dignités qui font l'authorité Pontificale, & la Puiffance Roiale ; mais celle qui préfide fur les jours, c'eft-à-dire fur les chofes fpirituelles eft plus grande, & celle qui préfide fur les chofes materielles eft moindre : c'eft pourquoi on doit reconnoître qu'il y a autant de différence entre les Pontifes, & les Rois, qu'il y en a entre le Soleil & la Lune. . . . Nous difons que toute humaine créature eft foûmife au Pontife Romain, & qu'il peut en vertu de fon plein pouvoir, & fouveraine authorité, difpenfer du droit naturel, & du droit divin*, comme dit la Glofe qui eft au même lieu.

(a) Quatorze mille écus Romains felon *Lunadoro* ubi fuprà.

Le REGENT, les PRÉLATS, & les ABBRE-VIATEURS, de la CHANCELLERIE du PAPE.

Le Régent de la Chancellerie Apostolique est établi par une Patente du Vice-Chancelier, qui lui donne le pouvoir de commettre toutes les causes des Appellations aux Référendaires, & Auditeurs de Rote ; ce qu'il fait en les leur distribuant par ordre, afin que chacun ait de l'occupation, & du profit à son tour. Il y a douze Prélats Référendaires, qu'on appelle les Abbréviateurs du grand Parquet, qui portent un habit long de couleur violette ; ces charges sont vénales & le Vice-Chancelier a la nomination de six, les autres sont à la disposition du Pape. L'Office du Régent coute trente mille écus & en produit toutes les années trois mille de rente. Ceux des Prélats Référendaires de l'une & de l'autre signature, qui sont Abbréviateurs du Grand Parquet, valent treize mille écus, & rendent annuellement douze cens écus chacun. Ces treize Prélats ont place aux Chapelles Papales, mais le Régent ne s'y trouve jamais en cette qualité, à cause des disputes de préséance.

Les Abbréviateurs du Grand Parquet dressent la minute des Bulles, sur les Requêtes signées du Pape, & les collationnent après qu'elles sont écrites sur le Parchemin ; ils les envoient ensuite aux Abbréviateurs du petit Parquet, qui les taxent, avec les Greffiers, ou Ecrivains Apostoliques. Toutes ces charges ne seroient pas d'un si grand prix, ni d'un revenu de dix pour cent de profit, si les Bulles qui contiennent la Collation des grands Bénéfices, s'expédioient *gratis* ; mais on n'obtient jamais rien à la Chancellerie Apostolique, sans financer des sommes proportionnées à la valeur des Bénéfices, ou des autres graces qu'on demande.

Le SECRETAIRE & les SOUS-SECRETAIRES d'ETAT du PAPE.

Le Cardinal Neveu, (si le Pape en a quelqu'un) ou un autre à son defaut, est toûjours le premier Secretaire d'Etat du Pape, car cette charge n'est jamais donnée qu'à quelque Cardinal, & quoi qu'il y ait dix autres Secretaires d'Etat entre lesquels sont réparties les Provinces de l'Etat Ecclesiastique, ils dépendent tellement de lui qu'ils ne font rien sans sa participation, c'est pourquoi ils ne sont à proprement parler que Sous-Secretaires d'Etat.

Le Cardinal Secretaire signe par ordre du Pape toutes les Lettres addressées aux Princes, Nonces, Vice-Legats, Gouverneurs, Préfets, & les Patentes de tous ceux qui sont établis pour le Gouvernement & l'administration de la Justice dans tout l'Etat Ecclesiastique ; mais les Provisions des Gouverneurs des Villes, & gros bourgs fermés, celles des Légats, Vice-Légats, & Présidens sont expédiées par Brefs, sous l'Anneau du Pêcheur, & tous ceux qui sont pourvûs de ces charges, excepté les Cardinaux, prêtent le serment entre les mains du Cardinal Camerlingue, en présence d'un Notaire de la Chambre, & jurent sur leur propre Bref, & les absens le font pas Procureur.

Tous les Ambassadeurs des Princes après avoir eu Audience du Pape, viennent visiter le Cardinal Secretaire avant que d'aller chés aucun des Magistrats de Rome, à cause qu'il a pour annexe de sa charge, celle de Sur-Intendant de

l'Etat

l'Etat Ecclefiaftique. Ces deux charges font à vie, & le Pape les donne ordi-
dinairement *gratis*, & quelquefois dans les preffans befoins de fes Etats il en
tire de l'argent; elles vallent quinze mille écus de rente par an.

Les Sous-Secretaires d'Etat font obligés par leur office de faire toutes les minutes dont le Cardinal Secretaire a befoin, & de mettre au net toutes les Lettres &
Patentes qu'il doit figner. On donne fouvent ces charges à ceux qui font Secretaires de la Confulte, ou de la Congregation du bon Gouvernement, comme auffi le Maître de Chambre, & l'Auditeur du Pape, qui reçoivent des Memoires & Placets par lefquels on demande au Pontife des graces, ou Juftice quand
les Magiftrats établis pour cela ne font pas équitables. Toutes ces charges font
données par le Pape, qui en prive ceux qui les ont quand il lui plaît : elles
vallent quinze cens écus de rente annuelle fans compter le tour du bâton, qui en
vaut quelquefois quatre ou cinq cens.

Le Secretaire qu'on peut appeller le Confident particulier du Pape, eft prefque
toûjours un Cardinal, mais il y a quelquefois des Pontifes qui choififfent un autre Prélat, qui a fous lui plus ou moins de Sous-Secretaires, felon que le Pape
regnant veut faire de la dépence, & rendre fa Cour fplendide. Ils portent l'habit violet, & affiftent à la Chapelle du Pape avec le Camail & le Rochet; leur
demeure eft au Vatican, où ils ont chacun leur appartement, de même qu'à
Monte-Cavallo, quand le Pape y va faire quelque féjour, à quoi il ne manque
prefque jamais l'Eté, pour éviter les grandes chaleurs & le mauvais air de la baffe
Ville. Toutes ces charges que le Pape ne donne qu'à des Prélats, qu'il juge capables de garder le fecret de toutes les affaires qu'il leur confie, ne font point
vénales ni à vie, & cependant ceux qui en font pourvûs gratuitement, ne fe
trouvent jamais contraints de les quitter, fi ce n'eft pour en occuper de plus
confidérables; parce que fi le Pape les en privoit de mauvaife grace, & fous
quelque prétexte que ce fût, ils prendroient de là occafion de réveler bien
des chofes qui nuiroient au Pontife regnant.

Il n'y a aucun de ces Secretaires qui n'ait au moins douze cens écus de
rente annuelle, fans être obligé de fervir que par femeftre, encore n'ont ils pas
durant ce tems là beaucoup de peine, car toute leur occupation ne confifte qu'à
faire quelques petites notes dans le Cabinet du Pape, à mettre au net quelques
Lettres ou Billets, dont il leur donne les minutes, & à tenir quelques Regiftres ou Tablettes, qui contiennent une efpece de Journal de tout ce que le
Pape fait & dit en préfence de quelqu'un, & ce qu'il médite & réfout en fon
particulier dont il veut que la memoire foit confervée. C'eft de ces Journaux
que Platine a compilé fon Hiftoire de la vie des Papes, & que l'on tire celle de
tous les Conclaves dont on publie les intrigues.

Tous les Papes n'entretiennent pas un pareil nombre de Secretaires, pour
compofer les Brefs taxés, qui font des Lettres aux quelles on donne ce nom,
quand elles font expediées fous l'Anneau du Pêcheur, qui eft un des trois ca-
chets du Pape. Il y a quelquefois jufques à vingt-quatre Secretaires qui travaillent à faire ces Brefs, entre lefquels le Pape en choifit un pour fon Prélat domeftique, & réferendaire, lui donnant l'habitation au Palais, & la Table comme à fes Secretaires particuliers.

Ces vingt quatre Charges font vénales, & coutent chacune neuf mille
écus. Il n'y a point de Secretaire qui n'en tire au moins huit cens écus par
an, mais comme elles vaquent à la mort du Pape, & que ceux qui en étoient
pourvûs ne peuvent plus les exercer, ni recevoir aucune chofe de la fomme
qu'ils ont financée, il ne fe trouve pas toûjours des perfonnes qui veuillent
de-

debourcer huit mille écus, pour ne recevoir les émolumens de leur charge que durant le reste de la vie d'un Pape, que la vieillesse ou la caducité menace tous les jours de la mort; c'est pourquoi on donne à tous ceux qui offrent de l'argent pour ces charges, la permission de taxer les Brefs qu'ils expédient de telle sorte, qu'ils puissent bientôt avoir non seulement leur capital, mais aussi un bon profit.

Il n'y a point de Brefs pour lesquels on fasse paier de si grosses sommes, que pour ceux où le Pape accorde des Indulgences Plenieres, & des Autels privilegiez à perpetuité, ce qu'il n'octroie que pour les Chapelles où l'on celebre tous les jours sept Messes. Cela fait que la plûpart des Eglises où il n'y a pas assés de Prêtres entretenus pour dire tant de Messes, n'ont que des privileges pour un certain jour de chaque semaine, pendant quelques années, au bout desquelles il faut que les titulaires ou Patrons des Chapelles dont les Indulgences sont finies, (a) recourent de nouveau au Pape.

Le Secretaire des Brefs fait ceux qui lui sont ordonnés par le Cardinal Neveu, & à son défaut par le Cardinal Patron, qui est premier Ministre, ou bien par les Secretaires d'Etat. Ces Brefs sont appellés *secrets* parce que les Minutes, qu'on en fait ne sont veuës de personne, ni signées par le Cardinal Préfet des Brefs, mais les extraits qu'on en donne aux personnes qui y sont interessées, par les faveurs qu'on leur accorde, sont signés & scellés par le Cardinal Patron, qui en conserve les minutes, jusques à la mort du Pape, & d'abord que le Siége Pontifical est vacant, il les envoie aux Archives du Château Saint Ange, avec tous les Regîtres, & Memoires des affaires qui ont passé par ses mains, durant son Ministere. Les autres Secretaires & Ministres du Pape défunt, sont aussi obligés de porter en même tems dans ces Archives tous les écrits, & papiers, qui concernent les affaires d'Etat, dont ils ont eu connoissance.

La charge du Secretaire des Brefs secrets, est à la Collation du Pape, & celui qui en est pourvû ne dépend que de lui, & ne communique ses minutes qu'à ceux à qui le Pape lui ordonne de les faire voir. Il a onze mille écus de Pension annuelle. Ces Brefs secrets contiennent ordinairement des dispenses, ou des Privileges que le Pape accorde aux Puissances, & autres personnes de distinction qu'il veut favoriser.

Le PRÉFET des BREFS TAXÉS, le PRÉFET de la SIGNATURE de GRACE, le PRÉFET de la SIGNATURE de JUSTICE, les PRÉLATS REFERENDAIRES de l'une & l'autre SIGNATURE.

Le Préfet des Brefs est toûjours un Cardinal dont la charge est vénale, & à vie. Elle coûte vingt mille écus, & rend tous les ans deux mille cinq cens écus, sans compter les gratifications extraordinaires qu'il reçoit de tous ceux

dont

(a) Quoique ces Brefs soient taxés, il y a cependant au milieu du titre *Gratis pro Deo*, afin qu'il ne paroisse pas aux yeux du public qu'on les donne pour de l'argent.

dont il expédie les Brefs. Son office l'oblige à revoir toutes les minutes, & à signer toutes les Copies des Brefs taxés, mais il n'a ni le droit, ni la commission de voir les Brefs Secrets. Il est ordinairement député du Pape, avec les autres Prélats dont on parlera dans la suite, pour assister à la signature de Grace, qui se fait dans le Palais Pontifical. Sa charge est très honorable & fort lucrative, car il a place dans la Chapelle du Pape, auprès du Dataire, & par la revision qu'il fait des Brefs, il peut ajouter ou retrancher des clauses, qui donnent lieu aux Secretaires qui taxent chacun à leur tour ces Brefs, de les mettre à un prix plus ou moins favorable à celui qui en demande l'expedition; c'est pourquoi ceux qui postulent quelque Grace, ne manquent point de faire leur Cour à ce Préfet, & de se le rendre favorable par quelque présent, dont la valeur soit proportionnée aux avantages qui sont accordés par les Brefs dont il s'agit.

L'Office du Préfet de la Signature de Grace ne se donne jamais qu'à un Cardinal, qui reçoit de la Chambre Apostolique douze cens écus de Pension annuelle, pendant que le Pape lui fait exercer cette Charge, dont il pourvoit un autre Cardinal, quand il lui plait. La principale fonction du Cardinal Préfet consiste en ce qu'il est à la tête de tous les Prélats qui assistent à la Signature de Grace, qui se fait devant le Pape, tous les mardis, ou quand il est féré les samedis, hors le tems des Vacances. Il doit aussi signer toutes les suppliques, ou Requêtes qui sont présentées à cette Assemblée, où le Pape fait toujours intervenir pour le moins douze Cardinaux, entre lesquels sont ordinairement avec le Pape, & le Préfet de la Signature de Grace, le Cardinal Préfet de la Signature de Justice.

Il se trouve encore dans cette Assemblée, douze Prélats Référendaires, qui ont voix à la Signature de Justice; l'Auditeur des causes de la Chambre Apostolique y vient aussi, avec un de ses Lieutenans, & un autre Lieutenant civil du Cardinal Vicaire, & après ceux-là, le Trésorier Général, un Auditeur de Rote, un Protonotaire Apostolique participant, un Clerc de Chambre, un Abbréviateur du Grand Parquet, & le Regent de la Chancellerie. Tous ceux qui sont nommés dans ce dernier Article n'ont point de voix déliberative pour les affaires qui concernent la Signature de Grace, mais ce sont des Deputés de plusieurs Judicatures, ou Chambres de Jurisdiction, qui viennent dans celle-ci, pour y conserver, & defendre, chacun les droits de son Tribunal.

La Jurisdiction du Préfet de la Signature de Justice, s'étend à donner des juges aux parties qui prétendent avoir été lezées par les juges ordinaires. Tous les jeudis il s'assemble douze Prélats chez lui, qui sont les plus anciens Référendaires de la Signature, & qui ont voix déliberative. Tous les autres Référendaires s'y peuvent aussi trouver, & y proposer à chaque séance deux causes litigieuses, mais ils n'ont point de voix pour la déliberation. Les autres qui l'ont avec le Cardinal Préfet, n'y viennent point qu'ils ne soient auparavant bien informés de tous les Griefs des parties. Il y en a quatre qui doivent avoir examiné les Actes, & autres écritures qui sont produites dans les Procès, quatre autres sçavent les faits dont il s'agit, & les autres quatre restans des douze, sont instruits du Droit sur lequel on doit décider les differends.

Il entre aussi dans cette Assemblée un Auditeur de Rote, & le Lieutenant civil du Cardinal Vicaire, pour maintenir les Droits de leurs Tribunaux; mais ils n'ont point de voix déliberative. Je dois ajoûter à ce que j'ai dit du Préfet de la Signature de Justice, que le Pape ne donne jamais cette charge qu'à un

Car-

Cardinal, auquel la Chambre Apostolique donne quinze cens écus d'appointement tous les ans.

Comme ses Decrets s'expédient, les uns par des Lettres signées de sa main, & les autres par Bref, il a pour cela deux Officiers, l'un appellé le *Préfet des Minutes*, qui après les avoir faites & signées, les remet à l'autre nommé le *Maître des Brefs*, parce qu'il dresse les Brefs sur les Minutes qu'il a reçuës, & puis envoie signer au Secretaire des Brefs ceux qui sont taxés. Le premier de ces Offices vaut douze mille écus, & en rend environ douze cens par année. Le second coute trente mille écus & en produit annuellement au moins trois mille, & quelquefois davantage. Les Papes ont encore ajoûté à ces Offices depuis une vingtaine d'années, trois Charges de Reviseurs des Commissions de la Signature de Justice, qu'on vend à des Prélats, chacune six mille écus, & ils en retirent cinq cens écus par tête de revenu tous les ans.

Le Collége des Prélats Référendaires n'est pas limité quant au nombre de ceux qui le composent, & ce ne sont point des Charges qui s'achetent, mais c'est un titre d'honneur que le Pape donne aux personnes de naissance & de sçavoir, pour les mettre en état d'entrer ensuite dans les Charges les plus considerables de la Cour Romaine. Pour y être admis il faut premierement, avoir la nomination du Cardinal Patron, & l'agrément du Pape. Le Cardinal Préfet de la Signature de Justice commet ensuite un de ses Officiers pour faire le Procès Verbal, & les enquêtes nécessaires selon la constitution de *Sixte* V. par laquelle il faut prouver qu'on est Docteur en l'un & l'autre Droit, qu'on est habitant à Rome depuis deux ans, qu'on a atteint l'age de vingt cinq ans, & qu'on est assés accommodé des biens de la fortune pour pouvoir soutenir avec honneur la dignité de Prélat.

Après ces formalités le Cardinal Préfet donne à celui qui est trouvé tel que nous venons de dire, la commission de rapporter deux Procès en Signature, & s'il s'en aquite bien, on approuve sa nomination, & on le reçoit en cette maniére: Le Cardinal Préfet lui aiant fait prêter le serment d'administrer la Justice en Conscience, lui met l'habit de Prélat, sçavoir la soutane trainante jusqu'à terre, & un petit manteau qui va un peu plus bas que la Ceinture, & qui est fendu, pour laisser passer les bras. Cet habit est de couleur noire, parce que selon la Concession de *Paul* V. il n'y doit avoir que les douze plus anciens Référendaires qui le portent de couleur violette, comme tous les autres Prélats.

Les douze plus anciens Référendaires sont appellés *Votanti di Signatura*, parce qu'ils ont voix déliberative dans les Assemblées où ils se trouvent, & les autres sont appellés *Proponenti*, c'est-à-dire, Rapporteurs, & ceux-ci n'ont point de voix déliberative; ce qui s'observe dans les autres Tribunaux de Rome, où les Rapporteurs exposent simplement le bon droit de chaque partie, sans dire leur sentiment, ni opiner là-dessus.

La Jurisdiction des Référendaires est de proposer les Commissions & les Requêtes litigieuses, ou gratieuses à la signature de Justice, & à celle de Grace, & de connoître les causes qui leur sont journellement addressées, qui n'excedent pas la valeur de cinq cens écus d'or, parce qu'étant d'une plus grosse somme elles vont à la Rote.

Le DATAIRE DU PAPE, *& autres* OFFI-CIERS *de la* DATERIE.

La Daterie & la Chancellerie du Pape n'étoient anciennement qu'une même chose, mais la quantité d'affaires a obligé d'en faire deux Tribunaux, qui ont tant de Relation l'un avec l'autre, que la Chancellerie ne fait qu'expedier ce qui a passé par la Daterie.

Le Dataire est un Prélat, & quelquefois un Cardinal que le Pape députe pour recevoir toutes les Requêtes qui lui sont presentées, touchant les provisions des Bénéfices. Par cette Charge le Dataire a l'autorité d'accorder sans la participation du Pape les Bénéfices qui ne vallent pas plus de 24. Ducats de rente annuelle, mais pour les autres qui vallent davantage, il faut qu'il en fasse signer les provisions au Pape, qui lui donne audience tous les jours. Il peut entre plusieurs prétendans gratifier celui qu'il lui plait, pourvû qu'il ait les qualités requises. Le Dataire a deux mille écus d'appointement, sans compter les gratifications qu'il reçoit de ceux qui lui font la Cour pour obtenir quelque Bénéfice. Pour avoir une parfaite connoissance de cette Charge il faut voir ce que que nous en dirons dans la suite.

Le Sous-Dataire du Pape est un Prélat pourvû de sa Charge comme le Dataire, & qui a presqu'autant de crédit que lui auprès du souverain Pontife, qui lui donne mille écus d'appointement, mais il n'a pas l'autorité de conferer aucun Bénéfice sans sa participation ou celle du Cardinal Dataire. Pour faire mieux entendre ce que c'est que ces deux emplois, nous allons dire par ordre les formalités qu'on observe pour l'expedition d'une Bulle, ou d'une dispence.

Quand le Bénéfice vaque par mort, il faut s'adresser au *per obitum*, qui est comme un substitut du Dataire par commission, dont la Charge vaut aussi mille écus par an. En tous les autres cas & pour toutes les autres graces, comme resignations, permutations, impetrations de Bénéfices & semblables, il faut s'addresser au Dataire même, & au Sous-Dataire; mais pour quelque affaire que ce soit, le meilleur moien de la faire réussir est de présenter la supplique, ou Requête au Pape même, par le moien de quelque Cardinal, ou Ambassadeur parent ou ami du Pontife regnant, qui la remet ensuite au Dataire, & lui ordonne de favoriser le suppliant.

Après que l'on est assuré du consentement du Pape, & que le Dataire souscrit la supplique en ces termes, *annuit Sanctissimus, le très Saint Pere y consent,* on doit dresser une seconde Requête en forme, avec les causes & restrictions que l'on desire être inserées & mises au long dans la Bulle, & quand le tout est fait selon le stile, on la porte au Sous Dataire qui écrit au bas en peu de mots le sommaire de ce qui y est contenu, & la donne au Dataire, l'instruisant de nouveau de toute l'affaire.

Après cela le Dataire porte la supplique au Pape, qui la signe, en accordant la grace par ces paroles, *fiat ut petitur, soit fait selon la requisition;* puis le même Dataire ou son substitut consigne la même supplique au Préfet des Compositions.

Le Préfet des Compositions est établi pour taxer les suppliques, qui doivent paier selon la qualité de la matiere & l'importance des cas. Quand on a paié la somme dont est convenu, ou la taxe qui a été faite sur la supplique, au bas

de

de laquelle doit être mise la Quitance du Préfet des Compositions, on la donne à un Officier qu'on appelle des petites dates, qui a le soin de sçavoir le jour qu'elle a été signée, & de le marquer au bas. Il faut encore paier à celui-ci tant pour cent selon la valeur du Bénéfice. Celui qui soûscrit de sa main, ne met point de date, afin qu'un autre ait lieu de gagner aussi quelque chose en allant s'informer de celui qui l'a obmise afin de donner de la pratique aux Officiers des petites dates. Cette Requéte signée & datée comme nous venons de le dire, passe ensuite par les mains des Réviseurs, & autres personnes.

Il y a quatre Réviseurs à la Daterie, nommés par le Pape, qui sont changés quand il lui plaît, parce qu'ils n'exercent leurs Charges que par commission. Le premier de ces Réviseurs efface & corrige ce qu'il juge à propos dans les Requétes que le Maître des petites dates lui remet. Du premier Réviseur elles vont au second qui change, ou corrige & ôte quelquefois ce que le premier a mis, s'il est hors des régles.

Le troisiéme Réviseur a soin de faire signer toutes les suppliques pour les dispenses des degrés de consanguinité & d'afinité, & de corriger les dispenses matrimoniales. Le quatriéme revoit toutes les Requétes dans lesquelles on demande des Monitoires, & des excommunications pour faire reveler quelque chose.

Ces suppliques aiant été corrigées & revûës, on les porte aux Régistrateurs qui les étendent sur un Régistre & les consignent ensuite au Maître du Régistre, qui les Collatione mot à mot, & puis met son nom au dos de chacune dans le milieu d'une grande R. qui signifie Regiftré.

Il y a vingt Régistrateurs qui achetent leurs Charges chacun quatre mille écus, & elles leur rendent environ trois mille cinq cens écus par an, sans le casuel.

Après que les Requétes sont enregistrées elles retournent de nouveau au Dataire, qui y met la date avec ces mots, *Datum Romæ apud S. &c. donné à Rome dans le Palais Pontifical*, &c. exprimant celui du Vatican, ou de Monte Cavallo, selon le lieu où se trouve le Pape, avec la date de l'année & du jour qui est marqué sur chaque supplique, & de là est venu le nom de *Daterie*.

Ces suppliques sont ensuite remises entre les mains d'un Officier qu'on appelle de *Missis*, c'est-à-dire des *Dépéches*, qui les porte à la Chancellerie, sans qu'elles puissent retomber si non par grace, entre les mains de l'expeditionnaire.

Toutes les expéditions de la Daterie se remettent entre les mains du Régent de la Chancellerie, qui a l'autorité de distribuer les suppliques à un des Prélats nommés Abbréviateurs du grand Parquet, pour faire la minute des Bulles, & qui permet de les corriger lors qu'il s'y trouve quelque erreur, & d'en addresser l'exécution où bon lui semble.

Ce Prélat dresse, ou fait dresser par son substitut la minute de la Bulle, laquelle on remet à un des cent Ecrivains Apostoliques, qui la couche tout au long de sa main propre sur le parchemin, & tous les Ecrivains ensemble taxent ce qui doit être paié à leur corps, à raison de ce que vaut le Bénéfice, ou qu'importe la matiere. Leur taxe sert de regle aux autres suivans, puis la Bulle est portée à d'autres Officiers qui n'ont autre Jurisdiction, & ne font autre usage de cette Bulle que de se la remettre les uns aux autres pour en tirer de l'argent. Le nombre de ces Exacteurs est si grand qu'il faudroit un volume entier pour mettre en détail tout ce qui les concerne, & ce qu'ils font: c'est pourquoi nous nous contenterons, de donner ici une Liste de ces divers Offices qui se vendent par centaines.

Les Bulles qui sortent de la Daterie passent par les mains de plus de mille personnes, qui se tiennent dans quinze differens Bureaux, où il leur faut porter de l'argent à proportion de ce qu'on en a donné aux cent Ecrivains Apostoliques. Ces Bureaux sont établis sous les noms de

Cent Cubiculaires Apostoliques, dont chaque Office vaut 1700. écus, & rend tous les ans à chaque Cubiculaire 170. écus.

Cent Ecuyers Apostoliques, dont chaque Office vaut 1300. écus, & rend tous les ans 130. écus.

Cent Chevalliers de Saint Pierre, dont chaque Office vaut 1500. écus, & rend tous les ans 150. écus.

Cent Chevalliers de Saint Paul, dont chaque Office vaut 1600. écus, & rend tous les ans 160. écus.

Cent Chevalliers du Lys, dont chaque Office vaut 1500. écus, & rend tous les ans 150. écus.

Cent Chevalliers Laurerans, dont chaque Office vaut 1400. écus, & rend tous les ans 140. écus.

Cent Janissaires dont chaque Office vaut 1700. écus, & rend tous les ans 170. écus.

Cent Ecrivains des Brefs, dont chaque Office vaut 1200. écus, & rend tous les ans 120. écus.

Quatre vingts Abbréviareurs du Grand Parquet dont chaque Office vaut 2000. écus, & rend tous les ans 200. écus.

Quatre vingts Régistrateurs des Bulles dont chaque Office vaut 3400. écus, & rend 340. écus à douze d'entr'eux qui n'ont point d'autre salaire, mais les douze plus anciens ont presque la moitié davantage d'appointement. Ceux-ci enregistrant les Bulles après qu'elles ont passé par tous les Bureaux dont nous venons de parler.

Il y a après cela six Maîtres des Régistres qui collationnent ces Bulles dont chaque Office vaut 6000. écus, & rend tous les ans 600 écus.

Ces six Maîtres dépendent d'un Archiviste qui garde les Régistres de toutes les Bulles. Sa Charge vaut 2000. écus, & rend tous les ans 300. écus.

Enfin il y a un sommiste & receveur qui fait expedier des extraits des Bulles, auxquelles il attache le sceau de plomb. Sa Charge coûte 3000. écus, & rend toutes les années 600. écus sans le casuel qui vaut deux fois davantage.

Il n'y a pas un de ces Offices dont le tout du bâton ne vaille plus que les appointemens dont nous avons parlé, qui sont sur le pié de dix pour cent, de ce qu'ils donnent pour obtenir ces Charges. On peut juger par là combien chaque Bulle coûte avant qu'elle ait passé par tant de mains, & quelles grandes sommes on porte à ces Bureaux de la Daterie, sur tout lors qu'on y expédie les provisions de plusieurs Evêchés, & autres riches Bénéfices.

Le MAITRE *du* PALAIS *du* PAPE, *& autres principaux* OFFICIERS *de sa* MAISON.

Un Religieux de l'Ordre des Dominicains, qu'on appelle communément les fréres Prêcheurs est toûjours revêtu de la Charge de Maître du Palais du Pape, depuis que leur instituteur Canonisé sous le nom de Saint *Dominique* y fut établi par *Honorius* III. en 1216. Il prêche tous les mois une fois dans la Chapelle commune du Palais,

lais, ou depute un de ses Compagnons pour cet Office. Il se place dans la Chapelle Papale après le Doyen, ou plus ancien Auditeur de Rote. Ses appointemens ne sont pas fixés en argent parce qu'il n'en doit point avoir en propre, selon les statuts de son Ordre, mais il a bouche en Cour avec ses Compagnons & Serviteurs, & un Carrosse entretenu.

Il est le juge ordinaire des Imprimeurs, des Graveurs, & des Libraires qui ne peuvent mettre au jour ni debiter aucun ouvrage sans sa permission. Tous les Livres qui entrent dans Rome sont visités par lui, ou par ses Compagnons, qui confisquent tous ceux qu'ils trouvent être défendus par l'Indice du Concile de Trente; mais on trouve assés facilement le moien d'en faire entrer à leur insçeu.

Les autres principaux Officiers qui se tiennent dans le Palais Pontifical, autour du Pape sont, le Major-dome, ou Grand-Maître de la Maison, qui chés les Princes porte le nom de Maître d'Hôtel. Celui du Pape a la Sur-Intendance sur tous les Domestiques du Palais Apostolique, mais le Pape ne veut point que celui qui fait chés lui la fonction de Maître d'Hôtel en porte le nom. Outre le Major-dome, ou Grand-Maître dont nous parlons, il se sert du Maître d'Hôtel de l'Hôpital des Orfelins *Lettrés* pour faire ses provisions, & l'Hôpital jouit de la retribution qui lui est duë.

Il y a toujours deux Gentilshommes auprès du Pape qui ont le titre de Maîtres de Chambre. Le grand Echanson qu'on appelle *Coppiere* parce qu'il présente le Verre au Pape, sur une Soûcoupe, qu'il tient devant lui en mettant les deux génoux à terre pendant qu'il boit. Celui qui a soin de faire porter les plats sur la table du Pape se nomme en Italien, *Scalco*. L'Ecuyer tranchant qui coupe les viandes devant le souverain Pontife, & le premier Fourrier qui assigne le Logement à la famille Papale, & tous les autres dont nous venons de parler, sont des Prélats habillés de violet qui ont chacun deux substituts, pour faire leurs fonctions quand ils sont absens.

Il y a aussi plusieurs Cameriers secrets, qui sont Prélats, & dont l'habit est une longue Soutane violette, avec des manches pendantes jusqu'à terre, sans manteau, du nombre desquels on en declare huit participans, qui partagent entr'eux tous les presens qu'on leur fait, & le Pape en choisit un de ceux là pour être son Trésorier secret, qui a soin de distribuer les aumônes secretes du Pape.

Un autre de ces Cameriers secrets est établi Maître de la Garde robe. Celui-ci a sous sa Clef toute l'Argenterie grosse & petite, toute la vaisselle, & les ouvrages d'or, tous les joyaux & les Reliquaires, comme aussi les *Agnus Dei*, qu'il distribue tous les jours aux Pelerins & Etrangers, à une certaine heure. Le Medecin ordinaire du Pape est aussi fait Camerier secret, mais non pas les deux autres qu'il entretient pour le service de sa famille.

La pension fixe de chaque Camerier secret est de mille écus par an, & ceux qui sont participans ont pour le moins le double, à cause des presens qui leur sont faits à la création, & à la mort de chaque Cardinal. Le Camerier qui distribue les *Agnus Dei* reçoit plus que tous les autres, sur tout lors qu'il arrive quelque chose d'extraordinaire, qui attire les Etrangers à Rome, comme les années de Jubilé, ou quelque Ambassade, quelque Canonisation de saint, quelque bruit de miracle, & autres choses semblables, car pour lors il reçoit de ces petites images de Cire benite plusieurs milliers d'écus.

Les Chapelains secrets du Pape ont les mêmes appointemens que les Cameriers. Ce sont eux qui lui aident à dire l'Office du Bréviaire, & qui le servent

à

à la Messe, quand il la dit en particulier. Un d'entr'eux porte la Croix devant le Pape quand il sort, & s'il marche à pied un autre lui porte la queuë.

Quand le Pape assiste aux Chapelles & Processions, ce sont ses Chapellains qui portent les Mitres, & les Tiares enrichies de joyaux & pierreries, dont ils font une grande parade, ne les tenant élevées des deux mains que pour les faire voir par tout où le Pape se promene. Il y a encore les Chapelains des Gardes, & des Palefreniers qui disent la Messe tous les matins dans les Corps de Garde, & auprès des Remises. On les appelle les Chapellains du commun, ils n'ont que cinquante écus de gage par année, mais il se font outre cela, paier leurs Messes.

Les Aides & Valets de Chambre du Pape ont cinq cens écus de Provision par an, & plusieurs autres profits très considérables, outre qu'aiant un plus libre accès auprès du Pape que ses autres Domestiques, les Bénéfices ne leur manquent pas.

Il y a deplus les Cameriers d'honneur, qui sont Prélats de la premiere qualité, parmi lesquels le Pape en choisit ordinairement un François, un Allemand, & un Espagnol. Les Cameriers de la Boussole, qui sont comme les Huissiers, parce qu'ils font la garde à la porte de la Chambre du Pape. Les Cameriers hors des murs, ainsi nommés parce qu'ils suivent le Pape hors du Vatican, & l'accompagnent aux Cavalcades publiques, avec les Cameriers Ecuyers, en habit de drap rouge, couvert d'une grande Chappe de même couleur, fourré d'Hermine. Ils font chacun à leur tour la garde au Palais Apostolique, & ont tous leur Office distinct, mais les Cameriers d'honneur ne font aucune garde, & ne comparoissent dans l'Antichambre du Pape que quand il leur plaît, & c'est eux ordinairement que le Pape choisit pour aller porter la Calotte rouge aux nouveaux Cardinaux, qui ne sont pas à Rome, dans le tems de leur Promotion, & en ces occasions ils ont un présent considérable.

Le Pape tient aussi dans le Vatican, & à Monte Cavallo un autre Maître d'Hôtel ou *Scalco*, & un autre Ecuyer tranchant, differens de ceux dont on a parlé, qui ont le soin de faire aprêter les repas qu'il donne aux Cardinaux en certaines occasions extraordinaires, & en quelques jours de fête solemnelle; un autre *Scalco*, & un Ecuyer tranchant pour les Ambassadeurs, & autres personnes de marque des païs étrangers que le Pape traite splendidement; enfin un quatriéme *Scalco* qui a soin de faire aprêter le diner de treize pauvres Pelerins, & de leur servir le premier plat, en les régalant tous les jours magnifiquement, à l'imitation de *Clement* VIII. qui rétablit cette coûtume venuë de *Gregoire le Grand*, & qui du depuis a été suivie de tous les Papes. Ces Officiers sont habillés de violet.

Le Pape choisit un Gentilhomme Romain, pour être son Maître d'Ecurie, parce qu'il ne veut point qu'il soit dit qu'il tient un grand Ecuyer comme les autres Princes; c'est pourquoi il fait porter à celui-ci le nom de *Cavalarizzo*. Ce qui marque qu'il a la direction de tous les Chevaux de l'Ecurie du Pape.

Les Fourriers, dont nous avons parlé, qui assignent le logement à tous ceux de la famille du Pape, ont des Sous-Fourriers avec leurs Aides, qui ont en garde les Tapisseries, Paremens, & autres Meubles du Palais Pontifical. Ils ont aussi le soin de parer les Chambres quand il y a Consistoire, Signature de Grace, ou Congrégation.

Il y a des Valets de pied qu'on nomme Palefreniers, qui font la garde dans les sales du Palais du Pape, & qui sont en très grand nombre, parce que le Pape donne cet emploi à tous ceux qui étoient ses Palefreniers quand il n'étoit que Cardinal,

nal, & de plus il y fait auffi entrer tous les Doyens des Palefreniers qui font au fervice des Cardinaux, & des Ambaffadeurs préfens à Rome dans le tems de fa création. Il font habillés de fatin rouge à fleurs, & quand ils fortent ils ont un manteau de drap bleu, & portent l'épée avec la poignée d'argent doré.

Le Pape a douze Officiers qui portent des Verges rouges, & douze autres qui portent des Maffes d'argent, & marchent devant en habit de Ceremonie, toutes les fois qu'il paroît en public, avec la Mitre & la Chappe. Quand le Confiftoire fe tient, ils gardent la porte, accompagnent le Pape quand il y entre, & quand il en fort. Ces vingt quatre Charges font venales & coûtent chacune fix cens écus, & en rendent environ cinquante par année.

Le PRÉFET de la SACRISTIE du PAPE.

Le Sacriftain du Pape, qui prend le titre de Préfet eft toûjours un Religieux de l'Ordre des Hermites de Saint Auguftin. Il eft fait Evêque *in partibus Infidelium*, comme on le nomme en Italie, c'eft-à-dire, qu'on lui donne par honneur quelcun de ces Evêchés de l'ancien Chriftianifme dans l'Afie, qui font aujourd'hui occupés par les infideles. Ce Préfet a le foin de garder tous les Ornemens, Vafes d'or & d'argent, Croix, Calices, Encenfoirs, Reliquaires, & autres chofes précieufes de la Sacriftie du Pape.

C'eft lui qui prépare l'Hoftie, & qui fait l'effai du pain, & du vin, quand le Pape célébre la Meffe Pontificalement, ou en particulier. Quand le Pape tient Chapelle fon Sacriftain fe range entre les Evêques affiftans, au deffus du Doyen, ou plus ancien Auditeur de Rote, & prend foin d'ôter, & de mettre la Mitre au Pape toutes les fois qu'il eft néceffaire, felon les Rubriques du Pontifical.

Il diftribue les Reliques, & figne les memoriaux des Indulgences que les Pelerins demandent pour eux, & pour leurs parens. Sur quoi il y a deux chofes à remarquer, l'une qu'on n'accorde des Indulgences qu'aux Pelerins qui font actuellement en voiage, & qui comparoiffent en propre perfonne devant le Sacriftain du Pape.

La feconde chofe qu'on obferve pour les Indulgences que les perfonnes qui font à Rome demandent pour leurs parens, eft de ne les leur accorder que pour l'article de la mort, c'eft-à-dire, que le Pape accorde par des Brefs addreffés à des particuliers dont le nom eft en blanc, de pouvoir choifir à l'article de la mort tel Confeffeur qu'il leur plaît, pour fe faire abfoudre de tous leurs péchés en général, & en particulier de tous les cas refervés, de quelque nature qu'ils foient, avec plein pouvoir à ce Confeffeur de remettre à la perfonne qui eft munie de ce Bref, toute la peine que Dieu lui pourroit inftiger pour fes péchés, foit en cette vie, ou apres fa mort, foit dans l'Enfer, ou dans le Purgatoire.

Il y a d'autres Brefs qui portent que celui qui tiendra dans fes mains à l'agonie de la mort cette Patente fignée du Pape, & qui n'aura pas le tems, ou l'occafion de fe pouvoir confeffer, s'il prononce trois fois le nom de JESUS & de MARIE, tous fes péchés lui feront remis avec la peine qui leur eft dûë, tellement qu'il ira fans aucun détour en Paradis. Voici deux claufes particulieres qu'on y met, pour en faire débiter un plus grand nombre au Préfet de la Sa-

criftie dont nous parlerons ; le Pape declare par ces Brefs en termes exprès que
celui qui a obtenu ce Privilege le peut garder pour fon befoin, ou bien le donner à qui bon lui femble, mais que fi quelqu'autre le touche, qu'on le lui
mette entre les mains, ou qu'on lui donne, il ne peut plus fervir qu'à cette
perfonne, & s'il paffe entre les mains d'une troifiéme il ne vaut plus rien pour
qui que ce foit. La feconde claufe porte, que celui qui s'en eft une fois fervi
dans quelque maladie, ou autre danger de mort, en s'étant fait abfoudre en vertu de ce Bref, ou bien en prononçant le nom de *Jéfus* & de *Marie*, dans l'intention de s'appliquer cette Indulgence pleniere du fouverain Pontife, ne peut
plus s'en fervir une autrefois quand il fera agonizant, s'il vient à échapper de
cette maladie où il l'a emploié.

Le BIBLIOTHECAIRE *du* PAPE.

Autrefois le Chancelier avoit la direction de la Bibliothéque du Pape: depuis
quelques fiécles c'eft une Charge féparée, qui rend douze cens écus d'or par an
à celui qui en eft pourvû. Le Pape ne la donne jamais qu'à un Cardinal qui
prend le tire de Bibliothécaire du Vatican. Il a fous lui deux Gardes, dont le
premier eft ordinairement Prélat Domeftique du Pape, & a fix cens écus de
rente, avec fa provifion de pain & de vin pour toute l'année. Le fecond Garde
a quatre cens écus, & une pareille provifion que le premier.

On peut dire avec verité que ces trois Charges font toûjours remplies par des
fujets d'une profonde érudition, & qui entre plufieurs langues qu'ils fçavent,
poffedent fur tout fort bien les Orientales. Ce Bibliothécaire a le foin d'une belle
Imprimerie, où l'on ne met rien fous la preffe fans fa permiffion. Elle eft affor-
tie de toutes fortes de Caractères, pour imprimer en toutes les langues, dont les
fçavans ont connoiffance.

Les MAITRES DES CEREMONIES *du* PAPE.

Le Pape a fix Maîtres des Cérémonies, deux defquels font dits Participans,
& les autres quatre Surnumeraires. Les deux Participans reçoivent de chaque
nouveau Cardinal deux cens vingt quatre écus d'or, qu'ils fe partagent également, & des héritiers de ceux qui meurent cent écus, dont chacun a auffi la
moitié. Leur Office leur vaut, outre cela, fept cens écus par tête, tous les ans.
Les autres quatre Surnumeraires ont quarante huit écus d'or à partager entr'eux,
de chaque nouveau Cardinal, & quatre cens écus du Collége Apoftolique, où
ils font emploiés certains jours de l'année. Le plus ancien de ces quatre derniers, & les deux Participans, ont encore, outre ce que nous avons dit, leur
Table au Vatican, dont ils font reputés Domeftiques; mais cela n'empêche pas
que tous fix ne foient reconnus pour Maîtres des Cérémonies du Pape. Ils
ont une égale autorité d'ordonner les fonctions Pontificales, avertiffant Meffieurs
les Cardinaux de ce qu'ils ont à faire, & commandant à toutes les autres perfonnes de la Cour.

Ils entrent tous au Conclave, & pareillement à la Congrégation des Rits,
mais il n'en va qu'un à la Congrégation Cérémoniale. Quand le Pape envoie
quel-

quelque Cardinal *a Latere* hors de Rome, il lui donne un de ces Maîtres Surnumeraires des Cérémonies. Leur habit ordinaire est une Soûtane violette, garnie de boutons & de paremens noirs, avec des manches trainantes jusques à
terre, & dans la Chapelle Papale ils portent la Soûtane rouge comme les Cardinaux, & le Rochet comme les Prélats. Quand ils ont cet habit de Cérémonie ils ne cedent le pas à aucun des Officiers, ou Domestiques du Pape, si ce
n'est au Majordôme, au Maître de Chambre, ou premier Gentilhomme, &
au grand Echançon.

Le CAMERLINGUE *ou* TRESORIER *du* COL-
LEGE *des* CARDINAUX. *Le* SECRETAIRE
& le CLERC NATIONAL. *Et le* COMPU-
TISTE *dudit* COLLEGE.

Les Cardinaux élisent tous les ans un d'entr'eux résidant à Rome pour être
Camerlingue, ou Trésorier de leur corps, qui est different du Camerlingue du
Pape, celui-ci étant à vie, & celui des Cardinaux n'étant que pour une année,
au bout de laquelle un autre lui succede pour autant de tems, & l'élection s'en
fait par ordre d'ancienneté & n'a lieu que pour ceux qui demeurent actuellement à la Cour du Pape. Celui qui est pourvû de cette Charge de Camerlingue a droit de recevoir tous les revenus qui appartiennent au College des Cardinaux en commun, & de les distribuer à la fin de chaque année par égales
portions aux Cardinaux qui sont pour lors à Rome, ceux qui sont absens n'y
aiant plus aucune part six mois après qu'ils se sont retirés de la Cour.

Il y a un Computiste qui tient aussi un compte exact, & un Contre-rôle de
tout ce que le Camerlingue reçoit pour les Cardinaux, & principalement des
Annates, des Evêchés, & autres Bénéfices qui font la plus grande partie des
revenus du College, & si ce Computiste reçoit quelque chose en l'absence du
Camerlingue, comme il a droit de se faire, il lui en rend compte quand il sort
de sa Charge dont il ne jouit aussi qu'une année comme le Trésorier.

Les Cardinaux ont un Secretaire perpetuel, qui est toûjours Italien, & un
Sous-Secretaire annuel qu'ils appellent *Clerc National*, parce qu'il est alternativement *François, Allemand, & Espagnol.* Sa Charge l'oblige de suppléer au défaut
du Secretaire, & de se tenir dans le Consistoire, & dans les Congrégations des
Cardinaux en habit rouge, comme celui du Secretaire dont nous parlerons toût-
à-l'heure. Ce Clerc National reçoit de chaque Cardinal nouvellement créé cinquante écus d'or, & les héritiers de ceux qui meurent lui en doivent encore
autant.

Le Secretaire du College des Cardinaux est obligé par son Office d'entrer
dans le Conclave quand le siége est vacant, & d'écrire les Lettres qui sont expediées au nom dudit College, & signées des trois Cardinaux, Chefs d'Ordre
qui lui donnent chacun un Cachet dont il les forme. Il assiste aussi aux congrégations générales des Cardinaux, & à celles qui se font chés les trois plus anciens de chaque Ordre, c'est-à-dire des Evêques, des Prêtres, & des Diacres,
où il met par écrit toutes les résolutions, & tous les Decrets de leurs Eminences, comme aussi toutes les propositions & déliberations qui se font dans les
Consistoires secrets & publics dont le Cardinal Camerlingue lui fournit les mi-

nutes, parce qu'il est obligé de sortir du Consistoire à l'*extra omnes* c'est-à-dire quand on ordonne à tous ceux qui ne sont pas Cardinaux d'en sortir. Quand il entre dans le Consistoire il est revêtu d'un habit rouge traînant jusqu'à terre, qui est d'une étoffe de laine plus ou moins legere, selon la saison.

Le TRIBUNAL *de la* ROTE *de* ROME, *& tous ses* MAGISTRATS, *qui composent une espece de* PARLEMENT PAPAL.

Un des plus Augustes Tribunaux de Rome est celui de la *Rote*. Il est composé de douze Prélats parmi lesquels un doit être *Allemand*, un *François*, & deux *Espagnols*. Les Souverains de ces trois différens Etats nomment chacun celui qui porte le nom de sa Couronne. Les huit autres sont Italiens, dont trois doivent être Romains, un Bolonois, un Ferrarois, un Milanois, un Venitien, & un Toscan. Chaque Auditeur a quatre Notaires ou Greffiers, & le plus ancien Auditeur fait la fonction de Président.

Ils s'assemblent au Palais Apostolique tous les lundis, & les vendredis, excepté le tems des vacances, mais quand le Pape réside au Palais du Quirinal leurs Assemblées se tiennent à la Chancellerie.

Ils connoissent par appellation de tous les Procès de l'Etat Ecclesiastique, comme aussi des matieres Bénéficiales & Patrimoniales: ce Tribunal ne juge pas un Procès tout d'un coup: il donne autant de sentences, appellées *Décisions*, qu'il y a de points contestés dans un Procès. Et quand ces sentences sont renduës on peut encore faire revoir sa cause par le Pape même à la Signature de Grace dont nous avons parlé, ce qui est comme une espece de Requête civile. L'Office de ces Auditeurs ne rend que mille écus par an à chacun, & ils ne reçoivent point d'épices, mais en recompense de leurs peines ils sont ordinairement faits Cardinaux.

Ce Tribunal prend ses vacances la premiere semaine de Juillet, & quand ils sont assemblés pour la derniere Rote, le Pape les traite magnifiquement à dîner, au Palais Apostolique, & leur fait donner à chacun cent écus d'or, & au Doyen deux cens. Les vacances durent jusqu'au premier d'Octobre que la Rote s'ouvre avec beaucoup de magnificence, parce que les deux derniers Auditeurs de ce Tribunal vont par la Ville montés Pontificalement sur des Mules, & suivis d'une Cavalcade fort nombreuse : tous les Cardinaux, les Ambassadeurs, & les Princes leur envoiant chacun deux Gentilshommes montés sur les plus beaux Chevaux de leur Ecurie, pour leur faire honneur, auxquels se joignent aussi à Cheval tous les Avocats, Notaires, Greffiers, Procureurs, & autres gens de pratique.

Le nom de *Rote* vient du Latin *Rota*, qui signifie *Roüe*. Ce Tribunal a été établi par les Papes au lieu de celui que les anciens Romains avoient dans une place publique sur une terrasse toute ronde, entourée d'une Balustrade soutenuë par deux grands Cercles de Metal, qui formoient une Galerie où les Orateurs faisoient des Harangues, & les Magistrats publioient des Loix.

Les Auditeurs de Rote ont chacun le droit de donner le Bonnet de Docteur, en l'un & l'autre Droit, à ceux qu'ils en jugent capables.

La Charge du Juge des Confidences de la *Rote* est vénale, & coûte quatre
mille

mille écus, qui produisent sept à huit pour cent de rente annuelle. Celui qui est pourvû de cet Office a droit de connoître, si dans les résignations & permutations des Bénéfices il y a quelque Confidence, c'est-à-dire quelque Pacte, ou Traité, ou Convention secrete de Simonie, & il condamne ou absout les Bénéficiers selon les divers cas qui se présentent. Quelquefois il ratifie les permutations & bien souvent il déclare les résignations nulles; mais quand il trouve que les parties ont fait des accords Simoniaques, il confisque leurs Bénéfices s'il en a des preuves certaines & Juridiques; & s'il n'y a pas de preuves suffisantes selon le Droit, comme lors qu'il ne se trouve qu'un seul témoignage, il condamne celui qui est accusé de la sorte à des Amandes pecuniaires, qui sont levées sur les revenus du Bénéfice dont il s'agit.

Ce Juge des Confidences porte l'habit violet de Prélat, avec le Rochet, & il a place dans la Chapelle Papale sous les Protonotaires participans.

L'office de l'Auditeur des Contredits de la *Rote* est d'ancienne érection. Il se vend quatre mille écus, bien qu'il ne soit pas de raport, mais il a en échange des priviléges & des exemptions fort considérables, & qui lui donnent le moien de parvenir aux plus éminentes Dignités, car il peut tenir plusieurs Bénéfices & les permuter, ou en faire des résignations à qui bon lui semble, & en opter des autres à la place de ceux qu'il donne, sans que le Juge des Confidences puisse lui intenter aucun Procès, ni recevoir contre lui des accusations ni des témoignages qui pourroient le convaincre de Simonie. Cet Office lui donne un rang honorable parmi les Prélats, dans la Chapelle Papale, & aux Cavalcades.

Le Correcteur des Contredits de la *Rote* achete sa charge douze mille écus, & elle lui vaut à raison de dix pour cent, & quelquefois davantage, ce qui lui fait une rente annulle de douze cens écus, pour le moins.

Il reçoit les mêmes honneurs que l'Auditeur dont il est le substitut, & se place en habit violet entre les Prélats dans toutes les fonctions publiques. Sa fonction est de corriger les Bulles qui ont passé par les mains de l'Auditeur, & de faire un exacte Revision de toutes les Procédures & Factums des parties qui sont en differend, comme aussi de prendre garde si tous les Actes, & autres piéces qui doivent faire Foi en Justice, sont authentiques, & s'il n'y a point de satisfaction, ou quelque chose dans la matiere, ou dans la forme qui puisse les rendre suspectes. Il fait un Procès verbal, bien circonstancié sur tous ces Articles, & le joint aux autres piéces qui doivent servir au Jugement definitif du fait principal.

Le Tribunal de la Rote donne quatre cens écus à un Avocat, & deux cens cinquante à un Procureur, qui moiennant cela, sont obligés d'écrire, de plaider, de Conseiller, & de faire tout ce qui est nécessaire pour soûtenir en Justice le droit des pauvres, & de ceux qui ne l'étant pas, ont néanmoins besoin de faire des procedures, qui les ruineroient, s'ils étoient contraints de paier les écrits des Avocats, & les sollicitations des Procureurs, sur le pié de la taxe ordinaire du Bareau.

Cet Avocat & ce Procureur sont aussi deputés pour écrire *gratis*, pour défendre, & poursuivre le droit de tous les pauvres devant tous les autres Tribunaux de Rome, mais ceux qui sont contraints de les mettre en pratique, & qui n'ont pas le moien de leur faire au moins quelque petite gratification, sont servis avec bien de la lenteur, & ne voient presque jamais la fin de leurs Procès, car ces deputés aiant beaucoup d'affaires qui les occupent continuellement, ne manquent pas de prétextes, & souvent même de bonnes raisons, pour ne pas satisfaire à l'attente de tous les pauvres Plaideurs qui les sollicitent sans relâche. Le plus grand abus qui s'est glissé dans cet établissement charitable, est que des gens miserables, & d'ailleurs enclins à la Chicane, sont bien souvent munis de quelques actions, par des personnes mal intentionnées, qui les poussent à intenter des Procès contre ceux qu'ils veulent ruiner par de grands frais, sans qu'il en coûte grand chose à celui qui les fait poursuivre par une personne interposée, qui se prévaut du service que l'Avocat, & le Procureur dont nous venons de parler, sont obligés de rendre gratuitement aux pauvres.

La CHAMBRE APOSTOLIQUE.
Et ses OFFICIERS.

Ce Conseil a la direction de tous les Domaines du Pape, dont les Finances consistent en ce qu'on nomme les revenus de la Chambre Apostolique. Elle est composée du Cardinal Camerlingue, qui en est le Chef, du Gouverneur de Rome qui en est Vice-Camerlingue, d'un Trésorier Général, d'un Auditeur, d'un Président, d'un Avocat Général, d'un Procureur Fiscal, d'un Commissaire, & de douze Clercs de Chambre, quatre desquels sont, l'un Préfet de l'abondance des Grains, un autre Préfet de toutes sortes de denrées, le troisiéme Préfet des Prisons, & le quatriéme Préfet des Ruës. Les autres huit sont députés pour connoître diverses causes chacun dans une Chambre, & Conseil particulier.

Autrefois le Pape deputoit six Clercs de sa Maison pour gouverner ses Finances, d'où vient que ceux qui en ont soin à présent gardent le même nom. *Sixte V.* les érigea en charges vénales, & augmenta leur nombre jusqu'à douze. Ils s'assemblent tous les lundis & les vendredis chés le Pape. Leur jurisdiction s'étend sur tout ce qui concerne le Domaine temporel du Pape.

Chaque Clerc de la Chambre connoît en premiere instance des causes qui lui sont commises de la Chambre par appellation. Il n'y a point de Charge de Clerc de Chambre, qui ne coûte quatre-vingts mille écus, & qui ne profite huit à dix pour cent, & par consequent sept ou huit mille écus par année.

La Chambre Apostolique prend ses vacances en même tems que la Rote, c'est à sçavoir depuis le commencement de Juillet jusqu'au premier d'Octobre. Le dernier vendredi du Mois de Juin, qui est le jour de la derniere assemblée des Magistrats de cette Chambre; ils sont magnifiquement traités à dîner, par le Pape. Le Cardinal Camerlingue les traite aussi le premier jour d'Août. Ils s'assemblent au Palais Apostolique la veille de la Fête de Saint Pierre, pour recevoir les Tributs des Feudataires de l'Eglise, & ils appliquent au profit de la Chambre les Redevances qui se paient en argent; mais celles qu'on apporte en Argenterie de quelque travail, & ouvrage qu'elles soyent appartiennent au Trésorier Général, & les Clercs des Chambres partagent entr'eux celles qui se paient en cire. On met ce jour là plus de vingt millions dans le Trésor du Pape.

L'Archidiacre, ou le Chef des Diacres étoit autrefois celui qui avoit le soin du revenu des Etats de l'Eglise, & cela dura jusqu'à l'année 1100. que les Papes furent obligés de leur ôter cette commission à cause qu'elle les rendoit trop
puis-

puissans, & formidables aux Papes mêmes. Un Cardinal leur fut substitué qu'on appella *Camerlingue*, auquel on donna des Coadjuteurs qui furent nommés *Cleres de Chambre*, & pour quelque differend survenu on y joignit un Trésorier, un Auditeur, & un Président.

Le Trésorier Général connoit des causes pour les dépouilles des Prêtres, & des revenus mal perçûs, comme aussi des Trafics illicites. Il a la direction particuliere des exactions des rentes & revenus de la Chambre. Il revoit les comptes des Ministres & Officiers. Il préside à tous les Monts, tant de la Chambre, que des Seigneurs particuliers, aiant seul le pouvoir d'en faire les extractions, quand les débiteurs veulent paier leurs dêtes, ou une partie, en remboursant les Montistes ou Rentiers. Enfin il intervient & assiste dans toutes les affaires, ou il s'agit des intérêts de la Chambre Apostolique.

La Charge du Trésorier vaut soixante dix mille écus, qui rendent toutes les années depuis dix jusqu'à douze mille écus, dont le Pape gratifie tel Prélat que bon lui semble.

La jurisdiction de l'Auditeur de la Chambre Apostolique est très grande, car il est juge ordinaire en premiere instance de la Cour Romaine, à sçavoir de tous les Courtisans sujets du Pape & Etrangers comme sont les Cardinaux, les Patriarches, les Evêques, les Princes, les Ambassadeurs, les Barons, & autres personnes de qualité. Il est aussi juge de tous les Marchands, & de toutes les causes de l'Etat Ecclesiastique dont on interjette appel par devant lui. Il a droit privativement à tous autres, de faire exécuter ceux qui sont redevables à la Chambre Apostolique en vertu de quelque obligation. Il a le même pouvoir conjointement avec les Officiers de la Chambre sur tout ce qui concerne les Lettres Apostoliques, les actes passés en forme authentique, & les simples promesses de main privée.

L'Auditeur a aussi une grande autorité, & le droit de Prévention pour toutes les causes criminelles, & tient un Prevôt avec plusieurs Archers. Il a sous lui deux Lieutenans civils, qui sont toûjours Prélats, & un Lieutenant criminel avec deux Juges, ou Assesseurs. Il donne de l'emploi à dix Secretaires, ou Greffiers, dont chaque Office vaut depuis quinze jusqu'à vingt mille écus. Ils travaillent separément, & dans des Bureaux particuliers aiant pour le moins chacun une vingtaine de jeunes Ecrivains.

La Charge de l'Auditeur de la Chambre se paie quatre vingt mille écus, & rend tous les ans treize mille écus de rente fixe, & trois ou quatre mille de Casuel.

L'Office du Président de la Chambre Apostolique est ce qu'on appelle dans la plûpart des Etats de l'Europe, le Maître Général des Comptes.

Ce Président revoit tous les comptes qui concernent les Finances du Pape, & il a l'autorité de les arrêter. Sa Charge coûte trente mille écus, & en rend toutes les années deux mille cinq cens. Elle n'est jamais venduë qu'à un Prélat qui porte l'habit violet, & qui tient un rang très-honorable dans la Chapelle Papale, & aux fonctions publiques où il précéde le Commissaire dont nous allons parler.

Ceux qui sçavent en quoi consiste la Charge des Procureurs Généraux dans les Parlemens peuvent se faire une juste idée de l'Office du Commissaire de la Chambre Apostolique, parce que ces deux emplois sont à peu près les mêmes en ce que le Commissaire dont nous parlons donne ses conclusions sur tout ce qui concerne la Chambre Apostolique, & en défend les intérêts du Pape par devant tous les Tribunaux de l'Etat Ecclesiastique quand il s'agit des matieres

Z z z

civiles

civiles des Finances, & outre cela il affifte avec le Tréforier Général à la Revifion de tous Comptes, dont il eft comme le Controlleur, quoi qu'il y ait pour ce même fujet un Computifte, mais l'un & l'autre ne font que fimples deputés du Pape, & n'achetent point leurs Charges. Celle du Computifte rend environ mille écus par année, & celle du Commiffaire douze cens fans y comprendre ce qu'il retire pour vérifier les comptes des Gabelles, & Impôts, ceux des Gréniers de l'*Annone* ou abondance, & pour tenir un Regiftre de tout ce qui entre & fort des Chambres où l'on fait battre des monnoies au coin du Pape. Ces trois derniers emplois rendent au Commiffaire de la Chambre Apoftolique, pour le moins autant que les autres Controlles qu'il tient; deforte que fes appointemens valent d'ordinaire deux mille quatre cens écus tous les ans, fans y comprendre le Cafuel qui eft un des plus confidérables qui foit dans les Charges des Finances.

L'Avocat & le Procureur Fifcal defendent l'un par le droit, & l'autre par le fait, les interéts de la Chambre Apoftolique, fur toutes fortes de matieres, & par devant tous les Tribunaux, en quoi ils font aidés par le Commiffaire, le Tréforier, & le Computifte dont nous avons parlé.

Les Charges de l'Avocat & du Procureur Fifcal font vénales. Le Pape les a taxées à quinze mille écus chacune, & elles rendent du moins huit pour cent toutes les années. Outre cette fomme fixe, il n'y a point de Charge dans la Chambre, ni dans la Chancellerie Apoftolique, dont le Cafuel foit plus confidérable que de celles ci, parce que les principaux differends qui furviennent au fujet des Fiefs, concernent l'Empereur d'Allemagne, & les Princes d'Italie.

Nous renvoions le Lecteur à la page 63. de la feconde partie de cette Differtation, pour y aprendre les Cérémonies qui concernent la maniere d'indiquer & de tenir le Confiftoire. Il n'y a jamais plus de douze Avocats Confiftoriaux à Rome, leurs Offices font à la nomination du Pape, qui donne, ou vend ces Charges comme bon lui femble. Ce font ces Avocats qui font les difcours & les Harangues dans les Confiftoires publics, fecrets, & demi publics. La Chambre Apoftolique leur paie douze ducats pour chaque difcours. Ils demandent le *Pallium* au Confiftoire fecret pour les nouveaux Archevêques, en faifant une efpece de Plaidoyers pour chacun defquels ils ont dix ducats, qu'ils reçoivent de ceux qui obtiennent le Manteau Archiepifcopal.

Ils ont la faculté de créer des Docteurs de l'un & de l'autre Droit étans affemblés en leur College de la Sapience. Leur habit eft une Robe longue de laine noire, avec la Queuë de couleur violette, les montres & doublures de foye rouge, & un Capuchon abatu entre les deux épaules qui eft de même couleur, & fourré d'Hermines. Mais leur habit ordinaire eft une Soûtane arrondie de ferge noire, & un Manteau de même étoffe, traînant à terre, avec des fentes pour paffer les bras.

Un d'entr'eux eft Recteur du College de la Sapience, il a le foin de retirer les rentes qui y font affectées, & de faire paier les penfions des Lecteurs publics dont les chaires fe donnent par une Congrégation de Cardinaux que le Pape depute pour cet effet.

Les fept plus anciens Avocats Confiftoriaux ont fept cens écus chacun de revenu annuel de leur charge, & les cinq derniers n'en ont que trois cens, mais les gratifications que les nouveaux Docteurs qu'ils agrégent leur font rendent leur Charge auffi lucrative que celle des premiers Avocats du College de la Sapience.

PRO-

PROTONOTAIRES APOSTOLIQUES *assistans au Consistoire du* PAPE, *& qui portent le nom de* PARTICIPANS.

Le Collége des Protonotaires Apostoliques est fixé au nombre de douze. Leur Charge vaut sept mille écus d'or, & leur rend environ dix pour cent sans le casuel qui est quelquefois très-considérable, de sorte qu'ils ont pour le moins douze cens écus de rente annuelle. Ils prétendent avoir succedé aux Notaires, qui furent établis par le Pape *Clement* I. & ensuite par le Pape *Fabien* qui les chargea d'écrire les actes des Martirs.

Ils sont Prélats, & bien souvent Référendaires des Signatures de Grace, & de Justice dont nous avons parlé. Ils sont habillés de violet, avec le Camail, le Rochet, la Manche des Docteurs aux Droits. Ils ont place à la Chapelle Papale, aux Cavalcades, & autres fonctions publiques immédiatement au devant de tous les Abbés, & des Ecclesiastiques seculiers & reguliers qui ne sont pas Evêques. Ces Protonotaires sont qualifiés du nom de Participans afin de les distinguer des Protonotaires Apostoliques *ad honores*, qui sont créez par la faveur des Cardinaux Legats, & qui ne peuvent faire les fonctions des Participans, ni porter l'habit violet, & le Camail que dans les lieux, où ils font leur residence ordinaire, & dans les Provinces Ecclesiastiques, où ils sont specialement deputés pour quelque fonction extraordinaire dont le Pape veut avoir un acte authentique dans ses Archives.

Tous les Protonotaires Apostoliques tant Participans qu'*ad honores* ont le droit de recevoir les Testamens des Cardinaux, de faire toutes les informations & Procedures nécessaires pour la Canonisation des Saints, & les actes qui sont de grande importance pour la Papauté, & l'Etat Ecclésiastique, & pour cela ils entrent dans les Consistoires publics & demi publics. Ils accompagnent le Pape quand il va faire quelque fonction extraordinaire hors de Rome, comme lors que *Clement* VIII. alla dans la Ville de Ferrare donner la Bénédiction Nuptiale à *Philipe* III. Roi d'Espagne, & à l'Archiduchesse *Marguerite* d'Autriche.

Les CONGREGATIONS.

Il y a plusieurs Cardinaux qui sont obligés de se trouver dans les Congrégations dont nous allons parler, y en aiant quelques-unes où il s'en assemble jusques à vingt quatre. Chaque Congrégation a son Chef ou Président, & son Secretaire particulier, qui couche dans un Registre toutes les deliberations, & écrit des Lettres pour envoier par tout où il est nécessaire, conformement aux Decrets de la Congrégation qu'il sert. Les actes qu'on expédie & les Lettres qu'on écrit au nom de quelque Congrégation, ne sont jamais signées que par le Cardinal qui en est le Chef ou qui y préside, & le Secretaire n'y appose que le seau, ou le cacher de celui qui a souscript.

I. *La* CONGREGATION *du* PAPE.

Le Pape *Sixte* V. est celui qui a institué la Congrégation dont nous parlons ici pour y préparer les plus difficiles matieres bénéficiales qui doivent ensuite être mises en deliberation dans le Consistoire en la présence du Pape, & c'est pour cela qu'on lui donne le nom de *Congrégation Consistoriale*.

Le Cardinal Doyen est le Chef de cette Congrégation quand il fait sa demeure à Rome, & lors qu'il en est absent le Pape choisit celui qu'il veut du Collége Apostolique, pour présider à cette Assemblée, *pro tempore*, c'est-à-dire pour un certain tems determiné, après l'expiration duquel il en choisit un autre, ou il confirme de nouveau celui-là.

Cette Congrégation est composée de plusieurs autres Cardinaux, & de quelques Prélats & Théologiens choisis par le Pape, dont le nombre n'est point fixé, non plus que le jour & le lieu où ils doivent s'assembler, quoi que le plus souvent elle se tienne quelques jours avant le Consistoire, chès le Doyen, ou quelqu'autre des plus anciens Cardinaux de cette Congrégation.

Les matieres qu'on y traite ordinairement sont les nouvelles érections des Archevêchés, & des Eglises Cathedrales; les réünions, les suppressions, & les résignations des Evêchés; les Coadjutories, les alienations des biens Ecclésiastiques; & enfin les taxes & les annates de tous les Bénéfices qui sont à la collation du Pape. Les autres matieres qui concernent la Religion, ou les affaires d'Etat Ecclésiastique, sont examinées dans les autres Congrégations dont nous parlerons.

La CONGREGATION *du Saint* OFFICE.

La Congrégation qui porte le nom du *Saint Office*, fut instituée par le Pape *Paul* III. à la persuasion du Cardinal *Caraffa*, qui étant parvenu au Souverain Pontificat sous le nom de *Paul* IV. en augmenta les Privileges, auxquels *Sixte* V. joignit encore des statuts, qui rendirent ce Tribunal si puissant & si rédoutable que les Italiens disoient alors ouvertement à Rome, *Il summo Pontifice Sixto, nou la pardonnareb' à Christo.*

Cette Congrégation est pour l'ordinaire composée de douze Cardinaux, & quelquefois de beaucoup davantage, & avec cela d'un bon nombre de Prélats, & de plusieurs Théologiens de divers Ordres Seculiers & Reguliers, qu'on appelle *Consulteurs* & *Qualificateurs* du Saint Office, parmi lesquels il y en a toûjours un qui est Cordelier de la grande manche, & trois qui sont Jacobins comme on les nomme communement, à sçavoir, le Maitre du sacré Palais, le Commissaire du Saint Office, & le Général de l'Ordre desdits Jacobins fondé sous le nom de Saint *Dominique*. Il y a aussi un Fiscal du Saint Office, & avec lui un Assesseur, qui est comme le Rapporteur des causes, & qui est ordinairement Prélat domestique, ou Camerier d'honneur du Pape.

Cette Congrégation connoît des hérésies, & des nouvelles opinions contraires à la croiance de l'Eglise Catholique, comme aussi de l'Apostasie, de la Magie, des sortileges & autres malefices, de l'abus des Sacremens, & de la condamnation des Livres pernicieux. On tient assemblée pour cela tous les mercredis à la Minerve chès le Général des Jacobins, & tous les jeudis devant le

Pape

Pape qui en est le Chef. C'est toûjours le plus ancien Cardinal du Saint Office qui en est le Secretaire, & qui en tient le sceau.

Il n'y a que les Cardinaux qui aient voix deliberative, dans cette Congrégation, & quand ils opinent à la Minerve, & chés le Pape ils font retirer tous ceux qui ne sont pas de leur Collége, ou chargés de quelque affaire pour entendre leur avis. Il est nécessaire de remarquer ici que les juges de ce Tribunal ne sont pas si redoutables, que se le figurent ceux qui ne les connoissent que sur les rapports d'autrui, & qu'ils ne sont ni si rigoureux ni si severes à Rome, qu'en Espagne, en Portugal, & dans les autres Païs d'Inquisition.

Le Palais du Saint Office sert d'habitation à l'Assesseur, au Commissaire, au Notaire, & aux autres Officiers de la même Congrégation. Il sert aussi de Prison à ceux qui sont accusés ou soupçonnés des crimes dont ce Tribunal connoit jusqu'à la décision du procés, & alors s'ils sont declarés innocens, on les met en liberté, & s'ils sont jugés coupables, on les livre au bras seculier; mais cela n'arrive gueres s'ils ne sont obstinés ou rélaps, car la plûpart en sont quites pour une Prison perpetuelle, comme on l'a remarqué sur la fin du siécle dernier à l'occasion du jugement rendu contre le fameux *Michel Molinos*, qui a tant fait de bruit dans le monde par son hérésie du *Quietisme*, qui n'a point attiré d'autre peine à son Auteur que la privation du commerce civil avec ses disciples. Il y a une autre maxime suivie par les juges de ce Tribunal, c'est qu'ils absolvent ceux qui viennent eux-mêmes s'accuser de tout ce qui pourroit les rendre criminels, & on les en tient quittes pour une legere penitence, sans les priver en aucune maniere de leur liberté, au contraire personne ne les peut inquieter pour ce sujet, mais quand on se laisse accuser & mettre en prison on est traité à la rigueur.

Tous les Officiers & Commensaux du Saint Office dont le nombre est fort grand, ne reconnoissent pour juge naturel, civil, & criminel, que leur Assesseur en premiere instance, & par appel les Cardinaux qui sont pourvûs de l'Office de Judicature dans l'Inquisition.

Il y a une autre Congrégation qui se tient au Palais du Saint Office tous les lundis pour préparer les matieres sur lesquelles les Cardinaux doivent rendre un jugement definitif dans leur Assemblée de l'Inquisition. Il n'y a aucune de ces Eminences qui assiste dans cette Congrégation préparatoire, elle n'est composée que des Théologiens & des Consulteurs, ou Qualificateurs de divers Ordres.

La CONGREGATION *De propagandâ fide.*

Le Collége de la propagation de la Foi aiant été fondé sous *Gregoire* XV. ce Pape institua une Congrégation pour en avoir soin. Elle est composée de dix-huit Cardinaux, d'un Secretaire d'Etat du Pape, d'un Protonotaire Apostolique, d'un Référendaire, de l'Assesseur, & du Secretaire du Saint Office.

Tous ces Prélats & Officiers s'assemblent le premier lundi de chaque mois devant le Pape, & plusieurs autres fois chaque semaine quand les affaires le demandent au Collége de la propagation de la Foi, pour examiner tout ce qui peut être avantageux à la Religion, pour chercher des moiens propres à y attirer tous ceux qui sont dans une autre communion, ou parti, & pour deliberer sur tous les expédiens qu'on peut trouver, ou qui sont proposés par les Missionaires, & les autres personnes qui travaillent sous la direction, & aux dépens de ce Collége dans toutes les parties du Monde, où il envoie des Commissaires quand il est nécessaire pour terminer les controverses, appaiser les différends &c.

La CONGREGATION *pour expliquer le* CONCILE *de* TRENTE.

Après la Clôture du Concile de *Trente*, *Pie* IV. députa quelques Cardinaux qui y avoient assisté, & qui en devoient connoître l'esprit, pour terminer les doutes qui pourroient naître touchant l'exécution du même Concile, ordonnant au surplus qu'il seroit observé à la Lettre & defendant toutes les Gloses qu'on pourroit faire sur les Dogmes qu'on y avoit établis, il se reservoit à lui même toutes les interprétations qu'il seroit besoin d'en donner.

Sixte V. fixa cette Congrégation, & lui donna l'autorité d'interpréter les points de Discipline, mais non pas ceux de la Foi sans son aveu.

Cette Congrégation se tient une fois la semaine, le jeudi, ou le samedi chès le plus ancien des Cardinaux, dont elle est composée, quoi qu'il n'en soit pas le Chef ou le Préfet, car cette Charge se donne par le Pape à celui d'entr'eux qu'il veut favoriser d'une bonne pension, sans déroger à l'honneur qu'il veut qu'on rende toûjours au plus ancien Cardinal de cette Assemblée, en la faisant tenir chès lui.

Toutes les expéditions de cette Congrégation se font *gratis*, & sont signées par le Chef qui y fait aussi apposer le sceau dont il est le garde, & cette Charge avec celle de Préfet, lui vaut douze cens écus d'or par année, qui lui sont paiés des deniers de la Chambre Apostolique. Les autres Cardinaux n'ont aucun appointement fixe pour assister à cette Congrégation, mais il y a de l'honneur pour eux d'être choisis pour expliquer les plus importantes matieres de la Religion.

La CONGREGATION *de* l'INDEX.

Les Peres du Concile de Trente considérant le grand nombre de Livres pernicieux qui avoient été mis au jour depuis l'invention de l'Imprimerie, & ceux qu'ils trouvoient contraires à la Religion, tant dans les premiers siécles du Christianisme, & les suivans, que depuis la Reformation de Calvin : députerent quelques Cardinaux, quelques autres Prélats & Théologiens pour examiner ceux d'entre ces Livres qui devroient être corrigés, ceux dont la Lecture ne devroit point être permise indifferemment à tous ceux de la communion Catholique, & ceux qui devroient être brûlés, & entierement supprimés.

Ces Deputés en firent des listes distribuées en plusieurs Classes, & le Concile ordonna ensuite de corriger par une seconde Edition tout ce qui fut marqué par ces Examinateurs dans les Livres de la Classe, où ils distribuerent les Ouvrages auxquels on avoit fait des changemens. Il est à remarquer sur cela qu'on ne fit pour lors que marquer sur les tables des Livres, les endroits qui indiquoient dans les corps de ces mêmes Ecrits quelque chose de contraire aux

dog-

dogmes ; & aux cultes de l'Eglise Catholique , & on marqua tout cela par un *Deleatur*, ou soit effacé.

Il y eut quantité de Livres mis dans la Classe de ceux qu'on résolut de supprimer entierement, on en trouve néanmoins encore aujourd'hui plusieurs de ceux là qui subsistent en leur entier, comme aussi quelques exemplaires, qui n'ont point été retouchés selon la resolution de ce Concile, parce qu'il n'a pas été possible aux deputés de cette Congrégation de l'*Index*, de les avoir tous ni de persuader, ou contraindre ceux dont les Bibliothèques s'en trouvent assorties d'y faire les mêmes additions, ni les mêmes retranchemens , c'est pourquoi il y a plusieurs Editions des mêmes Auteurs qui sont fort differentes.

Les Livres dont la Lecture fut deffendue par ce Concile se trouverent en aussi grand nombre que ceux de toutes les autres Classes , & ces Peres firent un Decret par lequel ils anathématiserent tous ceux qui les liroient, ou retiendroient sans leur permission expresse, qui se donne maintenant par écrit, à tous ceux que la Congrégation dont il s'agit juge à propos de l'accorder , avec des reserves, ou sans aucune limitation de tems ni de lieux : en quoi il y a cette difference entre la permission que donne aussi le Maître du sacré Palais de lire ces Livres défendus, que celui-ci ne l'accorde qu'à ceux qui demeurent actuellement à Rome, & ne la peut accorder à qui que ce soit autre, mais les Deputés de la Congrégation de l'*Index*, ont le pouvoir de la donner à tous ceux de la Religion Catholique en quelque part du monde qu'ils soient.

Le Pape *Pie* V. confirma l'établissement de cette Congrégation, & la chargea d'examiner les Livres suspects qui ont été composés depuis la tenue du Concile de Trente, & ceux qu'on mettra au jour à l'avenir, en quoi le pouvoir de cette Congrégation surpasse celui de l'Inquisition, qui n'a que le droit de condamner les Livres qui sont contre la Foi, mais non pas ceux qui concernent les mœurs, ou la discipline Ecclésiastique, & la Société civile, comme font les Deputés de l'*Index*.

Cette Congrégation est composée de plusieurs Cardinaux , & d'un Secretaire de l'Ordre de Saint Dominique. Il y entre aussi plusieurs Théologiens, avec le titre de Consulteurs, à chacun desquels on donne des Livres à examiner pour en faire leur rapport à la Congrégation, dans laquelle ils n'ont point de voix deliberative. Elle se tient quelquefois devant le Pape, & d'autrefois chés le plus ancien Cardinal, mais elle s'assemble rarement , lors qu'elle n'a pas d'affaires importantes.

La CONGREGATION *des* IMMUNITÉS.

Le Pape *Urbain* VIII. établit cette Congrégation pour éviter les difficultés & chicanes qui survenoient dans le jugement des Procés intentés contre les Ecclésiastiques pour diverses matieres civiles, ou criminelles ; dont la connoissance & la décision pouvoit appartenir aux juges seculiers de même qu'aux Ecclésiastiques, & par consequent faire naître entre eux des differends, qui avoient bien souvent des suites très fâcheuses.

Cette Congrégation est composée de plusieurs Cardinaux nommés par le Pape, dont le nombre n'est pas reglé. Il y entre aussi un Auditeur de Rote, un Clerc de Chambre, & plusieurs Prélats Référendaires, l'un desquels est le Secretaire de cette Assemblée.

Elle connoît des immunités & des exemptions Ecclésiastiques, des transgressions qui s'en font au préjudice du Clergé, & des Chevaliers de Malthe, soit par les Magistrats seculiers, ou par les Evêques mêmes, ce qui est une sorte d'appel comme d'abus. Elle se tient chès le plus ancien Cardinal tous les mardis. Celui qui en est Préfet & Garde des sceaux, reçoit deux mille écus de la Chambre Apostolique toutes les années pour son plat.

Avant que le Pape *Urbain* VIII. fît cet établissement la connoissance des immunités Ecclésiastiques appartenoit à la Congrégation des Reguliers, qui fait la matiere du Chapitre suivant.

La CONGREGATION *des* EVEQUES, *& des* REGULIERS.

Le Pape *Sixte* V. réünit au commencement de son Pontificat deux Congrégations sous le nom de celle-ci. Elle est composée d'un certain nombre de Cardinaux à la volonté du Pape, & d'un Prélat qui en est Secretaire, & qui donne de l'emploi à six Ecrivains.

Cette Congrégation a l'autorité de régler tous les differends qui naissent entre les Evêques, & leurs Diocésains, & les disputes qui surviennent entre les Réguliers de tous les Ordres Monastiques. Les Cardinaux de cette Assemblée sont aussi obligés de donner leur Conseil de vive voix, ou par écrit, quand il est nécessaire, à tous les Evêques, Abbés, Prélats, & Superieurs des Eglises, ou Monasteres qui recourent à eux, & de les prévenir, en cas de besoin, par de bons avis, qui les empêchent de faire aucune fausse démarche dans l'exercice de leurs Charges, & les fonctions de leur Ministere.

Les Ecrivains & le Secretaire de cette Congrégation sont entretenus aux dépens de la Chambre Apostolique, parce que toutes les expéditions qu'ils font se donnent *gratis* à tous les Ecclésiastiques dont nous venons de parler, & les Cardinaux qui les dictent en pleine Assemblée, tous les vendredis chès le Cardinal qui en le Chef, n'en retirent aucun émolument.

La CONGREGATION *pour l'*EXAMEN *des* EVEQUES.

Gregoire XIV. s'étant trouvé au Concile de Trente, où des Théologiens firent voir combien il étoit important de donner aux Eglises des Pasteurs capables de les bien gouverner, il ne fut pas si-tôt parvenu au Souverain Pontificat qu'il établit cette Congrégation, pour examiner les Ecclésiastiques destinés à l'Episcopat.

Elle est composée de huit Cardinaux, de six Prélats, de dix Théologiens de divers Ordres seculiers & reguliers, entre lesquels il y doit avoir quelques Docteurs en droit Canonique. Tous ces Examinateurs sont choisis par le Pape, qui les fait assembler dans son Palais, les mardis, ou vendredis quand il y a quelque sujet à examiner.

Tous les Evêques d'Italie sont obligés de subir cet examen avant que d'être sacrés, & pour cet effet ils se présentent à genoux devant le Pape, qui est assis

sur

sur un fauteuil, & se tiennent sur un carreau à ses pieds, pendant que les Examinateurs étant debout autour, les interrogent sur toutes les questions de Théologie, & de Droit Canon qu'il leur plaît, auxquelles ces nouveaux élûs à l'Episcopat doivent répondre cathégoriquement.

Après que l'examen est fini, ceux qui sont jugés capables viennent par ordre du Pape, donner leur nom au Secretaire de la Congrégation qui les enregistre, & leur donne ensuite un Extrait de la deliberation des Examinateurs, afin qu'ils puissent s'en prévaloir quand ils sont appellés à un autre Evêché, ou revêtus du *Pallium* des Archevêques, & des Patriarches; car il suffit d'avoir été examiné une fois par cette Congrégation, pour passer non seulement d'un Evêché à un autre, mais encore à toutes les autres plus grandes dignités Ecclésiastiques sans être obligé de subir aucun autre examen.

Ceux qui sont élevés au Cardinalat avant que d'être Evêques, sont dispensés de cet examen quand on les sacre pour entrer en possession de quelque Evêché, ou Patriarchat, & même quand ils parviennent au Pontificat. Tous les Neveux des Cardinaux en sont aussi exempts, ce qui est une faveur très speciale, & digne de remarque.

La CONGREGATION *des* MOEURS *des* EVEQUES.

Comme la Doctrine seule ne suffit pas, pour rendre les Ecclésiastiques dignes de l'Episcopat sans les bonnes Mœurs, le Pape *Innocent* XI. voiant que la faveur & l'intérêt avoient trop de part en l'Election des Evêques, institua cette Congrégation des bonnes Mœurs, pour empêcher qu'aucun Ecclésiastique, dont elle trouveroit que la vie n'auroit pas toûjours été bien reglée, ne fut installé dans aucune Charge de Prélature, ni élevé à l'Episcopat.

Cette Congrégation est composée de trois Cardinaux, de deux Evêques, de quatre Prélats, & d'un Secretaire qui est Auditeur du Pape. Elle se tient chés un de ces trois Cardinaux alternativement, & quelquefois au Palais Apostolique, mais en quelque endroit où se fasse l'Assemblée de ces Deputés, on y examine à la rigueur les Attestations de Vie & de Mœurs des Evêques proposés, & on n'y décide rien jusques à ce que l'on ait reconnû d'une maniere claire & évidente, si leur conduite a toûjours été irreprochable; au défaut dequoi ils ne sont point admis à l'Episcopat. Il y en a néanmoins plusieurs qui ne laissent pas d'y parvenir quoi qu'ils aient vécu d'une maniere assés déreglée, parce qu'ils trouvent le moien d'éviter l'examen de cette Congrégation devant laquelle on n'oblige de comparoître que ceux contre la Promotion desquels il se trouve des personnes integres & désinteressées qui font des plaintes, ou des oppositions par écrit, en consequence de trois Anonces ou Bans, qu'on fait publier dans les lieux, où les Ecclésiastiques nommés à l'Episcopat ont fait leur derniere residence pendant quelques années, afin que les personnes qui peuvent y avoir observé leur conduite en fassent une declaration sincere & l'envoient au Deputés de cette Congrégation, sur le modelle de laquelle tous les Evêques font examiner les Clercs, qui aspirent aux Ordres du Diaconat, & de la Prêtrise, comme aussi les Missionaires.

La CONGREGATION *pour la* RESIDEN-CE *des* EVEQUES.

Le Cardinal Vicaire Général du Pape, est ordinairement Préfet de cette Congrégation qui oblige, ou dispense selon qu'il est expédient & nécessaire, tous les Evêques d'Italie, & les Abbés de résider dans leurs Eglises.

Il y a trois Cardinaux, & trois Prélats avec un Secrétaire dans cette Congrégation. Elle se tient chès le Préfet, mais n'aiant pas beaucoup d'occupation, les Députés ne s'y assemblent que rarement, & à la requisition des Evêques & des Abbés qui souhaittent de s'absenter de leurs Eglises pour des raisons, ou affaires qu'ils exposent dans leur suppliques. Cette Congrégation y répond en accordant leur demande à ceux qu'elle juge avoir besoin de s'absenter pour un tems qu'elle détermine, & après l'expiration duquel elle accorde un délai quand il est nécessaire, mais si elle refuse à quelqu'un la permission de s'absenter il ne peut le faire sans être privé de tous les Bénéfices, pour autant de tems qu'il a été absent, & quand il y a des Evêques, ou Abbés, qui refusent de se rendre dans leurs Diocéses, & Chapitres aussi-tôt que cette Congrégation le leur ordonne, elle peut les interdire & suspendre de toutes leurs fonctions, jusques à ce qu'ils soient rétablis par le Pape, ou par son Vicaire Général, qui n'accordent jamais rien sur cette matiere sans l'aveu des Députés de cette Congrégation.

La CONGREGATION *pour les* MONASTERES *à supprimer.*

Parmi le grand nombre de riches Monasteres qui sont en Italie, s'il arrive par quelque disgrace que le temporel de quelques-uns soit perdu, ou tellement diminué, qu'il n'y reste pas dequoi faire subsister au moins six Religieux, ils doivent être supprimés, ou unis à ceux qui ont assés de bien pour entretenir un plus grand nombre de confreres que ceux de leur communauté.

Le Pape *Innocent* X. voiant que ces pauvres Monasteres étoient chaque jour plus onereux au public, fut le premier qui résolut d'établir cette Congrégation, aux Députés de laquelle il donna Charge de s'informer de l'état de ces Monasteres, & de décider du sort de ceux qui devoient être supprimés. Il sembloit qu'après la fin de cette recherche, cette Congrégation dût être abolie, mais comme il est toûjours resté du depuis quelque difficulté touchant cette matiere, les Successeurs d'*Innocent* X. l'ont conservée jusqu'à present.

Elle est composée de huit Cardinaux, & des Religieux de tous les Ordres que les Généraux, de qui dependent les Monasteres dont il s'agit, députent, pour avoir soin de leurs intérêts. Cette Assemblée régle les prétentions des Fondateurs, & des Bienfaiteurs, & celles de leurs Héritiers qui redemandent les biens qui avoient été donnés à ces Maisons ou Eglises Monastiques, attendu que la cause pour laquelle ces dons avoient été faits ne subsiste plus. Mais cette Congrégation ne fait pas toûjours restituer ces biens aux Successeurs des Légataires, car elle trouve souvent qu'ils n'ont pas raison, qu'il n'y a pas lieu de faire ces demandes, sur tout lorsque ces Monasteres peuvent un jour être rétablis,

tablis, & cependant elle ordonne que les restes des biens temporels de ces Maisons abandonnées ou detruites soient emploiés aux besoins les plus importans de l'Eglise, comme entre autres pour aider les Armées Chrétiennes qui combattent contre les infidéles.

Cette même Congrégation examine aussi les Requêtes des Communautés, & des Villes dont les peuples souhaitent de pouvoir rétablir ou fonder de nouveau quelque Monastere, pour les raisons qu'ils déduisent, & sur lesquelles on juge dans cette Assemblée de tout ce qui doit être accordé aux supplians, en faisant des Ordonnances conformes aux conclusions qui y sont prises à la pluralité des voix, & on en fait expédier *gratis* des actes signés par le Préfet, & scélés par le Secretaire, qui les délivre à tous ceux qui en ont besoin.

La CONGREGATION *de la Visite Apostolique.*

Le Pape, sans déroger à la Dignité d'Evêque universel, possede d'une façon particuliere l'Archevêché de la Ville de Rome, & en cette qualité il est obligé de faire la Visite Pastorale des six Evêchés, qui sont suffragans de cette Capitale de son Patrimoine. Mais parce qu'il est occupé sans relâche à plusieurs affaires d'Etat, très-importantes à toute la Chrétienté, il a établi cette Congrégation de la Visite Apostolique, laquelle nomme des Commissaires pour aller faire la Visite des Eglises, & des Monasteres de l'un & de l'autre Sexe, tant dans la Ville qu'à la Campagne, & ces Visiteurs à leur retour font un rapport couché par écrit à la Congrégation, du bon Etat, ou des desordres qu'ils y ont trouvés, afin qu'elle y remédie.

Cette Congrégation est composée des mêmes Cardinaux & Prélats, que celle des Monasteres à supprimer, dont nous avons parlé dans le Chapitre précédent, & outre ceux-là, il entre de plus en celle-ci le Vicaire Général du Pape, & le Cardinal Vice-régent, sans le consentement desquels les Deputés de la Congrégation pour les Monasteres des Réguliers n'envoient jamais aucun Commissaire pour faire la Visite Apostolique des Eglises qui sont dans le ressort de l'Archevêché Patriarchal de Rome.

La CONGREGATION *des* RELIQUES.

La Congrégation des Reliques est composée de six Cardinaux & de quatre Prélats, entre lesquels sont le Cardinal Vicaire, & le Préfet de la Sacristie du Pape. Ces Deputés ont tous ensemble l'inspection des Reliques des anciens Martyrs, qu'on trouve souvent dans les Catacombes, & les autres lieux soûterrains de Rome.

Quand tous ces Cardinaux & Prélats sont ensemble dans leur Congrégation, ils examinent les Procès verbaux dressés par ceux d'entr'eux qui sont descendus sur les lieux, pour voir s'il y avoit des marques certaines qui fissent distinguer les Ossemens, les Châsses, ou les Tombeaux des Martyrs, d'avec ceux des Paiens, ou autres personnes qui ont été ensevelies, pêle-mêle, dans ces cavernes soûterraines.

(*a*) Il y a trois choses qu'on prend ordinairement pour des marques certaines du Martyre qu'ont souffert ceux auprès de qui elles se trouvent dans leur sepulchre ; à sçavoir des petites Ampoules de verre, dans lesquelles il y a quelque traces ou restes du sang, qu'y enfermoient ceux qui ensevelissoient les corps de ces Martyrs, ou bien quelque morceau des Instrumens qui avoient servi à leur supplice, comme de quelque cimeterre, lance, épée, ou couteau, & enfin quelque inscription gravée sur des briques, cailloux, ou pierres de taille.

Lors qu'il y a quelqu'une de ces marques reconnuë pour antique & véritable, suivant toutes les circonstances marquées dans les Procès verbaux, faits sur les lieux par les Commissaires deputés pour cela, tous les Prélats de la Congrégation opinent là dessus, & lors qu'il n'y a point d'opposant qui ait des preuves contraires & suffisantes pour demontrer que ces marques sont fausses ou supposées, le Préfet de l'Assemblée déclare les Reliques dont il s'agit véritablement dignes de l'honneur & vénération des fideles Chrétiens ; il donne des noms, selon qu'il le juge convénable, aux Ossemens de ceux qu'on ne sçauroit reconnoître par aucune inscription ou circonstance particuliere des plus anciens Martyrologes, où l'on ne trouve que fort peu de Martyrs nommés, après le nom des plus celebres, ces paroles : *Le même jour furent Martyrisés & ensevelis avec ceux-ci plusieurs autres fideles, qui souffrirent la mort pour le même sujet.*

Après que la Congrégation a prononcé son jugement sur la validité de quelques Reliques, & qu'elle leur a donné des noms, la Congrégation remet ces Reliques entre les mains du Vicaire, & du Sacristain du Pape, qui les distribuent à ceux qui les demandent, & leur donnent des Attestations, ou Lettres authentiques de la vérité de ces Reliques, en faisant signer une espece de reçû, & de remerciment au bas de leurs Registres, par ceux qu'ils favorisent, de quelques parcelles de ce trésor inépuisable.

La CONGREGATION des INDULGENCES.

Cette Congrégation dont le nombre des Cardinaux & Prélats n'est point fixé, doit se tenir chès le plus ancien de tous ceux que le Pape y députe, & que la Cour de Rome a jugé nécessaire de faire assembler depuis la tenue du Concile de Trente, pour examiner si les causes & motifs de ceux qui demandent des Indulgences sont justes & legitimes.

Toutes les Requêtes des Supplians ne sont enterinées dans cette Congrégation qu'au nom du Pape, qui fait voir par tous les formulaires dont se servent les Deputés de cette Assemblée, qu'il prétend être le seul Dépositaire, & le souverain Dispensateur de ces biens qu'il appelle les Trésors spirituels de l'Eglise. On peut voir à ce sujet ce que nous avons dit des Brefs taxés.

Le Greffier de cette Congrégation envoie les minutes & les conclusions des suppliques au Secretaire des Brefs qui les expédie *gratis* sous l'Anneau du Pêcheur, excepté celles qu'on souhaite d'avoir à perpetuité, & qui s'expédient par Bulles dont les moindres coûtent une pistole, & les autres davantage selon que les clauses en sont plus avantageuses, ou qu'il y a plus de formalités à observer pour en faire les diverses expéditions.

(*a*) Voïés ce qui a été dit sur ce sujet au Tome 1. seconde Partie. p. 203. & 204.

La CONGREGATION des RITS, ou CERE-MONIES de l'EGLISE.

Le Pape *Sixte* V. a fondé cette Congrégation pour régler les Cérémonies, & les Rits des nouveaux Offices des Saints, qu'on ajoute au Calendrier Romain toutes les fois qu'il se fait quelque Canonisation, dont la connoissance lui appartient aussi, & par consequent l'examen de tous les Procès verbaux, & la vérification de toutes les informations, Enquêtes, Actes, & Procédures, qui concernent cette matiere.

Elle a l'autorité d'expliquer les Rubriques du Messel & du Breviaire, quand il y survient des difficultés, & lors qu'il y a des personnes qui demandent quelque éclaircissement là-dessus. Son pouvoir va enfin jusques à terminer par un jugement sans appel, les differends touchant la préférence entre les Eglises.

Cette Congrégation est composée de huit Cardinaux, & d'un Secretaire qui est du Collége des Prélats Référendaires. Il y entre aussi deux Maîtres des Cérémonies du Pape. Tous ces Deputés s'assemblent une fois le mois chès le plus ancien Cardinal, qui en est le Préfet, & qui a la faculté de l'intimer plus souvent à proportion que son Bureau est chargé d'affaires.

Quand il s'agit de la Canonisation de quelque Saint, les trois plus anciens Auditeurs de Rote se trouvent dans cette Assemblée, comme Canonistes experts en telles matieres avec un Protonotaire Apostolique Participant, & le Promoteur de la Foi qui est ordinairement l'Avocat Fiscal de la Chambre Apostolique. Il y entre encore pour ce sujet plusieurs Consulteurs, qui sont Théologiens & Profés de differens Ordres, entre lesquels sont le Maître du sacré Palais, & le Préfet de la Sacristie du Pape.

Tous ces Assesseurs extraordinaires, joints aux Deputés ordinaires de cette Congrégation, examinent les preuves de la sainteté de ceux qu'on souhaite de faire béatifier, ou Canoniser, & si elles sont trouvées bonnes & suffisantes, le Pape rend ensuite un jugement en leur faveur, sur le vû des Actes & Procédures juridiques de cette Congrégation, en ordonnant que leurs noms soient écrits dans le Catalogue des bienheureux, s'il n'y est pas encore, & s'ils ont déja été béatifiés par un jugement anterieur à celui-ci, l'Ordonnance du Pape se rend en forme d'Arrêt par lequel il est enjoint & commandé par l'autorité absoluë du souverain Pontife, que les noms de ces bienheureux soient mis dans les Diptiques des Saints, afin qu'ils soient invoqués par tous les Chrétiens dans le service public de la Religion, & que le sacrifice de la Messe soit offert en leur honneur.

Le Pape ne prononce cet Arrêt qu'après en avoir fait une declaration préallable dans un Consistoire secret de l'avis de tous les Cardinaux, & de tous les Evêques, & Abbés qui se trouvent alors dans la Ville de Rome, & qui forment une espece de Concile tout different des Assemblées générales du Clergé, auxquelles on donne pour l'ordinaire ce nom.

Les preuves que tous les opinans de cette Assemblée, ou Congrégation Consistoriale, tiennent pour valables & suffisantes, dans les Actes & Procédures des Canonisations sont, le Martyre, les miracles non contestés, les témoignages de la bonne vie, & les vertus héroïques de ceux qu'on souhaite de faire Canoniser.

On observe maintenant cette maxime, qui n'a été suivie dans cette Congrégation que depuis environ un siécle, de ne commencer point à faire le Procès

Ccc 2

de

de la Canonifation, qu'il n'y ait du moins cinquante ans paffés, depuis la mort de celui qui doit être béatifié, c'eft-à-dire felon le ftile du Vatican déclaré bien-heureux, & on diffère tout ce tems-là de faire ces fortes de Procédures afin d'ôter les foupçons qu'on pourroit avoir, que les parens de celui qu'on defire de faire Canonifer ne rendiffent quelque faux témoignage en fa faveur, foit par intérêt, ou par amour propre, s'ils étoient encore vivans & fur les lieux où fe doivent faire les enquêtes, & les informations de vie & de mœurs, aux-quelles on doit principalement avoir égard dans toutes les Procédures de la Ca-nonifation.

La CONGREGATION *pour la Fabrique des* EGLISES.

Le Pape *Clement* VIII. inftitua cette Congrégation afin qu'elle prît un foin particulier de la Fabrique de l'Eglife de S. Pierre jointe au Vatican, qui eft de-venuë par ce moien le plus vafte, le plus fuperbe, & le plus riche édifice qui foit dans la Chrétienté. Et quoi que cette Congrégation n'ait pas mal pourvû à la conftruction des autres Eglifes de la Ville de Rome qui font en grand nombre & très-belles, elle s'occupe encore aujourd'hui à reparer & embellir de plus celle de Saint Pierre, ce qui fait que cette Affemblée ne porte maintenant que le nom de cette Eglife.

Il y a huit Cardinaux, & quatre Prélats Deputés pour regler ce qui concer-ne cette Fabrique. Ils ont pour adjoints l'Auditeur & le Tréforier de la Cham-bre Apoftolique, un Auditeur de Rote, un Econome, un Fifcal, un Secre-taire, & quelques Procureurs. Toutes ces perfonnes s'affemblent deux fois le mois, chés le plus ancien Cardinal de leur Congrégation le lundi, ou le fame-di qui fe rencontre le plus près du commencement, & du milieu de cha-que mois.

Ce Tribunal connoît auffi par appellation des differends qui naiffent au fujet de la Fabrique de Saint Pierre, foit entre les Marchands des materiaux & ou-vriers, ou autres perfonnes, comme auffi des malverfations, concuffions, & vols qui fe peuvent commettre par ceux qui en ont l'adminiftration, aiant pour cet effet un juge en premiere inftance. Mais le plus beau privilége de ces Deputés eft de pouvoir changer la volonté des Teftateurs qui font quelques Legs pour emploier en œuvres de pieté, & ceux qui font faits à des perfonnes inconnuës, fugitives, bannies, ou decedées, & généralement tous ceux qui impliquent contradiction, & qui ne peuvent être exécutés felon la difpofition des Teftateurs, car pour lors ces mêmes Deputés en font l'application au profit de Saint Pierre, & fi les Héritiers, ou Legataires, trouvent le moien de faire exécuter la volonté des Teftateurs, ils retiennent pour la même Fabrique les revenus qui font échûs depuis la mort du Teftateur, jufqu'au jour du Decret qu'ils font dans leur Congregation.

Il y a plufieurs perfonnes qui pour pénitence de leurs péchés, font condam-nées par leurs Confeffeurs à travailler à divers ouvrages fort pénibles, qui font emploiés à la Fabrique dont il s'agit, comme entre autres à piler des Cailloux & des Drogues qui fervent à faire du ciment, il y a même des grands Sei-gneurs, & des perfonnes de qualité qui travaillent à polir du marbre, tous les jours un certain nombre d'heures, & s'ils font bien tout ce qu'on leur a ordou-
né,

né, ils reçoivent leur absolution au bout du terme qui leur est prescrit. Ces travaux sont une espece de chatiment, qui aproche de celui des forçats . . . . & qui est pour autant de tems que les crimes le méritent; avec cette différence qu'on ne condamne aux Galeres . . . . que ceux qui sont convaincus de quelque crime par des preuves juridiques, & que ceux qui sont condamnés par les Ecclesiastiques dont nous parlons ne sont jugés dignes des peines & des travaux qu'on leur fait souffrir, que parce qu'ils ont fait une confession volontaire de quelques péchés à leur Confesseur dans le Tribunal de la Pénitence, pour en recevoir l'absolution Sacramentale.

Nous finissons ici la description des Ceremonies de l'Eglise Catholique & de tout ce qui concerne sa hierarchie.

Additions & Corrections

pour le Tome second de cet Ouvrage.

p. 1. l. 6. lisés *qu'elle enseigne.*

p. 3. l. 21. lis. *décider du pas.*

p. 5. l. 1. de la Note (c) lisés *les Legendaires nous avertissent qu'on ne sauroit pâtir,* &c.

p. 13. l. 10. lis. *l'abstinence de vin, de viande,* &c.

Ib. l. 14. lis. *ordonnés.*

p. 17. l. 15. ajoutés ceci : *les paisans plantent ces Rameaux dans les chams & au millieu de leurs blé. Ils croient que ces Rameaux garantiront leurs grains de la vermine & des injures de l'air.*

Ib. l. 3. ajoutés cette Note * *la planche qui représente les Processions des Rameaux & du S. Sacrement a été dessinée d'après nature à Paris.*

p. 19. l. 30. lis. *pour un peu de tems.*

p. 23. l. 4. ajoutés cette Note * *la planche qui représente la Ceremonie de laver les pieds à douze pauvres &c. a été dessinée d'après nature à Paris.*

p. 24. l. 30. lis. *qui dans leur prévention ne cessent de crier,* &c.

Ib. l. 27. lis. *ne vaudroit il pas mieux retrancher certaines choses,* &c.

Ib. l. 32. lis. *aux Huguenots.*

p. 27. à la fin de la Note (c) nous mettrons ici l'ordre & les singularités qui s'observent aux Processions de Venise le Jeudi Saint. On y voit trois ou quatre cens hommes armés de gros flambeaux de cire blanche de six pieds de long, pesant 12. à 15. livres au moins. Ils vont deux à deux, avec un pareil nombre d'autres personnes tenant chacune une lanterne, & marchant entre chaque flambeau; de sorte que l'on voit alternativement un flambeau & une lanterne. Ils sont tous vêtus de serge blanche ou noire, selon les differentes confraries, avec un grand capuchon pointu de deux pieds de haut, qui leur pend derriere la tête. Les lanternes sont fort grandes, & attachées au bout d'un bâton. On met plusieurs bougies dedans qui répandent une très-grande clarté, au travers du verre blanc dont elles sont construites: & comme il y a quantité de verreries à Venise & aux environs, on en voit d'une infinité de differentes figures singulieres, dont quelques-unes sont si grandes & si lourdes qu'un seul homme a bien de la peine à les porter. On en voit en étoiles, & en soleils à plusieurs rayons, qui ont jusqu'à six pieds de diametre. Les verres en sont façonnez & ajustez avec du fer & du plomb doré. D'autres sont en forme de roses, en pleine lune, en croissant, en cometes, en piramides, en croix, en globes, en pelican, les ailes déployées, &c.

Au milieu de ces flambeaux & de ces lanternes marche la banniere, & ensuite la croix avec un crucifix de 4. pieds de haut, couvert d'un crespe, & aiant un bouquet de fleurs aux pieds, aussi large que le fond d'un demi muid. C'est en ceci que les Confreres se piquent à l'envi à qui aura les plus rares & les plus belles fleurs, à qui donnera une figure plus singuliere au bouquet. Devant la Croix vont les *Battuti* qui se flagellent par reprises, & marchent à reculon, ayant toûjours la vûe attachée sur le Christ. Après la Croix suivent les Reliques, qui sont portées sur des brancards tous couverts de fleurs & de cierges. Aux côtez marchent diverses personnes avec de longs flambeaux, & de grands chandeliers d'argent à plusieurs bobéches emmanchez à un long bâton. La Musique de voix vient après sans instrumens, & le Clergé marche ensuite, puis le gardien, le sous-gardien, & tous les Confreres, chacun un flambeau à la main.

p. 28. l. 36. ajoutés *le Samedi Saint les cloches recommencent à se faire entendre vers les quatre heures après midi. Les Eglises changent,* &c.

p. 45. ligne peenultiéme lis. sans point *son successeur Innocent* XIII.

p. 67. l. 15. lis. *le sel étant benit.*

p. 68. l. 7. ajoutés *& même une sage-femme ne doit pas negliger cette précaution, aussi-tôt que l'enfant est venu au monde.*

Ib. p. 68. mettés ceci à la fin de la Note (b) nous ajouterons ici les singularités que se remarquent dans le Baptême, tel qu'on le celebre à Venise. Lorsqu'un pere veut faire baptiser son enfant, il va prier les parrains : les plus pauvres en prennent au moins trois, les riches & les Gentilhommes en ont au moins vingt, & quelquefois jusqu'à cent & plus. Tous ces comperes vont à l'Eglise, & parmi ce grand nombre le pere en choisit un qui donne le nom à l'enfant, & contracte seul l'alliance spirituelle. Après la ceremonie on ne donne point de festin, comme en beaucoup d'endroits, mais on envoye d'ordinaire quatre pains de sucre à chaque compere. Tous les

Additions & Corrections.

comperes se rangent en demi cercle depuis la porte de l'Eglise jusqu'aux Fonts, & à quelques Baptêmes de Marchands ils se donnent l'enfant de main en main. Cet enfant est emmailloté comme une poupée dans des langes de soye, de points & de dentelles. La maniere dont on porte l'enfant à l'Eglise, & dont on le raporte, est encore particuliere. C'est un homme qui le tient sur un carreau de velours, emmailloté proprement, mais sans nulle couverture, aiant la tête nuë & les épaules découvertes.

TABLE

Des Figures de ce Volume.

MEMOIRES

HISTORIQUES,

POUR

SERVIR A L'HISTOIRE

DES INQUISITIONS.

MEMOIRES
HISTORIQUES,
POUR
SERVIR A L'HISTOIRE
DES INQUISITIONS.

LIVRE PREMIER,
SERVANT DE PREFACE.

Où l'on voit combien l'ancienne conduite de l'Eglise à l'égard des Hérétiques, est opposée à celle que tient aujourd'hui le Tribunal de l'Inquisition; leur parallele, la justice de l'une, & la grande injustice de l'autre.

L'Esprit de Jesus-Christ & de son Eglise étant un esprit de charité, de douceur & de modération, qui ne veut point la mort, mais le salut des pécheurs; rien n'y paroît plus contraire que d'employer la force, la violence, les tourmens, & même la peine de mort contre ceux qui s'éloignent de la pureté de la doctrine, ou des regles de l'Evangile. D'ailleurs comme la puissance de l'Eglise est d'elle-même purement spirituelle, les Prélats Ecclésiastiques n'ont point le pouvoir d'infliger des peines. Les clefs que Jesus-Christ a données pour lier & pour délier, ne regardent, & n'ont d'autre vertu que celle de chasser les Fideles de la communion de l'Eglise dans les choses Ecclésiastiques & spirituelles, & non pas de leur ôter ni leurs biens temporels, ni leur vie. Aussi pendant les trois premiers siécles de l'Eglise, ni les Apôtres ni leurs successeurs n'ont-ils employé que les voyes d'exhortation, d'admonition, de réprimande, pour faire revenir les Chrétiens qui s'étoient écartez de la foy; & s'ils persistoient dans leur obstination, ils se contentoient de les séparer de la communion, suivant le précepte de S. Paul, *Hæreticum hominem post unam & alteram correptionem devita.* Depuis qu'il y a eu des Empereurs Chrétiens, ils se sont fait un devoir, tant pour le bien de leur Etat, que pour maintenir la Religion Catholique dont ils sont protecteurs, de faire des Loix contre les Hérétiques & de les punir. Les Evêques ne s'arrogeoient point cette autorité, mais s'adressoient quelquefois aux Empereurs pour demander que certains Hérétiques turbulens fussent punis ou retenus par la crainte du châtiment. Mais en conservant l'esprit de l'Evangile, ils avoient grand soin d'empêcher que les peines des Hérétiques n'allassent jamais à la mort; qu'elles pussent servir à les faire revenir de leur erreur, & non pas à les faire mourir dans l'impénitence. On avoit cela si fort en horreur, que quoique les Priscillianistes fussent les Hérétiques les plus dignes du dernier supplice, on regarda dans l'Eglise les Evêques qui les avoient accusez devant l'Empereur Maxime, par lequel ils avoient été condamnez à mort, comme coupables d'un si grand crime, que les autres Evêques crurent ne devoir plus communiquer avec eux, ni avec ceux qui ne s'étoient pas retirez de leur communion. Et un Auteur ancien qui reconnoît la justice du supplice des Priscillianistes, ne peut s'empêcher de regarder cette condamnation, procurée par des Evêques, comme un exemple très-pernicieux. *Hi homines luce indignissimi pessimo exemplo necati, aut certis*

militai *. S. Augustin fait assez connoître dans son Epître à Donat, qu'il étoit de même sentiment, quand il déclare à ce Proconsul d'Afrique, que s'il continue à ôter la vie aux Donatistes, les Evêques étoient dans l'obligation de ne les lui plus déceler.

Ce n'est pas que les Hérétiques ne puissent être réprimez par des peines temporelles; mais il y a en ce point, comme en toutes choses, des égards à observer, & des regles à suivre; & sur cela l'on peut dire qu'il y a particuliérement quatre causes, pour lesquelles on peut châtier les Hérétiques.

La premiere, est une raison de politique pour maintenir la paix dans l'Etat, pour prévenir & empêcher ou même réprimer les desordres ou les dissentions, qui presque toujours naissent des differends sur la Religion, comme l'expérience ne l'a que trop appris.

La seconde raison se prend du devoir même d'un Prince Chrétien qui est obligé de veiller sur la Religion, & d'en conserver la pureté de tout son pouvoir. Et comme cette pureté est blessée par les héresies, les opinions déréglées, & les méchantes maximes, un Prince ne doit point avoir à cet égard une lâche indifférence, mais il est obligé d'éloigner tout ce qui peut corrompre la Religion, avec le même soin & la même exactitude dont il use pour faire observer les Loix de l'Etat.

La troisiéme raison de punir les Hérétiques, se prend quelquefois des héresies mêmes dont ils font profession; car il est vray qu'il y en a qui avancent de si grands blasphêmes, & qui ont des sentimens si injurieux à la Divinité & aux Mysteres, qu'on ne peut sans injustice les tolérer, & ne les pas réprimer. Y a-t-il rien de plus juste que de châtier des séditieux lorsqu'ils tiennent des discours injurieux contre le Prince & contre l'Etat? Y a-t-il de l'apparence que la Majesté divine soit moins respectée que celle des Rois & des Souverains, & que l'on prononce impunément contre celle-là les discours les plus outrageux, pendant qu'on punit avec la derniere sévérité, la licence qu'on se pourroit donner de parler contre celle-ci?

La derniere raison pour laquelle l'on peut user de rigueur contre les Hérétiques, est non pas pour les contraindre, mais pour les porter par la crainte des Loix & des peines à se faire instruire, à reconnoître la vérité, & à rentrer dans l'Eglise qu'ils ont quitté. C'est à quoi ils ne penseroient jamais, si le desir de vivre en paix, & d'éviter les peines ausquelles les Loix assujettissent les Hérétiques, ne les y portoit. Cette raison, qui peut-être ne paroît pas la plus forte, parut si bonne à S. Augustin, qu'elle fut capable de l'obliger à changer de sentiment touchant la punition des Hérétiques.

Si l'on examine la premiere raison que nous avons raportée, l'on ne peut pas douter que des Hérétiques qui troublent la paix de l'Etat, & qui causent des séditions, ne puissent & ne doivent être réprimez & punis souvent même du dernier supplice, selon que leur conduite se rend préjudiciable au repos de l'Etat. C'est ainsi que l'Eglise du temps de S. Augustin, crut qu'elle pouvoit implorer la protection des Empereurs contre les Donatistes, & que ces Princes, à raison des plaintes de l'Eglise, punirent les uns par des amendes, les autres par le bannissement, & quelques-uns même par la mort; & tout cela avec beaucoup de justice, comme l'histoire le fait voir.

La seconde raison peut autoriser un Prince pour châtier les Hérétiques avec justice. S. Augustin est de ce sentiment, & c'est ce qui lui fait dire en par-

* Severe Sulpice.

lant des Donatistes: » Le Tribun que l'Empereur » a envoyé, n'a pas ordre de vous faire mourir, » mais seulement de vous corriger; que si vous ne » voulez pas, & que vous demeuriez obstinez, » vous serez envoyez en exil, afin qu'au moins vous » n'empêchiez pas les autres de se convertir & de se » corriger.

La troisiéme raison n'est aussi que trop suffisante pour donner droit à un Prince de punir non seulement les Hérétiques, mais les Schismatiques, les Payens & les Juifs, s'il y en a dans ses Etats. Les peines doivent être plus ou moins grandes, selon que les blasphêmes seront plus ou moins énormes; les Princes pieux, comme nous le fait voir l'exemple de l'Empereur Justin & de saint Louis, n'ont jamais laissé les blasphémateurs impunis. Selon la Loi de Dieu ils doivent être punis du dernier supplice; l'on ne doit pas douter qu'un Prince Chrétien ne puisse en cela se regler sur la Loi divine; quoiqu'il soit vrai aussi qu'il peut sans injustice user de peines moins rigoureuses.

Pour ce qui est de la quatriéme raison, qui est de porter par la crainte des peines, ou par les peines mêmes, les Hérétiques à se convertir; il est certain que quand il n'y a point d'autre raison d'user de peines contre eux, on doit agir avec beaucoup de circonspection & de prudence; on ne doit point en ces occasions user du dernier supplice; car outre qu'un Prince Chrétien épargne toûjours, autant qu'il peut, le sang de ses Sujets, c'est que la conversion des Hérétiques que l'on se propose, ne permet pas cette voye; car quand une fois on a fait mourir un Hérétique, l'on n'en peut plus attendre la conversion. Il faut donc se servir contre eux dans cette occasion plûtôt de peines negatives que positives, s'il faut ainsi dire; c'est-à-dire qu'on peut les priver des honneurs, des dignitez & des privileges dont jouissent les Catholiques, ou leur imposer des charges & des servitudes dont les autres sont exempts. L'on peut même leur ôter leurs lieux d'assemblées, leur défendre l'exercice public de leur Religion, & envoyer leurs Pasteurs en exil; parce que comme il n'y a rien qui contribue davantage à entretenir le schisme & la division que les cultes differens, la diversité des assemblées & des Pasteurs; il n'y a rien aussi qui les affoiblisse davantage que le retranchement de tous ces secours. C'est ainsi que les Empereurs Chrétiens en ont usé du temps de Saint Augustin; & le même Saint qui le rapporte, l'approuve, le loue, & avoue que les bons effets qui ont suivi cette conduite l'ont obligé à changer de sentimens, & à avouer que l'on peut tres-justement & tres-utilement user de peines moderées contre les Hérétiques, seulement dans la vûe de les porter à se convertir. Mais quelque juste que puisse être en certaines occasions la punition des Hérétiques, il est certain qu'en ce qui regarde les peines corporelles & civiles, elles ne dépendoient point du jugement de l'Eglise, mais purement de celui des Princes & des Magistrats. Qu'on lise & qu'on relise toutes les anciennes Collections des Canons, qui ont été pendant plusieurs siécles les seules regles de la conduite de l'Eglise, l'on n'en trouvera pas un qui ordonne de peines corporelles, même contre les Ecclesiastiques, qui de tout temps ont été plus soûmis à la jurisdiction de l'Eglise que les Laïques. C'est une preuve convaincante, qu'alors l'Eglise étoit persuadée qu'elle n'avoit pas ce pouvoir.

Son pouvoir se reduisoit donc dans les premiers siécles, pour ce qui regarde l'heresie, à la condamnation des dogmes; & ce pouvoir lui a toûjours été propre & particulier. Les Princes & les Magistrats ne l'ont jamais prétendu; ou s'ils s'en sont mêlez comme

Justi-

Justifiée au sujet d'Origène, ç'a été très-rarement, ou en exécution des jugemens de l'Eglise. S'ils faisoient de pareilles entreprises de leur autorité, elles étoient sans conséquence, & l'on n'y avoit pas grand égard, jusqu'à ce que le jugement de l'Eglise fut intervenu.

Son pouvoir s'étendoit encore à la condamnation des Hérétiques mêmes : mais les peines qu'elle leur imposoit de son autorité n'alloient qu'à l'excommunication pour les Laïques, & à la déposition, outre l'excommunication, pour les Clercs.

Lorsqu'elle étoit persuadée qu'il falloit des peines plus fortes pour réprimer les Hérétiques, ou même les Catholiques incorrigibles, bien loin de se mêler de les ordonner, elle avoit elle-même recours aux Princes & aux Magistrats. C'est la maxime dont usoient les anciens Evêques d'Afrique, comme on le voit par plusieurs témoignages de Saint Augustin. C'est ainsi que le Concile de Vernon (a) présent qu'on ait recours au Roi pour ordonner la peine de l'exil. Le troisième Concile de Tours (b) ordonne la même chose, lorsqu'il s'agira d'imposer des peines civiles & corporelles.

Les Papes mêmes, quoiqu'ils soient à présent fort éloignez de ce sentiment, en ont autrefois jugé de même. Pelage premier ordonne qu'on aura recours aux Magistrats pour réprimer les Hérétiques & les Schismatiques (c). Il parle de la même manière au Patrice Narsès, Général des armées de l'Empereur en Italie : il est encore de même sentiment dans celle qu'il écrit au Patrice Jean (d).

Grégoire IX, quoiqu'il ait porté si loin l'autorité de l'Eglise, reconnoît pourtant qu'il n'appartient qu'aux Magistrats Laïques de condamner à des amendes pécuniaires (e) ; Célestin troisième le reconnoît aussi (f).

C'est ce qui a obligé Alcuin, quoiqu'il soit d'ailleurs très-favorable à l'autorité de l'Eglise, de demeurer d'accord qu'il y a cette différence entre la puissance temporelle & l'ecclésiastique, par rapport à l'imposition des peines, que la temporelle ne peut imposer que des peines civiles & corporelles, (g) comme l'Ecclésiastique ne peut imposer précisément que des peines spirituelles (h).

Il faut avouer pourtant qu'il y a des exemples assez anciens, dont l'on se pourroit servir pour prouver que l'Eglise peut imposer des peines afflictives & corporelles.

Le V. Concile de Rome tenu sous le Pape Symmaque, condamne un Clerc à l'exil & à être privé de tous ses biens (i).

Adrien V. condamne les faux accusateurs à avoir la langue coupée, & même à perdre la tête, suivant l'importance de la fausse accusation (k).

Urbain III. condamne un Clerc qui avoit falsifié les Lettres notaire, à la déposition, à l'exil, & à être marqué au visage (l).

Alexandre III. condamne les Laïques corrupteurs des femmes & des jeunes garçons, au fouet & aux amendes pécuniaires (m) ; l'on pourroit sans doute rapporter d'autres exemples qui prouveroient la même chose.

Mais l'on peut dire premièrement qu'il ne s'agit point des Hérétiques dans tout ce qu'on vient de rapporter. Secondement, que ces décisions supposent que les Juges Ecclésiastiques ont reçu des Princes un pouvoir particulier d'imposer des peines civi-

les. C'est ce qu'Alexandre III. suppose manifestement au sujet de l'Evêque de Palerme, qui avoit en effet reçu du Roi de Sicile le pouvoir d'ordonner des peines civiles, même contre les Laïques.

L'on peut dire encore que ces Décrets sont pour apprendre aux Magistrats ce que les crimes dont il y est parlé méritent : ce qui n'empêche pas que ce ne soit à eux effectivement à user de ces peines contre ces criminels. C'est ainsi que la Glose elle-même explique les Décrets d'Adrien V. & d'Urbain III.

Enfin, de quelque manière que l'on entende ces Décrets particuliers, ils ne peuvent préscrire contre l'autorité des Pères de l'Eglise, qui disent unanimement, que la jurisdiction de l'Eglise est toute spirituelle, qu'elle ne peut user de coaction, & que les peines temporelles ne sont point de son ressort.

Cela se doit entendre pourtant de l'Eglise, considérée par rapport au pouvoir qu'elle a reçu de Jesus-Christ & des Apôtres : car dans les lieux où elle a la principauté & l'autorité temporelle, comme à Rome & en plusieurs autres lieux, il est certain qu'elle a les mêmes droits, & que son pouvoir a autant d'étendue que celui des autres Souverains.

De tout ce que nous venons de dire, l'on en peut conclure qu'il n'y a rien de si éloigné de l'esprit & de la conduite de l'Eglise, pendant plus de mille ans, que ce que l'on voit aujourd'hui dans les lieux où l'Inquisition est établie.

Pendant plus de six siècles l'Eglise n'a eu pour les Hérétiques, sur-tout pour ceux qui ne troubloient point l'Etat, & qui ne persécutoient point les Catholiques, que des sentimens de douceur & de modération ; dans les Pays d'Inquisition l'on n'a pour eux que des sentimens de la dernière rigueur, & de la plus grande sévérité ; l'on en fait perquisition avec la plus sévère exactitude, & l'on ne cesse point de les poursuivre jusqu'à ce qu'on les ait exterminez. Il n'y a rigueur, prisons, supplices, gênes, tortures, dont l'on n'use contre eux ; c'est une justice inflexible que rien ne peut ni gagner ni adoucir. Et si les Magistrats, dont elle implore le secours lorsqu'il s'agit du dernier supplice, qui est toujours le plus rigoureux de tous, puisqu'il n'est pas moindre que le feu, entreprenoient de l'adoucir, ils deviendroient eux-mêmes suspects d'être fauteurs des Hérétiques, & ne s'exposeroient à rien moins qu'aux censures les plus rigoureuses de l'Eglise, & même à en être tout-à-fait retranchez par l'excommunication.

Alors l'Eglise n'avoit ni Juges, ni Officiers, ni Tribunaux, ni prisons, ni cachots, ni bourreaux, ni tortures. L'esprit de douceur, dont elle faisoit profession, ne lui permettoit pas seulement d'y penser; elle laissoit tout cet appareil terrible au Tribunal des Princes & des Magistrats Laïques, qui ont droit d'user de contrainte, & qui en ont souvent besoin pour maintenir la paix dans l'Etat, & pour obliger les méchans, qui sans cela se croiroient tout permis, à vivre dans l'ordre, & à être au moins gens de bien en apparence, s'ils ne le peuvent être en effet.

L'Inquisition au contraire n'est jamais sans tout ces objets de terreur, & en use indifféremment contre l'Hérétique, & généralement contre tous ceux qui lui sont soumis, quelque paisibles qu'ils puissent être, comme contre les plus séditieux & les plus emportez.

Il n'y avoit point alors d'autres Inquisiteurs que les Evêques & leurs Officiers. Quand il s'agissoit d'user de peines rigoureuses, & d'employer les supplices, l'on s'en rapportoit aux Magistrats, à qui cela avoit toujours appartenu de droit.

Dans les lieux où l'Inquisition est reçue, c'est tout le contraire, les Evêques n'ont dans les juge-

(a) Canon. 9. (b) Canon. 4. (c) 13. 4. q. can. Non vox. (d) Ibid. can. Relijenda. (e) Ibid. can. Religentes. (f) De maled. can. Statuimus. (g) De judic. can. Cùm non ab homine. (h) De authent. Ecclef. cap. 2. (i) 2. q. c. Constituerit. (k) 2. 6. c. Deterri. (l) De crimine fal. c. Ad audiendam. (m) De raptor. c. 4.

ment

ment des Hérétiques que la moindre part, & la moins considérable; ils sont eux-mêmes sujets aux jugemens des Inquisiteurs. Ces Inquisiteurs sont la plûpart du tems, & dans la plûpart des lieux, non seulement des Ecclésiastiques, mais des Moines, dont l'Institut d'ailleurs est très-austére. Pour ce qui est des Magistrats, quelque intérêt qu'ils ayent de prendre connoissance de leurs jugemens, l'on ne leur en fait aucune part; & tout ce qui leur reste de leur ancienne autorité, est d'être de purs témoins & de simples exécuteurs des jugemens de l'Inquisition, sans avoir le moindre droit de les examiner.

Les Hérétiques autrefois étoient jugez comme les autres criminels; les formalitez n'étoient point différentes; les procédures étoient les mêmes; les mêmes moyens de se défendre & de recuser leur étoient permis; & les moyens de justification leur étoient ouverts comme aux autres criminels.

Dans l'Inquisition il en va tout autrement, les procédures sont differentes, & les formalitez toutes nouvelles; les moyens de faire périr un accusé sont très-aisez; & ceux de justifier un innocent très-difficiles.

Autrefois, quand un Hérétique se repentoit de ses erreurs, & qu'il se soumettoit à la pénitence & à la correction de l'Eglise, il y étoit toujours reçû, & on l'y reconcilioit avec joye.

Dans l'Inquisition, quand on a pardonné une seule fois, il n'y a plus ni miséricorde, ni ressource; & quand on a été assez malheureux pour être tombé seulement deux fois, ce malheur ne s'expie que par la perte de la vie.

Par tout ailleurs la mort finit toutes les procédures, & termine toutes les rigueurs dont on peut user contre les criminels.

Dans l'Inquisition il en va tout autrement, l'on continue toutes les procédures après la mort; & l'on exerce sur les os, les cendres & les statues des coupables faites au naturel, les mêmes rigueurs que l'on auroit exercées sur eux-mêmes, si la mort ne les en avoit pas délivrez. Le tems ne fait rien oublier aux Inquisiteurs; & plusieurs années après la mort, on ne se souvient pas moins d'un crime, que s'il étoit tout récent.

L'on ne fait point ailleurs un crime à un fils qui auroit caché son père que l'on cherche pour le faire mourir. Une femme n'est pas coupable pour avoir sauvé son mari dans un si grand danger. L'on regarde ces bons offices comme des devoirs naturels, dont on ne doit pas se défendre.

Dans les Pays d'Inquisition, tous ces devoirs sont défendus; & dès que quelqu'un a eu le malheur d'y être déféré, il est abandonné de tout le monde. Un fils n'oseroit donner retraite à son père; un père à son fils, ni une femme à son mari; & si l'on étoit convaincu de l'avoir fait, l'on seroit sujet à l'Inquisition comme fauteurs d'hérétiques.

Par tout ailleurs, quand l'on a été accusé à faux, emprisonné sans sujet, & tourmenté sans l'avoir mé-

rité, l'on peut publier son innocence, & s'en faire honneur: l'on peut se plaindre, & les plaintes ne passent pas pour un nouveau crime, qui donne lieu à la Justice de nous faire de nouveau. Les Juges mêmes la plûpart du temps ne font point de difficulté d'avouer qu'ils ont été tarpis, & sont les premiers à déclarer innocens ceux qui le sont.

L'on ne voit rien de semblable dans l'Inquisition; l'on ne fait jamais de pareils aveux; l'on ne reconnoît jamais qu'on se soit trompé. L'on a toûjours raison, tout a toûjours été bien fait. Et si un innocent échappé de ses mains osoit publier son innocence, & s'en faire honneur, elle ne manqueroit pas de s'en saisir de nouveau, & de le punir comme coupable d'avoir diffamé le saint Office.

Ces choses paroîtront sans doute incroyables, particuliérement en France, & dans les autres Etats où l'on n'est point soûmis à la rigueur de ce Tribunal: mais ceux qui ont vécu ou frequenté dans les Pays où l'Inquisition est établie, sont très persuadez de ces veritez. Les Inquisiteurs eux-mêmes n'en font pas grand mystère: le préjugé & la coûtume les ont si bien persuadez, qu'ils ont raison d'en user ainsi; & ils croyent d'ailleurs qu'il est si fort de leur intérêt d'être craints & redoutez, même de leurs Rois, qu'ils veulent bien que ces choses soient sçûes, quoique l'on garde un secret impénetrable pour tout ce qui se passe dans l'Inquisition.

L'on ne fera rien de fort extraordinaire de les mettre au jour dans ces Mémoires, qui sont tirez de plusieurs Auteurs très-Orthodoxes, bons Catholiques, & la plûpart témoins oculaires de tout ce que l'on va rapporter ici avec toute l'exactitude & la sincerité possible.

On ne s'est arrêté précisément qu'à ce qui regarde l'Histoire, les pratiques, la procedure des Tribunaux de l'Inquisition, telle qu'elle est à present; les fonctions des Inquisiteurs, de quelle maniere ils rendent leurs jugemens, avec quelle cruauté on traite ceux qui sont assez malheureux pour être arrêtez & enfermez dans les prisons de l'Inquisition, les tourmens que l'on fait souffrir aux accusez, la pompe & la solemnité avec laquelle on exécute les jugemens rendus par les Inquisiteurs dans les Actes de foi; & pour faire connoître plus sensiblement toutes ces choses, l'on a cru devoir joindre à ces Mémoires quelques Relations particulieres & veritables, qui suffiront pour donner de l'horreur d'un Tribunal, dont il semble que l'on ait pris à tâche de bannir toute sorte de justice & d'humanité.

Mais avant toutes choses, qu'il nous soit permis de publier le bonheur & la félicité des Peuples qui ne sont point obligez de vivre sous la domination des Souverains*, qui, sous prétexte de maintenir les loix de ce terrible Tribunal, sont forcez, pour ainsi dire, de prêter leur autorité à des violences qui font horreur à toutes les Nations, & détester leur Gouvernement.

* Les Rois d'Espagne & de Portugal, &c.

MEMOIRES
HISTORIQUES,
POUR
SERVIR A L'HISTOIRE
DES INQUISITIONS.

LIVRE SECOND.

CHAPITRE I.

De l'origine, de l'établissement & du progrès de l'Inquisition.

 EGLISE depuis la division des deux Empires, avoit joui en Occident d'une profonde paix ; ou si elle avoit été troublée, les hérétiques & les héréfies n'y avoient eu aucune part ; il s'en étoit même élevé très-peu ; & dès qu'elles avoient commencé de paroître, ou elles s'étoient détruites d'elles-mêmes, ou elles avoient été reprimées par les soins des Princes & des Prélats. La bonne intelligence qui avoit toûjours été entre le Sacerdoce & l'Empire, n'avoit pas peu contribué à maintenir la Religion dans la pureté.

Mais cette union ayant été une fois rompue, par les furieux démêlez qui survinrent vers le milieu du onziéme siécle, entre les Papes & les Empereurs, & qui furent poussez de part & d'autre jusques aux dernieres extremitez pendant plus de cinquante ans, la porte fut ouverte aux héréfies.

Il étoit bien difficile que les choses allassent autrement ; car comme les Papes avoient un grand nombre de Partisans, qui portoient l'autorité de l'Eglise au-delà de ses justes bornes, les Empereurs de leur côté n'en manquerent pas, qui la rabaisserent plus qu'il ne falloit, & qui lui donnerent des limites plus étroites qu'elle n'en doit avoir effectivement. C'est ce qui donna lieu à la naissance des Héréfies, qui donnerent occasion à l'établissement de l'Inquisition. Jusqu'alors elles s'étoient toutes attachées à combattre les Mystéres ; depuis, laissant les Mystéres ; la Morale, la discipline, & en particulier le point de l'autorité de l'Eglise, fut ce qu'elles attaquerent avec plus d'obstination.

L'Eglise attaquée par des endroits si délicats, n'avoit garde de negliger de si dangereux ennemis : mais le nombre en étoit si grand ; & l'appui que la plûpart des Princes leur prêtoient sous main, les rendoit si puissans, qu'on étoit souvent obligé de dissimuler & de les supporter, faute de moyen de les réduire.

Comme les Papes avoient plus d'interêt que personne à l'extinction de ces héréfies, ils n'épargnoient rien aussi pour en venir à bout ; ils ne negligeoient rien de ce qui dépendoit d'eux-mêmes, & ils étoient continuellement occupez à écrire aux Evêques, aux Princes & aux Magistrats, pour les exhorter à ne rien épargner pour exterminer ces ennemis de l'Eglise.

Mais soit que les Princes & les Magistrats ne voulussent pas perdre des gens qui paroissoient n'abaisse l'autorité de l'Eglise, que pour relever la leur ; ou qu'ils ne les crussent pas si coupables qu'on les faisoit, ou que la Politique, qui change quelquefois selon les tems, & qui est différente selon les interêts, leur fit croire qu'il étoit avantageux à l'Etat de les tolerer, il est certain qu'ils ne se mirent pas fort en peine de les reprimer. Les Evêques de leur côté, soit qu'ils ne fussent pas assez forts pour arrêter ce torrent, soit que les autres fonctions de leur ministere les occupant ailleurs, les empêchassent de s'appliquer à cette affaire autant qu'elle le demandoit, ne s'y opposerent pas d'abord avec toute la rigueur, ou du moins avec tout le succès qu'il eût été à souhaiter. Ainsi ces Hérétiques devinrent si puissans, qu'ils se virent en état de faire tête aux Papes mêmes. Les sectateurs d'Arnaud de Bresse, qui étoient de ce nombre, les réduisirent à d'étranges extrémitez : ils les contraignirent plus d'une fois de quitter Rome, & de chercher ailleurs des asiles pour se mettre à couvert de leur fureur ; & sans le supplice de leur Chef, qui, ayant été publiquement executé dans Rome comme hérétique & comme séditieux, jetta la frayeur dans tout le parti, il eût été impossible aux Papes d'y maintenir leur autorité.

Les Vaudois & les Albigeois qui leur succederent, ne furent ni moins ennemis de l'autorité de l'Eglise, ni moins ardens à l'attaquer. La protection que Raymond Comte de Toulouse, les Comtes de Foix & de Comminges leur donnerent, les rendit plus entreprenans, & en même tems plus redoutables : il

fut

fut donc question d'avoir recours à des moyens plus forts que ceux que l'on avoit employez jusqu'alors contre les Hérétiques.

Ces moyens se réduisirent enfin à publier contre eux une croisade, dont les Papes s'étoient servis si utilement en d'autres rencontres. Innocent III. Pape extrémement entreprenant, & également heureux dans ses entreprises, résolut en effet de se servir de ce moyen; mais il crut qu'il devoit auparavant avoir recours aux voyes de douceur, & employer pour la conversion de ces Hérétiques la prédication & la dispute. Il envoya pour cet effet des Missionnaires dans le Languedoc, dont les chefs furent S. Dominique & le bienheureux Pierre de Châteauneuf. Le succès n'ayant pas répondu à leur zele, & le bienheureux Pierre de Châteauneuf ayant même été cruellement massacré près de Toulouse, l'an 1200, le Pape résolut de ne plus differer à employer contre eux les armes temporelles. Comme il avoit été dans le monde un celebre Jurisconsulte, il se servit de la fiction du droit pour traiter ces Hérétiques de Mahometans, parce que les uns & les autres avoient cela de commun d'être ennemis de l'Eglise.

Sur ce fondement, le Pape accorda des Indulgences à S. Dominique, & ses disciples eurent ordre de les publier dans toute leur étendue; c'est-à-dire, au sens, que ceux qui contribueroient de leur credit & de leurs biens à la ruine de l'hérésie, les gagneroient aussi-bien que ceux qui les poursuivroient l'épée à la main. Ainsi fut mise sur pied une puissante armée de soldats choisis.

Comme Raymond Comte de Toulouse étoit le plus puissant protecteur des Albigeois, ce fut aussi celui que l'on entreprit de réduire le premier *; mais comme il ne se sentit pas assez fort pour soûtenir un si terrible choc, il se soûmit au Pape, abandonna la protection des Albigeois, & livra pour la sûreté de sa parole sept des principales Villes de Provence & de Languedoc.

L'Armée des Croisez n'ayant plus rien à faire contre le Comte de Toulouse, qui s'étoit soûmis, tourna du côté de Beziers, où les Albigeois s'étoient puissamment retranchez. La Ville fut assiégée dans les formes; mais comme elle n'étoit pas en état de tenir contre cent mille Croisez, elle fut prise, brûlée, & réduite en cendres. L'on fit main basse sur tout ce qui se trouva d'hommes, de femmes & d'enfans; tout fut massacré, sans distinction d'âge ni de sexe: l'on ne pardonna à personne, & les Catholiques mêmes, qui y étoient en petit nombre, furent enveloppez dans ce massacre.

L'exemple de Beziers, quoique terrible, n'empêcha pas le Comte de Beziers, qui l'étoit aussi de Carcassonne, de se retirer dans cette Ville, & de la défendre jusqu'à la dernière extrémité. Il étoit Catholique; mais soit qu'il fût indigné du peu de consideration qu'on avoit eu pour son entremise, lorsqu'il s'étoit employé pour sauver Beziers, ou qu'il ne pût souffrir que sous prétexte de Religion on désolât ses Terres, & qu'on exterminât ainsi les Sujets, & qu'il se crût obligé de les proteger & de les défendre, ou qu'il ne fût pas persuadé que la Religion fût le seul motif d'une si sanglante guerre; rien ne le put empêcher de s'opposer aux efforts des Croisez, & de défendre Carcassonne, résolu de la sauver, ou de s'ensevelir sous ses ruines.

Il y fut aussitôt investi par les Croisez, dont l'Armée étoit alors de trois cens mille hommes; car après la prise de Beziers, elle s'étoit fortifiée d'une infinité de gens qui y accouroient de toutes parts, & même de quantité de grands Seigneurs, que de fort differens sujets y avoient attirez.

* L'an 1209.

Un nombre si prodigieux d'ennemis n'étonna point le Comte de Beziers. Il publia un Manifeste, par lequel il déclaroit qu'il prétendoit perseverer jusqu'à la mort dans la profession de la Religion Catholique; que cela ne l'empêcheroit pas de défendre son bien & ses Sujets, de quelque Religion qu'ils fussent, parce qu'il s'y croyoit obligé par la loi naturelle, la plus inviolable de toutes, & par la foi reciproque qu'ils s'étoient donnée de ne le point abandonner; qu'il ne consideroit point cette guerre comme une guerre de Religion, mais comme une partie faite pour les dépouiller de leurs biens, lui, le Comte de Toulouse, ceux de Foix & de Comminges, qu'il les exhortoit de se joindre à lui, & d'ouvrir enfin les yeux à leurs veritables interêts, qui étoient les mêmes que les siens; que quand ils ne le feroient pas, il étoit résolu de courir tout seul les risques de cette guerre; que puisque sa perte étoit résolue, quelque parti qu'il pût prendre, il valoit mieux perir en homme de coeur les armes à la main, que de survivre à la perte de ses biens, à la ruine de ses Places, & au massacre de ses Sujets; qu'au reste il prenoit le ciel & la terre à témoins qu'il étoit innocent de tous les maux que la guerre ne pouvoit manquer de traîner après elle, puisqu'il ne s'y engageoit que par la necessité inévitable de se défendre contre ceux qui injustement lui vouloient ôter son bien.

Les Croisez ne répondirent point à ce Manifeste. Ainsi l'on se disposa d'une part à une vigoureuse attaque, & de l'autre à se défendre jusqu'à la dernière extrémité.

La ville de Carcassonne étoit alors, comme elle est encore à présent, divisée en deux parties; l'une, que l'on appelloit la Cité, étoit située sur une colline bien fortifiée; l'autre s'appelloit le Bourg, & étoit bâtie à quelque distance de l'autre. Cette dernière partie n'étant pas forte, fut prise sans peine; tout y fut mis à feu & à sang, sans distinction d'âge, de sexe, ni de qualité, comme l'on avoit fait à Beziers.

Un traitement si cruel, bien loin d'étonner ceux qui combattoient dans la haute Ville sous la conduite du Comte de Beziers, comme on l'avoit prétendu, ne servit qu'à les fortifier dans la résolution où ils étoient de vendre leurs vies bien cher.

Sur ces entrefaites le Roi d'Arragon arriva au camp des Croisez. * Il interceda pour le Comte de Beziers; mais il ne put obtenir du Legat du Pape, qui étoit le veritable Chef de cette entreprise, sinon que le Comte pourroit se retirer lui dixième où bon lui sembleroit; mais que tous les Habitans se rendroient à discretion, sortiroient tout nuds hors de la Place, & attendroient en cet état la misericorde du Legat.

Le Comte de Beziers rejetta bien loin cette proposition. Il se résolut de souffrir les dernieres extrémitez. Ceux de la Ville à son exemple se battirent en desesperez; & il en coûta la vie à un nombre incroyable de Croisez, qui perirent de differentes manieres au pied des murailles de Carcassonne.

Enfin le Legat desesperant d'emporter par la force une Place défendue par un si brave homme, secondé par des Habitans aussi determinez, fit dessein d'en venir à bout de quelque maniere que ce fût. Et tout lui paroissant permis, pourvû qu'il eût la victoire, il envoya un Gentilhomme au Comte, qui l'attira hors de la Place, par de grands sermens qu'il ne lui seroit fait aucun mal, & par de magnifiques promesses que le Legat traiteroit avec lui de bonne foi; mais il ne fut pas plûtôt en sa présence, qu'on le retint prisonnier.

Les

* Le Moine de Val Cernay.

Les Habitans de Carcassonne, au desespoir de la perte de leur Comte, perdirent le cœur qu'ils avoient fait paroître tant qu'ils l'avoient eu à leur tête, & qui peut-être à la fin les eût sauvez. Ils ne pensèrent plus qu'à la fuite, en quoi ils furent favorisez par un conduit souterrain qui les rendit à trois lieues du camp. Ils échappèrent ainsi à la fureur des Croisez, qui les auroient apparemment traitez comme ceux de Beziers & de la basse Ville.

Le Legat maître de Carcassonne, en fit la place d'armes contre les Albigeois. Le Comte Simon de Montfort y fut nommé General de l'Eglise; & pour l'engager à le bien servir, le Comte de Beziers étant mort en prison de chagrin ou autrement, on lui donna les belles Terres qu'on venoit d'ôter à celui de Beziers, & on l'assura qu'on lui feroit bonne part des conquêtes qu'il pourroit faire sur les Seigneurs du parti des Albigeois.

Ce nouveau General de l'Eglise animé par des dons aussi effectifs, & par des promesses qui flattoient agréablement son ambition & ses intérêts, fut pourcourir quelque tems sans rien entreprendre; & ce tems donna lieu aux Albigeois de se reconnoître & de se fortifier. Il étoit brave, expérimenté, vigilant, de plus il étoit heureux: mais les Croisez, qui n'avoient fait vœu que pour quarante jours de service, s'étoient retirez au bout du terme expiré.

L'année suivante * sa femme & ses amis lui amenèrent un grand secours de Croisez; il s'en servit avec beaucoup de bonheur & de conduite, pour réduire les Places qui ne se vouloient pas rendre. Le fort Château de Menerbe, qui le premier avoit osé resister, fut le premier qui fut emporté de force; tout ce qui s'y trouva fut passé au fil de l'épée. La ville de Lavaur eut ensuite le même sort; elle fut assiegée, prise & saccagée; le massacre y fut general comme à Menerbe. Tout réussissoit au Comte de Montfort, la victoire le suivoit par-tout; & tout sembloit conspirer à l'entière ruine des Albigeois, lorsque deux événemens, auxquels on s'attendoit le moins, pensèrent rétablir leurs affaires, & ruiner le parti catholique.

Raymond Comte de Toulouse étoit allé à Rome pour se reconcilier avec le Pape, & l'avoit fait effectivement. Entre autres conditions, on avoit exigé de lui qu'il chasseroit les Albigeois de ses Terres. Il l'avoit promis; mais lorsqu'il fut de retour, & qu'on le somma de l'exécution de sa parole, il usa d'abord de délais; & lorsqu'il vit qu'il ne pouvoit plus reculer, il déclara nettement qu'il ne s'y pouvoit résoudre, parce que ce seroit le moyen de dépeupler son Pays, & de rester Seigneur sans Sujets.

Sur ce refus le Legat du Pape l'excommunia, & lui fit déclarer la guerre par le Comte de Montfort. Le Comte de Foix fut compris dans la même déclaration, & l'on promit au General de l'Eglise les grands Domaines de ces deux Princes, en cas qu'il parvint à les en dépouiller.

Le Comte de Montfort animé par de si grandes promesses, dont l'effet auroit satisfait une ambition encore plus vaste que la sienne, puisqu'il ne s'agissoit de rien moins que de le rendre maître de la plus grande partie de la France Méridionale, se mit aussitôt en campagne. Il enlève d'abord tout ce qui ne se trouva pas en état de défense. Il contraignit les deux Comtes à quitter la campagne, & les réduisit à se renfermer dans les Places fortes pour les défendre. Mais comme il n'est point de Places que l'on n'emporte à la fin quand il n'y a point d'armée en campagne pour les secourir, la perte de ces deux Princes étoit inévitable sans un accident fort imprévû.

Tome I.

* 1211.

Le Roi d'Arragon, qui avoit été jusques alors ou Mediateur de la paix, ou dans le parti des Croisez, soit qu'il ne pût souffrir qu'on dépouillât le Comte de Toulouse son beau-frère, soit qu'il se crût obligé d'empêcher l'oppression du Comte de Foix, qui étoit son Vassal, ou qu'il fut mécontent de ce que dans le partage qu'on proposoit de la dépouille de ces deux Princes, on l'avoit oublié, se déclara pour eux, lorsqu'on s'y attendoit le moins, & abandonna le Comte de Montfort.

Cette démarche du Roi d'Arragon arrêta tout le succès des Croisez, & rétablit les affaires des Albigeois. En tres-peu de tems ils mirent sur pied une armée de cent mille hommes, composée d'Arragonois, de Languedociens & de Provençaux. Comme ils se crurent alors en état de tout entreprendre, ils n'attendirent pas que le Comte de Montfort les vint chercher; ils firent au-devant de lui, & lui présentèrent fièrement la bataille.

Le nombre ni le bon ordre des ennemis n'étonna point le Comte de Montfort. Il accepta la bataille qui lui étoit présentée. L'on combattit de part & d'autre avec toute l'animosité que la Religion jointe à l'intérêt a coûtume d'inspirer à des Partis opposez; mais le Roi d'Arragon ayant été tué au fort de la mêlée, la consternation se mit parmi les Albigeois. Elle y causa le désordre, & le désordre fut suivi de leur défaite; car le Comte de Montfort profitant de leur étonnement, les attaqua de tous côtez avec tant de vigueur, qu'il les mit en déroute, après leur avoir tué vingt mille hommes sur la place.

Les Albigeois défaits, le Comte de Montfort ne songea qu'à profiter de la victoire. Il se présenta devant Toulouse, qui se rendit aussi-tôt à discrétion. Narbonne suivit l'exemple de Toulouse; & pendant quatre ans que le Comte de Montfort vécut après cette grande victoire, il eut tous les succès qu'il pouvoit attendre.

Mais enfin par un retour de fortune inesperé, le Comte Raimond reprit Toulouse en 1415. Le Comte de Montfort l'y vint aussi-tôt assieger avec plus de cent mille Croisez. Ce fut là que la Providence disposant autrement les choses, tous les Croisez furent défaits; & le Comte de Montfort, après avoir reçû un coup d'épée dans la cuisse, fut tué d'un coup d'arbalète, lâchée de dessus les remparts.

Cette mort pensa ruiner sans ressource les affaires des Catholiques. Les Comtes de Toulouse, de Foix & de Comminges reprirent en peu de tems tout ce qu'on leur avoit enlevé. Ils conservèrent quelque tems ces avantages; mais la mort du Comte Raimond changea encore la face des affaires.

Le jeune Raimond son fils lui ayant succédé en 1420, & continuant la guerre avec des forces inégales à celles de ses ennemis, n'eut que de mauvais succès, & fut enfin obligé de se rendre. Il fut conduit prisonnier à Paris. Pour racheter sa liberté en 1422, il accorda & signa tout ce qu'on voulut, & entre autres choses des Arrêts tres-sévères contre les Albigeois.

D'un autre côté les Comtes de Foix & de Comminges se trouvant trop foibles pour soutenir les forces de tant d'ennemis qui leur tomboient incessamment sur les bras, se rendirent aux meilleures conditions qu'ils purent obtenir. Ainsi finit la guerre des Albigeois, qui avoit coûté plus d'hommes, de sang & de dépense, qu'il n'en eût fallu pour conquerir un Empire.

CHAPITRE II.

Des Guerres causées pour l'établissement de l'Inquisition.

A Cette guerre ouverte contre les Albigeois, succéda celle de l'Inquisition, qui acheva de détruire les restes malheureux de ces Hérétiques. Elle avoit été établie quelque temps auparavant par l'autorité d'Innocent III, & les soins de S. Dominique.

Ce Pape considérant, que quoy que l'on pût faire contre les Albigeois à force ouverte, il en resteroit toujours un fort grand nombre qui persisteroient dans leurs sentimens, & qui feroient en particulier profession de leur doctrine, crut qu'il falloit établir contre ce mal & contre toute autre hérésie qui pourroit naître, un remede subsistant; c'est-à-dire, un Tribunal de gens uniquement appliquez à la recherche des Hérétiques, & qui n'auroient point d'autre soin que d'en procurer la punition.

Il falloit pour cela qu'ils fussent dans une parfaite dépendance de la Cour Romaine, & absolument dévouez à ses intérêts. Il falloit des gens de loisir, point distraits par d'autres emplois. Il les falloit d'une condition peu considérable aux yeux du monde, afin qu'ils pussent se faire honneur d'un emploi, qui ne consistoit alors que dans une simple perquisition des Hérétiques. Il les falloit sans parenté, sans alliance & sans liaison, afin qu'ils n'eussent ni égards pour qui que ce soit, ni considération ou relation. Il les falloit durs, inflexibles, sans pitié & sans compassion; parce qu'on avoit à établir un Tribunal le plus rigoureux & le plus sévere dont l'on eût jamais ouï parler. Enfin, il les falloit zélez pour la Religion, médiocrement ou peu habiles, mais interessez par quelques vûes particulieres à la ruine des Hérétiques.

Innocent, qui d'ailleurs n'étoit pas satisfait des Evêques & de leurs Officiaux, dont le zéle à son gré n'alloit pas assez vite contre les Hérétiques, crut trouver dans les Religieux des deux Ordres de S. Dominique & de S. François nouvellement instituez, toutes les qualitez que nous venons de répresenter.

Ils avoient pour la Cour Romaine un attachement, qui ne pouvoit aller plus loin: la solitude & la retraite dont ils faisoient profession, & dont, comme il parut dans la suite, ils commençoient déja de s'ennuyer, leur donnoient tout le temps nécessaire pour s'appliquer sans relâche à cette poursuite. La pauvreté de leurs habits & de leurs Monasteres bien differens de ce qui en est aujourd'hui, & sur tout la mendicité & l'humilité puisque à laquelle ils étoient engagez, ne pouvoient leur faire regarder la Charge d'Inquisiteurs, que comme un emploi qui flattoit agréablement ce qui leur pouvoit être resté de l'ambition naturelle. La renonciation générale qu'ils faisoient, jusqu'aux noms des familles dont ils étoient sortis, étoit une grande disposition à n'être touchez d'aucun de ces sentimens, que les liaisons naturelles & civiles ont coutume d'inspirer. D'ailleurs, l'austérité de leur Regle, & la sévérité dont ils usoient continuellement à l'égard d'eux-mêmes, n'avoient garde de leur inspirer pour le prochain plus de sensibilité qu'ils n'en avoient pour eux-mêmes. Enfin, ils étoient zélez, comme on l'est d'ordinaire dans les Religions nouvellement établies, suivant à la maniere de ce temps-là; c'est-à-dire, fort versez dans la scholastique & dans la connoissance du nouveau Droit Canon. Et de plus, ils avoient un interest particulier à la ruine des Hérétiques, qui déchaînoient sans cesse contre eux, & n'épargnoient rien pour les décréditer dans l'esprit des peuples.

Le Pape les ayant donc trouvez tels qu'il s'étoit proposé qu'ils devoient être pour la Charge d'Inquisiteurs de la Foi, ne fit point difficulté de la leur confier. Ils s'en acquitterent de leur côté d'une maniere qui répondoit également au jugement que le Pape en avoit fait, & à l'attente de la Cour Romaine.

Cependant, comme les établissemens les plus importans n'ont pas tout d'abord leur derniere forme, & que le temps & les occasions y ajoûtent toujours quelque chose, & leur donnent enfin leur derniere perfection; les Inquisiteurs n'eurent pas d'abord toute l'autorité que les siecles suivans leur ont vû, & qu'ils ont encore à présent. Leur pouvoir fut borné d'abord à travailler à la conversion des Hérétiques, par la voye de la prédication & de l'instruction; à exhorter les Princes & les Magistrats à punir même du dernier supplice ceux qui persistoient avec obstination dans leurs erreurs; à s'informer du nombre & de la qualité des Hérétiques, du zéle des Princes & des Magistrats Catholiques à les poursuivre; du soin & de la diligence des Evêques & de leurs Officiaux à en faire la perquisition. Ils envoyoient ensuite ces informations à Rome, pour y être pourvu par le Pape comme il le jugeroit le plus à propos. C'est de ces informations & de ces recherches que le nom d'Inquisiteur a pris son origine.

L'on augmenta quelque temps après leur autorité, & on leur donna le pouvoir d'accorder des Indulgences, de publier des Croisades, d'animer les Peuples & les Princes, de se mettre à la tête des Croisez, & de les conduire à l'extirpation des Hérétiques. Les choses dürerent en cet état environ cinquante ans, c'est-à-dire jusqu'à l'an 1250.

L'an mille deux cens quarante-quatre, l'Empereur Frederic II. augmenta encore de beaucoup leur autorité par quatre Edits qu'il donna à Pavie. Par ces Edits il recevoit les Inquisiteurs sous sa protection, attribuant aux Ecclésiastiques la connoissance du crime d'hérésie; & laissant aux Juges seculiers la charge de faire le procès aux Hérétiques, quand les Ecclésiastiques auroient jugé de l'hérésie; il ordonnoit la peine du feu pour les Hérétiques obstinez, & celle de la prison perpetuelle, pour ceux qui se repentiroient.

Les querelles des Souverains avec les Papes ont par l'événement été toujours funestes aux Hérétiques, soit qu'en effet ceux qui ont eu ces querelles ayent été vrayement zélez pour la Religion, & que mettant à part les intérêts d'Etat, ils se soient portez d'eux-mêmes à la protéger, soit qu'ils ayent voulu par ces démonstrations extérieures de Catholicité, retenir dans le devoir les peuples, d'ailleurs trop faciles à se scandaliser dans ces sortes d'occasions.

Frederic avoit d'autant plus de sujet de montrer du zéle sur le fait de la Religion, que les Papes, avec lesquels il avoit de fort grands démêlez, pour le décréditer, & soûlever contre lui tous les Chrétiens, l'avoient accusé dans toutes les Cours Catholiques de l'Europe, de vouloir abandonner la Religion Chrétienne pour se faire Mahometan *. Ce fut peut-être ce qui le porta à se déclarer contre les Hérétiques plus fortement qu'aucun de ses prédécesseurs: car avant lui aucun n'avoit soûmis au dernier supplice tous les Hérétiques sans distinction.

Mais quelque motif qu'ait eu ce Prince d'agir contre eux avec tant de sévérité, il est certain que s'il en tira quelque avantage, cela nuisit extrémement
aux

* *Math. Parif. ad ann.* 1250.

aux intérêts de ses successeurs ; & l'on se servit depuis avec avantage contre les Partisans de l'Empire en Italie, & ailleurs, de l'autorité qu'il avoit donnée aux Inquisiteurs. L'on eut aussi soin de l'accroître, pour les rendre plus redoutables, & pour s'en servir plus utilement, sous prétexte de Religion, contre ceux qui étoient entreprendre de choquer la puissance temporelle des Papes. Les faits sur ce point sont trop constans pour pouvoir en disconvenir.

L'an 1322. Jean XXII. fit informer par les Inquisiteurs contre Mathieu Visconti Seigneur de Milan. Il fut déclaré hérétique, & cette déclaration fut suivie d'une Bulle des plus rigoureuses, par laquelle il défendoit à tous les Princes d'Italie tout commerce avec lui & avec ses Sujets. L'on sçait pourtant que sa prétendue hérésie se réduisoit toute au zèle qu'il avoit & qu'il devoit avoir, comme Vassal de l'Empire, pour le parti de l'Empereur Louis de Bavière, dont le Pape, pour des prétentions tres-mal fondées, s'étoit mis en tête de se faire un ennemi.

La même année, Guy Rangon Evêque de Ferrare, & Frere Bon Inquisiteur, après avoir informé contre les Princes de la Maison d'Este, & les avoir déclarés Hérétiques, publièrent contre eux un Monitoire, par lequel il étoit défendu à toute personne, de quelque qualité qu'elle fût, d'entretenir avec eux, leurs Adhérans & leurs Sujets, aucun commerce, même civil. Cependant leur crime n'étoit autre que d'avoir repris Ferrare, dont les Papes s'étoient emparez.

L'an 1355. Innocent VI. traita de même les Malateste, François Ordelafe, & Guillaume Manfredi. Il fit même publier contre eux une Croisade, comme contre des Infidèles & des Hérétiques, seulement parce que les premiers s'étoient emparez de Rimini, & les autres de Faenza, que ce Pape prétendoit lui appartenir. En effet, sans qu'ils eussent changé de sentiment ni de doctrine, ils cessèrent d'être Hérétiques dès-qu'ils se furent soûmis à tenir ces Villes en qualité de Vicaires du saint Siege.

Mais, sans aller chercher des exemples si loin, l'on sçait que sur la fin du siècle passé, tant que durèrent les différends entre Paul IV. & Philippe II. Roi d'Espagne pour des intérêts purement temporels, ce Pape ne faisoit point difficulté de dire hautement, soit en Consistoire, ou en traitant avec les Ambassadeurs, & en toute autre occasion, que le Roi d'Espagne étoit hérétique, & que l'Empereur son père * l'avoit été comme lui. Mais comme il n'étoit pas en état de faire valoir cette accusation contre un si puissant Prince, ces reproches ne servirent qu'à faire voir que c'est être hérétique à Rome que de choquer les intérêts temporels de la Cour Romaine.

C'est dans la même vûe de maintenir & d'augmenter des prétentions purement civiles & qui n'ont aucun rapport avec la Religion, qu'on se sert de l'Inquisition pour censurer comme hérétiques les livres qui poussent un peu trop loin, au gré de la Cour Romaine, les droits des Princes & des Puissances temporelles. C'est ce qui fut fait entre autres occasions au commencement de ce siècle, lors des différends survenus entre Paul cinquième & la République de Venise. Ces différends, comme tout le monde sçait, ne regardoient que des prétentions temporelles, auxquelles la Religion n'avoit aucune part. L'on écrivit de part & d'autre pour les soûtenir. Mais tout ce qui fut écrit en faveur de la République fut censuré comme hérétique par toutes les Inquisitions d'Italie, quoiqu'il ne contînt qu'une doctrine tres-saine & approuvée de tous les habiles gens de tous les au-

tres Etats Chrétiens. L'on prétendit même, que ceux qu'on soupçonnoit d'être les Auteurs de ces écrits, en devoient répondre à l'Inquisition, c'est-à-dire y être condamnez comme hérétiques : ce qui arriva en effet à ceux qui eurent assez peu de précaution pour s'y soûmettre.

En conséquence de ces prétentions le Cardinal Bellarmin écrivit environ ce même temps en faveur de l'autorité du Pape. Il prétend dans ce Livre que tous les Princes Chrétiens sont soûmis au Pape pour le temporel aussi-bien que pour le spirituel, & il ne fait pas de difficulté de traiter d'hérétiques ceux qui soûtiennent que les Princes, pour les choses temporelles, n'ont point d'autre Supérieur que Dieu. Apparemment que ce Cardinal n'étoit pas persuadé lui-même de ce qu'il écrivoit, puisqu'il étoit trop habile pour ignorer que la doctrine qu'il condamnoit d'hérésie, étoit celle de l'ancienne Eglise, & de toutes les Eglises Catholiques de son temps, excepté celles de l'État Ecclésiastique.

Ces faits font voir invinciblement que Frederic II. ne connut pas ses véritables intérêts, ou qu'il ne les suivit pas, lorsqu'il augmenta comme il fit le pouvoir des Inquisiteurs.

Cependant cette Loi de Frederic, si favorable aux Inquisiteurs, & si contraire aux Hérétiques, fut de tres-peu d'effet pendant plusieurs années.

Les différends qui continuoient toujours entre le Pape & l'Empereur, & qui étoient poussez de part & d'autre aux dernières extrémitez, en furent la cause.

Ils avoient commencé dès le temps d'Innocent III, qui avoit été Tuteur de Frederic. Ils continuèrent sous Honoré III. successeur d'Innocent ; mais Gregoire IX. ayant succedé à Honoré, de part & d'autre l'on ne garda plus de mesures ; Frederic fut excommunié jusqu'à trois différentes fois. L'on fit soûlever contre lui toute la Lombardie & une partie de l'Allemagne. L'on publia contre lui une Croisade, comme on auroit pû faire contre un Prince infidele, ou manifestement hérétique : & il y a même des Historiens * qui disent qu'on fit revolter contre lui son propre fils.

L'Empereur vint à bout de tous ses ennemis. Gregoire IX, qui avoit été à son égard ce que Gregoire VII. avoit été à l'Empereur Henri IV, mourut. Celestin IV. qui lui succeda, vécut si peu, qu'il n'eut pas le temps de renouveller la querelle. Après sa mort le saint Siege vaqua deux ans, & fut enfin rempli par le Cardinal Sinibalde, qui prit le nom d'Innocent IV.

Tout le monde croyoit que son élection termineroit enfin de si grands différends, & rétabliroit la paix entre le Sacerdoce & l'Empire ; parce que le Pape n'étant que Cardinal, avoit fait profession d'une amitié fort étroite avec l'Empereur ; mais il n'y a point de liaisons qui puissent tenir contre l'ambition, & l'emporter sur des intérêts aussi delicats que ceux dont il s'agissoit entre Sa Sainteté & Sa Majesté Impériale.

Innocent ne voulut rien rabattre des prétentions de ses Prédécesseurs contre l'Empereur, & fit bien voir par cette conduite, que la Cour Romaine va toûjours invariablement à ses fins, & que rien n'est capable de la faire revenir quand elle est une fois embarquée dans une entreprise où elle croit qu'il y va de sa gloire & de ses intérêts.

Frederic de son côté persista à ne rien relâcher de ses droits, & à ne rien faire contre la Majesté de l'Empire. Les différends recommencèrent avec toute l'animosité qui a coûtume d'être entre des amis,

B 2

lors-

lorsqu'ils ont cessé de l'être, & que la haine a pris la place de l'amitié.

Les choses furent d'abord fort vîte & avec beaucoup de succès du côté de l'Empereur. Comme il étoit persuadé qu'il falloit profiter de la conjoncture d'un nouveau Pape, le réduire avant qu'il eût pû amasser de l'argent & lui susciter de nouveaux ennemis, il le poussa par-tout avec tant de vigueur, qu'il le contraignit de sortir de l'Italie.

Le Pape pour ce mauvais succès n'en rabattit rien de ses prétentions. Il se retira en France : & s'étant arrêté à Lyon à cause de sa situation avantageuse, pour avoir communication avec l'Italie & les autres Etats de l'Europe, il y convoqua un Concile general, pour y traiter de l'excommunication & de la déposition de l'Empereur.

Les Rois de France & d'Angleterre * sollicitèrent en vain en sa faveur pour détourner le coup. Frederic lui-même, qui en prévoyoit les fâcheuses suites, ne négligea rien pour le parer. Il se soumit à des conditions, qui ne pouvoient être ni plus onéreuses à un Empereur, ni plus satisfaisantes pour un Pape: car il offrit de conduire lui-même une puissante armée dans la Terre Sainte, & de n'en revenir jamais, pourvû qu'on le laissât joüir paisiblement de la qualité d'Empereur.

Les sollicitations de la France & de l'Angleterre furent inutiles, les offres de l'Empereur furent rejettées. Il fut solemnellement excommunié & déposé de l'Empire.

L'excommunication & la déposition de Frederic eurent toutes les fâcheuses suites qu'il avoit prévûes, & qu'il s'étoit en vain efforcé de détourner. La plus grande partie de l'Allemagne se revolta contre lui. Sa déposition faite au Concile de Lyon fut confirmée; & Henri Landgrave de Turinge & de Hesse fut élû en sa place. Il ne joüit pas long-temps de l'Empire: car il le perdit quelque temps après avec la vie dans un combat qu'il donna contre Conrard fils de Frederic, qui faisoit la guerre en Allemagne, pendant que son pere la faisoit lui-même en Italie avec beaucoup de succès.

La mort du Landgrave, qui selon les apparences devoit finir le schisme de l'Empire, ne le finit pas pourtant: parce que le credit du Pape en Allemagne se trouva assez grand pour lui faire donner un successeur, qui fut Guillaume Comte de Hollande.

Ce nouvel Empereur ne fut pas d'abord plus heureux que le Landgrave. Conrard le combattit partout où il le rencontra, & ce fut toûjours avec avantage. Mais la mort de Frederic, qui arriva quelque temps après †, & l'engagement indispensable, où se trouva Conrard son fils, ou avoir pris le nom d'Empereur, d'abandonner l'Allemagne, pour conserver en Italie les deux Royaumes de Naples & de Sicile, qu'on lui vouloit enlever, le laissèrent joüir de l'Empire pendant quelques années avec une tranquilité plus grande, qu'il n'avoit esperé, & que l'état des affaires d'Allemagne ne sembloit lui permettre.

Après sa mort, les Princes de l'Empire, qui avoient tout l'intérêt possible de s'unir pour donner à l'Allemagne le temps de se remettre après tant de pertes, se partagèrent de nouveau. On élût deux Empereurs qui ne durèrent guères, & qui dans la vérité ne le furent que de nom. Leur mort fut suivie d'un interregne d'environ 20. ans, parce que pendant tout ce temps les Princes de l'Empire partagez en factions différentes, & extrêmement animez les uns contre les autres, ne purent jamais s'accorder pour convenir d'un Chef.

* S. Louis & Henri III.   † L'an 1254.

Une si longue vacance de l'Empire, arrivée si à contre-temps, ne pouvoit avoir que des suites très-funestes. Elle les eut en effet telles qu'elle les pouvoit avoir: car il fut déchiré, tant que dura l'interregne, par les guerres civiles les plus sanglantes.

Mais pendant que les Papes & les Empereurs ne songeoient qu'à se faire la guerre, & que les Princes & les Evêques qui suivoient leur parti, ne songeoient rien moins qu'aux affaires de la Religion, les Héretiques profitoient d'une conjoncture qui leur étoit si favorable. Le progrès qu'ils firent en peu de temps surprit le Pape, qui y avoit lui seul plus d'intérêt que tous les autres ensemble. Il résolut donc d'y apporter celui de tous les rémedes qu'il croyoit le plus efficace; & il le fit en reprenant le dessein de l'Inquisition, & en établissant un Tribunal perpétuel & indépendant, pour connoître uniquement du crime d'héresie.

L'interregne duroit toûjours, & le Pape, qui dans la conjoncture où étoient les affaires de l'Empire, pouvoit seul le faire cesser en procurant l'élection d'un Empereur, n'avoit garde de le faire. Il en tiroit deux avantages considérables, l'un que pendant la vacance il prétexoit dans l'Empire tous les droits que l'Empereur le plus autorisé eût pû prétendre lui-même: l'autre, que l'interregne le mettoit en état d'agir dans la Lombardie, comme s'il en eût été le maître, & le rendoit en effet l'arbitre absolu de toutes les affaires d'Italie. Innocent étoit trop habile pour ne pas profiter d'une disposition si favorable; & les Religieux des deux Ordres, de S. Dominique & de S. François, l'avoient trop bien servi, & avoient fait paroître trop de courage contre les Héretiques, en s'exposant aux plus grands dangers pour faire leur Charge d'Inquisiteurs, pour confier à d'autres le Tribunal d'Inquisition, qu'il avoit résolu d'ériger dans l'Italie, & par tout ailleurs où il auroit assez d'autorité pour le faire recevoir.

CHAPITRE III.

Difficultez pour l'exécution de l'établissement de l'Inquisition.

L'Affaire mise en délibération, le Conseil du Pape s'apperçut d'abord de deux obstacles qu'il n'étoit pas aisé de surmonter: l'un, que tous les Evêques s'opposeroient infailliblement à l'établissement de l'Inquisition, puisqu'il ne se pouvoit faire sans leur ôter le pouvoir de connoître du crime d'héresie, dont la connoissance leur appartenoit de droit, & dont ils avoient toûjours été & étoient encore en possession. Qu'ils ne manqueroient pas de prétendre qu'ils étoient au moins aussi propres à être Juges des Héretiques, que des Moines nouvellement établis, qui n'avoient ni leur autorité, ni les moyens de la faire valoir: & qu'on leur avoit déja fait assez de tort en les soustrayant à leur Jurisdiction, à laquelle tous les anciens Canons & l'usage perpétuel de l'Eglise les soumettoit, sans les rendre encore les Juges de leurs troupeaux, & peut-être d'eux-mêmes, dans un point aussi délicat & d'une aussi grande étenduë que celui de la doctrine & de la croyance: qu'ainsi il n'y avoit pas d'apparence qu'ils consentissent à l'érection de ce Tribunal. Qu'il y auroit trop de violence à passer par dessus leur opposition, & à l'établir malgré eux. Que quand on pourroit s'y résoudre, & qu'on seroit assuré d'y réussir, cet établissement ne pourroit subsister, & que les Evêques le ruineroient enfin. Qu'à la vérité le respect des peuples pour le saint Siège étoit fort grand, mais qu'il n'étoit pas moindre pour l'Episcopat; & qu'on en avoit une preuve incontestable

testable dans l'autorité suprême de l'Eglise, que tous les Chrétiens rapportoient aux Conciles généraux. Qu'enfin le saint Siege étoit redevable de la plus grande partie de son autorité & de son crédit aux Evêques, qui l'avoient sçû faire valoir fort à propos dans les occasions; qu'ils avoient même pour cela cédé une partie de la leur, & que comme les choses ne se conservoient d'ordinaire que par les mêmes moyens qu'on les avoit acquises, le principal intérêt du saint Siege consistoit dans l'union la plus étroite avec les autres Evêques; qu'ainsi le plus grand de tous les inconveniens étoit de les choquer par un endroit si sensible.

L'autre obstacle, qui n'étoit ni moindre ni plus facile à surmonter, consistoit en ce que l'Inquisition ne pouvoit être établie de la manière dont on le projettoit, sans priver les Juges Laïcs du pouvoir qu'ils avoient toujours eu de faire le procès aux Hérétiques, & qui leur avoit été confirmé par les dernieres Ordonnances de Frederic II. En effet, cet Empereur en augmentant l'autorité des Inquisiteurs, & les prenant sous sa protection, avoit pourtant ordonné que les Magistrats procederoient à la condamnation & à l'execution des Hérétiques, sur le rapport des Inquisiteurs.

Il étoit aisé de conclure de là, qu'ils ne s'opposeroient pas avec moins de vigueur que les Evêques à l'érection d'un Tribunal, qui devoit ruiner une partie de leur Jurisdiction. Il étoit aisé de prévoir encore que tous les Souverains de la Chrétienté ne se croiroient pas moins interessés à empêcher l'établissement de l'Inquisition, puisque d'un côté ils étoient obligez de maintenir les Magistrats dans toute l'autorité qu'ils leur avoient donnée, & que de l'autre, en consentant qu'elle fût établie, ce seroit consentir au partage de l'autorité souveraine, à laquelle le droit de vie & de mort, qu'on prétendoit donner aux Inquisiteurs, étoit inséparablement attaché.

Ces obstacles qui paroissoient invincibles, auroient fait quitter le dessein d'établir le Tribunal de l'Inquisition, au moins tel qu'on le projettoit alors, si le Pape qui n'abandonnoit pas facilement ce qu'il avoit une fois entrepris, & qui avoit une passion extraordinaire pour l'établissement de l'Inquisition, ne se fût avisé de deux expediens qui satisfaisoient au moins en apparence aux deux difficultez qu'on lui avoit proposées.

Le premier de ces expediens consistoit à déclarer que les Evêques seroient Juges des Hérétiques conjointement avec les Inquisiteurs; qu'on ne feroit rien sans leur participation; & qu'ils assisteroient à ces Jugemens toutes les fois que bon leur sembleroit, sauf à faire en sorte dans la suite par des moyens que le temps ne manque jamais de fournir, que la principale autorité demeurât toute entiere entre les mains des Inquisiteurs, & que les Evêques n'en eussent que l'ombre, & se contentassent de l'apparence & du seul nom de Juges. Qu'il arriveroit de là, ou que les Evêques, qui pour la plûpart avoient plus d'attachement à l'honneur qu'aux Charges de leur ministere, se contenteroient du partage qu'on leur avoit fait; ou que s'appercevant qu'ils n'avoient que la moindre part dans une Jurisdiction, qui de droit leur appartenoit toute entiere, ils l'abandonneroient à la fin aux Inquisiteurs, qui pourroient ensuite agir en toute liberté, avec une dépendance absolue de la Cour de Rome.

Pour ce qui est des Magistrats & des Princes dont ils dépendoient, ce qui faisoit le second obstacle, qu'il seroit d'autant plus aisé de les obliger de ne se point opposer aux desseins du Pape, qu'il avoit alors une autorité presque absolue dans toute l'Italie; qu'il falloit, de quelque manière que ce fût, profiter d'une conjoncture si favorable, qu'on ne recouvreroit peut-être jamais, si on la laissoit échaper faute en présence. Que cependant, comme pour faire un établissement solide, il ne suffisoit pas qu'ils ne fissent point d'opposition, mais qu'il falloit encore avoir leur consentement, on travailleroit à les consenter de l'apparence, comme on auroit fait les Evêques. Que pour cet effet on laisseroit aux Magistrats le droit de choisir les Officiers subalternes de l'Inquisition, qui ne pourroient se servir que de ceux qui auroient été nommez par eux. Qu'ils pourroient donner un Assesseur aux Inquisiteurs, lorsqu'ils iroient faire la visite par les lieux du ressort des Magistrats; & qu'ils pourroient appliquer aux besoins publics un tiers des confiscations des condamnez. Qu'enfin, selon que les oppositions seroient plus ou moins grandes, plus ou moins difficiles à surmonter, on pourroit se relâcher sur plusieurs autres points peu importans, par lesquels il paroîtroit que les Magistrats partageroient l'autorité de l'Inquisition, mais qui en effet ne les rendroient que de simples executeurs de ses ordres.

Ces difficultez surmontées, il s'en présenta une nouvelle d'autant plus forte, que l'intérêt y avoit le plus de part. Cette difficulté consistoit à trouver le moyen de fournir aux frais de l'Inquisition, sçavoir, aux appointemens des Inquisiteurs, aux gages des Officiers subalternes, à la garde des prisons, nourriture des prisonniers, execution des Sentences, & autres choses dont on ne pouvoit se passer pour faire subsister l'Inquisition avec honneur, & d'une maniere capable de servir aux fins qu'on se proposoit, & au fruit qu'on prétendoit en tirer.

On proposa sur cela plusieurs moyens; mais enfin l'on résolut qu'on engageroit les Communautez des lieux à fournir à ces frais: ce qu'on leur persuaderoit d'autant plus aisément, qu'on leur laissoit la disposition d'une partie des amendes & des confiscations.

Les choses ayant été ainsi arrêtées, on envoya des personnes adroites & affidées dans les Provinces, pour les disposer au nouvel établissement qu'on y vouloit faire; & l'on choisit les Religieux de Saint Dominique pour faire la Charge d'Inquisiteurs dans la Lombardie, la Romagne, & la Marche d'Ancône.

Comme les motifs de l'établissement de l'Inquisition ne pouvoient être plus spécieux qu'ils l'étoient, qu'on n'en avoit pas encore éprouvé les inconveniens, & que même on ne les prévoyoit pas, elle fut reçue assez paisiblement. Cela donna lieu au Pape, qui sçavoit admirablement profiter des conjonctures favorables à ses desseins, d'adresser une Bulle aux Magistrats, Recteurs & Communautez des Villes où l'Inquisition avoit été établie.

Cette Bulle contenoit trente & un Chapitres, qui étoient autant de Reglemens pour l'établissement de l'Inquisition. Le Pape y ajoutoit deux ordres exprès: le premier, que sans aucun délai les Reglemens seroient enregistrez dans tous les Greffes publics, pour être inviolablement observez, nonobstant oppositions quelconques; se reservait à lui seul de juger de la validité de ces oppositions. Le second portoit pouvoir aux Inquisiteurs d'interdire les lieux, & d'excommunier les personnes qui refuseroient de se conformer à ces Reglemens.

Cependant, comme le Pape, quelque entreprenant qu'il fût, apprehendoit sur toutes choses de mettre en compromis son autorité, il n'entreprit d'établir l'Inquisition que dans les Provinces que nous avons nommées. Il disoit en avoir ainsi usé, parce que ces Provinces étant plus proches de Rome, & lui étant d'ailleurs plus chères que les autres, il étoit

 obligé

obligé d'en avoir un soin plus particulier. Mais la véritable raison étoit qu'il avoit dans ces trois Provinces plus d'autorité que par tout ailleurs : ce qui venoit de ce que ces Provinces n'avoient point d'autre Souverain que lui, ou qu'étant des Fiefs de l'Empire, l'interregne lui faisoit y prendre la même autorité que s'il en eût été le maître : ou enfin parce que les Villes de ces Provinces étant indépendantes les unes des autres, & se gouvernant par des loix particulieres, elles en étoient plus foibles & moins en état de résister aux entreprises d'une puissance telle que le Pape l'avoit alors. D'ailleurs, comme dans les dernieres guerres que les Empereurs avoient faites en Italie, le Pape s'étoit toujours déclaré pour la plûpart de ces Villes, il y avoit dans toutes un parti considérable inviolablement attaché à ses intérêts, & capable de faire exécuter ses volontez, de même que s'il en eût été le Souverain.

Cependant, quelque autorité qu'eût le Pape dans ces Provinces, la Bulle dont nous venons de parler, reçut tant d'oppositions pendant sa vie & après sa mort, qu'Alexandre IV, son successeur *, sept ans depuis, fut obligé de la renouveller : mais ce ne fut qu'en y apportant des modifications auxquelles d'abord on n'avoit jamais voulu consentir. Ni ces adoucissemens, ni les censures que l'on permettoit aux Inquisiteurs de fulminer contre les contrevenans & les opposans, n'empêcherent pas encore de nouvelles oppositions. Elles donnerent lieu à Clement IV, de renouveller † ces Bulles six ans depuis. Ce fut avec presque aussi peu de succès : les quatre Papes qui lui succederent n'omirent rien pour les faire recevoir. On continua la résistance, & il fallut à la fin se relâcher.

Ces oppositions étoient fondées sur l'excessive sévérité des Inquisiteurs, qui étoit d'autant plus insupportable, que l'on n'y étoit pas accoutumé. On se plaignoit encore de la rigueur extraordinaire dont ils usoient pour lever les revenus qui leur avoient été assignez ; on les accusoit même d'avoir sous ce prétexe fait des exactions tres-considerables ; & le Public ne pouvoit se résoudre à y être plus long-temps exposé.

Ces plaintes étoient accompagnées d'une déclaration précise des Villes & Communautez, de ne vouloir plus fournir les frais nécessaires pour la subsistance de l'Inquisition & de ses Officiers, & pour les autres dépenses sans lesquelles ce Tribunal ne pouvoit être maintenu.

Cette protestation se trouvoit fondée sur l'impuissance de fournir à de pareilles contributions. On alleguoit sur cela les guerres qu'on avoit été obligé de soutenir pour les intérêts du saint Siege contre les Empereurs. On disoit que ces guerres avoient épuisé le Trésor public ; qu'on avoit même été obligé d'engager une partie de ses revenus à des particuliers, qui sans cela n'auroient pas voulu fournir l'argent dont alors on n'avoit pû se passer ; qu'il falloit avant toutes choses retirer ces revenus engagez ; que cela ne pouvoit se faire sans de nouvelles impositions, auxquelles les peuples n'avoient consenti que dans la vûe de l'avantage qui leur reviendroit par le recouvrement des revenus publics ; que d'en faire de nouvelles étoit le moyen infaillible d'aliéner les peuples du saint Siege, de les faire revolter contre les Inquisiteurs, & peut-être même contre leurs propres Magistrats.

Soit que ces oppositions & les plaintes sur lesquelles elles étoient fondées parussent justes, ou qu'il n'y eût pas d'autre moyen de maintenir l'Inquisition, que les Papes consideroient comme leur chef-d'œuvre ; on résolut de ceder & d'user de condescendance en

* En 1259.　† En 1265.

quelque chose, pour accoutumer insensiblement les peuples au nouveau joug qu'on leur vouloit imposer.

On déclara donc qu'à l'avenir les lieux où l'Inquisition seroit reçue, & ceux mêmes où elle avoit déja été introduite, ne seroient plus tenus de fournir aux frais de l'Inquisition, auxquels l'on pourvoiroit d'une maniere qui ne seroit point à charge au Public ; & qu'ainsi les plaintes que l'on faisoit contre les prétendues exactions des Inquisiteurs cesseroient.

Pour ce qui est des plaintes, que sur la rigueur excessive dont usoient les Inquisiteurs, en faisant les fonctions de leurs Charges, l'on y remediât en donnant aux Evêques dans les procedures de l'Inquisition, un peu plus de pouvoir qu'ils n'en avoient auparavant.

La Cour Romaine tira deux avantages considérables de la condescendance qu'elle eut en cette occasion. L'un fut que les Inquisiteurs ne dépendant plus des peuples pour leur subsistance lui devinrent plus attachez, & n'eurent plus d'égard que pour les intérêts. L'autre qui n'étoit pas moindre, fut que l'Inquisition fut reçue sans contradiction dans la Lombardie, la Romagne, la Marche d'Ancone, la Toscane, l'Etat de Genes, & generalement dans toute l'Italie, à la réserve du Royaume de Naples & de l'Etat de Venise.

Les Venitiens ne la rejetterent pas absolument ; mais prévoyant qu'ils seroient enfin obligez de la recevoir avec dépendance de l'Inquisition de Rome & des Papes, ils en établirent une de leur autorité. Cette Inquisition est mêlée de Juges Ecclésiastiques & de Seculiers : Elle a des loix particulieres & differentes de celles que suivent les autres Inquisitions d'Italie, & n'est pas à beaucoup près si rigoureuse ; mais comme l'on en doit faire l'Histoire particuliere dans la suite, il seroit inutile d'en parler ici davantage.

Pour ce qui est du Royaume de Naples, l'Inquisition n'y a jamais été reçue, & même encore à présent elle n'y est pas établie. Les differends presque continuels des Papes & des Rois de Naples en furent d'abord la cause. Depuis que les Rois d'Espagne se sont emparez de ce Royaume, quelque bonne intelligence qui ait pû être entre eux & la Cour Romaine, les choses sont toujours demeurées sur le même pied par une raison assez singuliere ; c'est que les Papes eux-mêmes s'y sont opposez.

Cela vient de ce que les Rois d'Espagne ont toujours prétendu que les Inquisiteurs du Royaume de Naples seroient sujets à l'Inquisiteur Général qui réside en Espagne, & n'auroient aucune dépendance de l'Inquisition generale de Rome, dont toutes les Inquisitions d'Italie dependent.

La Cour de Rome n'y a jamais voulu consentir, & s'y est toujours opposée par une prétention toute contraire, qui est que le Royaume de Naples relevant du saint Siege, l'Inquisition qu'on y établiroit devroit relever de celle de Rome, & non pas de celle d'Espagne. Ils n'ont jamais pû s'accorder là-dessus ; & ainsi les Evêques de ce Royaume sont demeurez en possession de juger les Hérétiques. Il arrive pourtant quelquefois des cas dans lesquels le Pape envoye des Commissaires extraordinaires pour juger du crime d'hérésie ; mais outre que ces cas sont fort rares, ces Commissaires ne peuvent faire aucune procedure, s'ils n'en ont auparavant obtenu la permission du Viceroy.

CHA-

CHAPITRE IV.

De l'établissement de l'Inquisition en différens Etats & Lieux d'Italie.

L'An mille cinqcent quarante-quatre, Dom Pierre de Tolede Viceroi de Naples pour l'Empereur Charlequint, voulut faire une tentative pour y établir l'Inquisition. Le peuple se souleva; la sedition dura plusieurs jours; quantité d'Espagnols y furent massacrez; & ils auroient apparemment été chassez de ce beau Royaume, sans esperance de retour comme le peuple en avoit le dessein, sans les Châteaux de Naples dont ils étoient les maitres, & où ils se maintinrent malgré les efforts du peuple, qui n'épargna rien pour les reprendre. Les Revoltez avoient même résolu de se donner à la France. Ils envoyerent pour cet effet à Rome demander à Du Mortier Ambassadeur de François I. un homme de main pour se mettre à leur tête. Lui qui étoit homme pacifique, comme sont d'ordinaire les gens de Robe, répondit qu'il en écriroit au Roi. Cependant il en perdit l'occasion, & celle de recouvrer le Duché de Milan; ce que son Maître souhaitoit avec passion. Cela fait voir l'importance qu'il y a de choisir des gens d'épée pour Ambassadeurs; car si Du Mortier en eût été, il eût pû lui-même se mettre à la tête des Revoltez, comme fit depuis Termes Ambassadeur de France à Rome. Il quitta son caractère pour défendre Parme & la Mirandolle, qui s'étoient déclarées contre l'Empereur, & il les conserva malgré toutes les forces d'Espagne & du Saint Siége.

Depuis ce tems-là la crainte d'un nouveau soulevement, qui ne manqueroit pas d'arriver, & les oppositions réitérées de la Cour Romaine, ont empêché les Espagnols de faire de nouveaux efforts pour y établir l'Inquisition; mais ils n'ont pas abandonné le dessein d'y réussir un jour; ni la Cour Romaine celui d'y mettre des obstacles invincibles, à moins que les Rois d'Espagne ne consentent qu'elle dépende de l'Inquisition generale de Rome, comme celle du Duché de Milan, quoique le Roi d'Espagne n'y soit pas moins maitre qu'à Naples, & dans ses autres Etats.

On a souvent cité l'exemple de l'Inquisition de Milan, pour persuader le Roi d'Espagne qu'il n'y avoit point d'inconvenient que celle de Naples fût sur le même pied; mais comme l'Inquisition étoit établie dans le Milanez avant qu'il en fût le maître, & qu'il a été obligé de laisser les choses comme il les avoit trouvées, il n'y a pas lieu d'esperer que cet exemple le persuade, & le porte à consentir que l'établissement s'en fasse à Naples de la même maniere.

Mais après que l'établissement de l'Inquisition fut arrêté en la ville de Milan, le Cardinal Charles Borromée Archevêque de cette Ville, qui fut depuis canonisé, étant allé faire la visite dans quelques lieux de son Diocèse qui dépendoient de lui pour le spirituel, & des Suisses Protestans pour le temporel, crut que le bien de ces Eglises demandoit qu'il fît plusieurs Ordonnances, comme c'est l'usage des Evêques d'en faire dans le cours de leurs visites.

Les Suisses crurent avoir lieu d'en prendre de l'ombrage; mais comme ils étoient persuadés que ce saint Cardinal n'auroit pas grand égard à leurs remontrances, ils envoyerent au Gouverneur de Milan pour le prier de faire en sorte que l'Archevêque ne continuât pas sa visite dans les lieux de leur dépendance, &

pour lui protester qu'en cas de refus il ne pouvoit manquer d'arriver bien des choses, qui troubleroient la paix que leurs Maîtres avoient tant d'interêt de conserver.

L'Ambassadeur étant arrivé à Milan, alla loger chez un riche Marchand de sa connoissance. L'Inquisiteur de Milan ne l'eut pas plûtôt sçû, que sans aucun respect du droit des gens qu'il alloit violer, ni des suites fâcheuses dont une action aussi violente que la sienne ne pouvoit manquer d'être suivie, il se rendit au logis de l'Ambassadeur avec tous ses Officiers, & l'ayant fait lier en sa présence, il le fit conduire dans les prisons de l'Inquisition. Quelque horreur que pût causer à tout le monde une pareille violence, personne n'osa s'y opposer. Mais le Marchand n'abandonna pas son hôte. Il fut trouver le Gouverneur de Milan pour lui apprendre ce qui étoit passé à l'égard de l'Ambassadeur. Le Gouverneur envoya querir aussi-tôt l'Inquisiteur, & l'obligea de relâcher sur le champ l'Ambassadeur. Il lui fit ensuite tous les honneurs possibles, & lui accorda tout ce qu'il étoit venu lui demander. Ainsi les Suisses n'eurent pas plûtôt sçû la détention de leur Ambassadeur, qu'ils en apprirent la délivrance. Cette nouvelle vint fort à propos pour le Cardinal, car les Suisses étoient résolus de l'arrêter, & de le traiter de la même maniere dont on traiteroit leur Ambassadeur.

Le Gouverneur de Milan écrivit ensuite au Cardinal qu'il importoit au service de sa Majesté Catholique son Souverain en qualité d'Archevêque de Milan, qu'il interrompît ses visites. Le saint Cardinal, qui sçavoit accommoder son zèle au bien de l'Etat, fit ce que le Gouverneur lui avoit demandé. Les Suisses furent satisfaits, & les choses demeurerent paisibles.

Cet exemple fait voir que le zèle mal reglé peut quelquefois causer de fort grands inconveniens; qu'ainsi il est du devoir d'un Prince sage, & qui veut maintenir la paix dans son Etat, de veiller à tout ce qui s'y passe. Il le doit faire avec d'autant plus d'exactitude sur ce qui regarde la Religion, qu'elle fait des impressions plus fortes sur l'esprit des peuples, & qu'il est plus aisé d'en abuser.

L'Inquisition se trouve encore établie dans la Sicile & dans la Sardaigne; mais comme ce n'est que depuis que ces deux Isles sont unies à la Couronne d'Espagne, elle est sujette à l'Inquisiteur général de ce Roiaume, & ne dépend nullement de l'Inquisition de Rome.

L'Inquisition aiant été ainsi établie dans l'Italie, la Cour Romaine, qui la vouloit faire recevoir dans toute la Chrétienté, entreprit de l'établir en Allemagne; mais l'humeur libre & genereuse des Allemans ne s'accommodant pas des rigueurs excessives de ce Tribunal, ils s'y opposerent avec une fermeté qui obligea cette Cour d'abandonner l'entreprise. Elle s'étoit persuadée que le tems & les ménagemens dont l'on pourroit user, feroient enfin réussir le dessein. Mais le tems ne lui servit qu'à lui apprendre que les Allemans ne subiroient jamais ce joug. Elle en fut tout-à-fait convaincue, lorsqu'elle vit l'Inquisition chassée de quelques Villes où l'on avoit eu toutes les peines du monde à l'établir, quelque soin qu'eussent pris les Inquisiteurs de traiter ces peuples avec une douceur, dont ils n'avoient pas accoutumé d'user ailleurs.

Rebutée donc du côté de l'Allemagne, elle entreprit de l'établir en France. Elle y réussit en partie, car elle fut reçue dans le Languedoc & dans quelques Provinces voisines, à l'occasion des Vaudois & des Albigeois, que l'on ne croyoit pas pouvoir exterminer par d'autres moyens. Mais l'on reconnut

connut aussi que l'honneur des François libre & ennemi de la violence & de la contrainte, ne s'accommoderoit pas mieux de ce joug qu'avoient fait les Allemans. L'Inquisition fut chassée de quelques Villes par des soulevemens populaires; & les Inquisiteurs de leur bon gré abandonnerent les autres faute d'occupation; ou plûtôt parce que bien loin d'y être en quelque considération, comme ils le desiroient, ils n'étoient que l'objet de la haine & de l'aversion publique, qu'ils jugerent bien qu'ils ne pourroient jamais surmonter.

On voit encore à Carcassonne & à Toulouse les maisons de l'Inquisition. Il y a même dans ces Villes des Dominicains qui portent la qualité d'Inquisiteurs; mais c'est un titre tout pur & sans fonction. Ils prétendent néanmoins que s'il s'élevoit de nouveaux Hérétiques auxquels on n'eût pas accordé la liberté de conscience, ils seroient en droit de procéder contre eux. On ne voit pas pourquoi cette prétention pourroit être fondée, puisque les Evêques en France sont en une possession incontestable de juger les Hérétiques, aussi-bien que les Magistrats en celle de les condamner & de les faire exécuter.

Quoi qu'il en soit, il n'est resté en France aucune marque de l'Inquisition, que celles qu'on vient de rapporter; & il n'y a pas d'apparence qu'elle y retourne jamais, les Rois & les peuples étant également ennemis de la violence & de la contrainte, & ne manquant pas d'ailleurs d'autres moyens d'y conserver & d'y rétablir la pureté de la foi. Ces moyens, quoique plus doux & plus accommodez au génie de la Nation & à l'ancien esprit de l'Eglise, n'en sont pas moins efficaces.

CHAPITRE V.

De l'établissement de l'Inquisition en Espagne.

ENfin l'Inquisition sortie de France regagna en Espagne plus qu'elle n'y avoit perdu. Les Rois d'Arragon la reçurent, & l'établirent dans tous les Etats dépendans de leur Couronne. Cet exemple, qu'on croyoit devoir être suivi, ne le fut point. On fit de vains efforts pour la faire recevoir dans les autres Etats de cette partie occidentale de l'Europe. On s'y opposa par tout avec une fermeté, à laquelle, bien que conforme au génie de la Nation, on ne s'étoit point attendu. Elle ne conserva pas même long-tems l'autorité qu'on lui avoit donnée dans l'Arragon. Elle devint comme en France l'objet du mépris & de l'aversion des Grands & du Peuple; & apparemment elle auroit été obligée d'en sortir avec aussi peu de satisfaction, si Ferdinand d'Arragon & Isabelle de Castille, qui avoient réuni sous un même Monarchie presque tous les Etats d'Espagne, ne lui avoient rendu sa première autorité dans l'Arragon, & ne l'avoient ensuite répandue dans toute l'Espagne, à la réserve du Portugal. Ainsi à proprement parler, ce ne fut qu'environ en 1484. que l'Espagne fut tout-à-fait assujettie au joug de l'Inquisition.

On peut dire qu'elle en eut toute l'obligation à Jean de Torquemada de l'Ordre des Dominicains, Confesseur de la Reine Isabelle, & qui depuis fut Cardinal. Il avoit fait promettre à cette Princesse, avant qu'elle parvînt à la Couronne, que si Dieu l'élevoit jamais sur le Trône, elle n'épargneroit rien pour exterminer les Hérétiques & les Infidèles. Elle parvint en effet à la Couronne de Castille, qu'elle porta pour dot à Ferdinand Roi d'Arragon.

Ce surcroît de puissance fit concevoir à ces deux Princes le dessein de conquérir le Royaume de Grenade, & de renvoyer au-delà du Détroit les Maures, qui avoient si souvent fait trembler l'Espagne, & qui en avoient conquis la plus grande partie.

Ce dessein réussit encore plus heureusement qu'on ne l'avoit espéré. Les Maures furent subjuguez; tout ce qu'ils possédoient en Espagne leur fut enlevé; & on les contraignit enfin de se soumettre, ou de repasser en Afrique. Les guerres civiles & les étrangeres les y ont depuis tellement occupez, qu'ils ont perdu ou l'envie ou les moyens de revenir en Europe.

Cependant quoique la plus grande partie des Maures eût été contrainte de repasser en Afrique, il ne laissa pas d'en rester un fort grand nombre en Espagne. Ils y furent retenus ou par les mariages qu'ils y avoient contractez; ou par les différens établissemens qu'ils y avoient faits; ou par des raisons de commerce; ou enfin parce que les biens qu'ils y avoient acquis n'étoient pas de nature à être transportez.

Ferdinand & Isabelle, qui virent bien qu'ils ne pouvoient les obliger à quitter l'Espagne, sans dépeupler les Etats qu'ils venoient de conquérir, consentirent qu'ils y demeurassent. Mais ils les obligerent enfin eux & les Juifs qui étoient en fort grand nombre en Espagne, de renoncer à leur Religion, & d'embrasser le Christianisme.

Ces misérables qui ne se pouvoient dispenser de recevoir la Loi du vainqueur, consentirent à tout ce que l'on exigea d'eux, c'est-à-dire qu'ils se firent Chrétiens en apparence; & ils conserverent la plûpart dans le cœur leur première Religion. Mais comme on ne separe pas aisément les sentimens intérieurs de sa Religion d'avec le culte, ils ne la quitterent point, & ne s'abstinrent pas de celui-ci dès qu'ils crurent le pouvoir impunément.

Torquemada, qui prévit le préjudice que cette dissimulation porteroit enfin à la Religion & à l'Etat, en prit occasion de solliciter la Reine d'exécuter la parole qu'elle lui avoit donnée de persécuter les Hérétiques & les Infidèles, lorsqu'elle seroit en état.

Il lui représenta que la politique ne l'y engageoit pas moins que la conscience: Que tant que les Maures & les Juifs seroient attachez à leur première Religion, ils le seroient aussi à leurs premiers Maîtres; Que cette inclination secrete ne pouvoit manquer de produire enfin des intelligences au dehors, des conspirations au dedans de l'Etat, & enfin des soulevemens déclarez, qui seroient infailliblement soutenus par les Maures d'Afrique; Qu'ils avoient trop d'intérêt de retourner en Espagne, pour ne pas profiter de toutes les conjonctures qui pourroient favoriser leur retour; Que le moyen de les rendre irréconciliables, étoit de les obliger à changer tout de bon de Religion; Que comme il n'y avoit pas lieu d'espérer qu'ils le fissent d'eux-mêmes, il n'y en avoit pas non plus de douter qu'on ne dût y employer la force; Que ce moyen à la vérité diminueroit le nombre de ses Sujets; mais qu'il valoit mieux en avoir moins qui fussent fidèles & affectionnez à l'Etat & à la Religion, qu'un plus grand nombre de la fidelité desquels l'on auroit toûjours lieu de douter; Qu'enfin l'Etat & la Religion avoient une liaison si étroite, qu'on ne pouvoit manquer d'affection pour l'un, qu'on n'en manquât aussi pour l'autre.

Ces raisons ayant fait impression sur l'esprit de la Reine, il lui remontra que le meilleur moyen pour faire réussir ce qu'il lui proposoit, étoit de faire recevoir l'Inquisition dans tous les Etats qui dépendoient des deux Couronnes d'Arragon & de Castille; Que ce moyen à la vérité étoit plus lent qu'une guerre ouverte, mais aussi qu'il étoit plus sûr; Que ce seroit un remède perpétuel pour un mal qui apparemment ne finiroit pas si-tôt; Que l'Italie devoit à l'Inl'Inquisition la pureté de la foi dont elle faisoit profession: Qu'enfin la plus glorieuse circonstance de son regne seroit de n'avoir pas seulement pourvû pendant sa vie à la conservation de la véritable Religion; mais d'avoir laissé des moyens infaillibles de la conserver dans toute sa pureté aussi long-tems que dureroit la Monarchie.

La Reine persuadée par les raisons de Torquemada, lui promit de ne rien épargner pour porter le Roi à établir l'Inquisition dans tous les Etats. Les raisons de Torquemada firent sur son esprit le même effet qu'elles avoient fait sur celui de la Reine. Ainsi d'un commun accord en 1485. ils demanderent & ils obtinrent des Bulles du Pape Sixte IV. pour l'établissement de l'Inquisition dans les Royaumes d'Arragon & de Valence, & dans le Comté de Catalogne. Elle fut établie ensuite dans la Castille & dans tous les Etats des Rois Catholiques Ferdinand & Isabelle, c'est-à-dire dans toute l'Espagne, à la réserve du Portugal, où elle ne fut reçûe qu'en l'an 1557. par le Roi Jean III. comme on le fera voir ci-après.

Torquemada avoit trop bien servi pour n'en être pas recompensé: le Pape le fit Cardinal, & les Rois Catholiques ajoûterent à cette qualité celle d'Inquisiteur Général. Il répondit parfaitement au jugement qu'on avoit fait de lui, qu'il n'y avoit point d'homme dans toute l'Espagne plus propre pour remplir une Charge si importante; puisque pendant l'espace de quatorze ans qu'il fut Chef de l'Inquisition, il fit le procès à plus de cent mille personnes, dont six mille furent condamnez au feu.

Depuis ce tems-là l'Inquisition suivit les progrès de l'Espagne & du Portugal, & partagea pour ainsi dire leurs conquêtes. En effet les Espagnols & les Portugais en ayant fait de fort grandes dans les Indes Orientales & Occidentales, ils établirent par tout l'Inquisition de la même maniere & sous les mêmes loix qu'elle avoit été érigée dans leurs Etats de l'Europe.

Il ne restoit plus que l'Angleterre & les Païs-bas, où l'on n'eût point tenté d'introduire l'Inquisition. Pour ce qui est de l'Angleterre, l'humeur des peuples de cette grande Isle, encore plus ennemis des remedes violens, & plus faciles à soulever que les Allemans & les François, parut si opposée à l'Inquisition, qu'on crut que tous les efforts qu'on feroit pour cela seroient inutiles; & que quand même le Pape qui y avoit plus d'autorité que dans les autres Etats de la Chrétienté, auroit assez de crédit pour la faire recevoir, elle n'y pourroit pas subsister longtems. On abandonna donc cette entreprise avec d'autant plus de regret, que les Anglois étant de toutes les Nations celle qui aime le plus à parler en public & à dogmatiser, on étoit persuadé qu'elle en avoit plus de besoin.

CHAPITRE VI.

Efforts pour introduire l'Inquisition dans les Païs-bas sont Causes des guerres & des revoltes.

A L'égard des Païs-bas, la conformité de l'humeur de ces Peuples avec celle des Allemans & des François, au milieu desquels ils sont situez, ayant fait juger ou que l'on ne viendroit pas à bout d'introduire l'Inquisition parmi eux, ou qu'elle n'y pourroit jamais subsister, fut cause ou que l'on ne fit sur cela aucune tentative, ou qu'on ne la poussa pas loin. Ainsi les Evêques demeurerent en possession du droit de juger les Hérétiques, aussi-bien que les Ma-

gistrats en celle de les condamner & de les faire exécuter.

Mais depuis la naissance de l'hérésie de Luther, un grand nombre d'Hérétiques s'étant venus établir dans ces grandes Provinces, firent prétexte de commerce, l'Empereur Charlequint qui n'en étoit pas armé & qui peut-être aussi ne les aimoit pas, ou du moins qui les appréhendoit, craignit qu'ils ne se rendissent enfin les plus forts dans les Païs héréditaires. Cette crainte jointe à la négligence des Magistrats, que le grand nombre d'Hérétiques qui s'étoient jettez dans ces Provinces avoit obligé de se rallentir dans leur poursuite, le porta à donner un Edit en 1550. qui portoit l'établissement de l'Inquisition, comme elle est en Espagne, dans toutes les Provinces des Païs-bas.

Cet Edit fut publié; mais Marie Reine de Hongrie, sœur de l'Empereur, & Gouvernante de ces Provinces, lui ayant remontré que si cet Edit étoit exécuté, tous les Marchands étrangers & une partie des naturels du païs l'abandonneroient infailliblement, pour aller chercher ailleurs la liberté de conscience qu'on leur auroit ôtée, ce qui ruineroit le commerce qui étoit alors le plus florissant de toute l'Europe; l'Empereur donna deux Déclarations, par lesquelles il exemptoit les Etrangers de la Jurisdiction de l'Inquisition, & en adoucissoit les procédures à l'égard des naturels du Païs.

L'Edit de l'Empereur ainsi adouci, ne fut pourtant point exécuté, soit que ce Prince, qui ne vouloit pas toûjours ce qu'il paroissoit vouloir, n'en pressa pas depuis l'exécution; soit que les Peuples, les Evêques & les Magistrats, qui ayant le principal intérêt, en prévoyoient les conséquences mieux que personne, & qui sçavoient d'ailleurs que l'Empereur n'étoit pas en état de les forcer à subir ce joug contre leur gré, y firent de secrettes oppositions. Quoi qu'il en soit, tant que Charlequint vécut, l'Inquisition ne fut point établie dans les Païs-bas, & les choses demeurerent dans leur premier état à l'égard des Hérétiques.

Après la mort de l'Empereur arrivée en 1559, Philippe II. son fils, à qui les Païs-bas étoient échus en partage, n'oublia rien pour y établir une Inquisition aussi rigoureuse que celle d'Espagne. Les Etats s'y opposerent d'abord par des remontrances qui ne pouvoient être ni plus respectueuses ni plus fortes. Philippe II. qui vouloit être obéi, n'y eut point d'égard; & les Peuples qui ne vouloient pas être forcez dans un point aussi délicat & d'une aussi grande étendue que celui de la Religion, se souleverent.

C'est à ce soulevement des Païs-bas que la Republique de Hollande doit sa naissance & son établissement. Jamais revolte ne fut soutenue ni plus longtems, ni avec plus d'opiniâtreté. La guerre dura plus de soixante ans avec une animosité qui n'eut jamais d'égale. Le succès en fut fort différent. Le Roi d'Espagne se vit souvent en état d'y établir une autorité plus absolue qu'aucun de ses prédécesseurs ne l'avoit euë; & les peuples soulevez de leur côté furent souvent près ou de changer de maîtres, ou de recouvrer entièrement leur liberté, en établissant un Gouvernement populaire à peu près sur le modèle de celui de l'ancienne Rome.

Enfin les deux partis se lasserent d'une guerre & si longue & si cruelle, qui les avoit également épuisez de forces & d'argent. La paix se fit; mais il en coûta au Roi d'Espagne la plus belle partie des Païs-bas, dont se forma la Republique des sept Provinces-Unies; & il se vit obligé de la reconnoître libre & indépendante. Il ne conserva le reste qu'en confirmant & augmentant les Privileges des Provinces, au nombre desquels on mit qu'il ne seroit jamais parlé de l'établissement de l'Inquisition, & que les Causes d'hérésie se traiteroient selon l'ancien Droit, & à la manière accoutumée.

Ainsi finit la longue guerre des Païs-bas, dont l'Inquisition avoit été ou la cause, ou le prétexte. Depuis elle n'a point fait de nouveaux progrès. Les lieux qui l'avoient reçûë, y sont demeurez soumis; & ceux qui avoient refusé de s'y soûmettre, en sont demeurez heureusement exempts: de sorte qu'elle est à présent réduite à l'Italie, & aux Etats dépendans des deux Couronnes d'Espagne & de Portugal. Cependant l'étenduë de sa Jurisdiction n'est point si resserrée, qu'elle n'occupe plus de Païs que n'en contient toute l'Europe.

CHAPITRE VII. ET DERNIER.

De l'établissement de l'Inquisition à Venise.

QUoique la Ville de Venise soit fort ancienne, & qu'elle ait fait profession du Christianisme dès sa naissance par une grace particuliere du ciel, elle se conserva exempte d'hérésie jusqu'environ l'an 1212.

Il n'en faut point d'autre preuve que l'Acte même de la Promotion du Doge Jacques Thiepolo. L'on y voit les procedures dont on doit user dans la punition des criminels: l'on y nomme même plusieurs & differentes sortes de crimes. Il n'y est point parlé de l'hérésie: ce qui est une marque que cette Ville & son Etat en étoient alors tout-à-fait exempts.

L'an 1231. le même Doge donna une Déclaration sur le même sujet de la punition de divers crimes: il en nomme plusieurs qui ont beaucoup de rapport à l'hérésie, comme les sortileges & les maléfices. Il ne fait aucune mention de l'hérésie, ce qui est une preuve indubitable qu'on ne sçavoit alors ce que c'étoit; car il n'eût jamais manqué d'ordonner des peines contre les Hérétiques, comme les autres criminels.

Mais depuis que le Pape Innocent IV. se fut brouillé avec l'Empereur Frederic II. de la maniere qu'on l'a rapporté dans le second Livre de cette Histoire, l'Italie s'étant partagée en deux factions, dont l'une tenoit pour le Pape, & l'autre pour l'Empereur; les Hérétiques, sous prétexte de tenir le parti de Sa Majesté Imperiale, se glisserent par tout. Venise en fut d'autant moins exempte, qu'ils espéroient que le Gouvernement y étant plus doux que par tout ailleurs, ils y jouiroient d'une plus grande liberté.

Le Doge & le Sénat, dans la juste apprehension qu'un si grand concours de gens infectez de differentes hérésies ne corrompît à la fin la Religion qu'ils avoient eu soin depuis tant de siécles de conserver dans toute sa pureté, commencerent l'an 1249. de prendre des mesures pour se préserver d'un si grand mal.

Pour cet effet on choisit des gens habiles & zélez pour la Religion Catholique, qui furent chargez de faire la recherche des Hérétiques. On ordonna ensuite qu'ils seroient deferez au Patriarche de Grade & aux autres Evêques de l'Etat de Venise, qui étoient les juges naturels de l'hérésie; & que ceux qui par le jugement des Evêques seroient convaincus d'en être coupables, seroient remis entre les mains de la Justice seculiere, pour être à la pluralité des voix condamnez au feu par le Doge & ses Conseil: ces reglemens furent faits sous le gouvernement du Doge Morosini l'an 1249.

Mais de peur que la mort de quelque Evêque survenant, la poursuite des Hérétiques n'en fût interrompuë; le Doge Jacques Contarini ordonna l'an 1275. que les Vicaires Generaux, le Siége vacant, auroient la même autorité que les Evêques, de juger & de condamner les Hérétiques.

Ces Réglemens furent executez dans tout l'Etat de Venise, avec d'autant plus d'exactitude qu'ils ne contenoient rien que de très-conforme au Droit Civil & Ecclésiastique, qui avoit toûjours été en usage dans l'Empire; & chacun y trouvoit tout ce qu'il pouvoit prétendre, sçavoir, la connoissance du Droit aux Juges Ecclésiastiques, celle du fait & la condamnation aux Laïques.

Mais ni le Doge ni ses Conseillers n'ont jamais prétendu, comme on verra ci-après que le prétend la Cour Romaine, être simples executeurs des Jugemens Ecclésiastiques: c'est en effet ce que montrent évidemment les paroles de la Loi du Doge Morosini, que ceux qui auront été trouvez coupables d'hérésie par le jugement des Evêques, seront condamnez au feu à la pluralité des voix du Doge & de ses Conseillers: ce qui ne se peut dire que des Juges qui ont effectivement voix déliberative, ce que n'ont pas de simples executeurs des jugemens d'autrui.

Les choses ne demeurerent pas longtemps en cet état, sans que la Cour Romaine, toûjours attentive à l'avancement de ses interêts, fît ses efforts pour faire recevoir à Venise l'Inquisition qu'elle avoit établie depuis peu de temps, & qu'elle avoit fait recevoir dans la plûpart des Etats d'Italie, par les moyens qui ont été rapportez.

Mais les Venitiens, qui sont les hommes du monde qui connoissent le mieux leurs véritables interêts, & qui sçavent prévoir & avec plus de justesse les suites & les consequences des choses, n'y voulurent jamais consentir. Innocent, Alexandre, Urbain, Clément, & les sept Papes qui leur succederent, firent pour en venir à bout tout ce qui se peut faire; & ce qu'ils firent fut inutile.

L'Inquisition concilioit elle-même au refus obstiné qu'on fit de la recevoir à Venise, on ne parloit par tout que des désordres & des seditions causées par les Prédications, & la conduite imprudente & emportée des Inquisiteurs. Au premier caprice qui prenoit à ces faux zélez, ils publioient des Croisades contre les Hérétiques, & ces Croisez faits à la hâte, au lieu de servir la Religion, ne s'occupoient qu'à se venger de leurs ennemis, & à dépouiller de leurs biens une infinité d'innocens, sous prétexte de l'hérésie dont ils n'étoient rien moins que coupables.

Milan & Parme avoient pensé périr par les seditions qui s'y étoient ainsi excitées, & l'on n'entendoit par toute l'Italie que des plaintes contre l'Inquisition & les Inquisiteurs. Le Senat de Venise se servit avantageusement de ces désordres pour justifier le refus qu'il faisoit si persévéramment de recevoir l'Inquisition.

Tant de tentatives inutiles ne rebuterent point cependant les Papes; & Nicolas IV. à la fin obtint ce que ses predecesseurs avoient en vain sollicité si longtemps. Pour gratifier Sa Sainteté, le Senat résolut de recevoir l'Inquisition; mais ce fut avec toutes les précautions qu'on crut les plus capables d'empêcher les scandales & les désordres qu'elle avoit causez presque dans tous les lieux où jusques alors elle avoit été reçûë.

On convint donc que l'Inquisition n'auroit point d'autres Officiers pour l'execution de ses procedures, que ceux de la République; qu'afin d'éviter les vexations, les revenus nécessaires pour l'entretien de ce Tribunal ne seroient point levez par ses Officiers; que la République lui assigneroit un fonds, & nommeroit un Receveur pour en recueillir les fruits, payer les gages des Inquisiteurs & de leurs Officiers,

&

& faire toutes les dépenses nécessaires ; & que les amendes, les confiscations, & généralement tous les profits qui pourroient revenir de la condamnation des Hérétiques, seroient mis entre ses mains pour en rendre compte au Senat, & être employez à ce qu'il lui plairoit d'en ordonner, ce qui est bien different de l'usage de l'Inquisition des autres Etats où tout l'argent va aux Inquisiteurs.

La résolution de recevoir l'Inquisition ayant été prise dans le Senat, l'acte en fut dressé dans la forme la plus authentique, & envoyé au Pape. Quoique Sa Sainteté ne goutât point les modifications du Senat, & qu'elle eut bien souhaité que l'Inquisition eut été reçûë à Venise sans conditions, comme elle l'avoit été dans les autres Etats d'Italie : elle ne laissa pas d'agréer l'acte qui lui étoit presenté, & de le confirmer par une Bulle datée du 28. Août de la même année. Ainsi fut établi à Venise le Tribunal de l'Inquisition.

Quoiqu'elle y eut une autorité assez bornée, la Cour Romaine crut avoir beaucoup fait de l'y avoir établie, d'autant plus qu'elle se flatoit de l'espérance d'obliger à la fin les Venitiens de se relâcher, & de laisser à l'Inquisition une Jurisdiction aussi libre que celle dont elle jouissoit dans les autres Etats d'Italie.

Cette espérance pourtant se trouva vaine dans la suite. Le Senat persuadé peut-être qu'il n'en avoit que trop fait en recevant l'Inquisition de quelque manière qu'il l'eut reçûë, demeura ferme à ne vouloir point souffrir d'innovation, & à maintenir les choses sur le pied qu'elles avoient d'abord été établies. Bien loin de consentir à l'abrogation des Loix anciennes, de temps en temps il en a établi de nouvelles, qui toutes ensemble font les trente-neuf fameux Chapitres ou Reglemens, selon lesquels l'Inquisition se gouverne encore aujourd'hui dans tout l'Etat de Venise.

MEMOIRES
HISTORIQUES,
POUR
SERVIR A L'HISTOIRE
DES INQUISITIONS.

LIVRE TROISIEME.

Des Loix, Procedures, Magistrats des Inquisitions.

CHAPITRE I.

Description des Inquisitions de Rome & d'Espagne.

TOUTES les Inquisitions d'Italie, à la réserve de celle de Venise & de l'Etat Ecclésiastique, quelque part qu'il soit situé, dépendent de celle de Rome, dont le Pape est le Chef. C'est lui qui nomme tous les Cardinaux qui composent la Congrégation du saint Office [car c'est ainsi qu'on nomme l'Inquisition.] Il nomme encore tous les Inquisiteurs des Inquisitions d'Italie & de l'Etat Ecclésiastique. Ces Inquisiteurs sont amovibles, & peuvent être destituez toutes les fois qu'il plaît au Pape. On n'est point obligé pour cela ni de leur faire leur procès, ni de leur rendre raison de leur destitution. Cela n'empêche pas que quand ils ont de l'intrigue & du crédit, ils ne soient continuez dans leur Charge aussi longtemps que bon leur semble.

L'Inquisition de Rome ou la Congrégation du saint Office (car c'est la même chose) a une autorité suprême sur toutes les Inquisitions particulieres; on lui rend compte de toutes les affaires importantes, on la consulte sur tout ce qui arrive de considérable; & on suit ses ordres & ses réponses avec toute l'exactitude possible. Elle regle les Procedures, elle prescrit la forme des Jugemens; elle abolit les Loix anciennes, & elle en prescrit de nouvelles quand elle le juge à propos. Comme les Inquisiteurs sont indépendans les uns des autres, elle juge des différends qui peuvent naître entre eux, elle reçoit les plaintes qu'on fait contre eux; & quand leurs fautes & leurs excès ne se peuvent dissimuler, elle en ordonne la punition, & les juge en dernier ressort. Enfin les Inquisitions particulieres sont comme des Cours subalternes, à l'égard des Cours superieures & souveraines.

L'Inquisition de Rome est composée des Cardinaux qui tiennent la place de Juges, & de Consulteurs, qui sont presque tous des Canonistes & des Réguliers: ils tiennent lieu d'Avocats, & servent à examiner les livres, les dogmes, les sentimens & les actions des personnes déférées au Tribunal de l'Inquisition. C'est sur leur sentiment que les Cardinaux Inquisiteurs forment leurs Jugemens & leurs Decrets. Il y a encore deux Secretaires & un Procureur Fiscal; qui est la seule partie connue de tous les accusez. Le nombre des moindres Officiers est fort grand, parce que tous les Officiers de l'Inquisition ont de grands privileges; & que n'étant justiciables que de ce Tribunal, ils se mettent par ce moyen à couvert de la Justice ordinaire, qui est fort sévere.

En Espagne & en Portugal, il y a un Conseil suprême de l'Inquisition, qui a la même autorité que la Congrégation du saint Office de Rome. Toutes les Inquisitions particulieres, qui sont établis dans les Etats qui appartiennent à ces deux Couronnes, en dépendent, à la réserve de celles du Duché de Milan qui relevent de l'Inquisition générale de Rome.

Ce Conseil suprême est composé du grand Inquisiteur, qui est nommé par le Roi d'Espagne, & confirmé par le Pape. C'est le seul droit qu'il a sur l'Inquisition d'Espagne; car quand il a confirmé ce premier Officier, il ne se mêle plus des affaires de l'Inquisition. L'Inquisiteur Général nommé & confirmé a le pouvoir de nommer tous les Officiers de l'Inquisition dans tous les Etats soumis au Roi d'Espagne. Ainsi l'on peut assurer qu'il est une des plus considérables personnes de l'Etat.

Outre l'Inquisiteur Général, ce Conseil suprême est encore composé de cinq Conseillers, dont l'un doit être Dominicain par un Privilege accordé par Philippe III. d'un Procureur Fiscal, d'un Secretaire de la Chambre du Roi, de deux Secretaires du Conseil, d'un Alguazil ou Sergent Major, d'un Receveur, de deux Relateurs, & de deux Qualificateurs. Le nombre des Familiers & des moindres Officiers, comme à Rome, est extrêmement grand, parce que leurs privileges y sont encore plus grands, & qu'ils ne sont justiciables que de l'Inquisition; ce qui les
souftrait

ſouſtrait à la Juſtice ordinaire, encore plus ſevere en Eſpagne qu'en Italie. Ces Privileges ſont ſi conſiderables, que les plus grands Seigneurs d'Eſpagne ſe font honneur d'être Officiers de l'Inquiſition.

Le Conſeil ſupreme de l'Inquiſition d'Eſpagne a une entiere autorité ſur les autres Inquiſitions, qui ne peuvent faire d'*Acte de Foi* ou d'Execution generale ſans ſa permiſſion : c'eſt le ſeul de tous les Tribunaux de l'Inquiſition qui juge ſans appel. Il peut faire des Loix nouvelles quand il le juge à propos. Il vuide les Procès qui naiſſent entre les Inquiſiteurs, de quelque nature qu'ils ſoient. Il châtie les Miniſtres & les Officiers de l'Inquiſition. Il reçoit toutes les Cauſes par appel. Enfin ſon autorité eſt ſi grande, qu'il n'y a perſonne dans tous les Etats du Roi Catholique, qui ne tremble au ſeul nom de l'Inquiſition : & le Roi même n'oſeroit entreprendre de la choquer : auſſi perſonne ne l'a-t-il jamais fait impunément.

On ſçait ſur ce ſujet ce qui arriva à Dom Carlos Prince d'Eſpagne, à Dom Jean d'Autriche, & au Prince de Parme. Philippe II. fut obligé, pour ſatisfaire les Inquiſiteurs, de les éloigner pour longtemps de ſa Cour, quoique l'un fût ſon fils unique, l'autre ſon frere fils de l'Empereur Charlequint, & le dernier ſon neveu, dont nous parlerons ci-après. Cependant ils n'avoient point fait d'autre crime, que de dire quelques paroles emportées contre l'Inquiſition, pour un ſujet qui paroiſſoit fort légitime.

Le Roi Philippe II. étoit ſi ſoumis à l'Inquiſition, à ce que raporte Turquet en ſon Hiſtoire d'Eſpagne, p. 1405. qu'il ne faiſoit aucune affaire ſans les conſulter, & ſuivoit leur avis, tant il craignoit ce redoutable Tribunal.

Les Inquiſitions particulieres ſoumiſes au ſouverain Tribunal d'Eſpagne, ſont celles de Seville, de Tolede, de Grenade, de Cordoue, de Cuença, de Valladolid, de Murcie, de Lerma, de Logrono, de Saint-Jacques, de Saragoſſe, de Valence, de Barcelone, de Majorque, de Sardaigne, de Palerme, de Carthagene & de Lima.

Chacune de ces Inquiſitions eſt compoſée de trois Inquiſiteurs, de trois Secretaires, d'un Algouazil ou Sergent Major, & de trois Receveurs, Qualificateurs ou Conſulteurs.

Les Inquiſitions particulieres d'Italie, qui ſont en auſſi grand nombre qu'il y a de Villes conſiderables, ont à peu près les mêmes Officiers. Auſſi l'Inquiſition d'Eſpagne a-t-elle été formée ſur le modele d'Italie.

Ces Officiers ſont un Inquiſiteur, un Vicaire, un Procureur Fiſcal, un Notaire, plusieurs Conſulteurs, un ou plusieurs Geoliers, outre un grand nombre d'Officiers ſubalternes.

Tous les Officiers de l'Inquiſition ſont obligez de faire preuve de *Caſa Limpia*, c'eſt-à-dire de prouver qu'ils deſcendent de vieux Chrétiens, & qu'aucun de leurs Ancêtres n'a été repris de l'Inquiſition pour crime d'infidélité ou d'héréſie. Outre cela on les oblige à un ſecret inviolable, qui conſiſte à ne rien reveler de ce qui ſe paſſe à l'Inquiſition, ſous quelque prétexte que ce puiſſe être. Les promeſſes ni les menaces en cela ne ſervent point d'excuſe : & c'eſt être ſujet à l'Inquiſition que d'en avoir revelé le ſecret.

CHAPITRE II.

Des cas & des perſonnes ſujettes à l'Inquiſition.

IL faut maintenant raporter les procedures de ce Tribunal : on le peut réduire à trois chefs. 1. Aux cas & aux perſonnes ſoumiſes au jugement de l'Inquiſition. 2. Aux procedures dont elle uſe dans ſes jugemens. 3. A la maniere dont ſe font ſes executions.

Quant au premier chef, il y a ſix cas principaux ſoumis au Jugement de l'Inquiſition. 1. L'héréſie. 2. Le ſoupçon de l'héréſie. 3. La protection de l'héréſie. 4. La Magie noire, les maléfices, les ſortileges & les enchantemens. 5. Le blaſpheme, qui contient quelque héréſie, ou quelque choſe qui y a rapport. 6. Les injures faites à l'Inquiſition, à quelqu'un de ſes membres ou de ſes Officiers, & la réſiſtance qui ſe comet quand on execute ſes ordres.

Ainſi l'Inquiſition eſt en poſſeſſion de juger de ſix ſortes de perſonnes. 1. Des Hérétiques. 2. De ceux qui ont donné lieu d'être ſoupçonnez d'héréſie. 3. De leurs Fauteurs, ou de ceux qui les protegent, ou les favoriſent de quelque maniere que ce ſoit. 4. Des Magiciens, Sorciers, Enchanteurs, & de ceux qui uſent de maléfices. 5. Des Blaſphemateurs. 6. De ceux qui réſiſtent aux Officiers de l'Inquiſition, & qui troublent la Juriſdiction de quelque maniere que ce puiſſe être.

Anciennement, * l'Inquiſition ne jugeoit que ces ſix ſortes de perſonnes. Depuis environ un ſiecle, Gregoire XIII. Pie V. Clement VIII. & Gregoire XIV. ont étendu la Juriſdiction, & y ont ſoumis les Juifs, les Mahometans, tous les Infideles, de quelque Religion qu'ils faſſent profeſſion ; & generalement tous ceux qui font quelque tort aux membres & aux Officiers de l'Inquiſition, ſoit en leurs perſonnes, leur honneur, leurs biens, & dans tout ce qui leur appartient, même hors de l'exercice de leur Charge.

Ces cas qui ſont du reſſort de l'Inquiſition, n'ont pas ſi peu d'étendue, qu'on pourroit ſe l'imaginer. Car premierement, pour ce qui eſt des Hérétiques, on comprend ſous ce nom dans l'Inquiſition, tous ceux qui ont dit, écrit, enſeigné, ou prêché quelque choſe de contraire à l'Ecriture ſainte, au Symbole, aux Articles de la Foi, & aux traditions de l'Egliſe. Ceux encore qui ont renié la Religion Chrétienne pour embraſſer quelqu'autre Religion que ce puiſſe être, ou qui ſans changer de Religion louent les coutumes & les cérémonies des autres, ou en pratiquent quelqu'une, ou qui tiennent qu'on peut faire ſon ſalut dans toutes ſortes de Religions, pourvû qu'on y ſoit engagé de bonne foi.

Si l'on s'en tenoit à cela dans l'Inquiſition, il n'y auroit rien de fort extraordinaire : mais l'on y comprend encore ſous le nom d'Hérétiques tous ceux qui déſapprouvent quelque cérémonie, quelque uſage ou quelque coutume reçue non ſeulement dans l'Egliſe univerſelle (ce qui ſeroit une témérité blâmable), mais même dans les Egliſes particulieres où l'Inquiſition eſt reçue. Quelque difficulté qu'il y ait de faire des Hérétiques de ces ſortes de gens dans les principes de la bonne Théologie, ils paſſent au moins pour ſuſpects d'héréſie dans l'Inquiſition.

On comprend encore ſous ce nom tous ceux qui tiennent, diſent ou enſeignent quelque choſe de contraire aux ſentimens reçus à Rome & en Italie, tou-

C 3   chant

* *Cela ne ſe doit pas entendre de l'Inquiſition d'Eſpagne, puiſqu'elle fut d'abord particulierement établie contre les Juifs & les Mahometans.*

chant l'autorité souveraine & illimitée des Papes, leur supériorité sur les Conciles mêmes généraux, & le pouvoir qu'ils ont sur le temporel des Princes; aussi-bien que ceux qui tiennent, disent, enseignent, ou qui écrivent quelque chose contre les déterminations faites par les Papes sur quelque sujet que ce soit. A prendre les choses sur ce pied, il y auroit bien des Hérétiques en France. Aussi est-il vrai que la plûpart des François & des Allemans, mêmes Catholiques, passent pour Lutheriens dans les Pays d'Inquisition.

Le soupçon d'héréfie a encore plus d'étendue; car pour l'encourir, il ne faut qu'avancer quelque proposition qui scandalise ceux qui l'entendent, ou même ne pas déclarer ceux qui en avancent de pareilles.

On est encore suspect d'héréfie, quand on abuse des Sacremens ou des choses saintes; qu'on méprise, qu'on outrage ou qu'on déchire des Images; qu'on lit, qu'on retient, ou qu'on donne à lire à d'autres des Livres condamnez par l'Inquisition.

Il suffit encore, pour tomber dans ce soupçon, de s'éloigner des usages ordinaires des Catholiques en matiere de pieté, comme de passer une année sans se confesser & communier, de manger de la viande les jours défendus, & de négliger d'aller à la Messe les jours commandez par l'Eglise.

On soupçonne encore d'héréfie ceux qui sont assez impies pour dire la Messe ou entendre les Confessions sans être Prêtres; ou qui l'étant, disent la Messe sans confacrer, ou réiterent les Sacremens qui ne se réiterent pas; ou qui étant engagez dans les Ordres sacrez, ou étant Profès de quelque Religion, entreprennent de se marier; ceux encore qui étant mariez épousent une ou plusieurs femmes.

Enfin, pour être soupçonné d'héréfie, il suffit d'assister une seule fois aux Sermons des Hérétiques, ou à quelqu'autre de leurs Exercices publics, de négliger de comparoître à l'Inquisition lorsqu'on a été cité, ou de se faire absoudre dans l'année quand on a été excommunié; d'avoir quelque Hérétique pour ami, d'en faire estime, de le loger, de lui faire des présens, ou même de lui rendre visite, & sur tout d'empêcher qu'il ne soit mis à l'Inquisition, & de lui donner les moyens de s'en sauver; quelque raison d'amitié, de devoir, de reconnoissance, de pitié, d'alliance & de parenté, qui ait porté à le faire.

On porte sur cela les choses si loin dans l'Inquisition, que non seulement il n'est pas permis de sauver un Hérétique; mais on est même obligé de le dénoncer, quand ce seroit un frere, un pere, un mari & une femme; & cela sur peine d'excommunication, de se rendre soi-même coupable d'héréfie, & d'être exposé aux rigueurs de l'Inquisition, comme fauteur d'Hérétiques.

C'est le troisiéme chef soumis au Jugement de ce Tribunal. On comprend sous ce nom tous ceux qui favorisent, défendent, ou donnent conseil ou secours en quelque maniere que ce soit, à ceux contre lesquels le saint Office a commencé de proceder; ceux encore, qui sçachant que quelqu'un est hérétique, ou sugit des prisons de l'Inquisition, ou qu'il ait été cité, & qu'il ne veuille pas comparoître, le logent, le cachent, ou lui donnent conseil ou secours pour éviter les poursuites; ou supposé qu'il ait été emprisonné, l'aident à forcer les prisons, lui fournissent quelque instrument pour le faire; ou empêchent par des menaces ou autrement les Officiers de l'Inquisition de faire leur charge, ou qui sans les empêcher eux-mêmes, aident & favorisent ceux qui s'y opposent.

On comprend encore sous le nom de fauteurs d'Hérétiques, ceux qui parlent sans permission aux prisonniers de l'Inquisition, ou qui leur écrivent, soit que ce soit pour leur donner conseil, ou simplement pour les consoler; ceux encore qui gagnent les témoins par argent ou autrement, pour les obliger de se taire, ou du moins de favoriser les accusez dans leurs dépositions; ou qui cachent, dérobent, brûlent, ou s'emparent de quelque maniere que ce soit, des papiers qui traitent des affaires de l'Inquisition.

Enfin ce qu'il y a de plus extraordinaire, c'est que tout commerce avec les Hérétiques, ne fût-il que pour le trafic, rend suspect d'héréfie, & qu'on ne peut leur envoyer des marchandises, de l'argent, ou quelqu'autre chose que ce soit, leur écrire, ou même recevoir de leurs lettres, sans tomber dans ce soupçon. On ne peut l'éviter encore, si connoissant des Hérétiques, ou seulement des personnes suspectes, on ne les va pas déférer au saint Office, quelque raison qu'on ait de ne le pas faire.

Le quatriéme chef, qui comprend les Magiciens, les Sorciers, les Enchanteurs, les Devins, & autres semblables gens, a encore plus d'étendue, sur tout en Italie, où la nation est fort superstitieuse, où les femmes sont encore plus curieuses & plus crédules que par tout ailleurs, & où les plus habiles sont persuadez de toutes les extravagences que l'on dit des Magiciens, de toutes les folies qu'on publie du sabat, & de toute la part qu'on peut donner au Démon sur les actions humaines. On ne s'arrêta pas à rapporter le detail des accusations qui se peuvent faire sur un pareil sujet; parce qu'outre quelques crimes énormes que l'on peut commettre, & qui sont assez connus, parce qu'ils sont les mêmes par tout; le reste ne comprend que des superstitions ridicules, qui sont plûtôt l'effet d'une imagination blessée & d'une basse crédulité, que d'une volonté déreglée & d'un cœur corrompu.

On se contente de dire, que de tous les cas soumis au jugement de l'Inquisition, il n'y en a point qui remplissent ses prisons d'un plus grand nombre de femmes de toutes conditions; & que l'Astrologie judiciaire y est soûmise, quand on s'en sert pour prédire les choses futures.

Quoique le blasphême, qui est le cinquiéme chef, soit fort commun, & qu'il soit un des plus grands crimes qui se puisse commettre, l'Inquisition ne prend point connoissance que de ceux qui contiennent quelque hérésie. On n'en raportera point d'exemple, parce que ce sont des choses qu'il vaut beaucoup mieux ignorer que sçavoir.

Pour ce qui est des Juifs, des Mahometans & des autres Infideles, quoiqu'ils ne soient pas sujets à l'Inquisition en beaucoup de choses, ils le sont néanmoins pour tous les crimes qui offensent la Religion Chrétienne. Ces crimes sont premierement ceux que les Chrétiens peuvent commettre, comme fauteurs d'Hérétiques, blasphémateurs, Magiciens, &c. ou en s'opposant à l'exécution des ordres de l'Inquisition. Ces crimes ne sont pas plus soufferts dans les Juifs & autres Infideles, que dans les Chrétiens.

Outre cela ils sont sujets à l'Inquisition, quand ils publient, écrivent, ou avancent de quelque maniere que ce soit, quelque chose de contraire aux articles de Foi qui nous sont communs avec eux. Ainsi si un Juif ou un Mahometan nioient l'unité de Dieu ou sa Providence, l'Inquisition en prendroit connoissance, & le puniroit comme un hérétique.

Ils sont encore soûmis à l'Inquisition, quand ils empêchent quelqu'un de leur Secte de se faire Chrétien; ou qu'ils persuadent ou engagent quelque Chrétien à quitter sa Religion pour embrasser la leur, ou qu'ils le favorisent dans ce changement.

Il ne leur est pas permis non plus de vendre, débiter,

biter, ou même garder le Talmud & autres livres défendus par l'Inquisition, ou qui réfutent ou traitent avec mépris la Religion Chrétienne.

Enfin il ne leur est pas permis d'avoir des Nourrices Chrétiennes, ni de faire quoi que ce soit au mépris de notre Religion. L'Inquisition prend connoissance de tous ces cas, & les punit avec d'autant plus de sévérité, que l'envie d'éviter les supplices ausquels ils sont condamnez, est souvent un motif à ces misérables de changer de Religion.

Comme l'une des principales maximes de l'Inquisition est de se rendre terrible, & de se faire craindre des peuples qui lui sont soûmis, elle punit très-severement tous ceux qui offensent, de quelque maniere que ce soit, ses Supôts ou ses Officiers. Il n'y a sur ce sujet aucune offense legere, tout est crime capital; & il n'y a ni naissance, ni caractere, ni emploi, ni rang, ni dignité, qui puisse mettre personne à couvert; & les moindres menaces que l'on feroit au moindre de ses Officiers, ou même des délateurs ou des témoins, seroient punies dans la derniere rigueur.

CHAPITRE III.

Procédures des Tribunaux de l'Inquisition contre les accusez.

VOilà en peu de mots tous les cas qui sont du ressort de l'Inquisition. Ils viennent à sa connoissance pour l'ordinaire de quatre manieres differentes; ou par le bruit public, qui accuse quelqu'un d'un ou de plusieurs des crimes que l'on vient de raporter; ou par le témoignage des témoins qui le viennent dénoncer; ou parce que les Inquisiteurs, par le moyen des espions qu'ils entretiennent par tout, l'ont eux-mêmes découvert; ou enfin par le témoignage des coupables mêmes, qui, dans la crainte d'être accusez par d'autres, & dans l'esperance d'être traitez plus doucement, viennent quelquefois s'accuser eux-mêmes des choses dont ils sçavent bien qu'on les pourroit convaincre.

Quand les Inquisiteurs ont découvert de l'une des trois premieres manieres qu'on vient de décrire, quelque criminel, ou même sur un simple soupçon qui est quelquefois assez leger, il est cité dans les formes jusqu'à trois diverses fois à comparoître; après lesquelles s'il ne comparoît point, il est déclaré excommunié & condamné par provision à de grosses amendes, sans préjudice d'une condamnation plus severe, qu'il ne peut éviter si on le peut attraper.

Le plus seur est d'obéir dès la premiere citation: plus on diffère, plus on se rend coupable; & quand l'on seroit d'ailleurs innocent, c'est être criminel que de n'avoir pas déferé aux ordres de l'Inquisition. Les débats & les remises en cette occasion, ne servent qu'à augmenter les préjugez desavantageux que l'on a conçus contre un accusé prévenu; & on croit que l'on ne manque plus de preuves contre lui, & qu'il se défie de sa cause, dès qu'il fait paroître qu'il craint de comparoître devant ses Juges. Quand on est tombé dans ce malheur, il n'y a qu'un bannissement volontaire & perpetuel, qui puisse sauver un accusé. Rien ne s'oublie à l'Inquisition; le tems n'y abolit aucun crime, & l'on n'y reconnoît point de prescription.

Ce moyen, tout violent qu'il est, n'est pas aisé à prendre: rien n'est si difficile que d'échaper à la poursuite des Inquisiteurs; car dès qu'un accusé s'est mis en fuite, toutes les Inquisitions sont averties en fort peu de tems de son évasion. On le fait suivre

par tout, & l'on ne manque gueres de l'attraper. On en use de même à l'égard de ceux, qui, par quelque maniere que ce puisse être, s'en sont enfuis des prisons de l'Inquisition: s'ils peuvent être rattrapez, ils sont perdus sans ressource; le moins qui leur puisse arriver est une prison perpetuelle.

En Espagne, la fuite est encore plus difficile; parce qu'outre que l'Inquisition y est plus severe & plus exacte que par tout ailleurs, l'Hermandad poursuit ces malheureux avec une opiniâtreté à qui rien n'échape. C'est une espece de société répandue par toute l'Espagne; les Villes, les Bourgs & les Villages en sont également remplis. Ce sont des espions infatigables, qui écoutent tout, & qui observent tout, pour en faire leur rapport: mais leur principale occupation est de poursuivre les criminels qui sont échapez à la Justice, & de les remettre entre ses mains. Ils n'épargnent pour cela ni soins, ni fatigues, ni dépenses. Ces gens suivent un criminel par tout; & par tout où ils le trouvent, s'ils ne peuvent s'en saisir par force, il n'y a artifices qu'ils n'employent pour l'avoir en leur pouvoir. Pour en venir à bout, ils font amitié avec lui, l'invitent souvent à manger, lui font des présens, & lui prêtent de l'argent. Ils l'assistent encore dans ses maladies, & generalement dans tous les besoins qu'il peut avoir. Ils déguisent leurs sentimens, & font semblant d'entrer dans ses sentimens. Enfin ils lui font mille sermens de la plus sincere amitié. Quand par ces moyens ils croyent s'être acquis sa confiance, ils l'attirent en quelque lieu, où ils le font saisir & enlever par des gens apostez. Si celui que l'on poursuit de la sorte, vit, comme il arrive quelquefois, dans une défiance que l'on ne peut surmonter, ils trouvent moyen de l'engager insensiblement dans quelque partie de divertissement, sur la mer dans un vaisseau, ou dans un batteau sur une riviere, ou dans un carosse à la campagne; & lorsqu'il s'y attend le moins, il se trouve que les gens du vaisseau, du batteau & du carosse sont gagnez; qu'on l'enleve, & qu'on le mene en Espagne. De cette sorte l'on a enlevé des gens jusques dans Constantinople.

Quoique l'Hermandad ne soit pas un membre de l'Inquisition, elle ne laisse pas de s'en servir utilement, lorsque quelqu'un refuse de se soûmettre à son jugement, ou tâche de l'éviter par la fuite. Et comme d'ailleurs de tous les Tribunaux d'Espagne, il est le plus estimé & le plus respecté, il n'y en a point aussi au service duquel l'Hermandad se dévoue avec plus d'attachement.

La Croisade ou la Cruciata, comme l'on dit en Espagne, est une autre société de gens, dont l'Inquisition ne tire pas moins d'avantage. Elle n'est pas établie comme l'autre pour poursuivre les criminels; mais seulement pour veiller sur les mœurs des Catholiques, & les déferer s'ils manquent à faire leur devoir de Chrétiens. Cette société est extrêmement riche, & son pouvoir égale ses richesses, parce que les Evêques, les Archevêques & presque tous les Grands d'Espagne sont de Confrairie. C'est une autre sorte d'espions répandus par tout, qui se mêlent de tout, & à qui rien n'échape. Les Espagnols sont persuadez que c'est à l'Inquisition & à la Croisade qu'ils sont redevables de ce que l'Espagne est demeurée exempte d'Hérétiques, pendant qu'ils ont pensé se rendre maîtres des autres Royaumes & Etats de l'Europe.

Etant donc aussi difficile que l'on vient de le faire voir, d'échaper à l'Inquisition, il est certain qu'une personne sage ne l'entreprendra jamais sans avoir bien pris ses mesures; & qu'en cas de citation, le meilleur parti est de comparoître au plûtôt.

Il arrive souvent que les Inquisiteurs, soit qu'ils
croyent

croyent avoir des témoignages suffisans, soit que le crime dont un criminel est accusé soit énorme, soit qu'ils appréhendent qu'il ne leur échape, sans s'arrêter aux formalités de la citation, ordonnent tout d'un coup la prise de corps, & la font exécuter quelque part que l'accusé se trouve. Dans ces occasions il n'y a ni asyle ni privilege qui le puissent mettre à couvert, ni retarder d'un moment la procédure, ni en adoucir la rigueur.

C'est une chose étonnante que l'abandon où se trouve une personne qui est tombée dans ce malheur. On l'arrête en la compagnie de ses amis, au milieu de sa famille; un pere au côté de son fils, un fils en la compagnie de son pere, une femme en celle de son mari, sans que non seulement on entreprenne de faire la moindre résistance; mais qu'on ose même prendre le moindre délai, pour donner ordre aux affaires les plus pressantes, ou dire seulement un mot en faveur de l'accusé.

Quand il est une fois entre les mains de l'Inquisition, la rigueur devient encore plus grande. Alors il n'est permis ni de lui aller rendre visite, ni de lui donner conseil, ni de lui écrire, ni de solliciter pour lui, ou même de travailler à faire voir son innocence. Dans un moment tout commerce cesse avec lui, & un malheureux se voit sans amis, sans parens, sans conseil, sans appui, & sans la moindre consolation, abandonné à ses Juges & à lui-même, souvent à ses plus grands ennemis, sans sçavoir ce qu'il deviendra. L'innocence même dans ces occasions est un secours très-foible, puisqu'il n'est rien de plus aisé que de faire périr un innocent, comme on le verra.

Aussi-tôt que les Inquisiteurs ont entre leurs mains un accusé, on le fouille avec la derniere exactitude, pour voir si l'on ne trouvera rien qui puisse servir à le convaincre, ou dont il puisse se servir lui-même pour se nuire & se délivrer des rigueurs de l'Inquisition, en se donnant une mort volontaire. Ces sortes de violences ne sont pas sans exemple, & on a vû souvent des prisonniers de l'Inquisition, que le désespoir a portez ou à s'empoisonner eux-mêmes, ou à se tuer avec des stilets qu'ils avoient cachez dans leurs cheveux, ou dans les endroits les plus cachez de leurs corps; ou enfin à s'écraser la tête contre les murs, faire d'autres moyens de se défaire.

L'Inquisiteur se transporte ensuite chez l'accusé, accompagné de ses Officiers. On y fait un inventaire fort exact de ses livres, papiers, effets, & généralement de tout ce qui se trouve chez lui. On le joint à celui qu'on a déja fait de ce qui s'est trouvé sur lui. Il n'y a personne qui soit assez hardi pour s'y opposer, ou pour détourner la moindre chose. A cet inventaire l'on joint souvent une saisie de tous les biens, ou du moins d'une partie, pour au besoin servir de caution des frais & des amendes auxquelles l'accusé pourra être condamné; car il est rare qu'on sorte de l'Inquisition sans être plus qu'à demi ruiné, à moins qu'on ne soit fort riche.

Les choses étant ainsi disposées, le procès commence; mais il n'y a rien de si lent que les procédures. Un accusé est souvent plusieurs mois dans les prisons, sans qu'on parle seulement de lui donner audience.

Ces prisons sont horribles, & il n'y a rien de plus capable de jetter la terreur dans l'ame des prisonniers, & de les disposer à paroître devant le Tribunal du monde le plus terrible, que ces tristes demeures où on loge d'abord ces malheureux.

Ce sont des lieux souterrains & infects; ils sont situez dans des lieux éloignez de tout commerce; on y descend par quantité de détours, de peur que les cris & les plaintes des malheureux qui les habitent, ne puissent être entendus, & toucher quelqu'un de

pitié. Le jour n'entre jamais dans ces sombres lieux, afin que ceux qui y sont détenus ne puissent lire, ni s'occuper d'autre chose que de leurs peines, & de la triste pensée des maux qui leur sont préparez. Il ne leur est permis dans cet état de voir ni de parler à personne. Si la proximité d'un cachot à l'autre leur permettoit de s'entretenir, on leur défend toute communication; & si on les entend parler ou seulement avec quelqu'un, l'on entre, & on les déchire à coups de fouet. On dit que ces malheureux n'osant se parler d'un cachot à l'autre, ont trouvé l'invention de se parler avec les doigts, en frapant un certain nombre de coups sur la muraille, selon le nombre de la lettre de l'alphabet dont ils ont besoin, pour exprimer le mot qu'ils veulent faire comprendre. Par exemple, s'ils vouloient signifier ce mot, Pain, parce que la premiere lettre de ce mot est la quinzième de l'alphabet, ils frapent quinze coups; parce que celle qui suit est la premiere, ils frapent un seul coup, & ainsi des suivantes. Cela les occupe; car la conversation ne va pas vite avec de tels organes, & il faut bien du tems pour dire peu de chose. On assure que si ceux qui les gardent pouvoient leur ôter cette triste consolation, ils le feroient.

Quand un criminel a ainsi passé plusieurs jours, & quelquefois plusieurs mois, sans sçavoir seulement le crime dont on l'accuse, ni les raisons qui déposent contre lui; on lui fait dire par le Geolier qu'il ait à demander audience; mais il paroît dire cela de sa propre mouvement & par composition, sans ordre des Juges; car c'est une maxime constante dans ce Tribunal, que l'accusé soit toujours demandeur.

Lorsque l'accusé paroît devant ses Juges pour la premiere fois, on lui demande, comme si on ne le connoissoit pas & qu'on ne sçut rien de son crime, qui il est, ce qu'il veut, & s'il a quelque chose à dire. Le plus sûr ou le moins dangereux est d'avouer tout ce que l'on veut, quand même on n'en seroit pas coupable, parce qu'on ne fait pas mourir l'accusé la premiere fois qu'il est déféré à l'Inquisition. Cependant la famille est taxée d'infamie; & ce premier jugement rend les personnes incapables de toutes Charges dans l'Eglise & dans l'Etat.

Un autre moyen de se tirer de l'Inquisition, la premiere fois qu'on y est déféré, est de dire constamment qu'on n'a rien à dire, & qu'on ne se sent coupable de rien. Sur cela si les preuves ne sont pas fortes, l'on renvoye l'accusé.

Mais la plûpart du temps il ne va pas loin; car les Inquisiteurs lui mettent aux trousses deux ou trois de ces Espions qu'on appelle les Familiers * de l'Inquisition. Ces gens s'attachent à lui avec une obstination inconcevable, ils le suivent par tout, ils observent toutes ses démarches, tout ce qu'il dit & tout ce qu'il fait; rien ne leur échape; car le plus souvent ils font semblant d'être des amis du prévenu, & se mettent le plus avant qu'ils peuvent dans sa confidence, ou même ce sont ses propres domestiques, ou de ses parens les plus proches.

Sur le moindre indice ou sur un soupçon des plus legers, on l'arrête de nouveau. Tout se passe comme la premiere fois, excepté qu'on en use avec encore plus d'exactitude & de rigueur. C'est alors qu'on peut dire tout de bon qu'un malheureux est perdu sans ressource; car on ne sçait à l'Inquisition ce que c'est que de pardonner deux fois.

On sçait sur cela ce qui arriva à Marc-Antoine de Dominis. Il étoit d'une famille très-illustre dans l'Etat de Venise. Il avoit été Jésuite, il fut ensuite Evêque de Segni, puis Archevêque de Spalatro & Primat de Dalmatie. Cette dignité, quelque gran-de

* Familiari.

de qu'elle fût, n'étoit pas ce qui lui attiroit le plus de considération dans le monde & dans l'Eglise. Marc-Antoine de Dominis passoit pour le plus savant homme de son siécle dans toute sorte de sciences, sur tout dans la Théologie & dans l'Histoire sacrée & prophane. C'étoit l'homme du monde qui avoit le plus lû, & qui avoit le moins oublié. Il étoit consulté sur toutes sortes de matieres, & il répondoit sur chacune, comme s'il ne se fût jamais appliqué qu'à elle seule.

Ce grand sçavoir ne l'empêcha pas de s'entêter des opinions des Lutheriens & des Calvinistes. Il les soutint avec toute la force dont il étoit capable, dans son grand Ouvrage de la République Ecclesiastique: mais il le fit avec tant d'aigreur contre le Pape & la Cour Romaine, que ses plus grands ennemis n'ont jamais écrit contre elle d'une maniere plus outrée.

La passion qu'il eut de publier cet Ouvrage de son vivant, & le peu d'apparence de rester en Italie en le publiant, le firent d'abord retirer en Allemagne, & ensuite en Angleterre où il étoit invité par les offres les plus avantageuses que lui fit Jaques I. Roi de la Grande-Bretagne. Comme il étoit lui-même un Prince très-habile, il n'épargnoit rien pour attirer auprès de lui de tous les endroits de l'Europe tout ce que la réputation lui avoit fait connoître de personnes sçavantes. De Dominis en fut reçu de la maniere du monde la plus obligeante; il lui donna de quoi subsister avec honneur, & d'une maniere conforme à sa dignité, & il n'épargna rien pour l'engager à rompre tout-à-fait avec Rome & avec l'Eglise Catholique.

La Cour Romaine de son côté, soit qu'elle ne voulut pas laisser une personne de son caractère entre les mains de ses ennemis, soit qu'elle ne voulut pas avoir pour ennemi un homme si redoutable; ou plutôt, comme il parut depuis, qu'elle voulut s'en venger, & en faire un exemple: quoi qu'il en soit, Elle n'épargna rien pour le rengager dans son parti. Elle lui fit écrire par tout ce qu'il avoit d'amis & de parens en Italie. Enfin Dom Diego Sarmiento de Acuña, Ambassadeur d'Espagne en Angleterre, lui fit de sa part des offres si avantageuses, qu'il se laissa premierement éblouir, & ensuite gagner.

Ce malheureux Prélat oublia dans cette occasion, à son grand malheur, les maximes qu'il avoit si souvent repetées dans ses Ouvrages, qu'on n'offensoit jamais impunément la Cour Romaine: qu'elle ne sçavoit ce que c'étoit que de pardonner une injure: & que quand on avoit une fois tiré l'épée contre elle, il en falloit jetter le fourreau.

Il partit pour Rome malgré les oppositions de ses amis d'Angleterre, qui ne cessoient de lui prédire le malheur qu'il pouvoit prévoir mieux que personne. Il n'y fut pas plutôt arrivé, qu'il s'apperçut, mais trop tard, de la faute qu'il avoit faite. On ne lui tint rien de tout ce qu'on lui avoit promis, & on lui fit faire publiquement abjuration des hérésies qu'il avoit répandues dans ses Livres. On lui laissa au moins en apparence la liberté; mais on le fit suivre par tant de gens, & observer de si près, qu'on découvrit, ou qu'on voulut bien supposer qu'il avoit des liaisons avec des Anglois, & qu'il entretenoit des correspondances secretes en Angleterre. Sur cela l'Inquisition s'en saisit: mais comme elle travailloit à son Procès avec sa lenteur ordinaire, ce grand homme mourut en prison, ou de chagrin des fausses démarches qu'il avoit faites, ou de l'apprehension du supplice honteux & cruel, qu'il sçavoit bien ne pouvoir éviter; ou comme bien des gens ont cru, par le poison que lui fit donner quelque ami, ou quelque parent officieux, qui sçachant que sa perte étoit

Tome I.

inévitable, voulut au moins lui épargner la honte & la rigueur d'un supplice, dont l'infamie auroit rejailli sur son illustre famille.

Mais pour revenir à mon sujet, quand quelqu'un retombe pour la seconde fois entre les mains de l'Inquisition, après avoir langui dans ses prisons pendant plusieurs mois, avec les mêmes rigueurs & les mêmes circonstances qu'on a décrites, on lui fait suggerer comme la premiere fois de demander audience. Après quelques jours de délai, on fait venir le prisonnier.

Quoique les Maisons de l'Inquisition soient toutes fort magnifiques, & que le marbre & les ornemens de l'Architecture n'y soient pas épargnez, on ne présente rien aux yeux des accusez, que ce qui est capable de leur inspirer de l'effroi; tout est lugubre dans les lieux où ils comparoissent, & les Inquisiteurs & leurs Officiers affectent également un air triste & sévere, qui ne leur laisse rien à espérer de la bonté & de la compassion de leurs Juges.

Quand le prisonnier est en leur présence, les Inquisiteurs lui disent qu'ils ont appris du Geolier qu'il souhaitoit d'être oui. Le prisonnier répond qu'il souhaite que l'on connoisse de son affaire, afin qu'il puisse être justifié s'il est innocent. Sur cela les Inquisiteurs l'exhortent vivement de confesser son crime. S'il le nie, on le renvoye en prison, en lui disant qu'on lui donne du temps pour y penser & pour rappeller sa mémoire. Après l'y avoir laissé assez long-temps, s'il ne veut rien avouer, on le fait jurer sur le Crucifix & sur les saints Evangiles, qu'il dira la vérité sur tout ce dont il sera interrogé. S'il refuse de prêter serment, on le condamne sur le champ sans autre forme de procès, parce qu'on juge ou qu'il ne fait pas profession de la Religion Chrétienne, puisqu'il ne veut pas en faire un Acte aussi authentique que celui du serment exigé par les Juges légitimes, ou qu'il craint de se parjurer; & qu'ainsi il est coupable de ce qu'on lui impute.

Après avoir pris son serment, on l'interroge sur toutes les circonstances de sa vie depuis le commencement jusqu'à la fin, & même sur celle de ses Ancêtres, pour sçavoir si quelqu'un d'eux n'a jamais été repris de l'Inquisition. Quelques personnelles que soient de pareilles fautes, elles servent d'un fâcheux préjugé contre un accusé, parce que l'on suppose qu'il y a de l'apparence qu'il n'aura pas moins hérité des sentimens de ses peres, que de leur sang, & que tenant d'eux son éducation, ils lui auront communiqué leurs erreurs, comme les choses auxquelles ils avoient le plus d'attachement.

Jusques-là on ne lui donne aucune connoissance du crime dont il est accusé, ni des accusateurs qui témoignent contre lui. On essaie seulement par mille détours à tirer quelque chose de sa bouche, sur laquelle on le puisse condamner.

Ce piege est des plus adroits, & en même temps des plus difficiles à éviter; car comme d'un côté on arrête quelquefois les gens sur des bruits assez vagues & assez confus, ou sur des preuves fort legeres & qui ne suffisent pas pour former une condamnation, il est certain que souvent les Juges seroient fort embarrassez, si les accusez en parlant trop ne fournissoient eux-mêmes de quoi les condamner.

Mais aussi d'un autre côté, comme les Inquisiteurs leur promettent un traitement plus doux, & quelquefois même de leur faire grace, si sans attendre qu'on les convainque, ils avouent d'eux-mêmes leur crime, & donnent en faisant cet aveu la marque la plus sensible d'un repentir sincere, ces malheureux qui ne sçavent pas si l'on a en effet des moyens de les convaincre, ou si on ne les a pas, & qui se trouvent d'ailleurs doucement flattez de l'espérance d'une

pro-

prochaine liberté, leur en apprennent souvent plus qu'ils n'en sçavent & qu'ils n'en pourroient jamais sçavoir, sans ces aveux imprudens & précipitez.

Si l'accusé, ou parce qu'il est innocent, ou parce qu'il est trop habile pour donner dans le piege qu'on lui tend, persiste à nier, on lui délivre par écrit l'accusation portée contre lui. C'est une piece composée par les Inquisiteurs, dans laquelle ils ont mêlé plusieurs crimes faux & des plus énormes avec ceux dont il est véritablement accusé.

Ce mélange du vrai & du faux est un autre piege qu'on tend à ce malheureux; car comme il ne manque gueres de se récrier sur les crimes horribles qu'on lui impute, on en prend occasion de conclure que ceux sur lesquels il se récrie le moins, sont véritables. Quelque équivoque que puisse être une pareille preuve, elle ne laisse pas d'être d'un fâcheux préjugé contre un accusé.

Lorsqu'on a délivré à un prisonnier son accusation, on lui donne un Avocat, c'est-à-dire qu'on lui nomme certaines gens, dont il en choisit un pour défendre sa Cause. Cet Avocat lui est d'un très-foible secours; car non seulement il ne lui est pas permis de donner conseil à l'accusé, mais il ne peut pas même conferer avec lui qu'en présence du Greffier & des Inquisiteurs, ni s'en servir pour défendre sa Cause. Car comme dans ce Tribunal tous les ajournemens sont personnels, & qu'il n'est pas permis de comparoître par Procureur; de même il faut qu'un accusé se défende lui-même contre des accusateurs inconnus: car on ne lui nomme jamais ni les accusateurs, ni les témoins. Pour la Partie elle est assez connue, parce qu'il n'y en peut avoir d'autre que le Procureur Fiscal de l'Inquisition. Les Délateurs ne paroissent jamais comme Parties, parce qu'on veut qu'ils soient témoins.

Quelques jours après qu'on a délivré à l'accusé la copie de son accusation, on le fait venir à l'Audience avec son Avocat; mais il vaudroit autant pour lui qu'il fût seul, puisqu'il n'est pas permis à l'Avocat de parler: ou s'il parle, ce n'est qu'après avoir consulté les Inquisiteurs sur ce qu'il doit dire, & seulement pour presser vivement l'accusé d'avouer un crime dont souvent il n'est pas coupable.

C'est en vain qu'il fait instance pour sçavoir les témoins qui ont déposé contre lui, l'on continue toujours à les lui celer. Il lui est seulement permis de les deviner, & de demander si ce ne sont pas tels & tels qui sont ses ennemis. On ne lui répond rien, ou l'on répond ce que l'on veut, sans pourtant avouer qu'il a bien rencontré. On continue ensuite l'interrogatoire; s'il continue à nier, on le remene en prison.

Enfin après avoir ainsi traîné un miserable quelquefois pendant plusieurs années de la prison à l'Audience, & de l'Audience en prison, on instruit tout de bon son procès. Il commence en le faisant comparoître devant les Inquisiteurs. On lui donne pour la premiere fois les véritables dépositions; (car la premiere accusation qui lui avoit été communiquée, étoit une piece composée par les Juges mêmes, & mêlée de crimes vrais & faux.) On lui fait donc voir les véritables dépositions des témoins, mais tronquées, c'est-à-dire dépouillées de toutes les circonstances des lieux & des personnes, qui pourroient faire connoître à l'accusé ceux qui ont déposé contre lui.

De plus, si les témoins ont mêlé dans leur déposition quelque chose à la décharge de l'accusé, cela demeure dans l'original; mais on ne le délivre point dans la copie qu'on lui fournit. Ainsi ces dépositions, quoique véritables, ne servent bien souvent qu'à embarrasser un accusé, & à le jetter dans d'étranges perplexitez.

Les dépositions ayant été ainsi communiquées, si l'accusé ne veut, ou ne peut pas donner ses reproches & ses réponses sur le champ, on lui donne trois ou quatre jours pour y penser, & on le remene en prison.

Il faut là-dessus qu'il fasse ses conjectures, & qu'il tâche de deviner quels peuvent être ses accusateurs & ses ennemis; car on refuse constamment de les lui faire voir, & même de les lui nommer. Le temps qu'on lui avoit donné pour faire ses récusations étant expiré, on le rappelle, & on l'écoute dans tous les reproches qu'il veut faire contre ses témoins, dont il ne connoît ni le nom ni les qualitez; par conséquent si par hazard il les rencontre, & qu'il leur reproche quelque chose de valable, c'est un bonheur pour lui; & les Juges lui font valoir dans le jugement du procès, ce qu'il leur plaît, & souvent rien, quoiqu'ils soient très-bons; ou pour mieux dire, de tout ce qui peut-être appellé pour reprocher des témoins, rien ne sert que de prouver que ce sont des ennemis déclarez. Cela n'anéantit pas leur témoignage, mais au moins cela l'affoiblit; car pour les reproches de crime & d'infamie notoire, ils ne servent de rien.

Sur le sujet des témoins il ne sera pas hors de propos de remarquer certaines regles particulieres que l'on suit à l'Inquisition, & qui ne sont point en usage par tout ailleurs. 1. On n'y donne jamais ou rarement à un accusé le nom des témoins qui ont déposé contre lui, soit pour empêcher qu'il ne les gagne ou ne les intimide, soit pour ne pas donner lieu aux reproches qu'il pourroit faire; ou afin que l'assurance, qu'ont les témoins de n'être jamais connus, facilite les accusations. 2. Par la même raison on n'oblige point les témoins à prouver leurs dépositions. 3. Par la même raison encore, il n'y a jamais, ou du moins très-rarement, confrontation de témoins. 4. Dans ce Tribunal, à cause de l'énormité du crime d'hérésie, tous témoins sont reçus de quelque lieu qu'ils viennent, & quelques infames & reprochables qu'ils puissent être, des parjures, des scandaleux, des infames, des Hérétiques, des Juifs, des Mahometans, tout y est reçu; & le témoignage de ces gens si peu dignes de foi suffit pour perdre un homme, & pour le faire condamner au feu. 5. Deux témoins par oui dire, valent un témoin qui a vû & oui, & suffisent pour faire donner la question qui est très-rude dans l'Inquisition. 6. Les Debiteurs mêmes passent pour témoins, & c'est pour cela qu'on ne veut pas qu'ils soient parties. Enfin, un fils peut témoigner contre son pere, un pere contre son fils, un domestique contre son maître, un mari contre sa femme, une femme contre son mari; ce qui renverse toutes les loix, & donne lieu à une infinité de trahisons & de vengeances.

CHAPITRE IV.

De la maniere de donner la question ou torture aux prisonniers de l'Inquisition.

APrès qu'un accusé a donné ses reproches & ses réponses, si elles ne satisfont pas, & que d'ailleurs le crime ne soit pas suffisamment prouvé, on le condamne à la question ou à la torture, comme l'on parle dans l'Inquisition. Il y en a de trois sortes, qui sont toutes très-rigoureuses. La premiere est la corde, la seconde l'eau, & la troisième le feu. La torture de la corde se donne en liant un criminel à une corde par les bras renversez par derriere; ensuite on

La SALE de L'INQUISITION.

Diverses Manieres dont le St OFICE fait donner la QUESTION.

on le leve enhaut avec une poulie, & après l'y avoir laissé quelque temps suspendu, de toute la hauteur du lieu, on le laisse tomber à demi-pied de terre, avec des secousses qui disloquent toutes les jointures, & font jetter au patient des cris horribles. Cette torture dure une heure, & quelquefois davantage, selon que les Inquisiteurs qui sont présens le jugent à propos, & que les forces du patient le permettent.

Si cette torture ne suffit pas, on employe celle de l'eau. L'on en fait avaller quantité au criminel; puis on le couche dans un banc creux, qui se serre & serre tant qu'on le veut. Ce banc a un bâton qui le traverse, & tient le corps du patient comme suspendu, & lui rompt l'épine du dos avec des douleurs incroyables.

La torture du feu est la plus rigoureuse de toutes. On allume un feu fort ardent; ensuite l'on frotte la plante des pieds du criminel, de lard, ou autres matieres pénétrantes & combustives. On l'étend ensuite par terre les pieds tournez vers le feu; on les lui brûle ainsi, jusqu'à ce qu'il ait confessé tout ce qu'on veut sçavoir. Ces deux dernieres tortures durent comme la premiere l'espace d'une heure, & quelquefois davantage.

Quand donc un criminel est condamné à la torture, on le conduit dans un lieu destiné à cela, qu'on appelle le lieu des tourmens. C'est une grotte souterraine où l'on descend par une infinité de détours, afin que les cris horribles, que jettent ces malheureux, ne puissent être entendus. Il n'y a dans ce lieu que des sieges pour les Inquisiteurs, qui sont toujours présens quand on donne la torture, aussi-bien que l'Evêque du lieu ou son grand Vicaire, ou du moins un Député de sa part. Il n'est éclairé que par deux flambeaux sombres, qui ne jettent qu'une très-foible lumiere; mais qui suffit pourtant pour faire voir au criminel les instrumens de la torture, avec un ou plusieurs bourreaux, selon qu'il en est besoin. Ces bourreaux sont vêtus à peu près comme les Pénitens d'une grande robe de treillis noir, & ils ont la tête & le visage couverts d'une maniere de capuchon noir, qui a des trous aux endroits des yeux, du nez & de la bouche.

Ce spectre vient saisir l'accusé, & le dépouille tout nud, excepté les parties que la nature veut que l'on cache. Avant que de lui donner la torture, les Inquisiteurs l'exhortent de leur mieux à confesser ce dont il est accusé. Si l'exhortation ne sert de rien, & qu'il persiste à nier, on lui donne la torture à laquelle il a été condamné; de l'une des trois manieres que nous venons de décrire. Quelquefois elle est si violente, que le coeur & les forces manquent au patient, & qu'on est obligé de faire entrer le Medecin de l'Inquisition, pour sçavoir s'il la peut supporter plus longtems sans mourir.

Quand on a tiré de la bouche de l'accusé à force de tourmens tout ce que l'on veut sçavoir, c'est-à-dire ce dont il est innocent aussi-bien que ce dont il est coupable, le malheureux n'en est pas quitte; il faut qu'il souffre encore une seconde torture, sur l'intention & le motif qui lui ont fait faire ce dont il est demeuré d'accord: par exemple, si un homme a épousé deux femmes, ou une femme deux maris; ou si un Religieux ou une Religieuse se sont mariez après leur profession; après être demeurez d'accord du fait dans la torture, quelque apparence qu'il y ait que le desir de satisfaire une passion violente, ou l'interêt, ont été les seuls motifs qui les ont portez à ces actions illicites, on leur donne une seconde torture, pour leur faire avouer s'ils n'ont pas crû que le mariage ne fût pas un Sacrement, ou que les voeux n'obligeoient pas en conscience, ou qu'il fût

impossible de garder la continence. Après que ces malheureux, qui ont agi la plûpart du tems plûtôt par sentiment que par raison, en ont avoué plus qu'ils n'en sçavent, il faut essuyer une troisiéme torture pour avoir la révelation de leurs complices, ou de ceux qui les ont aidez ou favorisez dans ces sortes d'actions.

Quand on a tiré d'eux tout ce que l'on en prétend sçavoir, tout le soulagement qu'ils reçoivent, c'est d'être reconduits dans ces affreuses prisons que nous avons décrites, où ces misérables sont abandonnez à leur desespoir, & à tout ce que la douleur des supplices qu'ils ont soufferts a de plus sensible.

Mais si par tant de tourmens on n'en peut rien tirer, on les remene en prison. Là l'artifice & les pièges succédent aux supplices. On fait entrer des hommes apostez, qui feignant de les consoler & de les secourir, ou même d'être prisonniers & coupables comme eux, s'emportent contre l'Inquisition, la traitent de tyrannie insupportable, du plus grand de tous les fleaux dont Dieu ait jamais affligé les hommes, & les font ainsi tomber dans des pieges d'autant plus inévitables, qu'il est plus difficile de se défendre de l'amitié, de la compassion, & des services rendus dans les maux les plus extrêmes.

Les Inquisiteurs eux-mêmes secondent ces artifices de tout leur pouvoir: ils consolent ces malheureux, ils témoignent qu'ils sont touchez de leurs maux; qu'ils ne veulent pas leur perte, mais leur conversion; & que le moindre aveu qu'ils leur feroient en particulier, & pour lequel ils leur promettent un secret inviolable, suffira pour les tirer de tant de peines, & pour leur faire recouvrer leur liberté.

La conclusion de tout ceci est que si l'accusé demeure convaincu au jugement des Inquisiteurs, ou par des témoins, ou par sa propre confession, il est condamné selon l'énormité des crimes, ou à la mort, ou à la prison perpétuelle, ou aux galeres, ou au fouet, ou à quelque autre semblable châtiment.

Quand une mort également cruelle & honteuse est inévitable, le plûtôt qu'on la peut donner est une espece de soulagement, parce que tous les momens qui se passent entre la condamnation & le supplice, font mourir autant de fois un condamné, d'une maniere, qui pour n'être que dans l'imagination, n'en est bien souvent pas moins sensible. C'est ce qui a obligé les Justices les plus rigoureuses à ne condamner les criminels que le plus près qu'il se peut de leur exécution.

Ce soulagement, tout foible qu'il est, n'est point en usage dans l'Inquisition, & on y diffère souvent l'execution après la condamnation, d'une, ou même de plusieurs années; afin qu'en punissant tout à la fois un plus grand nombre de coupables, le supplice en soit plus horrible, & en même tems d'un plus grand exemple.

Le spectacle de plusieurs criminels ainsi condamnez au dernier supplice, sans avoir égard à leur sexe ni à leur qualité, confirme, à ce qu'on croit, les peuples dans la Religion Catholique; & l'on est persuadé dans les Païs d'Inquisition, qu'elle seule a empêché les dernieres héresies de s'y répandre dans le tems qu'elles ont infecté toute l'Europe. C'est une des raisons qui a fait donner à ce Tribunal le titre de Saint Office, & l'autorité excessive qu'il a par tout où il est établi.

CHAPITRE V.

De Cérémonies de l'exécution des Jugemens des Tribunaux de l'Inquisition; tiré d'une Relation publiée à Madrid le 30. Mai 1680. & exécuté le 29. Juin de la même année imprimé à Paris au Bureau d'Adresse le 22. Août 1680.

LEs Actes généraux de l'Inquisition, qui sont considerez par tout ailleurs comme une simple exécution des criminels, y sont considerez comme une cérémonie religieuse, dans laquelle on donne des preuves publiques & éclatantes du zéle qu'on a pour la Religion. C'est pourquoi on les appelle des Actes de Foi. Ils se font ordinairement en Espagne à l'avénement des Rois à la Couronne, à leur majorité, à leur mariage, ou à la naissance du successeur à la Couronne, afin qu'ils en soient plus authentiques. Le dernier se fit l'année du mariage de Sa Majesté Catholique Charles II. & il ne s'en étoit point fait depuis 1632. au commencement du regne de Philippe IV.

Cependant comme il se fait toûjours de temps en temps des condamnations, on peut juger de là combien les condamnez ont à languir jusqu'à leur exécution. Comme les Cérémonies qui se pratiquent dans ces sortes d'occasions, sont à peu près les mêmes par tout, je rapporterai seulement celles qui se firent lors du dernier Acte ou Exécution générale de l'Inquisition l'année du mariage du Roi d'Espagne Charles II.

Un mois devant l'Exécution générale, les Ministres de l'Inquisition précedez de leur Banniere, se rendirent en Cavalcade du Palais du saint Office à la grande Place: là en présence d'une infinité de peuple qui y étoit accouru, ils publierent au son des trompettes & des timballes, qu'à un mois de là, à pareil jour, se feroit un Acte de Foi ou Exécution générale de l'Inquisition.

Comme il ne s'en étoit point fait depuis près de cinquante ans, l'on fit de grands préparatifs pour rendre celle-ci aussi solemnelle & aussi magnifique que le peuvent être ces sortes de Cérémonies.

On dressa dans la grande Place de Madrid, un Théâtre de 50. pieds de long. Il étoit élevé à la hauteur du Balcon destiné pour le Roi sous lequel il finissoit.

A l'extrémité & sur toute la largeur de ce Théâtre, s'élevoit à la droite du Balcon du Roi un Amphithéâtre de 25. ou 30. degrez destiné pour le Conseil de l'Inquisition, & pour les autres Conseils d'Espagne. Au dessus de ces degrez on voyoit sous un Dais la Chaire du Grand Inquisiteur, beaucoup plus élevée que le Balcon du Roi. A la gauche du Théâtre & du Balcon, on avoit dressé un second Amphithéâtre de même grandeur que le premier, où les criminels devoient être placez.

Au milieu du grand Théâtre, il y en avoit un autre fort petit, plus long que large, qui soutenoit deux manieres de cages ouvertes par le haut, où devoient être mis les criminels pendant la lecture de leur Sentence.

Il y avoit encore sur le grand Théâtre trois Chaires préparées, deux pour les Relateurs ou Lecteurs des Jugemens; & la troisiéme pour un Prédicateur: & l'on avoit enfin dressé un Autel auprès de l'Amphithéâtre des Conseils.

Les places de leurs Majestez Catholiques étoient disposées en sorte que la Reine étoit à la gauche du Roi, & à la droite de la Reine Mere. Toutes les Dames des Reines occupoient le reste de la longueur du Balcon de part & d'autre. Il y avoit d'autres Balcons préparez pour les Ambassadeurs, les Seigneurs & les Dames de la Cour, & des Echafaux pour le peuple.

Un mois après la publication de l'Acte de Foi, la Cérémonie commença par une Procession, qui partit en cet ordre de l'Eglise de Sainte-Marie. Cent Charbonniers armez de piques & de mousquets marchoient les premiers, parce qu'ils fournissent le bois qui sert au supplice de ceux qui sont condamnez au feu. Ensuite venoient les Dominicains précedez d'une Croix blanche. Le Duc de Medina-Celi paroissoit ensuite, il portoit l'Etendart de l'Inquisition selon le Privilege hereditaire de sa famille. Cet Etendart est de damas rouge; sur l'un des cotez est representée une épée nue dans une Couronne de laurier, & sur l'autre les Armes d'Espagne.

On portoit ensuite une Croix verte entourée d'un crêpe noir. Plusieurs Grands & autres Personnes de qualité, Familiers de l'Inquisition, marchoient après couverts de manteaux ornez de croix blanches & noires, bordées d'un fil d'or. La marche étoit fermée par cinquante Hallebardiers ou Gardes de l'Inquisition, vêtus de blanc & de noir, qui étoient commandez par le Marquis de Pouar, protecteur hereditaire de l'Inquisition du Royaume de Tolede.

La Procession aiant passé en cet ordre devant le Palais, se rendit à la Place; l'Etendart & la Croix verte furent placez sur le Théâtre. Les Dominicains seuls y resterent, les autres s'étant retirez. Ces Religieux passerent une partie de la nuit à psalmodier; & dès la pointe du jour ils célébrerent sur l'Autel plusieurs messes, jusqu'à six heures du matin.

Le Roi, la Reine d'Espagne, la Reine-Mere, & toutes les Dames parurent sur les Balcons une heure après.

A huit heures la marche de la Procession commença comme le jour précédent par la compagnie des Charbonniers, qui se placerent à la gauche du Balcon du Roi: la droite étoit occupée par ses Gardes. Trente hommes portoient ensuite des effigies de carton, grandes comme nature. Les unes representoient ceux qui étoient morts en prison, dont les os furent aussi apportez dans des coffres avec des flames peintes à l'entour; & les autres figures representoient ceux, qui s'étant sauvez des mains de l'Inquisition, avoient été condamnez par contumace. Ces figures furent placées dans une des extremitez de l'Amphithéâtre.

Douze, tant hommes que femmes, arriverent après eux la corde au col, la torche à la main, avec des carnets ou bonnets de carton hauts de trois pieds, sur lesquels leurs crimes étoient écrits ou representez de differentes manieres.

Cinquante autres suivoient ces premiers, une torche à la main, couverts d'un sanbenit ou casaque sans manche, de couleur jaune, avec une grande Croix rouge de S. André, devant & derriere. C'étoient des Juifs pris pour la premiere fois & repentans; on les condamne d'ordinaire à quelques années de prison, ou à porter le sanbenit: chaque coupable de ces deux ordres étoit conduit par deux Familiers de l'Inquisition.

Derriere eux venoient vingt Juifs, hommes ou femmes, relaps pour la troisiéme fois, & condamnez au feu. Ceux qui avoient témoigné se repentir, devoient être étranglez selon la coûtume, avant que d'y être jettez. Les autres, obstinez dans l'erreur, devoient être brûlez vifs. Ils portoient des sanbenits de toile peinte, qui representoient des diables & des flames; leurs bonnets étoient peints de la même maniere; cinq ou six d'entr'eux, plus obstinez que les autres, avoient des bâillons à la bouche pour les empêcher de blasphemer.

Ceux

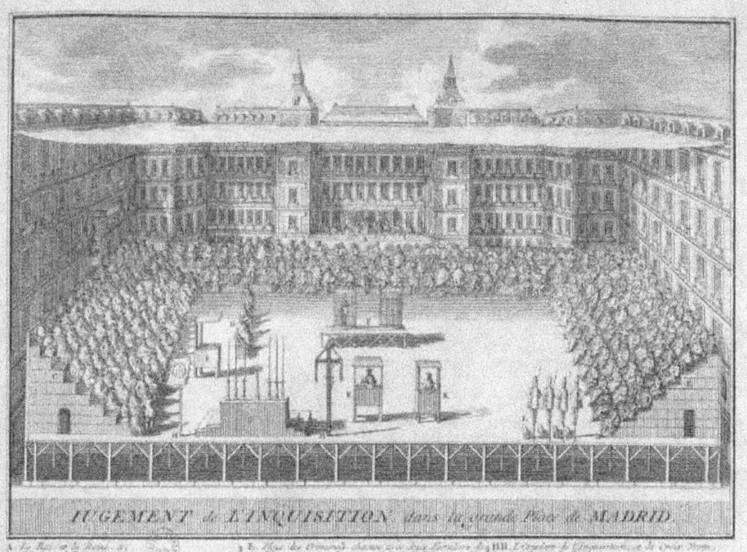

JUGEMENT de L'INQUISITION dans la grande Place de MADRID.

La PROCESSION de L'INQUISITION, a GOA.

Ceux qui étoient condamnez au dernier supplice, outre l'escorte des deux Familiers, étoient entourez de quatre ou cinq Religieux de divers ordres, qui les exhortoient pendant le chemin.

Ces criminels passerent en cet ordre au dessous du Balcon du Roi d'Espagne; & après avoir fait le tour du Théatre, ils furent placez sur l'Amphithéatre de la main gauche, chacun entre les Familiers & les Religieux qui les avoient accompagnez. Quelques Grands du nombre des Familiers se placerent sur deux bancs qui leur étoient destinez au bas de l'autre Amphithéatre.

Le Clergé de la Paroisse de saint Martin arrivant ensuite, se plaça près de l'Autel; les Officiers du Conseil suprème de l'Inquisition, les Inquisiteurs, les Qualificateurs, les Officiers de tous les autres Conseils, & plusieurs autres Personnes considérables, Séculiers & Régulier, qui formoient une longue Cavalcade, arriverent ensuite & se placerent sur l'Amphithéatre de la main droite, aux deux côtez de la Chaire préparée pour le Grand Inquisiteur. Il marchoit le dernier, vêtu de violet, accompagné du Président du Conseil de Castille. Quand il fut monté à sa place, le Président se retira.

Alors on commença la Messe, au milieu de laquelle le Célébrant quitta l'Autel, & s'assit sur un siège qui lui étoit préparé. Le Grand Inquisiteur descendit de sa place, & s'étant fait revêtir d'une Chape, la Mitre en tête, après avoir salué l'Autel, il s'avança vers le Balcon du Roi; il y monta les degrez du haut de l'Amphithéatre avec quelques Officiers de l'Inquisition qui y portoient la Croix, les Evangiles, & un Livre, qui contenoit le serment par lequel les Rois d'Espagne s'obligent de protéger la Foi Catholique, d'extirper les hérésies, & d'appuyer de toute leur autorité les procédures de l'Inquisition.

Le Roi d'Espagne debout & tête nue, ayant à ses côtez un Grand qui tenoit l'Epée Royale élevée, jura d'observer le serment dont un Conseiller du Conseil Royal & de l'Inquisition venoit de faire la lecture. Il demeura en cette posture jusqu'à ce que le Grand Inquisiteur fut retourné à sa place, où il quitta ses habits pontificaux.

Alors un Secrétaire de l'Inquisition monta dans une Chaire préparée, & fit un semblable serment qu'il fit prêter aux Conseils & à toute l'Assemblée: ensuite un Dominicain monta dans la même Chaire, & fit un Sermon rempli des louanges de l'Inquisition & contre l'hérésie.

Il étoit près de midi lorsqu'on commença à lire les Sentences de ceux qui avoient été condamnez. On lut d'abord celle des coupables qui étoient morts dans la prison, ou qui avoient été jugez par contumace. Leurs effigies furent portées sur le petit Théatre, & mises dans les cages; ensuite l'on continua la lecture des Sentences à chaque criminel qu'on fit entrer l'un après l'autre dans les mêmes cages, afin qu'ils fussent reconnus de tout le monde.

Parmi les vingt personnes condamnées au feu, six hommes & deux femmes ne voulurent jamais renoncer à leurs erreurs, ni se repentir de leur impiété. Une jeune femme fut renvoyée en prison, parce qu'elle protestoit toujours de son innocence, & qu'on crut devoir encore examiner son procès.

Enfin on fit la lecture des Sentences rendues contre ceux qui étoient convaincus de bigamie, de sortilege, de profanation des choses saintes, & de plusieurs autres crimes, aussi-bien que contre les Juifs repentans: ce qui dura jusqu'à neuf heures du soir.

Ensuite on acheva la Messe, & le Grand Inquisiteur revêtu de ses habits pontificaux, donna l'absolution solemnelle à ceux qui se repentirent. Le Roi s'étant retiré, les criminels condamnez au feu furent livrez au bras séculier, & conduits sur des ânes à trois cent pas hors la porte de Foncaral. Ils furent executez après minuit; les obstinez furent brûlez vifs, & les repentans furent étranglez avant que d'être jettez au feu. Ceux qui étoient condamnez au foüet, furent le lendemain promenez par les carrefours, montez sur des ânes, & furent foüettez par toutes les ruës & places publiques.

Outre ces executions générales de l'Inquisition, il s'en fait tous les ans de particulieres sur la fin du Carême. Les Inquisiteurs dans ces occasions sont accompagnez des Magistrats, des Officiers de Justice, de ceux du Roi, du Gouverneur, de la Noblesse, de l'Evêque & de tout le Clergé séculier & régulier; & tout s'y passe à peu près avec les mêmes cérémonies.

Il se fait encore chaque année dans ce temps-là, c'est-à-dire, le Vendredi saint, en Espagne & en Portugal, une cérémonie que l'on me permettra de rapporter ici à cause de sa singularité. C'est une Procession de Pénitens qui est composée de tous les Ordres religieux, reguliers & séculiers, des Paroisses de la Ville & de leurs Confrairies, de tous les Tribunaux & des Communautez, des Corps & Métiers de la Ville. Les Comédiens s'y doivent trouver, & y assister comme les autres.

Le Roi s'y rencontre assez souvent, accompagné de toute la Cour, ce qui fait un nombreux cortège. Les Pénitens marchent sous l'épée au côté, & un cierge à la main. Chaque Seigneur est suivi de quantité de Laquais qui portent des flambeaux. Tout l'apareil de cette cérémonie a l'air lugubre: les Compagnies des Gardes du Roi portent leurs armes couvertes de deuil; & les chevaux de son Ecurie y sont menez en lesse par les Palfreniers. On y voit des hommes masquez & habillez de noir, avec divers instrumens de Musique, comme trompettes, timbons, flutes, & autres. Les tambours sont couverts de noir, & battent comme pour la mort d'un Général; les trompettes sonnent un air triste. Les Croix & les Banieres des Paroisses sont aussi couvertes de crêpes noirs. On traine de lourdes & pesantes machines élevées sur des Théatres, avec des figures qui representent les mysteres de la Passion de nôtre Seigneur. Ce jour-là toutes les Dames paroissent à leurs fenêtres & à leurs balcons, parées comme le jour de leurs nôces, & apuyées sur de beaux & riches tapis. Tous les Pénitens ou Disciplinans de la Ville ne manquent pas de se rendre à cette Procession. Ils portent sur leur tête un long bonnet couvert de toile de batiste, de la hauteur de trois pieds & en forme de pain de sucre, d'où pend un morceau de toile qui tombe par devant, & leur couvre le visage.

On peut dire qu'il y en a quelques-uns qui prennent ce dévot exercice par un véritable esprit de piété; mais il y en a beaucoup d'autres qui ne le font que pour plaire à leurs maîtresses; & c'est une galanterie d'une nouvelle espece, inconnue aux autres nations. Ces Pénitens ou Disciplinans ont des gands & des souliers blancs, une camisole dont les manches sont attachées avec des rubans. Ils en portent un à leur bonnet ou à leur discipline, de la couleur qui plaît le plus à leur maîtresse. Ils se flagellent par regle & par mesure, avec une discipline de cordelettes, au bout de laquelle on a attaché de petites boules de cire, garnies de verre pointu. Celui qui se fouette avec le plus de courage & d'adresse, est estimé le plus brave; & ceux qui négligent de le faire sont huez des femmes, qui sont si accoutumées à ce sanglant & cruel spectacle, qu'elles ne peuvent s'empêcher de dire des injures à ceux qui ne se fouettent pas assez rudement à leur gré: & il y a si peu de dévotion parmi ces Pénitens, qu'ils rendent le plus souvent injures pour injures, jusqu'à insulter en passant les spectateurs qui sont sur leur chemin. Lorsqu'ils rencontrent quelque Dame bien faite, ils sçavent se fouetter si adroitement, qu'ils font ruisseler leur sang jusques sur elle; & c'est un honneur dont elle ne manque pas de remercier le galant. Mais c'est bien autre chose quand ils se trouvent devant la maison de leur maîtresse: car alors ils redoublent les coups avec tant de furie, qu'ils se déchirent le dos & les épaules. La Dame qui les voit de son balcon, & qui sçait que c'est pour lui plaire, leur en sçait bon gré dans le cœur, & ne manque pas de leur en tenir compte. Au reste parmi ces Pénitens il y a des gens de la première qualité, & d'autres de toute espece; & l'on remarque que lorsque ceux qui sont accoutumez à cet exercice tous les ans, viennent à le cesser, ils ne manquent guères de tomber malades. Il y a quelques-uns de ces Pénitens qui pratiquent encore d'autres mortifications bien plus rudes. Ils vont nuds pieds, & sont serrez d'une natte qui leur couvre les bras & une partie du corps depuis la ceinture. Quelques-uns traînent des croix d'une pesanteur effroyable; d'autres portent des épées nües passées dans le dos & dans les bras, qui leur font de larges blessures, lorsqu'ils font quelque mouvement un peu rude. D'autres en chemise se font attacher à une croix à l'entrée des Eglises, & font de longues & douloureuses lamentations. Ceux qui pratiquent ces mortifications, sont toûjours masquez, aussi bien que les domestiques qui les suivent & qui les soutiennent le long du chemin, pendant lequel on leur offre fort souvent des confitures & autres rafraîchissemens. Cependant, que ce soit par pénitence ou par galanterie que ces Pénitens ou Disciplinans affligent aussi leurs corps, il est pourtant vrai qu'il en meurt quantité tous les ans *.

Revenons présentement à l'Inquisition, & disons que pendant qu'elle fait ces Processions & ces exécutions terribles, ses prisons ne demeurent pas vuides; car elles sont encore remplies de gens de tout sexe & de toute condition. Ce sont ceux dont les crimes n'en ont pû être prouvez, ou ne méritent pas d'être punis de peines publiques & corporelles. Avant que de sortir des prisons de l'Inquisition, ils doivent tous faire abjuration *de levi*, ou *de vehementi*, c'est-à-dire du leger ou du vehement soupçon d'hérésie. Ceux qui ont fait abjuration du vehement soupçon, s'ils viennent à retomber, sont estimez relaps, & doivent mourir sans ressource. Ceux qui sont seulement tombez dans un leger soupçon, ne sont pas sujets à la mort, quoiqu'ils retombent.

Au reste, tous ceux qui ont fait abjuration, sur tout *de vehementi*, doivent porter le sanbenit, les uns toute leur vie, les autres un certain nombre d'années. C'est la derniere marque d'infamie pour les personnes, & même pour les familles.

Ceux à qui l'Inquisition a laissé quelque bien de reste, s'en servent, quand ils peuvent, pour se racheter de la nécessité de porter un habit si diffamant.

Ces sortes de dispenses s'accordent fort rarement, parce qu'outre que c'est une chose difficile de les obtenir, c'est qu'elles coûtent beaucoup, & que le moindre mal qui arrive à ceux qui sont tombez entre les mains de l'Inquisition, est la perte de leurs biens; car premièrement l'on confisque tous les effets mobiliers & immobiliers de ceux qui sont condamnez à la mort; & pour ce qui est des autres, leurs biens ayant été saisis dès le commencement de leur prison, se trouvent presque tout consumez avant qu'ils en

* *Tiré du 3. Volume des Délices de l'Espagne & du Portugal, par Dom Juan Alvarez de Colmenar.*

sortent, par la mauvaise administration des sequestres, par les pilleries, par les confiscations & par les amendes.

CHAPITRE VI.

Maximes de l'Inquisition & des Inquisiteurs.

TElles sont les procedures de l'Inquisition; mais avant que de les finir, il ne sera pas hors de propos de raporter quelques-unes de ses principales maximes, qui ne serviront pas moins à juger de son esprit & de sa conduite, que tout ce que nous en avons raporté jusqu'à présent.

On tient dans l'Inquisition pour maxime inviolable, qu'il ne faut jamais disputer de Religion avec les Hérétiques, sur tout devant le peuple; qu'ainsi ils doivent être instruits par la voye de l'autorité, non pas par celle des éclaircissemens. Que ceux qui recellent un Hérétique, ou qui le favorisent de quelque maniere que ce soit, par quelque motif qu'ils y soient portez, doivent être excommuniez, & ne peuvent être admis au nombre des pénitens, sans passer par l'Inquisition. Elle les traite toûjours comme gens soupçonnez d'hérésie, c'est-à-dire fort sûrement, comme si l'on ne pouvoit donner secours à la personne, sans favoriser l'erreur. Un Hérétique, quoiqu'absous par le Pape même, ne laisse pas d'être sujet à l'Inquisition, & peut-être condamné à mort. Quand un Hérétique a été une fois condamné, l'on ne doit jamais lui permettre de parler devant le peuple. On ne doit point donner la vie à un Hérétique quoiqu'il se retracte, parce que tous les Hérétiques se sauveroient par de feintes retractations. On ne doit jamais interroger un accusé comme si on doutoit de son crime; mais il faut toûjours supposer le fait comme véritable, & l'interroger seulement sur les circonstances. On tient qu'en examinant un Hérétique, il faut toûjours lui mettre la mort devant les yeux. Qu'on ne doit pas esperer, ni même tenter de le convertir par l'Ecriture sainte, ou par la dispute. Qu'il faut lui promettre par des termes ambigus de lui faire grace, s'il confesse son crime, & ne lui rien tenir de ce qu'on lui a promis quand il l'a confessé.

A ces maximes on peut encore ajoûter celles qui suivent: Que les biens d'un Hérétique sont acquis de droit à l'Inquisition, au préjudice même de ses enfans, & de ses autres heritiers catholiques.

Que la mort ne soustrait pas un criminel au jugement de l'Inquisition. Qu'on lui doit faire son procès après sa mort, & l'exécuter en effigie. Qu'on ne laisse pas d'être suspect d'hérésie, & sujet à l'Inquisition, quoiqu'on n'ait avancé une hérésie qu'en raillant, ou qu'on n'ait imité les Hérétiques que pour se divertir. Qu'en fait d'hérésie & d'apostasie il n'y a point de préscription. Qu'on ne doit point faire la correction fraternelle avant que de déferer à l'Inquisition. Qu'il n'y a raison ni de parenté, ni d'alliance, ni de reconnoissance, fût-ce même de la vie, qui puisse dispenser de déferer un criminel qui est devenu sujet à l'Inquisition. Qu'un fauteur d'Hérétique reconnu pour tel, doit après sa mort être privé de la sepulture Ecclésiastique.

Qu'on ne laisse pas d'être sujet à l'Inquisition, pour avoir avancé quelque hérésie, quoique ce soit par ignorance, & sans la connoître pour hérésie: parce que tout Fidele est obligé de sçavoir ce qui a été condamné par l'Eglise. Que les Magistrats laïcs sont obligez de prêter main forte à l'Inquisition sous peine d'excommunication. Qu'un Magistrat excommunié pour avoir refusé son secours à l'Inquisition, s'il differe de se faire absoudre, doit être condamné comme hérétique. En-

Enfin on est persuadé à l'Inquisition, qu'un Hérétique caché & secret, qui ne divulgue point ses erreurs, & ainsi qui ne nuit qu'à lui-même, doit être déféré à l'Inquisition, & condamné. Qu'un relaps, quoique repentant ensuite, doit être condamné à la mort. Qu'un Hérétique qui a fait abjuration d'une hérésie, s'il retombe ensuite dans une autre, doit passer pour relaps. Qu'un Hérétique caché, qui n'a point passé pour tel pendant sa vie, & qui n'est reconnu tel qu'après sa mort, doit être condamné & exécuté en effigie. Et qu'un accusé qui avoue qu'il a tenu de bonne foi une hérésie, croyant que ce fût un sentiment catholique, doit être mis à la torture pour sçavoir s'il dit vrai.

Si à tout cela l'on ajoûte ce qui a été déja dit, que les parties & les dénonciateurs peuvent être témoins; qu'on ne donne jamais leurs noms, & qu'on ne les fait jamais connoître aux accusés, afin que les reproches en soient plus difficiles; qu'il n'y a presque jamais de confrontation; que les parjures & les personnes les plus infames y sont reçus en témoignage; que les pupilles & les mineurs à l'âge de quatorze ans, sans l'aveu de leurs tuteurs & curateurs, peuvent être témoins; on sera forcé d'avouër que le Tribunal de l'Inquisition est le plus severe, le plus terrible, le plus injuste & le plus redoutable de tous les Tribunaux.

Les Inquisiteurs demeurent eux-mêmes d'accord, que par les procedures qui sont en usage dans l'Inquisition, il est bien difficile que beaucoup d'innocens ne périssent avec les coupables: mais cette difficulté ne les embarrasse pas beaucoup, car c'est encore une de ses principales maximes, qu'il vaut mieux faire périr cent Catholiques irreprochables dans leur foi, que de laisser échaper un Hérétique. La raison qu'ils en rendent, si elle n'est suffisante, ne peut être plus convaincante; c'est qu'en donnant la mort à un Catholique innocent, on ne fait que lui assurer le Paradis: au lieu qu'en laissant aller un Hérétique, il pourroit perdre & infecter un grand nombre d'ames.

Il n'est pas même permis à ces innocens injustement opprimez, de se plaindre de l'injustice qu'ils ont soufferte: le faire, seroit un nouveau crime que l'Inquisition puniroit avec d'autant plus de severité, que sa réputation y seroit engagée, & que dans ce Tribunal on n'avoue jamais que l'on a mal jugé.

Il faut donc qu'ils s'en tiennent à la consolation que donne le Directoire des Inquisiteurs: *Que personne, dit-il, ne dise qu'il est condamné injustement, & ne se plaigne ni des Juges Ecclésiastiques, ni du Jugement de l'Eglise, mais s'il est injustement condamné, qu'il mette sa joye en ce qu'il souffre pour la Justice.*

On prétend que cette triste consolation doit suffire pour satisfaire des gens qui se voyent dépouillez de tous leurs biens, ou qu'on a condamnez aux galeres, au bannissement, à la prison perpetuelle, ou même à la mort la plus cruelle & la plus infame. Il est vrai qu'elle est d'autant meilleure, que la dure nécessité à laquelle ces malheureux se voyent réduits, ne leur en permet pas d'autres. Il y a bien de l'apparence pourtant que les Inquisiteurs eux-mêmes dans des occasions moins rudes ne s'en contenteroient pas.

CHAPITRE VII.

Maux & inconveniens de l'Inquisition. Inhumanité, injustice & cruauté de ce Tribunal envers tous ceux qui lui sont soumis, même contre ses Rois.

IL n'y a point de doute qu'un Tribunal aussi severe que celui de l'Inquisition, n'oblige les peuples parmi lesquels il est établi, de vivre dans une grande contrainte. Mariana le plus célèbre de tous les Historiens d'Espagne, raporte qu'au commencement de son érection, les Espagnols regardoient comme la derniere servitude, de n'avoir plus la liberté ni de parler ni d'écouter, à cause des espions appellez *Familiers* de l'Inquisition, qui sont répandus dans les Villes, dans les Bourgs & dans la Campagne.

Le temps, qui adoucit toutes choses, & qui rend supportables les plus grands maux, n'a pû encore accoutumer ces peuples à ce terrible Tribunal. Ils regardent avec envie les peuples qui n'y sont pas soûmis, & quelque sorte impression que la Religion ait accoûtumé de faire sur les esprits, il est certain qu'ils donneroient toutes choses pour s'en défaire.

Il faut avouer que la conservation de la Religion dans sa pureté est un fort grand bien, & que la politique n'a pas moins d'intérêt que la pieté, à empêcher les erreurs de s'établir dans les Etats. On ne peut pas nier non plus que les ombrages, les défiances, les trahisons, les vengeances les plus cruelles qui s'exercent sous prétexte de zéle & de religion, & la perte d'une infinité d'innocens, ne soient des maux que l'on ne peut éviter avec trop de soin.

On pourroit dire pourtant qu'ils seroient en quelque maniere supportables, (car quel établissement si saint & si utile a-t-on jamais fait qui ne soit sujet à quelque inconvenient) si en même temps que l'on conserve la Religion exempte des souillures qu'elle pourroit contracter par le mélange des opinions pernicieuses, les peuples en étoient mieux instruits dans la Foi, & dans les maximes de la morale de l'Evangile. Mais l'expérience convainc que les Pays d'Inquisition sont ceux de tout le Christianisme où l'on vit avec plus de relâchement; où l'on est moins instruit des choses de la Foi; où l'on trouve plus d'hypocrites, où l'on rencontre moins de cette pieté sincere & solide, qui fait le véritable caractère des Chrétiens.

On ne peut pas nier que l'Inquisition ne soit au moins l'occasion de tous ces maux, puisqu'il est certain que la crainte qu'on a qu'il n'échape quelque mot qui puisse être mal interprété, & dont on prenne occasion d'y déférer les gens, est cause qu'on ne parle presque jamais des choses qui ont raport à la Religion, & qu'on y pense encore moins, à cause que la liaison naturelle qui se trouve entre la pensée & le discours, engageroit infailliblement à en parler, si l'on s'attachoit à y penser un peu fortement.

Ce qui rend l'Inquisition encore plus terrible, c'est qu'au lieu que par tout ailleurs les successeurs des Couronnes, & ceux que leur naissance, leur caractère, & les premieres dignitez de l'Eglise & de l'Etat élevent au-dessus des autres, sont exemts des poursuites publiques de la Justice; ou que si l'on est obligé de les poursuivre, cela se fait toûjours avec beaucoup de circonspection & de ménagement; ce Tribunal au contraire, pour se rendre plus redoutable, affecte de n'épargner qui que ce soit, & de choquer les personnes les plus relevées, les Rois mêmes, comme les moindres du peuple.

On

On sçait que l'Inquisition de Rome a souvent condamné des Cardinaux, quoique l'on y tienne leur caractere tellement inviolable, que l'on prétend que les Rois mêmes ne peuvent pas condamner à la mort ceux de leurs sujets qui sont revêtus de cette dignité. Henri III. en ayant usé autrement, comme on sçait, à l'égard du Cardinal de Guise, pour des raisons qui ne pouvoient être ni plus pressantes ni plus indispensables, puisqu'il étoit aisé à ce Prince de le convaincre de rébellion & de crime d'Etat; Sixte V. en prit occasion de l'excommunier & de le déposer. Nous avons rapporté ci-dessus comme elle en usa à l'égard de Marc-Antoine de Dominis, quoiqu'il fût Archevêque & Primat, & le plus sçavant homme de son siecle.

L'Inquisition d'Arragon a été bien plus loin; car elle entreprit de faire le procès à Dom Carlos Prince de Vienne, fils aîné de Dom Juan II, Roi d'Arragon, & le fit effectivement *.

Celle de Castille fit encore quelque chose de plus; car elle entreprit de faire le procès à la mémoire de l'Empereur Charlequint, & de condamner au feu son Testament comme hérétique, aussi-bien que les personnes qui avoient eu le plus de part à la confiance & à l'amitié de ce grand Prince.

Comme cette Histoire a quelque chose de prodigieux, le Lecteur sera sans doute bien aise de la voir ici un peu au long. Je la donne sur la foi de trois bons Auteurs, M. de Thou, Aubigné, & M. le Laboureur.

Entre les bruits qui avoient couru dans le monde sur la retraite de l'Empereur Charlequint, le plus étrange fut que le commerce continuel, qu'il avoit eu avec les Protestans d'Allemagne, lui avoit donné quelque inclination pour leurs sentimens, & qu'il s'étoit caché dans une solitude pour avoir la liberté de finir ses jours dans des exercices de piété conformes à ses dispositions secretes.

On disoit qu'il ne pouvoit se pardonner le mauvais traitement qu'il avoit fait aux braves Princes de ce parti, que le sort des armes avoit mis sous sa puissance. Leur vertu, qui dans leur malheur faisoit honte à la fortune, avoit fait naître insensiblement dans son ame quelque sorte d'estime pour leurs opinions.

Cette estime parut par le choix qu'il fit de personnes toutes suspectes d'hérésie pour sa conduite spirituelle, comme du Docteur Cazulla son Prédicateur, de l'Archevêque de Tolede, & sur tout de Constantin Ponce Evêque de Dresse, & son Directeur.

On a sçu depuis sa mort, que la cellule où il mourut à Saint-Just, étoit remplie de tous côtés d'écriteaux faits de la main sur sa justification & sur la grace, qui n'étoient pas fort éloignés de la doctrine des Novateurs.

Mais rien ne confirma tant cette opinion que son Testament. Il n'y avoit presque point de legs pieux ni de fondations pour des prieres; & il étoit fait d'une maniere si différente de ceux des Catholiques zélés, que l'Inquisition crut avoir droit de s'en formaliser.

Elle n'osa pourtant éclater avant l'arrivée de Philippe II. son fils, parce qu'on n'étoit pas assez informé de ses sentimens, & de quelle maniere il pourroit prendre les choses. Mais ce Prince ayant signalé son arrivée en Espagne, par le supplice de tous les Partisans de la nouvelle opinion; l'Inquisition devenue plus hardie par son exemple, attaqua premierement l'Archevêque de Tolede Primat d'Espagne, Cazulla Prédicateur de l'Empereur, & enfin Constantin Ponce son Directeur.

Le Roi les ayant laissé emprisonner tous trois, le peuple regarda cette patience comme le chef-d'œuvre de son zele pour la Religion; mais le reste du monde vit avec horreur le Confesseur de l'Empereur, entre les bras duquel ce Prince étoit mort, & qui avoit comme reçu dans son sein cette grande ame, livré au plus cruel & au plus honteux de tous les supplices, par les mains mêmes du Roi son fils.

En effet dans la suite de l'instruction de ce procès, l'Inquisition s'étant avisée d'accuser ces trois personnes d'avoir eu part au Testament de l'Empereur, elle eut la hardiesse de les condamner au feu avec ce Testament.

Le Roi se réveilla au bruit que ce jugement fit dans le monde. D'abord la jalousie, qu'il avoit contre la gloire de son pere, lui fit trouver quelque plaisir à voir sa mémoire exposée à cet affront. Mais ensuite ayant considéré la conséquence de cet attentat, il en empêcha l'exécution par les voyes les plus douces & les plus secretes qu'il put choisir, pour ne pas aigrir les Inquisiteurs, & ne faire aucune brèche à l'autorité de leur Tribunal.

Dom Charles, fils unique du Roi, ne prit pas les choses avec tant de modération; il en conçut une indignation proportionnée à l'amour qu'il avoit pour l'Empereur son ayeul, & à l'extrême vénération qu'il conservoit pour sa mémoire.

Comme il étoit trop jeune pour comprendre que les Rois les plus absolus n'ont point de droits qui soient si sacrez dans l'esprit des peuples, que ceux de la Religion; il blâma hautement la foiblesse du Roi, & parla ensuite publiquement de l'entreprise de l'Inquisition, avec un emportement proportionné à sa jeunesse & à son grand cœur, & à un attentat qui n'avoit jamais eu d'exemple. Il menaça même d'exterminer un jour l'Inquisition & les Suppôts d'une violence si qualifiée. Cet emportement, comme nous le verrons dans la suite, lui coûta cher; & l'Inquisition offensée ne put être satisfaite que par la mort de ce genereux Prince.

Cependant ce grand différend s'accommoda; Cazulla fut brûlé vif, accompagné d'une effigie de Constantin Ponce, mort quelques jours auparavant en prison. L'Archevêque de Tolede appella à Rome, & ne se tira d'affaire qu'à force d'amis & d'argent; & l'on ne parla plus du Testament de l'Empereur.

Si cet accommodement calma le Prince d'Espagne, il n'appaisa pas les Inquisiteurs. Comme c'est une de leurs maximes de ne pardonner jamais, ils exciterent de si grands murmures parmi le peuple, que le Roi fut obligé de l'éloigner de la Cour avec le Prince Dom Juan son frere, & le Prince de Parme son neveu, qui avoient témoigné d'entrer dans le juste ressentiment de son fils contre l'Inquisition.

La vengeance de ce cruel Tribunal n'en demeura pas là; mais quelques années après, à l'occasion des troubles des Pays-bas, ils firent un crime à ce jeune Prince de la compassion qu'il avoit témoignée pour ces peuples malheureux. La Religion fut à leur ordinaire de la partie, & entra dans leur ressentiment. On supposa que tous ces peuples étant hérétiques, ce Prince n'avoit pu former le dessein de les proteger, sans se rendre coupable du même crime. Enfin ils agirent si puissamment sur l'esprit du Roi, que ce pere dénaturé le condamna à la mort. Toute la grace qu'on lui fit fut de lui laisser le choix du genre de sa mort. Il choisit un bain chaud, où s'étant fait ouvrir les veines des bras & des jambes, il perdit insensiblement la vie.

Miguel de Monsarrate Auteur Espagnol, dans son Livre de *Cæna Domini* *, reprochant entre autres

cri-

* Tableau des Papes, p. 334.

crimes aux Inquisiteurs Espagnols, de se servir du Privilège du saint Office, pour faire traîner dans ses prisons les femmes & les filles qui n'ont pas voulu leur être favorables, & d'avoir la cruauté, après avoir corrompu la pudicité de ces innocentes victimes, sous prétexte peut-être de les sauver, d'avoir, dis-je, l'inhumanité de les condamner au dernier supplice, leur adressa ces paroles: *Assi esso mal hechores, como no teneis verguença ni honra, que despues de aver gozado las mugeres y doncellas que eran en vuestro poder, despues de averlos gozados las entregays al fuego? O impios peores que los viejos de Susanna!* ,, Vous êtes ,, en outre des malheureux. Comment n'avez-vous ,, ni honte ni pudeur, de séduire & d'abuser les fem- ,, mes & les filles qui sont en votre pouvoir, & non ,, contens de cela, de les condamner au feu? O abo- ,, minables! ô impies, plus méchans que les vieil- ,, lards qui accuserent la chaste Susanne! On trouve la même chose dans les Ouvrages de Cypriano de Valera.

Les exemples que nous avons raportez jusqu'à présent ont assez fait voir que le pouvoir inique & arbitraire de l'Inquisition n'a presque plus de bornes. Il s'étend non seulement sur tous les Peuples sujets du Prince dans les Etats duquel ce Tribunal est établi, aussi-bien que sur les Grands du Royaume, mais encore sur les Rois mêmes: & l'exemple que l'on va raporter suffira pour faire voir à quel point d'insolence ce Tribunal a osé porter son autorité. Sous le regne de Philippe III. Roi d'Espagne, deux Cordeliers, soit dans l'idée de connoître les nouveautez qui s'introduisoient alors dans plusieurs Etats sur la Religion, ou autrement, s'étant peut-être un peu trop avancez sur les points contestez entre la Religion Catholique Romaine & la Protestante, furent dénoncez au saint Office comme ayant eu intention de quitter leur Ordre & leur Habit pour embrasser la Religion Protestante, & comme tels arrêtez & conduits dans les prisons du saint Office, où, après leur avoir fait leur procès à l'ordinaire, c'est-à-dire sans les entendre, ils furent condamnez à être brûlez, comme atteints d'hérésie. Cette affaire avoit fait grand bruit, & on ne les croyoit pas aussi coupables que les Officiers de l'Inquisition le disoient. Le jour venu de l'*Auto da Fé*, ou *Acte de Foi*, on fit passer la Procession devant le Palais du Roi à Madrid, selon la coutume. Les deux Cordeliers, que l'on menoit au supplice, donnoient gloire à Dieu de souffrir le martyre pour la confession de son Evangile, & chantoient tout haut des Pseaumes & des Prières, qui furent entendues du Roi. Il étoit sur son balcon, & les voyant il ne put s'empêcher de les plaindre, en disant: *Voilà deux hommes bien malheureux de mourir pour une chose dont ils sont persuadez.* Ces paroles ne furent pas plûtôt prononcées, qu'elles furent raportées par quelque Familier au saint Office, qui députa aussi-tôt vers le Roi, & lui declara que ce qu'il avoit dit ayant scandalisé plusieurs personnes, & principalement le saint Office, il étoit nécessaire qu'il expiât (disoient-ils) ce crime par quelque punition exemplaire. Le Roi ne fit pas d'abord grande attention à ce qu'on lui dit là-dessus: mais l'Inquisiteur l'étant venu trouver, lui fit entendre très-sérieusement qu'il falloit que Sa Majesté se soumît à quelque peine. On chercha long-tems ce que le Roi pourroit faire pour cette satisfaction, & enfin on convint que Sa Majesté se laisseroit tirer une palette de sang, & que ce sang seroit brûlé par la main du Bourreau: ce qui fut exécuté en présence du Grand Inquisiteur & de ses Officiers. Ce fait est rapporté dans les Mémoires du Comte de Roussy, cité dans le Tableau des Papes imprimé à Cologne en mil sept cent quatorze, page 335.

Tome I.

Après des exemples si terribles, il n'y a pas lieu de s'étonner si l'Inquisition est si redoutable, & si les personnes les plus puissantes la craignent autant que les moindres du peuple. Aussi quand les connexions du Comte Duc d'Olivarez, (qui étoit en Espagne ce que le Cardinal de Richelieu étoit en France) eurent conjuré sa perte, ils ne trouverent point de moyen plus sûr pour en venir à bout que de le déférer à l'Inquisition. La faveur & la puissance de ce premier Ministre d'une Monarchie si redoutable, ne l'empêcha pas de s'en faire. De tant de gens qu'il avoit comblez de biens, & dont la fortune étoit attachée à la sienne, personne n'osa se déclarer pour lui, ni solliciter en sa faveur; & ce grand homme périt abandonné de tout le monde.

CHAPITRE VIII.

Inquisition pour les Livres.

MAis si l'Inquisition en use avec tant de rigueur avec les personnes, elle n'agit pas avec moins de sévérité à l'égard des Livres. C'est encore un des principaux chefs de sa Juridiction.

Comme il y a toûjours dans ce Tribunal parmi les Supôts & les Familiers quantité de gens où l'on sait, de même que dans les Monastères où l'on fait profession d'être aussi dévoué à l'Inquisition qu'elle Supôts mêmes; dès qu'un Livre paroît, il est lû & examiné, mais toûjours avec les préjugez qui regnent dans ces lieux-là, qui souvent sont ailleurs des maximes bien reçues. Pour peu qu'on y trouve à redire, le Livre est déféré à l'Inquisition. On l'y examine de nouveau, & cet examen est presque toûjours suivi d'une censure. L'on a en ce Pays-là de grandes délicatesses sur les Livres, & la moindre chose suffit pour en tirer une censure.

Cette censure se fait de trois manieres différentes. Quelquefois un Livre est condamné absolument & sans réserve. D'autrefois il est seulement condamné jusqu'à ce qu'il soit corrigé. Enfin on fait quelquefois un Extrait des propositions condamnées, & l'on marque expressément sur quoi tombe la censure.

Tous les ans on publie un Index ou une Table, qui contient tous les Livres qui ont été condamnez pendant l'année. L'on y voit les Livres censurez de quelqu'une des trois manieres que l'on vient de raporter. Cette Table est ensuite affichée dans les Places publiques; & depuis ce temps-là il n'est plus permis à qui que ce soit de garder les Livres condamnez. C'est un des cas soûmis à l'Inquisition que de les lire ou les retenir chez soi. Et si quelqu'un s'en trouvoit saisi après la condamnation, il n'en faudroit pas davantage pour lui attirer de grandes affaires.

On peut juger par là comment les Auteurs seroient traitez, s'ils étoient connus. Aussi a-t-on grand soin en ce Pays-là ou de ne rien écrire qui puisse être censuré; ou si l'on ne peut vaincre la démangeaison d'écrire, c'est un secret que l'on ne confie à personne. Souvent même un Auteur, qui s'y est laissé emporter, ne trouve point d'autre sûreté qu'en se bannissant lui-même volontairement de son Pays pour toute sa vie.

Pour ce qui est de celui qui a fait imprimer, ou qui a vendu ou débité des Livres suspects, il croiroit être traité favorablement s'il en étoit quitte pour une grosse amende, & la confiscation des Exemplaires. On ne lui fait sur cela aucun quartier; la composition n'a point de lieu; on ne le quitte point qu'on ne l'ait ruiné sans ressource. Souvent même il paye de sa liberté, & se voit réduit à passer plusieurs années, & quelquefois même toute sa vie, dans les prisons de l'Inquisition.

La délicatesse va si loin dans l'Inquisition sur le sujet des Livres, que les Peres mêmes de l'Eglise n'y ont pas été épargnez. Nous en avons plusieurs de l'Impression de l'Inquisition, où l'on voit des pages entieres retranchées, parce qu'elles contenoient des sentimens ou des usages opposez à ceux qui ont cours dans les Pays d'Inquisition.

On ne voit pas comment l'on peut excuser une liberté si extraordinaire, pour ne dire rien de plus fort : mais l'on peut dire que si l'on en usoit ainsi dans les Pays qui ne sont pas soûmis à l'Inquisition, l'on n'auroit bien-tôt plus de preuves de l'antiquité & de la tradition, qui a toûjours été, & qui est encore à present d'un si grand usage pour convaincre les Hérétiques d'innovation : ou du moins l'on n'en auroit que de suspects. Les plus grands ennemis de l'Eglise pourroient-ils faire rien de plus fort contre elle, que de la priver d'un tel secours ? C'est ainsi que le zéle, qui n'est pas conduit par la science, a fort souvent un effet contraire à ce qu'il prétend.

Il faut avouer, que comme il y a peu de choses plus contraires aux bonnes mœurs que la lecture des mauvais Livres, ce ne peut être qu'un fort grand bien d'empêcher le débit de ceux qui peuvent corrompre les peuples dans la foi & dans les mœurs. C'est un devoir des plus essentiels des Princes & des Magistrats Chrétiens d'y tenir la main ; & les Etats qui se sont insensiblement laissé dépouiller de cette partie de leur autorité, ne se sont apperçus de la perte qu'ils avoient faite, qu'après avoir perdu l'espérance de la réparer jamais.

On peut dire qu'il n'y a que la Republique de Venise en Italie, qui ait toûjours bien compris l'importance de cette maxime, & qui n'ait point souffert de diminution de ses anciens droits. Elle continue à les soûtenir avec sa fermeté ordinaire ; & ses Ministres sont encore à present en possession d'examiner tous les Livres qui s'impriment, afin qu'il ne s'y glisse point de mauvaise doctrine. Pour ce qui est de ceux qui ont été imprimez par le passé sans les précautions requises, elle empêche qu'ils ne soient imprimez de nouveau & exposez en vente, de peur que le mal arrivé ne s'augmente encore davantage.

L'Espagne a suivi long-temps ce qui se pratique encore à Venise : le droit d'examiner les Livres contre la Religion & l'Etat appartenoit aux Ministres du Prince qui en prononçoient la condamnation ; mais la Cour de Rome, qui ne s'endort jamais lorsqu'il s'agit d'étendre son pouvoir, s'empara fort adroitement de ce droit à l'occasion de ce que l'on va rapporter. Au commencement du siecle passé, le Cardinal Baronius entreprenant d'enchérir sur toutes les entreprises de Jurisdiction faites auparavant par la Cour de Rome, adressa le 13. Juin 1605, une Lettre à Philippe III. Roi d'Espagne, pour se plaindre de ses Ministres qui empêchoient la vente de l'onzième tome de ses Annales, dans les Etats de Naples & de Milan. Il avance hardiment dans cette Lettre, que le Pape est le seul Juge légitime des Livres, & que les Princes & leurs Officiers ne peuvent condamner des Ouvrages que Sa Sainteté a une fois approuvés.

Le Roi d'Espagne pénétra d'abord la conséquence de ces maximes ; mais ne voulant pas condamner la conduite de ses Officiers, qui avoient agi par ses ordres, ou au moins d'une maniere très-conforme à ses intentions, ni se brouiller avec un Cardinal de la réputation de Baronius (ce qu'il n'eut pas manqué de faire s'il eut fait réponse à sa Lettre), il prit le parti de ne lui point répondre ; mais parce que son silence ne suffisoit pas dans une conjoncture de cette importance, il laissa courir & observer les défenses publiées par ses Ministres.

Le Cardinal irrité du peu de succès de sa Lettre, & joignant son ressentiment particulier aux prétentions de la Cour de Rome, qu'il s'étoit engagé de soûtenir aux dépens mêmes de la réputation d'habile homme, à laquelle il étoit fort sensible, renchérit sur ses premieres maximes dans le XII.e tome de ses Annales, imprimé l'an 1607. Il y dit en termes exprès dans un discours fait sur ce sujet, que c'étoit une chose honteuse & pleine d'impiété, que les Juges Royaux osassent censurer les Livres approuvez par le Pape, & en défendre le débit aux Libraires de leur dépendance ; que c'étoit ôter à S. Pierre une des clefs que Jesu-Christ lui avoit données, sçavoir celle de discerner le bien d'avec le mal ; & qu'enfin les Ministres d'Espagne avoient défendu son Livre, parce qu'il y reprenoit les injustices & les usurpations de leurs Rois.

Mais si le Cardinal ne gagna rien par ce discours si aigre & si injurieux aux Rois Catholiques, aux Princes & aux Magistrats Chrétiens ; il servit au moins à faire voir évidemment la passion de la Cour de Rome, qui croit qu'il lui est permis d'offenser les Princes, & de décrier leur Gouvernement par des invectives sanglantes, sous prétexte de Religion ; sans que ces Souverains puissent au moins empêcher le cours & la lecture de ces écrits dans leurs propres Etats.

Mais il n'y a personne qui ne voye quel désordre ce seroit dans le monde, si l'approbation que les Papes donnent pour leur intérêt à des Livres faits contre l'autorité des Princes la plus légitime, obligeoit les Princes à en permettre le cours dans leurs Etats.

Y a-t-il rien de plus injuste que de prétendre qu'un Livre, où un Roi est appellé Usurpateur & Tyran, où la mémoire de ses ancêtres est diffamée, & dans lequel ses Sujets ne sçauroient trouver que des leçons de désobéissance & de revolte, soit vendu, tenu & lû publiquement dans les terres de ce Prince ?

C'étoit pourtant ce que prétendoit Baronius, qui, après avoir très-mal parlé de plusieurs Rois d'Arragon, & particulièrement de Ferdinand le Catholique *, croyoit que Philippe III. lui faisoit grand tort de ne pas permettre la vente d'un Ouvrage rempli d'aigreur & de médisance contre ses Prédécesseurs & ses Peres ; & qui, comme s'il eût eu grande raison, s'appliquoit ces paroles de l'Evangile : *Heureux ceux qui souffrent persécution pour la Justice.* Cette consolation, qui n'étoit que dans son imagination, lui vint fort à propos ; car les Rois d'Espagne n'ont jamais crû le devoir consoler d'une autre maniere.

Cependant comme il est certain qu'un Livre approuvé par le Pape en matiere de foi, ne peut être condamné par les seculiers ; de même il est constant qu'un Livre de politique & d'histoire peut justement être défendu par les Princes, & par les Magistrats, quoique tous les Prélats du monde l'eussent approuvé.

Pour ce qui est de l'expédient que Baronius propose, de recourir humblement aux Evêques pour la suppression d'un Livre que les Ministres du Prince connoîtroient devoir causer du trouble ou du scandale, l'on a déja fait voir ailleurs que ce seroit un remede pire que le mal ; puisque par là les Ecclésiastiques s'établiroient Juges d'une infinité d'affaires, dont la connoissance ne leur appartient pas.

On peut ajoûter que ce seroit un mauvais gouvernement que celui qui n'auroit pas en soi les moyens de

* *Dans son Discours de la Monarchie de Sicile, tome XI. des Ann. Ecclés.*

de pourvoir aux chofes néceffaires , & qui feroit réduit à attendre que le remede lui fût fourni par ceux qui ont intérêt à la durée du mal , ou qui même n'y pourvoiroient jamais que felon leurs deffeins particuliers , & non pas felon les befoins publics, & les intérêts particuliers du Prince.

C'eft pourquoi un Souverain ne doit jamais fe repofer fur la diligence d'autrui , des chofes qui concernent le bon gouvernement , puifque Dieu lui a donné l'autorité , & lui a mis en main les moyens néceffaires pour y donner ordre par lui-même. En effet , il n'y a que lui qui fçache bien ce qui eft propre & avantageux à fon Etat ; c'eft pourquoi il ne doit point l'emprunter de Rome ce qu'il a chez foi.

C'eft ce qui faifoit dire à Jean de Monluc Evêque de Valence , au fujet des guerres de la Religion en France , qui c'étoit une grande fimplicité de vouloir brûler Paris , & d'attendre l'eau du Tibre pour en éteindre l'embrafement , pendant qu'on avoit celle de la Seine toute prête.

La politique des Rois en particulier eft tout-à-fait oppofée à celle des Papes : ce qui eft bon pour l'Etat Eccléfiaftique ne l'eft pas pour un autre ; & quand il le feroit , on ne pourroit pas prétendre avec juftice qu'il fût obligé de s'y conformer : ainfi une doctrine pourroit être bonne à Rome, qui feroit pernicieufe à Paris, à Vienne, à Madrid , à Venife & par tout ailleurs ; parce que les vûes & les intérêts font tous differens : ainfi l'approbation du Pape ne peut pas ôter aux Princes le pouvoir de condamner des Livres qui caufferoient du defordre dans leurs Etats.

Revenons préfentement aux bons Livres. Comme la lecture n'en peut être que très-utile , l'on ne peut apporter trop de foin à les diftinguer des mauvais, ni ufer de trop de précaution pour ne les pas envelopper dans la même condamnation.

Il eft vrai que pour en bien juger , il faut de la fcience, du difcernement, du bon goût, & fur-tout une certaine étendue d'efprit , qui eft la chofe du monde la plus rare , & qui fe rencontre moins dans l'Inquifition que par tout ailleurs. Tous ceux qui la compofent font des gens qui n'ont des matieres de fcience que des idées étroites & extrêmement bornées ; le bon goût n'y eft point de mife. L'on n'y fçaie ce que c'eft que l'antiquité ; enfin on n'y juge que fur les préjugez reçus bons ou mauvais ; & on ne s'y pique pas de fçavoir autre chofe que la Scholaftique ou le Droit nouveau. Tout ce qui ne s'accorde pas avec les idées que peuvent fournir ces deux fciences, qui ne font pas d'une fort grande étendue , ne peut manquer d'y être défaprouvé. Quel pourroit être le fort d'un bon livre entre les mains de pareils Juges ? Cependant ils y jugent, on y décide de tout ; mais c'eft la plûpart du tems fans conféquence. Une cenfure de l'Inquifition ne fait bien fouvent qu'accréditer un Livre ; & s'il en devient plus rare, il n'en eft que plus eftimé.

Mais il n'eft point de Pays Catholique au monde où les Jugemens rendus par l'Inquifition contre les Livres , foient moins eftimez qu'en France. On y fait profeffion publique de n'y point déférer. Les Livres , pour y avoir été profcrits , n'en ont pas moins de débit ; & les Auteurs qui les ont compofez n'en perdent rien de leur réputation.

Quatre chofes contribuent au peu d'égard qu'on a pour ces fortes de cenfures. 1. On prétend que l'Inquifition n'y a aucune jurifdiction , même celle de Rome, nonobftant le vain titre qu'elle prend d'Univerfelle. 2. On a en France quantité de maximes directement contraires à celles de l'Inquifition. Ses maximes y ont été fouvent condamnées , & c'eft ce qui a accoutumé à ne faire aucun cas de fes jugemens.

3. On y eft convaincu que la politique, l'intrigue & l'intérêt ont fouvent plus de part aux condemnations qui s'y font , que toute autre chofe. Et comme la politique & les intérêts de la France ne s'accordent pas toujours avec ceux de Rome, c'eft un autre motif de ne point déférer à fes cenfures. 4. Enfin on y eft perfuadé de fon mauvais goût ; le génie & les qualités de ceux qui la compofent n'y font pas ignorez. La France au contraire eft pleine de gens fçavans ; l'accueil qu'on leur fait , & les libéralitez dont on ufe ordinairement en leur endroit les y attirent de toutes parts. Le difcernement & le bon goût y femblent répandus par tout. L'antiquité y eft eftimée ; on s'applique continuellement à fa recherche ; & bien loin de faire ces retranchemens fi dangereux dans les Saints Peres , on les augmente tous les jours par de nouvelles découvertes que l'on communique au Public , avec une fidélité à laquelle la critique la plus exacte & la plus févere n'a encore pû trouver à redire.

La liberté dont on y jouit de dire & de publier fes fentimens , eft autant éloignée de la licence qui regne dans quelques Etats voifins , que de la contrainte tyrannique à laquelle font affujettis les peuples foûmis à l'Inquifition. C'eft une liberté reglée , que la fageffe & la vigilance du Prince fçavent retenir dans des bornes fi juftes , que le Public n'en reçoit aucun préjudice. Comme il eft difficile de juger de la même maniere avec des qualitez fi oppofées , il n'y a pas lieu de s'étonner fi ce qui eft condamné par l'Inquifition eft fouvent approuvé en France , & fi l'on y a fi peu d'égard à fes cenfures.

CONCLUSION.

Tels ont été les commencemens & les progrès de l'Inquifition. La politique eut d'abord pour le moins autant de part à fon établiffement , que le zele de conferver la Religion dans fa pureté. Comme elle doit fa naiffance à la politique , c'eft elle depuis qui l'a toujours maintenue , & qui l'a enfin élevée à ce comble de puiffance & d'autorité , qui la rend aujourd'hui fi terrible. La Cour Romaine regarde l'Inquifition comme fon chef-d'œuvre , & comme l'appui le plus ferme & le plus folide de fa puiffance fpirituelle & temporelle.

En effet , il n'y a rien à quoi elle veille avec plus de foin qu'à la confervation de l'une & de l'autre jouiffance. Auffi a-t-elle mis les chofes fur ce pied dans les pays qui lui font foûmis , que quelque loin qu'on veuille les porter, il n'y a perfonne qui ne favorife fes prétentions , ou du moins qui ofe y contredire. On va fur cela auffi loin qu'on veut ; rien n'arrête, tout ploye, tout fait joug ; les maximes les plus outrées paffent pour inconteftables , & les prétentions les moins fondées pour conftantes ; auffi l'infaillibilité pour les faits , la fupériorité des Papes fur les Conciles généraux , fon domaine fur les biens de toutes les Eglifes du monde , le pouvoir d'en difpofer comme il lui plaît , fa prétendue puiffance fur le temporel des Souverains , le droit tout-à-fait infoûtenable qu'elle s'attribue de les dépofer , d'abfoudre leurs fujets du ferment de fidélité , & de difpofer de leurs Etats font des maximes , dont fi l'on ofe douter dans les pays d'Inquifition, du moins on n'ofe les combattre fans s'expofer à toutes les rigueurs de ce terrible Tribunal.

L'attachement aveugle & paffionné qu'à l'Inquifition pour tous les intérêts de la Cour Romaine , l'ardeur avec laquelle elle appuye toutes fes prétentions , & l'application continuelle qu'elle a à faire valoir l'autorité sans bornes qu'elle s'attribue, sont cause qu'on a si fort étendu sa Jurisdiction, qu'on lui a attribué de si grands droits, & qu'on l'a rendue si puissante, qu'elle est devenue redoutable aux Princes mêmes qui l'ont reçue dans leurs Etats.

La Cour Romaine souhaiteroit avec passion qu'elle fût reçue dans tous les Royaumes & Etats qui n'ont pas encore voulu s'y soûmettre. Elle n'épargneroit rien pour cela, si elle croyoit y réussir; & ce seroit en effet le plus grand coup qu'elle pourroit faire.

Mais comme l'on est persuadé que la Religion se peut maintenir comme elle a fait & fait encore en bien des endroits, sans un moyen si violent, & qu'un Corps si puissant, qui a tant de suppôts & de personnes dans sa dépendance, tant de maximes contraires aux droits, & tant d'engagemens opposés aux intérêts des Souverains; & qui d'ailleurs tient les peuples attachez par des liens aussi forts & aussi indissolubles que ceux de la Religion & de la conscience, ne manqueront pas dans certaines conjectures, de troubler à son gré le repos des Etats; il y a apparence qu'elle ne fera pas de plus grands progrès.

On pourroit prétendre qu'il seroit aisé de lui prescrire des loix, de borner son autorité de telle sorte, & de prendre des mesures si justes, qu'elle seroit utile à la Religion, sans pouvoir nuire au repos de l'Etat.

Mais l'expérience apprend qu'à quelques conditions qu'on la reçoive, & quelques loix qu'on lui prescrive, elle gagne à la fin un pouvoir sans bornes. La Cour Romaine, qui a intérêt qu'il soit tel, se met toûjours de la partie: elle ne manque jamais de prendre l'intérêt de l'Inquisition contre les Souverains. Les Loix les plus sagement établies, & dont l'exécution importe si fort au repos des Etats, deviennent avec l'Inquisition des sources perpétuelles de différends, & des occasions qui ne manquent jamais de gourmander les Souverains.

EXTRAIT D'UN VOIAGE d'Espagne imprimé à Paris en 1669, p. 555. sur le Tribunal de l'Inquisition & sur les Prérogatives des Familiers du saint Office.

IL y a dix Tribunaux d'Inquisition en Espagne, un à Tolede, Grenade, Seville, Cordoue, Murcie, Cuença, Logrono, Lerena, & Valladolid; & le Souverain qui est à Madrid. Mariana, Liv. 24. Ch. 17. dit que cet établissement parut fort rude d'abord, & même injuste à quelques-uns; & D. *Fernand del Pulgar*, Auteur de ce tems-là, dans ses *Hommes illustres* prouve que les crimes, dont l'Inquisition s'étoit attribué la connoissance, ne devoient point être punis de mort: mais comme la plus grande partie des Espagnols n'ont point de teinture des belles Lettres, ni de lecture de l'Ecriture sainte, & des saints Peres, & par conséquent point de foi véritable, point de piété intérieure, mais seulement une foi languissante & hypocrite, qu'ils ne font consister que dans les cérémonies de l'Eglise, & dans un culte extérieur, ils donnent tout à leur imagination & à leurs passions déréglées. La crainte de l'Inquisition, en leur ôtant les moyens de s'instruire à fond de leur Religion, leur est devenue nécessaire pour les tenir en bride contre leurs passions: & quand on leur donneroit à présent la liberté d'examiner, ils deviendroient semblables aux Maures, qui se font Chrétiens autant de fois qu'ils sont pris, & redeviennent Mahométans dès qu'ils sont en liberté. C'est-à-dire qu'ils ne sçavent pourquoi ils sont Chrétiens, non plus que les Maures pourquoi ils suivent Mahomet; & c'est de ces peuples que l'on peut dire qu'ils ne sont Catholi-

quesque parce que leurs meres ou leur nourrices le sont.

Le Président de l'Inquisition s'appelle *Inquisidor General*, & les Conseillers *Inquisidores*. Et comme ils n'ont autre chose à faire qu'à s'informer de la mauvaise vie & de la doctrine des gens, & qu'un chacun aime à se faire valoir dans son emploi, ils ont des espions par tout. S'ils épargnent beaucoup les Etrangers, ils font en récompense une cruelle persécution à ceux du pays; & les moyens dont ils se servent, aussi-bien que la maniere d'instruire le procès à un accusé, sont tout-à-fait contraires non seulement aux formalitez ordinaires & observées dans tous les Etats bien policez, mais encore à l'équité naturelle & aux Loix divines & humaines. Sur les raports que l'on fait contre un homme ou une femme (que je veux croire que l'on ne considere pas legerement, mais après qu'ils ont été confirmez de plusieurs côtez) on prend cet homme ou cette femme, & au lieu qu'en toute sorte de crimes on déclare au prisonnier celui dont il est accusé, & qu'on ne croit jamais un homme qui s'accuse; ici tout au contraire on attend qu'il déclare de quoi il est coupable. S'il ne s'accuse de rien, on le retient toûjours; & il arive quelquefois qu'on lui donne la question & qu'on le fait mourir.

Comme bien souvent les témoins qui accusent un homme, se portent à le faire par des haines & des inimitiez particulieres, & qu'ils pourroient être rejettez par l'accusé, si leurs noms venoient à sa connoissance, on a grand soin de ne les lui jamais nommer, ni de confronter les témoins. Ainsi un homme se trouve pris, accusé, mis à la torture, condamné, & brûlé, sans pouvoir se défendre.

Cette rigueur passe même jusqu'aux enfans, qui portent la peine du libertinage ou crime prétendu de leurs peres; car on confisque leurs biens meubles & immeubles, que l'on fait vendre au profit de l'Inquisition, & en privant ainsi les enfans ou héritiers des biens de leurs peres ou de leurs parens, l'Inquisition trouve le moyen d'avoir le bien de tout autant de gens qu'il lui plaît.

Pour obliger la Noblesse à maintenir cette supercherie, on a donné de grands privileges à tous les Gentilshommes qui veulent se faire Familiers de la sainte Inquisition. Le Roi même en est le Protecteur & en prend la qualité. La fonction de ces Familiers est de servir & de prêter main-forte pour prendre les accusez & les mener en prison, & il y a cela de particulier, qu'ils les conduisent en prison & au supplice, sans que le condamné soit lié; car il est tellement environné de ces hommes officieux, qu'on ne doit pas craindre qu'il s'échape.

A la vérité, ce cruel ministere apporte beaucoup d'avantage à ces Gentilshommes Familiers de l'Inquisition, car ils sont en droit de commettre les actions du monde les plus méchantes, tuer, assassiner, violer &c. sans qu'il leur en arive la moindre repréhension. Si on les poursuit pour quelques crimes pareils, ils se réclament de l'Inquisition où ils ont leurs causes commises; & aussi-tôt les autres Jurisdictions cedent & se taisent, dans la crainte de se commettre avec le saint Office.

Les Inquisiteurs entreprennent le procès, & le Familier ne manque pas aussi-tôt de se faire écrouer prisonnier de l'Inquisition; après quoi il a la liberté de se promener par tout, de sortir de la Ville, & d'agir comme s'il n'étoit pas prisonnier: cependant on fait traîner le procès en longueur, pour le mettre en accommodement. Ceux qui ont de mauvaises affaires ne s'embarrassent pas de demeurer des dix années, & quelquefois toute leur vie, prisonniers de l'Inquisition, où ils sont mieux traitez que les autres, & jouïssent d'une plus grande liberté. C'est ce qui est arrivé à un Gentilhomme de Cordoue, nommé mé Don *Diego de Cabrera y sota Mayor*, Chevalier del *habito de Calatrava* ou de *Santiago*. Quoique prisonnier du saint Office, cela ne l'empêcha pas de se trouver à l'Expédition d'Elvas, quand D. Louis y alla.

Un autre Gentilhomme Familier du saint Office, de la même Ville de Cordoue, eut le malheur de tuer un homme qui avoit grand crédit en Cour, & des parens de la première qualité. Il se retira dans les prisons de l'Inquisition : les Officiers du saint Office furent solliciter si fortement contre lui, qu'ils ne purent s'empêcher de le condamner à mort, suivant les Loix. Mais les autres Gentilshommes Familiers lui ayant fait tenir un cheval prêt, avec une somme d'argent, le firent sortir secretement des prisons de l'Inquisition. Il fut un tems considérable sans paroître, on fit parler aux parens du mort ; & l'affaire ayant traîné pendant quelques années, on vint enfin à un accommodement.

Un autre Gentilhomme d'une naissance distinguée, fut mis & arrêté à l'Inquisition de Lo Groño pour avoir parlé & disputé sur la Liberté & la Grace. Il avoit assez étudié cette matiere pour en sçavoir plus que les Inquisiteurs, qui lui rendirent sa liberté après lui avoir recommandé de ne jamais parler des choses de la Religion, s'il ne vouloit être repris de l'Inquisition & être puni. En effet dans tous les Pays d'Inquisition, l'étude de la Religion y est très-négligée, & tout ce qui en paroît au dehors n'est qu'hypocrisie; aussi ne voit-on gueres de gens dans les prisons de l'Inquisition accusez que de Maurisme ou de Judaïsme; & ceux qui ont été convaincus sont menez après leur jugement par les rues avec une *Carocha*, qui est une espece de bonnet pointu & fort haut, de papier jaune & rouge ; d'où on les appelle *Encarocados*. Le Conseil & les Officiers de l'Inquisition marchant devant en mulet, les Familiers vont après, & les *Encarocados* sont au milieu. On les mene ainsi dans les Eglises des Dominicains, où on leur fait un grand Sermon. Quelques-uns sont fouettez le long des rues comme relaps ; d'autres sont revêtus d'un *Sambenito* ou espece d'Etole qu'on les oblige de porter à leur cou, d'où ils sont appellez *Sambenitos*. Les noms de tous ceux qui ont été pris & punis dans le cours de l'année, sont écrits sur les murailles des Eglises avec des croix de Saint André, & la plûpart des Eglises d'Espagne en sont pleines.

Il y a encore un autre Tribunal appellé de la *Sacra Cruzada*, de la sainte Croisade, qui est composé du Commissaire Général qui en est Président, & de six Conseillers. Il fut établi en 1509, du tems du Pape Jule II. La Croisade ou la guerre des Rois d'Espagne contre les Infideles en fut le prétexte ; & quoique le Roi d'Espagne soit en paix avec le Turc & les Potentats de l'Afrique, il ne laisse pas de prendre sur le revenu de l'Archevêché de Tolede qui est très-considérable, une somme de cinquante mille ducats pour l'entretien des galeres contre les Infideles. Il tire à proportion sur les revenus des autres Bénéfices de son Royaume. Ce Conseil connoît de tous les subsides que le Pape permet au Roi de lever sur les Ecclésiastiques & sur le reste de ses peuples, & en conséquence il leur permet de manger pendant tout le Carême, de la *Grossura*, c'est-à-dire les fressures, entrailles, pieds, aîles, & ce qu'on appelle *Abatis*, de toutes les bêtes dont on mange ordinairement la chair. Cette pratique est autorisée par une Bulle du Pape Jule, donnée pour animer les Espagnols contre les Infideles. Elle est pleine d'Indulgences, & s'imprime tous les ans. La distribution en est immense, tout le monde étant obligé de l'acheter, de crainte de passer pour Juif ou pour Hérétique, & d'être dénoncé à l'Inquisition. Elle est de nulle valeur après une année ; ce qui est cause qu'il s'en fait un débit prodigieux, qui va tout au profit du Roi, & lui produit un revenu très-considérable. Son moindre prix est de trois Réaux de Vellon, & il augmente à proportion de la qualité des personnes.

Il se distribuë encore en Espagne une Bulle de la *Cruzada*. Elle est du Pape Calixte ; & Mariana l. 22. chap. 18, raporte après *Alonzo de Palencia*, que ce Pape envoya cette Bulle dans le tems de la guerre des Espagnols contre les Maures. Elle devoit être d'un grand secours aux vivans & aux morts. Sa vertu consistoit en ce que celui qui donnoit deux cens maravedis pour soutenir la guerre contre les Infideles, & portoit sur lui cette Bulle, quoiqu'il tombât en quelque maladie dangereuse, même mortelle, où il n'eût pas la parole libre pour se confesser, ou enfin qu'il fût à l'agonie & à l'article de la mort, pouvoit cependant être absous par le premier Prêtre, & étoit assuré de n'aller jamais en Purgatoire.

MEMOIRES
HISTORIQUES,
POUR
SERVIR A L'HISTOIRE
DES INQUISITIONS.

LIVRE QUATRIEME.

Contenant l'établissement de l'Inquisition dans le Royaume de Portugal, tiré du Voyage de M. Dellan.

CHAPITRE I.

Introduction de l'Inquisition à Lisbonne. Dom Juan s'y oppose pendant sa vie. Elle est rétablie après la mort de ce Prince, que le saint Office déclare excommunié. On donne l'absolution à son cadavre. Démêlé du Parlement de Lisbonne avec les Officiers de l'Inquisition. Rigueurs & cruautez du saint Office.

LE Tribunal de l'Inquisition fut introduit dans le Royaume de Portugal sous le regne de Jean III. avant l'an 1557. par un certain Moine, lequel, à ce que l'on prétend, muni d'une Bulle ou d'un Bref supposé, fit si bien, qu'il réussit dans le dessein qu'il avoit formé d'établir dans ce Royaume le redoutable Tribunal du Saint Office. Cet imposteur fut néanmoins enfin convaincu de fausseté; & il passe pour constant, que pour cela il fut envoyé aux Galeres, & qu'il y finit ses jours.

Les Inquisiteurs ne bifferent pas de continuer l'exercice de leurs Charges. Mais comme leurs maximes & la severité inflexible dont ils usoient envers les malheureux, que l'on qualifie du nom de *Chrissians neufs*, ou *Chretiens nouveaux*, donnerent de l'horreur aux personnes en qui les sentimens d'humanité n'étoient pas tout-à-fait éteints; il se trouva à la Cour des Ministres assez honnêtes gens & assez zélez, pour representer au Prince le tort que faisoient à son Etat cette Jurisprudence inouïe & les exécutions fréquentes & cruelles du saint Office.

Le Roi ayant fait les reflexions que ces remontrances méritoient, fit venir sécretement de Rome un Bref, par lequel Sa Sainteté accordoit un pardon général à tous ceux qui étoient accusez de Judaïsme, & ordonna aux Inquisiteurs d'ouvrir leurs prisons, & d'élargir, sans exception, tous ceux qui s'y trouvoient renfermez.

Les Ministres du saint Office ne purent se dispenser d'obéir à cet ordre : mais bientôt sous de nouveaux prétextes, les prisons de l'Inquisition furent aussi remplies qu'elles l'avoient été avant le pardon.

Dom Juan IV. auparavant Duc de Bragance, étant parvenu à la Couronne de Portugal, en la maniere que tout le monde sçait, auroit sans doute abo-

li l'Inquisition dans ses Etats, s'il eût regné, ou plus long-temps, ou plus paisiblement. Ce Prince éclairé connoissoit parfaitement les abus qui se commettent à l'ombre du secret inviolable qui s'observe dans le saint Office. Il étoit d'ailleurs bien informé que l'ostentation & l'avarice étoient bien plus les regles des Inquisiteurs, que la pieté & la justice; & sçachant que de toutes les confiscations faites par l'Inquisition, il n'en revenoit qu'une très-petite portion dans son Trésor, le surplus se distribuant entre les Ministres du Saint Office, il ordonna qu'on ne confisqueroit plus à l'avenir les biens de ceux qui seroient arrêtez.

Cette Déclaration du Roi étonna & allarma terriblement les Inquisiteurs, qui se trouvoient par ce moyen frustrez du plus considérable avantage de leurs emplois. Ils mirent donc tout en usage pour faire rétablir les choses en leur premier état; & enfin à l'insçu du Roi, ils obtinrent un Bref du Pape, par lequel Sa Sainteté ordonnoit, que ses confiscations eussent lieu, comme elles l'avoient eu avant la Déclaration du Prince, & cela, sous peine d'excommunication contre tous ceux qui s'opposeroient à l'exécution de ce Bref.

Les Inquisiteurs munis de cet ordre de Rome allerent en Corps trouver le Roi, au moment qu'il venoit de faire sa Communion pascale, & l'un d'eux portant la Parole, ils priarent Sa Majesté d'agréer qu'en sa présence & de toute sa Cour on fit la lecture d'un Bref de Sa Sainteté.

Dom Juan l'ayant écouté fort attentivement, demanda sur le champ, au profit de qui devoient tourner les confiscations. On lui répondit que c'étoit au sien. Puisque cela est ainsi, repliqua le Roi, & qu'il m'est sans doute permis de faire de mon bien ce qu'il me plaît, pour ne pas contrevenir aux ordres du Pape, & pour lui marquer le profond respect que j'ai

pour

pour lui, je consens que vous confisquiez les biens de ceux que vous ferez arrêter, pourvû qu'on en fasse un inventaire très-exact: mais je déclare dès-à-présent, que je leur fais don, & à leurs familles, de ces mêmes biens, & que j'entens qu'ils leur soient rendus fidellement, à quelque peine que vous ayez jugé à propos de les condamner.

Malgré le chagrin que cet ordre du Prince causa aux Inquisiteurs, il en fallut passer par là; & tant que Dom Juan a vécu, on a toûjours rendu généralement tous les biens qui ont été confisquez, à ceux sur qui ils l'avoient été, ou à leurs héritiers légitimes.

Ce Roi étant décédé, les Ministres du saint Office représentèrent aussi-tôt à la Reine sa veuve, que le défunt ayant formellement contrevenu aux ordres du Pape, avoit encouru l'excommunication portée par le Bref de Sa Sainteté, contre ceux qui en empêcheroient l'exécution: & cette Princesse, moins ferme que ne l'avoit été le Roi son époux, eut la foiblesse de consentir que les Inquisiteurs revêtus de leurs habits sacerdotaux fissent la cérémonie d'absoudre le cadavre de Dom Juan, de cette prétendue excommunication, & cela en la présence & des Princes ses fils, Dom Alfonse, & Dom Pedro.

Il est aisé de voir que tout ce qui se fit alors touchant l'absolution du Cadavre du Roi de la part des Inquisiteurs, n'étoit qu'une pure momerie pour faire peur aux Grands du Royaume & aux Peuples, & maintenir l'autorité du saint Office dans toute sa rigueur; car Dom Juan avoit déféré entièrement au Bref du Pape; & le généreux dessein qu'il forma pendant la lecture du Bref, de remettre à ses Sujets leurs biens confisquez à son profit, comme il l'ordonna effectivement, loin de lui mériter une peine aussi ignominieuse que celle qui lui fut imputée après sa mort, devoit au contraire lui attirer des actions de graces immortelles de tout son Royaume, & rendre la conduite des Inquisiteurs odieuse à toute la terre.

Mais l'Inquisition encouragée par l'impunité de cet attentat, a depuis continué ses rigueurs, ou plûtôt ses cruautez, sous le regne de Dom Alfonse, & sous une partie de celui de Dom Pedro, pendant la Régence duquel, & environ l'année 1672. il arriva qu'une des Eglises de Lisbonne fut volée. On enleva le saint Ciboire avec les autres Vases sacrez, & on jetta de tous côtez les Hosties consacrées.

A peine se fut-on apperçu de cette horrible profanation, le matin en ouvrant l'Eglise, que le peuple y accourut en foule; & il n'y eut presque personne parmi ceux qu'on nomme anciens Chrétiens, qui ne crut fermement que ce sacrilège avoit été commis par quelqu'un d'entre les Chrétiens nouveaux.

Les Seigneurs de *la Relaçam*, qui est le Parlement de Lisbonne, donnèrent d'abord leurs ordres pour qu'il fût fait une visite exacte dans les maisons de tous ceux qui étoient soupçonnez de ce crime; & cet ordre fut exécuté avec tant de sévérité, qu'on voulut sçavoir en détail, où avoient passé la nuit précédente ceux qui n'avoient pas resté dans leurs maisons; pour quelles raisons ils s'en étoient absentez, & en quelle compagnie ils avoient été. On arrêta sur les moindres indices une infinité de personnes de tout sexe & de tout âge, qui furent conduites dans les prisons du Parlement. On les examina avec toute l'exactitude possible; mais après tout on ne put découvrir les auteurs de cet énorme attentat.

L'Inquisition trouvoit cependant fort mauvais que les Juges seculiers eussent pris connoissance de cette affaire, ce qui néanmoins fut un grand bonheur pour les Chrétiens nouveaux, qui auroient eu sans doute beaucoup plus à souffrir, si dans cette occasion les poursuites avoient été faites par le saint Office.

Les ennemis des nouveaux Chrétiens se servirent de ce nouveau prétexte pour exciter contre eux la fureur du peuple, qui n'étoit déja que trop porté à les haïr & à les persecuter. Le désordre alla même si loin, qu'aucun de ces infortunez n'osoit presque plus se montrer en public; & qu'on mit en délibération au Conseil du Roi, s'il ne seroit pas à propos de chasser pour une bonne fois tous les Chrétiens nouveaux du Royaume.

Alors les Inquisiteurs, qui sont les persecuteurs d'office de tout ce qu'on appelle *Christianos novos*, semblèrent avoir tout d'un coup oublié leur haine & leur faux zèle; en sorte que non seulement ils n'opinèrent point pour l'expulsion, mais qu'encore ils s'y opposèrent de tout leur pouvoir. Ils alléguèrent pour raison d'une conduite qui surprenoit tout le monde, qu'on ne pouvoit en conscience envoyer dans des Païs étrangers, où chacun vit comme il lui plaît, des personnes foibles & chancelantes en la foi, lesquelles n'ayant plus rien qui les retînt dans le devoir, abandonneroient bientôt tout-à-fait la Religion Chrétienne.

Mais les personnes tant soit peu éclairées conjurèrent aisément que les Ministres du saint Office n'en usoient de la sorte, que par la crainte de voir diminuer leur autorité, si l'on chassoit de l'Etat les Chrétiens nouveaux, & de perdre par là les moyens de satisfaire leur insatiable avarice; ces malheureux étant leur proye la plus ordinaire, & presque l'unique objet de leurs persecutions.

Quoi qu'il en soit, les Inquisiteurs vinrent à bout de leur dessein, & on ne parla plus de l'expulsion des prétendus Juifs. On se contenta d'en emprisonner un plus grand nombre de jour en jour, & de les examiner très-rigoureusement.

Pendant que le Parlement étoit ainsi occupé à la recherche des auteurs de ce sacrilège, un particulier, qui étoit un ancien Chrétien, fut surpris en flagrant délit, volant dans un village proche de Lisbonne. On le conduisit d'abord dans les prisons de la Ville, & en le fouillant on trouva sur lui la Croix du Ciboire qui avoit été volé quelques mois auparavant. On l'interrogea sur cet ancien vol, & ce misérable confessa qu'il en étoit seul coupable; qu'il avoit rompu le Ciboire, dont il avoit seulement reservé la Croix, qu'il avoit toûjours portée sur lui, & qui venoit de servir à le découvrir.

L'auteur du sacrilège ayant été connu de la sorte lorsqu'on y pensoit le moins, son procès lui fut fait, & il fut puni comme il le méritoit. On élargit aussi-tôt tous les Chrétiens nouveaux qui étoient dans les prisons du Parlement pour raison de cette affaire; & il sembloit que cela dût leur procurer un peu de repos pour l'avenir. Mais cette avanture ayant presque fait revenir les Peuples de leur prévention contre les Chrétiens nouveaux, & la haine qu'on leur avoit portée jusqu'alors commençant à diminuer, les Inquisiteurs qui avoient paru prendre leur parti, lorsqu'on avoit parlé au Conseil de les expulser, voyant qu'il n'y avoit plus à appréhender qu'on les chassît du Royaume, reprirent leurs premiers erremens, & les persecutèrent plus que jamais.

Ceux que le Parlement avoit élargis, & qu'il avoit reconnus innocens, furent les premiers exposez aux fureurs du saint Office; & ces pauvres gens sembloient n'être échapez du premier orage, que pour tomber dans un autre incomparablement plus terrible & plus dangereux.

Ces rigueurs du saint Office furent cause que quelques Seigneurs des plus qualifiez & des plus honnêtes gens de la Cour, lassez de voir les vexations continuelles,

-velles, auxquelles ceux qu'on appelle Chrétiens nouveaux étoient exposez, résolurent de faire leurs très-
humbles remontrances à Dom Pedro.

Les principaux de ces Seigneurs furent le Marquis de Gouea, le Marquis de Marialva, Dom
Antoine de Mendoça alors Archevêque de Lisbonne,
Dom Christofle d'Almeida Evêque des Martyrs,
Milord Ruffel Evêque de Portoalègre, le Marquis de
Tavora, le Marquis de Fontes, le Comte de Villa-
flor, Dom Sanches Manoel, & divers autres célè-
bres Docteurs & Religieux de differens Ordres. Toutes ces personnes représentèrent au Prince le tort irré-
parable que recevoient les Sujets par les manières de
procéder qu'on observoit dans les Inquisitions, &
que de là s'ensuivroit nécessairement la ruine totale
de son Etat. Les raisons qu'ils alléguèrent firent une
si vive impression sur l'esprit de ce Prince, qu'il ordonna à son Ambassadeur à Rome d'y solliciter un
Bref, qui permît aux Chrétiens nouveaux d'exposer
au Pape même les raisons qu'ils prétendoient avoir de
se plaindre des procédures du saint Office. Ce Bref
ayant été obtenu & signifié dans toutes les Inquisitions du Portugal, on y suspendit les exécutions, &
les Chrétiens nouveaux eurent la permission de nommer des Procureurs pour agir en leur nom, tant à
Rome qu'en Portugal, & pour solliciter auprès de Sa
Sainteté un Reglement, qui réduisît les formalitez
du saint Office aux règles prescrites par le Droit Civil
& Canonique.

Ces Procureurs dressèrent donc des Requêtes &
des Mémoires qu'ils présentèrent au Pape, le suppliant d'ordonner qu'on apportât à Rome en original
quelques anciens procès de personnes qui avoient été
condamnées au feu par l'Inquisition, & sur tout de
ceux qui étoient morts qualifiez de contumaces négatifs; afin que par l'inspection & la lecture de ces piè-
ces, Sa Sainteté fût pleinement convaincüe de la
justice des plaintes qu'on lui adressoit, & qu'elle pût
apporter ensuite quelque remède à la misère des nouveaux Chrétiens.

Le Pape écouta avec charité & attention les raisons
de ces affligez. Il fut sensiblement touché de leur
infortune, & fit d'abord expédier un Bref, par lequel il ordonnoit aux Inquisiteurs de lui envoyer au
plûtôt quatre procès anciens en original.

Les Ministres de l'Inquisition sentirent vivement
le danger où ils alloient être exposez, s'ils étoient
forcez de déférer à ce Bref; puisque s'il avoit son
effet, ils ne pouvoient manquer de perdre, ou pour
le moins de voir diminuer considérablement leur autorité.

Ils prirent donc le parti de ne point obéir; ce qui
obligea le Pape de suspendre, par un nouveau Bref,
l'Inquisiteur Général, & d'excommunier tous les
autres. Il leur ordonna aussi de remettre aux Ordinaires les clefs des Inquisitions, ce qu'ils refusèrent
de faire; & quelque instance que fit Sa Sainteté, au
lieu du nombre de procès qu'il avoit demandé, il fallut qu'il se contentât de deux que les Inquisiteurs lui
envoyèrent, & qu'ils choisirent enfin tels qu'il leur
plut. Moyennant cette legère satisfaction, le Pape
les déclara absous; & quoiqu'il ait fait quelques Réglemens pour modérer les rigueurs de ce Tribunal,
les choses sont pourtant restées au même état. Tout
ce qui vient d'être avancé, est plus que suffisamment
justifié par le Bref du Pape Innocent XI. du 22.
Août 1681.

Les moyens dont les Inquisiteurs se servirent pour
détourner l'orage qui les menaçoit, furent premièrement de représenter au Roi, que la Cour de Rome ne
demandoit ces procès que pour en prendre occasion
de s'attribuer la connoissance des affaires de Portugal;
qu'après que le Pape seroit parvenu à évoquer par de-

vers lui les matières qui concernoient l'Inquisition,
il voudroit ensuite prendre aussi connoissance des affaires Ecclésiastiques, & même des séculières; que
ce procédé de la Cour de Rome donnoit visiblement
atteinte à la Souveraineté & aux droits de sa Couronne, & qu'il étoit d'une conséquence infinie & de la
bonne politique, de ne pas donner au Pape en cette
rencontre des prétextes pour entreprendre davantage
à l'avenir sur les droits du Roi, qui ne devoit avoir
que Dieu pour supérieur.

Dom Pedro, qui au commencement avoit été assez
favorable aux Chrétiens nouveaux, mais qui n'étoit
plus soutenu par les conseils des fideles Ministres, qui
lui avoient inspiré des sentimens de compassion pour
ceux de ses Sujets que l'Inquisition opprimoit, se
laissa éblouïr par les raisons spécieuses des Inquisiteurs;
& bien loin de continuer sa faveur au parti qu'il avoit
d'abord protégé, il donna de nouveaux ordres à son
Ambassadeur à Rome, & lui enjoignit de tout mettre en usage, pour empêcher cette Cour de réussir
dans le dessein qu'elle avoit formé de se faire envoyer
un certain nombre de procès.

Les Inquisiteurs s'étoient apperçûs dès le commencement de cette affaire, que le premier Ambassadeur
qui avoit été nommé par le Roi, pour faire en sorte
que les Sujets de Sa Majesté obtinssent de Sa Sainteté
la justice qu'ils avoient lieu d'espérer, s'acquittoit
exactement de son devoir, & travailloit avec application à faire réussir l'affaire dont Sa Majesté l'avoit
chargé, jugèrent, ou qu'il falloit l'engager dans
leurs intérêts, ou que si cela ne se pouvoit, il falloit
lui faire donner un successeur.

Ils firent d'abord leurs efforts pour porter ce Ministre à trahir son devoir; mais toutes leurs tentatives
ayant été inutiles, ils suggérèrent au Prince de le
rappeller, & firent envoyer en sa place Dom Louis
de Sousa, alors Evêque de..... & qui depuis a été
Archevêque de Brague, immédiatement après que
Dom Verissime d'Alencastro eut quitté cet éminent
poste, pour être Inquisiteur Général.

Ce nouvel Ambassadeur entièrement dévoué au
service & aux intérêts de l'Inquisition, faisant semblant de servir son Roi & sa Patrie, trahissoit également l'un & l'autre. Il s'opposoit secrètement aux
bonnes intentions qu'avoit le saint Pere, de mettre
ordre aux injustices du saint Office. Il supprimoit ou
affoiblissoit les raisons que les nouveaux Chrétiens
alléguoient en leur faveur; il donnoit avis aux Inquisiteurs de tout ce qui se passoit à Rome, & leur
fournissoit les moyens d'éluder ce que Sa Sainteté ordonnoit. Enfin il faisoit entendre au Pape, que tous
les bons Portugais étoient scandalisez de ce qu'on osoit
douter de la droiture du saint Office dans les procédures; & que si l'on persistoit à demander à voir les
procès, c'étoit tacitement introduire le Judaïsme dans
le Royaume de Portugal.

Que si le peuple venoit à s'y soulever, comme il
y avoit lieu de le craindre, le Roi seroit peut-être
contraint de chercher quelque remède qui ne seroit
pas agréable à la Cour de Rome; puisqu'il se pourroit faire qu'on fût obligé de créer un Patriarche en
Portugal: & ce d'autant plus, que la difficulté que
faisoient les Papes depuis long-tems, d'accorder des
Bulles aux Evêques nommez par Sa Majesté, avoit
déjà fait disposé les esprits à un changement.

Par ces artifices & autres semblables, cet Ambassadeur fit si bien, que les bonnes intentions du Pape
demeurèrent sans effet. Il fallut qu'il se contentât de
deux procès qu'on lui envoya, après que les Inquisiteurs les eurent choisis, au lieu de quatre qu'il avoit
demandé; & enfin, nonobstant le Réglement fait par
Sa Sainteté, les choses sont restées à peu près comme
elles étoient auparavant.

CHA-

CHAPITRE II.

De la maniere dont en usent les Inquisiteurs de Portugal envers ceux qui ont le malheur de tomber entre leurs mains.

IL n'est pas aisé de bien faire connoître les procédures qui s'observent dans les Inquisitions de Portugal, non plus que les cruautez qui s'exercent envers ceux qui ont le malheur d'être renfermez dans ses prisons. En effet, rien n'est plus difficile que d'en expliquer toutes les circonstances. Le secret inviolable qu'on s'efforce d'y observer, & qui est l'unique ressort qui soutient & conserve le saint Office, empêche que ceux mêmes qui en sont persécutez, puissent en pénétrer au juste toutes les particularitez. On ne laissera pas néanmoins de raconter ici le plus sincerement qu'il sera possible, ce que tant de funestes expériences nous en ont appris, & ce que raisonnablement on en peut conjecturer.

Il faut d'abord observer que ceux qui ont passé par ces terribles épreuves, en sont sans doute les mieux instruits; on ne peut s'empêcher de conclure, que ce que l'on cache avec tant de soin, est indubitablement fort mauvais, & que cet effroyable secret est l'obstacle le plus invincible aux remedes qu'on pourroit apporter à tant de malheurs dont ces pauvres prisonniers sont accablez: lesquels par là étant dans une impuissance presque absolue de connoître ce qui pourroit leur procurer la liberté, tombent dans une si étrange confusion, qu'ils sont contraints d'aller à tâtons comme des aveugles, sans presque jamais parvenir à deviner les véritables causes de leur infortune. Il faut observer que ces emprisonnemens se font sur le témoignage d'un, de deux ou de trois témoins qui ne s'accordent point, & qui tous sont indignez qu'on ajoute foi à leurs dépositions, attendu que la plûpart sont prisonniers, qui n'ont pas d'autres moyens de se tirer d'affaire, que de charger leurs prétendus complices, & que presque jamais leurs dépositions ne s'accordent.

Un homme étant dénoncé, & l'accusation formée contre lui ayant été admise au saint Office, on donne d'abord ordre de l'arrêter; & on commence par le traiter comme s'il étoit déja convaincu des crimes dont il est accusé; en sorte que dès ce moment on met sa femme & ses enfans (s'il en a) hors de chez lui: on ferme sa maison, on fait inventaire de ses effets; & sa famille est réduite à la mendicité, comme si elle n'avoit aucune part dans ses biens.

Des biens ainsi confisquez on n'en restitue rien, ou très-peu de chose, à ceux qui sortent libres de l'Inquisition. Leurs créanciers perdent leurs dettes: & de toutes ces confiscations, le Trésor Royal n'en a qu'une bien petite portion, parce que les Inquisiteurs se sont attribué le droit d'en disposer souverainement, & de faire presque tout tourner à leur profit.

S'il arrive que le mari & la femme soient pris dans le même temps, leurs enfans (s'ils en ont) restent dans un abandon si déplorable, qu'on a trêt-souvent vû des enfans de trois ou quatre ans contraints de demander l'aumône, & de se retirer sous les portiques des Eglises, sous des auvans, ou dans des fours publics: & ce qui est encore plus digne de pitié, c'est qu'il n'est que trop ordinaire que de jeunes filles très-bien élevées & très-sages se perdent & se prostituent, forcées d'en user ainsi, ou par l'horrible nécessité où elles sont réduites, ou à cause du mépris auquel elles sont exposées par le malheur de leur naissance. Une infinité de femmes mariées, auparavant très-vertueu-

Tome I.

ses, ont fait le même naufrage depuis la détention de leurs maris. Il n'y a que trop d'exemples de la vérité que l'on avance dans toutes les Villes & Bourgades du Royaume, qu'il seroit facile de rapporter; mais il est juste de taire les noms de ces personnes affligées, pour ne pas insulter à leur misere & à leur honte, & pour ne pas couvrir de confusion un grand nombre de peres, de meres, & de maris.

Le Familier qui a été nommé par le saint Office pour arrêter un accusé, l'ayant trouvé & lui ayant commande de le suivre, employe tous ses soins pendant le chemin qu'ils ont à faire ensemble, à persuader au prisonnier de confesser au plûtôt ses crimes, afin de retourner en sa maison, & d'éprouver la miséricorde dont les Inquisiteurs ont coutume d'user envers ceux qui marquent un sincere repentir par leur prompte & volontaire confession; que si au contraire il ne s'accuse pas, il doit s'attendre à ne sortir des prisons qu'après y avoir demeuré plusieurs années, & à finir ensuite misérablement sa vie au milieu des flâmes.

Lorsqu'ils sont arrivez à l'Inquisition le Secretaire se présente, qui remet l'accusé entre les mains de l'Huissier de la maison, appellé en Portugais *Alcaide*, lequel assisté de deux Gardes conduit l'accusé dans l'intérieur de l'Inquisition; & tous ensemble l'exhortent de nouveau à confesser au plûtôt, s'il veut obtenir miséricorde, conserver sa vie, & recouvrer sa liberté.

Cette conduite des Officiers du saint Office engage une infinité de personnes très-innocentes, à s'accuser des crimes qu'ils n'ont jamais commis.

Le prisonnier étant entré, on le fouille, on lui ôte tout ce qu'il a d'or & d'argent sur lui, quand même ce seroit une Médaille ou l'Image de Jésus-Christ ou de quelque Saint. On lui ôte aussi les Livres qu'il pourroit avoir sur lui, sans en excepter ses Heures, & même le Bréviaire aux Ecclésiastiques, afin de les priver de toute consolation corporelle & spirituelle. S'il arrive que quelques-uns de ces infortunez, comme il arrive très-souvent, demandent même avec larmes, qu'on leur rende les Livres de prieres & d'exercices spirituels, par la lecture desquels ils puissent trouver quelque soulagement à leur peines; n'étant pas juste qu'étant privez des Sacremens de Pénitence & d'Eucharistie, & de la douceur d'entendre la sainte Messe, ils le soient encore de la satisfaction innocente de réciter leurs prieres ordinaires; & qu'étant Chrétiens, on les traite comme des Turcs & des Infideles: on leur répond que dans cette maison on n'a aucun besoin de Livres, & que ceux qui y sont renfermez doivent uniquement s'occuper à examiner leur conscience, & à déclarer leurs fautes. Que si un accusé replique qu'il convient d'être un très-grand pécheur, & qu'il prie qu'on lui envoye un Confesseur*, afin de purifier sa conscience par le Sacrement de Pénitence; on fait la sourde oreille, & on ne lui fait aucune réponse, en sorte qu'on n'a aucun égard sur cet article aux supplications de ces affligez; on ne les confesse point, on ne les instruit point, on les prive de toute sorte de consolation, & on les laisse ainsi pendant six, huit & dix années, sans Sacremens, sans Messe; en un mot, traitez comme s'ils n'étoient pas Chrétiens, & que leurs ames n'eussent pas été rachetées par le sang précieux de Jésus-Christ. Il est vrai qu'on accorde des confessions à ceux qui sont dangereusement malades, lorsque le Médecin a déclaré que leur guérison est

F

de-

---

* C'est une chose presque incroyable, qu'on puisse refuser un Confesseur à un pécheur qui le demande, & qui n'est ni convaincu, ni jugé, ni hérétique; & quand il le seroit, cette conduite seroit toujours très-imprudente.

désespéré : mais le Confesseur ne reste que très-peu de tems dans les prisons, parce qu'elles sont ordinairement fort sales & de mauvaise odeur, & que l'Alcaïde, les Gardes & les Prisonniers compagnons du malade, sont à la porte qui attendent. Ainsi le Confesseur ne donne pas la moitié du temps nécessaire pour faire une Confession proportionnée au besoin du Pénitent, qui quelquefois aura passé plusieurs années sans s'approcher des Sacremens. Il arrive de plus dans ces occasions, que des personnes foibles & peu éclairées font des Confessions sacriléges; craignant, si elles s'accusent d'avoir avoué des choses fausses pour sauver leur vie, que le Confesseur n'aille en faire son rapport aux Inquisiteurs, & que cela ne leur nuise, s'ils viennent à rechaper de la maladie dont ils sont attaquez.

Il est aisé de juger par ce qu'on vient de dire, qu'il n'est guères possible qu'un pauvre prisonnier fasse une bonne Confession, ne voyant le Prêtre qu'une seule fois, & pendant très-peu de temps; car il est constant qu'on ne lui permet plus de revenir; qu'il n'a le pouvoir d'absoudre le pénitent des censures qu'on prétend qu'il a encourues, qu'en cas de mort; qu'il ne reste point d'Ecclésiastique pour aider le malade à bien mourir; & qu'on ne lui présente pas même le Crucifix pour le consoler, & l'exciter à la contrition dans ces terribles momens.

Tant de duretez, qu'éprouvent ces misérables, n'empêchent pourtant pas que la plûpart ne marquent une foi si vive, qu'on les voit tous les jours peindre sur les murailles de leurs prisons, des Croix avec du charbon ou de la terre détrempée; & lorsqu'ils sont réduits à l'agonie, leurs compagnons, au défaut de Prêtres, les assistent du mieux qu'ils peuvent; font auprès d'eux de ferventes prieres accompagnées d'une grande abondance de larmes, & ne cessent point de les exciter à former des actes de contrition, & à proférer jusqu'au dernier soupir les saints noms de Jesus & de Marie. Que n'est-il permis aux anciens Chrétiens & à tous les véritables fidèles, d'entrer en ces prisons affreuses dans ces tristes occasions. Sans doute qu'ils seroient édifiez de la vertu & de la piété de ces infortunées victimes du saint Office, & ils seroient indubitablement convaincus, que la plûpart de ceux que l'on fait passer en Portugal pour des Juifs, sont des Chrétiens très-fervens, lesquels, après avoir vécu en bons Catholiques, finissent leurs jours en véritables enfans de l'Eglise, lesquels ne sont induits à se charger eux-mêmes des crimes dont on les fait passer pour convaincus dans les Actes de Foi, que pour sortir de leur captivité, pour se délivrer de la torture, & pour éviter une mort cruelle & honteuse dont on les menace continuellement.

Il importe d'observer ici, que ces malades qui sont traitez avec tant d'inhumanité, passent dans l'esprit des Inquisiteurs, ou pour être Juifs, ou pour être Chrétiens. S'ils les estiment Juifs, la charité Chrétienne ne devroit-elle pas les porter à mettre tout en usage pour retirer ces ames de l'erreur? Que si au contraire ils les regardent comme Chrétiens, ne sont-ils pas encore obligez par les loix du Christianisme à ne les pas abandonner, comme ils font, dans ce passage du temps à l'éternité, & à la merci de trois ou quatre compagnons accusés de Judaïsme, qui peuvent contribuer à les pervertir, & à leur faire perdre la foi?

Qu'il seroit beau & louable de voir alors un Inquisiteur plein d'un zèle apostolique, faire l'office de Pasteur, & entrer dans ces sales & sombres demeures, pour exhorter & pour aider ces malheureux à finir leur vie d'une manière édifiante! Si ces Messieurs en usoient de la sorte, ils verroient une infinité de ces affligez recevoir la mort avec résignation, & donner en mourant des marques non suspectes d'une foi vive & pure, & par ce moyen ils se pourroient desabuser de la prévention où ils sont; puisqu'il est évident que c'est principalement à la mort que l'on se fait connoître tel que l'on est, l'hypocrisie n'étant alors guères de saison. Les Inquisiteurs diront peut-être qu'étant les Juges de ces moribonds, il ne convient pas à leur dignité de faire de pareilles démarches; mais il est aisé de leur répondre, que la qualité de Juge ne doit pas exclure celle de Pere dans des Personnes Ecclésiastiques, qui ne devroient avoir pour but que le salut des ames, & non pas la destruction des corps; & quand même on conviendroit qu'ils ne doivent pas y aller, au moins devroient-ils envoyer en leur place des hommes capables, sçavans, pieux & charitables, pour instruire, consoler, & affermir dans la vertu ces ames désolées.

CHAPITRE III.

Description des cachots. Châtimens que l'on fait aux prisonniers, tant hommes que femmes, filles & Religieuses.

LE Secrétaire du saint Office ayant reçu à la porte celui que le Familier a amené, le remet à l'Alcaïde & à deux Gardes qui le conduisent dans un cachot. On l'enferme sous deux portes dans une petite chambre longue d'environ douze pieds sur dix de largeur, ordinairement fort obscure, ne recevant de clarté que par une très-petite fenêtre fort élevée, en sorte qu'on y peut à peine discerner les objets. Les Prisonniers reçoivent si peu de secours de cette foible lumiere, qu'ils passent le jour à desirer que la nuit arrive, afin de jouir de la consolation d'une petite lampe qu'on leur donne, dont la dépense, aussi-bien que celle de leur Manchissage, se prend sur les cinq sols destinez pour la subsistance de chacun des Prisonniers de l'Inquisition.

On nous excusera si nous entrons dans le dégoutant détail des saletez qui sont dans les prisons du saint Office; mais comme on juge qu'il est à propos de donner une juste idée de ce qui s'y passe, il faut nécessairement en expliquer les particularitez. Les meubles dont ces vilains cachots sont garnis, consistent en quatre pots de terre pour uriner, & un plus grand que les autres pour satisfaire aux autres nécessitez naturelles, qui tous ne sont vuidez que tous les huit jours.

On laisse à juger de cette première circonstance, quelle doit être l'infection que souffrent les pauvres Prisonniers, contraints de rester pendant huit jours avec tant d'ordures. En effet, la puanteur y est telle, que souvent, & sur tout pendant l'esté, les vers se répandent par toute la chambre, & la mauvaise odeur qui en exhale est telle, que c'est comme une espece de miracle que ceux qui sont ainsi renfermez y puissent résister. Il arrive aussi de là, que ceux qui sortent dans les Actes de Foi, sont ordinairement si changez & si défigurez, qu'on a quelquefois peine à les reconnoître, & qu'ils paroissent moins des personnes vivantes, que des morts que l'on fait marcher avec des ressorts. Il y a dans chacun de ces cachots, une estrade qui en occupe la moitié; c'est là dessus que se couchent les Prisonniers, & l'humidité de ces chambres est si prodigieuse, que les nats & les matelats qui servent à ces infortunez, s'y pourrissent en très-peu de temps. On met ordinairement dans chacune de ces cellules quatre ou cinq personnes ensemble, & même quelquefois davantage; & en ce cas, ceux qui ne peuvent avoir place pour dormir sur
l'estra-

l'estrade, sont contraints de coucher par terre au milieu des ordures. Dans quelle gênante situation doivent être cinq personnes dans un si petit lieu, avec tant de vaisseaux pleins de saletez! On donne à peine dans l'Inquisition à des hommes vivans autant de terrain pour se coucher, que l'on en accorde aux défunts pour leur sépulture.

Telle cependant, que nous venons de la dépeindre, est la forme des prisons de Coïmbre & d'Evora: celles de Lisbonne sont un peu plus grandes, & mieux éclairées.

Il arrive quelquefois qu'il n'y a qu'une personne dans un cachot, & l'on y en renferme plus ou moins à proportion du nombre des Prisonniers, & selon qu'il y a plus ou moins de temps que l'Acte de Foi n'a été célébré. Ces affligez ne sçauroient néanmoins dire s'il leur est meilleur d'être seuls, ou d'être en compagnie; car étant seuls, ils souffrent les horreurs d'une solitude affreuse; & s'ils ont des compagnons, il leur en faut supporter les mauvaises humeurs, les infirmitez & les défauts: mais les plus fâcheux & les plus dangereux camarades, qu'un Prisonnier puisse avoir, sont ceux qui ont déja fait leur confession, parce qu'ils ne cessent d'insinuer aux autres d'en faire de même, en leur remontrant que c'est l'unique moyen qui leur reste pour sauver leur vie, & que d'ailleurs ils ne doivent point avoir honte de faire ce que tant d'honnêtes gens, & ce qu'eux-mêmes qui leur parlent ont fait avant eux; de sorte qu'un misérable Chrétien se trouve dans une étrange situation, ayant outre les propres peines, tant de conversations désagréables à souffrir, qui ne font qu'augmenter son embarras. En effet il y a lieu de douter si ceux qui lui tiennent de semblables discours, ne sont pas du nombre de ses accusateurs, & si leur déposition n'est pas un obstacle à sa liberté.

Les plus malins & les plus rusez d'entre les Prisonniers s'appliquent aussi à persuader aux plus simples de charger par leurs confessions ceux qui songent tout de bon à se tirer d'affaire; & toutes ces accusations produisent une confusion inexprimable, d'autant que celui qui s'est accusé, quoiqu'il soit innocent, voyant ses biens & son honneur perdus, voudroit qu'aucun des autres ne sortît à de meilleures conditions que lui.

Au reste, tous ces malheurs n'arrivent que parce qu'on n'exige pas des témoins qu'ils conviennent entre eux dans les circonstances, du temps, du lieu, des personnes: car si l'on obligeoit ceux qui déposent, à s'accorder sur toutes ces choses, peu de gens hasarderoient de s'accuser d'un crime qu'ils n'auroient pas commis, & encore moins à nommer des complices, attendu qu'il leur seroit impossible de rencontrer juste dans les circonstances d'un fait supposé.

Il faut observer qu'il arrive assez souvent qu'un Prisonnier ayant nouvellement déposé contre un autre, qui pour se tirer d'affaire, a consenti de passer pour coupable des crimes dont il est accusé, est renfermé dans un même cachot avec celui qu'il vient de charger par sa déposition; & que lorsqu'on signifie à l'Audience, à celui qui pour se procurer la liberté s'est déja accusé, qu'il y a un nouveau témoin, & une nouvelle accusation contre lui, cet infortuné pense que ce surcroît de mal lui est venu du dehors, pendant qu'il est en la compagnie de celui qui le lui a fait. S'il étoit permis de voir les procès, on trouveroit une infinité de cas de cette nature.

On doit encore remarquer que dans les Inquisitions de Portugal, on change de temps en temps les Prisonniers de cachot, & qu'ainsi ils sont sujets à avoir souvent de nouveaux compagnons. Il n'est pas aisé de dire par quel motif se font ces changemens; mais il est toûjours certain que c'est un malheur pour ceux qui sont innocens; parce que les Prisonniers venant ainsi à se connoître, ils se persuadent aisément que ceux qui sont dans un même danger, se servent des mêmes moyens pour s'en tirer, & qu'ainsi étant portez à croire qu'ils ont été chargez par ceux qu'ils sçavent être prisonniers comme eux, ils se déterminent à charger à leur tour tous ceux dont ils ont connoissance. En vérité il est étonnant que pendant qu'en toute autre chose on se pique dans le saint Office d'un secret si inviolable, on laisse aux prisonniers une si grande facilité de se communiquer leurs affaires! Ne semble-t-il pas que l'on n'en use ainsi que pour avoir le moyen de les perdre tous sans ressource?

Dans un état si triste & si déplorable, ceux qui sont dans ces prisons n'ont pas la liberté de se plaindre: on leur défend de pleurer & de soupirer; pendant qu'on leur en fournit de si puissantes raisons; & si quelqu'un fait un peu trop de bruit, ou qu'il élève assez sa voix pour être entendu d'une cellule dans une autre, on le punit très-sévèrement, en lui mettant un bâillon dans la bouche, & le faisant cruellement fouetter le long des dortoirs. On prétend par là intimider les Prisonniers, qui, pendant qu'on châtie quelqu'un de la sorte, entendent une espèce de Héraut qui crie à haute voix, que c'est par l'ordre des Seigneurs Inquisiteurs que l'on fouette cette personne, pour avoir parlé trop haut & s'être fait entendre, pour avoir crié, pour avoir frapé contre la muraille de la prison, ou enfin pour avoir eu différend ou querelle avec ses compagnons. Plusieurs Prisonniers ont été fouettez à l'Inquisition pour de pareilles fautes, d'une façon si terrible, qu'ils en sont restez incommodez, & ont souffert des douleurs cruelles pendant plusieurs mois; quelques-uns mêmes ont été estropiez pendant toute leur vie. Au reste, on exerce ces châtimens sans distinction sur toute sorte de personnes, sans aucun égard à la qualité, à l'âge, ni au sexe: en sorte qu'on dépouille impitoyablement des femmes très-sages & de jeunes Demoiselles, qui dans la maison de leurs peres voyoient à peine le soleil; & ce qu'il y a de plus déplorable est, que pour un seul qui aura fait du bruit, on punit tous ceux qui se trouvent dans un même cachot: l'un pour avoir commis la faute, & les autres pour ne l'avoir pas accusé aussi-tôt. Or de cette conduite il en résulte un grand embarras pour les Prisonniers; puisque s'ils n'accusent pas leurs camarades, ils sont châtiez, & que s'ils les dénoncent, ils les irritent & s'exposent à les avoir à leur tour pour accusateurs, non seulement dans des cas de cette nature, mais même dans leurs affaires capitales, & pour lesquelles ils ont été arrêtez. Ainsi il n'y a point d'autre parti à prendre pour ces infortunez, que de souffrir patiemment, & de se taire.

Il est bon de faire un peu d'attention à l'étrange état où sont réduites de jeunes filles, des Religieuses, ou des Dames également nobles & vertueuses, qui dans l'Inquisition se trouvent renfermées en la compagnie de femmes perdues & de mauvaise vie; ou des Religieux, des Prêtres & des Gentilshommes de la première qualité, qui ont pour compagnons des hommes grossiers, mal élevez, & remplis de toute sorte de vices.

Que l'on considère aussi, que ceux qui ont été fustigez pour avoir parlé de leur cachot à ceux d'un cachot voisin, sont quelquefois mis avec eux peu de jours après. On ne pourra guères s'empêcher de conclure que tous ces changemens sont mystérieux, & qu'ils ne sont faits que pour embarrasser de plus en plus ces affligez.

Que si, comme il arrive très-souvent, les Prisonniers font des prières extraordinaires, jettant cer-

                    tains

tains jours de la semaine & pendant le Carême, les Inquisiteurs le leur défendent, prétendant que tout ce qu'ils font n'est que par pure hypocrisie. Mais Dieu qui pénètre seul le cœur de l'homme, fera connoître un jour qui des Juges ou des Accusés ont été les plus abusés & les plus hypocrites.

CHAPITRE IV.

Traitement qu'on fait aux femmes. L'ordre qui s'observe dans les procès qu'on fait aux accusés.

TOUT ce qu'on a rapporté jusqu'ici n'est que la moindre partie de ce qu'endurent les Prisonniers du saint Office. Il n'y a pas de termes assez expressifs & assez forts pour donner une juste idée de ce qui se passe dans ces affreuses demeures, & sur tout dans les prisons où les femmes sont renfermées, attendu qu'on y garde bien plus de précautions, & qu'on observe un plus grand secret pour tout ce qui les concerne. On peut cependant assurer que les plus belles sont mieux traitées que les autres, & l'on se dispense sur cet article, de dire une infinité de choses qui ne seroient pas honnêtes à rapporter. Il y a encore à présent à Madrid une femme, qui pour raison de certaine aventure qui lui arriva dans une des Inquisitions de Portugal, après être sortie de prison, quitta le Royaume, & n'a plus voulu absolument y paroître.

Si ce nombre innombrable de malheureux, qui sortent tous les jours du saint Office, avoient la liberté de raconter ce qu'ils y ont vû, & ce qu'on leur y a fait souffrir, & s'il en parler à qui que ce soit n'étoit pas pour eux un crime capable de les y faire renfermer une seconde fois pour n'en plus sortir que pour aller au feu; le public seroit bientôt détrompé de la fausse idée qu'il a de la sûreté de ce redoutable Tribunal; mais le serment de garder le secret qu'on exige d'eux en les élargissant, & les terribles menaces qu'on leur fait, propres à intimider les plus intrépides, leur font observer sur cet important article un silence très-sévere & très-exact. La seule consolation qui leur reste, est de pouvoir ouvrir leur cœur à leurs Directeurs dans la Confession, & les déclarations qu'ils font tous les jours aux Prêtres dans les Tribunaux de la Pénitence, remplissent d'honneur & d'admiration ceux qui les entendent. Mais à quoi sert tout cela? les familles en sont-elles moins déshonorées & moins ruinées? Les Inquisiteurs, à qui ces sortes de plaintes reviennent quelquefois, prétendent que ces tristes victimes de leur fureur & de leur insatiable avarice imposent à leurs Confesseurs, afin de s'attirer au moins leur compassion par de faux exposés. Ne pourroit-on pas leur répondre qu'il y a bien plus lieu de douter de la sincérité d'une Confession forcée, faite par une personne remplie de crainte, opprimée, maltraitée, & persuadée que ce n'est que par là qu'elle peut conserver sa vie, & recouvrer la liberté, que de la Confession sacramentale qui se fait librement, volontairement, que celui qui la fait sçait devoir être très-secrete, & dont il n'espere aucun soulagement à ses malheurs? Il arrive même assez souvent que l'apprehension qu'ont ces pauvres Pénitens échappez de l'Inquisition, que leurs Directeurs ne violent le secret à leur égard, les porte à faire des sacrileges, & à mentir en se confessant des crimes dont ils se sont accusez faussement à l'Audience. C'est pourquoi il est très-important que ceux qui entendent les Confessions de ces sortes de personnes, usent d'une grande prudence pour empêcher que ces infortunez n'a-

joutent le mensonge aux autres péchez dont ils se confessent.

On pourroit répondre en second lieu, que les Ministres du saint Office ayant réconcilié dans les Actes de Foi ceux qui se sont accusés à leur Tribunal, ils ne doivent pas supposer qu'ils mentent dans celui de la Pénitence; puisqu'il faudroit nécessairement conclure qu'ils sortent du saint Office aussi Juifs & aussi hérétiques qu'auparavant, & que dans cette supposition toutes les pénitences qu'ils leur imposent, tous les Actes de Foi & toutes les réconciliations sont autant de cérémonies inutiles & infructueuses. Enfin, si les procédures de l'Inquisition sont aussi équitables qu'on le veut faire croire, pourquoi engager ceux qui en sortent, par des sermens & par des menaces, à garder inviolablement le secret sur tout ce qui leur est arrivé? Ne seroit-il pas plus utile au public, & plus glorieux pour le saint Office, de leur laisser la liberté de parler, & de ne leur imposer que l'obligation de dire la vérité? ce seroit le moyen de la faire connoître à tout le monde, on ôteroit aux condamnez le prétexte de se plaindre du secret que l'on exige d'eux, & on remédieroit à cet embarras inexprimable, qui donne occasion à tant de supplices, & qui rend impossible la justification de tant d'innocens.

Mais pour mieux éclaircir cette matiere, il est temps de faire voir quel ordre on observe à l'Inquisition dans les procès, premièrement, de ceux qui meurent négatifs, & enfin, de ceux qui s'accusent. Dieu sçait que nous ne dirons ici que la pure vérité, & que l'on n'a en vûe que sa gloire, & l'utilité du prochain.

D'abord le Prisonnier est conduit à l'Audience par l'Alcaïde, accompagné d'un Garde. Il y va tête nue; en y entrant, on le fait mettre à genoux, on lui demande son nom, sa patrie, son état ou sa profession, & quantité de choses inutiles, que l'on écrit néanmoins fort exactement, & que l'on fait signer à l'accusé.

Après cette première Audience, il y a telle personne qui passe un, deux, trois, & jusques à quatre ans, sans qu'on l'y rappelle, pendant qu'on instruit plus diligemment le procès de beaucoup d'autres. De ces retardemens il en résulte d'ordinaire un très-grand mal, qui est que ceux qui sont enfermez les derniers, accusent volontiers ceux qui y sont avec eux, craignant d'en avoir déja été accusés eux-mêmes.

Il y a lieu de croire que la lenteur, avec laquelle on travaille à certaines affaires, vient de ce que l'on n'a pas un nombre suffisant de témoins contre les accusez, & que l'on espere que les preuves augmenteront en différant; parce que ceux qui sont déja arrêtez, en accusent continuellement d'autres qui ne le sont pas encore, & que ceux-ci à leur tour chargent indubitablement ceux qui sont entrez dans l'Inquisition les premiers. Au reste ces énormes délais sont souvent cause qu'un Prisonnier réduit au désespoir, & mené d'ailleurs par les exhortations importunes & continuelles des Gardes, se détermine à demander lui-même l'Audience; & pour essayer de se tirer d'affaire, s'accuse d'une infinité de crimes dont il est très-innocent, & dont quelquefois personne ne l'a chargé.

Lorsque les Inquisiteurs font appeller pour la seconde fois un Prisonnier à leur Audience, ce qu'ils appellent *Mesa*, ou Table du saint Office, c'est pour lui demander sa généalogie; car non contens de sçavoir de lui les noms de ses pere & mere, ils l'interrogent encore sur ceux de ses ayeuls, bisayeuls, freres, sœurs, enfans, oncles, neveux & cousins, jusqu'à la quatrième génération. Ils s'informent ensuite s'ils sont nouveaux Chrétiens, en tout ou partie.

ié. Ces interrogatoires, si peu usités dans tous les autres Tribunaux, font croire à ceux à qui on les fait, qu'on ne leur fait ainsi passer tous leurs parens en revûe, que pour voir si dans la suite ils auront obmis d'en charger quelqu'un, d'autant que les Prisonniers sont ordinairement prévenus, que pour sauver leur vie, le seul moyen est d'accuser indistinctement tous leurs parens; mais il arrive néanmoins qu'après toutes ces déclarations, un pauvre Accusé ne sort pas encore d'affaire, parce qu'il se trouve encore chargé par plusieurs inconnus, dont par conséquent il est très-malaisé de deviner les noms, sans quoi toutefois point d'espérance de salut pour lui.

Pour bien comprendre jusqu'où va la cruauté, la confusion, & la vexation du saint Office, il faudroit que les Inquisiteurs missent au jour les procès de ceux qui ont été livrez au bourreau pour n'avoir pû dire le nom de tous les témoins qui avoient déposé contre eux, dont la plûpart sont aussi complices. Or on qualifie à l'Inquisition ceux qui y sont condamnez au feu, faute de déclarer tous leurs complices ou leurs témoins, du nom de *diminutos*, c'est-à-dire, gens dont la confession est insuffisante, pour n'avoir pas tout avoué, ou pour avoir manqué à nommer tous leurs complices.

Après qu'on a écrit les noms de tous les parens de l'Accusé, on lui demande s'il veut déclarer ses fautes, puisque c'est l'unique moyen de se rendre digne de la miséricorde ordinaire à ce saint Tribunal. On l'exhorte de le faire au plûtôt, sans néanmoins lui dire dequoi il est accusé. Cela s'appelle dans l'Inquisition le premier avertissement. Si le prisonnier répond qu'il est & a toûjours été Chrétien, & qu'il n'est coupable d'aucun crime, sujet à la jurisdiction du saint Office, on lui fait prêter de nouveau serment de garder le secret; & après qu'il a signé ses réponses, on le renvoye dans son cachot.

Lorsqu'on le conduit pour la troisiéme fois à la Table, ce qui est le second avertissement, après qu'il a prêté le serment ordinaire de garder le secret, & de dire la vérité; on lui demande s'il veut se confesser, afin de mériter qu'on lui fasse miséricorde; s'il continue à répondre qu'il n'a jamais rien fait contre la foi de Jésus-Christ, dont il a fait profession toute sa vie, on commence à l'interroger par articles sur divers points de la Loi Mosaïque; & cela se fait presque toûjours à peu près en la maniere suivante.

Interrogé s'il a abandonné la Loi de Jésus-Christ pour suivre celle de Moïse, ou s'il connoît quelque Chrétien qui l'ait fait; a dit que non.

Interrogé si pour observer ladite Loi de Moïse, il s'est abstenu de manger du pourceau, du lievre, du lapin, & du poisson sans écailles; a dit que non.

Ces deux interrogations suffiront pour servir d'exemple, & pour faire connoître comment on questionne un Accusé sur tous les points du Judaïsme. On écrit donc sur chaque demande, simplement; A dit que non, sans faire aucune mention des protestations, des plaintes, & des réponses pitoyables que font les misérables prisonniers. Il s'en trouve une fois un, auquel un des Inquisiteurs ayant demandé s'il n'avoit point changé de chemise le Samedi, s'il n'avoit point balayé sa maison à rebours, & s'il n'avoit pas mis des miettes de pain & des goutes de vin dans des cruches d'eau, qui sont tous points de superstition qu'on impute aux Chrétiens nouveaux; cet Accusé répondit: Je vous ai déclaré, Messieurs, que j'étois Chrétien; cela doit suffire pour vous faire connoître que je suis incapable de toutes ces fadaises; ainsi, croyez-moi, ne perdez pas davantage un tems qui vous est si nécessaire pour travailler à finir le procès de tant de misérables qui gémissent dans vos prisons.

Il y a tous les jours des Prisonniers, qui, n'ayant ces interrogatoires, n'ayant jamais eu connoissance des cérémonies Juives, retiennent par cœur le détail ridicule qu'on leur en fait, & s'accusent dans la suite, par la crainte du supplice, comme coupables de toutes ces sottes superstitions, qu'ils n'ont appris que de la bouche de leurs Juges.

Ces demandes finies & écrites avec les réponses, on renvoye l'Accusé dans son cachot.

Comme il n'y a point de temps limité pour finir les procès, les uns sont instruits en peu de semaines, pendant que d'autres durent plusieurs années. Un Prisonnier a beau crier & se plaindre, on ne l'admet jamais à l'Audience que lorsqu'il plaît aux Inquisiteurs; & s'il arrive qu'à force de la demander on l'y conduise, s'il n'a autre chose à dire qu'à représenter son innocence & sa misere, on le renvoye aussi-tôt improbablement chargé d'injures & de reproches de ce qu'il a osé abuser de la bonté que l'on a pour lui, outre cela il a à essuyer les paroles dures des Gardes, qui l'insultent & le maltraitent pour avoir demandé d'être conduit au Tribunal, sans avoir dessein d'y confesser ses fautes.

Cependant, après un certain temps, tel qu'il plaît aux Inquisiteurs, on fait venir l'Accusé; & d'autant que c'est ce qu'ils nomment le troisiéme & dernier avertissement, on le presse, avec les termes les plus propres à inspirer la terreur, qu'il ait à confesser ses fautes; on l'intimide par des menaces effrayantes; & enfin on lui déclare que le Promoteur va se présenter pour lui signifier ses conclusions, ce qu'ils appellent *Libelle de Justice*.

Alors vient le Promoteur du saint Office, qui tenant un papier en sa main y lit à peu près ce qui suit.

1°. Que l'Accusé, à ce présent, étant Chrétien baptisé, a abandonné la foi pour s'attacher à la Loi de Moïse, espérant qu'il pourroit faire son salut en pratiquant les cérémonies Judaïques.

2°. Que ledit Accusé s'est ci-devant trouvé en certain endroit avec des personnes de même race que lui, c'est-à-dire Chrétiens nouveaux; & que là ils se sont mutuellement déclarez qu'ils vivoient dans l'observance de la Loi de Moïse; & que pour s'y conformer, ils ne mangeoient même des choses défendues par ladite Loi, comme de la chair de pourceau, du poisson sans écailles, &c.

3°. Que ledit Accusé s'étant trouvé en certain lieu, avec certaines personnes, Chrétiens nouveaux comme lui, un des assistans dit qu'il avoit mangé du jambon; à quoi lui présent avoit répondu, que pour lui il n'en mangeoit jamais. Sur quoi quelqu'un de la compagnie lui dit que c'étoit fort bien fait, s'il en usoit ainsi dans l'intention d'obéir à la Loi de Moïse; & que cette conversation avoit été cause que tous s'étoient déclarez sectateurs de ladite Loi, en considération & en l'honneur de laquelle ils changeoient toûjours de chemise les Samedis.

4°. Que ledit Accusé ici présent, s'étant rencontré en certain lieu avec d'autres Chrétiens nouveaux, il leur avoit dit qu'il pensoit à acheter une Charge considérable. A quoi un des assistans avoit répondu qu'il ne le lui conseilloit pas, attendu qu'étant Chrétien nouveau, on pourroit l'en empêcher; mais qu'un autre de la compagnie prenant la parole, lui avoit dit que cette considération ne devoit pas le détourner d'acheter ladite Charge, puisque d'autres de même race que lui en avoient possédé de semblables, & que dans cette rencontre ils s'étoient déclarez être tous dans la Loi de Moïse, afin de se procurer des honneurs & des biens par ce moyen; & que c'étoit dans la vûe d'accomplir ladite Loi, qu'ils recevoient le *Pater*, & qu'ils s'abstenoient de manger de certai-nes viandes dont elle défend l'usage.

Et durant que ledit Accusé est suffisamment con-vaincu d'avoir commis les crimes ci-dessus énoncez, ledit Promoteur conclut que l'Accusé soit livré au bras séculier, comme étant hérétique & apostat de notre sainte Religion.

Voilà à peu près la formule de ce que dans l'Inqui-sition on appelle *Libelle du Promoteur*; après la lectu-re duquel on demande à l'Accusé, si tout ce qu'il contient n'est pas véritable; & s'il répond, comme il arrive ordinairement, que tout cela est absolument faux, on le renvoye dans le cachot.

CHAPITRE V.

Suite de la procedure contre les Accusez.

QUelque temps après la signification de ce fu-neste Libelle, & lorsqu'il en prend fantaisie aux Inquisiteurs, on fait encore venir l'Accusé à la Ta-ble, où l'on appelle en même temps un Avocat, que les Portugais appellent *Letrado*, pour se charger de la cause du criminel, & pour l'aider à se défendre; quoiqu'à dire vrai, ces sortes d'Avocats soient bien plus les espions que les défenseurs des Ac-cusez.

Les Inquisiteurs disent donc à l'Avocat: L'homme que vous voyez ici présent, a demandé qu'on lui donnât quelqu'un qui fût son conseil, & qui prît le soin de son affaire: nous vous permettons de vous en charger, & de faire en sa faveur telles requisitions, observations & remontrances que vous estimerez justes & nécessaires; néanmoins si vous vous apperce-vez qu'il voulût user de fraude & de malice dans sa défense, nous vous enjoignons d'en informer le Tribunal.

Cet avertissement fini, on envoye l'Accusé & le Letrado dans une autre chambre; mais on leur donne une personne de confiance pour assister à tous leurs entretiens, afin qu'il ne s'y puisse rien passer, dont les Juges ne soient entierement instruits.

L'Avocat & l'Assistant s'assoient chacun sur une chaise, & le Prisonnier sur un tabouret ou escabelle, quand même ce seroit une personne de la premiere qualité, ou constituée en Dignité Ecclésiastique. L'Avocat commence par lire le Libelle qui lui a été remis, contenant toutes les accusations, telles que le Promoteur les a signifiées. Il demande ensuite à l'Accusé s'il a quelque raison à alleguer pour se défen-dre. Le Prisonnier répond qu'il est Chrétien; qu'il n'a jamais rien fait de contraire à la Foi Catholique, & que le contenu an Libelle est entierement faux. Alors le Letrado prend la plume, & se met à écrire des contredits, presque toujours à peu près conçus en cette maniere.

Qu'il est aisé de prouver que l'Accusé est Chrétien baptisé; qu'il en a rempli tous les devoirs, vivant exemplairement, assistant à la Messe & aux Sermons, s'approchant souvent des Sacremens de Pénitence & d'Eucharistie, faisant de grandes aumônes aux Pauvres & aux Maisons Religieuses.

Qu'outre cela il a rendu d'importans services aux Eglises & aux Confrairies dont il a été; qu'il a em-ployé une bonne partie de ses biens en œuvres pieu-ses; qu'on ne lui a jamais rien vû faire de contraire à sa Religion; & que loin de là il a marqué par toute sa conduite beaucoup d'amour & de crainte de Dieu, & beaucoup de charité pour son prochain.

Qu'on peut prouver avec la même évidence qu'il a jamais changé de chemise le Samedi; que dans sa maison on l'a toujours vû manger du cochon, du lievre, du lapin, & de toutes sortes de poisson, ayant ou n'ayant point d'écailles, sans faire aucune distin-ction de viandes, qu'autant qu'il l'a fallu pour se conformer aux Loix de la sainte Eglise Romaine. Qu'on peut sur ces faits interroger ses domestiques, & les personnes avec lesquelles il a eu le plus de liai-son, & principalement son Confesseur & son Curé, qui ne manqueront pas de rendre témoignage qu'en matiere de Religion sa conduite a été irreprochable.

Voilà la formule ordinaire des contredits, qu'en pareilles occasions donnent les Avocats nom-mez par le saint Office pour la défense des Accusez; & tous sont à peu près de même façon. Dès qu'ils ont été signez par le Letrado & par le Prisonnier, le premier va à la Mesa rendre compte de sa commis-sion, & l'autre est reconduit dans son cachot.

Quelque tems après, lequel n'est pas limité, les Juges font venir l'Accusé à l'Audience, pour y nommer des témoins qui puissent prouver ce qu'il a allegué dans ses contredits ou reproches. Ces témoins doivent être au moins trois pour chaque article, & c'est ce qui ne manque presque jamais, les Accusez prouvant ordinairement d'une maniere invincible ce qu'ils ont allegué pour leur justification. Mais cela ne leur sert de guéres, quoiqu'il dût être presque suffisant pour détruire des témoignages singuliers, sans solidité, & qui ne se rapportent jamais. Le Prisonnier ayant satisfait, on le renvoye dans son cachot.

On le rappelle encore quelque tems après: on le presse par de nouvelles exhortations à confesser ses fautes. S'il persiste à se dire innocent, on lui de-mande s'il consent que le Promoteur vienne lui sig-nifier une nouvelle déclaration des preuves qu'il a contre lui; & dans l'instant le Secretaire commence à lire à peu près ainsi, afin que cela serve d'exemple.

Déclaration Juridique des preuves qu'on a contre l'Accusé ici présent.

Un témoin (que nous supposerons être Blaise (a)) a déposé bien sçavoir, pour l'avoir vû & entendu, qu'il y a environ dix ans, que Louis ici présent, étant en certain lieu, (supposons que ce fut à Coïm-bre,) avec des personnes de même race que lui, ils se déclarerent mutuellement que tous deux vivoient dans l'observance de la Loi de Moïse.

Un autre témoin (supposons que son nom est Joan (b)) a pareillement déposé que ledit Louis étant en certain endroit, par exemple à Castelbran-co, il y a environ quinze ans, avec d'autres Chré-tiens nouveaux, que nous nommerons Francisco & Joan, quelqu'un de la compagnie ayant dit qu'il avoit mangé du jambon, lui Louis répondit qu'il n'en mangeoit jamais: à quoi un autre que nous sup-poserons être Francisco, dit que Louis faisoit fort bien, supposé que ce fut dans la vûe d'observer sa Loi, & que dans cette rencontre tous convinrent qu'ils vivoient dans la Loi de Moïse.

(c) Un autre témoin (nommons-le Gonsalves) a déposé juridiquement que ledit Louis étant, il y a environ six ans en certain lieu, par exemple à Coïm-bre,

---

(a) Ce témoin, que nous supposons se nommer Blaise, pa-roît les avoir été le seul avec Louis. Conferez ceci avec la déclaration du même Louis, marquée ci-après.

(b) Ce témoin, que nous nommons Joan, a nommé Louis & Francisco. Nous ne mettrons que trois personnes dans cet exemple; on en accuse quelquefois jusqu'à huit, qui sont nom-mez dans les pieges du saint Office. Que l'on fasse attention à ces sortes de dépositions pour les confronter avec celle de l'Accusé.

(c) On s'appercevra aisément que ce que disent les Accusa-teurs, est bien different de ce que disent les Accusez, & que par conséquent tout n'est au saint Office que confusion & fourberie.

bre, avec des personnes de sa race, que nous supposerons être *Manoel* & *Gonsalve*, ledit Louis leur dit qu'il étoit sur le point d'acheter une Charge de conséquence; que l'une desdites personnes (supposons que ce fut Manoel) lui dit qu'il n'en devoit rien faire, parce qu'étant Chrétien nouveau, quelqu'un pourroit bien l'en empêcher; à quoi un autre desdits assistans, comme par exemple Gonsalves, répliqua que rien ne devoit détourner l'Accusé d'acheter ladite Charge, attendu que des personnes de même race en avoient occupé de semblables, & que dans cet entretien ils se déclarerent réciproquement qu'ils faisoient profession de la Loi Mosaïque.

Voilà à peu près la formule des déclarations des preuves que l'on prétend avoir à l'Inquisition contre les Accusez.

Celles du Prisonnier, que nous supposons se nommer Louis, ne consistent donc qu'en trois témoins qui ne conviennent nullement entre eux. Elles sont néanmoins suffisantes, selon les regles du saint Office, pour faire arrêter une personne; encore arrive-t-il quelquefois qu'on en met en prison, qui n'ont contre eux que deux témoins de cette espece; lesquels étant ordinairement de faux témoins, ne sauroient s'accorder dans les circonstances des faits sur lesquels ils déposent. S'il plaisoit aux Inquisiteurs de laisser voir les procès, on verroit qu'entre mille témoins à peine s'en trouveroit-il deux qui s'accordassent parfaitement, si ce n'est qu'ayant accusé quelqu'un avant que d'être arrêtez eux-mêmes, ils fussent par avance convenus de ce qu'ils avoient résolu de déposer.

Cette déclaration lûe à l'Accusé, on lui demande s'il la reconnoît véritable; mais comme nous supposons Louis innocent, il répond que tout cela est faux, ensuite de quoi on le renvoye.

On ne laisse plus pendant quelque temps parler le Prisonnier à son Avocat, en quoi très-assurément il ne perd pas beaucoup, n'étant pour lui Avocat que de nom. En effet il ne peut ni requérir ni alléguer rien en faveur de l'Accusé, au-delà de ce qui lui est prescrit. Il ne voit jamais ni le procès ni les procédures, & ne sçachant pas à fond l'affaire dont il s'agit, mal-aisément pourroit-il fournir des défenses convenables; il est choisi pour cette fonction entre les plus zélez Familiers du saint Office, & souvent entre les moins capables. Enfin, ils sont plus contre que pour les Accusez, parce qu'étant Ministres & Domestiques de l'Inquisition, ils disent volontiers au Tribunal ce qu'ils pensent des Accusez; & d'autant que les Inquisiteurs & les Familiers sont naturellement portez à juger peu favorablement de tout ce qu'en Portugal on qualifie de nouveau Chrétien, ces Avocats ont toujours du penchant à penser mal des Prisonniers. Or s'il leur arrive de dire leur pensée à la *Mesa* ou Table, & que ce qu'ils pensent soit contraire aux intérêts de l'Accusé, cela lui porte un grand préjudice; au lieu que quelque favorable que soit l'opinion qu'a l'Avocat, elle lui est néanmoins toujours fort inutile.

Le Promoteur est le maître du secret; & voit, quand il lui plaît, le procès entier d'un Accusé, afin d'avoir tous les moyens propres à l'embarrasser, pendant que l'Avocat n'en ayant qu'une connoissance très-superficielle, se trouve hors d'état de se défendre comme il le faudroit. C'est aussi pour cela qu'une infinité de ces malheureux périssent sans défense, forcez ou à mourir dans les flâmes, ou à se deshonorer avec leurs familles, en s'accusant de Judaïsme & de plusieurs autres crimes dont ils sont innocens.

Quelque tems après, & toûjours selon le bon plaisir des Inquisiteurs, on remet l'Accusé avec son A-vocat, lequel lui donne communication & lui fait la lecture de la même déclaration de preuves qui lui a déjà été signifiée à l'Audience, & qui est conçue à peu près en la forme marquée ci-devant. Cette pièce contient à la vérité les dépositions de plusieurs témoins; mais tel qu'en soit le nombre, ils sont tous néanmoins différens les uns des autres, tant pour la substance, que pour les circonstances des faits.

Après cette lecture, le Lérado demande au Prisonnier ce qu'il a à dire contre ce qu'il vient d'entendre. Celui-ci répond que ces prétendues preuves & toutes ces dépositions sont autant de faussetez; qu'il est très-innocent de tout ce dont on l'accuse, & qu'il supplie instamment son Avocat de travailler sérieusement à sa défense. Le Lérado changeant alors de ton, commence à faire le rolle d'Inquisiteur. Il déploye toute son éloquence pour persuader son Client à confesser; il lui représente qu'il n'a point d'autre expédient à lui proposer pour le tirer d'affaire; que sans cela il s'expose à rester encore bien du temps en prison, ou à n'en sortir que pour aller au supplice.

Un peu de réflexion ici à l'effet, qu'un semblable conseil donné par un Avocat est capable de produire dans les esprits foibles, comme par exemple des femmes, des jeunes filles, & de quantité d'autres. Aussi n'arrive-t-il que trop souvent, que ces infidèles Avocats en persuadent la plûpart à suivre ce triste & honteux parti.

Que si l'Accusé a assez de fermeté pour persister malgré tout cela à se dire innocent, le Lérado ne manque pas de lui dire: Qu'est-ce donc que vous avez à répondre aux accusations que le Promoteur a formées contre vous, & qu'il prétend être suffisamment prouvées? Il faut de bonne foi convenir qu'un pauvre Prisonnier est bien à plaindre de se trouver en de telles mains; car quel secours, quelle consolation reçoit-il de ce prétendu Avocat? N'est-il pas évident que tout cela n'est qu'un jeu & une pure momerie? Si ce Lérado remplissoit tant soit peu ses devoirs, ne pourroit & ne devroit-il pas alléguer que tous ces témoins sont non-recevables, pour ne convenir pas entre eux, pour être la plûpart dans les prisons du saint Office, où ils n'ont fait leurs dépositions que par violence, par menaces & par la crainte des supplices? Dans les Jurisdictions laïques on n'admet point de témoin singulier contre un Accusé, quand il le seroit d'un crime de lèze-Majesté; on veut que les témoins soient d'honnêtes gens contre qui on ne puisse donner aucun reproche. Dans l'Inquisition toutes sortes de gens sont indistinctement admis à être témoins; & on y regarde comme des preuves invincibles les dépositions de personnes forcées, violentées, détenues dans des cachots pendant plusieurs années, & qui n'ont pû sauver leur vie qu'en s'accusant, & en accusant les autres. Si l'on offroit aux Prisonniers qui sont dans les Conciergeries, de les élargir & de les renvoyer absous, pourvû seulement qu'ils voulussent déposer contre d'autres, sans les obliger à convenir avec ceux qui déposeroient pour la même affaire, il n'y en auroit pas un qui ne s'empressât à se procurer la liberté par un moyen si court & si facile. Les Prisonniers du saint Office ne sont-ils donc pas hommes comme ceux qui sont détenus dans les prisons laïques? L'horreur de la prison, des supplices & de la mort, ne fait-elle pas sur eux, & principalement sur des femmes & sur de jeunes gens, une impression aussi forte? Il est sans doute, que de même qu'en les interrogeant & les pressant sur la Loi de Moïse, on les porte à s'accuser de Judaïsme; ils conviendroient aussi qu'ils sont Turcs, si on les questionnoit sur la Loi de Mahomet.

Tou-

Toutes ces reflexions embarrassent néanmoins fort peu les Avocats qu'on donne aux Prisonniers dans l'Inquisition. Ils restent là-dessus fort en repos, & ont la conscience fort tranquille, quoique devant Dieu ils soient chargez & responsables de l'honneur, des biens & de la vie de ceux qu'on leur remet entre les mains, & dont ils entreprennent la défense. Que s'il arrive (comme cela n'est que trop ordinaire) qu'à la persuasion de son Avocat, un Prisonnier aille s'accuser & en accuse faussement d'autres; à quelles affreuses réparations & restitutions ne se trouve pas engagé cet Avocat? & y a-t-il lieu de croire qu'il y satisfasse, ou que jamais il y puisse satisfaire.

Le Letrado enfin ayant demandé à l'Accusé s'il a des reproches solides à donner contre ses témoins, celui-ci lui répond qu'il ne lui est pas possible de fournir des reproches contre des gens qu'il ne connoit point. Pour lors l'Avocat en écrit lui-même d'office contre tous les témoins en général, & engage en même temps l'Accusé à lui découvrir sans réserve tout ce qu'il peut avoir à alléguer contre toutes les personnes avec qui il a eu des affaires à démêler; afin que parmi ce grand nombre il y puisse comprendre ceux qui ont déposé contre lui. Cependant comme non seulement l'Accusé n'a souvent pas du tout connu ses accusateurs, mais même qu'il ne les a jamais ouï nommer, il arrive aussi qu'après avoir fourni des reproches contre cent personnes, il n'a pas le bonheur d'y comprendre ceux qu'il lui importoit précisément de rencontrer. Un autre inconvénient qui résulte de l'embarras où se trouve l'Accusé, est que donnant à son Avocat des reproches contre un grand nombre de personnes, qui peut-être n'ont pas songé à lui nuire, il fait une espece de confession générale de sa vie à ce Letrado : il lui découvre toutes les intrigues & les avantures galantes qu'il a eues, & détruit par cet aveu la réputation de plusieurs femmes & filles de distinction, en revelant ce qui auroit dû être enseveli dans un éternel oubli. Telle est l'étrange situation des Prisonniers du saint Office, dont l'unique ressource est de donner ainsi des reproches vagues & à tâton, en disant par exemple, qu'un tel est leur ennemi, parce qu'ils auront débauché sa femme, sa fille ou sa soeur. Sur quoi il faut observer qu'à l'Inquisition on n'a aucun égard à ces sortes de reproches, si l'on peut prouver que celui qui les donne ait dans la suite parlé ou se soit réconcilié avec ceux contre qui il les fournit; comme si chez la Nation Portugaise la haine & le desir de se venger s'éloignoient tout à fait en se parlant.

* Un autre moyen par lequel les Prisonniers du saint Office réussissent quelquefois à recouvrer leur liberté, est de prouver ce qu'en France on appelle l'*Alibi*, & en Portugais *Coartada*; c'est-à-dire, que dans le temps qu'on prétend que l'Accusé étoit dans un certain lieu, il étoit actuellement dans un autre; par exemple, prouver qu'il étoit à Lisbonne, pendant qu'on a prétendu qu'il étoit à Coïmbre.

Pour la validité de chaque reproche ou de chaque article de l'Alibi, l'Accusé doit fournir au moins trois témoins, tous anciens Chrétiens, irreprochables, & du nom desquels on ne donne point connoissance à l'Avocat. Il faut remarquer que ces témoins ainsi citez par un Accusé, sont toujours dans une si cruelle appréhension, que le saint Office ne soupçonne de favoriser le Prisonnier, & d'être trop dans ses intérêts, que souvent cela les empêche de déposer ce qui lui pourroit être avantageux, ou qu'ils ne le déposent qu'à demi. Il faut encore observer qu'entre les Accusez il n'y a que ceux qui ont un peu de lumiere &

* Ce moyen d'Alibi n'est d'usage que pour ceux qui vont en divers pays, & presque jamais il ne peut avoir lieu pour des femmes.

de connoissance du monde, qui se servent du moyen de l'Alibi; attendu que si le prisonnier ne s'avise de lui-même de cet expédient, jamais son Avocat ne le lui inspire; & pour mieux éclaircir ceci, il faut sçavoir que jamais l'Accusé ne soit précisément le lieu dont ses témoins ont parlé dans leurs dépositions, à moins qu'il ne le demande en vûe de prouver l'Alibi; mais que dans les libelles qu'on leur signifie, on se sert toujours des termes, *En certain lieu, en certain endroit,* sans en exprimer aucun en particulier; comme on le peut voir dans les exemples reportez ci-devant. Or la plûpart des Accusez voyant qu'on ne leur désigne point ces endroits, ne s'avisent gueres de les demander, afin que les sçachant ils puissent se défendre, en prouvant l'Alibi. D'ailleurs, ce moyen n'est pour l'ordinaire d'aucun usage pour les femmes, pour les jeunes gens, & même pour les hommes de certains états & de certaines conditions, qui n'ont pas assez de pénétration pour y penser d'eux-mêmes, & qui ne sont pas incitez à y avoir recours par leurs Avocats, quoique leur devoir dût les porter à mettre en usage tous les moyens permis, afin de défendre ces malheureux : mais c'est le sort de ceux qui sont arrêtez par le saint Office, que tout semble concourir à leur perte; & que lorsqu'il s'agit de leur défense & de leur conservation, les difficultez sont sans nombre, & en quelque sorte insurmontables.

CHAPITRE VI.

Suite de la procédure contre les Accusez & les Femmes.

TOut ce que l'Accusé & tout ce que son Avocat peuvent faire pour le succès du procès consiste, dans ces sortes de reproches. On appelle quelque temps après le Prisonnier à l'Audience, pour lui demander les noms des témoins qu'il a citez dans ses contredits ou reproches; & sans plus lui parler de son affaire, on le renvoye à sa prison. S'il a été assez heureux, en donnant ses reproches, pour rencontrer les noms de ceux qui ont déposé contre lui, on interroge les témoins qu'il a alléguez en sa faveur touchant lesdits reproches; sinon on n'en parle plus, & l'affaire reste ainsi en état d'être jugée.

Supposons que l'Accusé que nous nommons Louïs, a été arrêté en Janvier 1700. On ne lui parle de son affaire qu'environ deux ans après son emprisonnement. Si ce terme paroît long à ceux qui liront ceci, ils doivent se souvenir qu'il y a tel Prisonnier qui a été plus de trois ans, sans qu'on lui ait rien dit : ces deux années étant donc passées, on fait en deux mois toutes les procedures dont on vient de parler; en sorte que Louïs se flate de sortir au premier Acte de Foi qui se fera. Mais il se trompe, & l'Acte de Foi se fait sans qu'il sorte. Dans quel désespoir n'est pas réduit un pauvre malheureux qui n'a plus d'espérance de sortir que dans un autre Acte de Foi, qui pour le plûtôt ne se fera qu'environ deux ans après. Il donne en vain la torture à son esprit, pour deviner ce qui peut être la cause qu'on l'a ainsi retenu.

Enfin, environ un an s'étant encore écoulé, on l'appelle au Tribunal, on l'exhorte de nouveau à confesser ses fautes. S'il répond comme il a toujours fait, qu'il est innocent, & qu'il ne sçait rien dont il croye devoir s'accuser, on le renvoye jusqu'à ce que le temps d'un nouvel Acte de Foi s'approchant, on applique Louïs à la question, où, pendant qu'on lui disloque impitoyablement tout le corps, on le presse par de vives exhortations & par de terribles menaces,

qu'il

qu'il ait à confesser ses fautes, afin qu'on puisse le renvoyer chez lui.

Il est en vérité surprenant qu'il se trouve quelqu'un qui ait assez de fermeté pour résister à tant de persécutions & à tant de souffrances; mais pour donner quelque idée de ce qui se passe en ces occasions, & de l'effet que produit ordinairement la torture, on mettra ici l'exemple de Marie de la Conception, native de Villaestremos, & fille de Manoel Sosarès.

Cette Demoiselle, qui depuis a demeuré en la maison d'un de ses freres nommé Alvarès Pinto, fut arrêtée avec deux de ses sœurs. Ces trois filles, après une longue captivité, sortirent en l'Acte de Foi, qui se célébra à Evora, au mois d'Avril 1660. Marie de la Conception, après avoir toûjours persisté à se dire innocente, fut enfin appliquée à la question; elle la soûtint constamment presque jusqu'à la fin, en ce tout ceci fut énoncé dans sa Sentence; mais enfin vaincue par la douleur, elle s'accusa. On la détacha, on lui permit de reprendre ses habits, afin de recevoir ensuite sa confession; mais au lieu de persister dans ce qu'elle venoit de déclarer, elle protesta que tout ce qu'elle avoit dit à la torture étoit faux; qu'elle étoit Chrétienne, & que la seule appréhension de mourir dans les tourmens l'avoit portée à s'accuser d'être Juive. On la renvoya en prison, peu de jours après on l'applique de nouveau à la question, elle y succombe une seconde fois & s'accuse. On la détache, on la conduit à l'Audience, où, comme la première fois, elle se dédit, & déclara à ses Juges qu'inutilement lui donneront-ils une autre torture, puisque quand on la tourmenteroit cent fois, elle feroit toûjours la même chose. On ne laissa pas de l'appliquer pour la troisième fois à la question; & Dieu lui ayant alors donné la force & le courage de la soûtenir toute entière, elle persevera jusqu'à la fin à se dire innocente. Tout ce qu'on vient de rapporter fut rendu public dans la Sentence, & ce fut pour n'avoir pas voulu ratifier ce qu'elle avoit avoué les deux premieres fois, qu'on la condamna à être fouettée publiquement par les ruts, & ensuite bannie pour dix ans.

Dans ce même Acte de Foi, parut réconcilié, André François Tendeiro, natif de Villa-viciosa, lequel entendant lire la Sentence de cette Demoiselle, & ayant dit à ceux qui se trouverent proche de lui qu'elle lui paroissoit bien severe, fut rappellé à l'Audience, où les Inquisiteurs, après l'avoir aigrement reprimandé, lui dirent qu'il devoit s'estimer fort heureux de ce qu'on ne le renfermoit pas dans les prisons; que par un excès de bonté & par pure charité, on consentoit qu'il restât libre, mais qu'il prît bien garde à être plus réservé & plus discret à l'avenir.

Lorsqu'on donne la question à des femmes & à des filles, on les dépouille de leurs habits, en leur laissant seulement une espece de large chemise de grosse toile, & on les applique ainsi à la question d'une maniere très-immodeste, en présence de plusieurs hommes; en sorte que la plûpart effrayées par cet horrible appareil, disent & nient tout ce que l'on exige d'elles, afin d'éviter les tourmens.

Supposons néanmoins à présent que Louis a eu assez de force pour souffrir la question sans rien avouer; que l'Acte de Foi venant à se faire, il sort libre, c'est-à-dire la vie sauve, comme n'ayant pas en assez de témoins contre lui pour être condamné à la mort, attendu que les trois que nous avons donnez pour exemple, ne sont pas suffisans; n'est-ce pas une chose surprenante que l'on traite de la sorte un malheureux, y en ayant si peu de sujet? que sur des témoignages aussi frivoles on lui fasse souffrir tant de

tourmens; qu'on ait fait durer plusieurs années un procès qu'on pouvoit instruire & finir en peu de mois, & qu'on ruine ainsi la santé & les affaires d'un homme, seulement pour attendre l'occasion d'un Acte de Foi? En bonne foi, n'est-ce pas là une injustice criante?

Louis étant donc sorti, on le mene dans une Ecole publique, on l'y retient un mois prisonnier, sous prétexte de lui apprendre son Catéchisme. A quoi est bon tout cela? & s'il sçait déjà tout ce qu'on lui veut enseigner, pourquoi le retient-on de la sorte? C'est sans doute que les Inquisiteurs veulent donner à entendre au peuple, que cet homme ignore jusqu'aux élemens de la Religion Chrétienne.

Voilà donc enfin Louis hors d'affaire, parce qu'il a été assez heureux dans son malheur, pour qu'il ne se soit trouvé que trois personnes qui ayent déposé contre lui. Supposons maintenant qu'il ait été chargé par dix témoins, tous du caractere que nous avons ci-devant représenté: ce qui, selon les regles du saint Office, suffit pour livrer un Accusé au bras séculier, comme étant absolument convaincu. Le temps de célébrer l'Acte de Foi s'approchant, on appelle Louis à l'Audience, & on lui insinue qu'il ait à se disposer à entendre sa Sentence en l'*Acte de Fé*, qui se doit faire un tel jour. C'est l'avertissement que l'on donne à ceux qui doivent être suppliciez, ce jour fatal étant soigneusement caché à tous les autres, jusqu'au dernier moment. Dans quel affreux état ne se trouve pas alors réduit ce misérable, envisageant sans cesse l'appareil terrible du supplice que l'on lui destine, sans Confesseur, sans secours & sans aucune consolation; déterminé néanmoins à mourir plûtôt que de s'accuser à faux, ni à accuser personne? Enfin le Vendredi qui précede immédiatement le Dimanche de l'Acte de Foi, on va de grand matin lier les mains à Louis, & on lui donne dans ce moment un Jesuite pour le confesser & l'assister pendant ces trois derniers jours.

Le Confesseur entré, l'Accusé se confesse comme devant bien-tôt mourir, ne voulant point conserver sa vie aux dépens de son honneur & de la verité. Le Dimanche arrivé, il sort à la Procession, il entend prononcer publiquement sa Sentence de mort; il déclare tout haut qu'il meurt Chrétien, & qu'il l'a été toute sa vie; qu'il est innocent des crimes dont on l'accuse, qu'il accepte néanmoins avec soumission le supplice & la mort, dans l'esperance d'obtenir de Jesus-Christ le pardon des péchez dont il est véritablement coupable. Il se trouve cependant tous les jours un grand nombre de Prisonniers, lesquels intimidez par l'approche du supplice, ou préviennent leur condamnation, ou qui, depuis que leur Sentence leur a été signifiée, conviennent de tout ce que l'on veut, & confessent ce dont ils sont très-innocens.

Louis, après avoir entendu sa Sentence, est livré au bras séculier, on le conduit devant le Parlement, où, sans se donner la peine de voir son procès, on le condamne à être brûlé. Avant que de le livrer aux Executeurs, on lui demande en quelle Religion il veut mourir; à quoi non seulement Louis, mais presque tous ceux qui ont un pareil sort, répondent qu'ils meurent comme ils ont vécu, faisant profession de la Religion Catholique Romaine, qu'ils détestent toutes les sectes & toutes les hérésies, aussi-bien que la Loi Judaïque, & qu'ils ne reconnoissent que Jesus-Christ pour Sauveur, dans le mérite duquel ils mettent toute leur confiance.

Louis étant ensuite à un poteau, il persevere, & meurt enfin dans ces sentimens; & c'est de cette sorte que finissent leurs tristes jours tous ceux que le saint Office condamne au feu, & qu'il qualifie

G   du

du nom de *Convaincu negatif*, ou convaincu ne-gatif.

Voyons maintenant comment sortent ceux que l'on réconcilie & que l'on condamne au bannissement pour avoir attendu à confesser après que la Sentence de mort leur a été signifiée.

Supposons donc que le nommé Louis ait été accusé par quinze ou par vingt personnes, qui dans leurs dépositions ne s'accordent point du tout. Louis voit sa perte inévitable, attendu qu'il ne peut donner de suffisans reproches contre un si grand nombre de témoins qu'il ne connoît pas. Si pourtant en cet état la crainte du supplice le porte enfin à s'accuser lui-même de ce qu'il n'a pas fait, il raisonne sans doute à peu près de cette sorte : Comment pourrai-je nommer de tels témoins? Mais quand je serois assez heureux pour les deviner tous, comment puis-je dire au juste le temps, le lieu, & les occasions des conférences que l'on prétend que j'ai eues avec eux? cela me paroît absolument impossible. Je sçai néanmoins par expérience que tels & tels se sont tirez d'affaire, en avouant ce qu'ils n'avoient jamais fait, non plus que moi : donc il pourroit me suffire de dire les noms de ceux qui ont déposé contre moi, quand même je ne rencontrerois pas dans les autres circonstances. Mais quel moyen de deviner les noms de vingt personnes? Il faut, pour tâcher d'y parvenir, que j'accuse tout ce que je connois de Chrétiens nouveaux, ou pour le moins tous ceux avec qui j'ai le plus de liaison; puisque c'est par là seulement que je peux sauver ma vie.

Louis ayant pris ce parti, fait en lui-même un sérieux & exact examen de toutes les personnes, par qui il a quelque lieu de présumer d'avoir été chargé. Il demande l'Audience, où souvent ne sçachant pas bien les noms de ceux qu'il s'imagine avoir pû déposer contre lui, il les désigne aux Inquisiteurs, en disant, par exemple, le fils, la fille, ou la femme d'un tel; & pour nommer les vingt qui l'ont chargé, il en accuse deux cent, sans quelquefois rencontrer tous ceux dont lui-même a été accusé.

Plusieurs Prisonniers commencent par nommer leurs peres, leurs enfans, leurs freres, se persuadant que leurs juges, en considération de ce qu'ils n'ont pas épargné leurs proches, les excuseront comme manquant de mémoire, s'il leur arrive de ne pouvoir dire au juste tous leurs accusateurs. D'autres pour ne pas exposer leurs parens, les épargnent & se contentent de nommer des indifferens. Mais revenons à Louis. Il se flatte qu'après une si simple confession, il sera hors d'affaire; mais il se trouve plus embarrassé que jamais, s'il n'a pas rencontré tous les noms de ses témoins, parce que les Inquisiteurs ne manquent pas de lui dire, que s'il ne satisfait à ce qui manque à sa confession, le Promoteur va donner sa requisition, pour qu'on lui fasse son procès, comme à un *Diminuto*, c'est-à-dire, un homme qui malicieusement n'a pas déclaré tous ses complices, & dont la confession est imparfaite.

Ce malheureux, qui a déjà tant fait que de s'accuser lui-même d'un faux crime afin de sauver sa vie, se voyant encore en danger de la perdre malgré l'horrible confession qu'il vient de faire, parcourt tout son païs, les païs voisins, tout le Royaume. Rien ne lui échape : il nomme tout ce qu'il connoît de nouveaux Chrétiens, Prêtres, Moines, Religieuses; & si le Portugal ne lui suffit pas, il passe en Espagne, en Italie, en France, pour chercher quelqu'un qu'il puisse accuser. Si l'on continue à lui dire qu'il n'a pas encore satisfait, il va déterrer les morts, auxquels, comme il a été remarqué ailleurs, le saint Office ne s'attribue pas moins le pouvoir de faire le procès qu'aux vivans.

Enfin, si Louis a le bonheur de déclarer tous les noms qu'on exige de lui, il sort en l'Acte de Foi parmi les réconciliés, & il en est quitte pour cinq années d'exil au Brésil ou ailleurs. C'est par là que l'on connoît ceux qui se sont accusez après avoir été jugez, d'avec ceux qui ont prévenu leur condamnation, ces derniers n'étant jamais envoyez en exil.

CHAPITRE VII.

Comparaison de la Confession de l'Accusé avec les Dépositions de ses Accusateurs.

NOus venons de voir de quelle manière est sorti l'Accusé, que nous avons supposé se nommer Louis : nous allons présentement examiner quel rapport il y a entre ce qu'il a confessé, & les dépositions que nous avons ci-devant supposé avoir été faites contre lui. On pourra par ce moyen se convaincre clairement que toutes ces prétendues Confessions ne font que de véritables pièges tendus à l'innocence, & que les dépositions qui se font à l'Inquisition font presque toutes conçues dans les mêmes termes. Quelqu'un en lisant ces mémoires, trouvera peut-être que les choses y sont expliquées un peu au long; mais cette longueur est nécessaire pour l'intelligence parfaite de ce dont il s'agit.

Louis donc, ainsi que nous l'avons dit, a confessé, & pour trouver le nom des vingt personnes qui ont déposé contre lui, en a accusé deux cent; dans ce grand nombre il a été assez heureux pour rencontrer ceux qu'il lui importoit de nommer.

Faisons à présent un exemple de ce qui s'est passé à l'égard de Louis : sur quoi il est nécessaire de se souvenir que les Prisonniers du saint Office accusez de Judaïsme se confessent presque tous à peu près de la même manière. Voici la formule des déclarations de Louis.

(a) Louis a déclaré par serment, qu'il y a environ six ans qu'il se trouva à la foire de Gologan, où soupant dans une hôtellerie avec les nommez Blaise, Bernard & Gilles, on leur servit un morceau de pourceau; que Gilles dit qu'il n'en mangeoit point, que Bernard en dit autant, ajoutant qu'il se trouvoit incommodé toutes les fois qu'il en mangeoit; qu'alors Blaise ajouta qu'il voyoit bien qu'ils ne s'abstenoient de cette sorte de viande qu'à cause qu'elle leur étoit défendue par la Loi de Moïse; que lui Louis avoua que cela étoit vrai, & qu'enfin ils s'étoient tous déclarez observateurs de la dite Loi.

(b) Louis a déclaré par serment, qu'il se trouva il y a environ cinq ans avec Joan dans le Couvent de Bajulo à trois lieues de Coïmbre; que B. Joan lui dit qu'il avoit une grande vénération pour les Religieux de ce Monastère, qui sont des Carmes, à cause qu'Elie Prophete de l'ancienne Loi étoit leur Fondateur, & que cette conversation leur avoit été une occasion de se déclarer réciproquement qu'ils étoient Juifs.

(c) Louis a déclaré par serment, qu'il se trouva il y a environ douze ans à une des Portes de Coïmbre avec les nommez Gonsalves, Silvestre & Laurent; que pendant qu'ils parloient ensemble, un Païsan s'approcha d'eux, & leur demanda s'ils vouloient acheter

---

(a) On peut voir combien cette déposition diffère de celle de Blaise rapportée ci-devant.

(b) Qu'on examine la différence de cette déposition, d'avec celle de Joan, ci-devant.

(c) Voyez le peu de rapport de cette déposition avec celle de Gonsalves, ci-devant.

acheter deux livres qu'il tenoit à main ; que l'auteur répondit que non ; que le Paysan s'étant retiré, Gonsalves dit aux autres qu'ils pouvoient parler à cœur ouvert, puisqu'ils étoient tous de même créance, & qu'alors ils avoient tous déclaré qu'ils faisoient profession du Judaïsme ; qu'ils en auroient même dit davantage, si des survenans ne les eussent forcez à changer de discours.

* Louis a déclaré par serment, qu'étant à Coïmbre il y a environ neuf ans, en la maison de Francisco avec Léonore femme dudit Francisco, ils s'étoient déclarés entre eux qu'ils vivoient dans l'observance de la Loi Judaïque.

Qu'on fasse ici un peu de réflexion à la facilité avec laquelle on reçoit & on se contente de la Confession des accusez, pourvû seulement qu'ils nomment ceux qui ont déposé contre eux, sans se mettre en peine si elle se raporte avec lesdites dépositions, tant pour le lieu, le tems, l'occasion, que pour les autres circonstances essentielles. Car si la déclaration de Louis est sincère, ne devroit-elle pas être conforme en tout, avec les dépositions de ceux qui l'ont chargé ? Cependant si les Inquisiteurs permettoient de voir les procès, on n'en trouveroit guères où les déclarations des accusateurs & des accusez fussent parfaitement conformes ; au lieu que si les Inquisiteurs exigeoient que les uns & les autres convinssent des faits & des circonstances, on ne verroit pas tous les jours des Chrétiens s'accuser l'un l'autre d'être Juifs, étant comme impossible que l'on puisse convenir sur des faits entièrement faux. Si par hazard parmi les Prisonniers il s'en trouvoit quelqu'un qui fût effectivement Juif, les témoins qui auroient déposé contre lui ne manqueroient jamais de s'accorder entre eux sur toutes les circonstances, le fait étant véritable.

On demandera peut-être d'où vient qu'on livre au bras séculier tant de Prisonniers qui se sont accusez, sous prétexte qu'ils ont celé quelqu'un de leurs complices ; lesquels pour cette raison on qualifie du nom de *Diminutos*, c'est-à-dire, ceux dont la confession est défectueuse & imparfaite.

Comme ce point est extrêmement délicat, il mérite qu'on le traite avec beaucoup de réflexion : ainsi pour n'en dire que ce qu'il est possible d'en sçavoir au vrai, on doit distinguer de trois sortes de *Diminutos*, qui en cette qualité sortent condamnez à la mort.

Les premiers sont ceux qui s'étant accusez peu après leur emprisonnement, ou pour le moins avant que d'avoir été condamnez, ont eu par conséquent tout le temps nécessaire pour s'examiner & faire une entière déclaration.

Les seconds sont ceux qui n'ont confessé qu'après avoir été condamnez & avoir entendu leur Sentence. Ceux-ci sont appliquez à la question, afin de les engager par la violence des tourmens à satisfaire à ce qui manque à leurs confessions, & par ce moyen à sauver leur vie ; ce qui au saint Office passe pour un trait de clémence & de miséricorde extraordinaire, d'autant qu'en considération de la question on n'exige pas d'eux une déclaration si exacte, la torture suppléant à l'insuffisance de leur confession. Cette seconde espèce de *Diminutos* a du temps pour satisfaire à ce qu'on attend d'eux jusqu'au Vendredy qui précède immédiatement le Dimanche de l'Acte de Foi.

Les troisièmes sont ceux qui ne confessent qu'après

qu'on leur a lié les mains, & qu'on les a livrez aux Confesseurs. La situation de ceux-ci est la pire & la plus désespérée, parce qu'on ne leur donne plus la question, & que s'ils veulent se tirer d'affaire, ils doivent indispensablement nommer tous ceux qui les ont accusez, sans en excepter un seul.

C'est pour tâcher d'y parvenir, que ces sortes de Prisonniers n'épargnent dans leurs déclarations, ni parens, ni amis, ni étrangers. Et parce que ces malheureux réduits au désespoir par l'approche d'une mort honteuse & cruelle, parcourent ainsi très-distinctement tous ceux qu'ils ont jamais connu, & que par là ils mettent une infinité de personnes dans le danger d'où ils essayent de se tirer ; les Portugais disent en Proverbe *Ninõ ardeo, Terras Abrasadas* ; comme qui diroit, le pays est en feu, dès qu'un Accusé a les mains liées.

Il y a bien de l'apparence que la plûpart de ceux qui sortent condamnez comme *Diminutos*, après s'être accusez & en avoir accusé beaucoup d'autres des mêmes crimes dont ils se sont déclarez coupables, ont voulu épargner leurs femmes, leurs enfans, leurs peres ou leurs freres. Or comme il n'y a pas lieu de présumer qu'ils ayent agi ainsi par un défaut de mémoire, on n'estime pas nécessaire de leur donner la question pour les leur faire déclarer. C'est pour ce défaut de sincerité que le saint Office les fait brûler en qualité de *Diminutos*. Il est vrai cependant qu'il s'en trouve qui ayant chargé tous leurs parens ne laissent pas d'être livrez au bras séculier comme *Diminutos*, pour n'avoir pas nommé des personnes avec lesquelles ils n'avoient que des liaisons très-éloignées. Par exemple :

George Francisco Mela, habitant de Villa-viciosa, ayant été arrêté à l'Inquisition de Evora, s'accusa volontairement peu de temps après avoir été renfermé dans les prisons, croyant par ce moyen obtenir bientôt sa liberté. Il chargea dans ses Confessions tous ceux dont le nom lui vint en pensée, tant de ses concitoyens, que des etrangers, en sorte qu'il nomma plus de cinq cent personnes. Il avoit une fille, laquelle dès l'âge de cinq ans avoit été mise dans le Couvent de l'Espérance de la même Ville, où elle avoit été élevée par les Religieuses du même Couvent, qui étoient d'anciennes Chrétiennes. Cette fille devenue grande avoit pris le voile & fait profession. Elle vivoit d'une manière exemplaire. Jamais son pere, lorsqu'il la venoit voir, ne lui parloit qu'en présence de quelques-unes de ces Dames. Ce pere infortuné voulant sortir de prison à quelque prix que ce fût, après avoir accusé son epouse, ses enfans & ses freres, accusa aussi cette fille qui étoit Religieuse, sans qu'avec tout cela il fût parvenu à satisfaire les Inquisiteurs, & qu'avec une déclaration si malheureuse & si étendue il pût s'empêcher d'être condamné pour *Diminutos*. Alors désabusé, réduit au désespoir, & voyant qu'avec toutes ses déclarations & toutes ses confessions il ne pouvoit se garantir du supplice, il désavoüa tout ce qu'il avoit dit, déclara hautement que tout ce qu'il avoit déposé, tant contre lui que contre les autres, étoit absolument faux ; & que l'amour de la vie & la crainte de la mort l'avoient porté à en user de la sorte. Dans sa Sentence on le qualifia de *Diminutos revoquant* ; c'est-à-dire, qui a confessé en partie, & qui ensuite s'est dédit de ce qu'il avoit confessé.

Marie Mendes, native de Fronteira, demeurant à Elvas, veuve de Gaspard Gomes Jacinte, ayant été arrêtée par le saint Office, confessa d'abord, & chargea ses enfans, ses neveux, ses autres parens, & tout ce qu'elle connoissoit ; si bien qu'elle accusa près de six cent personnes : cela pourtant n'empêcha pas qu'elle ne fut condamnée à mort comme *Diminuta*.

---

* Quel rapport de cette déposition, avec celle de Francisco (V. ci-dessus,) qui a déclaré Jean comme complice, & ici Louis dit que c'est Léonore. Et l'on pourroit voir les procès, on trouveroit dans tous à peu près la même contradiction.

Se voyant réduite en cet état, nonobstant toutes ses confessions, elle se dédit de tout ce qu'elle avoit déposé, & protesta qu'elle ne s'étoit portée à dire tant de faussetez que pour tâcher de sauver sa vie. Lorsqu'elle parut en l'Acte de Foi avec les affreux ornemens dont on pare ceux qui vont être brûlez, une de ses filles la voyant passer proche d'elle, lui nomma tout haut quelques-uns de leurs parens, craignant qu'elle ne les eût ômis ou oubliez, & espérant que si elle les déclaroit à l'Inquisition, elle pourroit peut-être encore se garantir du supplice. Mais cette mere infortunée lui répondit : Je n'ai point oublié, ma chere fille, ceux que vous venez de me nommer; j'ai parcouru le Portugal & la Castille; mais tout cela n'a été inutile.

CHAPITRE VIII.

Supplice des Accusez appellez Négatifs.

IL est évident par ce qui vient d'être raporté, que l'on condamne comme *Diminuez*, non seulement ceux qui ont voulu épargner leurs proches, mais encore la plûpart de ceux qui n'ont pû parvenir à deviner tous ceux qui passent pour avoir été leurs complices. C'est sans doute un spectacle bien digne de pitié, que de voir ainsi conduire au supplice des personnes, qui après s'être accusées ont encore déposé contre leurs propres peres, leurs freres & leurs enfans.

On demandera peut-être pourquoi certaines personnes après en avoir accusé un grand nombre d'autres, aiment mieux mourir que de déposer aussi contre leurs parens. A quoi on répond, que la tendresse qu'on a naturellement pour des personnes aussi proches & aussi cheres, porte ces affligez à perdre la vie plûtôt que d'exposer à un malheur pareil au leur des parens qu'ils savent être innocent.

On peut demander d'où vient que quelques *Diminuez*, & même certains *Négatifs*, après avoir attendu jusqu'à l'extrémité, viennent enfin à confesser, lorsqu'il ne leur reste plus d'espérance de sauver autrement leur vie, & que plusieurs rencontrent juste & nomment tous les témoins qui ont déposé contre eux. On répond que ces sortes de personnes, ont eu quelque lumiere d'ailleurs, ou qu'à force de reflechir & de penser elles sont parvenues à soupçonner & à deviner ceux qui les ont accusés, ou qu'elles ont ainsi rencontré par pur hazard; ou que si elles ont attendu si tard à se déclarer, c'a été par un motif de conscience, pour ne pas exposer des innocens, en les accusant faussement; que néanmoins dans la suite la crainte de la mort les a portez à le faire comme malgré eux. Mais puisque nous avons parlé des *Négatifs*, nous en raporterons ici quelques exemples, pour faire voir de quelle maniere meurent ceux qu'on qualifie de ce nom au saint Office.

Jacques de Mello, natif de Lisbonne, Gentilhomme de considération & Chevalier de l'Ordre de Christ avoit servi pendant plusieurs années en qualité de Capitaine de Cavalerie, avec beaucoup d'honneur & de distinction. Ce Mello étoit en partie Chrétien nouveau, de même que sa femme & ses deux fils. Il étoit souvent arrivé, que lorsqu'ils avoient vû arrêter par ordre de l'Inquisition quelques autres Chrétiens nouveaux, ils en avoient marqué de la joie, & montroient zelez pour le saint Office, afin d'être par ce moyen moins soupçonnez de Judaïsme.

Il arriva cependant, soit par vengeance ou autrement, que quelqu'un de ceux au malheur de qui ce Gentilhomme avoit semblé insulter, l'accusa avec ses deux fils & sa femme. Ils furent tous quatre conduits en prison dans un même temps. La femme & les enfans elevez délicatement & peu accoutumez à souffrir, s'ennuyèrent bientôt de se voir réduits dans un cachot; ils penserent à confesser au plûtôt, induits peut-être par les exhortations & par les conseils des Gardes ou de ceux avec qui ils étoient renfermez. Ils accuserent tous trois le pauvre Gentilhomme, & sortirent peu de temps après. Jacques de Mello sortit aussi en l'Acte de Foi suivant; mais ce fut pour être brûlé comme *Convictus negativus*, quoiqu'il protestât qu'il étoit Chrétien, & qu'il invoquât le nom de Jesus-Christ jusqu'au dernier soupir.

Alfonse Nobre, natif de Villaviciosa, & un des premiers Gentilshommes de la même Ville, où il avoit été Maire, & Prieur de la Miséricorde, fut arrêté dans les prisons de Coïmbre, avec la réputation d'être en partie Chrétien nouveau. On arrêta aussi quelque temps après son fils & sa fille, lesquels, ou par de mauvais conseils, ou intimidez par des menaces, après s'être accusez eux-mêmes, accuserent aussi leur pere, qui sortit en l'Acte de Foi, condamné à la mort comme négatif. Il arriva qu'à la Procession ce pauvre homme passa assez près de son fils. Celui-ci effrayé du malheur de son pere, le pria de lui pardonner, & lui demanda sa bénédiction. Je vous pardonne, répondit le pere, de m'avoir réduit en cet état par votre lâcheté, parce que je souhaite que Dieu me pardonne, & que j'espere qu'il me pardonnera mes péchez : mais je ne vous donne point ma bénédiction, ne connoissant pas pour mon fils celui qui s'est deshonoré lui-même, & qui étant Chrétien a bien voulu passer pour Juif. Je prie aussi Dieu qu'il veuille vous convertir & vous pardonner. Ensuite il alla à la mort avec une constance & des démonstrations d'une sincere & solide piété, que tous les assistans ne pouvoient assez admirer.

Ajoûtons encore un exemple de personnes moins considérables par leur naissance.

Joan de Siqueira & son frere, natifs de Torres Alvas, tous deux fils d'une Blanchisseuse, furent arrêtez à Lisbonne il y a environ vingt-cinq ans. On arrêta dans ce même temps Joan Travassos da Costa, qui pendant plusieurs années avoit été Vicaire Général de l'Archevêché de Lisbonne. Les deux freres soutinrent hardiment qu'ils étoient innocens; mais se trouvant chargez par un très-grand nombre de dépositions, ils furent condamnez. Le Grand Vicaire Travassos, qui pour raison de sa dignité avoit été souvent à la *Mesa* du saint Office, & qui savoit combien difficilement sortent de l'Inquisition ceux qui y sont une fois renfermez, perdit d'abord courage, confessa tout ce qu'on voulut, & accusa une infinité de personnes, parmi lesquelles furent Joan de Siqueira & son frere, qui vraisemblablement furent par des compagnons de leur misere, que Travassos avoit déposé contre eux. En effet un de ces freres étant à l'Audience, dit aux Inquisiteurs : Comment pouvez-vous penser, Messieurs, qu'un Vicaire Général se soit découvert à moi, qui n'étant que le fils d'une Blanchisseuse, aurois à peine été bon pour lui servir de laquais ? Si Travassos a déposé contre moi, c'est sans doute qu'il a crû que j'en avois fait autant à son égard ; mais je lui pardonne de bon cœur, comme je desire que Dieu me pardonne les péchez que j'ai commis, sûrs néanmoins que j'aye jamais rien fait en toute ma vie de ce dont on m'accuse en ce Tribunal. Si j'étois Juif, comme vous vous le persuadez, pourquoi ferois-je difficulté d'en convenir pour sauver ma vie, n'ayant aucuns biens à perdre en le faisant ? Mais j'ose me flater que Dieu

m'offre

m'offre cette occasion de faire mon salut en souffrant, & je ne veux pas laisser échaper. Ces deux freres furent brûlés comme négatifs, & donnerent jusqu'au dernier soupir toutes les marques possibles d'une foi vive & pure en notre Seigneur Jesus-Christ. Le Grand Vicaire sortit dans ce même temps de l'Acte de Foi avec le Samhenito, & a toûjours vécu depuis très-misérablement. Le bruit a même couru qu'à l'heure de la mort il a déclaré que tout ce qu'il avoit déposé à l'Inquisition contre lui-même & contre les autres étoit entièrement faux: mais le saint Office n'a aucun égard à ces sortes de déclarations.

Si dans l'Inquisition on pressoit les anciens Chrétiens comme on fait les nouveaux, & s'ils n'étoient pas à l'abri de toutes ces persécutions & de tous ces embarras par le seul droit de leur naissance, sans doute qu'ils s'accuseroient aussi des mêmes crimes; puisque depuis le reglement par lequel il a été ordonné que les dépositions des nouveaux Chrétiens n'eussent pas lieu contre les anciens, ceux-ci se sont souvent trouvés dans les mêmes cas, & que depuis l'année 1555. jusqu'en 1600, que ce reglement fut fait, on a vu plusieurs anciens Chrétiens accusez & s'accuser eux-mêmes de Judaïsme, jusques-là qu'il est arrivé à un de confesser qu'il avoit été proche d'un puits qui n'est pas éloigné de la Ville, attendre le Messie, étant monté sur un bouc....

Mais depuis que par le réglement dont on vient de parler, on a ordonné que les nouveaux Chrétiens ne seroient plus reçus à déposer contre les anciens, ceux-ci pour se tirer d'affaire, lorsqu'ils sont déférez au saint Office, n'ont qu'à alléguer leur origine, ce qui leur tient lieu de défense & de raison; & les Chrétiens nouveaux qui par mégarde ou autrement, accusent quelqu'un des anciens, sont dès lors réputez faussaires, & comme tels on leur donne une Carocha dans les Actes de Foi, on les fouette, & on les condamne aux Galeres.

Baptiste Faugueiro Cabrae, natif d'Elvas & de la première noblesse du pays, fut arrêté & noté d'être Chrétien nouveau au huitième degré. Son procès lui fut fait, & il fut condamné. Il confessa dans la suite, ayant déjà les mains liées, auquel état il ne pouvoit plus être appliqué à la question, ni par conséquent suppléer par ce cruel moyen à l'insuffisance de sa confession. Déterminé cependant à tâcher de sauver sa vie à quelque prix que ce fût, il accusa tous ceux qui lui vinrent en la pensée, & entre autres une Molate qui étoit attachée à la famille d'un de ses oncles du côté par où on le prétendoit être en partie Chrétien nouveau. Il sortit donc de l'Acte de Foi avec le Samhenito de Fogo Revolto, & fut envoyé aux Galeres. On arrêta peu de temps après la Mulâtre, qui pour toute défense allégua seulement qu'elle étoit ancienne Chrétienne; ce qui ayant été vérifié, Faugueiro fut ramené dans les prisons du saint Office, d'où il sortit une seconde fois avec la Carocha, fut fouetté & envoyé de nouveau aux Galeres, où il a passé cinq années; & d'autant que le Capitaine de la Galere avoit quelque considération pour lui à cause de sa qualité, & que pour cette raison il le dispensoit des travaux pénibles auxquels on employoit les autres Forçats, ce Capitaine fut mandé à l'Inquisition, & blâmé très-severement de son indulgence. Il est bon d'observer que Faugueiro avoit déposé contre la Mulâtre, lorsqu'ayant déjà les mains liées, il ne pouvoit plus, comme il a été dit suppléer par la question à l'insuffisance de sa confession. Il ne pouvoit donc éviter la mort qu'en chargeant la Mulâtre, qui étoit comprise au nombre de ses complices: cependant ce fut pour l'avoir nommée, qu'il fut condamné au fouet & aux Galeres.

CHAPITRE IX.

Pourquoi les Chrétiens nouveaux sont persecutez; Exemples d'anciens Chrétiens punis.

VOilà de quelle manière sont convaincus comme faussaires les Chrétiens nouveaux qui en accusent d'anciens. Depuis que le reglement a été fait, ces derniers ont suffisamment dequoi se défendre, en alléguant ce reglement & leur ancien Christianisme. Que si ces deux moyens leur manquoient, ils seroient sans doute ce que sont forcez de faire les Chrétiens nouveaux pour sauver leur vie. Si l'on demande comment il se peut faire qu'on voye tant de Chrétiens nouveaux paroître dans les Actes de Foi, qui se sont eux-mêmes accusez de Judaïsme, on répondra que si on les pressoit pour leur faire avouer qu'ils sont Calvinistes ou Turcs, comme on le fait pour les obliger à dire qu'ils sont Juifs, la plûpart conviendroient de même qu'ils sont Hérétiques, Mahometans, & generalement tout ce qu'on voudroit; la rigueur extrême du saint Office étant l'unique cause qui porte tant de personnes à s'accuser des crimes qu'ils n'ont jamais commis.

Il arrive cependant de là, que les Princes, les Grands, & le Peuple de Portugal trompez par ces apparences, regardent les infortunez Chrétiens nouveaux comme une nation abominable, estimant très-vrai tout ce qui se débite contre eux dans les Actes de Foi. Au lieu que si on leur pouvoit faire comprendre la vérité du contenu en ces Mémoires, leur haine se changeroit bien-tôt en pitié, & tous chercheroient de concert les moyens de remedier à un si dangereux abus, qui cause la perte d'un nombre infini de Chrétiens en les laissant passer pour Juifs, & fait en même tems l'opprobre & la honte de la Nation Portugaise.

Il faut aussi observer que le même homme qui est réputé faussaire lorsqu'il a déposé contre un ancien Chrétien, est censé un témoin valable lorsqu'il en charge un nouveau; au lieu qu'on devroit naturellement croire que quiconque dépose faux contre un, est nécessairement non recevable & suspect en parlant contre un autre.

On peut objecter que ceux qui sont ainsi convaincus d'être faussaires, ne sont pas seulement réputez tels, parce qu'ils ont déposé contre des anciens Chrétiens; mais encore parce qu'après avoir été soigneusement examinez, ils sont convenus eux-mêmes d'avoir fait une fausse déposition.

A cette objection il est aisé de répondre que plusieurs sont condamnez comme faussaires, qui ne sont pas convenus de l'être; & que ceux mêmes qui semblent en être demeurez d'accord, ne l'ont fait que pour tâcher de sortir de ces cruelles & infames prisons, pour se garantir de la torture, & pour éviter la mort, tout ainsi qu'ils s'accusent d'être Juifs ne l'ayant jamais été, & qu'ils s'accuseroient d'être Mahometans & Idolâtres, si l'on exigeoit d'eux qu'ils fissent cet aveu, & qu'ils n'eussent point d'autre ressource pour se tirer d'affaire. Si les Inquisiteurs apportoient autant de précaution pour obliger les Prisonniers à se dédire de ce qu'ils ont déposé contre des Chrétiens nouveaux, qu'ils en apportent pour leur faire désavouer ce qu'ils ont dit contre les anciens, ils les verroient bien-tôt se rétracter également; mais bien loin de tenir cette conduite, on les brûle avec le titre de *confesso revogante*, c'est-à-dire, qui s'est rétracté de ce qu'il avoit confessé.

On dira peut-être qu'ils sont suffisamment con-

                                                vain-

vaincus d'être faussaires, dès lors qu'ils ont accusé d'être Chrétiens nouveaux des hommes notoirement anciens Chrétiens.

A cela on répond que lorsqu'ils les ont accusez d'être Chrétiens nouveaux, ils les ont véritablement crûs tels. En effet on a tant de soin de les avertir d'abord de bien prendre garde à ne pas déposer contre un ancien Chrétien, attendu que le faisant ils en seront sévèrement punis, qu'il est évident qu'après un tel avertissement un Prisonnier ne s'avise d'accuser un vieux Chrétien, que parce qu'il le croit nouveau, & qu'il appréhende qu'il n'ait auparavant déposé contre lui. Si Fangueiro, dont nous avons rapporté l'aventure au Chapitre précédent, n'eût pas craint d'être brûlé comme *Diminuto*, il n'auroit assurement jamais pensé à accuser la Mulâtre.

Nous ne trouvons pas à redire qu'on punisse sévèrement les faussaires; mais seulement de ce qu'on n'impose pas les mêmes peines à tous ceux qui le sont, & de ce qu'on épargne sur cet article les anciens Chrétiens, qui sans doute peuvent comme les autres hommes tomber dans toutes sortes d'erreurs, être coupables de Judaïsme, & déclarer ainsi que les nouveaux Chrétiens, tantôt la vérité, & d'autres fois le mensonge.

Dans le Couvent des Récolets de Lisbonne, situé au lieu appellé O Campo do Curral, il s'est trouvé un Religieux, homme servant, de très-bonne maison, & natif de cette Ville. Son nom de famille étoit Travassos da Costa, & l'on prétend que son pere étoit Greffier de la Cour. Ce Religieux étoit ancien Chrétien, ce qui n'empêcha pas que s'oubliant lui-même, il ne devînt véritablement Juif. Son entêtement fut si excessif, qu'il essaya de corrompre ses freres, & de leur communiquer ses erreurs. Les Religieux de son Monastere ayant inutilement tenté de le ramener à son devoir furent enfin contraints de le dénoncer au saint Office. On lui fit son procès; il fut condamné & brûlé, protestant jusqu'au dernier moment qu'il mourroit dans la Loi de Moïse, laquelle il estimoit seule véritable.

Dans la Sentence de mort qui fut lûe publiquement en l'Acte de Foi, on le qualifia d'être en partie Chrétien nouveau. Mais ses parens voyant que par là on deshonnoroit toute leur famille firent leurs remontrances à l'Inquisition. Ils demeuroient d'accord que le Récolet avoit été condamné & puni justement, puisqu'il étoit Juif; mais ils ajoutoient que n'étant pas Chrétien nouveau, il ne lui en falloit pas donner la qualité, & par ce moyen couvrir tous ses parens d'infamie & d'opprobre. Ils furent admis par le saint Office à prouver ce qu'ils avançoient: on leur rendit justice; On effaça ce qu'on avoit écrit au bas de la Sentence du défunt, & ils furent reconnus pour être véritablement anciens Chrétiens. Voilà donc un ancien Chrétien devenu Juif, & mourant obstiné dans son erreur.

Francisco de Alevido Cabras, natif d'Elvas, fils d'André Martin Cabras, & un des premiers Gentilshommes de la même Ville étoit l'ennemi juré de tout ce qu'on appelle Chrétiens nouveaux. Lorsque l'occasion s'en présentoit, il les persécutoit à outrance. Cette conduite fut cause que s'étant répandu un bruit que sa mere par un de ses ayeuls avoit quelque petite portion de Chrétien nouveau, quoique tous les autres ancêtres, tant paternels que maternels, fussent constamment anciens Chrétiens; quelques-uns déposèrent contre Alevido & contre Dona Britta de Siqueira sa tante, sœur de sa mere. Ils furent arrêtez tous deux. Francisco d'Alevido s'accusa d'abord, & sortit réconcilié, c'est-à-dire, portant le Sambenito en l'Acte de Foi.

Dès qu'il fut retourné en la maison de son pere

André Martin, celui-ci ne pouvant plus le souffrir depuis l'affront qu'il s'étoit fait, & qu'il avoit fait à toute sa famille, le chassa & l'envoya en Espagne. Il y resta quelque temps, s'y fit Religieux de saint François, & revint ensuite en Portugal, où les Religieux de son Ordre l'obligerent à quitter l'habit, & firent déclarer sa profession nulle, sous prétexte qu'il avoit été à l'Inquisition, & qu'il en étoit sorti reconnu Juif, & avéré tel par sa propre confession; en sorte que depuis que la paix a été conclue entre l'Espagne & le Portugal, il a demeuré à Elvas en habit séculier.

Sa tante Dona Britta de Siqueira prit une route toute opposée à celle qu'avoit tenue son neveu. Elle allegua pour sa justification qu'elle étoit ancienne Chrétienne. Elle fut mise en liberté après avoir été reconnue pour telle; & ainsi il resta évident que Francisco d'Alevido n'étoit pas Chrétien nouveau, comme il avoit passé pour l'être.

Les témoins qui avoient déposé contre Dona Britta, sortirent avec des Carochas, furent fouettez, & envoyez aux Galeres. On arrêta aussi de nouveau Francisco d'Alevido, qui après avoir encore resté assez long-temps dans les prisons, sortit enfin avec la Carocha, & fut banni de Portugal pour deux ans; & cela pour s'être accusé faussement de Judaïsme, étant ancien Chrétien, & pour avoir été cause du malheur d'un grand nombre de personnes par ses fausses dépositions. Voilà donc encore un ancien Chrétien condamné comme Juif par sa propre confession, & convaincu ensuite de s'être faussement accusé lui-même, & d'en avoir accusé d'autres contre la vérité.

Francisco Lopes Margalho, natif d'Elvas, connu de tout le monde pour ancien Chrétien, voyant qu'on avoit arrêté sa femme, résolut aussi-tôt de s'aller accuser. Il avoit un neveu nommé Manoel Lopes Torras, à qui il conseilla d'en faire autant. Le neveu lui répondit qu'il n'en feroit rien, puisqu'il étoit ancien Chrétien; ce qui n'empêcha pas l'oncle d'aller au saint Office, comme il l'avoit projetté. Cependant le neveu prouva ce qu'il étoit, & resta tranquille; il étoit fils du propre frere de Margalho. Que l'on fasse un peu de réflexion à ces sortes d'aventures.

Antonio Gonsalves, natif d'Olivença & habitant de Cabanas au Diocese de Visco, connu & avéré ancien Chrétien, fut mis à l'Inquisition, & en sortit avec le Sambenito en l'Acte de Foi en l'année 1680.

Le nommé Meya Noite, natif d'Abrantes, très-certainement ancien Chrétien, étoit ennemi déclaré des nouveaux; ce qui fut la cause de sa perte. Cet homme, qui étoit un brave, un intrépide & un vrai bretteur de profession, marquoit toujours une joie extrême lorsqu'il voyoit conduire des Chrétiens nouveaux au saint Office, & insultoit à leur malheur, leur disoit des injures, & les accompagnoit assez souvent jusqu'aux portes de l'Inquisition, en les appellant Juifs, & faisant mille imprécations contre eux. Une conduite si peu raisonnable & si outrageante irrita tous les nouveaux Chrétiens, jusques-là que douze d'entre eux se liguerent à dessein de le perdre. Ils convinrent que s'il leur arrivoit d'être arrêtez, ils accuseroient de concert Meya Noite d'avoir judaïsé avec eux; & demeurerent d'accord de ce qu'ils devoient dire; en sorte que leurs dépositions pussent être conformes dans toutes les circonstances. Ces douze conjurez furent pris dans la suite. Chacun en s'accusant soi-même, déposa qu'un tel jour, en tel lieu & en telle occasion, le nommé Meya Noite, avec tels & tels, nommant ses onze associez, s'étoient mutuellement déclarez qu'ils vivoient dans l'observance de la Loi de Moïse: & sur ce que les Inquisiteurs de-

demandoient à chaque déposant, si Moya Noire étoit Chrétien nouveau ; chacun, ainsi qu'ils en étoient convenus, répondit qu'il n'en sçavoit rien ; mais que dans l'accusation dont il s'agissoit, ledit Moya Noire leur dit qu'il étoit *Christiano novo*, & qu'ils l'avoient cru sur sa parole. Avec cette précaution ces douze témoins se tirerent du danger où sont inévitablement exposez depuis ce reglement, ceux qui ont accusé un ancien Chrétien d'avoir judaïsé. Ce malheureux ayant été conduit dans les prisons, & se trouvant ainsi chargé par le témoignage entièrement conforme de douze personnes, [chose qui n'est jamais arrivée à l'Inquisition, où même il est inouï qu'on en ait vû deux de cette nature] se vit dans l'impossibilité de les contredire ; & d'autant qu'il n'étoit pas d'une famille fort distinguée, & qu'il ne put dire le nom d'un de ses bisayeuls ; quoique reconnu de tout le monde pour ancien Chrétien, il fut qualifié d'être en partie Chrétien nouveau. Son procés lui fut fait, & il fut brûlé, criant tant qu'il pouvoit en allant au supplice, qu'en sa personne on faisoit mourir un ancien Chrétien.

De tout ce qu'on vient de rapporter, il est aisé de conclure que non seulement l'Inquisition ne prend pas les moyens nécessaires pour épurer la Foi & éteindre le Judaïsme ; mais qu'au contraire, par ses rigueurs, ses cruautez, & toutes ses manières si peu conformes aux regles du droit & de la raison, elle semble ne chercher qu'à rendre Juifs ceux qui sont véritablement Chrétiens, en les forçant par tant de vexations, à s'accuser & à en accuser d'autres de crimes qu'ils n'ont jamais eu la pensée de commettre, & dont ils sont également innocens.

CHAPITRE X.

Ce Chapitre est pris de l'Inquisition de *Goa* par M. *Dellon*.

Description de l'Inquisition de Goa.

LA Maison de l'Inquisition, que les Portugais appellent *Santa Casa*, c'est-à-dire la sainte Maison, est située à un des côtez de la grande Place qui est devant la Cathédrale, dédiée à sainte Catherine. Cette maison est grande & magnifique ; elle a dans sa face trois portes, celle du milieu est plus grande que les deux autres ; & c'est elle qui répond au grand escalier, par lequel on monte à la grande Salle dont je parlerai ailleurs. Les portes des côtez conduisent aux appartemens des Inquisiteurs, dont chacun est assez grand pour loger un train raisonnable. Il y a outre cela plusieurs autres appartemens pour les Officiers de la maison. En pénétrant davantage, on trouve un grand bâtiment divisé en plusieurs corps de logis à deux étages, séparez les uns des autres par des basses cours. Dans chaque étage il y a une gallerie en forme de dortoir, divisée en sept ou huit chambres ou cachots, chacun de dix pieds en quarré ; & le nombre de ces chambres peut-être en tout d'environ deux cent.

Il y a de ces dortoirs dont les cachots sont obscurs, n'ayant point de fenêtre, & ne pouvant recevoir de jour que par la porte, qui est ordinairement fermée, comme je l'expliquerai plus bas : outre cela ces cellules sont plus petites & plus basses que les autres. On m'en fit voir une, un jour que je me plaignois d'être traité avec trop de rigueur, pour me faire connoître que j'aurois pû être encore plus mal.

A l'exception de ces chambres obscures, toutes les autres sont quarrées, voûtées, blanchies, propres & éclairées par le moyen d'une petite fenêtre grillée qui ne se ferme point, & à laquelle le plus grand homme ne sçauroit atteindre.

Les murailles de ces cachots ont par tout cinq pieds d'épaisseur ; chaque chambre fermée à deux portes, dont l'une est en dedans, & l'autre en dehors de la muraille ; celle de dedans est à deux battans : elle est forte, bien ferrée, & ouverte par la moitié d'enhaut en forme de grille. Elle a enhaut une petite fenêtre, par où les prisonniers reçoivent la nourriture, leur linge, & les autres choses dont ils ont besoin, & qui y peuvent passer : cette petite fenêtre se ferme à clef, & avec deux bons verroux.

La porte qui est en dedans de la muraille n'est pas si forte ni si épaisse que l'autre ; mais elle est entière & sans aucune ouverture. On la laisse ordinairement ouverte depuis six heures du matin jusqu'à onze, afin que le vent puisse entrer par les fentes de l'autre qui est grillée, & que par ce moyen l'air de ces cachots soit purifié & rendu plus sain. Dans toute les autres temps cette seconde porte est aussi exactement fermée que la première.

On donne à chacun de ceux que leur malheur conduit dans ces prisons, un pot de terre plein d'eau pour se laver, un autre pot plus propre, de ceux qu'on appelle *Gorgulets*, aussi plein d'eau pour boire, avec un *Patearo*, ou tasse faite d'une espèce de terre sigillée, qui se trouve communément aux Indes, & qui rafraîchit admirablement bien l'eau, quand on l'y laisse quelque temps. On leur donne aussi un balai, afin qu'ils tiennent leur chambre propre, une natte pour l'étendre sur une estrade où ils couchent, un grand bassin pour leurs nécessitez, qu'on change de quatre en quatre jours, & un pot pour le couvrir, qui sert aussi pour mettre les ordures qu'on a balayée.

Les Prisonniers sont nourris à la manière du pays. Les noirs avec du cangé ou eau de ris, avec du ris, & un peu de poisson frit. Les blancs de même, excepté qu'on leur donne du four & quelque peu de viande les Jeudis & les Dimanches à dîner, & jamais le soir, pas même le jour de Pâque. Ce régime ne s'observe pas moins pour l'épargne, que pour mortifier davantage des personnes qu'on prétend avoir encouru l'excommunication majeure, & les garantir en même temps du cruel mal que les Indiens appellent *Mordechi*, qui n'est autre chose que l'indigestion qui est fréquente & dangereuse dans ces climats brûlans, & sur tout dans un lieu où l'on ne fait aucun exercice.

Cette maladie commence presque toûjours par une fièvre violente, accompagnée de tremblemens, d'horreurs & de vomissemens. Ces accidens sont bien-tôt suivis du délire & de la mort, si l'on n'y apporte un prompt remède. Il y en a un dont les Indiens se servent préférablement à tout autre, parce que l'expérience journalière leur fait connoître qu'il est spécifique dans cette occasion, & qu'on ne l'ohmet guères sans exposer le malade à un danger évident.

Ce remède consiste à appliquer un fer rougi au feu sous le pied du malade, à l'endroit du talon le plus calleux & le plus dur. On se sert pour cela, ou d'une broche, ou de quelqu'autre fer qui soit à peu près de même figure ; on l'applique en travers, & on le laisse sur la partie, jusqu'à ce que le malade témoigne par ses cris qu'il en ressent la chaleur. Cette application au reste est fort peu douloureuse, & elle n'empêche pas celui à qui on l'a faite, de marcher immédiatement après avec la même liberté qu'auparavant, si d'autres raisons ne le retiennent au lit. Cependant par ce seul moyen, sur tout si l'on s'en sert de bonne heure, on arrête presque infailliblement ce cruel mal ; & une personne qui sans ce secours auroit risqué de perdre la vie, se trouve souvent guérie dans très-peu de temps, sans autre remède que celui-là. Il faut observer en passant, que la saignée est tout-à-fait per-

pernicieuse dans ces sortes de maladies, & qu'un Médecin étranger, qui se trouve aux Indes, doit bien prendre garde à ne s'y pas tromper, n'y allant rien moins que de la vie du malade.

Les Médecins & les Chirurgiens vont quelquefois visiter les malades; mais dans les maladies dangereuses on n'administre à personne ni le Viatique ni l'Extrême-Onction; de même qu'on n'y entend jamais ni Sermon ni Messe.

Ceux qui meurent dans les prisons, sont enterrez dans la maison sans aucunes cérémonies; & si selon les maximes de ce Tribunal ils sont jugez dignes de mort, on les defosse, & on conserve leurs ossemens pour être brûlez au premier Acte de Foi.

Comme il fait toujours fort chaud dans les Indes, & que dans l'Inquisition on ne donne de lits à personne, les Prisonniers n'y voyent jamais de feu, ni d'autre lumière que celle du jour. A l'égard des lits il y a dans chaque cellule deux estrades pour se coucher, parceque quand la nécessité le requiert, on enferme deux Prisonniers ensemble. Outre la natte que l'on donne à chacun, les Européens, ou autres de quelque distinction, ont encore une couverture piquée ou courtepointe, laquelle étant doublée leur sert de matelas; car on n'en a pas besoin pour se couvrir dans un climat aussi chaud que les Indes; à moins que ce ne fût pour se garantir de cette espece de moucherons qu'on appelle *Cousins*, qui y sont en très-grande quantité, & qui forment une des plus affligeantes incommoditez que l'on ait à souffrir dans cette triste demeure.

CHAPITRE XI.

Tiré de l'Inquisition de *Goa* par M. *Dellon*.
Des Officiers de l'Inquisition, & de quelle manière ils se comportent envers les Prisonniers.

IL y a à Goa deux Inquisiteurs. Le premier que l'on appelle *Inquisidor mor*, ou le Grand Inquisiteur, est toujours un Prêtre seculier; & le second, un Religieux de l'Ordre de saint Dominique. L'Inquisition a encore des Officiers que l'on appelle *Deputados do santo Officio*. Ceux-ci sont en bien plus grand nombre. Il y en a de tous les Ordres Religieux; ils assistent au Jugement des Criminels, à l'examen & à l'instruction de leur procès; mais ils ne viennent jamais au Tribunal sans y être mandez par les Inquisiteurs. Il y a encore d'autres Officiers qu'on appelle *Calificadores do santo Officio*, ausquels on laisse le soin d'examiner dans les Livres les propositions que l'on soupçonne contenir quelque chose de contraire à la pureté de la Foi. Ceux-ci n'assistent pas aux Jugemens, & ne viennent au Tribunal que pour faire leur rapport touchant les choses qui leur ont été commises.

Il y a de plus un Promoteur, un Procureur & des Avocats pour les Prisonniers qui en demandent, & qui servent bien moins à les défendre, qu'à sçavoir leurs plus secrets sentimens, & à les tromper. Et quand même il n'y auroit point lieu de douter de leur fidelité, leur protection & leur secours seroient toûjours fort inutiles aux accusez, puisque ces Avocats ne leur parlent jamais qu'en présence de leur Juge, ou des personnes qu'ils envoyent pour leur rendre compte de ces conferences.

L'Inquisition a d'autres Officiers que l'on nomme *Familiares do sancto Officio*, qui sont proprement les Huissiers de ce Tribunal. Les personnes de toute condition font gloire d'être admises à cette noble fonction, quand même ils seroient Princes ou Ducs. On employe ces Familiers pour aller arrêter les personnes qui ont été accusées au Tribunal, & on observe ordinairement d'envoyer un Familier de même condition que celui qu'on veut faire prendre. Ces Officiers n'ont aucuns gages, & ils s'estiment suffisamment recompensez par l'honneur qu'ils prétendent recevoir en servant le saint Office. Les Familiers portent tous comme une marque honorable, une médaille d'or, sur laquelle sont gravées les armes de l'Inquisition. Lorsqu'il est question d'arrêter quelqu'un, ils y vont seuls, & lui déclarent qu'il est appelé par les Inquisiteurs. Alors on est indispensablement obligé de les suivre sans repliquer; car pour peu qu'on voulût faire de résistance, tout le monde ne manqueroit pas de prêter main-forte pour l'execution des ordres du saint Office.

Outre ces Officiers il y a encore des Secretaires, de véritables Huissiers qu'on appelle *Meirinhos*, un Alcaïde ou Concierge, & des Gardes pour veiller sur les prisonniers, & leur porter la nourriture & les autres choses nécessaires.

Comme tous les Prisonniers sont séparez, & qu'il arrive rarement qu'on en mette deux ensemble, quatre personnes sont plus que suffisantes pour en garder deux cent. On fait observer dans l'Inquisition un silence perpetuel & fort exact, & un prisonnier qui entreprendroit de se plaindre, de pleurer, ou même de prier Dieu trop haut, se mettroit en un très-grand danger de recevoir des coups de housline de la main des Gardes; car au moindre bruit qu'ils entendent, ils accourent aussi-tôt à l'endroit où il se fait, pour avertir qu'on se taise; & si le prisonnier manque d'obéir au premier ou au second commandement, ils ouvrent les portes, & frappent sur lui sans pitié. Cette manière d'agir sert non seulement à corriger ceux que l'on châtie; mais encore à intimider tous les autres qui entendent les cris & les coups, à cause du profond silence qui regne dans toute cette maison.

L'Alcaïde & les Gardes sont continuellement dans les galleries, & ils y couchent même toutes les nuits.

L'Inquisiteur accompagné d'un Secretaire & d'un Interprete, visite tous les prisonniers de deux en deux mois, ou environ. Il leur demande s'ils ont besoin de quelque chose, si on leur apporte à manger aux heures prescrites, & s'ils n'ont point quelque plainte à faire contre les Officiers qui les approchent. Le Secretaire écrit les reponses que chacun fait à ces trois interrogations; ce qui étant fait, on referme incontinent la porte.

Ces visites au reste ne se font que pour faire éclater davantage la justice & la bonté dont on fait parade en ce Tribunal; mais elles ne sont jamais d'aucune utilité ni d'aucun soulagement aux prisonniers, qui sont assez dupes pour faire des plaintes, puisqu'elles servent au contraire à les faire traiter dans la suite avec plus d'inhumanité.

Ceux d'entre les prisonniers qui sont riches, ne sont pas mieux nourris que ceux qui n'ont aucun bien, & l'on fournit à ceux-ci le nécessaire, de ce qui a été confisqué aux autres; car le saint Office ne manque pas de confisquer tous les biens, meubles & immeubles, de ceux qui ont le malheur de tomber entre ses mains.

CHAPITRE XII.

Des Formalitez qu'on observe à l'Inquisition.

LOrsqu'une personne est arrêtée à l'Inquisition, on lui demande d'abord son nom, sa qualité ou sa profession, & son âge. On l'exhorte ensuite avec beaucoup de charité à faire une exacte déclaration de tous les biens; & pour l'y porter plus aisément, on lui déclare de la part de Jésus-Christ, que si elle est innocente, tout ce qu'elle aura déclaré lui sera fidellement rendu; & qu'au contraire, quand même son innocence seroit reconnuë, tout ce qu'on pourra dans la suite découvrir lui appartenir, restera confisqué & perdu pour elle: & parce que presque tout le monde est prévenu en faveur de la sainteté & de l'intégrité des Juges de ce Tribunal, un homme, à qui la conscience ne reproche aucun crime, ne doutant point que son innocence ne doive être reconnuë, & que par conséquent il ne soit remis en pleine liberté, ne fait gueres de difficulté de leur exposer ce qu'il y a de plus secret & de plus important dans ses affaires & dans sa famille.

Ce n'est pas tout-à-fait sans apparence que le Public est prévenu en faveur de l'Inquisition. A n'en considérer que les dehors, il n'y a point de Jurisdiction au monde où il paroisse que la Justice s'exerce avec plus de douceur & de charité. Ceux qui s'accusent de leur propre mouvement, & qui témoignent leur repentir avant que d'être saisis, ne sont pas sujets à être emprisonnez. Ceux au contraire qui ne s'accusent pas avant leur emprisonnement, sont réputez criminels, & condamnez comme tels. Il faut sept témoins pour faire porter condamnation, & le saint Office se contente de la peine de l'excommunication & de la confiscation des biens, si le criminel avouë son crime. Mais s'il est assez malheureux d'y retomber, l'Inquisition l'abandonne au bras seculier après avoir obtenu des Juges laïcs, que s'ils persistent à vouloir punir de mort le criminel relaps, ce soit au moins sans effusion de sang. Quelle douceur! quelle charité! Mais il faut ajouter quelques circonstances qui feront voir ce qu'on doit attendre de cette charité apparente. Jamais on ne confronte les témoins: on reçoit pour témoins toute sorte de personnes, même celles qui sont intéressées de la vie à la condamnation de l'accusé. On ne reçoit jamais aucun reproche de sa part contre les témoins les plus notoirement indignes d'être écoutez, & les plus incapables de déposer contre lui. Le nombre de ces sept témoins est souvent réduit à cinq. On comprend dans le nombre de ces sept témoins les complices prétendus, qui ne déposent que dans la torture, & qui ne peuvent sauver leur vie qu'en avouant ce qu'ils n'ont pas fait. On comprend encore dans ce nombre de sept le coupable prétendu, qui avouant à la question le crime qu'il n'a pas commis, est réputé témoin contre lui-même: souvent même ce nombre de sept est réduit à rien, parce qu'il n'est composé que de complices prétendus, qui sont véritablement innocens du crime qu'on leur a imposé, & que l'Inquisition rend effectivement criminels, en les obligeant, ou par les menaces du feu, ou par la torture, à accuser l'innocent pour sauver leur vie. Pour bien comprendre ce mystere, il faut sçavoir qu'entre les crimes dont l'Inquisition a droit de connoître, il y en a qu'on peut commettre de maniere qu'on est seul coupable, comme le blasphême, l'impiété, &c. Il y en a qu'on ne peut commettre sans avoir au moins un complice, comme la sodomie; & il y en

Tome I.

a d'autres enfin qu'on ne peut commettre sans avoir plusieurs complices, comme d'avoir assisté au Sabath Judaïque, ou d'avoir eu part à ces assemblées superstitieuses, que les Idolâtres convertis ont tant de peine à quitter, & que l'on traite de magie & de sorcellerie, parce qu'elles se tiennent pour découvrir les choses secretes & pour sçavoir l'avenir, par des voyes qui naturellement ne peuvent conduire à de pareilles connoissances.

C'est particulierement à l'égard de ces crimes qu'on ne peut commettre qu'avec un ou plusieurs complices, que les procedures du saint Office sont les plus étranges & les plus extraordinaires.

Les Juifs ayant été chassez de l'Espagne par Ferdinand Roi d'Aragon & Isabelle Reine de Castille sa femme, se refugierent en Portugal, où ils furent reçus à condition d'embrasser le Christianisme; ce qu'ils firent, au moins en apparence: & comme le nom de Juif est odieux par toute la terre, on a depuis ce tems-là toûjours distingué les familles Chrétiennes, des familles des Juifs convertis; en sorte que l'on appelle encore aujourd'hui ceux qui en sont descendus en quelque dégré que ce soit, *Christianos novos*, c'est-à-dire Chrétiens nouveaux; & parce que dans la suite des tems quelques-uns de ces Juifs convertis ont contracté alliance avec des anciens Chrétiens, on reproche tous les jours à leurs descendans qu'ils sont en partie Chrétiens nouveaux, ce que les Portugais expriment en disant, *Tem parte de Christiano novo*. De cette maniere, quoique leurs ayeuls & leurs bisayeuls ayent été Chrétiens, ces malheureux n'ont encore pû obtenir d'être admis au nombre de ceux qu'on appelle *Christianos Velhos*, c'est-à-dire les vieux ou les anciens Chrétiens. Et comme les familles qui sont ainsi venuës directement ou en partie de ces Juifs sont distinctement connuës dans le Portugal, où elles sont l'objet de la haine & de l'horreur des autres, elles sont obligées de s'unir plus étroitement entre elles, pour se rendre les services mutuels qu'elles ne peuvent esperer d'ailleurs; & c'est précisément cette union qui augmente le mépris & l'aversion qu'on a pour elles, & qui est la cause la plus ordinaire de leurs disgraces.

CHAPITRE XIII.

Des injustices qui se commettent à l'Inquisition à l'égard des personnes accusées de Judaïsme.

POur bien éclaircir cette matiere, je suppose qu'un Chrétien nouveau, mais qui pourtant est très-sincérement & très-véritablement Chrétien descendu de ces familles infortunées, soit arrêté par ordre de l'Inquisition, & qu'il soit accusé non seulement par sept témoins, mais par cinquante si l'on veut; cet homme qui est convaincu de son innocence, qu'il espere devoir être indubitablement reconnuë, n'aura pas de peine à donner à ses Juges une déclaration exacte de tous ses biens, qu'il croit lui devoir être fidellement rendus; cependant les Inquisiteurs le tiennent à peine renfermé dans leurs cachots, qu'ils font vendre tout à l'encan, bien assurez qu'ils sont de ne les jamais restituer.

Quelques mois s'étant ensuite écoulez, on appelle cet homme à l'Audience, pour lui demander s'il sçait pourquoi on l'a mis en prison; à quoi il ne manque pas de répondre qu'il n'en sçait rien. On l'exhorte donc d'y penser serieusement, & de le dire, puisque c'est l'unique moyen de se voir bien-tôt en liberté; après quoi on le renvoye en sa prison. On le en-

H

encore venir à l'Audience quelque temps après, & on l'interroge plusieurs fois de la même manière, sans en tirer d'autre réponse. Mais enfin le temps de l'Auto de Fé s'approchant, le Promoteur se présente, & lui déclare qu'il est accusé par un bon nombre de témoins d'avoir judaïsé : ce qui consiste à observer les cérémonies de la Loi Mosaïque, comme de ne point manger de pourceau, de lievre, de poisson sans écaille, de s'être assemblé, & d'avoir solemnisé le jour du Sabat, & d'avoir mangé l'Agneau Pascal, & ainsi du reste. On le conjure ensuite par les entrailles de la misericorde de N. S. Jesus-Christ (car ce sont là les propres termes dont on affecte d'user dans cette sainte maison) de confesser volontairement ses crimes, puisque c'est la seule voye qui lui reste pour sauver sa vie, & que le saint Office cherche tous les moyens possibles pour ne la lui pas faire perdre. Cet homme innocent persiste à nier ce qu'on lui impose; & sur cela on le condamne comme *ficticius negativus*, c'est-à-dire convaincu négatif, à être brûlé.

On ne discontinue pas pour cela à l'exhorter tres-souvent à s'accuser; & pourvu qu'il le fasse avant la veille de sa sortie, il peut encore éviter la mort. Mais s'il persiste à se dire innocent malgré toutes les exhortations qu'on lui donne pour l'obliger à s'accuser, on lui signifie enfin son Arrêt de mort le Vendredi qui précede immédiatement le Dimanche de la sortie. Cette signification se fait en présence d'un Huissier de la Justice séculiere, qui jette un cordon sur les mains du prétendu coupable, pour marque qu'il en prend possession, après que la Justice Ecclésiastique l'a abandonné. On fait entrer en même temps un Confesseur, qui ne quitte plus le condamné ni jour ni nuit, & qui ne manque pas de le presser en particulier, & de l'exhorter à déclarer ce dont on l'accuse, afin de sauver sa vie; mais un homme innocent se trouve alors bien embarrassé. S'il continue à nier jusqu'au Dimanche, il est cruellement brûlé le même jour; & s'il s'accuse, le voilà infame & misérable pour toute sa vie; néanmoins si les avis de son Confesseur & l'appréhension du supplice le portent à confesser des crimes qu'il n'a pas commis, il faut qu'il demande à être conduit à l'Audience; ce qu'on ne manque jamais de lui accorder sur le champ. Etant en la présence de ses Juges, il doit d'abord se déclarer coupable, & puis demander miséricorde tant pour ses crimes, que pour son opiniâtreté à ne les avoir pas voulu avouer; & comme on croit avoir tout lieu de penser qu'il s'accuse sincerement, on l'oblige de dire en détail toutes ses fautes & toutes ses erreurs; & cet homme innocent, à qui l'on a signifié les dépositions de ses témoins, n'a, pour satisfaire à ce qu'on exige de lui, qu'à réciter ce qu'il a déja oüi dire.

Cet homme s'imagine peut-être alors être quitte de tout, mais il lui reste des choses à faire, incomparablement plus malaisées que tout ce qu'il a fait jusques-là; car les Inquisiteurs ne manquent pas de lui parler à peu près de la sorte : Si tu as observé la Loi de Moïse, si tu as été à des assemblées le jour du Sabat, comme tu le dis, & que tes accusateurs s'y soient trouvez, comme il est vraisemblable, il faut, pour nous convaincre de la sincérité de ton repentir, que tu nommes non seulement ceux qui t'ont accusé, mais de plus tous ceux qui ont été avec toi à ces mêmes assemblées.

Il n'est pas aisé de découvrir la raison qui porte les Inquisiteurs à obliger ces prétendus Juifs à deviner les témoins qui les ont accusé, si ce n'est que les témoins du Saint Office sont complices. Mais comment ce pauvre homme innocent peut-il les deviner? & quand il seroit coupable, d'où sait-il qu'il les nomme au Saint Office qui les connoît, puisqu'il a reçu leur dé-

position, & que ce n'est que sur cette déposition qu'on traite l'accusé comme coupable? Dans tous les autres cas on ne veut pas que les criminels connoissent leurs témoins contre qui ils auroient des reproches à alléguer; ici on veut qu'ils les devinent. Ils sont complices, je le veux; mais l'Inquisition ne les connoîtra pas mieux quand il les aura nommés : s'ils ont été forcés d'avouer leur crime dans les prisons de l'Inquisition, ils y sont encore, ou ils y ont été, & le saint Office n'a eu intérêt à les faire deviner à cet accusé; il n'en sera pas plus innocent, ils n'en seront pas moins coupables. L'accusé & les témoins sont également en la puissance de l'Inquisition : quel est donc l'intérêt de ces Juges, si ce n'est de faire que cet homme accusé nous ses complices en tâchant de deviner tous ses témoins? Cela peut servir de quelque chose, s'il est véritablement coupable; mais s'il ne l'est pas, cette nécessité de deviner ne peut qu'embarrasser des innocens; aussi est-ce ce qui arrive; car ce pauvre Chrétien nouveau, forcé de nommer des gens qu'il ne connoît pas, à l'Inquisition qui les connoît, puisque sans cela l'aveu d'un crime dont il est innocent, ne lui serviroit de rien pour le sauver du feu, raisonne à peu près ainsi : Il faut de nécessité que ceux qui m'ont accusé soient de mes parens, de mes amis, de mes voisins, & enfin quelques-uns d'entre les Chrétiens nouveaux que j'ai coutume de fréquenter; car les anciens Chrétiens ne sont presque jamais ni repris ni soupçonnés de Judaïsme, & peut-être que ces personnes ont été réduites au même état où je me trouve présentement. Il faut donc que je les charge toutes à mon tour. Et comme il n'est pas possible qu'il devine à point nommé ceux qui ont déposé contre lui; pour trouver les six ou sept personnes qui l'ont accusé, il est obligé de nommer un grand nombre d'innocens qui n'avoient jamais pensé à lui; contre qui cependant il devient lui-même un témoin par sa déclaration; ce qui suffit souvent pour les faire arrêter & garder dans les prisons du saint Office, jusqu'à ce qu'avec le temps on puisse avoir contre eux sept témoins, comme celui que je viens de supposer; ce qui est assez pour les faire condamner au feu.

CHAPITRE XIV.

Où il est encore traité des formalités & injustices qui s'observent à l'Inquisition.

IL est aisé de connoître par ce qui a été dit au Chapitre précédent, que les misérables victimes de l'Inquisition s'accusent réciproquement les unes les autres, & qu'un homme peut par ce moyen être très-innocent, quoiqu'il ait cinquante témoins contre lui. Cependant cet homme, tout innocent qu'il est, faute de s'accuser ou de bien deviner, est livré aux bourreaux, comme suffisamment convaincu; ce qui n'arriveroit pas, ou du moins arriveroit bien plus rarement, si l'on avoit le soin de confronter les accusateurs, les témoins & les accusés.

Tout ce qui se pratique contre les personnes rendues suspectes de Judaïsme, & tout ce qui vient d'en être dit, doit être entendu des personnes résolues être suspectes de sortilege, parce qu'elles sont censées avoir été aux assemblées superstitieuses dont j'ai parlé. L'embarras de nommer leurs témoins est encore plus grand, parce qu'ils n'ont pas, comme les nouveaux Chrétiens à chercher leurs témoins & leurs complices dans une certaine espece d'hommes; mais il faut qu'ils les trouvent au hazard & indifféremment dans tout ce qu'ils connoissent, amis, parens, ennemis, in-

indifférens, de toute profession : ce qui embarrasse encore plus d'innocens dans ces accusations fortuites & forcées, parce qu'il en faut nommer un plus grand nombre, pour rencontrer dans cette foule d'innocens les témoins sur lesquels on est interrogé.

Les biens de ceux qui sont punis de mort, & de ceux qui l'évitent par leur confession, sont également confisquez, parce qu'ils sont tous reputez coupables; & comme les Inquisiteurs ne demandent pas tant la vie que les biens, & que selon les Loix du Tribunal on ne livre au bras séculier que les relaps & ceux qui ne veulent pas demeurer d'accord de leurs accusations, les Juges mettent tout en usage pour obliger les prisonniers à confesser, n'oubliant pas de leur donner la question pour les y porter. Ils ont même la bonté de la donner très-rude à ces accusez pour leur sauver la vie, en les forçant à confesser le crime dont ils sont accusez : mais la véritable raison qui leur fait si fort souhaiter qu'on s'accuse soi-même, c'est qu'un homme s'étant lui-même déclaré coupable, le monde n'a plus lieu de douter que ses biens n'ayent été confisquez justement, & que remettant la peine de mort à ces prétendus criminels, ils font éclater aux yeux des simples une bonté & une justice apparente, qui ne contribue pas peu à conserver l'idée qu'on a de la sainteté & de la douceur de ce Tribunal, qui ne pourroit pas subsister long-temps sans cet artifice. Il est à propos d'expliquer ici que ceux qui ont ainsi évité le feu par leur confession forcée, lorsqu'ils sont hors des prisons du saint Office, sont étroitement obligez à publier qu'on a usé à leur égard de beaucoup de bonté & de clémence, puisqu'on leur a conservé la vie qu'ils avoient justement mérité de perdre : car un homme, qui s'étant déclaré coupable, voudroit se justifier après sa sortie, seroit aussi-tôt dénoncé, arrêté & brûlé au premier Acte de Foi, sans aucune espérance de pardon.

Il est donc très-certain que l'on fait souvent mourir des Chrétiens faussement accusez, & très-mal convaincus d'avoir judaïzé; comme les Juges du saint Office le pourroient aisément reconnoître, s'ils vouloient se donner la peine d'examiner les choses sans prévention, & considerer qu'entre cent personnes condamnées au feu comme Juifs, à peine s'en trouve-t-il quatre qui professent cette foi en mourant. Les autres crient & protestent toûjours jusqu'au dernier soupir, qu'ils sont Chrétiens, qu'ils l'ont été toute leur vie, qu'ils adorent Jesus-Christ comme leur seul & véritable Dieu, & que ce n'est que sur sa miséricorde & les mérites de son sang adorable, qu'ils fondent toutes leurs espérances. Mais les cris & les déclamations de ces infortunez, si l'on peut appeller de ce nom ceux qui souffrent pour ne pas avouer le mensonge, ne peuvent tant soit peu ébranler ces Juges, qui s'imaginent que cette confession authentique de leur Foi, qu'un si grand nombre de gens fait en mourant, ne mérite pas seulement qu'on y fasse la moindre réflexion, & qui croyent qu'un certain nombre de témoins, que la seule crainte du feu oblige à accuser des personnes très-innocentes, sera une raison assez forte pour les mettre à couvert des justes vengeances de Dieu. Si tant de Chrétiens passans pour Juifs sont injustement livrez aux bourreaux dans toutes les Inquisitions, on ne commet pas de moindres ni de moins fréquentes injustices dans les Indes, envers ceux qui sont accusez de magie ou de sortilege, & comme tels condamnez au feu. Et pour mettre ceci dans son jour, il faut remarquer que les Gentils, qui dans le Paganisme observent un très-grand nombre de superstitions, pour sçavoir, par exemple, le succès d'une affaire ou d'une maladie; si on est aimé de certaine personne; qui a dérobé quelque chose qu'on a per-

du, & pour d'autres raisons de cette nature; il faut dire je remarquer, que ces Gentils ne peuvent si bien ni si tôt oublier toutes ces choses, qu'ils ne les mettent encore très-souvent en pratique, après avoir été baptisez : ce qu'on trouvera moins étrange, si l'on considère qu'en France où la Religion Chrétienne est établie depuis tant de siècles, l'on y trouve cependant tant de personnes qui donnent créance & qui usent de ces impertinentes cérémonies, qu'un si long tems n'a encore pû faire oublier. Il faut encore remarquer, que ces Gentils nouvellement convertis à la Foi ont passé la meilleure partie de leur vie dans le Paganisme, & que ceux qui ont à vivre dans les Etats du Roi de Portugal aux Indes, sont des sujets ou des esclaves, qui ne changent ordinairement de Religion, que dans l'espérance d'être mieux traitez de leurs Seigneurs, ou de leurs Maîtres. Cependant ces sortes de fautes, qui dans des personnes grossieres & ignorantes mériteroient, ce me semble, plûtôt le fouet que le feu, ne laissent pas d'être expiées par ce cruel supplice en tous ceux qui en sont convaincus selon les maximes de ce Tribunal : pour la seconde fois, s'ils ont confessé la première, ou pour la première, s'ils persistent à nier. L'Inquisition punit non seulement les Chrétiens qui tombent, ou qui sont accusez d'être tombez dans les cas dont elle a droit de connoître, mais encore les Mahométans, Gentils, ou autres Etrangers, de quelque Religion qu'ils soient, qui ont commis quelques-uns de ces crimes, ou qui ont fait quelque exercice de leur Religion dans les terres sujettes au Roi de Portugal. Car quoique le Prince permette la liberté de conscience, le saint Office interprétant cette permission, consent bien que les Etrangers vivent dans leur Religion, mais fait punir comme coupables ceux qui en font quelque exercice. Et comme dans les terres de la Domination Portugaise aux Indes il y a bien plus de Mahométans & de Gentils que de Chrétiens, & que l'Inquisition, qui punit de mort les Chrétiens relaps, ne condamne jamais au dernier supplice ceux qui n'ont pas reçû le Baptême, quand ils retomberoient cent fois dans les mêmes fautes, & que tout au plus ils en sont quittes pour l'exil, le fouet ou les galeres : cette crainte d'être condamné au feu en empêche beaucoup d'embrasser le Christianisme : ainsi le saint Office, bien loin d'être utile dans ces Pays pour la propagation de la Foi, ne sert qu'à éloigner les peuples de l'Eglise, & à leur en donner de l'horreur.

L'enchaînement perpétuel d'accusations, qui suit nécessairement de tout ce qui vient d'être dit, & la liberté qu'un chacun se donne de dénoncer impunément ceux qui lui sont ennemis, fait que les prisons de l'Inquisition ne sont jamais long-temps vuides : & quoique les Actes de Foi se fassent pour le plus tard de deux en deux ans, ou de trois en trois, on ne laisse pas de voir paroître en chacun jusqu'à deux cens prisonniers, & quelquefois plus.

CHAPITRE XV.

Quelques particularitez touchant les Officiers de l'Inquisition.

DAns tous les Pays de la Domination Portugaise, il y a quatre Inquisitions, sçavoir en Portugal, celles de Lisbonne, de Coïmbre & d'Evora; & dans les Indes Orientales, celle de Goa. Ces Tribunaux sont tous souverains, & connoissent sans appel, de toutes les affaires qui arrivent dans l'étendue de leur ressort. Celle de Goa étend sa jurisdiction sur tous les Pays possedez par le Roi de Portugal, au-delà du

Cap de Bonne-Espérance. Outre ces quatre Tribunaux, il y a encore le grand Conseil de l'Inquisition, où préside l'Inquisiteur Général. Ce Tribunal est le chef de tous les autres, & on l'informe de tout ce qui se fait ailleurs. Outre l'honneur, l'autorité excessive & les appointemens annexez aux Charges de tous les Inquisiteurs, ils retirent encore un profit considérable en deux manieres. La premiere, lorsqu'ils font vendre à l'encan les effets des Prisonniers, parceque s'il se trouve quelque chose de rare & de précieux, ils n'ont qu'à envoyer quelqu'un de leurs domestiques pour encherir; & il est sûr que personne ne sera assez hardi pour offrir au-dessus: d'où il arrive assez souvent que les choses leur sont adjugées pour la moitié moins que leur juste valeur. Le second moyen par où ils peuvent encore beaucoup profiter, est que le provenu des biens confisquez étant porté au Trésor Royal, ils ont droit d'y envoyer des Ordonnances quand ils veulent, & pour les sommes qu'il leur plaît, pour subvenir aux dépenses & aux nécessitez secretes du saint Office; ce qui leur est d'abord payé comptant, sans que personne ose s'informer en quoi consistent les besoins secrets, de sorte que presque tout ce qui provient des confiscations leur revient d'une façon ou d'autre.

Tous les Inquisiteurs sont nommez par le Roi, & confirmez par le Pape, de qui ils reçoivent leurs Bulles. Il n'y a à Goa que le Grand Inquisiteur, qui ait ou qui s'attribue le droit de se faire porter en chaise. On a pour lui beaucoup plus de respect que pour l'Archevêque ou le Viceroi. Son autorité s'étend sur toutes sortes de Personnes Laïques & Ecclésiastiques, à l'exception de l'Archevêque, de son Grand Vicaire qui est ordinairement un Evêque, du Viceroi, & du Gouverneur quand le Viceroi est mort. Encore les peut-il tous faire arrêter, après en avoir donné avis préalablement à la Cour de Portugal, & en avoir reçu des ordres secrets du Conseil souverain de l'Inquisition de Lisbonne, appellé *Consejo supremo*. Ce souverain Tribunal ne s'assemble que de quinze en quinze jours, s'il ne survient quelque chose d'extraordinaire qui oblige à le convoquer plus fréquemment; au lieu que les Conseils ordinaires sont réguliérement assemblez deux fois par jour, le matin depuis huit heures jusqu'à onze, & l'après midi depuis deux heures jusques à quatre, & quelquefois plus tard, sur tout quand le temps des Actes de Foi approche; car alors les Audiences sont plus souvent prolongées jusqu'à dix heures du soir.

Quand on juge les Causes, outre les *Deputados* qui y assistent, les Archevêques ou Evêques des lieux où l'Inquisition est établie ont droit de se trouver au Tribunal, & d'y présider dans tous les Jugemens qui s'y rendent.

La prison de l'Inquisition de Goa est la plus sale, la plus obscure, & la plus horrible qui se puisse voir. On n'en peut imaginer de plus puante ni de plus affreuse. Les Portugais la nomment *Aljouvar*. C'est une espace de cave, où l'on ne voit le jour que par une fort petite ouverture, où les rayons les plus subtils du soleil ne pénetrent point, & où il n'y a jamais de véritable clarté. La puanteur y est extrême: car il n'y a point d'autre lieu pour les nécessitez des prisonniers, qu'un puits sec à fleur de terre au milieu de la cave, dont l'on n'oseroit presque approcher; en sorte qu'une partie des ordures demeure sur le bord du puits, & que la plûpart des prisonniers ne vont pas même jusques-là, & se vuident aux environs.

Voici encore ce que raconte M. Dellon touchant la maniere dont le S. Office lui donna audience. Voyant, dit-il, qu'on m'avoit laissé passer dans l'*Aljouvar* tout le jour & la nuit suivante sans me rien dire, je commençois à me flatter que je pourrois bien y rester jus-ques à ce que mon affaire fût terminée; mais je vis évanouir toutes mes espérances, lorsque le 16. de Janvier, sur les huit heures du matin, un Officier de l'Inquisition vint, avec ordre de nous conduire à la *sancta Casa*: ce qui fut exécuté sur le champ.

Ce ne fut pas sans beaucoup de peine que j'arrivai où l'on nous menoit, à cause des fers que j'avois aux pieds. Il fallut cependant traverser à pied, en ce triste équipage, l'espace qui est depuis l'*Aljouvar* jusqu'à l'Inquisition. On m'aida à monter le degré, & j'entrai enfin avec mes compagnons dans la grande salle, où nous trouvâmes des forgerons qui nous ôterent nos fers: ce qui étant fait, je fus appellé le premier de tous à l'audience.

Après avoir traversé la salle, je passai dans une antichambre, & de-là dans un endroit où étoit mon Juge. Les Portugais appellent ce lieu *Mesa do sancto Officio*, c'est-à-dire, Table ou Tribunal du saint Office. Il étoit tapissé de plusieurs bandes de taffetas, les unes bleues, les autres couleur de citron. On voit à l'un des bouts un grand Crucifix en relief, posé contre la tapisserie, & élevé presque jusques au plancher. Au milieu de la chambre il y a une grande estrade, sur laquelle est dressée une table longue d'environ quinze pieds, & large de quatre. Il y avoit aussi sur l'estrade & à l'entour de la table deux fauteuils & plusieurs chaises; à un des bouts & du côté du Crucifix, étoit le Secretaire assis sur un siège pliant. Je fus placé à l'autre bout, vis-à-vis du Secretaire; tout auprès de moi & à ma droite, étoit dans un des fauteuils le grand Inquisiteur des Indes, nommé *Francisco Delgado e Matos*, Prêtre seculier, âgé d'environ quarante ans. Il étoit seul, parce que des deux Inquisiteurs qui sont ordinairement à Goa, le second, qui est toujours un Religieux de l'Ordre de saint Dominique, étoit depuis peu allé en Portugal, & que le Roi n'avoit encore nommé personne pour remplir sa place.

Aussi-tôt que je fus entré dans la chambre de l'Audience, je me jettai à genoux aux pieds de mon Juge, pensant le pouvoir toucher par cette posture suppliante: mais il ne voulut pas me souffrir en cet état, & il m'ordonna de me relever. Puis m'ayant demandé mon nom & ma profession, il s'informa si je savois pour quel sujet j'avois été arrêté. Il m'exhorta de le déclarer au plûtôt, puisque c'étoit l'unique moyen de recouvrer promptement ma liberté. Après avoir satisfait à ses deux premieres demandes, je lui dis que je croyois savoir le sujet de ma détention, & que s'il vouloit avoir la bonté de m'entendre, j'étois prêt à m'accuser sur le champ. Je mêlai des larmes à ma priere, & je me prosternai une seconde fois à ses pieds: mais mon Juge, sans s'émouvoir, me dit que rien ne pressoit; qu'il avoit des affaires à terminer beaucoup plus importantes que les miennes; qu'il me feroit avertir, lorsqu'il en seroit temps; & ayant aussi-tôt pris une petite clochette d'argent, qui étoit devant lui, il s'en servit pour appeller l'*Alcaide*: c'est ainsi qu'on nomme le Geolier ou Concierge de l'Inquisition. Cet Officier entra dans la chambre, m'en fit sortir, & me conduisit dans une longue galerie qui n'en étoit pas éloignée, où nous fumes suivis par le Secretaire.

Là je vis apporter mon coffre. On en fit l'ouverture en ma présence, on me fouilla exactement, on m'ôta tout ce que j'avois sur moi, jusques aux boutons de mes manches, & une bague que j'avois au doigt, sans qu'il me restât autre chose que mon chapelet, mon mouchoir, & quelques pieces d'or que j'avois cousues dans un ruban, & que j'avois mises entre ma jambe & mon bas, où l'on ne s'avisa pas de regarder. De tout le reste on en fit sur le champ un inventaire & un mémoire aussi exact, qu'il a été
depuis

depuis inutile ; puisque ce qu'il y avoit, & qui étoit de quelque valeur, ne m'a jamais été rendu : quoique pour lors le Secretaire m'eût assuré que quand je sortirois tout me seroit fidélement remis entre les mains, & que l'Inquisiteur même m'eût depuis réiteré la même promesse.

Cet inventaire fini, l'*Alcaïde* me prit par la main, & me conduisit dans un cachot qui avoit dix pieds en quarré, où je fus renfermé seul, sans plus voir personne jusques au soir, quand on m'apporta à souper. Comme je n'avois rien mangé ni ce jour-là ni le précédent, je reçus avec assez d'avidité ce que l'on me donna, & cela contribua à me faire un peu reposer la nuit suivante. Le lendemain, les Gardes étant venus pour m'apporter le déjeûné, je leur demandai des livres & mes peignes ; mais j'appris d'eux qu'on ne donnoit les premiers à personne, non pas même un Breviaire aux Prêtres, quoiqu'ils soient obligez à réciter l'Office divin ; & que les seconds ne me seroient plus necessaires. En effet ils me couperent les cheveux sur le champ, & cela se pratique à l'égard de tous les prisonniers, de quelque sexe ou condition qu'ils soient, dès le premier jour qu'ils entrent dans ces prisons, ou le lendemain au plus tard.

L'on m'avoit averti lorsque je fus renfermé dans les prisons du saint Office, que quand j'aurois besoin de quelque chose, il ne falloit qu'heurter doucement à la porte pour appeller les Gardes, ou le leur demander aux heures du repas ; & que quand je voudrois aller à l'Audience, j'eusse à m'adresser à l'Alcaïde, lequel, non plus que les Gardes, ne parle jamais sans compagnon aux Prisonniers. On m'avoit fait aussi esperer que ma liberté suivroit de près ma confession. C'est pourquoi je ne cessai point d'importuner ces Officiers pour être conduit devant mes Juges ; mais avec mes larmes & mes empressemens, je ne pus obtenir cette grace que le dernier jour de Janvier 1674.

L'*Alcaïde* accompagné d'un Garde, vint me prendre pour ce sujet à deux heures après midi. Je m'habillai comme il lui plut, & je sortis de mon cachot les jambes & les pieds nuds. J'étois précedé de l'*Alcaïde*, & le Garde me suivoit. Nous marchâmes en cet ordre jusqu'à la porte de la chambre où se tient l'Audience ; là l'*Alcaïde* s'étant un peu avancé, & ayant fait une profonde révérence, ressortit pour me laisser entrer seul. J'y trouvai comme la premiere fois l'Inquisiteur & le Secretaire. Je me mis d'abord à genoux ; mais ayant reçu ordre de me relever & de m'asseoir, je me mis sur un banc qui étoit au bout de la table du côté de mon Juge. Proche de moi sur le bout de la table il y avoit un Missel, sur lequel, ayant que de passer outre, on me fit mettre la main, & promettre de dire la vérité & garder le secret, qui sont les deux sermens qu'on exige de ceux qui approchent ce Tribunal, soit pour y déposer, ou pour y recevoir quelque ordre.

On me demanda ensuite, si je sçavois la cause de ma détention, & si j'étois résolu de la déclarer : à quoi ayant fait réponse que je ne demandois pas mieux, je récitai exactement tout ce que j'ai raporté au commencement de cette rélation touchant le Baptême & les Images, sans rien dire de ce que j'avois avancé de l'Inquisition, parce qu'il ne m'en souvenoit pas alors. Mon Juge m'ayant encore demandé si je n'avois plus rien à dire, & ayant entendu que c'étoit-là tout ce dont je me souvenois, bien loin de me rendre la liberté, comme je l'avois esperé, finit cette belle Audience par les propres termes que voici.

Que j'avois pris un très-bon conseil de m'accuser ainsi moi-même volontairement, & qu'il m'exhortoit de la part de notre Seigneur Jesus-Christ, de déclarer au plûtôt le restant de mes informations, afin que je puisse éprouver la bonté & la misericorde dont on use en ce Tribunal, envers ceux qui font paroître un véritable repentir de leurs crimes, par une confession sincere, & non forcée.

Ma déclaration & son exhortation étant finies & écrites, on m'en fit la lecture, & je la signai. Ensuite dequoi l'Inquisiteur sonna sa clochette pour appeller l'*Alcaïde*, qui me fit sortir, & me ramena dans ma prison en même ordre que j'étois venu.

Je fus conduit pour la deuxiéme fois devant mon Juge, sans l'avoir demandé, le quinze de Février ; ce qui me fit croire qu'on avoit quelque dessein de me délivrer. Aussi-tôt que je fus arrivé, on m'interrogea de nouveau pour sçavoir si je n'avois plus rien à dire ; & on m'exhorta à ne rien déguiser, mais au contraire à confesser sincerement toutes mes fautes. Je répondis que quelque soin que j'eusse pris pour m'examiner, je n'avois cependant pû me souvenir d'autre chose que de ce que j'avois décliné. Ensuite on me demanda mon nom, celui de mes pere & mere, freres, ayeuls & ayeules, parains & maraines, si j'étois *Christaõ de oito dias*, c'est-à-dire Chrétien de huit jours ; parce qu'en Portugal on ne baptise les enfans que le huitiéme jour après leur naissance, de même que les femmes accouchées ne sortent & ne vont à l'Eglise que quarante jours après leur accouchement, quelque heureux qu'il ait pû être. Mon Juge parut surpris quand je lui dis que cette coutume d'attendre huit jours pour baptiser les enfans n'avoit point de lieu en France, où l'on les baptise le plûtôt qu'on peut. Et il paroit assez par l'observance de ces cérémonies légales, que malgré l'aversion que les Portugais témoignent avoir pour les Juifs, ils ne sont pas cependant des Chrétiens fort épurez ; mais ce n'est pas là le plus grand mal qui résulte de l'observance de ces cérémonies : car de la premiere il n'arrive que trop souvent, que des enfans meurent sans être regenerez par le saint Sacrement du Baptême, & qu'ils sont ainsi privez du Ciel pour jamais ; & pour ne pas violer la coûtume de la Purification, qui ne devroit plus subsister depuis la publication de l'Evangile, les femmes Portugaises ne font aucun scrupule de mépriser le Commandement de l'Eglise, qui oblige tous les Chrétiens d'assister les Dimanches & les Fêtes au saint Sacrifice de la Messe, s'ils n'ont des empêchemens legitimes.

On me demanda encore le nom du Curé qui m'avoir baptisé, en quel Diocese, quelle Ville, & enfin si j'avois été confirmé, & par quel Evêque. Ayant satisfait à toutes ces demandes, on m'ordonna de me mettre à genoux, de faire le signe de la Croix, de réciter le *Pater*, l'*Ave Maria*, le *Credo*, les Commandemens de Dieu & de l'Eglise, & le *Salve Regina*. Enfin il finit comme la premiere fois, en m'exhortant par les entrailles de la misericorde de notre Seigneur Jesus-Christ, à confesser incessamment les fautes dont je ne m'étois pas encore accusé : ce qui étant écrit, lû en ma présence & signé de moi, on me renvoya.

Depuis le moment que j'étois entré dans cette prison, j'avois toûjours été affligé, & je n'avois point cessé de répandre des larmes ; mais au retour de cette seconde Audience, je m'abandonnai tout entier à la douleur, voyant qu'on exigeoit de moi des choses qui me paroissoient impossibles, puisque ma mémoire ne me fournissoit rien de ce qu'on vouloit que j'avouasse. J'essayai donc de finir ma vie par la faim. Il est vrai que je recevois les alimens qu'on m'apportoit, parce que je ne pouvois les refuser sans m'exposer à recevoir des coups de canne de la main des Gardes, qui ont un grand soin d'observer lorsqu'on leur rend les plats, si l'on a assez mangé pour se nourrir; mais mon désespoir me fournissoit les moyens de interrompre tous leurs soins. Je passois les journées entieres sans rien prendre; & afin qu'on ne s'en apperçût pas, je jettois dans le bassin une partie de ce qu'on me donnoit. Cette excessive diete étoit cause que j'étois entierement privé du sommeil, & toute mon occupation n'étoit plus que de me meurtrir de coups, & de verser des larmes. Je ne laissai pourtant pas pendant ces jours d'affliction, de réfléchir sur les égaremens de ma vie passée, & de reconnoître que c'étoit par un juste jugement de Dieu que j'étois tombé dans cet abîme de misere & d'infortune. J'en vins même jusqu'à croire qu'il vouloit peut-être se servir de ce moyen pour me rappeller & me convertir; & m'étant un peu fortifié par de semblables pensées, j'implorai de tout mon cœur l'assistance de la sainte Vierge, qui n'est pas moins la consolatrice des affligez, que l'asyle & le refuge des pecheurs, & de qui j'ai si visiblement éprouvé la protection, tant pendant ma prison, qu'en plusieurs autres rencontres de ma vie, que je ne puis m'empêcher d'en rendre ce témoignage au Public.

Enfin après avoir fait un plus exact ou plus heureux examen de tout ce que j'avois dit ou fait pendant mon séjour à Daman, je me ressouvins de tout ce que j'avois avancé touchant l'Inquisition & son intégrité. Je demandai d'abord audience, qui ne me fut pourtant accordée que le seize de Mars suivant.

Je ne doutai point en allant devant mon Juge, que je ne dûsse en ce même jour terminer toutes mes affaires, & qu'après la confession que j'allois faire, l'on ne me mît aussi-tôt en pleine liberté; mais lorsque je croyois mes desirs sur le point d'être accomplis, je me vis déchû tout d'un coup de ces douces espérances, parce qu'ayant déclaré tout ce que j'avois à dire touchant l'Inquisition, on me dit que ce n'étoit pas là ce qu'on attendoit de moi; & n'ayant pas autre chose à dire, je fus renvoyé sur le champ, sans qu'on voulût seulement écrire ma confession.

Le desespoir ayant porté M. Dellon à attenter sur sa vie, on en fit sçavoir la nouvelle à l'Inquisiteur, qui ordonna qu'on le conduisît à l'Audience, où il fut porté à quatre. On m'y étendit, continue t'il, de tout mon long par terre; l'extrême foiblesse où j'étois ne me permettoit pas de demeurer debout ni assis.

L'Inquisiteur me fit plusieurs reproches, commanda qu'on m'emportât, & qu'on me mît des menotes pour m'empêcher d'ôter les bandes dont on m'avoit lié. Cela fut executé sur le champ, & j'eus non seulement les mains enchaînées, mais encore un carcan de fer qui se joignoit aux menotes & qui fermoit avec un cadenas, ensorte que je ne pouvois plus du tout remuer les bras. Mais comme on me gardoit à vûe, on vit bien par mes actions que la sévérité n'étoit pas de saison, & qu'il valoit mieux tenter les voyes de la douceur.

On m'ôta donc tous ces fers, on tacha de me consoler par des espérances trompeuses, on me changea de prison, & l'on me donna encore une fois un compagnon qui eut ordre de répondre de moi. C'étoit un prisonnier noir, mais bien moins traitable que celui qui avoit été autrefois avec moi. Cependant Dieu, qui m'avoit préservé d'un si grand malheur, dissipa par sa grace le desespoir où j'étois plongé; plus heureux en cela que beaucoup d'autres qui se sont souvent donné la mort dans les prisons du saint Office, où la porte est fermée aux malheureux qui y sont, à toutes

sortes de consolations humaines. Mon nouveau compagnon resta avec moi environ deux mois; & si-tôt qu'on me vit un peu plus tranquille, on le retira, quoique la langueur où j'étois fut si extrême, qu'à peine je pouvois me lever de mon lit pour aller recevoir mes repas à la porte, qui n'en étoit cependant éloignée que de deux pas. Enfin après avoir passé environ un an de la sorte, à force de souffrir je m'en fis presque une habitude, & Dieu me donna dans la suite assez de patience pour ne plus attenter à ma vie.

Il y avoit près de dix-huit mois que j'étois dans l'Inquisition, lorsque mes Juges, ayant sçû que j'étois en état de leur répondre, me firent conduire pour la quatrième fois à l'Audience, où l'on me demanda si je n'étois pas enfin résolu de déclarer ce qu'on attendoit de moi. Ayant répondu que je ne me souvenois d'aucune autre chose, que de ce que j'avois déja dit, le Promoteur du saint Office se présente avec son libelle, pour me signifier les informations faites contre moi.

Dans tous mes autres interrogatoires je m'étois accusé, & on s'étoit contenté d'entendre ma déposition, sans entrer en aucun discours avec moi; & on m'avoit renvoyé dès le moment que j'avois achevé de dire ce que j'avois à dire contre moi-même; mais dans ce quatrième interrogatoire je fus accusé, & on me donna le temps de me défendre. On me fit, dans les informations faites contre moi, les choses dont j'étois accusé. Les faits étoient vrais, je les avois avoué de mon propre mouvement, il n'y avoit donc rien à dire sur ces faits; mais je crus devoir montrer à mes Juges qu'ils n'étoient pas si criminels qu'ils le pensoient. Je répondis donc à l'égard de ce que j'avois dit sur le Baptême, que mon intention n'avoit nullement été de combattre la doctrine de l'Eglise; mais que le passage, * *Nisi quis renatus fuerit ex aqua & Spiritu sancto, non potest introire in regnum Dei*, m'ayant paru très-formel, j'en avois desiré l'explication. Le grand Inquisiteur me parut surpris de ce passage, que tout le monde sçait par cœur; & je fus surpris de sa surprise. Il me demanda d'où je l'avois tiré de l'Evangile selon saint Jean, lui répondis-je, chap. 3. ℣. 5. Il fit apporter le nouveau Testament, chercha l'endroit, le lut, & ne me l'expliqua pas. Il étoit cependant bien aisé de me dire que la Tradition l'explique suffisamment; puisqu'on a toûjours regardé comme baptisez, non seulement ceux qui sont morts pour nôtre Seigneur Jesus-Christ, sans avoir été baptisez à l'ordinaire, mais encore ceux qui ont été surpris de la mort, dans le desir d'être baptisez, & dans le regret de leurs péchez.

Sur l'adoration des Images, je lui dis que je n'avois rien avancé que je n'eusse tiré du saint Concile de Trente, & lui citai le passage de la session 25. *de invocatione Sanctorum & sacris Imaginibus. Imagines Christi, Deiparæ Virginis, & aliarum Sanctorum retinendas, iisque debitum honorem, & venerationem impertiendam, ita ut per imagines, coram quibus procumbimus, Christum adoremus, & Sanctos, quorum illa similitudinem gerunt, veneremur.*

Mon Juge me parut encore plus surpris de cette citation, que de la premiere; & l'ayant cherchée dans le Concile de Trente, il referma le Livre sans m'expliquer le passage.

Il y a quelque chose d'incomprehensible dans ce degré d'ignorance en des personnes qui se mêlent de juger les autres sur des matieres de foi; & j'avoue que j'aurois peine à me croire moi-même sur ces faits, quoique je les aye vûs, & que je m'en souvienne très-bien, si je n'avois appris par les relations imprimées de Tavernier, que quelque réservé que soit le P. Ephraïm de Nevers sur ce qui regarde l'Inquisition

tion qui l'a fait tant souffrir, il lui est cependant é-chapé de dire que rien ne lui avoit été si insupporta-ble, que l'ignorance de ces Ministres.

Le Promoteur, en lisant les informations, avoit dit qu'outre tout ce que j'avois avoué, j'étois de plus accusé & suffisamment convaincu d'avoir parlé avec mépris de l'Inquisition & de ses Ministres, & d'avoir même tenu des discours peu respectueux du souverain Pontife, & contre son autorité. Il concluoit que l'opiniâtreté que j'avois témoignée jusqu'alors, en méprisant tant de délais & d'avertissemens charitables que l'on m'avoit donnez, étant une preuve convaincante que j'avois eu de très-pernicieux desseins, & que mon intention avoit été d'enseigner & de fomenter l'heresie, j'avois par consequent encouru la peine d'excommunication majeure, que mes biens devoient être confisquez au profit du Roi, & moi livré pour être brûlé.

Je laisse à penser à ceux qui liront ceci, l'état que pûrent produire dans mon esprit les cruelles conclusions du Promoteur du saint Office : cependant je puis assurer que quelque terribles que fussent ces paroles, la mort dont j'étois menacé me parut alors bien moins à appréhender, que la continuation de mon esclavage ; ainsi malgré le trouble & le serrement de cœur qui me prit à ces conclusions que l'on faisoit contre moi, je ne laissai pas de répondre aux nouvelles accusations qui venoient de m'être signifiées, qu'à l'égard de mes intentions, elles n'avoient jamais été mauvaises ; que j'avois toujours été très-Catholique ; que tous ceux avec qui j'avois vécu dans les Indes, le pouvoient témoigner, & particulièrement le P. Ambroise & le P. Yves, tous deux Capucins François, qui m'avoient oui plusieurs fois en Confession. J'ai sçu depuis ma sortie, que le P. Yves étoit actuellement à Goa dans le même temps que je le citois comme un témoin de mon innocence ; que j'avois fait quelquefois jusqu'à seize lieues, pour satisfaire au devoir pascal ; que si j'avois eu quelque heresie dans le cœur, il m'étoit bien aisé de m'établir dans les lieux des Indes où l'on peut vivre & porter en toute liberté, & que je n'aurois pas choisi ma demeure dans les Etats du Roi de Portugal ; que j'étois en effet si éloigné de dogmatiser contre la Religion, que j'étois au contraire entré plusieurs fois en dispute contre les Hérétiques pour la défendre ; qu'à la vérité je me souvenois d'avoir parlé avec trop de liberté du Tribunal devant lequel j'étois, & des personnes qui l'occupoient ; mais que j'étois surpris qu'on me voulût faire un grand crime d'une chose qu'on avoit traité de bagatelle, lorsque je l'avois voulu déclarer il y avoit près d'un an & demi : que pour ce qui regardoit le Pape, je ne me souvenois pas d'en avoir parlé de la manière que le portoient mes accusations ; que cependant si l'on vouloit bien m'en dire le détail, j'avouerois de bonne foi la vérité.

L'Inquisiteur prenant la parole me dit que l'on me donnoit du temps pour penser à ce qui regardoit le souverain Pontife ; mais qu'il ne pouvoit assez admirer mon impudence en ce que j'assurois avoir confessé ce qui regardoit l'Inquisition ; puisqu'il étoit très-certain que je n'en avois pas ouvert la bouche, & que si j'eusse fait ma déclaration sur cet article dans le tems que je disois l'avoir fait, je n'aurois pas demeuré si long-tems en prison.

Je me souvenois si bien de ce que j'avois dit, & de ce qu'on m'avoit répondu, & j'étois d'ailleurs si transporté de colere de me voir ainsi joué, que si l'on ne m'eût fait retirer aussi-tôt après avoir signé ma déposition, peut-être n'aurois-je pû m'empêcher de dire des injures à mon Juge : & si j'avois eu autant de force & de liberté que ma passion me donnoit de courage, peut-être n'auroit-il pas été quitte pour des paroles outrageantes.

Je fus encore appellé trois ou quatre fois en moins d'un mois à l'Audience, où l'on me pressa de confesser ce dont j'étois accusé touchant le Pape. L'on m'y signala même une nouvelle preuve, que le Promoteur prétendoit avoir été tirée contre moi sur ce sujet, & qui ne contenoit rien de différent de ce qu'il m'en avoit déja dit : mais ce qui montre clairement que cette accusation n'étoit qu'une fausseté inventée exprès afin de me faire parler, c'est que l'on ne me voulut pas dire le détail de ce que l'on prétendoit que j'avois avancé. Enfin voyant qu'on ne pouvoit plus rien tirer de moi, on cessa de m'en parler ; & cet article ne fut pas inséré dans mon procès, lorsqu'on en fit la lecture publique en l'Acte de Foi.

On essaya encore dans ces dernieres Audiences, de me faire avouer que dans les faits dont je convenois, mon intention avoit été de défendre l'heresie ; mais c'est de quoi je ne voulus jamais demeurer d'accord, n'y ayant rien de plus éloigné de la vérité.

Pendant les mois de Novembre & Decembre, j'entendois tous les matins les cris de ceux à qui l'on donnoit la question, qui est si cruelle, que j'ai vû plusieurs personnes de l'un & de l'autre sexe, qui en étoient demeurées estropiées, & entre autres le premier compagnon qu'on m'avoit donné pendant ma prison.

L'on n'a aucun égard dans ce saint Tribunal à la qualité, à l'âge, ni au sexe ; on y traite tout le monde avec une égale severité, & tous sont indifféremment appliquez à la torture presque nuds, lorsque l'interet de l'Inquisition le requiert.

Il me souvenoit d'avoir oui dire avant que d'entrer dans les prisons du saint Office, que l'*Auto da Fé* se faisoit ordinairement le premier Dimanche de l'Avent : parce qu'on lit en ce jour-là dans l'Eglise l'endroit de l'Evangile où il est parlé du Jugement dernier, & que les Inquisiteurs prétendent par cette cérémonie en faire une vive & naturelle représentation. J'étois persuadé d'ailleurs qu'il y avoit un fort grand nombre de prisonniers, le profond silence qui regne dans cette maison, m'ayant donné moyen de compter à peu près combien on ouvroit de portes aux heures du repas. J'avois de plus une connoissance presque certaine qu'il étoit arrivé un Archevêque à Goa au mois d'Octobre, après que le Siege de cette Ville avoit vaqué près de trente ans. Du moins je le croyois ainsi parce que l'on avoit extraordinairement carillonné à la Cathédrale pendant neuf jours, auxquels ni l'Eglise universelle, ni celle de Goa en particulier, ne solemnise aucune Fête remarquable. Je sçavois que ce Prélat étoit attendu, même avant ma détention.

Toutes ces raisons me faisoient esperer que je pourrois sortir au commencement du mois de Decembre ; mais quand je vis le premier & le second Dimanche de l'Avent passer, je ne doutai pas que ma liberté ni mon supplice ne fussent tout au moins reculez d'un an.

A l'égard de l'Auto da Fé de Goa, nous continuerons de faire parler M. *Dellon*.

Comme je me persuadois, dit-il, que l'*Auto da Fé* ne se faisoit jamais qu'au commencement de Decembre, le voyant tout passé sans remarquer aucune disposition à cette effroyable cérémonie, je me déterminai à souffrir encore une année : cependant lorsque je m'y attendois le moins, je me trouvai à la veille de sortir de la dure captivité où je languissois depuis deux ans.

Je remarquai que le Samedi onzième Janvier 1676. ayant voulu après le diné donner mon linge, selon la coûtume, aux Officiers pour le faire blanchir, ils
ne

ne le voulurent pas recevoir, & me remirent au lendemain.

Je ne manquai pas à bien faire des reflexions sur la cause de ce refus extraordinaire; & n'en trouvant aucune qui me satisfît, je conclus que l'*Auto da Fé* se pourroit bien faire le lendemain; mais je me confirmai bien plus dans mon opinion, ou plûtôt je la tins pour toute assurée, lorsqu'après avoir entendu sonner Vêpres à la Cathédrale, l'on sonna tout aussi-tôt Matines; ce qui ne s'étoit pas encore fait depuis que j'étois prisonnier, excepté la veille de la Fête-Dieu, que l'on célèbre dans les Indes le Jendi qui suit immédiatement la *Quasimodo*, à cause des pluyes continuelles qui y tombent dans le temps qu'on la solemnise en Europe. Il sembloit que la joye devoit commencer à reprendre place dans mon cœur; puisque je me croyois à la veille de sortir de ce tombeau, où j'étois enseveli tout vivant depuis deux ans: cependant la crainte que m'avoient causé les funestes conclusions du Promoteur, & l'incertitude où je me trouvois de ce que l'on feroit de moi, redoublerent si fort mes inquietudes & mes douleurs, que je passai le reste de ce jour, & une partie de la nuit, dans un état capable de donner de la pitié à tout autre qu'à ceux à qui j'avois affaire.

On m'apporta le souper que je refusai, & que contre l'ordinaire on ne me pressa pas trop de recevoir; & d'abord que les portes furent fermées, je m'abandonnai entierement aux tristes pensées qui m'occupoient. Enfin après bien des pleurs & des soupirs, accablé de chagrin & d'imaginations mortelles, je m'assoupis un peu sur les onze heures du soir.

Il n'y avoit pas long-temps que j'étois endormi, lorsque mon sommeil fut tout d'un coup interrompu par le bruit que firent les Gardes en ouvrant les verouïls de ma cellule. Je fus surpris d'y voir entrer des gens avec de la lumiere, n'y étant pas accoûtumé; & l'heure qu'il étoit, contribuoit beaucoup à redoubler mon apprehension.

L'*Alcaïde* me présenta un habit qu'il m'ordonna de vêtir, & de me tenir prêt à sortir quand il me viendroit appeler, & se retira laissant dans ma chambre une lampe allumée. Je n'eus dans cette occasion ni la force de me lever, ni celle de répondre; & dès l'instant que ces hommes m'eurent quitté, je fus saisi d'un tremblement universel & si violent, que de plus d'une heure il ne me fut pas possible de regarder l'habillement qu'on m'avoit apporté. Enfin je me levai, & m'étant prosterné contre terre devant une Croix que j'avois peinte sur la muraille, je me recommandai à Dieu, & abandonnai mon sort entre ses mains; puis je me couvris de cet habit qui consistoit en une veste dont les manchet venoient jusqu'au poignet, & un caleçon qui descendoit jusques sur les talons; le tout de toile noire rayée de blanc.

Je n'eus pas longtemps à attendre, après que j'eus pris l'habit que l'on m'avoit laissé. Ces Messieurs, qui étoient venus la premiere fois un peu avant la nuit, revinrent sur les deux heures du matin dans ma chambre, d'où ils me firent sortir pour me mener dans une longue gallerie, où je trouvai bon nombre de mes compagnons de misere déja arrangez debout contre la muraille; je m'y mis à mon rang, & il en vint encore plusieurs après moi. Quoiqu'il y eût près de deux cent hommes dans cette gallerie, comme tous gardoient un très-profond silence; que dans ce grand nombre il n'y en avoit qu'environ douze blancs qu'on avoit peine à distinguer d'entre les autres, & que tous étoient comme moi vêtus de toile noire, on eût facilement pris toutes ces personnes pour autant de statues posées contre le mur, si le mouvement de leurs yeux, dont le seul usage leur

étoit permis, n'eût fait connoître qu'elles étoient vivantes.

L'endroit où nous étions ainsi assemblez, n'étoit éclairé que par un petit nombre de lampes dont la lumiere étoit si lugubre, que cela joint à tant d'objets noirs, tristes & funestes, sembloit n'être qu'un appareil pour célébrer des funérailles.

Les femmes, qui étoient vêtues de même étoffe que nous, étoient dans une gallerie voisine, où nous ne pouvions les voir; mais je pris garde que dans un dortoir peu éloigné du nôtre, il y avoit aussi des prisonniers & des personnes vêtües de noir & en habit long, qui se promenoient de temps en temps. Je ne sçavois alors ce que c'étoit; mais j'appris peu d'heures après, que ceux qui devoient être brûlez étoient là, & que ceux qui se promenoient étoient leurs Confesseurs.

Comme j'ignorois les formalitez du saint Office, quelque desir que j'eusse eu de mourir par le passé, j'appréhendois alors d'être du nombre de ceux qu'on devoit condamner au feu. Je me rassurai cependant un peu, en considérant que je n'avois rien dans mon habillement qui me distinguât des autres, & qu'il n'y avoit pas d'apparence qu'on dût faire mourir un si grand nombre de personnes qui étoient parées comme moi.

Après que nous fumes tous rangez contre la muraille de cette gallerie, on nous donna à chacun un cierge de cire jaune; on apporta ensuite des paquets d'habits faits comme des dalmatiques ou de grands scapulaires; ils étoient de toile jaune avec des croix de saint André, peintes en rouge devant & derriere. On a coûtume de donner ces sortes de marques à ceux qui ont commis, ou qui passent pour avoir commis des crimes contre la Foi de Jesus-Christ, soit Juifs, Mahométans, Sorciers ou Hérétiques, qui ont été auparavant Catholiques. On appelle ces grands scapulaires avec ces croix de saint André, *Sambenitos*.

Ceux qui sont tenus pour convaincus, & qui persistent à nier les faits dont ils sont accusez, ou qui sont relaps, portent une autre espece de scapulaire, appellé *Samarra*, dont le fonds est gris. Le portrait du patient y est representé au naturel devant & derriere, posé sur des tisons embrasez, avec des flâmes qui s'élevent, & des démons tout à l'entour. Leurs noms & leurs crimes sont écrits au bas du portrait; mais ceux qui s'accusent après qu'on leur a prononcé leur Sentence, & avant leur sortie, & qui ne sont pas relaps, portent sur leurs *Samarras* des flames renversées la pointe en bas; ce qu'on appelle *Fogo revolto*, c'est-à-dire, feu renversé.

On distribua des *Sambenitos* à une vingtaine de Noirs accusez de magie, à un Portugais atteint de même crime, & qui de plus étoit Chrétien nouveau; & comme on ne vouloit pas se venger de moi à demi, & qu'on avoit résolu de m'insulter jusqu'au bout, on m'obligea de vêtir un habit semblable à celui des Sorciers & des Hérétiques, quoique j'eusse toûjours fait profession de la Foi Catholique, Apostolique & Romaine; ce que mes Juges auroient pû aisément sçavoir par une infinité de personnes, tant étrangeres que de ma nation, avec qui j'avois demeuré en divers endroits des Indes. Mon appréhension redoubla quand je me vis ainsi paré, parce qu'il me sembla que n'y ayant parmi un si grand nombre de criminels, que vingt-deux personnes à qui l'on eût donné de ces honteux *Sambenitos*, il pourroit bien arriver que ce seroient-là ceux pour qui il n'y avoit point de misericorde.

Ensuite de cette distribution, je vis paroître cinq bonnets de carton, élevez en pointe à la façon d'un pain de sucre, tout couverts de diables & de flames

de

L'AUTO-DA-FÉ, ou l'Acte de Foi.

Suplice des Condamnez.

du feu, avec un écriteau à l'entour, qui exprimoit ce mot, *Feiticro*, c'est-à-dire Sorcier. On appelle ces bonnets, *Carrochas*; on les posa sur les têtes d'autant de personnes, les plus coupables entre celles qui étoient accusées de magie; & comme elles se trouverent assez près de moi, je crus qu'on ne manqueroit pas de m'en présenter aussi un, ce qui n'arriva pourtant pas.

Je ne doutai presque plus alors que ces misérables ne dussent effectivement être brûlez; & comme ils n'étoient pas mieux instruits que moi des formalitez du saint Office, j'ai sçû d'eux depuis, que dans ce moment ils avoient crû leur perte inévitable.

Chacun étant ainsi orné selon la qualité de ses crimes, nous eûmes la liberté de nous asseoir par terre, en attendant de nouveaux ordres.

Sur les quatre heures du matin, des serviteurs de la maison vinrent à la suite des Gardes, pour distribuer du pain & des figues à ceux qui en voulurent; mais quoique je n'eusse pas soupé le soir précedent, je me trouvois si peu disposé à manger, que je n'aurois rien pris, si un des Gardes s'étant approché de moi, ne m'eût dit: prenez vôtre pain, & si vous ne pouvez le manger à présent, mettez-le dans vôtre poche; car vous aurez assurément faim avant que de revenir.

Les paroles de cet homme me furent d'une grande consolation, & dissiperent toutes mes craintes, par l'esperance qu'elles me donnoient de mon retour; ce qui m'obligea à suivre son conseil.

Enfin après avoir bien attendu, le jour parut sur les cinq heures, & on put alors remarquer sur le visage d'un chacun, les divers mouvemens de honte, de douleur & de crainte, dont ils étoient agitez; car quoique tous ressentissent de la joye, se voyant sur le point d'être délivrez d'une captivité si dure & si insupportable, cette joye étoit cependant fort diminuée par l'incertitude où l'on étoit de ce qu'on devoit devenir.

CHAPITRE XVI.

Ordre de la marche de la Procession pour aller en l'Acte de Foi, & ce qui s'observe quand on y est arrivé.

ON commença à sonner la grosse cloche de la Cathédrale, un peu avant que le soleil fût levé; ce qui est comme un signal pour avertir les peuples d'accourir, pour voir l'auguste cérémonie de l'*Acte da Fé*, qui est comme le triomphe du saint Office. D'abord on nous fit sortir un à un.

Je remarquai, en passant de la gallerie dans la grande salle, que l'Inquisiteur étoit assis à la porte, ayant près de lui un Secretaire debout; que la salle étoit remplie d'habitans de Goa, dont les noms étoient écrits sur une liste que le Secretaire tenoit à ses mains, & qu'en même temps qu'on faisoit sortir un prisonnier, il nommoit un de ces Messieurs qui étoient dans la salle, qui s'approchoit aussi-tôt du criminel pour l'accompagner, & lui servir de parrain en l'Acte de Foi.

Ces parrains sont chargez des personnes qu'ils accompagnent, ils sont obligez d'en répondre, & de les représenter quand la fête est finie. Messieurs les Inquisiteurs prétendent leur faire beaucoup d'honneur, quand ils les choisissent pour cette fonction.

J'eus pour parrain le Général des Vaisseaux Portugais dans les Indes; je sortis avec lui; & d'abord que je fus dans la rue, je vis que la Procession commen-

çoit par la Communauté des Dominicains, qui ont ce privilege à cause que saint Dominique leur Fondateur, l'a aussi été de l'Inquisition. Ils étoient précedez par la banniere du saint Office, dans laquelle l'image du Fondateur est représentée en broderie très-riche, tenant un glaive d'une main, & de l'autre une branche d'olivier avec cette inscription: *Justitia & misericordia.*

Ces Religieux sont suivis des prisonniers, qui marchent l'un après l'autre, ayant chacun son parrain à son côté, & un cierge à la main. Les moins coupables vont les premiers; & comme je ne passois pas pour un des plus innocens, il y en avoit plus de cent qui me précedoient. Les femmes étoient mêlées parmi les hommes, & l'ordre de cette marche n'étoit pas reglé par la diversité des sexes; mais seulement par l'enormité des crimes. J'avois comme tous les autres la tête & les pieds nuds, & je fus fort incommodé pendant cette marche, qui dura plus d'une heure, à cause des petits cailloux dont les rues de Goa sont parsemées, qui me mirent les pieds en sang.

On nous fit promener dans les plus grandes rues, & nous fûmes par tout regardez d'une foule innombrable de peuple, qui étoit accouru de tous les endroits de l'Inde, & qui bordoit tous les chemins par où nous devions passer; car on a soin d'annoncer au Prône dans les Paroisses des lieux éloignez, l'Acte de Foi, long-tems avant qu'il se fasse.

Enfin couverts de honte & de confusion, & très-fatiguez de la marche, nous arrivâmes en l'Eglise de saint François, qui étoit pour cette fois destinée & préparée pour la célébration de l'*Acte da Fé.*

Le grand Autel étoit paré de noir, & il y avoit dessus six chandeliers d'argent, avec autant de cierges de cire blanche allumez. On avoit élevé aux deux côtez de l'Autel deux manieres de trônes; l'un à droite pour l'Inquisiteur & ses Conseillers, l'autre à gauche pour le Viceroi & sa Cour.

A quelque distance & vis-à-vis du grand Autel, tirant un peu vers la porte, on avoit dressé un autre Autel sur lequel on avoit mis dix Missels ouverts. De là jusqu'à la porte de l'Eglise, on avoit fait une galerie large d'environ trois pieds, avec un balustre de chaque côté; & de part & d'autre on avoit placé des bancs pour asseoir les criminels & leur parrains, qui s'y alloient mettre à mesure qu'ils entroient dans l'Eglise, en sorte que les premiers venus étoient plus proche de l'Autel. Aussi-tôt que je fus entré & placé en mon rang, je m'appliquai à considerer l'ordre qu'on faisoit observer à ceux qui venoient après moi. Je vis que ceux à qui on avoit donné ces horribles *Carrochas* dont j'ai parlé, marchoient les derniers de nôtre troupe; qu'immédiatement après eux on portoit un grand Crucifix, dont la face regardoit ceux qui le précedoient, & qui étoit suivi de deux personnes, & de quatre statues à hauteur d'homme, représentées au naturel, attachées chacune au bout d'une longue perche, & accompagnées d'autant de cassettes portées chacune par un homme, & remplies des ossemens de ceux que les statues représentoient.

La face du Crucifix tournée vers ceux qui le précedent, marque la misericorde dont on a usé à leur égard, en les délivrant de la mort, quoiqu'ils l'eussent justement méritée; & le même Crucifix tournant le dos à ceux qui le suivent, signifie que ces infortunez n'ont plus de grace à esperer; c'est ainsi que tout est mysterieux dans le saint Office.

La maniere dont ces misérables étoient vêtus, n'étoit pas moins propre à inspirer de l'horreur que de la pitié. Les personnes vivantes, aussi-bien que les statues, portoient des *Samarras* de toile grise, toutes peintes de diables, de flâmes & de tisons embrasez, sur lesquelles la tête du patient étoit représentée au

na-

naturel devant & derriere, avec la Sentence écrite au bas, portant en abregé & en gros caracteres, son nom, celui de sa patrie, & le crime pour lequel il étoit condamné. Outre cet habillement épouvantable ils avoient encore de ces funestes *Corrochas*, couvertes comme les vêtemens, de flâmes & de démons.

Les petits coffres où étoient enfermez les os de ceux qui étoient morts, & à qui le procès avoit été fait, devant ou après le décès, pendant ou avant leur détention, afin de donner lieu à la confiscation de leurs biens, étoient aussi peints de noir, & couverts de démons & de flâmes.

Il faut ici remarquer, que l'Inquisition ne borne pas sa jurisdiction sur les personnes vivantes, ou sur celles qui sont mortes dans les prisons; mais qu'elle fait encore souvent le procès à des gens qui sont décédez plusieurs années avant que d'avoir été accusez, lorsqu'après leur mort ils sont chargez de quelque crime considérable; qu'en ce cas on les déterre; & s'ils sont convaincus, on brûle leurs ossemens dans l'Acte de Foi, & l'on confisque tous leurs biens, dont on dépouille soigneusement ceux qui ont recueilli leurs successions. Je n'avance rien ici que je n'aye vû moi-même pratiquer, puisqu'entre les statues qui parurent quand je sortis de l'Inquisition, il y en avoit une qui représentoit un homme décédé depuis long-temps, à qui on venoit de faire le procès, qu'on avoit déterré, de qui les biens furent confisquez, & dont les os furent brûlez, ou peut-être ceux de quelqu'autre qui avoit été inhumé dans le même lieu.

Ces malheureux étant entrez dans l'équipage funèbre que je viens de décrire, & s'étant assis dans les places qui leur étoient destinées proche la porte de l'Eglise, l'Inquisiteur suivi de ses Officiers entra, & s'alla placer sur le tribunal qui lui étoit préparé côté droit de l'Autel, pendant que le Viceroi & sa Cour se mirent à gauche.

Le Crucifix fut posé sur l'Autel entre les six chandeliers, & chacun étant ainsi dans son poste, & l'Eglise remplie d'autant de monde qu'elle en pouvoit contenir, le Provincial des Augustins monta en chaire & prêcha pendant une demi-heure. Malgré l'embarras & le trouble d'esprit où je me trouvois, je ne laissai pas de remarquer la comparaison qu'il fit de l'Inquisition avec l'Arche de Noé, entre lesquelles il trouva pourtant cette différence, que les animaux qui entrerent dans l'Arche, en sortirent après le déluge, de même nature qu'ils y étoient entrez, mais que l'Inquisition avoit cette admirable propriété, de changer de telle sorte ceux qui y étoient renfermez, que l'on en voyoit sortir doux comme des agneaux, ceux qui en y entrant avoient la cruauté des loups & la fierté des lions.

Le Sermon étant fini, deux Lecteurs monterent tour à tour dans la chaire, pour y lire publiquement les procès de tous les coupables. Et leur signifier les peines auxquelles ils étoient condamnez.

Celui de qui on lisoit le procès, étoit pendant ce temps conduit par l'*Alcaïde* au milieu de la gallerie, où il restoit debout, un cierge allumé en la main, jusqu'à ce que sa Sentence fût prononcée. Et comme on suppose que tous les criminels ont encouru la peine d'excommunication majeure, la lecture étant finie on le menoit au pied de l'Autel où étoient les Missels, sur l'un desquels on lui faisoit mettre les mains, après s'être mis à genoux, & il restoit en cette posture, jusqu'à ce qu'il y eût autant de personnes que de livres. Pour lors le Lecteur cessoit la lecture des procès, pour prononcer à haute voix une confession de Foi, après avoir brièvement exhorté les coupables à la réciter de cœur & de bouche en

même temps que lui; ce qui étant fait, chacun retournoit à sa place, & on recommençoit à lire les procès.

Je fus appellé en mon rang, & j'entendis que toute mon affaire rouloit sur trois chefs: le premier, pour avoir soutenu l'invalidité du Baptême *Flamini*; le second, pour avoir dit qu'on ne devoit pas adorer les Images, & avoir blasphemé contre celle d'un Crucifix, en disant d'un Crucifix d'yvoire, que c'étoit une piece d'yvoire; & enfin, pour avoir parlé avec mepris de l'Inquisition & de ses Ministres: mais plus que tout, pour la mauvaise intention que j'avois eue, en disant toutes ces choses, à raison desquels crimes j'étois déclaré excommunié, & pour réparation, mes biens confisquez au profit du Roi, & moi banni des Indes, & condamné à servir dans les galeres de Portugal pendant cinq années, & de plus à accomplir les autres pénitences qui me seroient enjointes dans le particulier par les Inquisiteurs.

De toutes ces peines, celle qui me parut la plus fâcheuse, fut de me voir dans une nécessité indispensable de quitter les Indes, où j'avois résolu de voyager encore long-temps. Ce chagrin n'étoit cependant pas si grand, qu'il ne fût beaucoup adouci par l'espérance de me voir bien-tôt hors des mains du saint Office.

Ma confession de Foi étant faite, je retournai en ma place, & je profitai alors de l'avis que le Garde m'avoit donné de ne pas refuser mon pain; car la cérémonie ayant duré toute la journée, il n'y eut personne qui ne mangeât ce jour-là dans l'Eglise.

CHAPITRE XVII.

Absolution de l'excommunication, & ce qui s'observe à l'égard de ceux qui sont condamnez au feu.

Après qu'on eut lû les procès de tous ceux à qui l'on faisoit grace en leur sauvant la vie, l'Inquisiteur quitta son siége, pour se revêtir de l'aube & de l'étolle; & étant accompagné d'environ vingt Prêtres qui avoient chacun une houssine en la main, il vint au milieu de l'Eglise, où après avoir récité diverses prieres, nous fumes absous de l'excommunication, (qu'on prétendoit que nous avions encourue,) moyennant un coup de houssine que ces Prêtres donnerent à chacun de nous sur son habit.

Je ne puis m'empêcher de rapporter ici une chose, qui fera voir jusqu'à quel point va la superstition Portugaise, dans tout ce qui a quelque rapport à l'Inquisition. C'est que durant la marche & pendant tout le temps que je restai dans l'Eglise, celui qui me servoit de parrain ne me voulut jamais répondre, quoique je lui eusse parlé plusieurs fois, & qu'il me refusa même un peu de tabac en poudre que je lui demandois, tant il appréhendoit de participer à la censure dont il me croyoit lié. Mais d'abord que je fus absous, il m'embrassa, me donna du tabac, & me dit que pour lors il me reconnoissoit pour son frere, puisque l'Eglise m'avoit délié.

Cette cérémonie étant finie, & l'Inquisiteur s'étant remis en sa place, l'on fit venir l'une après l'autre les malheureuses victimes qui devoient être immolées par la sainte Inquisition. Il y avoit un homme, une femme, & les représentations de quatre hommes morts, avec les cassettes où leurs os étoient renfermez: l'homme & la femme étoient Indiens, noirs & Chrétiens, accusez de magie, & condamnez comme relaps; mais en effet, aussi peu sorciers que ceux qui les avoient condamnez.

Des

Des quatre Statuës, deux représentoient aussi deux hommes tenus pour convaincus de magie; & les deux autres, deux hommes chrétiens nouveaux, qu'on disoit avoir judaïzé; l'un desquels étoit mort dans les prisons du saint Office, & l'autre étoit décédé dans sa maison, & étoit enterré depuis long-temps dans sa Paroisse; mais ayant été accusé de Judaïsme depuis sa mort, comme il avoit laissé des biens assez considérables, on avoit pris le soin de fouiller dans son tombeau, & d'en retirer les os pour les brûler en l'Acte de Foi. On voit par là, que la sainte Inquisition veut, comme Jesus-Christ, exercer son pouvoir sur les vivans & sur les morts.

On lut les procès de ces infortunez, qui étoient tous terminez par ces paroles: Que le saint Office ne pouvant leur faire de grace à cause de leur rechûte ou de leur impénitence, & se trouvant indispensablement obligé de les punir selon la rigueur des Loix, il les livroit pour être brûlez.

A ces dernieres paroles, un Huissier de la Justice séculiere s'approchoit & prenoit possession de ces infortunez, après qu'ils avoient préalablement reçu un petit coup sur la poitrine, de la main de l'*Alcaïde* du saint Office, pour marquer qu'ils en étoient abandonnez.

Ainsi se termina l'Acte de Foi; & pendant que ces misérables furent conduits sur le bord de la riviere où le Viceroi & la Cour s'étoient assemblez, & où les buchers sur lesquels ils devoient être immolez étoient préparez dès le jour précédens, nous fumes ramenez à l'Inquisition par nos parrains, sans observer aucun ordre.

Quoique je n'aye pas été présent à l'execution de ces personnes ainsi abandonnées du saint Office, comme j'en ai si été pleinement instruit par des gens qui en ont vû plusieurs fois de semblables, je rapporterai en peu de mots les formalitez qui s'y observent.

D'abord que les condamnez sont arrivez à l'endroit où les Juges séculiers sont assemblez, on leur demande en quelle Religion ils veulent mourir, sans s'informer aucunement de leur procès, qu'on suppose avoir été parfaitement bien instruit, & eux fort justement condamnez, vû qu'on ne doute point de l'infaillibilité de l'Inquisition. Aussi-tôt qu'ils ont répondu à cette unique interrogation, l'Executeur se saisit d'eux, les attache à des poteaux sur le bucher, où ils sont premierement étranglez, s'ils meurent Chrétiens; & brûlez vifs, s'ils persistent dans le Judaïsme ou dans l'hérésie; ce qui arrive si rarement, qu'à peine en voit-on un exemple dans quatre Actes de Foi, quoiqu'il s'en fasse très-peu où l'on ne brûle un assez bon nombre de personnes.

Le lendemain de l'execution, on porte dans les Eglises des Dominicains, les portraits de ceux qu'on a fait mourir. Leurs têtes seulement y sont représentées au naturel, posées sur des tisons embrasez. On met au bas leur nom, celui de leur pere, & de leur pays, la qualité du crime pour lequel ils ont été condamnez, avec l'année, le mois & le jour de l'execution.

Si la personne qui a été brûlée est tombée deux fois dans le même crime, on met ces mots au bas du portrait: *Morreo quemado, por Hereje relapso*: ce qui signifie qu'il a été brûlé comme Hérétique relaps. Si n'ayant été accusé qu'une fois il persevere dans son erreur, on met *por Hereje convicto*: mais comme ce cas est bien rare, il y a aussi bien peu de portraits avec cette inscription. Enfin, si n'ayant été accusé qu'une seule fois par un nombre suffisant de témoins il persiste à se dire innocent, & qu'il professe même le Christianisme jusqu'à la mort, on met au bas du tableau, *Morreo quemado por Hereje convicto negativo*; c'est-à-dire, qu'il a été brûlé comme Hérétique con-vaincu, mais qui n'a pas confessé; & l'on en voit un très-grand nombre de cette derniere espece. Or on peut tenir pour assuré, que de cent Négatifs il y en a au moins quatre-vingt-dix-neuf qui sont non seulement innocens du crime qu'ils nient, mais qui ont, outre l'innocence, le mérite d'aimer mieux mourir que de mentir, en s'avouant coupables d'un crime dont ils sont innocens: car il n'est pas possible qu'un homme assuré d'avoir la vie, s'il confesse, persiste à nier, & aime mieux être brûlé, que d'avouer une vérité dont l'aveu lui sauve la vie.

Ces épouvantables représentations sont mises dans la Nef & au dessus de la grande porte de l'Eglise, comme autant d'illustres trophées consacrez à la gloire du saint Office, & quand cette face de l'Eglise est ainsi tapissée, on en met aussi sur les ailes près de la porte. Ceux qui ont été à Lisbonne dans la grande Eglise des Dominicains, qui n'est pas éloignée de la Maison de l'Inquisition, y auront pû remarquer plusieurs centaines de ces tristes peintures.

CHAPITRE XVIII.

M. Dellon sort de l'Inquisition; on le conduit dans une maison pour y être instruit; on le remene à l'Inquisition pour y recevoir les pénitences qu'on lui avoit imposées.

J'Etois si fatigué & si abbatu à mon retour de l'Acte de Foi, que je n'avois gueres moins d'empressement pour rentrer dans ma prison afin de m'y reposer, que j'en avois eu les jours précédens pour en sortir.

Mon parrain m'accompagna jusques dans la salle; & l'*Alcaïde* m'ayant mené dans la gallerie, j'allai m'enfermer moi-même, pendant qu'il en conduisoit d'autres. Je me jettai d'abord sur mon lit en attendant le soupé, qui ne fut que du pain & des figues, l'embarras de ce jour ayant empêché qu'on ne fit la cuisine. Je ne laissai pas de beaucoup mieux reposer cette nuit, que je n'avois fait depuis long-temps; mais dès l'instant que le jour eut paru, j'attendis avec impatience ce que l'on feroit de moi. L'*Alcaïde* vint sur les six heures me demander l'habit que j'avois porté à la Procession, que je lui rendis volontiers, & voulus lui remettre en même temps le *Sambenito*; mais il ne voulut pas le recevoir, parce que je m'en devois parer, sur tout les Dimanches & les Fêtes, jusqu'à l'entier accomplissement de ma Sentence.

On m'apporta à déjeuner sur les sept heures, & peu après je fus averti de faire un paquet de mes hardes, & de me tenir prêt pour sortir quand on me viendroit appeller.

J'obéis à ce dernier ordre avec toute la diligence possible; sur les neuf heures un Garde étant venu ouvrir ma porte, je chargeai par son commandement mon paquet sur mes épaules, & le suivis jusques dans la grande salle, où la plûpart des prisonniers étoient déja.

Après avoir resté quelque tems en ce lieu, je vis entrer environ une vingtaine de mes compagnons qui avoient été condamnez au fouet le jour précédent, & qui venoient pour lors de le recevoir de la main du bourreau, par toutes les rues de la Ville. Etant ainsi assemblez, l'Inquisiteur parut, devant qui nous nous mîmes tous à genoux pour recevoir sa bénédiction, après avoir baisé la terre à ses pieds. On ordonna ensuite aux Noirs qui n'avoient point ou peu de hardes, de se charger de celles des Blancs. Ceux d'entre les Prisonniers qui n'étoient pas Chrétiens furent

furent envoyez sur le champ aux lieux portez par leur Sentence, les uns en exil, les autres aux galeres ou à la maison où se fait la poudre, appellée *Casa da polvora*; & ceux qui étoient Chrétiens, tant blancs que noirs, furent conduits dans une maison louée exprès dans la Ville, pour les y faire instruire pendant quelque temps.

Les salles & les galleries du logis furent destinées pour coucher les Noirs; & ce que nous étions de Blancs, fûmes mis dans une chambre séparée, où l'on nous enfermoit la nuit, nous laissant pendant le jour la liberté d'aller par toute la maison, & de parler avec ceux qui y étoient ou qui y venoient de dehors pour nous voir. On faisoit tous les jours deux Catéchismes, l'un pour les Noirs, & l'autre pour les Blancs; & l'on célébroit tous les jours la sainte Messe, où nous assistions tous, de même qu'à la Priere du matin & du soir.

Pendant que je restai dans cette maison, je fus visité par un Religieux Dominicain de mes amis, que j'avois connu à Daman où il avoit été Prieur. Ce bon Pere accablé de maladies & d'années, ne sçut pas plûtôt que j'étois sorti, qu'il se mit dans un Palanquin pour me venir voir. Il pleura mon desastre en m'embrassant tendrement, me témoigna qu'il avoit beaucoup appréhendé pour moi, qu'il s'étoit plusieurs fois informé de l'état de ma santé & de mes affaires, au Pere Procureur des Prisonniers qui étoit son ami, & de même Ordre que lui; que cependant il avoit été fort long-temps sans en pouvoir tirer de réponse; & qu'enfin après beaucoup de pressantes prieres, tout ce qu'il en avoit pû sçavoir, étoit que je vivois encore.

Je reçûs bien de la consolation en voyant ce bon Religieux; & la nécessité où j'étois de quitter les Indes, nous faisoit presque également de la peine. Il eut encore la bonté de me venir voir plusieurs fois, il m'invita de revenir aux Indes aussi-tôt que je serois en liberté, & m'envoya diverses provisions pour le voyage que j'avois à faire, que l'état & le besoin où j'étois ne me permettoient pas d'espérer d'ailleurs.

Après avoir resté en cette maison jusqu'au 23. de Janvier, nous fûmes conduits encore dans la salle de l'Inquisition, & de là appellés chacun à son tour à la Table du saint Office, pour y recevoir des mains de l'Inquisiteur un papier contenant les Pénitences ausquelles il lui avoit plû de nous condamner; j'y allai en mon rang. L'on m'y fit mettre à genoux après avoir auparavant mis les mains sur les Evangiles, & promis en cette posture de garder inviolablement le secret, sur toutes les choses qui s'étoient passées, & dont j'avois eu connoissance pendant ma détention.

Je reçus ensuite de la main de mon Juge un écrit signé de lui, contenant les choses que je devois accomplir: & comme ce mémoire n'est pas fort long, j'ai cru qu'il seroit bon de le mettre ici tout pour moi en François, comme il étoit en Portugais.

Liste des pénitences que je dois accomplir.

1°. Dans les trois prochaines années, il se confessera & communiera; la premiere, tous les mois; & les deux suivantes, aux Fêtes de Pâques, de la Pentecôte, de Noël, & de l'Assomption de Notre-Dame.

2°. Il entendra la Messe & le Sermon les Dimanches & les Fêtes, s'il en a la commodité.

3°. Il récitera pendant lesdites trois années tous les jours cinq fois le *Pater* & l'*Ave Maria*, en l'honneur des cinq playes de N. S. J. C.

4°. Il ne liera amitié ni aucun commerce particulier avec des hérétiques, ou des personnes dont la foi soit suspecte, qui puissent préjudicier à son salut.

5°. Enfin il gardera exactement le secret sur tout ce qu'il a vû, dit, ou oui, ou qui s'est traité avec lui, tant à la Table, qu'aux autres lieux du saint Office.

FRANCISCO DELGADO E MATOS.

CHAPITRE XIX.

Description de la galere, qui est une prison de l'Inquisition à Lisbonne.

LA Galere porte ce nom, parce que n'y ayant point de galeres en Portugal, on y envoye ceux que le saint Office ou les Juges laïcs condamnent à cette peine.

Dans cette galere tous les criminels sont attachez deux à deux par un pied seulement: leur chaîne a environ huit pieds de longueur; les prisonniers ont chacun à leur ceinture un crochet de fer pour la suspendre, en sorte qu'il en reste encore environ la longueur de trois pieds entre les deux.

Ces Forçats vont tous les jours travailler aux atteliers où l'on bâtit les Vaisseaux du Roi. Ils sont employez à porter du bois aux Charpentiers; ils déchargent les navires; ils vont chercher des pierres & du sable pour les lester, de l'eau & des vituailles pour leurs voyages. Ils servent à faire des étoupes, & enfin à tous les usages ausquels on trouve bon de les occuper pour le service du Prince ou des Officiers qui les commandent; quelques rudes & quelques vils que puissent être ces travaux.

On trouve parmi ces galeriens des personnes condamnées par l'Inquisition; d'autres qui y sont envoyées par Sentence des Juges laïcs. Il y a des esclaves fugitifs ou incorrigibles que les maîtres mettent en ce lieu pour les châtier, & pour les ranger à leurs devoirs. On y voit aussi des Turcs qui ont été faits esclaves sur les Vaisseaux Corsaires de Barbarie; & toutes ces personnes, de quelque qualité qu'elles soient, sont indifféremment employées à des travaux honteux & pénibles, si elles n'ont de l'argent pour donner aux Officiers qui les conduisent, & qui exercent une cruauté sans exemple sur ceux qui n'ont pas le moyen de les adoucir, en leur donnant quelque chose de temps en temps. Cette galere terrestre est bâtie sur le bord de la riviere; elle consiste en deux très-grandes salles, une haute & l'autre basse; toutes deux sont ordinairement remplies, & les Forçats y sont couchez sur des estrades avec des nates.

On leur rase à tous la tête & la barbe une fois le mois: ils portent des justaucorps & des bonnets de drap bleu. On leur fournit aussi un capot de grosse serge grise, qui leur sert également de manteau pour le jour & de couverture pendant la nuit; & ce sont là tous les vêtemens que le Prince leur fait donner de six en six mois, avec deux chemises de grosse toile.

On donne à chacun de ces galeriens une livre & demie de biscuit fondu & fort noir à manger par jour, six livres de viande sallée par mois, avec un boisseau de pois, de lentilles ou de feves, dont ils peuvent faire ce que bon leur semble. Ceux qui reçoivent quelque secours d'ailleurs, vendent d'ordinaire ces denrées pour acheter quelque chose de meilleur selon leurs moyens. On ne leur donne point de vin; & ceux qui en veulent boire, l'achetent à leurs dépens. Tous les jours de fort grand matin, fort peu de Fêtes exceptées, on les conduit à l'attelier, qui est éloigné de la galere près d'une demi-lieue. Là ils travaillent sans relâche jusqu'à onze heures, à ce à quoi quel on juge à propos de les employer ; on discontinue alors le travail jusqu'à une heure, & pendant ce temps-là ils peuvent ou manger ou se repoter. A une heure sonnée, on les remet au travail jusqu'à la nuit, qu'ils sont reconduits à la galere.

Dans cette maison, il y a une Chapelle où on dit la Messe les Dimanches & les Fêtes, & où divers Ecclésiastiques charitables viennent souvent faire des Catéchismes & des Exhortations aux Galeriens. Outre les alimens que le Prince fait donner à ces malheureux, ils reçoivent encore de fréquentes aumônes, en sorte que personne n'y endure de véritable disette. Lorsqu'il y a des malades, les Médecins & les Chirurgiens les visitent assiduement ; & si leurs infirmitez deviennent dangereuses, on leur administre exactement les Sacremens, & ils ne manquent d'aucun secours spirituel. Si quelqu'un de ces Galeriens commet une faute notable, il est foueté d'une maniere très-cruelle ; car on l'étend de son long, le ventre à terre ; & pendant que deux hommes le tiennent dans cette situation, un troisiéme lui frappe rudement sur les fesses avec une grosse corde goudronnée qui enleve ordinairement des portions de chair considérables. M. Dellon en a vû plus d'une fois qui, après de pareils châtimens avoient les parties si mortifiées, qu'il falloit y faire de profondes incisions, lesquelles dégénéroient en ulceres fâcheux & difficiles, en sorte que ces misérables étoient pour long-temps incapables de tout travail.

Lorsqu'un Forçat a des affaires où sa présence est absolument nécessaire, on lui permet d'y vaquer & d'aller par la Ville, même sans avoir de compagnon ; en payant toutefois un garde qu'on lui donne, & qui le suit par tout. En ce cas il porte sa chaîne tout seul ; & comme elle est fort longue, il la fait passer par dessus ses épaules, la laissant ensuite pendre par devant ou par derriere, selon que cela lui est plus ou moins commode.

TABLE
DES CHAPITRES

Des Memoires Historiques pour servir à l'histoire
des Inquisitions.

TABLE DES CHAPITRES.

ECLAIRCISSEMENS

SUR LES

MEMOIRES

HISTORIQUES

POUR SERVIR A L'HISTOIRE

DE

L'INQUISITION.

'Inquisition considerée par elle-même est un étrange matiere pour ceux à qui il est indiferent de la loüer, ou de la blâmer ; état où devroit être tout écrivain qui en parle. A la regarder du côté de son origine, on trouve parmi ses Fondateurs des personnes si éminentes par leur sainteté & par la pratique de toutes les Vertus Chrétiennes, qu'il est difficile d'envisager leur ouvrage comme un mystére d'iniquité, inventé pour la perte des gens de bien. Si on fait reflexion que des Rois très-sages & grands politiques, ont souhaité ardemment de l'établir dans toute l'étendue de leur domination quoi qu'elle diminue leur autorité, on sera porté à croire qu'ils n'y pouvoient être excitez que par l'avantage qu'ils prévoioient que la Religion en pouvoit tirer. D'ailleurs entre ceux qui en sont les conservateurs, il y a des personnes de grande naissance & d'une reputation à ne devoir pas être soupçonnez de toutes les bassesses, ni de toutes les injustices scelerates qu'on attribue d'ordinaire à ce Tribunal.

Si on envisage ce même objet par une autre face, & qu'on examine les procedures tyranniques de ce Tribunal, on est reduit à détester un établissement qui, sous prétexte d'attaquer l'erreur, sappe les fondemens de cette même Religion en faveur de laquelle il semble avoir été érigé. Tant de témoins deposent contre les barbaries qui s'y commettent, qu'il est impossible de les recuser tous. De plus il faut n'être guéres instruit de l'Antiquité Ecclesiastique pour ne se pas revolter contre des Religieux qui sortant de l'état d'humilité & de pénitence qui est leur veritable état, s'arrogent une insolente jurisdiction, non seulement sur les Princes qui en qualité de simple laïcques sont soumis pour le spirituel comme les derniers de leurs sujets, aux jugemens de l'Eglise, mais encore sur les Evêques qui ne peuvent être jugez que par leurs égaux sur leur doctrine. On ne peut voir sans douleur les successeurs des Apôtres, obligez à respecter les caprices d'une populace de Moines, ou exposez à se voir honteusement chargez de fers, & contraints de repondre comme des criminels à des ennemis que Dieu n'a pas nommez pour être leurs juges. L'Inquisition regardée de ce côté perd cette apparence de pieté qui la rend si respectable à un petit nombre, & cette authorité qui étonne la plus grande partie des hommes. On voit alors que si des Princes ont souhaité de l'établir dans leurs Etats, ils y ont été secrettement excitez par des personnes qui avoient interêt de leur donner ce conseil, & de leur en déguiser les consequences; qu'ils ont obtenu à ce prix-là des faveurs de la Cour de Rome dont ils avoient alors besoin, en un mot que les interêts humains y ont eu du moins autant de part que le zele pour la pureté de la foi.

Plusieurs personnes ont signalé leur plume contre cette institution. Les uns en écrivant l'Histoire des Albigeois & des Vaudois ont peint l'établissement de la jurisdiction du St. Office, avec des couleurs conformes aux préjugez où leur Religion les engageoit; d'autres ont écrit des Livres exprès sur cette matiere. En general on peut dire qu'il n'y a que les adulateurs de la Cour de Rome qui aient loué sincerement le zele sanguinaire de ceux qui offroient le sang des heretiques à un Dieu qui ne veut que leur conversion, qui la tient dans sa main & qui permet les heresies pour un plus grand bien. Mr. de Limborch, Theologien estimé parmi les Remontrans, aiant recouvré quelques Actes de l'Inquisition de Thoulouse qui contenoient les sentences prononcées au commencement du XIV. Siécle, contre les personnes suspectes ou convaincuës d'adherer au parti & à la créance des Albigeois, crut rendre un grand service aux Protestans, en faisant imprimer ces Actes. Il faut avouer qu'ils ne font guéres d'honneur à ceux qui y eurent part.

Le principal dessein de l'Editeur étoit de faire voir que la Religion Romaine ne se soutient que par la cruauté & par la persécution; mais ce recueil de sentences ne suffisoit pas aux Lecteurs. La necessité de les donner dans le stile & avec l'ortographe des Originaux, de peur qu'on ne l'accusât de les avoir falsifiez, en rendoit la lecture desagréable, & même ce Livre n'étoit pas intelligible à tout le monde. Mr. de Limborch y remedia, en joignant une *Histoire de l'Inquisition*, où il traite cette matiere avec une étendue convenable & même avec une plus grande moderation qu'on ne la devoit raisonnablement prétendre d'un Protestant Professeur en Théologie. Ce Livre fut imprimé à Amsterdam en 1692. La matiere étoit trop interessante pour n'être pas traitée en François; l'année suivante on vit paroître l'*Histoire de l'Inquisition & son Origine*. Ce Livre, que l'on suppose imprimé à Cologne, regarde l'Inquisition comme le principal nerf & le premier ressort du Pontificat Romain. Quoique l'Auteur ait en partie tiré son Livre de celui dont je viens de parler, il y a mis des marques, qui persuadent qu'il étoit lui même Catholique Romain. Environ six ans avant ces deux Livres, Mr. Dellon Medecin François donna au public une *Relation* de tous les maux que lui avoit fait souffrir l'*Inquisition de Goa*. Ce recit fut reçu avec avidité, le public est disposé à ne pas rebuter les éclaircissemens qu'on peut lui donner sur ce sujet.

Les *Memoires Historiques pour servir à l'Histoire de l'Inquisition*, contiennent des dé-

détails très-dignes de nôtre curiosité. Il seroit à souhaiter que l'Auteur fût plus methodique, qu'il eût toûjours traité sa matiere avec une étendue proportionnée aux besoins de ses Lecteurs, & qu'en copiant souvent mot pour mot l'Historien François de l'Inquisition, il n'eût pas obmis des détails très-instructifs qu'il lui étoit facile de transcrire. Il écrit avec une liberté qui m'a fait douter quelques instans s'il étoit vrai que cet Ouvrage eût été imprimé à Paris avec Privilege. Il est difficile de concevoir la tolerance des Censeurs Roiaux qui lui ont passé des reflexions judicieuses, mais humiliantes pour les Cours de Rome & même pour celles de quelques autres Souverains; tandis que ces mêmes Censeurs souvent alarmez du mauvais sens qu'on peut donner à un mot très-innocent de soi-même, forcent les Auteurs à refondre tout un Chapitre & même tout un Ouvrage. S'il n'y a point de mystere dans une conduite si inégale, on pourroit peutetre dire qu'il n'est pas de la prudence de permettre l'impression des Livres qui décrient un joug qu'on établit insensiblement dans le Roiaume.

Page 3. L'Auteur des Memoires soutient avec beaucoup de justice, que la force, la violence, & les tourmens sont des moiens dont la primitive Eglise ne s'est jamais servie pour ramener les heretiques dans son sein. Mr. Limborch & l'Auteur de l'Histoire de l'Inquisition, poussent plus loin le Parallele de la conduite ancienne & de la nouvelle à cet égard; & quoi qu'il y ait toûjours eu des hommes enclins à persecuter les autres, & que l'Eglise Orthodoxe n'ait pas toûjours été assez épurée de ce levain, on peut dire néanmoins qu'avant le douziéme Siécle on n'avoit rien vu de pareil à l'Inquisition; quoi qu'il y ait eu de temps en temps des Ecclesiastiques qui érigeoient la persecution en une justice sainte & salutaire. (a) Tertullien dans son Apologetique dit aux Payens, que s'il n'y a point d'homme qui veuille être honoré par force, à plus forte raison ne doit-on pas croire que Dieu se plaise à un hommage involontaire. Il s'exprime d'une maniere encore plus forte dans un autre Ouvrage. (b) L'homme a naturellement le droit & le pouvoir d'adorer ce que bon lui semble, & la Religion de l'un ne fait ni bien ni mal à l'autre. Ce n'est point à la Religion de forcer à l'embrasser, il faut qu'on la reçoive volontairement & non point par violence, &c. Saint Cyprien condamne aussi positivement la contrainte. Il marque même cette difference entre l'Eglise de l'Ancien Testament & celle du Nouveau, (c) que lorsque la circoncision de la chair subsistoit, on faisoit mourir par l'épée ceux qui desobéissoient aux Prêtres, au lieu que depuis que la circoncision spirituelle avoit commencé, les orgueilleux & les refractaires n'étoient tuez que par le glaive spirituel lorsqu'on les retranchoit de l'Eglise. Le Cardinal Bellarmin, qui cite ce Saint comme s'il eut conseillé de faire mourir les heretiques, se feroit bien passé de faire une si mauvaise application d'un passage où St. Cyprien exhorte les pécheurs à souffrir le martyre pour l'expiation de leurs péchez. Ce Cardinal, pour le dire en passant, étoit un homme livré aux opinions ultramontaines, & son prejugé lui faisoit trouver dans les passages des Peres & de l'Ecriture des sens qui semblent favoriser la Cour de Rome; mais qui lûs ailleurs que dans les citations qu'il presente, signifient souvent toute autre chose. Lactance est encore plus fort, & on peut lire ce qu'il dit sur ce sujet dans son Livre V. Chapitre 20. L'Eglise vécut dans ces sentimens de paix & de douceur jusqu'à ce que les Empereurs s'étant soumis à l'Evangile, on vit des Evêques emploier peu à peu le credit qu'ils avoient auprès des Puissances, pour accabler ceux qui

K 2

ne

(a) Cap. 2.
(b) Ad Scapulam. Cap. 2.
(c) Epist. 62. & 51.

ne se soumeroient pas à la Jurisdiction Ecclesiastique , & dès qu'ils ne furent plus persecutez ils devinrent persecuteurs. (a) On se contenta d'abord d'exiler les heretiques, & Socrate dit dans son Histoire que les Evêques du Concile de Nicée prononcerent Anathéme contre Arius & contre ceux qui suivoient son opinion & que l'Empereur Constantin condamna Arius , Eusebe de Nicomedie & Théognis de Nicée au bannissement. Ce même Empereur poussa ensuite plus loin la severité, comme on le voit dans sa Lettre aux Evêques & aux Peuples; dans laquelle il dit : *Quiconque aura été convaincu d'avoir caché un Livre d'Arius au lieu de le brûler, sera puni de mort.*

Suivant le precepte de Saint Paul. Ce passage se trouve dans l'Epître à Tite. Chap. III. ꝟ. 10.

Un Auteur Ancien qui reconnoît. Sulpice Severe (b) & non pas *Severe Sulpice* comme il est nommé au bas de la page 4. ne condamne pas seulement le procedé des Evêques qui porterent l'Empereur à faire mourir Priscilien; mais il ajoute deux circonstances peu favorables à l'Inquisition. L'une que la mort de cet homme, au lieu d'éteindre son heresie, ne servit qu'à la confirmer & à la repandre; parce que ses Sectateurs, qui l'avoient honoré comme un Saint pendant sa vie, commencerent à le reverer comme un martyr après sa mort. L'autre est que Saint Martin étoit bien éloigné de ces sentimens & qu'il pressoit toûjours Ithace de se desister de l'accusation, & prioit Maxime de ne pas répandre le sang de ce miserable. Ce saint Evêque, au raport de l'Historien cité, croioit que c'étoit assez que les heretiques jugez par une Sentence Ecclesiastique fussent chassez de l'Eglise, & que c'étoit Un Crime Nouveau et Inoui, *qu'un Juge seculier jugeât la cause de l'Eglise.* On pourroit croire par ces paroles qu'il ne parloit ainsi qu'en faveur de la jurisdiction Ecclesiastique & pour reserver aux Evêques une authorité que l'Empereur ne devoit pas prendre. Mais ce n'est point ce qui faisoit agir ce Saint. L'Empereur ne faisoit qu'exécuter la volonté d'un grand nombre d'Evêques en persécutant les heretiques; & St. Martin ne vouloit pas absolument que personne usât de violence contre eux. Tant qu'il fut à Tréves, il arrêta les poursuites criminelles & il n'en partit qu'après avoir tiré parole de Maxime, qu'on ne repandroit point le sang des coupables. Mais dans la suite ce Prince *corrompu* par les Evêques Magnus & Rufus & détourné de ces conseils de douceur, renvoia la cause au Prefet Evodius, qui fit mourir Priscilien, Felicissime, Armenius, Latronien & Euchrocie malgré la parole donnée au St. Evêque. Il en perit encore quelques autres & c'est à l'occasion de leur supplice que l'Historien dit les paroles que nôtre Auteur a citées. On verra dans une des remarques suivantes ce que fit St. Martin pour montrer combien il détestoit cet acte de cruauté.

Page 4. col. 1. *Quatre causes pour lesquelles on peut châtier les heretiques* &c. La premiere qu'allegue nôtre Auteur est une raison de politique pour maintenir la paix dans l'Etat. Il est certain que la tranquilité d'un Etat est le grand objet du politique & que tous les moyens qui y conduisent deviennent permis , lorsqu'on ne sauroit y parvenir par une autre voie, *salus populi suprema lex esto.* Toutes les loix doivent aboutir à ce centre. Mais il faut distinguer entre les heretiques ceux dont les sentimens ou la conduite sont préjudiciables à la paix publique. Il est hors de doute que le Magistrat est en droit de reprimer ceux-là & il n'a pas besoin que l'Eglise le solicite contre eux. Ainsi lorsque les Anabatistes

pre-

(a) Livre 1.
(b) Hist. Sacr. Lib. 2. Cap. 51.
(c) Ibidem Cap. 50.

prenant les armes se rendirent maîtres de Munster & y établirent un Roiaume au préjudice du légitime Souverain, ils devinrent coupables & dignes des massacres que l'on en fit; non pas en qualité de gens qui erroient dans la doctrine, mais comme des ennemis armez & des perturbateurs du repos public. Mais lorsque cette même Secte, revenuë de son entousiasme, s'est contentée de rendre à Dieu le culte qu'elle croit lui être le plus agréable, en vivant d'ailleurs selon les loix du païs, & en se bornant aux soins qui conviennent à chacune des familles qui la professent; on n'a plus été autorisé à punir un Anabatiste à cause de ses sentimens particuliers, & la veritable Eglise n'a sur eux aucun droit que celui de l'exhortation, & de la doctrine pacifique, ou tout au plus de l'excommunication.

La seconde raison de l'Auteur ne s'accorde gueres avec la doctrine pratique de Saint Martin. Le même Historien qui nous apprend combien ce Saint s'opposa au suplice de Priscilien, & qui l'en louë, ne laisse pas de marquer que cet heresiarque fut convaincu de malefice dans deux interrogatoires, qu'il ne disconvint pas d'avoir donné dans une doctrine impure, d'avoir fait des assemblées nocturnes de femmes de mauvaise vie & d'y avoir recité les prieres étant tout nud. (a) Rien ne pouvoit être plus contraire à la pureté que l'Evangile exige de nous; & selon la regle des *Memoires*, Maxime étoit obligé de punir ceux qui abusoient ainsi de la Religion pour couvrir d'un voile si saint l'ignominie de leurs passions. Voila pourtant un grand Saint, l'Apôtre de la France, qui se met entre l'Empereur & eux, & s'oppose à leur punition.

La troisiéme raison est specieuse, cependant sous prétexte d'empécher que Dieu ne soit deshonoré par les blasphemes, on ouvre la porte à une infinité de persecutions. Les Peres du Concile de Nicée traitoient Arius de blasphemateur, parce qu'il nioit la consubstantialité du verbe. De son côté il les accusoit de croire trois Dieux & de détruire l'unité de Dieu: ce qui seroit un vrai blasphéme. Or en supposant la maxime des *Memoires*, Constantin étoit authorisé à punir les Ariens qui nioient la Divinité de Jesus-Christ; mais lorsque l'un de ses Successeurs se déclara pour la Secte d'Arius, s'il étoit dans leur sentiment de bonne foi, il devoit croire que les Consubstantialistes blasphémoient, & qu'il étoit de son devoir de les châtier. Ce devoir étoit une consequence necessaire de la persuasion où il étoit de suivre le bon chemin. Lorsque Julien voulut retablir le Paganisme, il croioit sans doute que ce culte étoit plus pieux que le Christianisme; étoit-il donc juste qu'il forçât tout l'Univers à rentrer dans les Temples des faux Dieux? Dira-t-on que ce zéle n'est permis qu'à ceux qui défendent la verité? Chacun pense la posseder. Dèsque vous permettez aux hommes de faire mourir les heretiques, vous leur accordez la condamnation de tous ceux qui ne pensent pas comme eux. Ce mot HERETIQUE ne signifie rien, à force de trop signifier. La Secte la plus extravagante traite d'Heretique quiconque n'adhere point à ses reveries; & dans cette prevention elle est en droit de persecuter tout ce qui ne lui est point favorable. Si le Prince a la liberté de maltraiter ceux de ses sujets qui lui semblent heretiques, seulement parce qu'ils ont des opinions contraires aux siennes en matiere de Religion, il n'est pas moins heretique lui-même à leur égard; & dès qu'ils sont dans ce prejugé, ils se porteront sans peine à lui preferer un autre Prince qui soit de leur sentiment. Ils le feront à coup sûr, si à la difference des dogmes il ajoute ce que la persecution a d'odieux.

La

(a) Ibid. Cap. 50.

La derniere raison n'est pas plus concluante que les trois autres. Je crains même que l'Auteur des Memoires n'entende pas mieux que moi ce qu'il veut dire par ces paroles. On peut user de rigueur contre les heretiques, *non pas pour les contraindre; mais pour les porter par la crainte des Loix & des peines à se faire instruire, à reconnoître la verité & à rentrer dans l'Eglise qu'ils ont quitée.* Je ne vois pas bien qu'elle difference il trouve entre contraindre, & porter par la crainte des Loix & des peines à faire quelque chose. On a déja vû dans ce que j'ai raporté des suites funestes de la mort de Priscilien sur le témoignage de Sulpice Severe, que les voies de rigueur ne sont pas propres à éteindre les heresies. La crainte des loix ne porte point à se faire instruire. Nous observons au contraire que dans les païs soumis à l'Inquisition chacun craint d'en savoir trop. On y regarde comme suspect un Laïque qui étudie sa Religion avec soin, & comme la science y met un homme en danger, pour peu qu'il soit soupçonné d'avoir moins de préjugez que le Peuple; il arrive que cet homme tâche de se garantir de ce malheur par des grimaces hypocrites, en jouant un personnage de Théâtre qu'il fait bien quiter, quand il se croit hors de la portée des Inquisiteurs. Un Italien n'est plus le même homme à Florence ou à Paris; à Lisbonne ou à Amsterdam: cette malheureuse politique a produit bien des athées qui ne regardent la Religion que comme une intrigue de la Cour de Rome, & qui, apréhendant qu'on ne les convainque un jour de ne rien croire, composent par précaution des Livres sur l'Immortalité de l'Ame & sur d'autres matieres dont ils ne sont gueres persuadez; afin que s'il leur arrive quelque naufrage, ils puissent se servir de cette preuve & repondre qu'ils ont fait leurs efforts pour demontrer ce qu'on les accuse de nier. Le parallele de la conduite de l'ancienne Eglise & de celle de l'Inquisition à l'égard des heretiques est une des meilleurs choses de ces Mémoires; il est honteux à l'Inquisition de se dispenser des regles que la justice, l'humanité, & la Religion Chrétienne ont imposées à tous les Tribunaux en general. Mais ce parallele se lisoit déja dans l'*Histoire de l'Inquisition & son Origine* aux pages 92. & suivantes de l'Edition de 1693.

LIVRE II. On voit dans ce second Livre des extraits fidelles & transcrits de mot à mot du Livre que je viens de citer; mais les Lecteurs auroient été plus obligez à l'Abreviateur s'il ne les avoit pas frustrez des détails de l'Inquisition de Venise. Cette sage Republique aiant eu la précaution de donner un frein à l'ambitieuse tyranie des Prêtres, n'est pas soumise si absolument que les autres peuples aux caprices des Inquisiteurs. Cette difference meritoit qu'on la marquât plus précisément que n'a fait l'Auteur des Mémoires, qui n'en donne que quelques idées assez confuses. Il faut y supléer par cet Article où l'on verra les trente neuf Chapitres ou Reglemens, tirez du même Ouvrage & conferez avec l'Italien de Fra-Paolo.

REGLEMENS

ausquels l'Inquisition de Venise doit se conformer.

I.

Il y aura toûjours trois Senateurs députez pour assister à Venise, à tous les jugemens, actions & procedures de l'Inquisition; & comme les Villes de sa dépendance se doivent regler sur la Ville dominante; par tout où l'Inquisition se trouvera établie, à la place des trois Senateurs, les Recteurs des Villes seront comptés, deputés nés pour intervenir à tous les jugemens de l'Inquisition. Outre l'usage perpetuel & plusieurs déliberations du Senat qui confirment ce reglement,

le

le Senat en est expressément convenu dans un concordat passé entre Jules III. &
la Republique, l'an 1551.

I I.

Au cas que dans les Villes sujettes à la Capitale, aucun des Recteurs ne puisse assister aux jugemens de l'Inquisition; le Vicaire du Podestat y assistera en
leur place, & au cas qu'il ne puisse s'y trouver, le Recteur sera tenu de députer quelqu'un des conseillers, ou quelqu'autre personne publique pour y assister.
Ainsi deliberé dans le Conseil des Dix le 29. Novembre 1548.

I I I.

Si quelqu'un des Assistans a quelque affaire, ou quelque interêt à ménager
avec la Cour de Rome, il ne se doit mêler en aucune maniere des affaires de
l'Inquisition: en ce cas cette charge est devoluë à son Collegue, ou au plus ancien Camerlingue, au cas qu'il n'y eût qu'un Recteur dans la Ville, & qu'il eût
quelque affaire avec la Cour de Rome. Ainsi deliberé au Conseil des Dix, le 9.
Juin 1574.

I V.

Ceux qui sont commis pour assister aux jugemens de l'Inquisition, ne se doivent mêler en aucune maniere, ni de l'instruction, ni du jugement des procès,
mais veiller seulement avec toute l'exactitude possible à tout ce qui s'y passe, &
ils ne doivent agir qu'en quatre occasions differentes.

1. S'il s'agit de quelque affaire importante à l'honneur de Dieu, au bien de
l'Eglise, à l'extirpation des heresies, ou à la punition de quelque grand crime,
ils doivent sans aucun delai procurer l'exécution des jugemens de l'Inquisition,
lui donner secours, & la seconder de tout leur pouvoir.

2. En cas que les Inquisiteurs, sous prétexte de faire leur charge, & de punir les crimes qui sont de leur ressort, fissent quelque chose au préjudice de l'autorité temporelle, ou de la tranquillité publique, ou qui allât au scandale & à
l'oppression des sujets de la Republique; ceux qui assistent de sa part à leurs jugemens doivent leur faire entendre raison, & les reduire aux termes de l'équité:
que s'ils n'en peuvent venir à bout, ils doivent empêcher qu'on ne passe outre
à l'exécution jusqu'à ce que le Prince ait été averti de ce qui se passe, & qu'on
ait reçû ses ordres.

3. S'il arrive qu'on mette en déliberation quelque chose qu'ils soupçonnent
devoir aller à la diminution de l'autorité temporelle, ou à l'oppression publique,
ils feront en sorte qu'on en differe l'exécution jusqu'à ce qu'ils en ayent informé
le Prince, & qu'ils ayent reçû sa réponse.

4. S'il arrivoit que le Inquisiteurs se portassent négligemment dans l'exercice
de leur charge, & fussent trop lens à punir les hérétiques, en sorte qu'on eût
lieu de craindre, qu'ils n'en prissent occasion de se multiplier, il est du devoir
des assistans de les exhorter à faire leur devoir, & en cas que ce ne fut pas faute de volonté, mais de pouvoir, en informer le Prince pour recevoir ses ordres,
&, s'il est besoin, de plus grands services que de coûtume.

V.

Il est défendu à ceux qui assistent de la part de la République aux jugemens de l'Inquisition , de prêter le serment de fidelité ou de secret , ou de quelque autre chose que ce puisse être entre les mains de l'Inquisiteur ou autre Juge Ecclesiastique , quoiqu'ils soient obligez à l'un & à l'autre , mais en vertu de la fidelité & du secret qu'ils doivent au Prince. Ainsi deliberé dans le Senat le 5. Septembre 1609.

V I.

En consequence du précedent Reglement, comme Officiers de la Republique, ils doivent de tems en tems rendre compte au Senat de tout ce qui se sera fait à l'Inquisition, sur tout des choses les plus importantes. Ainsi deliberé dans le Senat le 22. Avril 1643.

V I I.

Si quelque Inquisiteur vient à mourir, ou que pour quelque autre raison que ce soit l'on parle de le changer , ils en donneront aussi-tôt avis au Prince & à l'Ambassadeur de la République à Rome , afin qu'il puisse donner l'exclusion aux personnes suspectes. Ainsi deliberé dans le Senat le 18. Octobre 1612.

V I I I.

Ils n'admettront aucun nouvel Inquisiteur, s'il n'est aprouvé du Prince & qu'il n'ait en main une Patente qui le témoigne. Ainsi deliberé dans le Senat le jour & an que dessus.

I X.

Les assistans se doivent trouver à tous les procès qui se font à l'Inquisition, non-seulement contre les Laïques ; mais aussi contre les Ecclesiastiques, & les Reguliers de quelque lieu que vienne la denonciation , & devant qui que se soit qu'elle ait été faite. Ainsi arrêté premierement par le Conseil des dix le 30. Juin 1568. & par le Senat le premier de Septembre 1609. & le 9. Août 1613.

X.

Les assistans ne doivent pas seulement être presens aux jugemens de tous les procès , mais à tout ce qui y a quelque raport, comme aux citations, décrets de prise de corps, emprisonnement , audition de témoins , torture, abjuration, absolution , & generalement à tout ce qui s'y passe depuis la denonciation jusqu'au jugement définitif. Ainsi arrêté dans le Senat le 9. Août 1603. & le 5. Septembre 1609.

X I.

Les assistans ne se pourront dispenser d'assister à toutes les procedures de l'Inquisition, sous quelque prétexte que ce puisse être , & quelque peu importantes qu'elles leur paroissent , & ils ne pourront permettre que l'on fasse quoique ce soit en leur absence. Le Senat a declaré que de pareilles permissions excedoient leur pouvoir. Par deliberation prise le 5. Septembre 1609.

X I I. Que

X I I.

Que s'il arrive qu'on instruise quelque procés , ou qu'on fasse quelque procedure en leur absence , ils la tiendront pour nulle , & empêcheront qu'on ne passe outre à l'exécution. Tout ce qu'ils pourront permettre est que les procedures soient recommencées en leur présence. Ainsi arrêté dans le Senat le 18. Janvier 1591. & signifié au Nonce du Pape le 8. Juin 1591.

X I I I.

Ils ne souffriront pas que l'on fasse en leur absence des informations pour servir à quelque procés hors de l'Etat de Venise. Le Pape aiant demandé qu'on lui accordât cet Article , il lui fut refusé par le Senat le 9. Mars 1560.

X I V.

Non seulement ils ne souffriront pas que l'on fasse quelque procedure que ce soit en leur absence ; mais ils auront soin qu'on mette cette formule au commencement de tous les Actes : *presens & assistans , très-illustres & très-excellens Seigneurs N. N.* C'est un Article exprès du concordat passé entre Jules II. & la République l'an 1531.

X V.

Les Assistans prendront garde que les Inquisiteurs n'inserent dans les procés des Statuts faits hors de l'Etat. Mais s'il vient de Rome , ou de quelque autre endroit, quelque Reglement qu'il soit bon d'observer , & qui n'interesse point la Jurisdiction temporelle , les Inquisiteurs de l'Etat le peuvent mettre en exécution , pourvû qu'ils y procédent suivant le style & la coûtume du Païs, en formant le nouveau décret au nom de l'Inquisition du lieu, en presence des Assistans publics, sans faire mention que le Décret vienne de Rome , non plus que si les Inquisiteurs du lieu en étoient les propres auteurs. Ainsi arrêté dans le Senat le 7. Septembre 1590.

X V I.

Ils empêcheront que les procedures & les prisonniers soient envoiez hors de l'Etat, quand même leurs Complices y seroient, sans en avoir donné avis au Prince, & reçu ses Ordres. Ainsi arrêté touchant les prisonniers, par le Conseil des Dix le 27. Juin 1567. & touchant les procés, par le Senat le 8. Juillet 1589.

X V I I.

Les Assistans ne pourront être Consulteurs de l'Inquisition, parce que ce sont deux charges incompatibles.

X V I I I.

Les Assistans ne pourront permettre que les Inquisiteurs donnent des decrets

Tome I. 2. Partie.   M   de de prise de Corps contre qui que ce soit, s'il ne paroît par les informations faites en leur presence, que le crime dont il s'agit est du ressort de l'Inquisition. Ainsi arrêté dans le Senat le 5. Juillet 1597. Si le cas est douteux, ils en donneront avis au Prince, & attendront ses Ordres; cependant il y aura surseance de procedures. Ainsi arrêté dans le Senat le 23. Août 1597.

X I X.

Ils empêcheront que l'Inquisition ne procede contre les Sorciers & les Devins, s'ils ne sont manifestement coupables d'heresie. Ce reglement est conforme au Droit Canonique, & à la deliberation expresse prise sur ce sujet dans le Senat le 10. Octobre 1598. Si le cas est douteux, il sera renvoié aux Juges ordinaires pour en décider; ce qui est conforme au Droit Canon, & au sentiment des Docteurs.

X X.

Ils en useront de même à l'égard des enchantemens & des malefices, dont ils ne permettront point le jugement aux Inquisiteurs, à moins qu'il n'y ait abus des Sacremens, & par consequent indice d'heresie. Que si outre le soupçon d'heresie, la mort, la maladie, ou le renversement d'esprit de quelqu'un s'en est ensuivi; l'Inquisition jugera du soupçon d'heresie, & la Justice Seculiere du mal que le malefice aura causé, & les deux Sentences seront exécutées par les deux Tribunaux qui les auront renduës. Ainsi arrêté par le grand Conseil, le 28. Octobre 1610.

X X I.

L'Inquisition ne jugera point aussi les Blasphemateurs, parce que le jugement en apartient aux Magistrat seculier, suivant la disposition des Loix Civiles & Canoniques, & l'usage de tout le Christianisme. Mais si le blasphéme donne quelque indice ou soupçon d'heresie contre celui qui l'a prononcé; les Inquisiteurs jugeront de l'indice, & le Magistrat du blasphéme. Ainsi il y aura deux Sentences contre le criminel, l'une du S. Office pour la peine spirituelle, l'autre du Magistrat pour la peine corporelle. Ainsi arrêté par le Senat le 11. Novembre 1595. On en usera de même à l'égard de ceux qui frapperont les saintes images, ou qui leur jetteront des piérres, & contre ceux qui feront des railleries publiques des choses saintes. Ainsi arrêté dans le Senat les 8. & 15. Mai 1599.

X X I I.

L'Inquisition ne jugera point encore ceux qui ont deux femmes, à moins qu'il n'y ait indice & soupçon d'heresie; en ce cas les Inquisiteurs jugeront de l'indice, & le Magistrat seculier de la bigamie; que s'il est sans indice & soupçon d'heresie, le seul Magistrat seculier en pourra juger. Ainsi arrêté dans le Senat le 8. Juin 1591. le 8. d'Août 1592. le 31. Juillet 1598. & le 23. Mars 1602.

X X I I I.

Il ne sera permis en aucune maniere aux Inquisiteurs de juger des usuriers, ners, parce que les Loix Canoniques renvoient ces sortes de causes au Magistrat seculier.

X X I V.

Les Juifs & generalement tous les autres infideles de quelque Religion qu'il puissent être, ne seront point justiciables de l'Inquisition; mais quel que soit le crime dont ils puissent être coupables, l'on s'adressera au Magistrat seculier, qui les punira plus ou moins severement, selon la grandeur du crime commis. Ainsi arrêté par le Senat les 28. Janvier, & 12. Octobre 1591. conformement aux decrets des Souverains Pontifes.

X X V.

Les Inquisiteurs ne seront point Juges des Grecs, ni de toute autre Nation qui demeure dans les Terres de la Republique, & auxquelles l'on a accordé d'avoir leurs Prélats, & de vivre selon leurs usages particuliers. En cas de crime, même en matiére de Religion, le Magistrat seculier en sera le seul juge, il les punira plus ou moins severement selon l'exigence du crime conformement à l'usage perpetuel de la Republique, & à la reponse qui fut faite au Nonce du Pape par le Senat le 4. Septembre 1609.

X X V I.

Si quelque sujet de la République, soit pour trafiquer, ou pour d'autres affaires, est allé s'établir delà les Mons, & qu'y aiant commis quelque faute, il soit deféré à Rome ou ailleurs, les assistans ne permettront point qu'il soit cité par cri public, ou par Acte signifié à la maison de ses parens. Mais l'on en laissera le jugement aux Juges des lieux, sur lesquels le crime aura été commis. Ainsi arrêté dans le Senat le 3. Septembre 1610.

X X V I I.

Les biens de ceux qui auront été condamnés à l'Inquisition pour cause d'heresie, ne lui seront point confisquez ; mais seront laissez à leurs enfans & autres heritiers legitimes, avec défenses très-expresses de n'en faire aucune part aux condamnez. Ainsi arrêté par le Conseil des Dix, le 5. Novembre 1568.

X X V I I I.

Les Inquisiteurs ne pourront faire publier aucune Bulle des Papes, ni aucune Ordonnance de l'Inquisition de Rome, ancienne ou nouvelle, sans la permission du Prince. Ainsi arrêté par le Senat le 2. d'Août 1607.

X X I X.

Pour ce qui regarde les Livres défendus par la Cour de Rome, les Assistans ne souffriront point que les Inquisiteurs publient dans l'Etat de la République un autre Catalogue de Livres défendus, que celui de l'an 1595. Conformement

au concordat passé entre le Pape Clément VIII. & la Republique le 24.
Août 1596.

X X X.

L'Inquisition ne pourra juger les Doüaniers, les Cabaretiers, les Hôteliers,
ni les Bouchers qui vendent de la Viande en Carême. Tous ces gens seront
Justiciables du Magistrat seculier, auquel l'on s'addressera en cas de besoin. Ainsi arrêté dans le Sénat le 5. Septembre 1609.

X X X I.

En vertu de la même déliberation, les Inquisiteurs ne pourront exiger aucun serment de quelque Artisan que ce soit, ni les punir pour des fautes commises dans leur Art , parce que ces choses sont du ressort du Magistrat seculier.

X X X I I.

Il ne sera pas permis aux Inquisiteurs de faire aucun Monitoire contre les
Communautez, ni contre les Magistrats pour ce qui regarde l'administration de
la Justice: s'il y a contre-eux quelque sujet de plainte, les assistans en seront les
juges. Ainsi arrêté par le Senat le 5. Septembre 1568.

X X X I I I.

La forme & la teneur de l'Edit que les Inquisiteurs ont coûtume de faire publier quand ils prennent possession de leur charge , sera reduite à six Chefs ausquels les Inquisiteurs ne pourront rien ajoûter.

Le 1. contre ceux qui sont heretiques , ou qui connoissant des heretiques ne
les denoncent pas.

Le 2. contre ceux qui établissent des conferences , & des assemblées au préjudice de la Religion Catholique.

Le 3. contre ceux qui célébrent la Messe , ou qui s'ingerent d'entendre les
Confessions sans avoir caractere.

Le 4. contre les Blasphemateurs, qui donnent quelque soupçon d'heresie.

Le 5. contre ceux qui empêchent & troublent la Jurisdiction de l'Inquisition,
qui en offencent les Ministres, & qui, au sujet de la fonction, menacent ou maltraitent les délateurs & les témoins à ce sujet ; car si c'est pour un autre sujet
comme, par exemple, d'avoir offensé un Officier de l'Inquisition hors du cas
des fonctions, cela sera jugé par le Magistrat ordinaire.

Le 6. enfin est contre ceux qui tiennent, impriment, ou font imprimer des
Livres d'heretiques & contre la Religion.

Si l'Inquisiteur veut passer plus avant, & ajoûter quelque nouveau decret,
ou inserer quelque chose de plus que ce qui est exprimé dans les six Articles
qu'on vient de raporter , les Assistans l'empêcheront & en donneront avis au
Prince. Ainsi arrêté dans le Senat du consentement du S. Siége, le 25. Mai
1608.

X X X I V.

XXXIV.

S'il se commet quelque crime sujet au jugement de l'Inquisition dans les Châteaux, & les Villages où elle n'est point établie, l'Inquisition de la Ville dont dépendent ces lieux, en jugera en la presence des Assistans des lieux.

XXXV.

S'il s'en commet quelqu'un dans des lieux soumis à des Jurisdictions situées en differens endroits pour le spirituel & le temporel, le jugement apartiendra à l'Inquisition située dans le lieu où reside la justice spirituelle & ce sera à l'Assistant du même lieu de se trouver au jugement. Ainsi arrêté par le Conseil des Dix, le 13. Mars 1555.

XXXVI.

Si un accusé cité à l'Inquisition refuse obstinément d'y comparoître, & que selon l'usage du S. Office, il soit declaré heretique & livré au bras seculier, le Magistrat sera obligé de le bannir ou pour un temps, ou pour toûjours de toutes les terres & lieux appartenans à la Republique. Ainsi arrêté par le Conseil des Dix le 23. Decembre 1563.

XXXVII.

Ceux qui aiant été condamnez par l'Inquisition à garder la prison pour un temps ou pour toûjours, se seront enfuis de ses prisons, seront bannis par le Magistrat pour un temps, ou pour toûjours, selon qu'en conscience il le jugera plus à propos. Ainsi reglé par le Conseil des Dix, le 7. Avril 1564.

XXXVIII.

Ceux qui aiant été citez pour crime d'heresie hors l'Etat de la Republique s'y seront retirez, seront condamnez par le Magistrat à quatre ans de prison, & ensuite bannis de toutes les terres & lieux de la dépendance de la Republique; ce qui n'empêchera pas que l'Inquisition ne les puisse condamner à de plus grandes peines. Ainsi arrêté par le Conseil des Dix, le 21. Avril 1568.

XXXIX.

Il sera du ressort de l'Inquisition, de punir les Calomniateurs, & les faux témoins qui auront deposé faux devant son Tribunal, si on les peut convaincre de fausseté, par le procès même qui aura été fait : mais si pour cela il faut faire de nouvelles procedures, les assistans empêcheront qu'elles ne soient faites par les Inquisiteurs, & feront renvoyer ce nouveau procès devant les juges ordinaires, étant juste qu'on en use ainsi suivant le sentiment des Docteurs consultez sur cet Article.

Voila les trente neuf fameux Chapitres, ou Reglemens, selon lesquels l'Inquisition se gouverne encore aujourd'hui dans tout l'Etat de Venise, & selon lesquels elle y a une jurisdiction beaucoup moins étenduë que par tout ailleurs. En vain elle en a fait souvent des plaintes, & en vain la Cour Romaine les a appuïées, & a fait tous ses efforts pour les faire revoquer en tout ou en partie; le Senat persuadé que s'il se relachoit là-dessus, la Jurisdiction Ecclesiastique détruiroit à la fin la seculiere, les a toûjours maintenus jusques au moindre avec la derniere fermeté.

On remarque cependant que le Senat a negligé d'y ajouter une condition qu'on ne lui auroit pas refusée, s'il eût insisté sur la necessité; & cette condition est telle qu'on a lieu d'être surpris que tant de personnes d'une sagesse consommée n'en aient pas prévû les consequences.

En Espagne les Inquisiteurs sont tous Espagnols & dans les Milanez les naturels du Païs ne sont pas exclus du Saint Office. Les Venitiens pouvoient & devoient exiger qu'on ne leur donnât point d'Inquisiteurs étrangers. Il est vrai qu'ils ont remedié à cette faute en obligeant les Inquisiteurs qu'on leur envoie à obtenir du Doge des Lettres patentes addressées aux Recteurs des lieux, sans quoi ils ne peuvent ni être reçus, ni faire aucune fonction de leur charge dans les lieux où ils sont envoiez. Car alors si un Inquisiteur n'est pas agréable au Doge, il le fatigue par des delais, ou même lui refuse ses provisions, sans lesquelles celles du Pape sont inutiles.

La Cour de Rome ne pouvant obtenir qu'on reculât les anciennes bornes qu'on avoit ainsi données à son autorité, s'en est vangée en excluant de toutes les Inquisitions d'Italie & de l'Etat Ecclesiastique tous les sujets de la Republique.

La lecture de ces Articles fait voir I. que l'Inquisition de Venise est mixte, c'est-à-dire composée d'Ecclesiastiques & de Seculiers, les premiers sont Juges, les autres ne sont qu'Assistans; II. qu'elle dépend de la Republique & du Senat & non pas de la Cour de Rome comme les autres; ce qu'il est aisé de reconnoître par les Reglemens III. V. VI. XV. Ce qui est remarquable c'est que ces Reglemens n'ont été faits que les uns après les autres à mesure que le Senat voioit la Cour Romaine empieter sur les Droits de la Republique.

Quoique les Inquisiteurs seculiers ne soient qu'Assistans, on voit pourtant qu'ils ont droit de s'opposer à tout ce qui leur paroit contraire aux Priviléges de l'Etat. Le Pape Jule III. crut avoir tout gagné en faisant inserer dans le Concordat, que l'on insereroit toûjours la clause *Presens & Assistans les très Illustres Seigneurs N N.* Cependant la Cour Romaine a reconnu dans la suite que cette prétendue victoire étoit une perte veritable, & elle n'a rien épargné quoiqu' inutilement pour abolir une clause qu'elle regarde comme injurieuse à son autorité.

Gregoire IV. déclara par une Bulle, que le crime d'Heresie étant purement de la Jurisdiction Ecclesiastique, le Magistrat seculier ne devoit pas s'en mêler, nonobstant toutes les coûtumes contraires, approuvées mêmes par le St. Siège. Le Senat soutint avec raison que la nature du Concordat renfermant en soi le consentement des parties qui ont traité ensemble, il ne peut-être révoqué que par l'un des contractans & qu'il y avoit contradiction qu'une chose arrêtée entre deux Princes sous des obligations reciproques dépendit néanmoins de la disposition d'un des deux. Les choses en resterent là. Ce n'est que par une attention continuelle, par une politique sage & reservée, & par une fermeté inébranlable que la Republique de Venise a pû se garantir des piéges que la Cour de Rome lui a tendus pour se rendre maitresse absoluë de l'Inquisition Venitienne.

L i v r e T r o i s i e m e. *Chapitres* I. II. III *& suivans.* Ce Livre est copié du même Ouvrage que le précedent & commence dans l'Original à la p. 166.

Page 22. *Colon.* 2. *Pour ce qui est des Juifs, des Mahometans, & des autres Infidelles,* &c. Je raconterai à cette occasion une Histoire qui arriva à Rome. Un Anabatiste Hollandois y étant allé par je ne sais quelle raison parla un peu trop sincerement des opinions de sa Secte & fut déferé à l'Inquisition qui se saisit aussitôt de lui. On n'eut pas besoin de torture pour lui faire avouer qu'il ne croioit pas l'infaillibilité du Pape ni les autres dogmes pour lesquels on exige à Rome une credulité sans bornes. On étoit prêt à l'envoier au suplice, lorsqu'un Inquisiteur, qui avoit quelque sentiment de compassion pour sa jeunesse, resolut de le sauver. Dans un des Interrogatoires on demanda au prisonnier s'il croioit plusieurs Articles de foi qu'on lui énonca. Il repondit que non. L'Inquisiteur, qui lui étoit favorable s'avisa de lui demander s'il étoit baptisé. Le prisonnier repondit que non. Alors son Protecteur le fit declarer Payen, & non justiciable de de l'Inquisition; de sorte que le pauvre garçon en fut quite pour se laisser catechiser & baptiser.

Page 24. *Colon.* 1. *ligne* 10. *C'est une chose étonnante que l'abandon où se trouve une personne,* &c. Il n'y a que l'effroi qu'inspire la barbarie des Inquisiteurs qui puisse causer cet abandon. Dans tous les Tribunaux, il est permis aux parents & aux amis de l'accusé de s'empresser pour le servir & de se donner tous les mouvemens possibles ou pour faire connoître son innocence, ou pour extenuer sa faute. Il est honteux que des Prêtres qui devroient être des Anges de Paix aient moins d'humanité que les Tribunaux des Juges séculiers, & soient moins compatissans que les Payens, qui n'ôtoient pas cette ressource aux malheureux, sur tout avant que leur crime fût averé & la sentence prononcée. On a déja vu dans une des remarques précedentes que Saint Martin s'opposa au supplice de Priscilien. L'Evêque Ithace accusateur de cet heresiarque assisté des autres qui avoient contribué à sa condamnation eut en vain recours à la protection de Maxime : en vain une assemblée d'Evêques sembloit autoriser ce persecuteur en communiquant toûjours avec lui : ils venoient encore d'extorquer de l'Empereur trop facile & gâté par les conseils des Prêtres pour me servir des termes de Sulpice Severe (a), ils venoient, dis-je, d'extorquer de ce Prince un decret en vertu duquel des Officiers armez devoient se transporter en Espagne pour y rechercher les Heretiques & leur oter la vie & les biens. L'arrivée de St. Martin à Trèves les allarma. Ils prevoioient qu'ils auroient en lui un censeur de leur conduite, qui ne manqueroit pas de les condamner. Ils tacherent de lui faire interdire l'entrée de la Ville. Ils emploierent les voies les plus lâches pour empêcher que Maxime ne l'écoutât à leur prejudice. Il refusa de communiquer avec eux nonobstant le Synode qui avoit declaré Ithace exempt de faute. Il est vrai qu'éfraié de ce que Maxime le trouvant inflexible vouloit faire mourir deux Officier pour qui ce Saint intercedoit, il consentit de communiquer avec Ithace & ses complices, à condition que ces deux Officiers seroient épargnez & qu'on rapelleroit les Tribuns déja envoiez en Espagne, ce qui lui fut accordé. Le lendemain il se trouva au Sacre de l'Evêque Felix & communiqua ce jour là avec les Ithaciens; mais quand on lui demanda par écrit la confirmation de cette communion, il la refusa & regarda la complaisance qu'il avoit eue pendant deux heures, comme une grande faute dont il s'affligea & ne voulut plus avoir de commerce avec ce parti. Examinons un peu cette Histoire qui se trouve dans un Auteur irreprochable & comparons-la avec les maximes de l'Inquisition. Nous verrons, que selon les principes modernes, Ithace étoit un grand Evêque,

N 2

zelé

(a) SULPICII SEVERI Dialog. III. 11. 12. 13.

zelé pour la pureté de la Foi. Dans un siécle comme le nôtre il seroit élevé au Cardinalat & deviendroit un digne membre de la Congregation du Saint Office. Pour ce qui est de Saint Martin, en qualité de fauteur des Heretiques, on le confineroit d'abord dans les cachots de l'Inquisition d'où il ne sortiroit que pour paroître à un *Auto da fé*, revetu d'une *Samare*, & comme il y a aparence que ce Saint, qui ne put être flechi ni par les caresses, ni par les menaces de Maxime, ni seduit par l'autorité d'un Synode corrompu, soutiendroit son sentiment jusqu'au bout; la grace du *fuego revolto* ne lui seroit point accordée & il seroit traité comme heretique endurci & impénitent. Les Inquisiteurs font bien de ne lire que des Casuistes, ou des Livres de cette nature. L'Histoire Ecclesiastique les obligeroit souvent à rougir, pour peu qu'ils examinassent leur conscience à ce flambeau.

Livre III. *Chap.* III. L'Auteur des Mémoires entre dans des détails dont le public a lieu d'être satisfait. Cependant comme Mr. de Vayrac a entrepris de nous instruire sur les procedures de l'Inquisition d'Espagne, & même de la justifier; on sera bien aise de trouver ici ce qu'il en dit, dans son Etat present d'Espagne, au Livre IV. dans le Chapitre où il traite *du Tribunal de l'Inquisition*.

,, Je n'ai pas commencé de parler de l'Inquisition, & je me sens comme accablé sous le poids de la matiére que je dois traiter. D'un côté, je n'igno-
,, re pas le danger que je cours, si par mégarde il vient à m'échapper quelque
,, mot qui puisse choquer tant soit peu ce redoutable Tribunal pour lequel tout
,, le monde a un si profond respect, qu'il ne le croit jamais bien exprimer
,, que par un religieux & mysterieux silence. D'un autre côté, pour donner
,, à mon Lecteur une parfaite idée de l'Etat present de l'Espagne, il faut de
,, toute necessité que je l'instruise également de ce qui regarde le Gouverne-
,, ment Ecclesiastique, & le Gouvernement Civil, & dans ce cas, par où m'y
,, prendrai-je pour dissiper les calomnies qu'on a répanduës tant de fois contre
,, un Tribunal respectable, qui merite la veneration de tous les Fideles, & que
,, les Souverains Pontifes & les Rois Catholiques ont toûjours regardé comme le
,, Bouclier de la Religion Chrétienne?

,, J'avouë que si ceux qui se déchainent contre lui, avoient égard à la quali-
,, té de ceux qui le composent, ils en penseroient tout autrement. Ils ver-
,, roient à sa tête un Cardinal, ou pour le moins un Prélat du premier ordre:
,, ils trouveroient dans ses Membres tout ce que l'Espagne a de plus distingué
,, dans l'Etat Ecclesiastique & Religieux, & dans la Magistrature, & peut-être
,, ne seroient-ils pas assez hardis pour peindre de semblables sujets comme des
,, juges barbares & implacables, plus disposez à punir des innocens, qu'à faire
,, grace à des coupables; plus avides du bien de ceux qui ont le malheur de
,, tomber entre leurs mains, que zelez pour leur salut; plus propres à entrete-
,, nir une devotion fantastique, qu'à faire regner une solide pieté. Ils ne les
,, armeroient pas toûjours, comme ils font, de carreaux & de foudres pour
,, écraser des malheureux par les supplices les plus cruels. Ils se diroient à eux-
,, mêmes, qu'il n'est pas concevable que dans un Etat policé, & ou l'on fait
,, profession du Christianisme, on ait pû établir un Tribunal, ou selon eux la
,, procedure ne tend qu'à la ruine des Peuples & au renversement du bon or-
,, dre, des Loix, de la Justice, & de l'humanité. Mais par une fatalité que je
,, ne puis comprendre, soit que les Auteurs qui ont écrit sur cette matiere,
,, aient travaillé sur de faux Memoires, soit qu'ils aient confondu une sainte &
,, salutaire severité avec une coupable barbarie, il est constant qu'ils font du
,, Saint

,, Saint Office un lieu, où l'innocence ni la fortune des hommes ne sont jamais
,, en sûreté par les injustices criantes qui s'y commettent ; & ce qu'il y a de
,, plus déplorable , c'est que la prévention a tellement prévalu , que je désespe-
,, re en quelque maniere de pouvoir faire convenir mes compatriotes , que la
,, circonspection, la sagesse, la justice & l'integrité, sont les vertus qui caracte-
,, risent les Inquisiteurs. J'entreprendrai pourtant de le faire , & le moien qui
,, me paroit le plus efficace pour y réussir , c'est de traiter de l'Institution du
,, Saint Office , des Juges qui le composent , & de la forme de proceder qu'ils
,, observent.

,, Le Roi Ferdinand le Catholique & la Reine Isabelle son épouse , plénement
,, convaincus, que les Mores mal convertis, & les Juifs, par une execrable po-
,, litique, & par un sordide interêt , faisoient semblant de vivre Chrétienne-
,, ment , tandis que les premiers observoient secretement les Dogmes detesta-
,, bles de Mahomet , & que les autres judaïsoient au grand scandale des Fide-
,, les, qui ne se précautionnant pas assez contre ces ennemis secrets de la Foi
,, & de la Doctrine de Jesus-Christ , tomboient eux-mêmes dans des desordres
,, affreux par la communication qu'ils avoient avec eux, resolurent d'arrêter le
,, cours de tant d'abominations , en faisant dans leurs Etats ce qu'on avoit fait
,, en France du tems des Albigeois, c'est-à-dire, en y établissant une Inquisi-
,, tion qui n'auroit pour but que de renouveller la sainte severité que les Loix Ec-
,, clesiastiques ont prescrite contre les Heretiques, les Mores, les Juifs, les Apo-
,, stats, les Athées , les Impies , & les Superstieux. Pour cet effet, ils expose-
,, rent au Souverain Pontife le besoin qu'avoit la Religion, que ces prévarica-
,, teurs fussent severement punis, afin que leur mauvais exemple n'alterât pas da-
,, vantage la pureté de la foi de ceux qui faisoient profession publique de la Do-
,, ctrine de l'Eglise Romaine ; de sorte qu'aiant obtenu du Pape la permission
,, d'établir l'Inquisition en Espagne , ils jetterent les fondemens de ce Tribunal
,, en 1478. auquel les Souverains Pontifes ont accordé par diverses Bulles tout
,, leur pouvoir en ce qui regarde la Foi Catholique, sans qu'il y ait appel des
,, Sentences qu'il a prononcé, & les Rois se sont dépouillez en sa faveur de tou-
,, te leur autorité, pour connoitre definitivement des confiscations des biens de
,, ceux qui sont convaincus d'heresie , d'Idolatrie , de Judaïsme, d'Apostasie,
,, d'Atheïsme, d'Irreligion, de Superstition, &c.

,, Ce Tribunal est composé d'un President avec titre d'Inquisiteur General
,, & de Lieutenant du Pontife Romain en Espagne : de six Conseillers sous le
,, nom d'Inquisiteurs Apostoliques : d'un Fiscal : d'un Secretaire de la Cham-
,, bre : de deux Secretaires du Conseil : d'un Alguasil-Major : d'un Receveur :
,, de deux Rapporteurs : de quatre Portiers ou Huissiers : d'un Solliciteur, &
,, de plusieurs Qualificateurs, & Consulteurs , dont le nombre n'est pas deter-
,, miné, y en aiant tantôt plus, tantôt moins, parmi lesquels , de droit il
,, y en doit avoir un de l'Ordre de Saint Dominique, en vertu d'un Decret de
,, Philippe III. du 16. Decembre de l'année 1618. par lequel il lui accorde ce
,, Privilege, & non pas le Gouvernement absolu du Conseil , comme quelques
,, Auteurs apocryphes l'ont avancé, & comme la plûpart des gens le croient sur
,, une Tradition fabuleuse.

,, La Charge d'*Inquisiteur General* est un poste si éminent, que si le Roi avoit
,, un Fils Ecclesiastique, il ne tiendroit pas à deshonneur de l'occuper. Cela
,, est si vrai, qu'on m'a assuré que Philippe IV. aiant donné à un sujet le choix
,, de l'Archevêché de Tolede, ou de la charge d'*Inquisiteur General*, & voiant
,, qu'il avoit préferé l'Archevêché, dit, *Cet homme n'est pas si habile que je croiois,*

„ puis qu'il *aime mieux être Archevêque de Tolede*, *qu'Inquisiteur General.* En ef-
„ fet, sa Jurisdiction est si absoluë & si étenduë, que le Roi Catholique n'a au-
„ cun sujet qui ne lui soit soumis. C'est le Roi qui le nomme, & le Pape le
„ confirme. Lui seul consulte avec sa Majesté les places des Inquisiteurs, & elle
„ n'y pourvoit jamais sans son approbation. Il nomme avec le consentement
„ du Conseil à toutes les Charges des Tribunaux d'Inquisition qui relevent du
„ Conseil suprème, lesquels sont établis à *Seville*, à *Tolede*, à *Grenade*, à *Cor-*
„ *douë*, à *Cuença*, à *Valodolid*, à *Murcie*, à *Llerada*, à *Logreño*, à *Saint Jac-*
„ *ques*, à *Saragosse*, à *Valence*, à *Barcelone*, à *Mayorque*, *en Sardaigne*, *aux*
„ *Canaries*, à *Mexique*, à *Carthagene*, & à *Lima*.

„ Chaque Tribunal subalterne est composé de trois Inquisiteurs, de deux Se-
„ cretaires d'un Alguasil, d'un Receveur, d'un certain nombre de Qualificateurs
„ & de Consulteurs, avec lesquels les Inquisiteurs conferent sur les affaires qui
„ surviennent, qualifient les propositions, examinent & corrigent les Livres qui
„ s'impriment, tant en Espagne que dans les autres Pais.

„ Tous les Officiers du Conseil suprème & des autres Tribunaux de l'Inqui-
„ sition, sont obligez de faire des preuves authentiques de leurs bonnes mœurs,
„ de leur capacité, & de la netteté de sang, c'est à dire, qu'ils doivent justi-
„ fier qu'il n'y a jamais eu dans leurs familles ni Heretiques, ni Mores, ni
„ Juifs.

„ J'avouë que je me suis étonné quelquefois de ce que l'Inquisition faisoit
„ arreter les gens sur une simple dénonciation, ou sur des Indices. Mais je suis
„ revenu de mon étonnement, lors que j'ai appris que le Saint Office ne se dé-
„ terminoit jamais à cet acte de severité, sans avoir bien examiné la qualité du
„ Dénonciateur, sans avoir pris de grandes précautions pour approfondir si c'est
„ par haine ou par vengeance qu'il fait sa dénonciation. Bien souvent même
„ fait-il avertir celui qui est dénoncé, afin qu'il se corrige s'il est coupable, ou
„ qu'il se justifie s'il est innocent. D'ailleurs, il faut remarquer qu'il y a la peine
„ du Talion contre le Dénonciateur; mais malheureusement ceux qui font ce
„ métier-là ont grand soin de cacher leur nom.

„ Il est bon, en passant, d'avertir le Lecteur, que ceux qui disent que ceux
„ qui sont arrêtez dans les prisons du Saint Office sont obligez de deviner le
„ crime dont ils sont accusez, en imposent à ce Tribunal; puis qu'il est certain,
„ que dèsqu'il sont arrêtez, on commence à instruire leur procès, & qu'on leur
„ donne un Avocat & un Procureur (a) pour defendre leur cause. Je conviens
„ que leur captivité est dure; mais comme ils ne sont arrêtez que pour des cri-
„ mes énormes, il ne faut pas être surpris s'ils sont gardez étroitement.

„ Il faut remarquer que les Tribunaux subalternes ne peuvent pas conclure à
„ la prison contre les Prêtres, les Religieux, les Chevaliers des Ordres Militai-
„ res & les Nobles, sans en donner avis au Conseil suprème. Ils sont encore
„ dans l'obligation de lui rendre compte chaque mois de l'état des biens prove-
„ nus des confiscations, & chaque année ils lui doivent faire un fidelle rapport
„ de toutes les causes qu'ils ont jugé, & du nombre de ceux qu'ils retiennent
„ dans les prisons. Ceux de Mayorque, de Sardaigne, des Canaries & des
„ Indes ne pouvant pas avoir un commerce frequent avec lui, à cause de l'é-
„ loignement, ne rendent compte de tout ce qui se passe qu'une fois l'an. Au-
„ cun Tribunal inferieur ne peut celebrer d'Acte de foi sans une permission ex-
„ presse du Conseil suprème, lequel pour une plus grande solemnité, y envoie
„ ordinairement un conseiller.

„ La

(a) Voïez ci-devant Page 26. Col. 1.

„ La politique, tant du Conseil suprême que des autres Tribunaux de l'In-
„ quisition, est admirable, & le secret qui s'y observe à l'égard de l'obeïssance
„ & de l'exactitude pour la procedure, est impénétrable. Le nombre des In-
„ quisiteurs, des Qualificateurs, des Consulteurs, des Commissaires, des Rece-
„ veurs, des Familiars, & des Alguazils qui sont sujets au Conseil suprême,
„ est presque infini. On compte en Espagne plus de 20000. Familiars ré-
„ pandus dans les Provinces, lesquels prennent plûtôt cet Emploi pour se don-
„ ner du relief, & pour se faire respecter, que par aucun motif d'interêt : c'est
„ pourquoi parmi un si grand nombre à peine s'en trouve-t'il 2000. qui soient
„ employez. Ces Familiars sont comme des especes d'Exempts préposez pour
„ veiller sur les actions d'un chacun, & pour prendre ceux qui sont dé-
„ noncez

„ Au reste, ce que je trouve de plus triste pour ceux qui ont été déferez à
„ l'Inquisition, c'est que quelque innocens qu'ils soient, ils sont flétris pour
„ toute leur vie, & ceux qui se trouvent coupables, sont privez pour toûjours
„ de toutes le charges publiques. "

Il est facheux pour l'Inquisition, que son Apologiste ait quité la simplicité
du stile historique & pris toute la pompe de l'art oratoire pour la justifier.
Son exorde marque vivement la difficulté de l'entreprise ; L'Auteur fait sentir
qu'il la connoît & la préparation qu'il emploie pour detruire les préjugez peu
favorables à l'Inquisition, semble annoncer une justification plus complette que
celle que l'on trouve dans son Livre. Cependant comme il aime encore plus
la verité qu'il ne respecte l'Inquisition, sa sincerité lui arrache des aveux qui ne
justifient pas ce Tribunal. On a déja remarqué qu'il se contredit lui-même lorsqu'il dit que le Saint Office ne se détermine jamais à faire arrêter les gens *sans
avoir bien examiné la qualité du Dénonciateur* ; sans avoir pris de grandes précautions pour aprofondir si c'est par haine ou par vengeance qu'il fait sa dénonciation, & il avoüé peu de lignes après que *malheureusement ceux qui font ce metier
là* (de Dénonciateurs) *ont grand soin de cacher leur nom.* Il n'y a pas moins de
contradiction en ce qu'il dit que comme les prisonniers *ne sont arrêtez que pour
des crimes énormes, il ne faut pas être surpris s'ils sont gardez étroitement :* paroles qui ne s'accordent guéres avec les dernieres du même Chapitre. *Ce que je
trouve, dit-il, de plus triste pour ceux qui ont été déferez à l'Inquisition, c'est que
QUELQUE INNOCENS QU'ILS SOIENT, ils sont flétris pour toute leur vie, &
ceux qui se trouvent coupables, sont privez pour toûjours de toutes les charges publiques.* Je ne sais au reste si cet Ecrivain mérite plus de créance que l'Historien
de l'Inquisition lequel nous raporte les détails des procedures de ce Tribunal & y
fait remarquer des longueurs & des délais de plusieurs années. Le Chapitre III.
du Livre III. des Mémoires ne peut qu'inspirer de l'indignation, contre des Ecclesiastiques qui tiennent si long-temps un malheureux dans une mortelle inquiétu-
de sur le destin que ses ennemis lui préparent.

EXPLICATION

DE LA PREMIERE FIGURE.

LA premiere Planche represente la Sale où le Prisonnier est mené pour subir l'Interrogatoire.

A. L'Inquisiteur qui interroge le prisonnier.

B. Le Secretaire qui enregître toutes ses reponses.

C. Le Prisonnier sur la sellette, le visage tourné vers la Table des Inquisiteurs & vers un grand Crucifix.

D. L'Evangile sur lequel on le fait jurer qu'il dira la verité sur tout ce dont il sera interrogé. Page 25. de ces Mémoires.

E. E. E. E. E. E. E. E. Siéges pour les Officiers absens.

LE *Chapitre* IV. du même Livre doit faire horreur à tous les hommes qui ont de l'humanité. Un Philosophe Chrétien (a) de nos jours a dit que la *Question* est une invention merveilleuse & tout-à-fait sure pour perdre un innocent qui a la complexion foible, & sauver un coupable qui est né robuste. De savans Jurisconsultes ont regardé cette violence comme une source de grands abus, on a vu en effet de grands criminels soufrir la question ordinaire & extraordinaire sans rien avouer, & des innocens déclarer des crimes dont ils n'étoient nullement coupables & dont après leur mort on a découvert trop tard les auteurs. Cependant la justice des Tribunaux consistant à juger selon les Loix, on ne peut blâmer les Magistrats seculiers qui trouvant cet usage établi, n'ont pas jugé à propos de l'abolir, mais il est surprenant qu'un ministere aussi rempli de douceur que celui de l'Evangile n'ait pas detourné les Prêtres d'adopter un usage qui a pris son origine dans le Paganisme. Les trois genres de torture dont l'Inquisition se sert pour arracher l'aveu de ceux qui tombent entre ses mains, sont representés dans une même Planche.

EXPLICATION

DE LA II. FIGURE.

LA seconde Planche represente une grotte souterraine nommée le lieu des tourmens, & où la torture se donne de trois manieres.

A. L'Inquisiteur qui préside à la torture, & qui la fait finir au bout d'une heure, ou quand il lui plaît.

B. B. Deux Assistans.

D. Un malheureux à qui l'on fait soufrir une sorte d'estrapade.

E. E. E. Les Questionnaires qui l'élevent au haut de la voute, & le laissant ensuite tomber à demi-pié de terre, lui disloquent les bras.

F. Banc sur lequel est couché le patient à qui on donne la torture de l'eau.

G. Le patient dans la bouche duquel on verse de l'eau par le moien d'un entonnoir.

H. H. H. Valets de l'Inquisition qui tiennent l'eau toute prête pour la verser dans l'entonnoir.

I. La Question du feu. Le patient dont on grille les pieds, pour lui faire confesser ce dont on l'accuse.

K. L'un

(a) La Bruiere.

K. *L'un des Questionnaires qui lui va froter les pieds avec un morceau de lard pour rendre la douleur plus vive & plus penetrante.*

L. *Le Medecin de l'Inquisition qui avertit si le patient peut soufrir plus long-temps sans en mourir.*

Tous les valets dont on se sert pour cet affreux ministere sont encapuchonnez de maniere qu'ils ne sont pas reconnoissables, & ressemblent plûtôt à des spectres qu'à des hommes.

CHAPITRE V. du même Livre. La Lecture des procès & des sentences ne se fait point toûjours avec les mêmes Ceremonies. On peut remarquer qu'ici elle se fait sur un grand Théatre dressé exprès dans la Place de Madrid. pag. 28. & nous lisons à la page 65. que *l'Auto da fe* de Goa décrit par Mr. Dellon qui eut le malheur de le voir de fort près, fut celebré dans l'Eglise de St. François. Un bel esprit d'Angleterre qui à son retour d'Italie publia *trois Lettres* qui furent imprimées en 1688. nous aprend que la condamnation de *Molinos*, se fit dans l'Eglise de la Minerve à Rome. Les habillemens des criminels sont à peu près les mêmes partout. On n'en parlera point en ce lieu, car toutes les autres Planches sont relatives à l'Inquisition de Goa. Je donnerai seulement ici la maniere dont Molinos parut la derniere fois en public. (a) La curiosité avoit amené à la Minerve une multitude incroïable de Peuple. . . ,, Mais la devotion s'en mêloit ,, aussi, car le Pape avoit donné indulgence pleniére à tous ceux qui assiste- ,, roient à cette solemnité. . . . Molinos étoit fort proprement vétu, la barbe ,, faite de nouveau, en ses habits sacerdotaux, avec un visage gai qui avoit, ,, à ce que disoient ses ennemis, tous les charmes necessaires pour le recom- ,, mander au beau sexe. Il fut amené de la prison dans un carosse ouvert aiant ,, un Jacobin avec lui. Il fut au commencement pendant quelque temps dans ,, une des Galleries de la Minerve, & regardoit ceux qui étoient autour de lui, ,, avec assez de liberté & rendoit tous les saluts qu'on lui faisoit. (Ces saluts faits à une victime de l'Inquisition sont très-remarquables vû ce qu'on lit à la ,, page 66. col. 2. de ces Mémoires.) Et tout ce qu'on lui entendoit dire étoit ,, qu'ils voioient un homme que l'on diffamoit, mais qui étoit pénitent: *Infama-* ,, *to, ma pentito.* Après cela on le mena diner, où il fut fort bien traité parce ,, que ce devoit être son dernier bon repas. Après diner, il fut porté à l'Eglise ,, comme en triomphe sur les épaules des Sbirres en une chaise ouverte. Quand ,, il fut rendu à sa place, il fit la reverence aux Cardinaux fort devotement: ,, on ne voioit paroître aucunes marques de peur, ou de honte, en toutes ses ,, manieres. Il étoit enchaîné & avoit une Cierge en sa main', pendant que ,, deux moines qui avoient les reins larges lisoient son procès tout haut; Et on ,, avoit donné ordre qu'à mesure que quelques-uns des Articles seroient lus, ,, tout le monde crieroit *Au feu, Au feu.* Quand on le remena à la prison, il ,, entra en sa cellule, avec beaucoup de tranquilité: l'appellant son Cabinet & ,, prit congé de son Pretre en proferant ces paroles. *Adieu, mon Pere, nous nous* ,, *reverrons encore au jour du Jugement & il paroîtra en ce temps-là de quel côté est la* ,, *verité, du vôtre, ou du mien.* Il fut ainsi renfermé pour toute sa vie. " Il est bon de remarquer qu'il s'agissoit ici d'un cas tout particulier. Les Inquisiteurs voulant couper cours à une Secte qui tendoit à l'abolissement d'une infinité de devotions lucratives pour les Pretres, gagnoient beaucoup, en forçant à l'abjura-

tion

(a) Trois Lettres touchant l'Etat present d'Italie écrites en 1687. page 126.

tion publique celui qui étoit le chef de ce parti. Les admirateurs de Molinos étoient en grand nombre & il s'en trouvoit non seulement dans toutes les Provinces d'Espagne & d'Italie, mais même dans la Congregation du St. Office, & si nous en croions l'Anglois cité, le Pape lui-même soupçonné de favoriser Molinos fut obligé de rendre compte de sa foi aux Commissaires de l'Inquisition qui allerent l'examiner en secret. Petruci le cooperateur de Molinos, devenu Cardinal, avoit bravé la tempête, ce qui donna lieu à ce distique latin.

Crimine sunt similes ambo, sed dispare sorte;
Ostrum Petrucius, vincla Molinus habet.

C'est-à-dire;

De ces amis le crime est tout semblable;
Mais de leur sort quelle comparaison!
On donne à Petruci la pourpre respectable,
Et Molinos meurt en prison.

Le même Ecrivain Anglois raporte ensuite un trait de moderation dont on ne croiroit pas les Inquisiteurs capables. Il dit à la page 128. qu'un des Disciples de Molinos ,, eut la hardiesse de dire aux Inquisiteurs en face, qu'ils étoient une ,, Société d'injustes, de cruels, & d'heretiques, & comparoit le traitement ,, qu'ils lui faisoient à celui qui avoit été fait à Jesus-Christ; & nonobstant ce- ,, là, ajoute ce voiageur, on prétend que cet homme s'est sauvé de leurs mains en faisant seulement abjuration.

C H A P I T R E VII. page 32. au bas de la 2. col. *Miguel de Monsarrate.* Ce qui suit jusqu'à ces mots: *Après des Exemples si terribles* &c. n'est point dans l'*Histoire de l'Inquisition & son Origine*, & est pris d'un Livre imprimé long-temps après. Mais après la citation l'Auteur des Mémoires recommence à copier l'*Histoire de l'Inquisition* jusqu'à la page 36. Les sanglants reproches que l'on fait aux Inquisiteurs à la 1. Colomne de la page 33. ne sont pas sans fondement & on a dans le Livre Original (a) d'où ces Mémoires sont principalement empruntez trois sortes preuves de l'abus que les Inquisiteurs font du pouvoir excessif qu'ils s'attribuent. L'une est le témoignage irreprochable de Clement V. qui dans le Concile de Vienne se plaint hautement des excès des Inquisiteurs qui portoient leur autorité au delà de ses justes bornes. Il avoue qu'on lui en faisoit souvent des plaintes très-justes, & que si les choses continuoient à aller de la sorte, il arriveroit que ce qu'on avoit établi pour le bien de l'Eglise, tourneroit à la fin à son préjudice. Il ajoute que pour remedier à ces desordres il étoit besoin de faire de bons Reglemens dont l'observation fit cesser tous les sujets de plainte. Il les fit en effet & on les voit encore aujourd'hui dans le Corps du Droit Canon.

Clement VI. donna une commission particuliere à Bernard Cardinal de St. Marc & son Legat dans tout l'Etat Ecclesiastique, pour informer des excès commis par les Inquisiteurs, & pour rendre justice à tous ceux qui se plaindroient d'en avoir été opprimez. Ces deux exemples ne font que trop suffisans pour prouver que les Inquisiteurs sont capables de commettre des excès que l'on a interêt d'empêcher.

En voici un troisiéme. L'an 1518. on découvrit un grand nombre

(a) Page 292.

bre de forciers dans le territoire de Bresse. Les Recteurs de ces quartiers, soit par negligence, soit qu'ils fussent persuadez que le crime de ces gens là étoit du ressort des Juges Ecclesiastiques, leur on laisserent le Jugement; mais il s'ensuivit des extorsions, & des oppressions si criantes, que le Conseil des Dix se vit obligé de casser toutes leurs procedures; de citer à Venise les Grands Vicaires des Evêques & les Inquisiteurs qui les avoient faites & de commettre d'autres Juges avec les Assistans Ordinaires, pour revoir les procés qui avoient été jugez, & rendre justice à tous ceux qui se plaindroient des Inquisiteurs. Avec tout cela, ajoute l'Historien de l'Inquisition, l'on eut bien de la peine à empêcher les Peuples de se revolter.

L'on n'a pas encore oublié les étranges seditions excitées dans Rome après la mort de Paul IV. qui avoit porté si loin les rigueurs excessives de l'Inquisition. Ses Statuës furent renversées & trainées honteusement par la Ville durant plusieurs jours : Le Peuple qui en vouloit sur tout à l'Inquisition, rompit ses prisons, en tira par force les prisonniers dont elles étoient remplies; il mit ensuite le feu au Palais du Saint Office & ne s'appaisa qu'après en avoir pillé & brûlé tous les papiers. L'an 1568. Mantoue pensa être bouleversée par une sedition pareille excitée à l'occasion de l'Inquisition.

CHAPITRE VIII. du même Livre. L'Auteur des Memoires a pris de l'Ouvrage tant de fois cité tout ce qu'il dit de l'autorité que l'Inquisition s'attribue pour les Livres. Il faut avouer que le venin se répand par les Lectures & qu'il y a des personnes qui auroient conservé la pureté de la foi & des mœurs, s'il n'étoit pas malheureusement tombé entre leurs mains des Livres qui les ont jettez dans le déreglement de l'esprit & leur ont apris à commettre le crime avec plus de delectation. Les Ouvrages des Casuistes sont les plus dangereux de tous à cet égard. Mais ce ne sont point ceux-là que l'Inquisition attaque. Elle s'acharnera plûtôt à des Livres generalement aprouvez. Le Nouveau Testament de Mons ; les Reflexions du P. Quesnel; les Vies des Saints par Baillet, l'Edition de St. Augustin par la Congregation de Saint Maur; voilà ce que l'Inquisition condamne au feu; pendant qu'elle permet à Rome le libre débit des *Ragionamenti* de l'ARETIN, le Traité de SANCHEZ *De Matrimonio*, & autres Livres de cette impudicité; qu'on y canonise les Ecrits du Cardinal *Sfondrate*, quoique unanimement proscrits par une espece de Concile national composé du plus savant Clergé de l'Univers.

Monsieur Bayle (a) a trés bien remarqué que cette même Inquisition si severe contre les Ouvrages les plus édifians, n'a fait aucune demarche contre les visions de Marie d'Agreda béate à laquelle un dérangement d'esprit causé par une devotion mal digerée a fait écrire des choses injurieuses à la dignité de Dieu. On n'a point vû qu'elle se soit élevée contre la scandaleuse Taxe de la Daterie; Livre que l'on regarde avec justice comme le plus grand opprobre de la Cour de Rome; ou si elle en a interdit la lecture c'est sous pretexte que ce livre avoit été corrompu par les heretiques; c'est-à-dire publié avec des reflexions qui en faisoient voir toute l'indignité.

Malgré tout cela il s'est trouvé un homme assez dépourvu de jugement ou de pudeur pour faire un éloge historique de l'Inquisition. C'est le Pere *Macedo* Cordelier, qui dans le *Schema Sacræ Congregationis Sancti Officii Romani*, imprimé à Padoue l'an 1676. a eu l'impudence d'en mettre la premiere institution dans le Paradis terrestre. Ce savant historien prétend que Dieu commença d'y faire la fonction d'Inquisiteur & qu'il la continua hors du Paradis contre Cain & contre ceux qui bâtirent la tour de Babel; & que Saint Pierre agit en la même qualité

P 2

con-

(a) Dict. Hist. & Crit.

contre Ananias & Saphira & qu'il la transmit aux Papes qui en investirent Saint
Dominique & ses Successeurs. L'Inquisition ne craint-elle point de s'attirer le mépris & l'indignation de tous les peuples en permettant l'impression de pareils Livres. Avant que de quiter ce badinage, je remarquerai à l'occasion de Saint Dominique & de son Ordre, que dans un petit Poëme fort enjoué, intitulé l'*Arriere-
ban de l'Eglise Militante*, composé à l'occasion du Siége de Candie, le Poëte
suppose que le Pape léve une armée de Prêtres & de Moines pour aller dégager
cette Place; & attribue à chaque Ordre un poste convenable à son habit ou à ses
mœurs. Quant aux Dominicains, voici la charge dont il les regale.

> *Les Jacobins Inquisiteurs*
> *Feront punir les Deserteurs.*

On a fort bien marqué à la page 10. le motif qui fit donner à cet Ordre la
préférence pour cet emploi. C'est parce que ce Fondateur des Jacobins a été
aussi le Fondateur de l'Inquisition, que Saint Dominique est représenté sur la Ba-
niere de l'Inquisition avec le symbole qui le distingue; à savoir un chien portant
un flambeau auprès d'un Globe, parce que sa mere étant enceinte de lui, songea qu'elle voioit un chien éclairant le Monde avec un flambeau. Il tient en sa
main droite une branche d'olivier en signe de la Paix qu'il veut faire avec ceux
qui se declareront bons Catholiques & en sa main gauche une épée pour marquer la guerre qu'il fait aux heretiques, avec ces mots *Justitia & Misericordia*. Voiez
la page 65. col. 2. des Memoires. Et la PLANCHE IV.

La banniere de l'Inquisition d'Espagne est differente. C'est une Croix de
bois plein de nœuds, accompagnée de l'Epée & de la branche d'olivier, comme
on la voit representée dans la PLANCHE III. Cet étendard est décrit fort diffe-
remment à la page 28. col. 2. de ces Memoires.

EXPLICATION

DES FIGURES.

Où sont representez les habits des Personnes condamnées par l'Inquisition.

LA V. Planche représente un homme que l'Inquisition a trouvé trop criminel
pour l'absoudre & trop peu pour le condamner. Il est revêtu du *Sanbenito*
qui est une Casaque sans manches, de couleur jaune, avec une grande croix
rouge de Saint André, devant & derriere. Ce sont ordinairement des gens qui
s'accusent promptement, devinent leurs accusateurs, & témoignent du repentir.
Voiez la page 28. col. 2. & page 64. col. 1. des Memoires. Sous le Sanbenito les hommes ont une veste dont les manches viennent jusqu'au poignet &
un caleçon qui descent jusqu'aux talons; le tout de toile noire rayée. On laisse
aux femmes leurs habits comme on le peut connoître dans la Planche VI. où
est representée une Religieuse condamnée par l'Inquisition, & revêtue de l'habit
de son Ordre avec le *Sanbenito* par dessus; & dans les Planches VIII. & IX. Remarquez que les hommes qui portent le Sanbenito ont la tête nue.

La Planche VII. & la Planche VIII. representent un homme & une femme qui
ont été destinez au supplice du feu & qui l'ont évité par une confession faite à l'extrémité, après qu'on a lu leur sentence & avant qu'on les fasse sortir; pourvû
néan-

HOMME Condamné au Feu mais qui l'a évité par sa Confession. | FILLE qui a évité le Feu, en avouant après son jugement.

HOMME Condamné par L'INQUISITION à être Brulé vive. | HOMME qui va être Brulé par ordre de L'INQUISITION.

BANNIERE de L'INQUISITION D'ESPAGNE.   BANNIERE de L'INQUISITION de GOA.

HOMME convaincu D'HERESIE qui s'est accusé lui même avant que d'être jugé.   RELIGIEUSE, qui a évité d'être brûlée en confessant avant que d'être jugée.

néanmoins qu'ils ne soient pas reglés.   Ils sont habillez par dessous comme les autres.   La difference consiste en un bonnet de carton fait en forme de pain de sucre qu'on leur met sur la tête tant aux hommes qu'aux femmes. Ces bonnets s'appellent *Carrochas*.   Leur Scapulaire nommé *Sammaria* est different du *Sanbenito*, en ce qu'il est d'un fond gris peint de flames, dont la pointe est renversée en bas; ce qui s'appella *fuego revolto*, pour signifier que par leur Confession ils ont renversé le bucher qui les attendoit.

La Planche IX. & la X. representent une femme & un homme qui n'ont aucune grace à esperer. Ils ont comme les autres le *Carrocha* & la Sammarre, mais avec des flames dont la pointe est en haut; & avec des figures de Diables armez de Crocs.   Au bas de la Sammarre est le portrait de la personne condamnée.

Remarquez I. que le graveur a representé dans les figures VIII. & IX. des femmes avec leurs cheveux, & cependant p. 5 9. col. 1. il est dit que l'on coupe les cheveux à tous les prisonniers de quelque sexe ou condition qu'ils soient, & comme cela se fait par precaution pour éviter la vermine, il est vraisemblable qu'on les leur coupe de tems en tems.

II. Qu'il a donné des chaussures aux femmes, distinction qui n'est pas fondée sur les Memoires, où l'on voit au contraire, que dans la Procession, tous vont nuds pieds, & que les prisonniers ne sont pas rangez selon le sexe, mais selon les crimes.

La Planche XI. est si nettement décrite dans le Chapitre XVI. du Livre IV. qu'il seroit inutile d'en repeter ici l'explication.

La XXII. & derniere Planche represente la place de l'execution.

A. A. *Les representations de ceux qui sont condamnez par l'Inquisition après leur mort.*

B. B. *Leurs ossemens portez dans de petits coffres pour être brûlez.*

C. C. *Deux malheureux que l'on brûle.*

D. *Un autre que l'on étrangle avant que de le brûler; grace que l'on accorde à ceux qui se repentent avant que de mourir. Voiez page 67.*

E. E. E. *Charbonniers qui fournissent le bois pour le supplice & qui allument les buchers.*

F. F. F. *Autres malheureux qui vont souffrir le même supplice; & qui sont entourez de Confesseurs qui les exhortent à renoncer au Judaïsme. Après qu'ils ont été condamnez & livrés au bras seculier, on les conduit au lieu du supplice sur des mulets selon la maniere d'Espagne & de Portugal.*

Il faut remarquer qu'il y a des lieux où les buchers ne sont pas élevez sur la terre comme on les voit dans cette Planche.   On fait un trou fort large & fort profond, dans lequel on allume un grand feu dés la veille, de maniere qu'il est rempli de braise lorsque les criminels arrivent. Si ce sont des Juifs obstinez, on les promène trois fois autour de cette fosse si capable de les effraier, & s'ils persistent dans leur sentiment on les y jette.   Il n'y a pas long-temps qu'en Espagne une belle Juive de dix huit ans importunée des exhortations du Moine qui la sollicitoit d'abjurer, se jetta elle même dans le brasier, où elle fut consumée en peu de temps.

Tantùm Religio potuit suadere malorum!

Pour achever d'éclaircir le Lecteur sur le caractere des procedures de l'Inquisition, nous lui donnons ici un

ACTE de FOI,

Tel qu'il a été fait Lisbonne en l'Année 1707.

ACTE de FOI, célebré publiquement au (a) Rocio *de Lisbonne, le Dimanche 6. Novembre* 1707. *sous l'Inquisiteur général,* Dom Nuño da Cunha de Ataide *Conseiller d'Etat, & grand Aumônier de Sa Majesté.*

Hommes.

Nᵒ.	Age.	Pᴇʀsonne morte dans les prisons & absoute de l'absolution nommée (b) *da instantia.*	Peines infligées.
I.	30. ans.	*Michel Lopés Montezinos,* (c) Chrétien nouveau & Negociant, non marié, fils de *Rodrigue Lopés Montezinos,* Negociant, né, & demeurant en cette ville, Originaire du Roiaume de *Castille.*	

Abjuration dite de Leve.

| II. | 40. | *Antoine Gonçalves Cazeiro*, fils de *Barthelemy Gonçalves Cazeiro,* Manœuvre, *de Ribeyra Doura* né au Village de *Senharis,* Paroisse de *N. Dame du Rosaire* relevante du Bourg de *Chaves,* de l'Archevêché de *Braga,* aïant sa demeure au Bourg d'*Ares,* dans l'Evêché de *Portalegre* & faisant quelquefois sa résidence à *Abrantes* dans l'Evêché *da Guarda:* pour s'être marié une seconde fois, du vivant de sa premiere, & légitime femme. | Le foüet & cinq ans de Galeres. |
| III. | 25. | *François Lopés da Sylva,* Cordonnier, garçon, fils naturel de *François Lopés da Sylva* Distributeur; né & demeurant à *Santarem* Ville de cet Archevêché, pour s'être servi d'une bourse de sortillege, afin de se rendre invulnerable, & soupçonné d'avoir fait un Pacte avec le Diable: de plus pour crime de Sodomie, Sodomite agent, & pour avoir voulu intimider les témoins du St. Office, afin de savoir ce qu'ils avoient déposé. | Le foüet & dix années de Galeres. |

Personne (d) *qui n'abjure point,* & *ne porte point l'habit.* (e)

| IV. | 69. | *Gaspar Lopés Henriqués,* Chrétien nouveau, Medecin de | |

Co-

(a) Place de Lisbonne.
(b) C'est-à-dire déchargé de toute procedure contre son corps.
(c) Fils de Pere & Mere Juifs, ou Juif qui s'est fait Chrétien.
(d) Quand il n'y a pas des témoins assés valables contre une personne, & qu'on manque d'autres indices, on ne la condamne point à porter l'habit: mais si malgré cela elle s'est rendue fort suspecte à l'Inquisition, elle est souvent condamnée à une prison perpetuelle.
(e) La prison perpetuelle à laquelle l'Inquisition condamne n'est bien souvent autre chose qu'une défense de sortir du lieu ordinaire de sa demeure: & même si l'on est Negociant, on a quelquefois la permission d'aller vaquer à ses affaires de côté & d'autre dans les Etats du Roi de Portugal: mais il faut toûjours être en état de se présenter à l'Inquisition.

N°.	Ages.		Peines.

Covilham Ville de l'Evêché *da Guarda*, demeurant en cette ville, après avoir été réconcilié par l'Inquisition, pour crime de Judaïsme, le 14. Decembre 1667. repris, relaps, & coupable du même crime. — *Prison perpetuelle.*

Abjuration dite de (a) vehemente pour Judaïsme. — Peines.

V. 25. *Gaspar Mendés Castanho* (b) demi-Chrétien nouveau negociant, de la Ville de *Menjana* du district du *Champ d'Ourique* dans l'Archevêché d'*Evora*, demeurant en cette ville. — *Prison à discrétion.*

VI. 36. *Jacques Mendés Sola*, (c) Partie de Chrétien nouveau Capitaine de Cavallerie, de la Ville de *Trancozo* de l'Evêché de *Vizeu*, aïant sa demeure dans la Ville de *Lamego*, & faisant sa résidence en cette ville de *Lisbonne*. — *De même.*

Personne qui (d) n'abjure point, & porte (e) l'habit.

VII. 42. *Jean Rodriguez Ferreira* demi-Chrétien nouveau, Marchand, de la Ville d'*Estremos* dans l'Archevêché d'*Evora*, demeurant dans la Ville de *Leyria*, reconcilié par l'Inquisition, pour crime de Judaïsme dans l'*Acte de Foi* qui se celebra publiquement dans le *Rocio* de cette Ville le 20. Octobre 1704. & repris comme coupable des mêmes fautes. — *Prison, & habit perpetuel.*

Premiere abjuration en forme, pour Judaïsme.

VIII. 42. *Manoël Mendés Henriques Montebarro de Alcunha* Marchand Mercier, né, & demeurant en la Ville *da Guarda*. — *Prison arbitraire, & l'habit qu'on ôte dans l'acte.*

IX. 27. *Manuel de Santiago* Chrétien nouveau, non marié, fils d'*Alexandre Pereira Ourivés da Prata* faiseur de bas au métier, de la Ville de *Bragance*, aïant sa demeure en la Ville de *Viniozo*, se trouvant en cette Ville. — *De même.*

X. 30. *Manuel Mendés Brandaô*, Chrétien nouveau, Advocat de la Ville de *Monsanto* & demeurant dans celle *da Corvilhao*, dans l'Evêché *da Guarda*. — *Prison, & habit à discrétion.*

XI. 19. *Joseph Christophle da Costa*, Chrétien nouveau, Marchand Mercier, non marié, fils de François Manoel *Delgado*, Partisan, né en cette Ville, & demeurant dans celle de *Leyria*. — *De même.*

XII. 38. *Denis Pimentel* Chrétien nouveau, Traittant de la Ville de *Bragance*, dans l'Evêché *da Miranda*, & demeurant en cette Ville de *Lisbonne*. — *Prison, & habit perpetuel.*

Q 2

Se-

(a) C'est l'abjuration dans toutes les formes après avoir été duement convaincu.

(b) Qui vient de Juif d'un côté seulement, c'est-à-dire du côté du Pere, ou de celui de la Mere.

(c) Qui a eu quelques Juifs dans sa famille.

(d) Qui n'abjure point ce dont on l'accuse, parce que l'accusation est destituée de preuves valables ; cependant elle est condamnée à porter l'habit comme coupable d'ailleurs, ou suspecte à l'Inquisition.

(e) L'*Habit perpetuo* est une espece de Scapulaire ou plûtôt de Camail de laine avec une croix rouge devant & une derriere. Il suffit que celui qui a été repris par l'Inquisition se le mette sur le corps quand il est obligé de comparoître devant le S. Office, ou quand il doit se trouver aux prédications & autres pareilles instructions établies en faveur des delinquans.

N°. Ages.   *Seconde Abjuration en forme, pour Judaïsme.*   Peints.

XIII. 38. *Manuël Pereira Gomés*, Chrétien nouveau, Caissier, non *De même.*
marié, fils de *Manoel Gomés Ribeiro*, Confisseur, de la Ville
d'Elvas, & demeurant à *Abrantes* Ville de l'Evêché *da
Guarda*.

XIV. 50. *François da Sylveira*, partie de Chrétien nouveau, qui vit *De même.*
de son bien, & de ses revenus, né, & demeurant en cet-
te ville.

XV. 46. *Jacques Feyo Flores*, Chrétien nouveau, vivant de son *De même.*
bien, natif, & habitant de la Ville de *Celorico*, Evêché *da
Guarda*.

XVI. 27. *Antoine Lopés da Sylva*, Chrétien nouveau, non marié & *De même.*
sans profession, fils de *Sebastien Diaz da Sylva* negociant,
natif, & habitant de cette Ville.

XVII. 29. *Simeon Carvalho Chaves*, Chrétien nouveau, vivant de *De même.*
ses rentes, natif & habitant du Village *de Fundao* du district de la Ville *da Covilhao*, dans l'Evêché *da Guarda*.

XVIII. 25. *Henry Hebro da Cruz*, Chrétien nouveau, Marchand, *De même.*
non marié, fils d'*Ignaco Franco*, Marchand, Natif, & habitant de cette Ville.

Troisième Abjuration en forme, pour Judaïsme.

XIX. 51. *Antoine Rodrigués Leal*, partie de Chrétien nouveau, Mar- *De même.*
chand de la Ville *d'Almeyda*, dans l'Evêché de *Lamego*, &
demeurant au Village *de Fundao*, District *de Covilhao* dans
l'Evêché *da Guarda*.

XX. 31. *Louis Ferreira de Matos*, demi-Chrétien nouveau, Mar- *De même.*
chand d'*Estremos* dans l'Archevêché d'*Evora*, & demeurant
dans la Ville de *Porto de Mâs*, de l'Evêché de *Leyria*.

XXI. 38. *Christophe da Paz*, Chrétien nouveau, Commis aux vins *De même.*
de la Ville de *Bragance*, Evêché *da Miranda*, & demeu-
rant à *Setuval* Ville de cet Archevêché.

XXII. 52. *Antoine Pimentel*, Chrétien nouveau, dont le métier étoit *De même.*
de tordre de la soie, de la Ville de *Bragance*, dans l'Evê-
ché *da Miranda*, & demeurant en cette Ville de *Lisbonne*.

XXIII. 47. Jean *Lopés Castenho*, Chrétien nouveau, Avocat, de *De même.*
Moura Ville de l'Archevêché d'*Evora*, & demeurant en
cette Ville, qui a abjuré de *vehemente* pour crime de
Judaïsme dans l'Acte public de Foi qui a été celebré au
Rocio de cette Ville, le 19. Octobre 1704. repris pour
nouveaux indices des mêmes fautes.

XXIV. 29. *Frere Louïs dos Reys*, Chrétien nouveau, Religieux pro- *De même.*
fés de certain Ordre, fils de *Melchior dos Reys*, Partisan,
né à *Badajos*, dans le Roïaume d'*Espagne*, & demeurant
en cette Ville de *Lisbonne*.

Alva-

Nᵒ. Ages.		Peines.

XXV. 55. *Alvare Nicolas Nogueyra*, partie de Chrétien nouveau, non marié, Negociant, fils de *Manuël Rodriguez Nogueyra*, Negociant, de *Madrid* dans le Roiaume de *Caſtille*, & demeurant à *Lisbonne*.

Prison & habit perpetuel, ſans remiſſion, avec marques de feu & cinq ans de Galeres.

FEMMES *chatiées ou repriſes à* l'ACTE DE FOI *de* 1707.

Femme qui n'abjure point, & ne porte point l'habit.

I. 68. ans. *Anne Nuñes Medalha*, Chrétienne nouvelle, Veuve de *François Carvalho Chaves*, qui vivoit de ſes rentes, née, & demeurante au Village de *Findlio* Diſtrict de la Ville de *Covithão*, Evêché *de Guarda*, reconciliée par l'Inquiſition, pour crime de Judaïſme, le 23. Août 1685, repriſe comme relapſe & coupable des mêmes fautes.

Priſon perpetuel· le.

Abjuration de Vehemente, *pour Judaïſme.*

II. 30. *Brites do Mercado*, nouvelle Chrétienne, mariée avec *Manuel Henriques do Mercado*, Negociant, née au Village de *Coriſcada*, Diſtrict de la Ville de *Marialva*, dans l'Evêché de *Lamego*, & demeurante en cette Ville.

Priſon à diſcrétion.

III. 21. *Violante Pereyra*, nouvelle Chrétienne, fille (ſon Pere Jacques *Gomes Pereyra* Negociant) née, & demeurante en cette Ville.

De même.

IV. 33. *Jeanne de Lemos*, nouvelle Chrétienne, mariée avec *Manoël Rodrigues Lobo*, Negociant, née, & demeurant en cette Ville.

De même.

Femme qui n'abjurent point, & portent l'habit.

V. 24. *Dona Michelle Archangelle*, demie nouvelle Chrétienne, mariée avec *Manuel Ferreira*, marchand, née à *Setuval*, Ville de cet Archevêché, & demeurant à *Sardoal* Ville de l'Evêché *da Guarda*, Originaire du Roiaume de *Caſtille*, reconciliée pour crime de Judaïſme dans l'*Acte* public de Foi, qui a été celebré au *Rocio* de cette Ville le 6. Octobre 1705, repriſe comme coupable des mêmes fautes.

Priſon, & habit perpetuel ſans remiſſion.

VI. 31. *Iſabelle de Sa*, nouvelle Chrétienne, mariée avec *Loüis de Mattos Lopes*, Negociant, née à *Bragance*, Ville de l'Evêché *da Miranda*, & demeurant en cette Ville de *Lisbonne*, reconciliée pour crime de Judaïſme dans l'Acte public de Foi qui a été celebré au *Rocio* de cette Ville le

De même.

N°.	Age.		Peines.
		12. Septembre 1706. reprise comme coupable des mêmes fautes.	
VII.	22.	*Dona Jerome Maurice de Maugauês* demie Chrétienne nouvelle, mariée avec *Antoine Tavares da Costa*, qui est dans la liste, née à *Setuval* Ville de cet Archevêché, & demeurant en cette Ville, Originaire du Roiaume de *Castille*, reconciliée pour Judaïsme dans l'Acte public de Foi qui s'est celebré au *Rocio* de cette Ville, le 12. Septembre 1706. & reprise pour les mêmes fautes.	*De même.*

Premiere Abjuration en forme, pour Judaïsme.

N°.	Age.		Peines.
VIII.	51.	*Blanche Nuñes*, nouvelle Chrétienne, mariée avec *Manoël Mendes Tavares*, tenant un bureau de tabac, née en la Ville *da Guarda*, demeurant à *Almodovar* Ville de l'Evêché de l'*Algarve*, & séjournant en cette Ville.	*Prison à discrétion, & habit*
IX.	17.	*Jeanne Henriques*, Chrétienne nouvelle, fille (son Pere *Antão Vas Ribeyro*, Cordonnier) née & demeurant à *St. Vincent da Beira*, Ville de l'Evêché *da Guarda*.	*qu'on ôte dans l'Acte.*
X.	51.	*Guiomar Henriques*, nouvelle Chrétienne, fille, (son Pere *Gabriel Nuñes* Marchand) née & demeurant au Village *da Fundão*, District de la Ville *da Covilhão*, dans l'Evêché *da Guarda*.	*De même. Prison, & habit à discré-*
XI.	51.	*Marie Rodrigues*, nouvelle Chrétienne, mariée avec *Antoine Rodrigues*, traittant pour les cuirs, née, & demeurant à *Monsanto*, Ville de l'Evêché *da Guarda*.	*tion. De même.*
XII.	18.	*Marie Soares Pereyra*, nouvelle Chrétienne, fille, (son Pere Jean *Lopes Castanho*, Avocat, est dans la liste) née, & demeurant en cette Ville, après avoir abjuré *de Leve* pour Judaïsme dans l'Acte de Foi qui s'est celebré dans la Salle de l'Inquisition de cette Ville, le 30. Octobre 1704. prise une seconde fois, pour nouveaux indices des mêmes fautes.	*Prison, & habit perpetuel.*
XIII.	21.	*Eleonor Nuñes*, nouvelle Chrétienne, non mariée & fille de *Louïs Nuñes*, Marchand, née à Chacim Ville de l'Evêché de *Miranda* & demeurant en cette Ville, après avoir abjuré *de Vehemente* pour Judaïsme, dans l'Acte de Foi qui s'est celebré publiquement en la Ville de *Coimbre*, le 2. de Mars 1704. prise une seconde fois pour nouveaux indices des mêmes fautes.	*De même.*

Seconde Abjuration en forme, pour Judaïsme.

N°.	Age.		Peines.
XIV.	20.	*Dona Catherine Henriques*, nouvelle Chrétienne, fille (son Pere est *Sebastien Dias da Sylva*, negociant) née, & demeurant en cette Ville.	*De même.*
XV.	42.	*Isabelle Mendes Furtada*, nouvelle Chrétienne, mariée avec *Manuel Pinheiro Ferro*, née à *Tolede*, Ville du Roiaume de *Castille*, demeurant au *Trancozo*, Ville de l'Evêché de *Vizeu*, & séjournant en cette Ville.	*De même.*
XVI.	21.	*Dona Thereze Barreira*, nouvelle Chrétienne, fille (son Pere est *André Barreira*, Negotiant) née à *Olinda*, Ville	*De même.*

N°. Ages.

de l'Evêché de *Pernambuco*, au *Bréfil*, & demeurant en *Peines.*
cette Ville de *Lisbonne*, Originaire du Roïaume de *Caſtille.*

XVII. 14. *Eleonor Marie*, Chrétienne nouvelle, fille (ſon pere *Duar- De même.*
te Mendes, Marchand) née, & demeurant en cette Ville.

XVIII. 42. *Iſabelle de Moraes*, nouvelle Chrétienne, mariée avec *De même.*
François de Santiago, vivant de ſes rentes, née au Villa-
ge *de Fundão*, Diſtrict de Covilhao, Evêché *da Guarda*,
& demeurant en cette Ville.

XIX. 23. *Dona Anne Marie Henriques*, nouvelle Chrétienne, fille (ſon *De même.*
Pere eſt *Sebaſtien Dias da Sylva*, Negociant) née, & de-
meurant en cette Ville.

Troiſième Abjuration en forme, pour Judaïſme.

XX. 37. *Philippe Garcia*, nouvelle Chrétienne, mariée à *Dominique De même.*
da Coſta de Miranda, Negociant, née à *Bragance*, Ville
de l'Evêché de *Miranda*, & demeurant en cette Ville de
Lisbonne.

XXI. 37. *Brite Carvalha*, nouvelle Chrétienne, mariée à *François De même.*
Lopés Prato, Medecin, née & demeurant au Village *do
Fundao*, Diſtrict de la Ville *da* Covilhao, dans l'Evê-
ché *da Guarda.*

XXII. 21. *Philippe de Deos*, nouvelle Chrétienne, fille (ſon Pere *De même.*
Eliſée Pimentel) née à *Bragance* Ville de l'Evêché *da Miranda*, & demeurant en cette Ville de *Lisbonne.*

XXIII. 33. *Anne Feijò Flores*, nouvelle Chrétienne, mariée à *Jac- De même.*
ques de Avila de Seixas, Marchand, née & demeurant
à *Celorico*, Ville de l'Evêché *da Guarda.*

XXIV. 35. *Marie Mendes*, nouvelle Chrétienne, Veuve d'*Alexan- De même.*
dre de Moraes vivant de ſes rentes, née à *Bragance*,
Ville de l'Evêché *da Miranda*, & demeurant en cette
Ville de *Lisbonne.*

XXV. 38. *Anne Mendes de Veyga*, nouvelle Chrétienne, mariée *De même.*
avec *François Lopés Breto*, vivant de ſes rentes, née en
la Ville *da Guarda*, & demeurant au Village *do Fundao*,
Diſtrict de la Ville *da Covilhao.*

XXVI. 31. *Dona Jerôme Henriques de Claves*, nouvelle Chrétienne, ma- *De même.*
riée à *Gaſpar Lopés Henriques*, Medecin, qui eſt dans la
liſte, née au Village *do Fundao*, Diſtrict de la Ville *da
Covilhao*, de l'Evêché *da Guarda* & demeurant en cette
Ville, après avoir abjuré *de Vehemente* pour crime de Judaïſme dans l'*Aſle* de *Foi*, qui s'eſt celebré publiquement au *Rocio* de cette Ville, le 20. Octobre 1704. pris
une ſeconde fois, pour nouveaux indices des mêmes
fautes.

Quatriéme Abjuration en forme, pour Judaïſme.

XXVII. 19. *Catherine Marie Roſe*, nouvelle Chrétienne, fille (ſon Pe- *De même.*
re eſt *Jean Lopés Caſtanho*, Avocat, qui ſe trouve dans

R 2   la

N°. Ages. la liste) née, & demeurant en cette Ville, après avoir ab- *Peines.*
juré *de Vehemente*, pour crime de Judaïsme dans l'Acte de
Foi qui s'est celebré publiquement au *Rocio* de cette Ville, le 20. Octobre 1704. prise une seconde fois, pour
nouveaux indices des mêmes fautes.

XXVIII. 37. *Anne Marie Rodrigues*, nouvelle Chrétienne, Veuve d'*An- De même.*
dré de Barreyra, negociant, née à *Madrid*, dans le Roïau-
me de *Castille*, & demeurant en cette Ville de *Lisbonne*.

XXIX. 30. *Dona Guiomar Marie Henriques*, nouvelle Chrétienne, fille, *De même.*
(son Pere est *Sebastien Dias da Sylva*, Negociant) née &
demeurant en cette Ville.

XXX. 17. *Dona Catherine Michelle de Chaves*, nouvelle Chrétienne, *De même.*
fille (son est *Gaspar Lopés Henriques*, Medecin, qui se *Prison, &*
trouve dans la liste) née, & demeurant en cette Ville. *habit per-*

XXXI. 22. *Custodia Henriques*, nouvelle Chrétienne, fille (son Pere *petuel sans*
est *Simon Lopés Samuda*, Medecin) née & demeurant en *remission,*
cette Ville. *& trois ans au Brésil.*

Personnes relâchées en corps. C'est-à-dire brûlées.

I. 67 D. *Louis Gabriel de Medina*, nouveau Chrétien, Negociant, né à *Madrid*, Capitale du Roiaume de *Castille*, &
demeurant en cette Ville de *Lisbonne*, brûlé comme
faux, hypocrite, dissimulant, aiant confessé son crime
& impénitent.

II. 33. *Antoine Tavares da Costa*, demi-Chrétien nouveau, Negociant né, & demeurant en cette Ville, de même crime.

III. 26. *Marie Lopés de Sequeyra*, nouvelle Chrétienne, fille (son
Pere est *Joseph de Sequeyra*, Partisan) née & demeurant
en cette Ville.

IV. 54. *Dona Marguerite Correa*, nouvelle Chrétienne, Veuve de
Thomas Pinto, Marchand, née à *Malaga*, Ville du Roïaume de *Castille*, & demeurant à *Setuval*, Ville de cet Archevêché.

Personne relâchée, c'est-à-dire brûlée, en effigie.

I. 63. *François da Costa Pessoa*, Chrétien nouveau, Negociant,
né & demeurant en cette Ville, convaincu, negatif, relaps, absent, & rebelle.

Fin de la seconde Partie du Tome premier.

www.ingramcontent.com/pod-product-compliance
Lightning Source LLC
LaVergne TN
LVHW010740060726
842527LV00002B/324